INTRODUCCIÓN A LA ECONOMÍA DE LA EMPRESA

EDUARDO PÉREZ GOROSTEGUI
Catedrático de Economía de la Empresa de la UNED

INTRODUCCIÓN A LA ECONOMÍA DE LA EMPRESA

 **EDITORIAL CENTRO DE ESTUDIOS RAMÓN ARECES, S. A.**

Primera edición: Mayo 2002
Primera reimpresión: Mayo 2004
Segunda reimpresión: Junio 2005

Reservados todos los derechos.
Ni la totalidad ni parte de este libro puede reproducirse o transmitirse por ningún procedimiento electrónico o mecánico, incluyendo fotocopia, grabación magnética, o cualquier almacenamiento de información y sistema de recuperación, sin permiso escrito de Editorial Centro de Estudios Ramón Areces, S. A.

© EDITORIAL CENTRO DE ESTUDIOS RAMÓN ARECES, S. A.
Tomás Bretón, 21. 28045 Madrid
Teléfono: 915.398.659
Fax: 914.681.952
Correo: cerasa@cerasa.es
Web: www.cerasa.es

ISBN: 84-8004-512-4
Depósito legal: M. 25.256-2005

Compuesto e impreso por Fernández Ciudad, S. L.
Catalina Suárez, 19. 28007 Madrid

Impreso en España / *Printed in Spain*

A Beatriz

Índice

Presentación XXI

PARTE I
Prolegómenos

1. **LA NATURALEZA DE LA EMPRESA, Y SU ENTORNO** 3
   1. Introducción 5
   2. Concepto de empresa 5
   3. Tipos de empresas 6
   4. La empresa y su entorno 8
      - 4.1. Los sistemas económicos y «la mano invisible del mercado» 8
      - 4.2. La «mano visible de la empresa» 9
      - 4.3. Los derechos individuales y la intervención de los poderes públicos 9
      - 4.4. Sobre la orientación social de la empresa 10
   5. Teorías sobre la empresa 11
      - 5.1. Teoría neoclásica 11
      - 5.2. Teoría de la agencia 12
      - 5.3. La teoría de los costes de transacción 12
      - 5.4. La teoría de los derechos de propiedad 13
   6. La empresa como sistema 14

   PRUEBA OBJETIVA DE AUTOEVALUACIÓN 16
   - I. Enunciado 16
   - II. Respuestas correctas 18

PARTE II
La dirección de empresas y la toma de decisiones

2. EL PROCESO DE DIRECCIÓN DE LA EMPRESA 21

    1. Introducción 23
    2. Concepto de dirección y niveles directivos 23
    3. La función de planificación 25
        3.1. Concepto de planificación 25
        3.2. El horizonte temporal de la planificación 25
        3.3. Elementos de los planes 26
        3.4. El proceso de planificación 27
        3.5. De la planificación a la dirección estratégica 28
    4. La función de organización 29
        4.1. Concepto 29
        4.2. La departamentación 30
        4.3. Tipos de estructuras organizativas 33
        4.4. Autoridad y responsabilidad 37
        4.5. El límite de la dirección, o límite del control 37
        4.6. Centralización y descentralización 37
        4.7. La organización informal 38
    5. La función de gestión, o dirección en sentido restringido 38
        5.1. Concepto 38
        5.2. Teorías sobre el liderazgo 39
        5.3. Estilos de liderazgo 39
        5.4. Las teorías X e Y 41
        5.5. La teoría Z 42
        5.6. La motivación 42
    6. La función de control 43
        6.1. Concepto 43
        6.2. El proceso de control 44
        6.3. Inconvenientes del control 44
        6.4. El autocontrol 45
    7. El proceso de dirección en la pequeña empresa 46
    8. La dirección y la empresa como sistema 46

    PRUEBA OBJETIVA DE AUTOEVALUACIÓN 48
      I. Enunciado 48
     II. Respuestas correctas 50

3. LA DIRECCIÓN DE LOS RECURSOS HUMANOS 51

    1. Introducción 53
    2. Las funciones de la dirección de los recursos humanos 53
    3. La planificación de los recursos humanos 54
    4. Reclutamiento y selección de personal 56
        4.1. Reclutamiento de personal 56
        4.2. El proceso de selección 56

	5.	La orientación, formación y desarrollo	59
		5.1. El programa de orientación	59
		5.2. La formación del personal	59
		5.3. La formación para puestos directivos	60
	6.	La evaluación del trabajo	61
	7.	La determinación de las remuneraciones y la promoción	62
	Prueba objetiva de autoevaluación	64
	I.	Enunciado	64
	II.	Respuestas correctas	66

4. LA DECISIÓN EMPRESARIAL 67

1.	Introducción	69
2.	La modelización	69
3.	Ambientes de decisión	71
4.	Criterios de decisión en ambiente de incertidumbre	71
5.	La teoría de los juegos de estrategia	76
6.	Probabilidad y riesgo	79
7.	El análisis bayesiano	89
8.	La determinación del grado de confianza	92
9.	La Teoría de la Información	96

Prueba objetiva de autoevaluación 99
  I. Enunciado 99
  II. Respuestas correctas 101

5. INSTRUMENTOS DE PLANIFICACIÓN, PROGRAMACIÓN Y CONTROL 103

1.	Introducción	105
2.	Los árboles de decisión	105
3.	El valor esperado de la información perfecta	111
4.	La programación lineal	112
5.	El método PERT. Introducción	117
	5.1. Concepto	117
	5.2. Antecedentes históricos	117
	5.3. Diferencias básicas entre las principales técnicas	117
	5.4. Actividades previas a la aplicación del método PERT. Su aportación a la planificación, programación y control	118
6.	El método PERT en certeza	119
	6.1. La tabla de precedencias	119
	6.2. Los grafos parciales y los tipos de prelaciones	121
	6.3. Los principios de la construcción del grafo y las actividades ficticias	123
	6.4. Los tiempos *early* y *last*	127
	6.5. El camino crítico y las oscilaciones de los nudos	129
	6.6. Análisis de las holguras de las actividades	130
7.	Los gráficos de Gantt	132
8.	El método PERT en incertidumbre	134

9. El PERT-coste 137
PRUEBA OBJETIVA DE AUTOEVALUACIÓN 138
   I. Enunciado 138
  II. Respuestas correctas 140

PARTE III
Finanzas

6. INTRODUCCIÓN A LAS DECISIONES FINANCIERAS 143

1. Introducción 145
2. El Balance: conceptos básicos 145
   2.1. Concepto, el activo y las deudas 145
   2.2. El patrimonio, el pasivo y los recursos propios 147
   2.3. El estado de inventario 148
   2.4. El Balance anual 148
   2.5. Los recursos propios 149
3. El objetivo financiero de la empresa 150
4. Factores de los que depende el precio de la acción. Las decisiones financieras de la empresa 150
   4.1. Beneficio y rentabilidad 150
   4.2. Las decisiones financieras 152
5. La medida de la rentabilidad 153
6. El equilibrio económico-financiero de la empresa y el fondo de rotación o maniobra 158
   6.1. La estructura económica: el inmovilizado y el activo circulante ... 158
   6.2. La estructura financiera 159
   6.3. El fondo de rotación o maniobra 160
7. Los ciclos de la actividad de la empresa y el período medio de maduración 161
8. Las fases del ciclo de explotación y el período medio de maduración económico 162
   8.1. Las fases del ciclo de explotación 162
   8.2. Cálculo de la duración del período medio de maduración económico 163
   8.3. La utilidad del análisis del período medio de maduración económico 167
9. El período medio de maduración financiero 168
10. El cálculo del fondo de maniobra mínimo o necesario 169
   10.1. Modelo analítico 169
   10.2. Modelo sintético 170
11. Los ratios como instrumento de análisis de la estructura económico-financiera de la empresa 171
   11.1. Los ratios de situación 171
   11.2. Los ratios de rotación 173
   11.3. El método Dupont 173
PRUEBA OBJETIVA DE AUTOEVALUACIÓN 174

	I.	Enunciado	174
	II.	Respuestas correctas	176

7. ANÁLISIS Y EVALUACIÓN DE INVERSIONES ... 177

1. Introducción ... 179
2. Concepto y tipos de inversiones ... 179
3. Variables fundamentales que definen un plan de inversión ... 181
   - 3.1. Las variables relevantes ... 181
   - 3.2. Los flujos de caja ... 182
   - 3.3. El efecto de la inflación y del riesgo: la rentabilidad requerida .. 183
4. Métodos estáticos de selección de inversiones ... 185
   - 4.1. Concepto ... 185
   - 4.2. El plazo de recuperación ... 185
   - 4.3. Otros métodos estáticos ... 188
5. Métodos dinámicos de selección de inversiones ... 190
   - 5.1. Concepto ... 190
   - 5.2. El valor actual neto ... 191
   - 5.3. El valor actual neto como función del tipo de actualización o descuento ... 193
   - 5.4. El tipo de rendimiento interno ... 194
   - 5.5. Rentabilidad aparente y rentabilidad real ... 195
   - 5.6. Problemática del cálculo del tipo de rendimiento interno ... 197
   - 5.7. El plazo de recuperación con descuento ... 198
   - 5.8. Otros métodos dinámicos ... 200
6. El VAN y el TIR en algunos casos especiales ... 200
   - 6.1. Un modelo general de valoración de inversiones y cálculo de rentabilidades ... 200
   - 6.2. El supuesto en el que los flujos de caja son constantes ... 203
   - 6.3. El supuesto en el que los flujos de caja son constantes y la duración de la inversión tiende a infinito ... 205
   - 6.4. El supuesto en el que los flujos de caja crecen a una tasa constante ... 206
   - 6.5. El supuesto en el que los flujos de caja crecen a una tasa constante y además la duración de la inversión tiende a infinito ... 207
7. Relaciones entre el VAN y el TIR ... 209
   - 7.1. Los métodos VAN y TIR en las decisiones de aceptación o rechazo de proyectos independientes ... 209
   - 7.2. Los métodos VAN y TIR en las decisiones de aceptación o rechazo de proyectos mutuamente excluyentes que tienen el mismo nivel de riesgo ... 209
8. La rentabilidad requerida y la diferencia de riesgo entre las inversiones mutuamente excluyentes ... 212
9. La relación entre el plazo de recuperación simple y los criterios VAN y TIR cuando los flujos de caja son constantes y la duración de la inversión es ilimitada ... 214
10. El problema de las inversiones mixtas ... 216

PRUEBA OBJETIVA DE AUTOEVALUACIÓN ... 217

I.	Enunciado	217
II.	Respuestas correctas	219

8. LAS FUENTES DE FINANCIACIÓN Y EL EFECTO DEL ENDEUDAMIENTO SOBRE LA RENTABILIDAD Y EL RIESGO DE LA EMPRESA ... 221

1.	Introducción	223
2.	Concepto de financiación, y tipos de fuentes y recursos financieros	223
3.	Las variaciones de las ventas y el riesgo de la empresa	225
4.	El punto muerto	225
5.	El apalancamiento	229
	5.1. El apalancamiento operativo	229
	5.2. El apalancamiento operativo y el punto muerto	232
	5.3. El apalancamiento financiero	234
	5.4. El apalancamiento combinado o total	237
6.	Las limitaciones del análisis coste-volumen-beneficio	239
7.	Endeudamiento y rentabilidad	240
	7.1. La rentabilidad y el apalancamiento	240
	7.2. La relación entre la rentabilidad financiera y la rentabilidad operativa	242
8.	La probabilidad de insolvencia	251
9.	El presupuesto de tesorería	251

	PRUEBA OBJETIVA DE AUTOEVALUACIÓN	253
I.	Enunciado	253
II.	Respuestas correctas	254

9. EL COSTE DEL CAPITAL Y LA VALORACIÓN DE EMPRESAS ... 255

1.	Introducción	257
2.	El cálculo del coste de una fuente de financiación, en general	258
3.	El coste de los préstamos y empréstitos, y el cálculo de una cuota de amortización constante	260
	3.1. El cálculo del coste	260
	3.2. El sistema de cuotas constantes	262
4.	El efecto de los impuestos	264
5.	El coste del crédito comercial	266
6.	El efecto de la inflación y el cálculo del coste según valores de mercado	269
7.	El coste del capital obtenido mediante la emisión de acciones	271
8.	El coste de la autofinanciación y las decisiones de distribución de dividendos	276
9.	El coste medio ponderado del capital	278
10.	El coste del capital y la selección de inversiones. El coste de oportunidad del capital	280
11.	Valoración de empresas	281
	11.1. Valor sustancial, valor de rendimiento y fondo de comercio	282
	11.2. El método indirecto	286
	11.3. El método directo	288

PRUEBA OBJETIVA DE AUTOEVALUACIÓN	293
I. Enunciado	293
II. Respuestas correctas	295

PARTE IV
Producción

10. LA FUNCIÓN PRODUCTIVA DE LA EMPRESA Y EL PROCESO DE PRODUCCIÓN 299

1. Introducción 301
2. La primera decisión: producir o comprar 302
3. La dirección de la producción: objetivos y principales tipos de decisiones 304
4. Principales diferencias entre la elaboración de bienes y la producción de servicios 306
5. Los costes de producción y su control 307
6. La medida de la productividad 315
7. La calidad 318
8. Principales tipos de procesos de producción y alternativas tecnológicas 320
9. Los bienes de equipo 323
   9.1. Las decisiones de selección 323
   9.2. La duración óptima 329
   9.3. La amortización 331
   9.4. El mantenimiento 335
10. El análisis del flujo del proceso 337
11. La distribución de la planta 338

PRUEBA OBJETIVA DE AUTOEVALUACIÓN 340
 I. Enunciado 340
 II. Respuestas correctas 342

11. LA CAPACIDAD DE PRODUCCIÓN 343

1. Introducción 345
2. La capacidad de las instalaciones 345
   2.1. La medida de la capacidad 346
   2.2. La previsión de la demanda 347
   2.3. La determinación de la capacidad necesaria 347
   2.4. Generación de alternativas, evaluación de las mismas y decisión final 349
3. La localización de las instalaciones 350
   3.1. La localización de una instalación independiente 350
   3.2. La localización de varios almacenes y fábricas interdependientes 353
   3.3. Localización de centros comerciales 355
   3.4. La localización de servicios de emergencia 356
4. La planificación conjunta 356
5. La programación de la producción 358

  6. La planificación y control de las actividades productivas.............. 360
 PRUEBA OBJETIVA DE AUTOEVALUACIÓN...................................... 361
  I. Enunciado.. 361
  II. Respuestas correctas.. 363

12. LOS INVENTARIOS.. 365

  1. Introducción.. 367
  2. Objetivos de los inventarios.. 368
  3. Los costes de los inventarios y su tamaño............................... 370
  4. Tipos de demanda.. 372
  5. Tipos de sistemas y modelos de inventarios.............................. 373
  6. Modelos deterministas... 374
  7. Modelo probabilístico... 379
  8. Sistemas de control de inventarios...................................... 382
   8.1. Concepto de sistema de control................................... 382
   8.2. Funciones del control de inventarios............................. 382
   8.3. El método ABC de control de inventarios......................... 383
  9. Consideraciones finales: la traslación de los inventarios............... 384
 PRUEBA OBJETIVA DE AUTOEVALUACIÓN...................................... 385
  I. Enunciado.. 385
  II. Respuestas correctas.. 387

13. EL FACTOR HUMANO EN LA PRODUCCIÓN....................... 389

  1. Introducción.. 391
  2. Principios en la dirección de la fuerza de trabajo...................... 391
  3. La organización del trabajo... 393
   3.1. Concepto... 393
   3.2. El enfoque sociotécnico.. 393
   3.3. La Escuela de la Dirección Científica............................ 395
   3.4. El enfoque del enriquecimiento del puesto de trabajo............ 398
  4. El estudio de métodos y la medición del trabajo......................... 400
   4.1. Concepto... 400
   4.2. El estudio de métodos de trabajo................................. 400
   4.3. La medición del trabajo.. 403
  5. Sistemas de remuneración por incentivos................................. 405
 PRUEBA OBJETIVA DE AUTOEVALUACIÓN...................................... 409
  I. Enunciado.. 409
  II. Respuestas correctas.. 411

PARTE V
Marketing

14. EL MERCADO, LA DEMANDA, EL MARKETING Y EL PRESUPUESTO MERCADOTÉCNICO... 415

  1. Introducción.. 417

	2.	La empresa orientada al cliente	418
	3.	El marketing como función empresarial: el marketing-mix	419
	4.	Clases de mercados	423
	5.	La función de demanda a corto plazo y sus elasticidades	425
	6.	La optimización del presupuesto mercadotécnico y su control	428
		6.1. La optimización del presupuesto mercadotécnico a corto plazo.	428
		6.2. El control del presupuesto mercadotécnico	435
	7.	Estimación y previsión de la demanda	440
		7.1. Modelos de extrapolación	440
		7.2. Modelos explicativos	443
	8.	La previsión de cuotas de mercado y las cadenas de Markov	449
	Prueba objetiva de autoevaluación	454
	I.	Enunciado	454
	II.	Respuestas correctas	456

15. INVESTIGACIÓN DE MERCADOS, SEGMENTACIÓN Y EXPERIMENTACIÓN COMERCIAL ... 457

	1.	Introducción	459
	2.	La investigación comercial	459
	3.	La segmentación de mercados	466
	4.	Métodos de segmentación de mercados	468
	5.	La experimentación comercial	474
	Prueba objetiva de autoevaluación	482
	I.	Enunciado	482
	II.	Respuestas correctas	483
	Apéndice: Sobre el análisis de la varianza	484
	A.1.	El análisis de la varianza en segmentación de mercados	484
	A.2.	El análisis de la varianza en experimentación comercial	486

16. EL PRODUCTO Y EL PRECIO ... 489

	1.	Introducción	491
	2.	El concepto de producto, la diferenciación y el posicionamiento de marcas	491
	3.	El ciclo de vida del producto	493
	4.	La creación de nuevos productos	496
	5.	La identificación del producto. Marcas, envases y etiquetas	502
	6.	La decisión de determinación de precios y sus limitaciones	504
		6.1. Costes y precios	505
		6.2. Limitaciones legales y gubernamentales	505
		6.3. La demanda y el comportamiento del consumidor ante las variaciones de precios	506
		6.4. Competencia y precios	509
	7.	Objetivos en la política de precios	510
	8.	Algunos métodos de determinación de precios	511
		8.1. La fijación de precios basada en la maximización del beneficio.	511
		8.2. La fijación de precios basada en los costes	512

		8.3.	La fijación de precios basada en el punto muerto	513
		8.4.	La fijación de precios basada en la rentabilidad	514
		8.5.	La fijación de precios basada en la percepción de la relación calidad/precio	516

- 9. Algunas estrategias de precios 516
- 10. Diferenciación y discriminación de precios 517
- 11. Canal de distribución y precios 520

PRUEBA OBJETIVA DE AUTOEVALUACIÓN 521
 I. Enunciado 521
 II. Respuestas correctas 523

17. COMUNICACIÓN Y DISTRIBUCIÓN 525

1. Introducción 527
2. La publicidad 528
   - 2.1. El presupuesto publicitario 529
   - 2.2. El mensaje publicitario. El anuncio 529
   - 2.3. Selección de medios y soportes publicitarios 531
   - 2.4. La medida y el control de la eficacia de la publicidad 534
3. La promoción de ventas y las relaciones públicas 535
4. La venta personal 539
   - 4.1. Concepto 539
   - 4.2. La presentación de ventas 540
   - 4.3. Publicidad y venta personal 543
   - 4.4. Retribución de la fuerza de ventas 544
   - 4.5. Asignación de la fuerza de ventas 547
   - 4.6. Determinación del tamaño de la fuerza de ventas 549
5. La distribución 556
   - 5.1. Concepto 556
   - 5.2. Funciones de los intermediarios 557
   - 5.3. La selección de los canales de distribución. Innovación y conflictos 559
   - 5.4. La distribución física 561

PRUEBA OBJETIVA DE AUTOEVALUACIÓN 563
 I. Enunciado 563
 II. Respuestas correctas 565

PARTE VI
Complementos

18. LA EMPRESA: ESTRATEGIA Y CULTURA 569

1. Introducción 571
2. Los aspectos «duros» y «blandos» de la dirección 571
3. Las dimensiones estratégica y cultural de la empresa 572
4. Las fuerzas competitivas y las estrategias genéricas 573

5.	Estrategias de crecimiento...	575
	5.1. El crecimiento de la empresa..	575
	5.2. La diversificación..	576
	5.3. Crecimiento interno, crecimiento externo, y cooperación........	578
	5.4. La internacionalización..	579
6.	La cultura empresarial...	580
	6.1. Concepto y elementos..	580
	6.2. Autocontrol y cultura...	581
	6.3. La vinculación de la estrategia a la cultura.....................	582
7.	El «nuevo liderazgo»...	582
PRUEBA OBJETIVA DE AUTOEVALUACIÓN..		583
	I. Enunciado..	583
	II. Respuestas correctas..	585

PRUEBAS OBJETIVAS DE AUTOEVALUACIÓN 587

1.	Primera prueba...	589
	1.1. Enunciado..	589
	1.2. Respuestas correctas..	593
2.	Segunda prueba...	593
	2.1. Enunciado..	593
	2.2. Respuestas correctas..	597
3.	Tercera prueba..	598
	3.1. Enunciado..	598
	3.2. Respuestas correctas..	602
4.	Cuarta prueba..	602
	4.1. Enunciado..	602
	4.2. Respuestas correctas..	606
5.	Quinta prueba..	606
	5.1. Enunciado..	606
	5.2. Respuestas correctas..	610
6.	Sexta prueba..	610
	6.1. Enunciado..	610
	6.2. Respuestas correctas..	614
7.	Séptima prueba..	615
	7.1. Enunciado..	615
	7.2. Respuestas correctas..	619
8.	Octava prueba...	619
	8.1. Enunciado..	619
	8.2. Respuestas correctas..	623
9.	Novena prueba..	623
	9.1. Enunciado..	623
	9.2. Respuestas correctas..	627
10.	Décima prueba..	628
	10.1. Enunciado..	628
	10.2. Respuestas correctas..	631

APÉNDICE DE TABLAS ESTADÍSTICAS 633

BIBLIOGRAFÍA SELECCIONADA 641

1. Obras generales sobre Economía de la Empresa 643
2. Obras sobre dirección de empresas y toma de decisiones 644
3. Obras sobre finanzas 646
4. Obras sobre producción 647
5. Obras sobre marketing 649

Presentación

La Economía de la Empresa no puede ser objeto de un estudio exclusivamente reduccionista y analítico, sino que ha de predominar una visión sintética y sistemática sin la cual no puede llegarse a una comprensión adecuada del fenómeno.

De ello se deduce la necesidad de que en los estudios de Administración y Dirección de Empresas exista una asignatura de introducción a la Economía de la Empresa (o a la Administración o Dirección de Empresas, si se prefiere), a cuyos estudiantes se dirige este libro. En él, se efectúa una revisión introductoria a las funciones de dirección, financiación, producción y marketing, sin olvidar temas de tanta importancia como la naturaleza de la empresa y su entorno, y los instrumentos de toma de decisiones.

Dado el carácter introductorio que se pretende, los especialistas en los diversos subsistemas echarán a faltar temas de su interés. Precisamente, al escribir un manual introductorio a cualquier materia, una de las mayores dificultades es vencer la natural tentación que uno tiene de hacer una enciclopedia con pretensiones de exaustividad.

Esa dificultad es tanto mayor en una disciplina en la que se combinan e interrelacionan cuestiones de dirección, recursos humanos, financiación, marketing y producción, y en la que intervienen conceptos, ideas e instrumentos procedentes de la sociología, la psicología, la matemática, etcétera.

En la selección de los temas relevantes ha de intervenir necesariamente la subjetividad del autor. Para limitarla en lo posible, antes de comenzar a elaborarlos hicimos una revisión de los programas de Introducción a la Economía de la Empresa de la mayor parte de las universidades españolas.

El resultado son dieciocho capítulos divididos en seis partes.

En la primera, formada por un único capítulo, se revisan cuestiones previas referentes a la empresa, su entorno y la Economía de la Empresa.

En la segunda (cuatro capítulos), se estudia el proceso de dirección, la toma de decisiones y diversos criterios e instrumentos de decisión aplicables en diversos ambientes.

En el estudio de las decisiones en ambiente de riesgo se aprovechó la ocasión para estudiar conceptos relativos a las probabilidades, las distribuciones de probabilidad, la esperanza matemática, la varianza, etcétera, que no son adecuadamente conocidos por muchos estudiantes que acceden a nuestras universidades. Además, la experiencia nos enseña que es preciso explicárselos incluso a quienes ya los conocen desde una perspectiva matemática y estadística, para que comprendan su interés económico y empresarial, especialmente en lo concerniente a la percepción y medida del riesgo.

En el estudio de la programación lineal se consideró que, a nivel introductorio, es suficiente el conocimiento de la utilidad del instrumento, el planteamiento del primal y su resolución gráfica dejando, para un nivel más avanzado, temas como la dualidad, el análisis de sensibilidad, algoritmos de resolución como el simplex, etc.

En la parte tercera, formada por cuatro capítulos destinados al estudio de las decisiones de inversión y financiación, no nos resistimos a introducir nuestra particular opinión en diversas cuestiones, como algunas que hacen referencia a las relaciones existentes entre los diversos métodos de selección de inversiones, y al coste del capital.

La parte cuarta se encuentra integrada por cuatro capítulos destinados al estudio del subsistema de producción; y los cuatro capítulos siguientes forman su quinta parte, que se dedica al subsistema mercadotécnico.

Como es propio de la metodología de la enseñanza a distancia, a la que el libro se adapta, sin sacrificar el rigor se ha procurado aproximar las ideas al lector mediante la frecuente utilización de ejemplos y casos concretos que se han recogido bajo la rúbrica Actividades Resueltas.

Por la misma razón, se han evitado en lo posible las excesivas abstracciones teóricas, tratando de mantener un acercamiento a la realidad empresarial que motive al estudiante que se inicia en el estudio de la empresa y le anime a profundizar en el mismo.

Como también es propio de dicha metodología, al principio de cada capítulo se ofrece un breve esquema sinóptico, y al final se incluye una prueba objetiva de autoevaluación formada con diez cuestiones elegidas aleatoriamente junto con sus respuestas, para que el lector pueda comprobar por sí mismo su nivel de asimilación.

Con el mismo objetivo, al final del libro se incluyen diez pruebas objetivas de autoevaluación, cada una de las cuales consta de veinte preguntas.

Para practicar resolviendo ejercicios, problemas y casos, este manual se completa con nuestra obra *Prácticas de Administración de Empresas*, editada por Pirámide.

En el apartado de agradecimientos, nuestra gratitud es especialmente entrañable para con nuestros colegas y excelentes profesores de la Universidad Nacional de Educación a Distancia, Irene Saavedra, Beatriz Rodrigo, Manuel Pacheco, Pilar Segura y Victoria Fernández de Tejada —que comparten nuestra responsabilidad en la asignatura de Introducción a la Economía de la Empresa— por su apoyo, su colaboración y su aliento. Aunque la responsabilidad final de este trabajo corresponde en su totalidad al autor, sin la ayuda de todos ellos no hubiera podido llevarlo a cabo.

Sabemos que no es un trabajo perfecto, aunque sí esperamos que sea útil a colegas, estudiantes y profesionales. Con su crítica, lo mejoraremos.

EDUARDO PÉREZ GOROSTEGUI
Madrid, abril de 2002

Parte I

Prolegómenos

Capítulo 1. La naturaleza de la empresa, y su entorno.

1. LA NATURALEZA DE LA EMPRESA, Y SU ENTORNO

INTRODUCCIÓN

CONCEPTO Y CLASES DE EMPRESAS
- Concepto y características
- Clases

LA EMPRESA Y SU ENTORNO
- Los sistemas económicos y la "mano invisible del mercado"
- La "mano visible de la empresa"
- Los derechos individuales y la intervención de los poderes públicos
- Sobre la orientación social de la empresa

TEORÍAS SOBRE LA EMPRESA
- Concepto
- Teoría neoclásica
- Teoría de la agencia
- Teoría de los costes de transacción
- Teoría de los derechos de propiedad

LA EMPRESA COMO SISTEMA

1. Introducción

El término «Economía de la Empresa» viene a ser la traducción de lo que los anglosajones denominan *business administration*, que literalmente significa «administración de negocios». Son muchos los tratadistas que preferirían que se utilizara el término «Administración de Empresas», el cual, sin duda, refleja mejor el contenido de esta disciplina. No obstante, lo habitual es denominarla «Economía de la Empresa», que es la designación que recibe en la mayoría de los planes de estudios de las Universidades españolas.

> Este enfoque constituye el objeto formal de la Economía de la Empresa. Se trata de estudiar la empresa desde el punto de vista de su administración en la práctica.

El objeto material de estudio de esta disciplina es la unidad económica fundamental: la empresa. La importancia de esta unidad es tanta que al sistema de economía de mercado, que es el dominante en los países desarrollados, también se le denomina sistema de libre empresa.

La empresa también es objeto de estudio por otras disciplinas. Lo que diferencia a la Economía de la Empresa es la peculiaridad de su enfoque: se trata de estudiar la vertiente práctica de la dirección y administración de empresas.

2. Concepto de empresa

Al ser la empresa una realidad social, cada persona tiene su idea de lo que es y podría proponer una definición distinta. Posiblemente, un ingeniero destacaría su aspecto productivo, un abogado haría hincapié en su aspecto jurídico, un sociólogo se centraría en su aspecto social, etc.

El Diccionario de la Lengua Española la define como «acción ardua y dificultosa que valerosamente se comienza». Destaca el aspecto arriesgado que comporta poner en marcha una empresa y el carácter emprendedor que se necesita para ello.

Otra definición que incorpora ese Diccionario es la de «entidad integrada por el capital y el trabajo, como factores de producción y dedicada a actividades industriales, mercantiles y de prestación de servicios, con fines lucrativos y con la consiguiente responsabilidad». Esta es una definición que tiene un enfoque más económico y en la que ya aparecen algunos de los elementos que integran el concepto de empresa.

> Pero, desde nuestra perspectiva, la empresa es un sistema en el que se coordinan factores de producción, financiación y marketing para obtener sus fines.

De la definición recogida en el margen izquierdo se deducen las principales características de toda empresa:

1. La empresa es un conjunto de factores de producción entendiendo como tales los elementos necesarios para producir (bienes naturales o semielaborados, factor trabajo, maquinaria y otros bienes de capital), factores mercadotécnicos, pues los productos no se venden por sí mismos, y factores financieros, pues, para realizar las otras tareas es preciso efectuar inversiones y éstas han de ser financiadas de algún modo.
2. Toda empresa tiene fines, u objetivos, que constituyen la propia razón de su existencia. Tradicionalmente, en el sistema de economía de mercado estos fines se han asociado a la maximización del beneficio. En la actualidad, el abanico de objetivos que se maneja es más amplio, aunque, si ha de señalarse un objetivo central, sería el de la maximización del valor de la empresa.
3. Los distintos factores que integran la empresa se encuentran coordinados para alcanzar sus fines. Sin esa coordinación la empresa no existiría; se trataría de un mero grupo de elementos sin conexión entre sí y, por lo tanto, incapaces de alcanzar objetivo alguno. Esa coordinación hacia un fin la realiza otro factor empresarial que es la administración, o dirección de la empresa. El factor directivo planifica la consecución de los objetivos, organiza los factores, se encarga de que las decisiones se ejecuten y controla las posibles desviaciones entre los resultados obtenidos y los deseados. En definitiva, este factor se encarga de unir los esfuerzos para conseguir los objetivos globales del sistema empresarial.
4. La empresa es un sistema. Un sistema es un conjunto de elementos, o subsistemas, interrelacionados entre sí, y con el sistema global, que trata de alcanzar ciertos objetivos. Por consiguiente, de lo reseñado anteriormente se deduce la evidencia de que la empresa es un sistema.

3. Tipos de empresas

Existen ciertos principios, o leyes, como la mayoría de los que se tratarán en este libro, que son aplicables a todas las empresas. Junto a ellos, evidentemente, existen peculiaridades para cada tipo de empresa e, incluso, según cada empresa, la situación en que se encuentre y la contingencia que se le presente.

La variedad de empresas es ingente, como también lo son las clasificaciones que se podrían apuntar. Pero las principales son las siguientes (tabla 1.1):

CRITERIO	TIPOS DE EMPRESAS
Tamaño	• Pequeñas. • Medianas. • Grandes.
Actividad	• Del Sector primario. • Industriales. • De servicios.
Ámbito	• Locales. • Provinciales. • Regionales. • Nacionales. • Multinacionales.
Forma jurídica	• Individual. • Social.

TABLA 1.1

1. *Según su tamaño,* se distingue entre empresas pequeñas, medianas y grandes, sin que exista acuerdo sobre el criterio para la medición del tamaño (volumen de activos, volumen de ventas, tamaño del capital propio, número de trabajadores, etcétera) ni sobre las dimensiones que han de tener las empresas para pertenecer a una u otra clase[1].
2. *Según su actividad,* las empresas puede clasificarse por sectores económicos: primario, secundario o industrial, y terciario o de servicios. Dentro de cada uno de ellos, pueden establecerse distintas clasificaciones, dependiendo del nivel de desagregación que se utilice (agrario, pesquero, minero, siderometalúrgico, transporte, bancario, turístico, etc.).
3. *Según el ámbito territorial de su actividad,* se distingue entre empresas locales, provinciales, regionales, nacionales, y multinacionales.
4. *Según quién tenga su propiedad,* se distingue entre empresas privadas (en las que el capital es propiedad de particulares), empresas públicas (cuyo capital es propiedad del Estado o de cualquier Organismo Público), empresas mixtas (cuyo capital pertenece en parte a Entida-

---

[1] Sin embargo, va resultando cada vez más frecuente la utilización de la definición de la Unión Europea que considera como pequeña y mediana empresa (PYME) a aquella que no tiene más de 500 trabajadores, ni unos activos fijos netos superiores a 75 millones de euros (12.000 millones de pesetas aproximadamente), ni más de una tercera parte de su capital en manos de una empresa mayor.

des Públicas y en parte a particulares) y empresas cooperativas o sociales (en las que los trabajadores de las mismas son, además, sus propietarios). La empresa cooperativa es, en realidad, un tipo de empresa privada.
5. **Según su forma jurídica,** se diferencia entre la empresa regida por un empresario individual, que es una persona física, y la empresa social, que es una persona jurídica o sociedad. En Derecho español se distinguen cinco tipos de sociedades: la Sociedad Anónima, la Sociedad de Responsabilidad Limitada, la Sociedad Comanditaria, la Sociedad Colectiva y la Sociedad Cooperativa.

4. La empresa y su entorno

4.1. Los sistemas económicos y «la mano invisible del mercado»

Existen diversos tipos de sistemas económicos, pero todos ellos se encuentran entre estos dos extremos:

1. El sistema de libre mercado, en el cual todas las empresas se someten a la competencia, toman sus propias decisiones y tienen sus propios objetivos.
2. El sistema de economía centralizada, en el cual todas las empresas se encuentran sometidas a la autoridad del Estado, el cual interviene en sus decisiones, y tienen como objetivo cumplir el plan previsto por las autoridades estatales.

En España, como en todo Occidente, la mayor parte de las empresas se encuentran sometidas a un sistema de libre mercado; la mayor parte son empresas privadas que han de hacer frente a la competencia. En el sistema de empresa privada el éxito y el fracaso dependen de la capacidad que se tenga para conseguir la aceptación de los consumidores frente a los competidores. La competencia asegura que, a largo plazo, las empresas que satisfagan las demandas de los consumidores tengan éxito y que aquellas que no lo hagan desaparezcan y sean reemplazadas por otras.

A Adam Smith se le suele denominar «el padre del capitalismo». Fue el primero que describió el principio de que la competencia entre las empresas es el sistema que mejor sirve a las necesidades de la sociedad. En su obra «La Riqueza de las Naciones», publicada en 1776, Smith decía que la mejor regulación de la economía es la que efectúa «la mano invisible del mercado».

El papel del mercado en la eficacia del sistema económico es de una enorme importancia. Su «mano invisible» asegura que sólo las mejores empresas sobrevivan, de manera semejante al modo en el que los sistemas ecológicos garantizan la perfección de las distintas especies, existiendo, así, una **Teoría Ecológica de las Organizaciones.**

4.2. La «mano visible de la empresa»

Sin embargo, las propias imperfecciones del mercado, y la incertidumbre de las transacciones realizadas en el mismo, hacen que surja la «mano visible» de la empresa, como puso de manifiesto R. H. Coase, premio Nobel de Economía de 1991.

En principio, cualquier persona, o agente social en general, que necesite un producto, puede conseguirlo acudiendo a cada uno de los factores de producción necesarios para elaborarlo. Pero, como señala la teoría de los costes de transacción, con ello se incurriría en unos costes superiores que si interviene la organización empresarial.

Una de las razones de que la empresa sustituya a las transacciones del mercado es, por tanto, que éstas comportan unos costes superiores. Otra razón es que los agentes sociales no disponen de toda la información necesaria, por lo que, si prescindieran de la empresa, incurrirían en una serie de riesgos que se evitan con la intervención de esa organización en la que se reunen las necesarias experiencias, habilidades, conocimientos y capacidades.

Evidentemente, los agentes sociales podrían hacer acopio de toda la información precisa, pero ello requeriría tiempo y unos costes que vendrían a añadirse a los otros costes de transacción.

La empresa establece relaciones entre los agentes económicos en sustitución del mercado. Actúa como un intermediario, con lo que el número de relaciones se reduce, lo que hace que sean también menores los costes de transacción.

Por ejemplo, si en la elaboración de un producto intervienen diez factores de producción y existen cien demandantes del producto, sin empresa cada uno de estos demandantes tendría que acudir a cada uno de los diez proveedores de factores, con lo cual el número de relaciones sería mil. Al intervenir la empresa que organiza a los diez factores (diez relaciones) y a la que acuden los cien demandantes (cien relaciones más) el número total de relaciones es ciento diez.

Así, la intervención de la organización empresarial facilita los intercambios, ordena las relaciones, reduce la incertidumbre y minimiza los costes.

Donde el mercado funciona mejor que la empresa, ésta no existe. Si existen dos empresas en competencia y una lo hace mejor que la otra, esta última tiende a desaparecer.

4.3. Los derechos individuales y la intervención de los poderes públicos

El sistema de empresa privada se sustenta en una serie de derechos de los ciudadanos, como el derecho de propiedad privada, el derecho a la obtención de lucro o beneficios, el derecho a la libertad de elección, o el propio derecho a una competencia honesta. Sin embargo, los poderes públicos intervienen en la economía, lo cual, en algunos casos, supone una limitación de los derechos y las libertades individuales.

Cuando el Estado interviene en la economía, puede hacerlo con objetivos políticos, estrictamente sociales, o económicos. Los principales objetivos de la intervención de los entes públicos en la economía son los siguientes:

1. Proteger los derechos y libertades de las personas.
2. Producir bienes y servicios de interés público (defensa nacional, vías de transporte, educación, etc.).
3. Regular las actividades económicas, con normas relativas a la defensa de la competencia (evitando las actividades monopolistas), a las actividades de las entidades financieras, a la existencia de un salario mínimo, etcétera.
4. Promover la estabilidad y el crecimiento económicos. Desde un punto de vista estrictamente económico, los objetivos perseguidos son principalmente los siguientes:

    — A corto plazo:
     - La estabilidad de los precios.
     - El pleno empleo.
     - El equilibrio del comercio exterior.

    — A largo plazo:
     - La mejora en la distribución de la renta.
     - El crecimiento económico y el desarrollo.

5. Ofrecer ayudas directas a personas que las precisan por razones de salud, edad, desempleo, etc.

Para financiar estas actividades, los entes públicos precisan fondos que provienen de los impuestos que han de pagar las personas y las empresas, y de la emisión de deuda. Mucho se ha discutido, y siempre se seguirá haciendo, sobre la calidad y la cantidad de los bienes y servicios públicos. ¿Compensan todos ellos el esfuerzo económico que nos suponen? ¿Sería preferible que algunos fueran realizados por empresas privadas?.

4.4. Sobre la orientación social de la empresa

Hace ya bastantes años que se viene señalando la necesidad y la conveniencia de que las empresas incorporen objetivos que favorezcan el bienestar de la sociedad.

El problema es que las actividades orientadas socialmente generan costes y reducen la rentabilidad y las posibilidades de crecimiento de la empresa. Por ello, si una empresa las desarrolla, terminará encontrándose en desventaja frente a las demás y la tendencia ha de ser que la competencia le obligue a abandonar o, al menos, a limitar tales prácticas. Además, ¿por qué los propietarios de una empresa han de subvencionar a la sociedad en mayor medida que los de otras empresas?

Evidentemente, sería deseable que las empresas estuvieran orientadas socialmente, pero, para conseguirlo y que sea de modo que la carga se reparta entre todas ellas, ha de hacerse de modo imperativo y generalizado.

No obstante, por su propio interés, en ocasiones las empresas incorporan objetivos sociales incluso anticipándose a las propias demandas de la sociedad.

Además, las empresas, tratando de optimizar la consecución de sus objetivos económicos, desarrollan actividades que contribuyen al bienestar social. Por ejemplo, para poder pagar sustanciosos dividendos, en las empresas se investiga, se desarrollan nuevas tecnologías, se estudia el mercado para detectar posibles deseos y necesidades que los consumidores todavía no tengan cubiertos, se desarrollan nuevos productos para satisfacerlos y se crea riqueza y empleo.

Funcionando con economicidad, eficaz y eficientemente, las empresas contribuyen al bienestar social.

5. Teorías sobre la empresa

Una teoría de la empresa es un conjunto sistemático de reglas, leyes y principios que intentan explicar su funcionamiento.

Del mismo modo que no existe una definición única de la empresa, tampoco existe una teoría general aceptada por todos, sino un conjunto de teorías cada una de las cuales intenta explicar el funcionamiento de la empresa desde un punto de vista diferente. Veamos las principales teorías (tabla 1.2).

PRINCIPALES TEORÍAS SOBRE LA EMPRESA
- Teoría neoclásica.
- Teoría de la agencia.
- Teoría de los costes de transacción.
- Teoría de los derechos de propiedad.

TABLA 1.2

5.1. Teoría neoclásica

Los economistas neoclásicos consideran que la empresa es un mecanismo que se sitúa entre el mercado de factores (bienes iniciales) y el mercado de productos (bienes finales) y su actuación consiste en combinar los factores para transformarlos en productos.

Según esta teoría, los precios de los factores productivos y de los productos terminados, al igual que el tipo particular de tecnología que la empresa utiliza o función de producción, son datos para la empresa; es decir, vienen dados por el mercado supuestamente de competencia perfecta, en el que existe completa información para todos los participantes en el mismo.

Considera que la empresa es, sencillamente, la unidad económica de producción. La teoría neoclásica, o teoría de la firma, desconoce la dimensión humana y organizativa de la empresa. Ignora que se trata de una entidad formada por hombres con objetivos propios y capacidades limitadas.

La teoría neoclásica no contempla la situación de las empresas reales, no considera las bases de la toma de decisiones dentro de la empresa; destaca el papel del mercado, en detrimento de la capacidad discrecional de los directivos.

Bajo esta teoría, la empresa es una «caja negra» observable por sus comportamientos externos en el mercado, pero sin entrar a analizar lo que ocurre en su interior. No trata de explicar el funcionamiento real de las empresas.

5.2. Teoría de la agencia

La relación principal-agente típica y más estudiada es la de accionistas-directivos; pero también puede identificarse en las relaciones empleador-empleado, regulador-regulado, asegurador-asegurado, etc.

En las relaciones de agencia se producen problemas. Para que surjan los problemas de agencia ha de suceder:

1. Que exista una divergencia de intereses entre principal y agente.
2. Que tal relación se desenvuelva en un ambiente de incertidumbre donde no sea posible observar y conocer toda la actuación del agente, pues ese conocimiento «perfecto» permitiría establecer contratos «perfectos» que obligasen al agente a actuar conforme a los deseos del principal en todos los casos.

Se trata, pues, de contratos reales, no ideales, que no permiten prever toda la casuística que la relación de agencia presenta, que son incompletos por un problema de incertidumbre, de imposibilidad de observación total, y de asimetría de información.

Esta forma de comportamiento implica que los agentes tratarán de aprovechar los fallos que tengan los contratos con el principal, por lo cual aparecen unos costes de agencia. Tales costes son de tres tipos:

1. Costes explícitos de vigilancia y control del principal al agente.
2. Costes explícitos de atención del agente al principal para que este mantenga su confianza.
3. Costes de oportunidad provocados por las divergencias de interés, entre el principal y el agente.

> Esta teoría concibe a la empresa como un conjunto de relaciones de agencia. La relación de agencia es un contrato en el cual una o más personas (a quiénes se denomina principal) recurren al servicio de otra u otras (el agente) para que cumpla una tarea en su nombre, lo que implica delegar alguna autoridad.

5.3. La teoría de los costes de transacción

Con un trabajo de R. H. Coase sobre «la naturaleza de la empresa»[2] publicado en 1937, este autor sentó las bases de la teoría de los costes de tran-

---

[2] COASE, R. H.: «The Nature of the Firm», *Economica*, vol 4, n.º 16, noviembre 1937, pp. 886-905.

sacción. Dicho trabajo permaneció prácticamente olvidado hasta la amplia divulgación que obtuvo su artículo de 1960 sobre «el problema del coste social»[3]; artículo que supuso una contribución importante a la teoría de los derechos de propiedad.

Como se señaló anteriormente, la teoría de los costes de transacción (también denominada «economía de los costes de transacción») plantea la disyuntiva entre la asignación de recursos vía mercado y la realizada por la empresa. Se trata, en definitiva, de responder a la pregunta sobre la razón por la cual, en una economía de mercado, surge la empresa como procedimiento de coordinación de la actividad económica alternativa al sistema de precios.

La empresa es una célula autónoma cuya coordinación de actividades económicas se ejerce por relaciones de orden y jerarquía. El mercado es también un lugar de coordinación, no basado en la jerarquía sino en el cambio y el contrato. ¿Por qué estos dos modos de organización de recursos económicos coexisten? ¿qué relaciones mantienen entre ellos? ¿en qué situación hay superioridad de uno sobre otro? Es a estas cuestiones originales de la ciencia económica y a sus implicaciones en las ciencias de gestión a lo que tiende a responder la economía de los costes de transacción.

La empresa no realiza una suplantación del mercado como sistema de asignación, sino que le sustituye cuando el sistema empresarial puede conseguir una asignación más eficiente que el propio mercado.

Si el mercado real funcionara sin costes, podría carecer de sentido la existencia de procedimientos alternativos de asignación como el empresarial. Pero la utilización del sistema de precios comporta incurrir en una serie de costes de consecución de información, de negociación, de contratación y de medición, que se reducen sustancialmente al utilizar el sistema empresarial.

> La elección entre uno u otro procedimiento se basa en los costes o ventajas comparativas que se sintetizan en los respectivos costes de transacción.

La empresa no crece ilimitadamente porque llega un momento en el que los costes de coordinación de las actividades en el interior de la empresa superan a los costes de transacción del mercado.

5.4. La teoría de los derechos de propiedad

Desde el punto de vista de las ciencias de la gestión, la teoría de los derechos de propiedad (o teoría contractual) introduce un elemento suplementario en el análisis, integrando en la explicación variables jurídicas en el análisis de ciertos fenómenos.

La teoría contractual de la empresa, o teoría de los derechos de propiedad, se encuentra muy ligada a la teoría de los costes de transacción pero, a diferencia de ésta, que destaca el papel de la jerarquía en la empresa como base de los intercambios (a diferencia del mercado, donde rige el sistema de precios),

---

[3] COASE, R. H.: «The Problem of social Cost», *The Journal of Law and Economics*, octubre 1960.

la teoría contractual considera a la empresa como un conjunto de contratos bilaterales, y no de relaciones de autoridad.

El derecho a la propiedad privada es uno de los elementos fundamentales en los que se basa el sistema de economía de mercado. Los propietarios de los *inputs* de producción podrían cederlos directamente a los consumidores sin la intermediación de la empresa. Esta aparece cuando los propietarios de los factores de producción en virtud de un arreglo contractual se los ceden a un agente central cuya función es dirigir y controlar el proceso de producción, sustituyéndose así la «mano invisible» del mercado por la «mano visible» del empresario.

A diferencia de la perspectiva de la teoría de la firma, que considera a la empresa como una caja negra, bajo la perspectiva contractual la empresa se concibe como un sistema de caja «transparente» en la que se efectúa una superposición de factores productivos organizados técnicamente, tras la cual existe una organización de personas que detentan la propiedad de los mismos. Por ello, el resultado empresarial no sólo depende de la forma de explotación de unas posibilidades físicas, dada una tecnología y un nivel de conocimientos, sino que también depende del sistema de contratos y de derechos de propiedad bajo el que opere la empresa.

Evidentemente, bajo esta perspectiva quedan totalmente diferenciadas la figura del aportante del capital, y la del directivo. La propiedad de la empresa es un concepto irrelevante y que no debe confundirse con la propiedad del factor «capital».

> La empresa está constituida por un conjunto de contratos que determinan cómo se captan los *inputs* para crear *outputs*, y cómo se reparten entre aquéllos los ingresos obtenidos con éstos.

6. La empresa como sistema

Un sistema es un conjunto de elementos interrelacionados entre sí y con el sistema global, que tiene unos objetivos. Los elementos pueden ser de cualquier tipo: pueden ser objetos (una máquina, por ejemplo), personas (una familia), ideas (un sistema filosófico), etc. En un sistema puede haber también elementos de diverso tipo: en un sistema ecológico hay personas, animales y objetos.

Estructuralmente un sistema se puede dividir en partes, pero funcionalmente es indivisible, en el sentido de que si se divide se pierden algunas de sus propiedades esenciales. Por una parte, un sistema goza de propiedades que no se encuentran en ninguno de sus elementos (el motor de un automóvil aislado no puede transportar a nadie de un lugar a otro) y, por otra parte, el pertenecer a un sistema puede potenciar o disminuir la capacidad de cada elemento (un buen motor de un automóvil sirve de bien poco mientras no se le instale en el sistema adecuado; si se le instala en un camión puede que este sistema no funcione).

Pues bien, la empresa es un sistema. Más concretamente, la empresa es un sistema abierto; un sistema que recibe de su entorno una serie de *inputs* o entradas (materiales, fondos financieros, informaciones) y que envía a su exterior otra serie de *outputs* o salidas de diverso tipo.

Si las salidas generadas por la empresa se apartan de ciertos límites, comienza un proceso de retroalimentación, o *feed – back*, por el cual se modifican las entradas hasta conseguir que las salidas se ajusten a los límites deseados. El propio sistema se adapta y autocontrola para conseguir sus objetivos. Dicho de otro modo, el sistema de control se encuentra en la propia empresa (figura 1.1): la empresa es un sistema autorregulado, es decir, un sistema en el que se produce homeostasis.

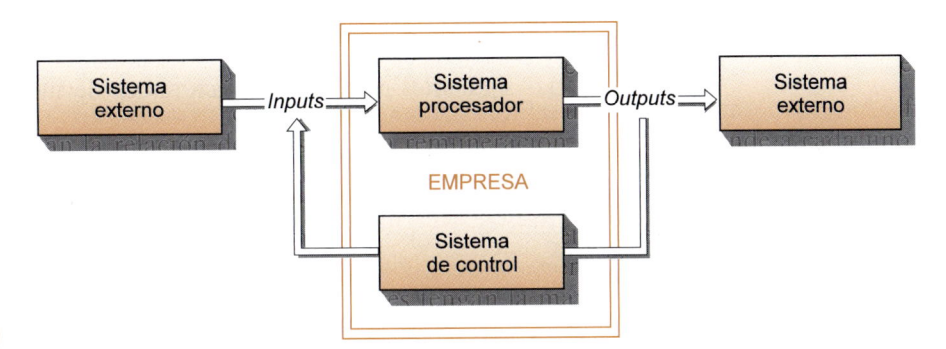

Figura 1.1

Según sea la forma de realizar las agrupaciones, es posible distinguir en la empresa diferentes tipos de subsistemas, que, a su vez, se comportan en sí mismos como sistemas. Las principales agrupaciones son las siguientes:

1. La primera distingue, según se ha señalado anteriormente, entre el sistema procesador de *inputs* en *outputs* y el sistema de control.
2. La segunda distingue entre el subsistema humano, el subsistema material, el subsistema tecnológico y el subsistema de información.
3. La tercera discierne entre el subsistema de flujos físicos, el subsistema de flujos financieros y el subsistema de flujos de información. Cada uno de ellos, a su vez, constituye un sistema en el cual se pueden distinguir otros subsistemas. Así, el primero es aquel por el cual circulan flujos de materias primas, productos semielaborados, productos terminados que se distribuyen a los clientes, etc., y está formado por los subsistemas de producción y de marketing. En el segundo se transforma ahorro en inversión materializada en capital productivo y se encuentra integrado por el subsistema de financiación (en el que se obtienen los medios financieros) y por el subsistema de inversión (en el que esos medios se materializan en inversiones productivas). El tercer subsistema es el de dirección, que actúa sobre los otros dos y que, a su vez, se encuentra formado funcionalmente por los subsistemas de planificación, organización, dirección propiamente dicha o gestión, y control.

Prueba objetiva de autoevaluación

I. Enunciado

1. El objeto formal de estudio de la Economía de la Empresa es:
   - La empresa. ■
   - El mercado. ■
   - La empresa desde el punto de vista de su administración en la práctica. ■
   - Ninguna de las otras. ■

2. ¿Cuál de las siguientes no es una característica de toda empresa?
   - La empresa es un conjunto de factores de producción, mercadotécnicos y financieros. ■
   - Toda empresa tiene fines, u objetivos, que constituyen la propia razón de su existencia. ■
   - Los distintos factores que integran la empresa se encuentran coordinados para alcanzar sus fines. ■
   - Ninguna de las otras. ■

3. La empresa multinacional es uno de los tipos de empresas existentes en la clasificación que toma como referencia:
   - El tamaño de las empresas. ■
   - Quién tenga su propiedad. ■
   - Su forma jurídica. ■
   - Ninguna de las otras. ■

4. El sistema económico en el que todas las empresas se encuentran sometidas a la autoridad del Estado, el cual interviene en sus decisiones, y tienen como objetivo cumplir el plan previsto por las autoridades estatales, se denomina sistema de economía:
   - Concentrada. ■
   - Centralizada. ■
   - Supeditada. ■
   - Ninguna de las otras. ■

5. Adam Smith dijo que la mejor regulación de la economía es la que efectúa «la mano invisible del mercado». ¿En qué obra lo dijo?
   - En «El Capitalismo». ■
   - En «El Mercado». ■

- En «La Riqueza de las Naciones». ■
- Ninguna de las otras. ▪

6. Una teoría que explica razones por las que la empresa sustituye al mercado estableciendo relaciones entre los agentes económicos es:
   - La Teoría de la Configuración Económica Organizativa. ■
   - La Teoría de los Costes de Transacción. ▪
   - La Teoría Ecológica de las Organizaciones. ▪
   - Ninguna de las otras. ■

7. El equilibrio del comercio exterior es un objetivo de la intervención de los entes públicos en la economía:
   - A largo plazo. ■
   - Social. ■
   - De regulación de las actividades económicas. ▪
   - Ninguna de las otras. ▪

8. ¿Cuál es la teoría que considera que la empresa es un mecanismo que se sitúa entre el mercado de factores (bienes iniciales) y el mercado de productos (bienes finales) y que su actuación consiste en combinar los factores para transformarlos en productos?
   - La neoclásica. ▪
   - La liberal. ■
   - La tradicional. ■
   - Ninguna de las otras. ▪

9. ¿Qué teoría considera que la empresa es una «caja negra» observable por sus comportamientos externos en el mercado, pero sin entrar a analizar lo que ocurre en su interior?
   - La teoría de la agencia. ▪
   - La teoría de los costes de transacción. ▪
   - La teoría de los derechos de propiedad. ■
   - Ninguna de las otras. ■

10. Un sistema puede dividirse en partes:
    - Estructuralmente. ■
    - Funcionalmente. ■
    - De ninguna forma. ▪
    - De cualquier modo. ▪

II. Respuestas correctas

1. ▪
2. ■
3. ■
4. ■
5. ■
6. ▪
7. ▪
8. ▪
9. ■
10. ■

Parte II

La dirección de empresas y la toma de decisiones

Capítulo 2. El proceso de dirección de la empresa.
Capítulo 3. La dirección de los recursos humanos.
Capítulo 4. La decisión empresarial.
Capítulo 5. Instrumentos de planificación, programación y control.

Parte II

La dirección de empresas y la toma de decisiones

2. EL PROCESO DE DIRECCIÓN DE LA EMPRESA

- **INTRODUCCIÓN**

- **CONCEPTO DE DIRECCIÓN**
  - La dirección
  - Niveles directivos
  - Cualidades de los directivos

- **LA FUNCIÓN DE PLANIFICACIÓN**
  - Concepto
  - El horizonte temporal
  - Elementos de los planes
  - El proceso de planificación
  - De la planificación a la dirección estratégica

- **LA FUNCIÓN DE ORGANIZACIÓN**
  - Concepto
  - La departamentación
  - Tipos de estructuras
  - Autoridad y responsabilidad
  - El límite de la dirección
  - Centralización y descentralización
  - La organización informal

- **LA FUNCIÓN DE GESTIÓN**
  - Concepto
  - Teorías sobre el liderazgo
  - Estilos de liderazgo
  - Las teorías X e Y
  - La teoría Z
  - La motivación

- **LA FUNCIÓN DE CONTROL**
  - Concepto
  - El proceso de control
  - Inconvenientes del control
  - El autocontrol

- **EL PROCESO DE DIRECCIÓN EN LA PEQUEÑA EMPRESA**

- **LA DIRECCIÓN Y LA EMPRESA COMO SISTEMA**

1. Introducción

Existe un cierto confusionismo entre los términos «dirección», «administración» y «gestión». En realidad, el problema carece de transcendencia, pues una vez que se ha definido lo que se quiere expresar con cada palabra, tal problema desaparece.

No obstante, debe saberse que a lo que aquí se ha denominado «dirección» algunos autores lo llaman «administración» y otros «gestión», y que a lo que aquí se ha denominado «gestión», o «dirección en sentido restringido», algunos autores lo llaman «dirección».

Quien señala el lugar al que ha de ir un automóvil y le conduce a ese lugar, le «dirige». Por ello, se prefirió denominar «dirección» a todo el proceso y reservar el de «gestión» para una de sus fases: la de hacer que las decisiones se ejecuten.

Pero el autor tiene colegas que prefieren otras soluciones en esta antigua polémica derivada de la traducción de la palabra *management*. Y, ciertamente, también tienen buenos argumentos.

2. Concepto de dirección y niveles directivos

El trabajo del directivo es combinar los recursos humanos y técnicos lo mejor posible para conseguir los objetivos; ha de dirigir los esfuerzos de otras personas hacia los objetivos de la empresa. El factor directivo es crítico en cualquier empresa.

La dirección requiere una sistemática respuesta a los cambios del entorno empresarial; comporta un conjunto de procesos que facilitan la toma de decisiones en un entorno cambiante, para la consecución de unos objetivos.

> Dirigir consiste en conseguir los objetivos de la empresa mediante la aplicación de los factores disponibles desarrollando las funciones de planificación, organización, gestión y control.

Los principios directivos son de aplicación general. No sólo son útiles para las empresas que tratan de conseguir beneficios, sino también para las entidades no lucrativas como museos, colegios y universidades, municipios o instituciones de caridad. Para todas ellas es útil una dirección eficaz.

Los diversos niveles directivos forman una pirámide jerárquica dividida en tres partes: la alta dirección, la dirección intermedia, y la dirección operativa (figura 2.1):

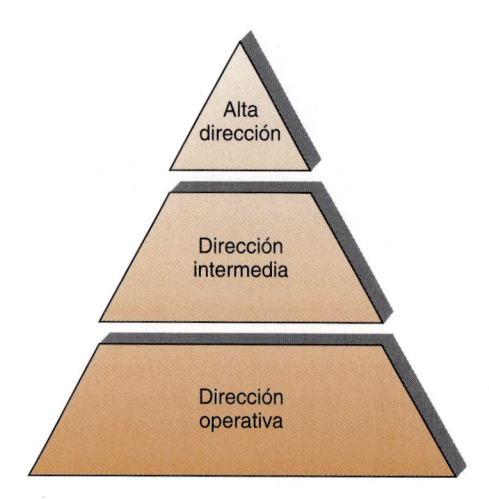

Figura 2.1

1. La alta dirección ocupa el nivel más elevado de la pirámide. Está integrada por el presidente y otros directivos clave que se ocupan de desarrollar los planes a largo plazo de la empresa. Toman decisiones de nivel tan elevado como las relativas a la elaboración de nuevos productos, la compra de otras empresas o la realización de operaciones internacionales. Además, supervisan el funcionamiento general de la empresa.
2. En la dirección intermedia se incluyen ejecutivos como los directores de fábricas o los jefes de divisiones. Los directivos intermedios se ocupan más que la alta dirección de cuestiones específicas. Son responsables de desarrollar planes y procedimientos detallados para llevar a la práctica los planes generales de la alta dirección. Se ocupan, por ejemplo, de determinar el número de vendedores que ha de operar en un cierto territorio, seleccionar un equipo de producción o determinar cómo se ha de evaluar el trabajo y la productividad de los empleados. Además, supervisa a la dirección operativa.
3. La dirección operativa, tambien llamada dirección de supervisión o dirección de primera línea, incluye a todos aquellos que son responsables directamente de asignar trabajadores a trabajos específicos y evaluar sus resultados diariamente, e incluso hora a hora. Se encarga de poner en acción los planes desarrollados por los mandos intermedios y se encuentra en contacto directo con los trabajadores.

En cualquiera de los niveles, los ejecutivos han de poseer ciertas cualidades para tener éxito, como la facilidad para trabajar en equipo, la capacidad para diseñar y llevar a cabo planes a largo plazo, el valor de asumir riesgos, o el saber desarrollar y mantener buenas relaciones humanas. Las principales cualidades se pueden agrupar en los siguientes tipos:

1. Cualidades técnicas. Aunque no es necesario que los directivos conozcan todos los aspectos técnicos del trabajo que dirigen, han de tener los conocimientos suficientes para comunicarse con sus subordinados y superiores, y para conseguir cierta credibilidad de sus subalternos.
2. Cualidades humanas. Todo directivo debe saber mantener unas buenas y sinceras relaciones humanas con su equipo. Aunque un directivo tenga grandes conocimientos técnicos, si no es capaz de conseguir la confianza y el apoyo de sus subordinados, el grupo será ineficaz.
3. Cualidades reflexivas. Los directivos han de tener la capacidad de enfocar los problemas y sus soluciones de forma lógica y sistematica, insertándolos en el contexto más amplio del que forman parte. En lugar de centrarse sólo en las soluciones a corto plazo, han de introducir los pequeños problemas diarios en una perspectiva a largo plazo.

3. La función de planificación

3.1. Concepto de planificación

La planificación comporta el establecimiento de objetivos y la decisión sobre las estrategias y las tareas necesarias para alcanzar esos objetivos.

La planificación es previa a las otras funciones de dirección; es imposible organizar, gestionar y controlar con eficacia sin unos planes adecuados.

3.2. El horizonte temporal de la planificación

Ha de distinguirse entre planes a corto plazo y planes a largo plazo.

Los planes a corto plazo suelen tener un horizonte temporal no superior a un año. Algunos autores a la planificación a corto plazo la denominan planificación táctica porque constituye una táctica para alcanzar los objetivos que se tienen a largo plazo. Evidentemente, los planes a corto plazo tienen que estar integrados con los planes a largo. Si falta esta coordinación, como a menudo sucede en la práctica, los planes a corto plazo contribuyen muy poco o nada a la consecución de los deseos que se tienen a largo plazo.

Los planes a largo plazo tienen una duración variable. Algunas empresas planifican a sólo dos años, mientras que otras tienen planes a veinte o treinta años, pero el horizonte temporal más habitual está comprendido entre tres y cinco años.

La forma más extendida de planificación a largo plazo es la denominada planificación estratégica que es aquella que comporta la realización de las siguientes tareas:

1. Determinar la misión principal de la organización.
2. Analizar el entorno de la organización.
3. Analizar los puntos fuertes y débiles del interior de la organización.
4. Fijar objetivos a alcanzar en un plazo de cinco años.
5. Desarrollar estrategias para implementar los planes.

3.3. Elementos de los planes

La mayoría de los planes incluyen objetivos, políticas, procedimientos, reglas y presupuestos (tabla 2.1).

TABLA 2.1

ELEMENTOS DE LOS PLANES
• Objetivos.
• Políticas.
• Procedimientos.
• Reglas.
• Presupuestos.

Los objetivos, a los que en ocasiones se les denomina metas, son el resultado final que se espera conseguir con el plan. Aunque el que más frecuentemente se menciona es el beneficio, las empresas también tienen objetivos de crecimiento, eficiencia, valor de sus acciones, responsabilidad social, desarrollo de su personal, servicio al cliente, etc.

Unos objetivos bien definidos permiten a los directivos establecer prioridades, disponer de unos estándares con los que luego poder comparar los resultados efectivamente obtenidos, y unificar los esfuerzos en torno a esos objetivos.

Las políticas son líneas que orientan el pensamiento y la acción. Crean límites para que exista cierta consistencia en las decisiones que se toman en los diversos ámbitos de actuación de la empresa.

Una política a largo plazo que limita las decisiones de marketing y producción puede ser, por ejemplo, la de «productos de gran calidad y elevado precio». Una política como esta mantenida durante un periodo de tiempo suficiente llega a crear una cierta imagen de la empresa y de sus marcas bien diferente de la que puede llegar a tener otra empresa que sigue la política de «productos de calidad suficiente y precio tan bajo como sea posible».

Las políticas abarcan todos los campos. Una política de personal sería «la promoción de los empleados se realiza sobre una base de capacidad, resultados y tesón».

Los procedimientos son más limitativos que las políticas: constituyen guías específicas de actuación. Señalan los pasos que han de darse en actividades tales como la contratación de personal, la adquisición de maquinaria, la devolución de mercancías, la realización de inventarios y arqueos de caja, etc.

Por ejemplo, un procedimiento para la adquisición de herramientas podría ser el siguiente:

> Se han de preparar tres copias del formulario 677FZ en el que se señalarán los motivos de la adquisición. El original y una copia se enviarán al departamento de compras y el peticionario se quedará con otra copia para su archivo. Las adquisiciones que superen las 400.000 unidades monetarias (u.m.) han de ser aprobadas por el director financiero.

En las empresas las críticas a los procedimientos son muy frecuentes. Los empleados les acusan de ser burocráticos y de comportar una pérdida de tiempo, creando un «papeleo» innecesario. Sin embargo, el objetivo de los procedimientos es ayudar a la dirección y a los empleados a que el trabajo se efectúe con eficacia.

Las reglas son más estrictas, incluso, que los procedimientos. Señalan lo que se puede y lo que no se puede hacer en situaciones o momentos muy definidos.

Un ejemplo podría ser:

> En el taller ha de utilizarse casco.

Otro podría ser:

> Todos los empleados disponen de tres días al semestre de ausencia para asuntos propios.

Los presupuestos expresan las expectativas en cifras. Los presupuestos de caja preven las necesidades de tesorería; los presupuestos de ingresos y gastos preven los futuros beneficios; y las previsiones de ventas preven las ventas futuras. Pero no todos los presupuestos son financieros. Por ejemplo, los presupuestos de mano de obra vienen expresados en horas, aunque luego éstas se valoren para obtener la previsión del coste del factor trabajo.

3.4. El proceso de planificación

En la planificación ha de seguirse un enfoque lógico y bien desarrollado con las siguientes fases:

1. Reconocimiento de las oportunidades existentes. Los grandes éxitos se consiguen aprovechando las grandes oportunidades, pero, para ello, como es obvio, previamente es preciso advertir su existencia. ¿Existe

algún servicio deseable que podría prestar la empresa? ¿Hay alguna necesidad en algún segmento del mercado que esté sin cubrir y que podría cubrirse creando un nuevo producto? ¿Qué dicen sobre ello nuestras investigaciones del mercado? ¿Pueden obtenerse más recursos con algún nuevo producto financiero?

2. Selección de los objetivos del plan. El plan ha de tener algún propósito. Sin un objetivo claro y cuantificable, el plan fracasará. Por el contrario, un objetivo preciso ofrece una dirección y un sentido a las demás fases de la planificación.
3. Identificación y creación de alternativas. Se han de identificar las diversas alternativas existentes para alcanzar los objetivos. En esta fase es importante tener ideas creativas pues las mejores alternativas no son siempre las que resultan evidentes.
4. Evaluación de las alternativas. Cada alternativa ha de ser evaluada con precisión a la vista de los objetivos. El éxito precisa un estudio cuidadoso de las ventajas e inconvenientes de cada una de las alternativas existentes. Ha de estudiarse el coste de cada una, sus posibles resultados, la disponibilidad de recursos suficientes para llevarla a cabo, el tiempo que requerirá, etc.
5. Selección de una alternativa. Si se han seguido las fases anteriores cuidadosamente, se puede tener confianza en que la selección es la adecuada. No obstante, es posible que no estén del todo claras las ventajas e inconvenientes de todas las alternativas. Nunca se tiene toda la información que sería deseable para tomar una decisión. Sin embargo, hay que tomarla.
6. Seguimiento del plan. Como vivimos en un mundo que es cada vez más incierto y como los directivos son personas y, por lo tanto, seres imperfectos, ha de efectuarse un seguimiento contínuo del plan que puede poner de manifiesto la conveniencia de alterar alguna o varias de las fases.

La planificación es conveniente en sí misma. Incluso si se fracasa en la consecución de los objetivos del plan, en el proceso se consigue un mejor conocimiento de la empresa, de sus posibilidades, de su entorno, de sus medios, etc. Planificar obliga a una disciplina de estudio e investigación que genera un conocimiento que, como todo saber, es conveniente en sí mismo.

3.5. De la planificación a la dirección estratégica

Muchos autores consideran que hay tres etapas en la progresión del pensamiento sobre la planificación en la dirección de empresas:

— La planificación a largo plazo.
— La planificación estratégica.
— La dirección estratégica.

Al principio, la planificación a largo plazo no fue más que una extensión de la habitual programación financiera a un año, en forma de presupuestos quinquenales y de planes operativos detallados. Apenas tomaba en consideración factores sociales o políticos, y presuponía una relativa estabilidad de los mercados. Poco a poco se fue perfeccionando el sistema para tener en cuenta los aspectos de crecimiento de la empresa y de diversificación en nuevos productos y mercados.

La planificación estratégica, en relación a la planificación a largo plazo simple, introduce la necesidad de analizar sistemáticamente el entorno para realizar un diagnóstico estratégico de la empresa, así como la de generar varias alternativas estratégicas, y la de que la dirección participe en la formulación de las estrategias. La planificación estratégica intervino para controlar que los directivos hubiesen debatido las opciones estratégicas antes de la adopción oficial de los presupuestos. En este momento la estrategia se centraba en las unidades operativas y no tanto en el centro organizativo.

La dirección estratégica trata de facilitar al personal de todos los niveles las herramientas y las ayudas necesarias para gestionar el cambio estratégico. El enfoque, antes primordialmente externo, se vuelve ahora hacia el interior de la organización para preguntarse: ¿cómo podemos alcanzar y mantener la ventaja estratégica con el esfuerzo combinado de todos los que trabajan aquí?

Con la dirección estratégica se trata de superar los principales inconvenientes de la planificación estratégica pura, que son los siguientes:

— En su análisis del entorno la planificación estratégica se centra en las variables económicas y tecnológicas, sin atender a las variables psicosociopolíticas internas y externas.
— En el estudio de las relaciones entre la empresa y su entorno, se parte de la premisa de que el interior de la empresa no se modificará, sino que se trata de aprovechar sus aspectos positivos y de atrincherar los negativos, sin que se plantee la posibilidad de cambiar internamente la empresa para mejorarla.
— Se enfatiza la formulación de las estrategias, descuidando la creación de las condiciones necesarias y el «ambiente» preciso para que la organización las ejecute.

4. La función de organización

4.1. Concepto

Llevar a efecto los planes requiere la función de organización, que constituye la segunda fase del proceso de dirección. Así como la función de planificación genera un objetivo al que ha de dirigirse la empresa, la función de organización hace posible que estos planes se lleven a efecto de forma conjunta y colectiva entre todos los elementos del sistema.

La división en tres niveles de la tarea de dirección, en la pirámide organizativa a que se hizo referencia anteriormente, forma parte de la función de organización.

Una empresa, sea pequeña o grande, y cualquier organización, sea lucrativa o no, está bien organizada si cada uno sabe con claridad cuál es su trabajo y si todas las partes se encajan para desarrollar perfectamente las funciones del sistema y conseguir sus objetivos.

> Organizar es dividir el trabajo entre las personas y los grupos y coordinar sus actividades.

Una empresa está mal organizada si sus unidades funcionan con objetivos cruzados, si departamentos rivales están constantemente peleando por sus competencias, o si algunas funciones no se realizan porque nunca quedaron claramente asignadas a alguien. En una entidad bien organizada nadie es imprescindible.

4.2. La departamentación

Se trata de dividir, y subdividir el trabajo, si es necesario, entre grupos de personas. A este proceso se le denomina departamentación y a las divisiones que resultan se las denomina unidades organizativas o departamentos.

> El principal objetivo que subyace en toda organización es la división del trabajo.

Los principales tipos de departamentación que se aplican en la práctica son los siguientes:

1. **Departamentación por funciones.** Parte de la división funcional del trabajo, separando las tareas según los principales tipos de actividades (producción, marketing, finanzas, recursos humanos) que se realizan en la empresa. Todas las tareas relacionadas con la producción se incorporan en el departamento de producción, todas las relacionadas con la mercadotecnia en el de marketing, y así sucesivamente. El trabajo de cada unidad organizativa puede subdividirse, a su vez, en otras unidades. Por ejemplo, dentro del departamento de marketing pueden encontrarse el departamento de investigación de mercados, el de publicidad y el de promoción, junto a otros. La división funcional es frecuente a nivel de alta dirección.

> Los organigramas son gráficos en los que se representan los departamentos y las relaciones que existen entre ellos.

2. Departamentación por territorios. La división geográfica o territorial del trabajo es frecuente en los departamentos de marketing. Si una gran empresa ha de realizar campañas mercadotécnicas en territorios heterogéneos, conseguirá mayor eficacia dividiendo las tareas por territorios. Para cada departamento territorial se nombran los responsables de tomar las decisiones que mejor se adecúen a las peculiaridades del territorio que tiene encomendado. Por supuesto, si se trata de grandes territorios, es posible subdividirlos en otros más pequeños y encargárselos a unidades organizativas menores.

3. Departamentación por productos. Las empresas que elaboran productos muy diferentes, o distintas clases de productos (por ejemplo, pro-

ductos de alimentación, productos químicos y productos farmacéuticos), en muchas ocasiones se dividen creando un departamento para cada producto o tipo de producto. Como en las anteriores formas de departamentación, dentro de cada unidad organizativa (la de productos de alimentación, por ejemplo) es posible realizar ulteriores subdivisiones en otros departamentos (derivados lácteos, dulces, etc).

4. Departamentación por procesos. En el área de fabricación es frecuente la división del trabajo, que en realidad forma un proceso contínuo, en varias fases, de cada una de las cuales se encarga un departamento.
5. Departamentación por clientes y por canales de distribución. En algunas empresas y en algunos departamentos, como el de distribución, es frecuente que la departamentación se realice en función de los diversos tipos de clientes que tienen y de los intermediarios que utilizan. Por ejemplo, una empresa fabricante de cosméticos puede tener un departamento dedicado a los establecimientos farmacéuticos, otro para las perfumerías, otro para supermercados y otro para grandes superficies.

En la práctica, la mayor parte de las grandes empresas utilizan una departamentación combinada, en la que, en los distintos niveles, se utilizan la totalidad, o parte, de estas formas de departamentación. Así, hay empresas en las que la alta dirección se divide por funciones y a nivel medio se departamentalizan por territorios, en cada uno de los cuales se aplica el criterio por productos.

En las siguientes figuras se recogen organigramas correspondientes a los distintos tipos de departamentación existentes.

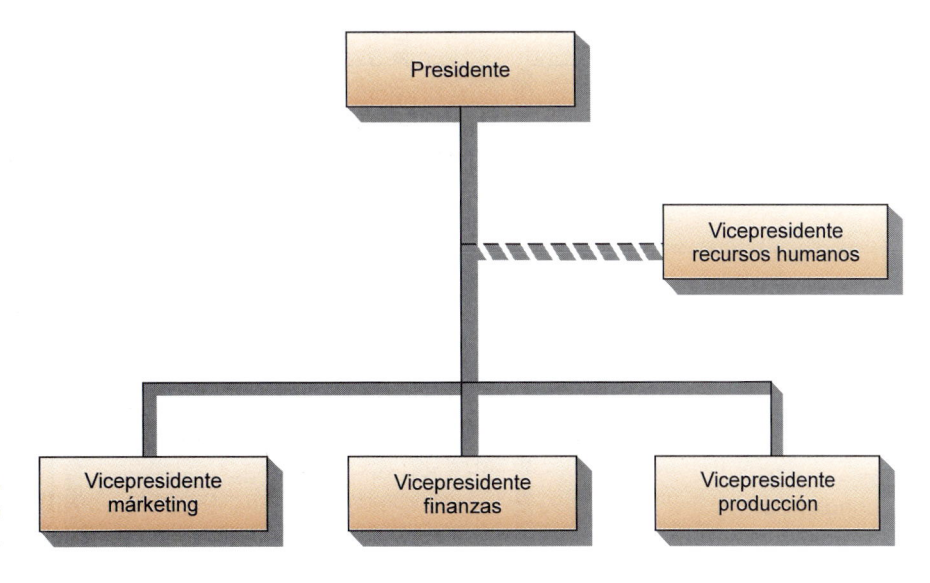

Figura 2.2. Departamentación por funciones.

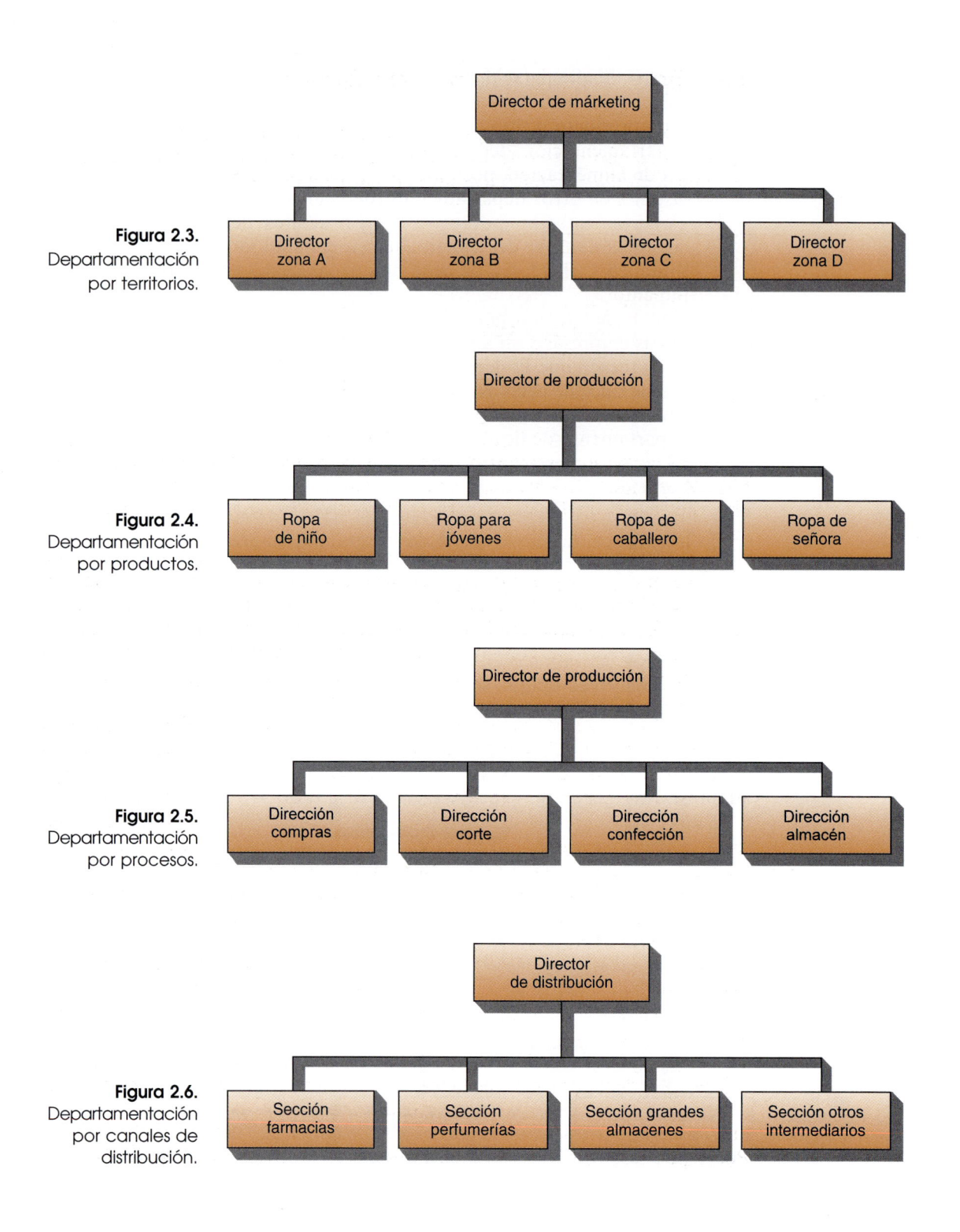

Figura 2.3. Departamentación por territorios.

- Director de márketing
  - Director zona A
  - Director zona B
  - Director zona C
  - Director zona D

Figura 2.4. Departamentación por productos.

- Director de producción
  - Ropa de niño
  - Ropa para jóvenes
  - Ropa de caballero
  - Ropa de señora

Figura 2.5. Departamentación por procesos.

- Director de producción
  - Dirección compras
  - Dirección corte
  - Dirección confección
  - Dirección almacén

Figura 2.6. Departamentación por canales de distribución.

- Director de distribución
  - Sección farmacias
  - Sección perfumerías
  - Sección grandes almacenes
  - Sección otros intermediarios

INTRODUCCIÓN A LA ECONOMÍA DE LA EMPRESA

4.3. Tipos de estructuras organizativas

Las organizaciones pueden clasificarse según la naturaleza de las relaciones de autoridad que existen en ellas. Hay cuatro tipos de estructuras organizativas: lineal, en línea y *staff*, en comité, y matricial (tabla 2.2).

TABLA 2.2

TIPOS DE ESTRUCTURA ORGANIZATIVA
• Lineal. • En línea y *staff*. • En comité. • Matricial.

La estructura lineal, o jerárquica, es la basada en la autoridad directa del jefe sobre los subordinados.

Quizá el mejor ejemplo de estructura lineal sea la clásica estructura militar. El general ordena al coronel, y éste al comandante, el cual se lo dice al capitán..., hasta que, finalmente, el sargento se ocupa de mandar a los soldados que cumplan la orden.

Es el tipo de estructura más sencillo y antiguo que existe. La cadena de mando es muy clara y es difícil que alguien se la salte. Las decisiones se pueden tomar rápidamente, dado que sólo tienen que consultarse con el inmediato superior. Sin embargo, este tipo de estructura tiene inconvenientes importantes. Evidentemente, las comunicaciones son muy lentas. Además, cada directivo tiene toda la responsabilidad de una amplia variedad de actividades y, como es obvio, no puede ser un experto en todas ellas.

Este último defecto se observa en muchas empresas medianas y grandes cuya estructura lineal impide que se realicen tareas especializadas que son vitales en la moderna industria. Sus ejecutivos están abrumados por el trabajo administrativo y por el «papeleo», y les queda poco tiempo para planificar.

Estas medianas y grandes empresas que tienen estructuras lineales suelen ser organizaciones rígidas, que carecen de la flexibilidad necesaria para adaptarse a los cambios que se producen en el entorno de la empresa.

Esta sencilla forma de estructura puede ser adecuada en un negocio pequeño, como un taller de reparación de automóviles, pero no en una empresa como General Motors.

La estructura en línea y staff es aquella en la que se combinan las relaciones de autoridad directa, propias de la estructura lineal, con relaciones de consulta y asesoramiento que se mantienen con los departamentos denominados staffs.

En la estructura en línea y *staff*, los departamentos que se encuentran en línea se ocupan directamente de las decisiones que afectan a las operaciones de la organización. Los *staffs* realizan una labor de asesoramiento y apoyo técnico.

En el organigrama de la figura 2.2 se representó una estructura en la que existen tres departamentos en línea y un departamento *staff* que asesora en materia de recursos humanos. Las relaciones jerárquicas se representan con una línea continua; las de consulta y asesoramiento con una línea discontinua. Por supuesto, el departamento de recursos humanos podría estar también en

EL PROCESO DE DIRECCIÓN DE LA EMPRESA

línea, pero, en esta empresa en concreto, prefirieron aumentar su independencia transformándolo en *staff*.

A efectos prácticos, la estructura en línea y *staff* y la estructura matricial, que es más moderna, son las únicas formas de organización capaces de cubrir las necesidades actuales de las empresas medianas y grandes. Esta estructura combina la rapidez en la toma de decisiones, que es propia de la estructura lineal, y la rápida comunicación directa con los conocimientos expertos de los especialistas de los departamentos *staff* que son necesarios para dirigir numerosas actividades de muy diversa índole.

Los directivos de los departamentos *staff* no tienen autoridad sobre los directivos que se encuentran en línea; su autoridad se limita a sus subordinados de su *staff*. Son ejemplos frecuentes en la práctica los directores de investigación, de asesoramiento legal, de auditoría interna, y de recursos humanos.

> La estructura en comité es aquella en la cual la autoridad y la responsabilidad son compartidas conjuntamente por un grupo de personas, en lugar de asumirlas una sola.

En la estructura en comité, para tomar una decisión, el grupo se reúne, se intercambian opiniones, se discute y se llega a la elección final. Normalmente se utiliza conjuntamente con la estructura en línea y *staff*, y sólo para la toma de algunas decisiones en concreto.

Por ejemplo, en el estudio del desarrollo de un nuevo producto, creando un comité con directivos de diversas áreas (producción, marketing, finanzas y recursos humanos, normalmente) se consigue que se tomen en consideración todas las perspectivas desde las que ha de enfocarse el problema. El que todas las áreas de la empresa participen en estas decisiones importantes es, además, un elemento motivador que eleva la moral del conjunto.

No obstante, los comités tienen muchos detractores. Es famosa la definición de un camello como «caballo diseñado por un comité». Y, en realidad, tienen inconvenientes: tienden a ser lentos y conservadores y, en muchas ocasiones, en ellos las decisiones se toman más por compromisos basados en conflictos de intereses que buscando la mejor alternativa.

La estructura matricial parte de un nuevo enfoque al que se han ido sumando un número creciente de empresas, desde la década de los años sesenta, para ajustar sus estructuras a las necesidades que imponen los cambios del entorno, especialmente en las áreas de investigación y desarrollo y de nuevos productos.

> Se trata de una estructura en la que especialistas de diferentes partes de la organización se unen para trabajar en proyectos específicos.

Al igual que la estructura en comité, la matricial se utiliza conjuntamente con la de línea y *staff*. Una característica de esta estructura es que algunos miembros de la organización responden ante dos superiores, en lugar de sólo uno. Se desarrolla en torno a proyectos específicos o problemas en los que se reúnen personas expertas en diferentes áreas para centrarse en problemas importantes o en temas técnicos concretos.

La estructura matricial se hizo muy conocida durante los años sesenta cuando la NASA la utilizó en las misiones espaciales Mercurio y Apolo. La empresa Lockheed la empleó para cumplir un cuantioso contrato de construcción de 58 enormes aviones C-5A de transporte militar. Ha sido utilizada también por empresas de la talla de Dow Chemical, el Chase Manhattan Bank, o Procter and Gamble, y por una institución universitaria de la categoría de la Harvard Business School.

Como puede observarse en el organigrama de la figura 2.7, de la estructura matricial se deriva la existencia de una doble autoridad: cada miembro de un grupo recibe instrucciones del director del proyecto (autoridad horizontal), pero, además, mantiene su pertenencia al departamento funcional en el que habitualmente trabaja (autoridad vertical).

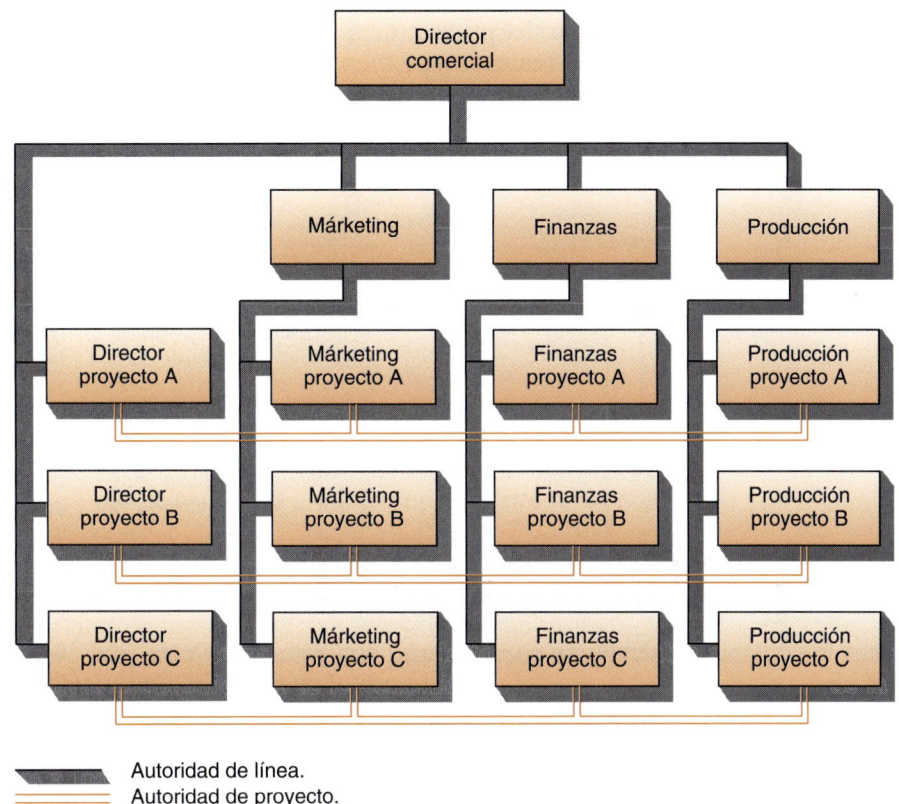

Figura 2.7 — Autoridad de línea. Autoridad de proyecto.

Con objeto de evitar los posibles problemas derivados de la existencia de dos superiores, generalmente el director del proyecto tiene una autoridad bastante considerable en todo lo concerniente al propio proyecto y suele responder ante el director general.

El calificativo de «matricial» se deriva del cruce entre el flujo de autoridad-responsabilidad horizontal del proyecto, y los flujos verticales derivados de la tradicional estructura en línea y *staff*. Por ejemplo, en el organigrama de la figura 2.7, los miembros del grupo de finanzas del proyecto A responden ante la dirección de finanzas y ante el director de ese proyecto.

Las principales ventajas de la estructura matricial radican en su flexibilidad y en su capacidad para afrontar los problemas y proyectos importantes. Sin embargo, es necesario que el director del proyecto sepa integrar a personas provenientes de diversas partes de la organización en un verdadero equipo de trabajo. Tales personas han de saber trabajar cómodamente con más de un superior.

Para evitar inconvenientes derivados del carácter temporal de la agrupación matricial, al director del proyecto en algunos casos se le otorga autoridad para tomar decisiones sobre remuneraciones, para hacer recomendaciones de promoción, y para otras cuestiones referentes al personal a su cargo durante la realización del proyecto.

Es difícil realizar una comparación entre los cuatro tipos de estructura. En una pequeña empresa la estructura lineal puede ser perfectamente adecuada. A

TIPO DE ESTRUCTURA	VENTAJAS	INCONVENIENTES
Lineal.	Sencilla y fácilmente comprensible. Clara delegación de autoridad y responsabilidad en cada área. Rapidez en las decisiones.	Falta de especialización. Abruma a los altos directivos con detalles administrativos.
Línea y *staff*.	Especialistas para asesorar a los directivos de línea. Las personas responden ante un solo superior.	Conflictos entre línea y *staff* si las relaciones no están claras.
Comité.	En las decisiones se combinan diferentes perspectivas. La participación en las decisiones motiva e incentiva.	Lentitud en la toma de decisiones. Las decisiones pueden resultar de compromisos.
Matricial.	Flexibilidad. Ofrece un método para afrontar problemas y proyectos específicos. Ofrece un método para innovar sin romper la estructura habitual.	Posibles problemas por haber más de un superior. El director del proyecto puede tener dificultades para integrar un equipo con personas provenientes de áreas diversas. Se pueden producir conflictos entre directores de proyectos y otros directivos.

TABLA 2.3

medida que las empresas crecen, sus problemas van siendo más numerosos, más complejos, y de más diversa naturaleza, por lo cual se hace necesario el asesoramiento de especialistas y se crean *staffs*. La estructura en comité se utiliza en una medida muy limitada. La matricial se va utilizando cada vez más en las grandes empresas que elaboran diversos productos para aplicar los recursos de la organización a problemas y proyectos específicos. En la tabla 2.3 se recogen las ventajas y los inconvenientes principales de los cuatro tipos de estructura organizativa.

En ocasiones se ha concedido excesiva importancia a la estructura organizativa, considerándola inmutable. En un mundo cambiante no sólo parece evidente que las estructuras deben cambiar, sino además que, en la medida de lo posible, deben ser flexibles, adaptables, sencillas y claras. Además, la organización de la empresa no termina con la fijación de su estructura. Esta proporciona, como mucho, el esqueleto. Los músculos y los órganos vitales de la empresa provienen de otros orígenes.

4.4. Autoridad y responsabilidad

Hay algo de gran importancia que no se puede representar en los organigramas: el grado de autoridad que tiene un departamento sobre otro.

Ha de haber cierta relación entre la responsabilidad de las personas y la autoridad que se las confiere. No se puede exigir a nadie que se responsabilice de ciertas actividades que requieren del ejercicio de la autoridad, si no se le dota del grado de autoridad necesario para ello.

> La autoridad es el derecho o capacidad de mandar, de hacerse obedecer, de tomar decisiones que afectan a otros. La responsabilidad es la obligación de la persona de llevar a efecto las tareas que le han sido asignadas.
>
> La delegación de autoridad consiste en asignar una tarea a un subordinado, conferirle libertad y autoridad para desempeñarla, y controlarle para comprobar si la realiza adecuadamente.
>
> El límite de la dirección, también llamado límite del control, se refiere al número de personas que pueden estar directamente a cargo de un directivo.

4.5. El límite de la dirección, o límite del control

Una de las razones de ser de la departamentación es que los directivos tienen limitaciones en cuanto al número de actividades que pueden desarrollar y en cuanto al número de personas que pueden tener a su cargo.

Los factores principales que han de determinar el límite óptimo son el tipo de trabajo realizado, los medios materiales de que se disponga, los conocimientos de los subordinados, la cantidad de trabajo administrativo que se genere, la capacidad del directivo y la claridad y eficacia de las comunicaciones entre las personas.

4.6. Centralización y descentralización

En la organización de la empresa ha de decidirse el grado de autoridad que corresponde a cada puesto directivo.

> La concentración se produce cuando la mayoría de las decisiones importantes corresponden a pocos puestos. Cuando esa concentración de capacidad de decisión se produce en la cúspide de la organización, se denomina centralización.

Por el contrario, en las organizaciones descentralizadas a los puestos de niveles organizativos más bajos les corresponde cierta capacidad para tomar decisiones, es decir, cierto grado de autonomía y de responsabilidad. Generalmente tienden a descentralizarse las decisiones rutinarias, y a centralizarse las que son menos repetitivas y tienen caracter crítico.

4.7. La organización informal

Hasta aquí se ha tratado sobre la organización formal; sobre aquella que se planifica y se implanta formalmente con todo su conjunto de unidades departamentales y relaciones. Pero los miembros de cualquier grupo siempre, con el paso del tiempo, van desarrollando sus propias relaciones informales. Se crean normas en el grupo, las distintas personas esperan distintos comportamientos o «roles», se relacionan socialmente, asumen ciertos «status», y crean canales informales de comunicación.

Los directivos han de reconocer la existencia de la organización informal. Es una organización que no puede ser planificada ni estructurada; por lo tanto, lo único que se puede hacer es conocerla tan bien como se pueda y, en la medida de lo posible, tratar de que funcione a favor de la organización.

5. La función de gestión, o dirección en sentido restringido

5.1. Concepto

Tras planificar un futuro deseado y la forma de alcanzarlo, y organizar los medios disponibles para ello, hay que hacer que todo cuanto se ha decidido se realice.

Gestionar consiste esencialmente en hacer que las personas de la organización cumplan sus funciones y obligaciones para alcanzar los objetivos deseados.

Para realizar esta función es necesario el liderazgo, es decir, el ejercicio de la influencia y del poder. En casi todos los grupos sociales hay líderes. Podría decirse que son necesarios para la propia existencia de los grupos. Realizan una función de armonización de intereses e ideas sin la cual el grupo quedaría sin rumbo y sin sentido.

Los líderes eficaces dan forma y objetivos al grupo. Con el liderazgo se consigue que las personas se identifiquen con unos objetivos del grupo y actúen para conseguirlos.

La motivación también es muy importante en la función de gestión. Para que las personas hagan lo que se espera de ellas es preciso que se encuentren motivadas para ello.

5.2. Teorías sobre el liderazgo

Sobre el liderazgo se ha escrito mucho. Desafortunadamente, después de más de ochenta años de investigación ininterrumpida, el liderazgo continúa siendo en buena medida un enigma, y pocos temas en materia de dirección y administración de empresas presentan un saldo tan desfavorable entre el esfuerzo investigador realizado y los conocimientos adquiridos.

El liderazgo se ha estudiado desde los siguientes enfoques:

— Como proceso de incidencia social que se ejerce a través de la comunicación, sobre las conductas de los individuos que constituyen un grupo de trabajo y que tienen sus propios subobjetivos organizativos que satisfacer.
— Como un elemento vinculado a la motivación, el grado en el que el líder se hace obedecer depende, según esta perspectiva, de la fuerza motivacional que para los subordinados tiene la conducta deseada por el líder.
— Como propiedad personal, es decir, como conjunto de rasgos (cómo es el líder) y de conductas (cómo se comporta el líder) de quienes realizan un liderazgo considerado eficaz por conseguir influir en la conducta de los seguidores. Según se considere que cada uno de esos conjuntos son permanentes (teoría de la personalidad) o que los rasgos o conductas necesarias varían con las situaciones (teoría situacional), aparecen las aproximaciones universalista en rasgos, universalista en conducta, contingente en rasgos, y contingente en conducta. Dada la imposibilidad de realizar prescripciones universales, que se reconoció en la década de los años cincuenta, las aproximaciones universalistas pueden considerarse en crisis.

Desde la irrupción de la dimensión cultural como elemento fundamental en el éxito de la empresa, el liderazgo ha pasado a ser considerado como el elemento básico en la construcción de la cultura. El liderazgo constituye un elemento esencial en la creación del entorno cultural y en el comportamiento del individuo en ese entorno.

5.3. Estilos de liderazgo

> Un estilo de liderazgo es una forma de comportarse el líder ante sus seguidores.

En la práctica de la dirección, los estilos de liderazgo tienen más importancia que las teorías.

Los principales estilos de liderazgo son el autocrático, o autoritario, el democrático, y el *laissez faire* («dejar hacer») (tabla 2.4).

TABLA 2.4

> **ESTILOS DE LIDERAZGO**
> - Autocrático.
> - Democrático.
> - *Laissez faire.*

Los líderes autocráticos toman las decisiones sin consultar a sus subordinados, tienden a ser dogmáticos y orientados a la asignación de tareas, y esperan de forma absoluta que sus subordinados acaten su mando.

Por el contrario, los líderes democráticos hacen que sus subordinados participen en la toma de las decisiones. Antes de tomar una decisión, solicitan opiniones e ideas del grupo; tienden a ser más abiertos, facilitan la cooperación y apoyan a los miembros del grupo más que los autocráticos.

Los líderes que siguen el estilo *laissez faire* dan muy poca orientación, o ninguna, a sus subordinados, limitándose a dejar que ellos decidan por sí mismos.

En la figura 2.8 se han representado los distintos grados de ejercicio de la autoridad en los estilos de liderazgo. Evidentemente, a medida que el uso de la autoridad es menor, el margen de libertad que resta a los subordinados va siendo mayor. En el nivel 1 el líder toma las decisiones sin consultar y se limita a ponerlas en conocimiento del grupo para que se ejecuten. El uso de la autoridad se va reduciendo hasta llegar al nivel 7 en el cual el líder se limita a permitir que los subordinados desarrollen libremente sus funciones dentro de los límites definidos por sus superiores.

En la figura 2.8 se han representado siete niveles, pero, evidentemente, se trata de una elección aleatoria. En realidad, existen infinitos niveles, como infinitos son los estilos de dirección.

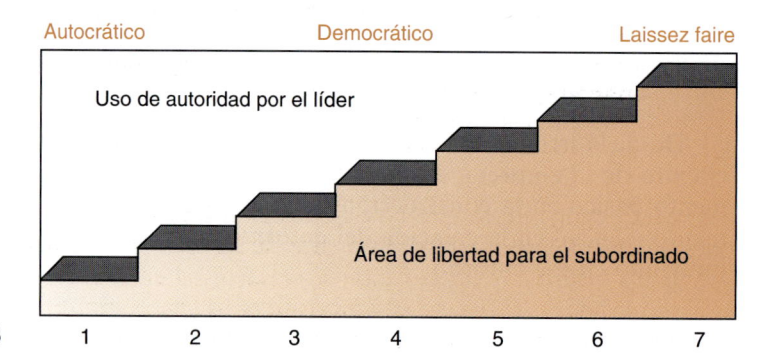

Figura 2.8

Algunos consideran que existe un estilo de liderazgo que es el mejor para todas las situaciones, que existe un estilo óptimo e ideal.

Sin embargo, el enfoque contingencial señala que las diferentes situaciones precisan estilos de liderazgo diferentes. Por ejemplo, si una persona está al frente de un grupo de empleados nuevos que realizan tareas rutinarias, podría ser efectivo un estilo algo autocrático. Sin embargo, si a esa persona se le pone al frente de un grupo bien formado, que conoce su trabajo y que es responsable, posiblemente sea preferible un estilo democrático o, incluso, «dejar hacer».

La flexibilidad de estilo es una cualidad importante en los buenos líderes por la cual son capaces de adaptar su estilo a cada situación.

5.4. Las teorías X e Y

Douglas McGregor observó que el comportamiento del líder depende en gran medida de la visión que tenga de las personas, e identificó dos posiciones extremas que denominó teorías X e Y. En la tabla 2.5 se recogen los supuestos de ambas teorías.

SUPUESTOS DE LA TEORÍA X	SUPUESTOS DE LA TEORÍA Y
En general, las personas:	En general las personas:
1. Trabajan lo menos posible.	1. Consideran al trabajo natural como el juego.
2. Carecen de ambición.	2. Se autodirigen hacia la consecución de los objetivos que se les confían.
3. Evitan las responsabilidades.	3. En ciertas condiciones, buscan responsabilidades.
4. Prefieren que les manden.	4. Tienen imaginación y creatividad.
5. Se resisten a los cambios.	5. Sienten motivación y desean perfeccionarse.
6. Son crédulas y están mal informadas.	6. Asumen los objetivos de la empresa si reciben compensaciones por lograrlos.
7. Harían muy poco por la empresa si no fuera por la dirección.	

TABLA 2.5

McGregor señaló que la visión que el líder tiene de sus subordinados redunda en un cierto comportamiento de los mismos. Es decir, aunque en principio esa visión sea equivocada, se transforma en una realidad.

Si un líder piensa que sus subordinados son como los describe la teoría X, utilizará un estilo autocrático y, tras un período de tiempo, la mayoría de los empleados se rebelarán contra este autoritarismo y esta falta de participación resistiéndose a la dirección, evitando responsabilidades, trabajando lo menos posible, y, en definitiva, asumiendo comportamientos como los reseñados por la teoría X.

Si, por el contrario, el líder estima que sus subordinados están bien descritos, en su mayoría, por la teoría Y, tenderá a ser democrático, motivará a los empleados, les dará responsabilidades, etcétera, y, tras un período de tiempo, sus subordinados responderan con madurez, responsabilidad, y gusto por el trabajo.

Por supuesto, esto no es una norma sin excepciones: evidentemente existen personas que se adecúan a la descripción de la teoría X, y puede ser un desastre tratar con el estilo de liderazgo propio de la teoría Y a quienes se ajustan a la teoría X y no están dispuestos a cambiar.

5.5. La teoría Z

La teoría Z surgió en los años setenta y proviene de la cultura japonesa. Los principales principios de esta teoría fueron descritos por William Ouchi, que fue quien la popularizó. Estos principios son los siguientes:

1. Compromiso de empleo para toda la vida. Prácticamente, cuando una empresa contrata un nuevo empleado, se compromete a tenerle contratado hasta que se retire.
2. Lentitud en la evaluación y en la promoción. Las evaluaciones del personal se producen en períodos relativamente largos de tiempo y la promoción es muy lenta.
3. Consenso en la toma de decisiones. Se trata de que participen y se involucren en las decisiones todos los que puedan resultar afectados por ellas. Además, se intenta que todos estén de acuerdo con ellas, aunque sólo sea en cierta medida.
4. Responsabilidad colectiva. La responsabilidad del éxito o el fracaso de la organización la comparten todos sus miembros como grupo. Ninguno es más responsable que otro.
5. Control informal e implícito. Dentro de la organización no cabe esperar que los empleados jóvenes manifiesten su desacuerdo, o se rebelen con sus superiores. Lo que, sin embargo, cabe esperar es que los empleados acudan a actos sociales de los directivos y que allí puedan manifestar su desacuerdo de forma sutil y amable.
6. Total cuidado de los empleados. La influencia de la empresa llega a casi todos los aspectos de la vida de sus trabajadores: financia actividades sociales, vacaciones en grupos, e incluso parte de su vivienda y transporte.

El éxito económico japonés atrajo mucho la atención sobre estas ideas, especialmente cuando Ouchi publicó su libro *Theory Z*, que fue un auténtico *best seller*.

5.6. La motivación

Para que las personas realicen las actividades tal y como se espera de ellas, es preciso que se encuentren motivadas.

Las teorías motivacionales derivan, en la mayoría de los casos, de las teorías o corrientes psicológicas más en boga y cada una de ellas resalta un particular aspecto del fenómeno motivacional. Algunas se centran en el estudio de las causas y contenidos del comportamiento laboral; otras resaltan los procesos dinámicos de la motivación; y, finalmente, las teorías más actuales resaltan el proceso mismo, así como aspectos no puramente psicológicos, sino radicados en las interacciones.

Las diferentes teorías de la motivación se engloban en dos grandes grupos:

— El primero es el formado por las teorías de contenidos o causas, las cuales pretenden describir aquellos aspectos y factores que generan la energía necesaria para que un individuo trabaje. Estas teorías o modelos analizan, entre otras cosas, las necesidades y recompensas recibidas por su aportación laboral.
— El segundo grupo es el de las teorías de los procesos, que forman la segunda gran rama de estudio de la motivación, y que intentan explicar cómo se potencian, dirigen y extinguen las conductas organizativas.

La práctica demuestra que la mejor forma de que las personas se encuentren motivadas es tratarlas como tales. Ha de procurarse que se sientan como parte de la empresa y que se encuentren identificadas con el proyecto empresarial.

Ha de conseguirse que no se consideren como trabajadores de la empresa, ni como empleados suyos, sino como la empresa misma. Para ello, es importante:

1. Delegar autoridad y responsabilidad.
2. Comunicar a las personas lo que se espera de ellas.
3. Reconocer a las personas sus méritos.
4. Que las personas dispongan de medios para conocer los progresos que realizan.
5. Hacer que las personas participen en las decisiones que conciernen a su trabajo.
6. Facilitar la formación y el desarrollo personal.
7. Asegurar que la remuneración y la promoción se correspondan con los méritos.
8. Estimular la creatividad de las personas.

6. La función de control

6.1. Concepto

Sin embargo, básicamente, controlar significa ajustar, es decir, comparar los resultados reales con lo que se había planificado y hacer desaparecer las diferencias negativas existentes.

Tras planificar un futuro deseado, organizar los medios disponibles y conseguir que las decisiones se ejecuten, los directivos han de efectuar la función de control. La palabra «control» evoca algunos aspectos negativos.

Más concretamente, para controlar han de seguirse las siguientes fases:

1. Fijar unos estándares de resultados relativos a algún período futuro de tiempo.

2. Medir los resultados reales del período.
3. Comparar los resultados reales con los estándares esperados.
4. Determinar las razones de las diferencias, si existen.
5. Tomar las medidas oportunas.

6.2. El proceso de control

El control comienza con la planificación: cuando se comunica a los empleados los objetivos que se pretenden conseguir y las políticas, procedimientos, reglas y presupuestos que señalan las líneas por las que se ha de llegar a ellos. Se ha de controlar que los planes se comuniquen a todas las personas involucradas en el esfuerzo. La buena comunicación en un factor esencial. Es preciso que las personas sepan lo que se espera de ellas y de sus grupos.

Tras ello, comienza un proceso de recogida de información sobre los hechos reales. Para ello, la variedad de procedimientos existentes es ingente y depende del tipo de información de que se trate: desde el simple «vistazo de vez en cuando» a los más sofisticados procedimientos informatizados. En cualquier caso, para que esa información sea útil, ha de ser posible la comparación con los estándares esperados.

Tras la obtención de la información, se efectúa una evaluación de los resultados. Cuando las diferencias son positivas respecto a lo previsto, es posible suponer que todo va bien. Si son negativas y superan los límites admisibles, hay que preguntarse por las razones de estas diferencias.

Finalmente, si es preciso, se tomarán medidas correctoras. Tales medidas no siempre son precisas. En algunos casos las diferencias se deben a casos fortuitos y hechos poco frecuentes. Las ventas de un agente pueden ser escasas en una semana porque estuvo enfermo y trabajó tres días menos de lo previsto, en cuyo caso no es preciso tomar ninguna medida. Pero, si las diferencias se mantienen, es necesario corregirlas.

Las razones de las diferencias pueden ser de muy diversa índole. Pueden encontrarse en dificultades de organización, o en que las decisiones no se han ejecutado como se había previsto, o pueden estar en el propio plan. Si no se alcanza un objetivo, puede ser porque el objetivo es inalcanzable, lo cual obligaría a revisar el proceso de planificación, pues, como se recordará, una de las características que han de tener los objetivos es que sean viables. Pero lo más frecuente es que las medidas comporten una mejora de los procedimientos, una reasignación de personal, la utilización de una maquinaria distinta, etc.

6.3. Inconvenientes del control

El control es un medio de previsión y corrección de problemas, pero, en algunos casos, puede ser causa de dificultades. Sus principales inconvenientes son los siguientes:

1. El control tiene un coste en el que han de incluirse, no sólo los importes destinados a departamentos dedicados a esta actividad (el de control de calidad, por ejemplo), sino también el valor de las numerosas horas que los directivos le dedican.
2. El peligro de que resulte represivo. Algunos directivos presionan tanto a los empleados, tratando de controlar su comportamiento, que el control llega a ser represivo, frustrante, y generador de ansiedad y tensión.
3. La posibilidad de que se confunda el objetivo. Puede llegar a suceder que las políticas, los procedimientos y las reglas parezcan más importantes que los objetivos. Esas líneas de orientación son necesarias, pero sólo para ayudar a las personas a conseguir los objetivos de la organización.
4. En ocasiones, puede llegarse al falseamiento de la información. Para que los datos les resulten más favorables, empleados y directivos pueden manipular los datos, con lo cual el resultado final del control puede ser que se elaboren informes falsos y que no se tenga confianza en la información.

6.4. El autocontrol

Lo ideal es que las personas asuman como propios los objetivos de la organización y se identifiquen con ellos. De ese modo, se autocontrolan y se reduce la necesidad de ese control que puede llegar a ser contrario a la motivación. Además, así el control no interviene con posterioridad a la realización del trabajo, sino que forma parte del trabajo mismo. Es mejor que no se produzcan errores, que tener que corregirlos. Es la denominada política de cero defectos, que se integra en la perspectiva de calidad total en la organización. En ella, la idea más importante es que las personas se comportan según el trato que reciben.

La existencia de unos valores sólidos y compartidos permite, además de la unidad y el sentido de identidad, la coexistencia de la libertad (necesaria para la innovación) y de la disciplina, gracias al autocontrol, facilitando así la autogestión.

Si se tienen claros los valores de la compañía y se sabe qué es lo primordial, la autonomía es posible. Hay permiso para crear, para innovar, para desarrollar, siempre que haya un sistema de autocontrol asociado con los valores que la empresa asume.

Entre los valores centralizados que permiten la coexistencia de la libertad y de la disciplina, en muchas empresas son muy importantes la satisfacción del cliente y, consiguientemente, la calidad. Estos valores constituyen una condición indispensable para el desarrollo del enfoque de la calidad total.

Muchos especialistas observan que en la actualidad, el cliente debe convertirse en el centro de la organización. Hasta no hace mucho, las empresas tenían vendedores que hablaban con el cliente, especialistas en marketing que lo analizaban (aunque no lo conocieran), y otras personas que se limitaban a respetar las normas y directivas emitidas por la dirección y sus estados mayores. Bajo esta perspectiva, la dirección se situaba en el centro de la organización. Eran empresas orientadas hacia sí mismas.

Decir que hoy el cliente se convierte en el centro de la organización no significa que la dirección no dirija, sino que dirige de otro modo: el impacto de la competencia ha desestabilizado los canales de poder puramente tecnocráticos, y la autoridad de la dirección depende de su aptitud para llevar a toda la organización a pensar en el cliente como valor compartido. El servicio, la calidad y la fiabilidad son estrategias encaminadas a conseguir la satisfacción del cliente y su lealtad. Así, la empresa se orienta hacia el cliente.

7. El proceso de dirección en la pequeña empresa

Todo cuanto se ha reseñado anteriormente, ha de entenderse referido a las grandes organizaciones. En las pequeñas empresas también se planifica, organiza, gestiona y controla, pero, evidentemente, a pequeña escala y con pocas personas. En las grandes organizaciones existe una especialización en la dirección: hay un director de producción, un director financiero, un director comercial, etcétera. En muchas de las empresas pequeñas la misma persona realiza todas las funciones de dirección y en todas las áreas.

La falta de especialización puede ser un lastre, pero, en compensación, las pequeñas empresas tienen algunas ventajas. Las principales son las siguientes:

1. Al ser más informales y espontáneas, es más sencillo conseguir que el personal participe en las decisiones.
2. La participación en el proceso de decisión exige estar bien informado, pero en las pequeñas empresas, dado que las relaciones humanas suelen ser más estrechas, y que hay pocos empleados, la comunicación es más fluida y es más sencillo conseguir que todos estén bien informados.
3. Por las mismas razones, en las pequeñas empresas es más sencillo conseguir que todas las personas adquieran la idea de grupo, de equipo que tiene unos objetivos comunes, y que se encuentren motivadas para alcanzarlos.
4. En las pequeñas empresas puede haber un mejor trato con los empleados, un trato más humano basado en un conocimiento personal y en unas relaciones humanas más estrechas.

8. La dirección y la empresa como sistema

Como ya se sabe, en el sistema empresarial es posible distinguir diferentes tipos de subsistemas. Según uno de los criterios de agrupación, se identificaban los subsistemas en función de los tipos de flujos que circulaban por ellos, y así se hablaba de un subsistema real, un subsistema financiero y un subsistema de información. En el primero, a su vez, se identificaban el subsistema de producción y el subsistema mercadotécnico o comercial. El subsistema de información es el subsistema directivo, que coordina los esfuerzos de los demás conduciéndoles hacia los objetivos globales.

Por consiguiente, se planifica, se organiza, se gestiona y se controla tanto en el subsistema de producción, como en el financiero y en el comercial. Las cuatro funciones de dirección constituyen también subsistemas en mutua interrelación y, al aplicarse en las distintas áreas sistemáticas, surgen subsistemas que también se encuentran interrelacionados entre sí: son los subsistemas de planificación financiera, organización comercial, control de la producción, etc. En la figura 2.9 se ha representado la empresa bajo esta interpretación.

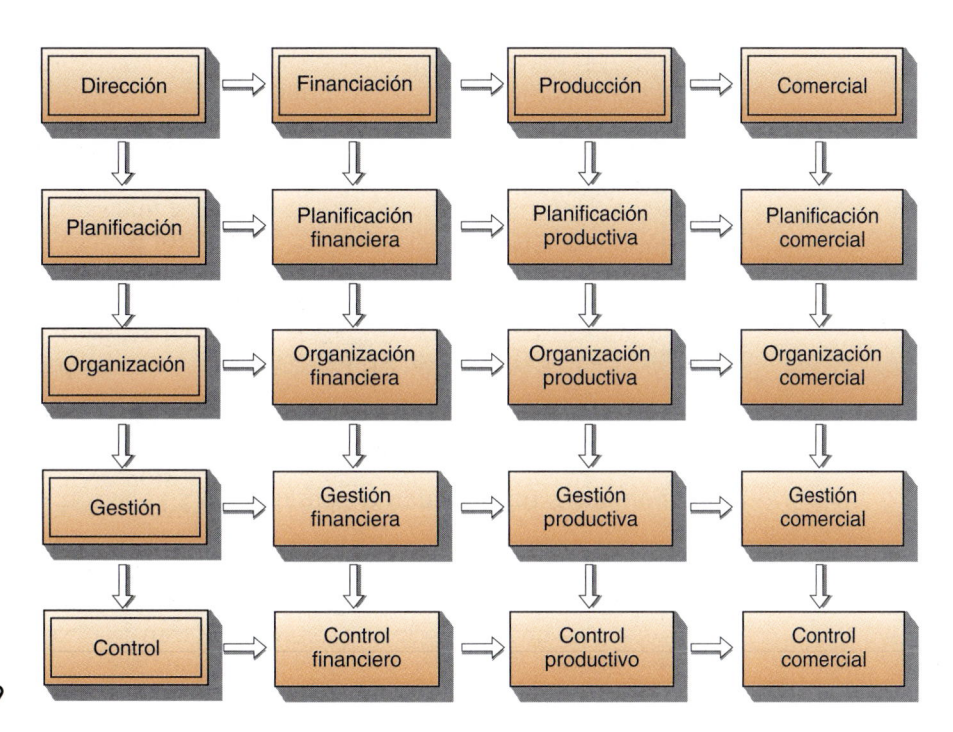

Figura 2.9

Prueba objetiva de autoevaluación

I. Enunciado

1. La dirección intermedia:

   - Incluye a ejecutivos como los directores de fábricas o los jefes de divisiones. ■
   - Se ocupa menos que la alta dirección de cuestiones específicas. ■
   - No incluye a los responsables de desarrollar planes y procedimientos detallados para llevar a la práctica los planes generales de la alta dirección. ▪
   - Incluye a todos aquellos que son responsables directamente de asignar trabajadores a trabajos específicos y evaluar sus resultados diariamente, e incluso hora a hora. ▪

2. Los procedimientos:

   - Son menos limitativos que las políticas. ■
   - Constituyen guías específicas de actuación. ■
   - Son más estrictos que las reglas. ▪
   - Son burocráticos y comportan una pérdida de tiempo, creando un «papeleo» innecesario. ▪

3. Son líneas que orientan el pensamiento y la acción:

   - Los organigramas. ▪
   - Las reglas. ■
   - Las políticas. ▪
   - Ninguna de las otras. ■

4. La primera fase del proceso de planificación es:

   - El reconocimiento de las oportunidades existentes. ■
   - La selección de los objetivos del plan. ▪
   - La identificación y creación de alternativas. ■
   - Ninguna de las otras. ▪

5. ¿Cuál de las siguientes no es una forma de departamentación?
   - Por procesos.
   - Por productos.
   - Matricial.
   - Ninguna de las otras.

6. La departamentación por procesos es frecuente:
   - En el área de fabricación.
   - En las empresas que elaboran productos muy diferentes, o distintas clases de productos.
   - En los departamentos de marketing.
   - Ninguna de las otras.

7. La estructura basada en la autoridad directa del jefe sobre los subordinados es la:
   - Lineal.
   - Matricial.
   - En comité.
   - Ninguna de las otras.

8. La estructura lineal tiene la siguiente ventaja:
   - La rápidez en las decisiones.
   - En las decisiones se combinan diferentes perspectivas.
   - Ofrece un método para innovar sin romper la estructura habitual.
   - Ninguna de las otras.

9. Las decisiones rutinarias tienden a:
   - Concentrarse.
   - Centralizarse.
   - Descentralizarse.
   - Ninguna de las otras.

10. ¿Qué es lo que ha pasado a ser considerado como el elemento básico en la construcción de la cultura desde la irrupción de la dimensión cultural como elemento fundamental en el éxito de la empresa?
    - La estructura organizativa.
    - La planificación.
    - El liderazgo.
    - Ninguna de las otras.

II. Respuestas correctas

1. ■
2. ■
3. ▪
4. ■
5. ▪
6. ▪
7. ▪
8. ▪
9. ▪
10. ▪

3. LA DIRECCIÓN DE LOS RECURSOS HUMANOS

INTRODUCCIÓN

FUNCIONES DE LA DRH

PLANIFICACIÓN DE LOS RH
- Concepto
- Etapas
- Técnicas

RECLUTAMIENTO Y SELECCIÓN
- Reclutamiento de personas
- Proceso de selección

ORIENTACIÓN, FORMACIÓN Y DESARROLLO
- El programa de orientación
- La formación del personal
- La formación para puestos directivos

LA EVALUACIÓN DEL TRABAJO

LAS REMUNERACIONES Y LA PROMOCIÓN

1. Introducción

> La dirección de los recursos humanos se define como el proceso de selección, formación, desarrollo y consecución del número de personas cualificadas necesario para conseguir los objetivos de la organización; se incluyen también en ese proceso las actividades precisas para conseguir la máxima satisfacción y eficiencia de los trabajadores.

El activo más importante que tiene una empresa está formado por las personas que trabajan en ella. La selección del personal, su formación, la evaluación de sus resultados y su remuneración son cuestiones que se engloban en la dirección de los recursos humanos y que tienen una importancia capital en el éxito o el fracaso de cualquier empresa, e incluso de cualquier organización sin ánimo de lucro.

Este término ha venido a sustituir modernamente al de «dirección de personal», o «administración de personal», que tenía un ámbito de actuación bastante más reducido.

Aunque muchas de las actividades necesarias para conseguir un buen clima de trabajo y que los empleados estén satisfechos han de realizarlas todos los directivos, otras (selección de personal, formación, fijación de criterio de remuneración, jubilaciones, etc.) en las medianas y grandes empresas se suelen centralizar en un departamento concreto que, no obstante, comparte algunas de sus responsabilidades, incluso con directivos de primera línea (por ejemplo, en las entrevistas de selección y en la formación de su personal).

2. Las funciones de la dirección de los recursos humanos

En principio, la dirección de los recursos humanos comporta el desempeño de una una serie de funciones muy bien definidas, pero, en la práctica, a medida que las empresas crecen, el departamento de recursos humanos ha de ir asumiendo toda una serie de obligaciones que no se ubican en ningún otro. En ese proceso, este departamento ha ido creciendo y teniendo mayor influencia en la empresa, de modo que en el 15 por 100 de los departamentos de Norteamérica (en nuestro país no existen estadísticas al respecto) el directivo tiene título de vicepresidente de recursos humanos.

Las funciones básicas de la dirección de los recursos humanos son las siguientes:

1. Planificar las necesidades de recursos humanos.
2. Reclutamiento y selección de personal.
3. Formación y capacitación profesional del personal.
4. Evaluación del trabajo.
5. Remuneración del personal, seguridad social y otros beneficios como planes de pensiones.

Pero, en la práctica, los departamentos de recursos humanos han de asumir funciones complementarias de prestación de servicios (administrar el comedor de la empresa, planificar la fiesta de fin de año, etc.), de control (vigilar si se cumplen políticas, procedimientos, reglas, normas de prevención de incendios, etc.) y de asesoramiento a otros departamentos en materias tales como la promoción de los directivos, las modificaciones en la estructura organizativa, la motivación de los empleados, etc.

FUNCIONES DE LA DIRECCIÓN DE RECURSOS HUMANOS

- Planificación.
- Reclutamiento.
- Orientación, formación y desarrollo.
- Evaluación del trabajo.
- Remuneración.
- Funciones complementarias.

TABLA 3.1

3. La planificación de los recursos humanos

La planificación de los recursos humanos consiste en desarrollar una estrategia completa que permita a la organización cubrir sus futuras necesidades de estos recursos; es el proceso por el cual la dirección se asegura de que tendrá el número correcto de personas, con las capacidades apropiadas, en el lugar adecuado y en el momento preciso.

Este proceso consta de las siguientes etapas:

1. En la primera se estudia la situación actual, determinando si el personal existente es apropiado para las necesidades actuales de la empresa y si se le utiliza adecuadamente.
2. En la segunda se efectúa una previsión de las futuras necesidades de recursos humanos, en función de los planes de crecimiento de la empresa y de las bajas que han de irse produciendo por motivos tales como abandonos, muertes, retiros, o finalización de contratos.
3. Finalmente, se desarrolla un programa para afrontar las futuras necesidades de recursos humanos. En función de las necesidades previstas, se desarrolla un programa de formación de los empleados actuales y de selección de otros nuevos.

No se puede efectuar la planificación de los recursos humanos sin tener una visión clara de las capacidades y los grados de cualificación que tienen los

TABLA 3.2

ETAPAS DE LA DIRECCIÓN DE RECURSOS HUMANOS
• Estudio de la situación actual. • Previsión de las necesidades futuras. • Desarrollo de un programa de cobertura.

empleados actuales y los que han de tener los empleados actuales y los que han de tener los empleados futuros. Existen tres técnicas útiles para conseguir esta información: el análisis del puesto de trabajo, su descripción y su especificación.

TABLA 3.3

TÉCNICAS PARA LA PLANIFICACIÓN DE LOS RECURSOS HUMANOS
• Análisis del puesto de trabajo. • Descripción del puesto de trabajo. • Especificación del puesto de trabajo.

El análisis del puesto de trabajo consiste en un estudio sistemático y detallado del mismo mediante el cual se identifican y examinan los elementos y tareas que le conforman, así como las características y los requisitos que ha de cumplir la persona que se le asigne.

A partir del análisis, el departamento de recursos humanos redacta una descripción del puesto de trabajo, que es un documento en el que se especifican sintéticamente los objetivos del puesto, el trabajo que se ha de realizar, las responsabilidades que comporta, la capacitación que requiere, su relación con otros puestos y las condiciones de trabajo.

Seguidamente, en la especificación del puesto de trabajo se relacionan los requisitos necesarios para ocuparlo en términos de cualidades físicas, mentales y emocionales. Las cualidades físicas son las más fáciles de identificar. Las mentales hay que definirlas indirectamente por medio del nivel de estudios alcanzado, los cursos seguidos, las calificaciones obtenidas, etc. Aunque no son tan precisas como las cualidades físicas ni las mentales, a las emocionales se les viene dando una importancia creciente. Para estimar la estabilidad emocional y las cualidades sociales, algunas empresas utilizan tests, o el asesoramiento de psicólogos y los informes de otros empleos anteriores.

Lo más frecuente es que la descripción y la especificación se incorporen en un mismo documento de gran valor para que el departamento de recursos humanos pueda ir cubriendo las bajas que se producen y, en general, las necesidades de personal. Es muy conveniente que estos documentos se encuentren actualizados en todo momento. En los departamentos muy técnicos, o que se encuentran en rápido crecimiento, estos documentos deberían revisarse a intervalos regulares; digamos cada seis meses, aproximadamente.

4. Reclutamiento y selección de personal

4.1. Reclutamiento de personal

Una cosa es saber las necesidades y otra cubrirlas con personas que tengan las cualidades requeridas. El reclutamiento comienza proyectando una imagen pública que atraiga personas cualificadas. Todo lo que hace la empresa se refleja en su imagen e influye en el éxito del reclutamiento. Éste se puede realizar en el interior de la propia empresa o en el exterior.

TABLA 3.4

TIPOS DE RECLUTAMIENTO
• En el interior. • En el exterior.

La mayor parte de las empresas siguen la política de reclutar en el interior, es decir, de tener primero en cuenta a sus propios empleados para cubrir un puesto, lo cual tiene ventajas evidentes. En primer lugar, es más sencillo y barato evaluar personas que ya se conocen y sobre cuya formación, experiencia, capacidades, actitudes y hábitos de trabajo se tienen datos o se pueden obtener fácilmente. En segundo lugar, el cambio de puesto y la promoción resultan motivadores e incentivan a las personas por constituir una evidencia concreta de que la empresa se preocupa por la mejora y la lealtad de su personal.

Sin embargo, el reclutamiento en el interior también tiene inconvenientes. Las personas provenientes del exterior tienen ideas diferentes y nuevas y, aunque los ya empleados conocen las políticas, los procedimientos y la empresa mucho mejor que alguien venido de fuera, les resulta más difícil aceptar los cambios y las mejoras en los métodos.

Otro inconveniente de reclutar dentro de la empresa es su propia limitación. Es muy difícil que una empresa que se encuentra en expansión pueda cubrir todos los nuevos puestos con su personal actual.

Por tanto, finalmente hay que reclutar en el exterior. El procedimiento para conseguir candidatos varía según el puesto de trabajo de que se trate. Para los puestos de la alta y la media dirección se acude a empresas de búsqueda de ejecutivos, a universidades e instituciones de enseñanza pública o privada, a asociaciones profesionales, etc. Para conseguir candidatos para puestos de trabajo poco cualificados se acude a la oficina pública de empleo o, por ejemplo, a amigos o familiares de los empleados actuales. En niveles intermedios es frecuente la inserción de anuncios en publicaciones periódicas.

4.2. El proceso de selección

Una vez que se dispone de candidatos, el siguiente paso es determinar quién es el que mejor se adapta al puesto de trabajo. Generalmente, el proceso de selección sigue varios pasos, tras cada uno de los cuales quedan menos candidatos, hasta el paso final, en el cual sólo ha de quedar la persona que ocupará el puesto.

Algunas organizaciones consideran que el proceso es demasiado largo y caro y se saltan algunos pasos, pero el proceso completo sigue las siguientes fases:

1. Entrevista preliminar. Quien recibe al candidato le realiza algunas preguntas generales sobre su experiencia, estudios, etc., mientras observa su apariencia si es importante para el trabajo. Si resulta evidente que el candidato no está cualificado para el puesto, el proceso finaliza aquí. Si hay una probabilidad razonable de que sea la persona que ocupará el puesto, se le pide que cumplimente el documento de solicitud de empleo.
2. Solicitud de empleo. Prácticamente todas las empresas piden a los candidatos que cumplimenten un modelo de solicitud de empleo porque es un buen instrumento para obtener datos sobre su formación, experiencia, aspiraciones y referencias personales.
3. Realización de tests. Hace más de cincuenta años que se utilizan los tests y todavía son objeto de polémica. Con ellos se trata de determinar la capacidad de la persona, su aptitud, conocimiento, personalidad, etc. Su principal misión es conseguir cierta objetividad. Sin embargo, la subjetividad de la entrevista personal también es un procedimiento adecuado de selección. Ambos métodos se complementan, aunque en algunas empresas existe una tendencia a basar la selección exclusivamente en los tests. Es más, cuando las pruebas se efectúan para seleccionar personas para puestos directivos altos o intermedios, se debería probar tanto al candidato como al directivo para el que va a trabajar. De ese modo, se podrían reducir posibles conflictos personales. Pero, para ello, también es sumamente útil una larga entrevista o conversación entre los dos.
4. Contrastación de las referencias. Si un candidato supera los tests, la empresa contrasta sus referencias para comprobar su nivel de formación. Algunas empresas lo hacen antes de las entrevistas a las que se refiere la siguiente fase y otras lo hacen después. Aunque algunas comprueban todos los datos, la mayoría se limita a comprobar los empleos anteriores, para conocer datos sobre la naturaleza de su trabajo, su calidad, las razones por las que dejó el empleo, y otras informaciones semejantes. En ocasiones, se solicitan cartas de recomendación, pero no son de gran utilidad, pues no suelen contener datos negativos y, además, ningún candidato mencionaría empleos en los que las referencias pudieran no ser a su favor. Lo más efectivo es la visita personal, o la llamada telefónica, a las empresas en las que el candidato trabajó anteriormente.

5. Entrevista personal. Casi todas las empresas utilizan la entrevista para seleccionar el personal. Algunas prefieren las entrevistas estructuradas y otras las no estructuradas. Las primeras siguen un formato establecido previamente; es decir, el entrevistador formula las preguntas de un cuestionario en el que va anotando las respuestas. Las no estructuradas son entrevistas más espontáneas en las que se formulan preguntas de tipo general con objeto de que el candidato termine revelando cosas sobre sí mismo.
6. Revisión médica. Dado que la revisión médica no es gratuita, se deja para el final del proceso, cuando ya restan muy pocos candidatos. Tiene un triple objetivo. Por un lado, la empresa trata de evitar pagar por problemas de salud que el empleado ya tenía cuando se incorporó a la misma. Por otro, se ha de asegurar de que el empleado es capaz físicamente de realizar el trabajo. En tercer lugar, la empresa tiene la obligación con sus empleados de evitar contratar a alguien que padezca una enfermedad contagiosa.
7. Decisión final. Todas las fases anteriores conducen a la cuestión crucial de si contratar o no hacerlo. Ni los mejores programas de formación resuelven los problemas derivados de errores cometidos en la contratación. Si la persona no es adecuada, el sustituirla por otra comporta incurrir en elevadísimos costes de despido y, por supuesto, el proceso de reclutamiento y selección, que también tiene costes, habría de iniciarse de nuevo.

TABLA 3.5

FASES DEL PROCESO DE SELECCIÓN
• Entrevista.
• Solicitud de empleo.
• Realización de tests.
• Contrastación de las referencias.
• Entrevista personal.
• Revisión médica.
• Decisión final.

Si la decisión es afirmativa, la empresa hace una oferta formal al candidato en cuanto a salario y otras ventajas y condiciones. Es posible que éste haya solicitado empleo también en otras empresas y que alguna o varias de ellas le hayan seleccionado, o que, a lo largo del período de selección, haya perdido interés por el puesto de trabajo. El candidato tiene un breve período de tiempo para estudiar la oferta.

Puede haber algunas negociaciones entre las dos partes para buscar un acuerdo que interese a ambas. Finalmente, si se contrata al mejor candidato, puede ser algo tan importante como cerrar un gran contrato de ventas.

5. La orientación, formación y desarrollo

5.1. El programa de orientación

Una vez que ha sido contratado, el nuevo empleado realiza un programa de orientación, del que son responsables el departamento de recursos humanos y aquel en el que el recién contratado ha de trabajar en el futuro. El departamento de recursos humanos le entrega una copia del manual del empleado (término que varía ostensiblemente de unas empresas a otras) en el que se le explican sus derechos y la política de la empresa sobre cuestiones tales como vacaciones, absentismo y períodos de descanso. Si no existe tal manual, lo que sucede en no pocas empresas, se le han de explicar verbalmente todos esos extremos.

El director del departamento en el que se integra ha de presentar al nuevo empleado a sus compañeros, explicarle las actividades del departamento y señalarle el papel que representa su trabajo en tales actividades.

El objetivo del programa de orientación es evitar el sentimiento de soledad y aislamiento que es habitual los primeros días y que puede dar lugar a frustración, actitudes negativas y bajo rendimiento. Un buen programa de orientación aumenta la posibilidad de que la formación del empleado sea eficaz y le ayuda a ser productivo más rápidamente.

5.2. La formación del personal

Independientemente de la experiencia de un empleado, casi siempre es necesaria cierta formación. La formación de los empleados es una importante función de la dirección de recursos humanos.

Hay dos tipos de programas de formación: la formación en el puesto de trabajo y la formación fuera del puesto de trabajo.

TABLA 3.6

TIPOS DE PROGRAMAS DE FORMACIÓN
• En el puesto de trabajo.
• Fuera del puesto de trabajo.

La formación en el puesto de trabajo se utiliza en trabajos relativamente sencillos, de modo que los trabajadores aprenden con la práctica. Se trata de un programa de formación en el que el nuevo trabajador aprende las tareas de su puesto de trabajo llevándolas a cabo bajo la orientación de otra persona con experiencia.

Una variedad de este tipo de programa es la formación en aprendizaje, que se utiliza en trabajos en los que la capacitación requiere largos períodos de tiempo y niveles de destreza bastante elevados. En ella, el nuevo empleado trabaja como ayudante de otro que tiene experiencia, durante un período relativamente prolongado.

La formación fuera del puesto de trabajo evita la presión derivada de estar al mismo tiempo haciendo el trabajo y aprendiendo a hacerlo. Además, en muchos casos, reduce las pérdidas de materiales y de tiempo de trabajo. Los programas más habituales incluyen las clases más o menos tradicionales, y la simulación en la que los trabajadores realizan operaciones semejantes a las que tendrán que efectuar posteriormente, pero en un medio simulado. Un claro ejemplo lo constituyen los simuladores de vuelo utilizados para adiestrar a los aviadores antes de que manejen un nuevo modelo de avión.

Los pagos que la empresa realiza para formar a sus trabajadores constituyen una inversión en lo que se denomina capital humano. Si una empresa compra una nueva máquina que incorpora los últimos avances tecnológicos, evidentemente, con ello, realiza una inversión que le permitirá elaborar productos de mayor calidad, por ejemplo, o hacerlo con unos costes más bajos. Pues bien, si una empresa realiza desembolsos para formar a unos empleados, de modo que éstos puedan hacer mejor su trabajo, o que puedan realizar mayor variedad de tareas, efectúa también una inversión, y así como en el caso anterior se concretaba en una máquina, en éste se materializa en capital humano.

A la empresa le interesará seguir invirtiendo en capital humano mientras el valor de las ventajas que obtenga con ello supere a los pagos que tenga que realizar para la formación.

Desde el punto de vista del trabajador el planteamiento es diferente. Él ha de distinguir entre la formación de tipo general y la formación especial para una tarea muy concreta. Por formación general entendemos aquella que puede ser útil en diversos tipos de empresas. La formación especial es aquella que sólo tiene utilidad en la empresa en la que trabaja y que no le ayudaría a conseguir empleo en otra. Evidentemente, las personas están dispuestas a pagarse una formación general, pero la formación especial ha de correr por cuenta de la empresa.

5.3. La formación para puestos directivos

Los programas de formación para puestos directivos que los anglosajones denominan programas de desarrollo de la dirección (*management development programs*), comenzaron a surgir hace unos doce lustros.

Hoy en día muchas grandes empresas tienen sus propios centros para que sus empleados sigan estos programas.

Son programas diseñados para mejorar la capacidad y aumentar los conocimientos de los directivos de la empresa y de sus empleados que tienen posibilidades de llegar a serlo.

Están formados por cursos y, algunas veces, también por fases de rotación de trabajos y de adiestramiento.

TABLA 3.7

ELEMENTOS DE LOS PROGRAMAS DE FORMACIÓN PARA PUESTOS DIRECTIVOS
• Clases. • Rotación de trabajos. • Adiestramiento.

Los cursos suelen cubrir materias de muy diverso tipo: equipos, control, auditoría, relaciones humanas, etc. Cualquier tema de este libro podría ser objeto de un programa de desarrollo.

En ocasiones, los programas incluyen una rotación de trabajos que consiste en unas sucesivas asignaciones temporales a diversos departamentos, para que los jóvenes ejecutivos se familiaricen con las diversas actividades de la empresa y sepan la función que desempeña cada unidad organizativa.

Algunos programas también incorporan una fase de adiestramiento en la cual el joven ejecutivo trabaja a las órdenes directas de un directivo con experiencia.

El tipo de programa utilizado depende del nivel de los directivos a los que va dirigido. Si el nivel es de dirección operativa, tendrá un mayor énfasis en cuestiones técnicas y de relaciones humanas. A nivel de dirección intermedia, los programas se centran más bien en temas humanos, conceptuales y de análisis de problemas. Los programas para la alta dirección se refieren a cuestiones conceptuales y estratégicas.

La selección de las personas que han de ocupar puestos directivos no se puede dejar al azar. Hoy día se utilizan programas diseñados para ello, a los que se les suele denominar, en terminología anglosajona, *assessment centers*. Los *assessment centers* son programas que utilizan técnicas de simulación, reuniones y ejercicios de resolución de problemas en equipo, para identificar a los empleados que tienen capacidad directiva y tomar decisiones de promoción. La técnica más popular consiste en colocar a los candidatos en el papel de un directivo y preguntarles sobre lo que harían en distintas situaciones, como si un superior les hace cierta llamada telefónica, si llega una carta de un cliente quejándose, o si han de resolver un problema del departamento en concreto. Los expertos en selección observan a los candidatos, toman notas y juzgan sobre ellos. La eficacia de estos programas está demostrada empíricamente.

6. La evaluación del trabajo

La evaluación del trabajo consiste en definir un nivel de rendimiento en el trabajo aceptable, valorar el rendimiento del trabajador y efectuar la comparación para tomar decisiones sobre formación, remuneración, promoción, cambio de puesto de trabajo y despido.

Es conveniente, y son muchas las empresas que lo hacen, realizar una evaluación formal cada cierto tiempo (generalmente una vez al año). La evaluación tiene tres objetivos principales:

1. Informar al trabajador, quien, así, conoce sus puntos fuertes y débiles, y las cuestiones que necesita mejorar.
2. Informar a la dirección, para que ésta tome las medidas que sean oportunas.
3. Motivar al trabajador, pues la evaluación permite determinar quiénes merecen una remuneración mayor y una promocion.

El principal problema es determinar qué es lo que se ha de evaluar. La práctica demuestra que lo primero que se evalúa son los resultados, medidos en términos de calidad del trabajo, cantidad de trabajo y conocimiento del puesto de trabajo.

En algunos casos, las medidas pueden ser bastante objetivas, y en otros, por el contrario, ha de intervenir la subjetividad necesariamente. Por ejemplo, un dato objetivo es el número de pulsaciones por minuto de una mecanógrafa, y ha de intervenir la subjetividad al evaluar la calidad con la que una secretaria atiende a las llamadas telefónicas.

También demuestra la práctica que una segunda cualidad que se evalúa es la personalidad. La personalidad no debe valorarse sólo aisladamente, sino también en relación al grupo en el que el trabajador desempeña su actividad. No es suficiente tener iniciativa y ser digno de confianza, sino que, además, es de gran importancia en toda organización saber colaborar con los demás o, dicho en los términos habitualmente empleados en la empresa, saber «trabajar en equipo».

Hay dos técnicas que se aplican con cierta frecuencia para evaluar el trabajo. En la primera se utiliza un formulario de evaluación en el que figuran toda una relación de criterios de valoración (resultados, personalidad, capacidad de delegación de autoridad, etc.) y en cada uno de ellos el evaluador señala el nivel en el que se encuentra el evaluado. Los niveles suelen ser del tipo: insatisfactorio, necesita mejorar, satisfactorio, superior a la media y excelente. Este es el procedimiento más antiguo y el más utilizado. La evaluación es efectuada por el superior inmediato del trabajador evaluado.

Otro método, que ya es bastante conocido y que se puede aplicar en muchos casos, es el consistente en fijar objetivos. Al comenzar el período, que suele ser de seis meses o un año, el directivo y el trabajador fijan conjuntamente un objetivo que éste puede alcanzar en ese período. La evaluación se obtiene, al final, comparando lo realmente conseguido y el objetivo propuesto.

7. La determinación de las remuneraciones y la promoción

Las decisiones de determinación de las remuneraciones se encuentran limitadas por disposiciones legales y por los convenios colectivos. Los sueldos y salarios son las principales compensaciones que los trabajadores perciben por su trabajo y, evidentemente, tratan, a través de sus representantes, de que sean tan elevados como sea posible.

No obstante, dentro del margen de maniobra disponible, las remuneraciones deben basarse en un cuidadoso estudio de valoración de los puestos de trabajo. La valoración de puestos es un procedimiento para determinar los niveles de remuneración de todos ellos en función de una serie de factores entre los cuales los principales son los siguientes:

1. Capacitacion necesaria para desempeñar el puesto, en términos de nivel de educación, experiencia, características físicas y sociales precisas, etc.
2. Disponibilidad de personas cualificadas. Evidentemente, los puestos para los que existen pocas personas que estén cualificadas para desempeñarlos están más remunerados que los demás.
3. Nivel de autoridad y responsabilidad que corresponden al puesto.
4. Grado de contribución del puesto a los objetivos de la empresa.
5. Sueldos y salarios que abonan otras empresas a puestos semejantes.

Teniendo en cuenta estos factores se fija una escala salarial en la que figuran la relación de puestos y la remuneración que corresponde a cada uno.

La remuneración puede basarse en la cantidad de trabajo realizado (salario por pieza) o en el tiempo dedicado (salario por hora, por día, por mes, etc.), o seguir algún procedimiento en el que se tengan en cuenta ambos factores. Existen, además, diversos sistemas de remuneración por incentivos, con los que se trata de que los trabajadores tengan la mayor productividad y rendimiento posibles. Algunos de estos procedimientos son especialmente aplicables en algunas áreas de la empresa, como la de producción y la de ventas, por lo que serán estudiados en los capítulos correspondientes.

Un tipo de remuneración por incentivos muy popular es la participación en beneficios, que consiste en entregar a los trabajadores una parte de los beneficios netos generados por la empresa durante su ejercicio económico. En realidad, el efecto incentivador de esta fórmula es escaso, dada la falta de inmediatez entre el esfuerzo que se desea que el trabajador realice y el momento en el que obtiene la compensación económica, y suele transformarse en una mera gratificación de fin de año.

Para incentivar a los directivos se han ensayado, en diversas empresas, distintos procedimientos. Los más utilizados son la entrega anual de un número de acciones de la empresa proporcional a los resultados obtenidos en su labor, y las bonificaciones o «bonus». Dado que el número de acciones que se les entregan es mayor a medida que mejores son sus resultados, los directivos se encuentran incentivados para realizar una labor eficaz, pero, además, al percibir acciones, los directivos pasan a ser parcialmente propietarios de la empresa, lo cual constituye un incentivo para que en el futuro procuren hacerlo lo mejor posible. Las bonificaciones son pagas extras que dependen de los resultados obtenidos por las divisiones o empresas filiales, y que se abonan a los directivos de las mismas que tienen mayor nivel.

Una promoción es un ascenso de una persona a otro puesto de la organización al que le corresponde mayor autoridad y responsabilidad y, por regla general, una remuneración más elevada. Toda promoción ha de basarse en una adecuación entre la persona y el puesto. Afortunadamente, cada vez se utiliza menos la antigüedad como criterio único para realizar las promociones. La experiencia puede constituir un criterio adecuado cuando es necesaria o conveniente para ocupar el nuevo puesto de trabajo, pero la antigüedad, por sí misma, nunca lo es.

Prueba objetiva de autoevaluación

I. Enunciado

1. Al proceso de selección, formación, desarrollo y consecución del número de personas cualificadas necesario para conseguir los objetivos de la organización se le denomina:

    - Dirección de los recursos humanos. ■
    - Planificación de los recursos humanos. ■
    - Reclutamiento del personal. ■
    - Ninguna de las otras. ■

2. Cuál de las siguientes no es una función básica de la dirección de los recursos humanos:

    - Evaluación del trabajo. ■
    - Remuneración del personal. ■
    - Planificar las necesidades de recursos humanos. ■
    - Ninguna de las otras. ■

3. A la relación de los requisitos necesarios para ocupar un puesto de trabajo en términos de cualidades físicas, mentales y emocionales, se le denomina:

    - Descripción del puesto de trabajo. ■
    - Especificación del puesto de trabajo. ■
    - Análisis del puesto de trabajo. ■
    - Ninguna de las otras. ■

4. ¿Cuál de las siguientes no es una ventaja de reclutar en el interior?

    - Que es más sencillo y barato evaluar personas que ya se conocen. ■
    - Que el cambio de puesto y la promoción resultan motivadores. ■
    - Que las personas provenientes del exterior tienen ideas diferentes y nuevas. ■
    - Ninguna de las otras. ■

5. Normalmente, en el proceso de selección, la contrastación de las referencias es previa a:

    - La realización de los tests. ▪
    - La solicitud de empleo. ■
    - La entrevista personal. ▪
    - Ninguna de las otras. ■

6. Los pagos que la empresa realiza para formar a sus trabajadores constituyen una inversión en lo que se denomina:

    - Puesto de trabajo. ■
    - Capital humano. ▪
    - Reserva intelectual. ▪
    - Ninguna de las otras. ■

7. ¿Cuál de los siguientes no es uno de los objetivos principales de la evaluación del trabajo?:

    - Motivar al trabajador. ▪
    - Informar al trabajador. ■
    - Informar a la dirección. ▪
    - Ninguna de las otras. ■

8. Definir un nivel de rendimiento en el trabajo aceptable, valorar el rendimiento del trabajador y efectuar la comparación para tomar decisiones sobre formación, remuneración, promoción, cambio de puesto de trabajo y despido, se denomina:

    - Evaluación del trabajo. ■
    - Control del puesto de trabajo. ■
    - Valoración del puesto de trabajo. ▪
    - Ninguna de las otras. ▪

9. Al estudio sistemático y detallado de un puesto de trabajo, mediante el cual se identifican y examinan los elementos y tareas que le conforman, así como las características y los requisitos que ha de cumplir la persona que se le asigne, se denomina:

    - Evaluación del trabajo. ▪
    - Control del puesto de trabajo. ▪
    - Valoración del puesto de trabajo. ■
    - Ninguna de las otras. ■

10. La formación en la que el nuevo empleado trabaja como ayudante de otro que tiene experiencia, durante un tiempo relativamente prolongado, es:

- Formación en aprendizaje.
- Formación en el puesto de trabajo. ■
- Varias de las otras.
- Ninguna de las otras. ■

II. Respuestas correctas

1.
2. ■
3.
4. ■
5.
6.
7. ■
8. ■
9. ■
10.

4. LA DECISIÓN EMPRESARIAL

- INTRODUCCIÓN
- LA MODELIZACIÓN
- AMBIENTES DE DECISIÓN
  - Certeza
  - Riesgo
  - Incertidumbre estructurada
  - Incertidumbre no estructurada
- CRITERIOS DE DECISIÓN EN INCERTIDUMBRE
  - Laplace
  - Optimista
  - Pesimista
  - Hurwicz
  - Savage
- JUEGOS DE ESTRATEGIA
- PROBABILIDAD DE RIESGO
- EL ANÁLISIS BAYESIANO
- EL GRADO DE CONFIANZA
- TEORÍA DE LA INFORMACIÓN

1. Introducción

La adopción de decisiones tiene tanta importancia en el ámbito empresarial que se ha definido a la empresa como «centro de decisiones voluntarias tomadas en un entorno incierto».

Muchos autores definen al empresario como aquél que toma las decisiones en la empresa y, sin duda, la dirección empresarial supone una toma de decisiones casi constante, hasta el punto de que también son muchos los que consideran como sinónimos los términos «decisión» y «dirección».

En el transcurso de la historia, el hombre ha tomado las decisiones basándose en la experiencia, en la intuición, en el sentido común, y en la repetición de fórmulas que tuvieron éxito en el pasado. Hoy, dado el creciente ritmo de cambio del entorno empresarial, son escasas las ocasiones en las que existen precedentes útiles para la toma de decisiones y, en muchas ocasiones, los problemas son tan complejos que escapan a la intuición y al análisis subjetivo, siendo necesario completarlos con el empleo de un método científico basado en instrumentos objetivos de investigación y medida.

Un método científico es una aproximación ordenada y sistemática para resolver un problema.

2. La modelización

Un modelo es una representación simplificada de una parte de la realidad.

Ya sea consciente o inconscientemente, es muy frecuente que las personas acudamos a la modelización, bien para describir la realidad simplemente, o bien para, además, tomar decisiones.

En muchos casos la realidad es tan compleja que, para comprenderla, hay que simplificarla, tomando de ella aquellos aspectos que resultan más relevantes para el análisis de que se trate y relegando los que resultan accesorios. El principal objetivo de un modelo es permitir una mejor comprensión y descripción de la parte de la realidad que representa. Esa mejor comprensión de la realidad permite tomar mejores decisiones.

Los modelos se pueden clasificar atendiendo a multitud de criterios. He aquí las clasificaciones más relevantes (tabla 4.1):

TABLA 4.1

TIPOS DE MODELOS	
• Objetivos.	• Subjetivos.
• Analíticos.	• De simulación.
• Estáticos.	• Dinámicos.
• Deterministas.	• Probabilísticos.

1. Modelos objetivos y subjetivos. Son muy frecuentes las ocasiones en las que intervienen sucesos no experimentables objetivamente, y en las que no existen métodos formales, por lo que los modelos han de ser informales (en ocasiones, no se reflejan en un documento ni adquieren entidad física), subjetivos, y basarse en la intuición.
2. Modelos analíticos y de simulación.

> Los modelos analíticos han de ser resueltos: son aquellos que sirven para obtener soluciones.

Por ejemplo, un sistema de ecuaciones es un modelo analítico: resolviendo el sistema se obtiene la solución del problema. Entre los modelos analíticos se encuentran los modelos de optimización, que son aquellos que permiten determinar los valores que ha de darse a las variables de modo que se maximice o minimice otra variable que se tiene como objetivo.

> Los modelos de simulación son representaciones simplificadas de la realidad sobre las que se opera para estudiar los efectos de las distintas alternativas de actuación.

En lugar de actuar sobre la realidad (lo que, en algunos casos, tiene consecuencias definitivas), se opera sobre el modelo de simulación, para, posteriormente, a la vista de los efectos de las distintas alternativas de decisión, seleccionar la más conveniente.

A diferencia de los modelos de optimización, que generan la decisión (la solución óptima), los modelos de simulación permiten obtener información sobre los efectosde las posibles decisiones, pero luego el decisor ha de elegir la alternativa que le resulte más conveniente. Es decir, los modelos de optimización son prescriptivos, en tanto que los de simulación son descriptivos.

3. Modelos estáticos y dinámicos.

Los modelos estáticos son aquellos que no utilizan la variable tiempo, en tanto que los dinámicos son aquellos que incorporan el tiempo como variable o como parámetro fundamental.

4. Modelos deterministas y probabilísticos.

En los modelos deterministas se suponen conocidos con certeza todos los datos de la realidad que representan. Si uno o varios datos se conocen sólo en términos de probabilidades, el modelo se denomina probabilístico, aleatorio o estocástico.

3. Ambientes de decisión

Evidentemente, tomar decisiones es tanto más sencillo cuanto mayor es la información de la que se dispone. Por ejemplo, si se sabe el nivel que tendrá la demanda de un producto, es más sencillo decidir si construir una fábrica grande o pequeña que si sólo se sabe que puede ser de 150.000 unidades al año con una cierta probabilidad, o de 75.000 con otra probabilidad. En ese ejemplo, los estados de la naturaleza son los distintos niveles que puede tomar la demanda.

El nivel de información determina el tipo de ambiente de la decisión. Se distinguen, así, los siguientes ambientes de decisión:

> En general, los estados de la naturaleza son los sucesos de los que depende la decisión y en los que no puede influir apenas el decisor.

1. Certeza. El ambiente de certeza es aquél en el que el decisor conoce con absoluta seguridad los estados de la naturaleza que van a presentarse (por ejemplo, sabe que la demanda será de 75.000 unidades al año, y que no tendrá competencia).
2. Riesgo. Se denomina ambiente de riesgo a aquel en el que el decisor no sabe qué estados de la naturaleza se presentarán, pero sí conoce cuales pueden presentarse y la probabilidad que tiene cada uno de ellos (por ejemplo, sabe que la demanda puede ser de 150.000 unidades al año con una probabilidad del 25 %, o de 75.000 con una probabilidad del 75 %; y sabe que hay un 40 % de probabilidades de que tenga competencia fuerte y un 60 % de que no tenga competencia alguna).
3. Incertidumbre estructurada. El ambiente de incertidumbre estructurada es aquel en el que se conocen los estados de la naturaleza, pero no la probabilidad de cada uno de ellos (por ejemplo, se sabe que la demanda anual puede ser de 150.000 unidades o de 75.000, pero no con qué probabilidades, y que puede haber competencia fuerte o ninguna competencia, pero tampoco se conocen las probabilidades de estos sucesos).
4. Incertidumbre no estructurada. El ambiente de incertidumbre no estructurada es aquel en el que ni siquiera se conocen los posibles estados de la naturaleza (en el ejemplo, este ambiente se daría si la demanda pudiera ser de cualquier nivel y pudiera haber cualquier grado de competencia).

Para pasar de un tipo de ambiente a otro anterior es necesario obtener cierto grado de información: cuanto mayor sea la información, menor será la incertidumbre. En teoría de la decisión, a ese proceso de consecución de información, que, en algún caso, permite pasar de un ambiente a otro, se le denomina proceso de aprendizaje.

4. Criterios de decisión en ambiente de incertidumbre

En un entorno de tanta escasez de información como es el de incertidumbre, ha de intervenir en gran medida la subjetividad:

- Si la incertidumbre no está estructurada, ni se puede obtener mayor información, y ha de tomarse una decisión, esta habrá de basarse en la mera intuición.
- Si la incertidumbre se encuentra estructurada, la decisión continúa incorporando una carga de subjetividad muy elevada, de modo que distintas personas tomarían diferentes decisiones, dependiendo de su optimismo o pesimismo, de su aversión al riesgo o al fracaso, etc.

Los principales criterios de decisión en un entorno de incertidumbre estructurada son los siguientes (tabla 4.2):

CRITERIOS DE DECISIÓN EN AMBIENTE DE INCERTIDUMBRE ESTRUCTURADA

- Laplace.
- Optimista.
- Pesimista (Wald).
- Optimismo parcial (Hurwicz).
- Mínimo pesar (Savage).

TABLA 4.2

1. **Criterio de Laplace,** también denominado **criterio racionalista** y **criterio de igual verosimilitud.** Parte del postulado de Bayes, según el cual, si no se conocen las probabilidades asociadas a cada uno de los estados de la naturaleza, no hay razón para pensar que uno tenga más probabilidades que otros. Por ello, se calcula la media aritmética de los resultados que se pueden derivar de cada una de las decisiones y se elige aquella a la que le corresponda el resultado medio más elevado, si tales resultados son favorables, o la que tenga el resultado medio más bajo, si los resultados son desfavorables.

		ESTADOS DE LA NATURALEZA		
		S_1	S_2	S_3
Alternativas de decisión	E_1	60	50	40
	E_2	10	40	70

TABLA 4.3

ACTIVIDAD RESUELTA 1

Un agricultor ha de decidirse por un cultivo u otro (decisiones E_1 o E_2) y los resultados que obtenga dependen de que el invierno sea seco (estado S_1), de tipo medio (S_2), o húmedo (S_3), con arreglo a la matriz de decisión de la tabla 4.3. ¿Cuál es la decisión si se sigue el criterio de Laplace?

Si se decide por E_1, puede obtener un resultado de 60, de 50, o de 40, dependiendo del estado de la naturaleza que se presente. La media aritmética de esos resultados es 50:

$$\frac{60 + 40 + 50}{3} = 50$$

Del mismo modo se calcula el resultado medio asociado a E_2, que es de 40. Si estos resultados son favorables (ingresos, por ejemplo), se elegirá la alternativa E_1. Si son desfavorables (por ejemplo, costes), se elegirá E_2.

2. Criterio optimista. Es el criterio que seguiría una persona que pensara que, cualquiera que fuera la estrategia que eligiera, el estado que se presentaría sería el más favorable para ella. Por ello, cuando los resultados son favorables, se le denomina criterio maxi-max: se determina cuál es el resultado más elevado que puede alcanzarse con cada estrategia y, posteriormente, se elige aquella a la que le corresponda el máximo entre esos máximos. Cuando los resultados son desfavorables, se le denomina criterio mini-min: se determina cuál es el mejor resultado que puede obtenerse con cada estrategia (el menor) y se elige aquella a la que le corresponda el mínimo entre esos mínimos.

ACTIVIDAD RESUELTA 2

¿Cuál es la decisión que corresponde al criterio optimista suponiendo que los resultados de la matriz de decisión de la tabla 4.3 de la Actividad Resuelta anterior fueran favorables?

El decisor optimista piensa que, si se decide por la primera estrategia, sucederá lo más favorable para él (S_1) y ganará 60, y que, si se decide por la segunda, sucederá también lo más favorable (S_3, en este caso) y ganará 70. Por consiguiente, elegirá E_2, es decir, la estrategia a la que le corresponde el máximo entre los máximos.

3. Criterio pesimista, o criterio de Wald. Es el que seguiría una persona que pensara que, cualquiera que fuera la estrategia que eligiera, el estado que se presentaría sería el menos favorable para ella.

ACTIVIDAD RESUELTA 3

Continuando con el supuesto de que los resultados de la matriz de la tabla 4.3 fueran favorables, ¿qué decisión corresponde al criterio pesimista?

Una persona pesimista consideraría que si eligiera la primera estrategia el estado sería el tercero y ganaría 40, en tanto que si se decidiera por la segunda alternativa el suceso sería el primero y sólo ganaría 10. Con un criterio prudente (maxi-min), basado en garantizarse un resultado mínimo tan elevado como sea posible, este decisor elegiría la estrategia E_1: con ello se asegura de que nunca obtendrá un resultado inferior a 40.

Con el mismo razonamiento puede comprobarse que cuando los resultados son desfavorables el criterio pesimista es el mini-max.

4. **Criterio de optimismo parcial de Hurwicz.** El criterio de Hurwicz constituye un compromiso entre los criterios optimista y pesimista, mediante la introducción de un coeficiente de optimismo, α, comprendido entre 0 y 1, y de su complemento a la unidad, que es el denominado coeficiente de pesimismo, $1 - \alpha$. El mejor de los resultados de cada estrategia se pondera con el coeficiente de optimismo, en tanto que el peor de los resultados se pondera con el de pesimismo.

ACTIVIDAD RESUELTA 4

Siguiendo con el supuesto de que los resultados de la matriz de la tabla 4.3 son favorables, ¿cuál es la decisión correspondiente al criterio de Hurwicz con un coeficiente de optimismo del 60 %?

En cuanto a la primera estrategia el mejor resultado que puede obtenerse es 60, siendo 40 el peor de ellos. Por consiguiente:

$$H_1 = 60\alpha + 40(1 - \alpha)$$

Del mismo modo, en cuanto a la segunda estrategia, se obtiene:

$$H_2 = 70\alpha + 10(1 - \alpha)$$

Cuando los resultados son favorables, el criterio es elegir aquella estrategia que tenga el mayor valor de H. Si el coeficiente de optimismo es el 60 % (0,60 por uno):

$$H_1 = 60 \cdot 0,60 + 40 \cdot 0,40 = 52$$
$$H_2 = 70 \cdot 0,60 + 10 \cdot 0,40 = 48$$

Para un coeficiente de optimismo del 60 %, la mejor estrategia sería la primera.

Si se tratara de resultados desfavorables, el coeficiente de optimismo ponderaría a los valores más bajos de las estrategias, el de pesimismo a los más elevados, y la estrategia preferible sería aquella a la que le correspondiera el menor valor de H.

Como puede observarse, cuando el coeficiente de optimismo vale 1 nos encontramos ante el criterio optimista, en tanto que cuando vale cero se trata del criterio pesimista.

5. Criterio del mínimo pesar, de Savage. Este criterio de decisión es el que siguen quienes tienen aversión a arrepentirse por equivocarse. Formalmente, ha de partirse de la elaboración de la denominada matriz de pesares.

ACTIVIDAD RESUELTA 5

Siguiendo con el supuesto de que los resultados son favorables, se desea elaborar la matriz de pesares correspondiente a la matriz de decisión de la tabla 4.3 y determinar cuál es la decisión correspondiente al criterio de Savage.

La matriz de pesares es la siguiente:

	S_1	S_2	S_3
E_1	0	0	30
E_2	50	10	0

Pues, si sucediera S_1, acertaría, y no tendría pesar, al elegir E_1, pero tendría un pesar de 50 (es decir, 60 menos 10) si hubiera elegido E_2. El pesar es lo que se deja de ganar por no elegir correctamente. Bajo el estado S_2, la decisión correcta es E_1, y si se hubiera elegido E_2 el pesar sería de 10. Si es el tercer estado de la naturaleza el que se presenta y se eligió E_2, la decisión fué la correcta, pero, si se eligió E_1, del error se derivará un pesar de 30 (es decir, 70 menos 40).

El máximo pesar en el que puede incurrirse con la primera estrategia es de 30, en tanto que en la segunda es de 50. Siguiendo el criterio de Savage, la decisión óptima es elegir la alternativa E_1 a la que le corresponde el menor entre los máximos pesares posibles. Con ello, el decisor se asegura de que su pesar (es decir, lo que deja de ganar por no acertar) nunca superará 30.

En ocasiones, existen estrategias dominadas.

Se dice que una estrategia, A, está dominada por otra estrategia, B, si cualquiera que sea el estado de la naturaleza que se presente, B es igual o mejor que A.

Evidentemente, dado que las estrategias dominadas no son preferibles en ningún caso, ha de prescindirse de ellas para la aplicación de los diversos criterios de decisión.

5. La teoría de los juegos de estrategia

En muchas ocasiones, el resultado obtenido no sólo depende de la alternativa seleccionada por nuestro decisor, sino también de las decisiones tomadas por otro u otros sujetos. Así, en el caso del apartado anterior, el decisor jugaba contra la naturaleza; se trataba de un juego de azar, en el que el resultado final dependía de la suerte del decisor y no de la decisión tomada por otro jugador.

En los juegos de estrategia el resultado final depende de las decisiones tomadas por los diversos jugadores.

Los juegos de estrategia se pueden clasificar de acuerdo con diversos criterios. Las principales clasificaciones son las siguientes:

1. Según el número de párticipantes en los juegos, pueden ser de uno, dos, ..., o n jugadores.
2. Según sea la ganancia total obtenida por el conjunto de todos los participantes, pueden ser de suma nula, cuando el importe total de lo que unos ganan coincide con el total de lo que otros pierden, y el saldo neto es igual a cero, o de suma no nula. Los juegos de suma no nula pueden ser de suma constante o de suma variable, según que sea constante o variable ese saldo neto total.
3. La tercera clasificación distingue entre los juegos según el número de jugadas que comprenden: una jugada, varias jugadas o infinitas jugadas.
4. Según sea la información de la que disponen los participantes en el momento de jugar, los juegos pueden ser de información completa y de información incompleta.
5. Finalmente, según los elementos que intervengan en las decisiones, se distingue entre juegos de estrategia pura, si en las decisiones de los jugadores sólo interviene su actuación, que se supone racional, y juegos de estrategia mixta, cuando, además, interviene algún elemento aleatorio introducido por los propios jugadores.

El más sencillo es el juego de dos personas de suma nula, al que también se denomina juego rectangular porque la matriz de decisiones, o matriz de pagos entre los jugadores, tiene forma rectangular. Aunque es un caso muy sencillo, tiene gran importancia por constituir la base de toda la teoría de los juegos.

TABLA 4.4

ESTRATEGIAS ELEGIDAS	PAGOS
R, P	A a B: 200 unidades
R, Q	B a A: 200 unidades
S, P	A a B: 100 unidades
S, Q	B a A: 300 unidades
T, P	B a A: 100 unidades
T, Q	B a A: 200 unidades

ACTIVIDAD RESUELTA 6

Consideremos un juego rectangular en el que el jugador A tiene tres posibles estrategias (R, S y T), en tanto que el jugador B tiene dos (P y Q), y en el que las reglas señalan que los pagos deben realizarse de acuerdo con la tabla 4.4. Se desea elaborar la matriz de decisión, o matriz de pagos correspondiente a este juego y resolverlo.

A partir de la tabla 4.4 se ha elaborado la matriz de pagos de la tabla 4.5, en la cual un número positivo indica un pago de B a A, y un número negativo, un pago de A a B (en esta disposición de la matriz A es el ganador, y B el perdedor).

Consideremos, en primer lugar, al jugador B. Su estrategia Q se encuentra dominada por la P. Cualquiera que sea la decisión que tome A, la mejor decisión que puede tomar B es la estrategia P, y así lo peor que puede sucederle es que pierda 100 (es decir, que A elija T).

En cuanto al jugador A, su estrategia R se encuentra dominada tanto por la S como por la T. Lo mejor que podría sucederle es que eligiera S y que B eligiera Q. Pero, como se ha visto anteriormente, B nunca elegiría la estrategia Q. Sabiendo que el jugador B elegirá la estrategia P, la decisión que ha de tomar A es la alternativa T.

TABLA 4.5

		JUGADOR B	
		P	Q
Jugador A	R	−200	200
	S	−100	300
	T	100	200

En general, para obtener una solución de un juego rectangular tendremos que hallar las mejores estrategias de los dos jugadores y el valor del juego.

El valor del juego es la cantidad que gana un jugador y que el otro pierde.

En el caso de la Actividad Resuelta anterior, la mejor estrategia de B es P, la mejor estrategia de A es T, y el valor del juego es 100 unidades.

		JUGADOR B	
		P	Q
Jugador A	R	−200	−400
	S	−100	300
	T	100	200

TABLA 4.6

ACTIVIDAD RESUELTA 7

Sea la matriz de pagos de la tabla 4.6, en la que, como en la Actividad anterior, el jugador A es el ganador y B es el perdedor (A gana los importes que figuran en la matriz y B los pierde; ganar −400 significa perder 400, y perder −200 significa ganar 200). ¿Cuál es la solución del juego?

En cuanto al jugador A, su estrategia R se encuentra dominada por la S y por la T. El jugador B lo sabe y, tras eliminar de la matriz la estrategia R, observa que su estrategia Q está dominada por la P. El jugador A, a su vez, comprende que B elegirá P y, por tanto, su mejor estrategia es T. Por consiguiente, la solución del juego es:

— Estrategia óptima para A: T.
— Estrategia óptima para B: P.
— Valor del juego: A gana y B pierde 100 unidades.

Otra forma de resolver el juego es considerar que tanto A como B adoptarán una solución prudente como la que antes se denominó criterio de Wald. Como se recordará, cuando los resultados son tanto más favorables cuanto mayores sean (esto es, en el caso del ganador), el criterio es maxi-min, en tanto que para el perdedor (para quien los resultados de la matriz son desfavorables; es decir, tanto peores cuanto mayor sea su tamaño) el criterio es mini-max. Por ejemplo, el jugador B puede llegar a perder hasta 300 si sigue la estrategia Q, en tanto que siguiendo la P lo más que puede perder es 100. Siguiendo un criterio prudente basado en fijar un límite máximo tan bajo como sea posible a sus pérdidas (criterio mini-max) elegiría la estrategia P; con ello, se asegura de que nunca perderá más de 100. En cuanto al jugador A, con la estrategia R podría llegar a ganar sólo −400 (perder 400); con la S, su mínima ganancia sería de −100 (perder 100); y con la T lo mínimo que ganaría serían 100 unidades. Con un criterio prudente, basado en

> garantizarse una ganancia mínima tan elevada como sea posible (criterio maxi-min), elegiría la estrategia *T*, asegurándose, así, de que nunca obtendrá una ganancia inferior a 100 unidades. Con ello, la solución a la que se llega es la misma expuesta anteriormente.

<small>Los juegos en los que, como el de la Actividad Resuelta anterior, el maxi-min del ganador coincide con el mini-max del perdedor, se denominan juegos con punto de silla.</small>

En este ejemplo, el punto de silla venía determinado por la intersección de la columna *P* y la fila *T*.

La técnica más sencilla para encontrar un punto de silla es determinar un número que sea el menor de su fila y el mayor de su columna (supuesto, claro está, que las columnas se correspondan con las posibles decisiones del perdedor y las filas con las del ganador). En algunos casos, como en el de la matriz de la tabla 4.7, no existen puntos de silla:

		JUGADOR *B*	
		P	*Q*
Jugador *A*	R	−200	100
	S	200	−100

TABLA 4.7

En otros casos, pueden aparecer varios puntos de silla, es decir, varias soluciones posibles.

6. Probabilidad y riesgo

El estudio de las decisiones en ambiente de riesgo precisa unos conocimientos básicos sobre cálculo de probabilidades.

Existen dos concepciones sobre la probabilidad: la definición clásica, o de Laplace, y la concepción frecuencial u objetivista.

> Conforme a la *definición de Laplace*, si de un total de *n* casos, todos igualmente factibles, un suceso *S* puede presentarse en *h* de los casos, la probabilidad de ocurrencia de ese suceso, *P(S)*, es el cociente entre el número de casos favorables y el de casos posibles.

Es decir:

$$P(S) = \frac{h}{n}$$

Aplicando la concepción frecuencial u objetivista de la probabilidad, como probabilidad estimada, o empírica, se tomaría la frecuencia relativa de la aparición del suceso, considerando que el número de observaciones del experimento es suficientemente grande. La probabilidad, en sí, es el límite de la frecuencia relativa cuando el número de observaciones crece indefinidamente.

ACTIVIDAD RESUELTA 8

¿Cuál es la probabilidad de obtener cara en el lanzamiento de una moneda perfecta? ¿Y si se ha lanzado la moneda 10.000 veces y en 2.000 ocasiones se obtuvo cara?

En el lanzamiento de una moneda existen dos casos posibles: cara y cruz. La probabilidad de obtener cara es de un medio porque hay un caso favorable sobre dos posibles.

Si se ha lanzado una moneda 10.000 veces y en 2.000 ocasiones se obtuvo cara, cabe interpretar que la moneda no es perfecta, pues, si lo fuera, se habrían obtenido, aproximadamente, 5.000 caras y otras 5.000 cruces. En este caso, la frecuencia relativa de este suceso, por la que se estima su probabilidad, es:

$$\frac{2.000}{10.000} = 0,20 \text{ por uno} = 20\,\%$$

Sean S y T dos sucesos. Se denomina suceso compuesto de S y T al consistente en que acontezcan S y T, y se le designa $S \cap T$.

La probabilidad del suceso compuesto es igual a:

$$P(S \cap T) = P(T)P(S/T) = P(S)\,P(T/S)$$

donde $P(S/T)$ es la probabilidad de S condicionada a T, es decir, la probabilidad que tendría S si hubiera ocurrido T. Del mismo modo, $P(T/S)$ es la probabilidad de que ocurra T suponiendo que ha ocurrido S. Evidentemente, si S y T son sucesos independientes entre sí:

$$P(S/T) = P(S)$$
$$P(T/S) = P(T)$$

ACTIVIDAD RESUELTA 9

Si se lanzan una moneda y un dado, ¿cuál es la probabilidad de obtener una cara y tres?

Dado que son sucesos independientes entre sí:

$$P(C \cap 3) = P(C)P(3) = \frac{1}{2}\frac{1}{6} = \frac{1}{12}$$

ACTIVIDAD RESUELTA 10

Una urna contiene dos bolas: una blanca y otra negra ¿Cuál es la probabilidad de obtener dos bolas negras en dos extracciones sucesivas con reemplazamiento? ¿Y si no hay reemplazamiento?

Si se extrae una bola, se repone, y luego se extrae otra bola, los resultados de las dos extracciones son sucesos independientes y la probabilidad de obtener dos bolas negras vale:

$$P(N_1 \cap N_2) = P(N_1)P(N_2) = \frac{1}{2}\frac{1}{2} = \frac{1}{4}$$

(donde N_1 y N_2 son los sucesos consistentes en obtener bolas negras en la primera y en la segunda extracción, respectivamente). Sin embargo, evidentemente, la probabilidad de ese suceso compuesto sería diferente si, tras la primera extracción, no se reemplazara la bola. En efecto, en tal caso, la probabilidad de que, en la segunda extracción, se obtenga una bola negra depende del resultado obtenido en la primera. Si en la primera extracción se obtiene una bola blanca, la probabilidad de obtener una negra en la segunda vale uno $[P(N_2/B_1) = 1]$; si en la primera extracción se obtiene una negra, la probabilidad de obtenerla en la segunda vale cero $[P(N_2/N_1) = 0]$. Por consiguiente, en tal caso:

$$P(N_1 \cap N_2) = P(N_1)P(N_2/N_1) = \frac{1}{2} \cdot 0 = 0$$

Es decir, en una urna que contiene una bola blanca y otra negra es imposible (probabilidad nula) que en dos extracciones sin reemplazamiento en la primera y en la segunda extracción se obtengan bolas negras. Obsérvese que, en este experimento, $P(N_1/N_2)$ también vale cero, pues, si en la segunda extracción se obtiene una bola negra, es imposible que también fuera negra la bola extraída en la primera. Dado que $P(N_2)$ es la probabilidad de obtener una bola negra en la segunda extracción cuando no se dispone de información alguna respecto al resultado de la primera (es decir, un medio), el resultado obtenido es el mismo cuando se aplica la expresión alternativa:

$$P(N_1 \cap N_2) = P(N_2)P(N_1/N_2) = \frac{1}{2} \cdot 0 = 0$$

Cuando dos sucesos no se pueden presentar conjuntamente, se dice que son mutuamente excluyentes.

Por ejemplo, son mutuamente excluyentes los sucesos obtener cara y cruz en el lanzamiento de una moneda. Es decir:

$$P(C \cap X) = 0$$

Por ello, puede escribirse:

$$P(S \cup T) = P(S) + P(T) - P(S \cap T)$$

Pero, en general, la probabilidad de que sucedan S o T (véase la figura 4.1) vale:

$$P(C \cup X) = P(C) + P(X) - P(C \cap X)$$

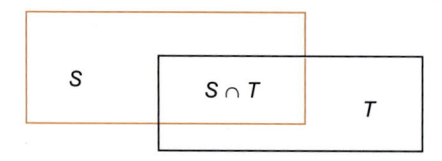

Figura 4.1

El último sumando, que recoge la parte, digamos, «duplicada», vale cero cuando los sucesos son mutuamente excluyentes. Por ello, en el caso del lanzamiento de una moneda, la probabilidad de obtener cara o cruz vale uno:

$$P(C \cup X) = P(C) + P(X) - P(C \cap X) = \frac{1}{2} + \frac{1}{2} - 0 = 1$$

ACTIVIDAD RESUELTA 11

Disponemos de una urna en la que sólo hay dos bolas negras y otra blanca y deseamos conocer la probabilidad de obtener bolas negras en dos extracciones sucesivas sin reemplazamiento.

Conforme se señaló anteriormente:

$$P(N_1 \cap N_2) = P(N_1) P(N_2/N_1)$$

Si en la primera extracción se obtiene una bola negra, al efectuar la segunda sólo quedarán una bola blanca y otra negra, por lo cual $P(N_2/N_1)$ vale un medio y, en consecuencia:

$$P(N_1 \cap N_2) = \frac{2}{3} \frac{1}{2} = \frac{2}{6} = \frac{1}{3}$$

y

$$P(N_1 \cup N_2) = P(N_1) + P(N_2) - P(N_1 \cap N_2) = \frac{2}{3} + \frac{2}{3} - \frac{1}{3} = 1$$

Obviamente, los mismos resultados pueden obtenerse calculando los casos posibles y los favorables. Los posibles sucesos compuestos se recogen en la tabla 4.8, en la que B representa a la bola blanca, PN a la primera bola negra y SN a la segunda bola negra.

Como puede observarse, de los seis casos posibles, en dos se obtienen bolas negras en ambas extracciones $[P(N_1 \cap N_2) = 2/6 = 1/3]$, y en los seis casos se obtiene una bola negra en alguna de las extracciones o en ambas $[P(N_1 \cup N_2) = 6/6 = 1]$.

SUCESOS	PRIMERA EXTRACCIÓN	SEGUNDA EXTRACCIÓN
1	B	PN
2	B	SN
3	PN	B
4	PN	SN
5	SN	PN
6	SN	B

TABLA 4.8

Se dice que una variable es aleatoria cuando no se sabe con certeza el valor que tomará, sino sólo qué valores puede tomar y que probabilidades tiene cada uno de ellos.

Al conjunto de valores que puede tomar una variable aleatoria y sus respectivas probabilidades se le denomina distribución de probabilidad de la variable aleatoria. La distribución de probabilidad se suele representar por medio de un histograma, es decir, mediante rectángulos cuyas áreas son proporcionales a los tamaños de las probabilidades que representan.

SUCESOS	PRIMERA EXTRACCIÓN	SEGUNDA EXTRACCIÓN	SUMA PUNTOS
1	1	1	2
2	1	2	3
3	1	3	4
4	2	1	3
5	2	2	4
6	2	3	5
7	3	1	4
8	3	2	5
9	3	3	6

TABLA 4.9

LA DECISIÓN EMPRESARIAL

ACTIVIDAD RESUELTA 12

En la urna a la que se refiere la Actividad Resuelta anterior, en la bola blanca figura un uno, en la primera bola negra hay un dos, y en la segunda bola negra figura un tres. ¿Cuál es la distribución de probabilidad de la variable aleatoria «suma de los puntos obtenidos en las dos extracciones sucesivas con reemplazamiento»?

Los posibles sucesos figuran en la tabla 4.9. Como puede observarse, la distribución de probabilidad de la variable aleatoria «suma de puntos» es la de la tabla 4.10:

VALORES PROBABLES	PROBABI-LIDADES
2	1/9
3	2/9
4	3/9
5	2/9
6	1/9

TABLA 4.10

El histograma correspondiente se ha representado en la figura 4.2. Esta forma de representación tiene la ventaja de su sencilla interpretación. Por ejemplo, la probabilidad de que la variable tome un valor menor o igual que tres es el área situada sobre el 3 más la que se encuentra a su izquierda (la situada sobre el 2); la probabilidad de que la variable tome un valor superior a cuatro es igual a todo el área situada a la derecha de 4 (la situada sobre el 5 más la que se encuentra sobre el 6); etcétera. Obsérvese que el área total ha de ser igual a la unidad (100 % de probabilidad).

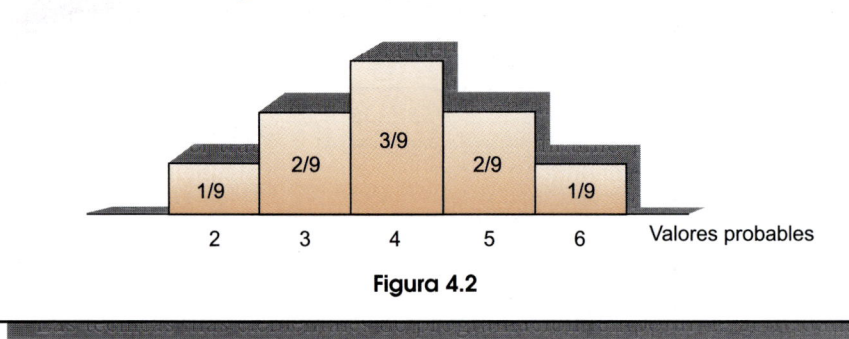

Figura 4.2

Existen algunos parámetros relativos a las variables aleatorias que es importante conocer en muchos casos. Son, concretamente, la esperanza matemática, la varianza, la desviación típica y el coeficiente de variación. En la tabla 4.11 se han recogido las expresiones correspondientes a estos parámetros para la variable aleatoria x, que puede tomar los valores x_1, con una probabilidad p_1, x_2 con una probabilidad p_2, ... y x_n con una probabilidad p_n.

Esperanza matemática	$E(x) = x_1 p_1 + x_2 p_2 + \cdots + x_n p_n = \bar{x}$
Varianza	$\sigma^2(x) = (x_1 - \bar{x})^2 p_1 + (x_2 - \bar{x})^2 p_2 + \cdots + (x_n - \bar{x})^2 p_n$
Desviación típica	$\sigma(x) = [\sigma^2(x)]^{1/2}$
Coeficiente de variación	$CV(x) = \dfrac{\sigma(x)}{E(x)}$

TABLA 4.11

La esperanza matemática de una variable es la media aritmética ponderada de los valores que puede tomar la variable, utilizándose, como coeficiente de ponderación de cada valor, su probabilidad.

La esperanza matemática, o valor esperado de la variable, también denominada simplemente media, es un valor de referencia que señala donde se encuentra centrada la distribución de probabilidad.

ACTIVIDAD RESUELTA 13

¿Qué diferencia existe entre la distribución de probabilidad de la variable «suma de puntos» de la actividad resuelta anterior y la de la figura 4.3?

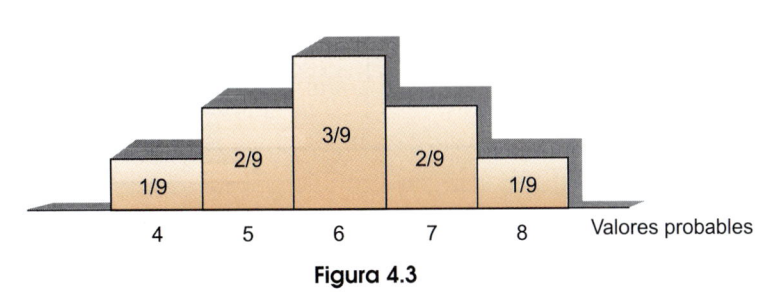

Figura 4.3

La esperanza matemática de la variable «suma de puntos» es:

$$E(SP) = 2\frac{1}{9} + 3\frac{2}{9} + 4\frac{3}{9} + 5\frac{2}{9} + 6\frac{1}{9} = 4 \text{ puntos}$$

La distribución de probabilidad de la figura 4.3 es idéntica a la anterior, pero se encuentra situada dos puntos más a la derecha (el valor esperado de la variable es seis).

LA DECISIÓN EMPRESARIAL

La varianza es la esperanza matemática de los cuadrados de las desviaciones de los valores probables respecto a su media.

La varianza da idea de la forma de la distribución de probabilidad. Se la suele representar por el cuadrado de la letra griega «sigma».

ACTIVIDAD RESUELTA 14

¿Qué diferencia existe entre la distribución de probabilidad de la variable «suma de puntos» de las Actividades Resueltas anteriores, la de la variable cuya distribución de probabilidad se representó en la figura 4.3, y las de las variables x e y de las figuras 4.4 y 4.5, respectivamente?

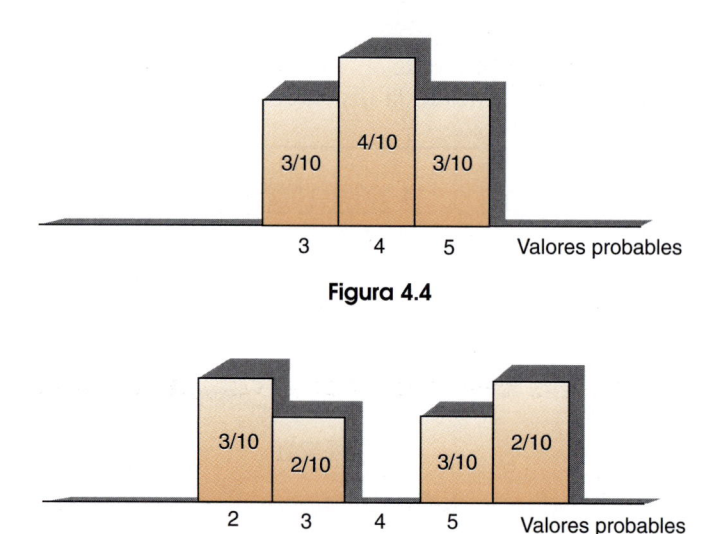

Figura 4.4

(3/10 en 3, 4/10 en 4, 3/10 en 5 — Valores probables)

Figura 4.5

(3/10 en 2, 2/10 en 3, 3/10 en 4, 2/10 en 5 — Valores probables)

Como puede comprobarse, en estas dos distribuciones la esperanza matemática también vale cuatro. Sin embargo, la representatividad de esa media es mayor en la variable x que en la variable y, en la cual es más probable que el valor de la variable se aleje de su valor esperado. Se dice que la dispersión de la variable es menor en el primer caso que en el segundo. La dispersión, o variabilidad, es mayor cuanto más alejados se encuentran los posibles valores, respecto al valor esperado, y cuanto mayores son las probabilidades de estos valores que se encuentran distanciados de la media. Aunque existen diversos parámetros por los que se mide la dispersión, los más empleados son la varianza y la desviación típica.

En el caso de la variable x, la varianza vale:

$$\sigma^2(x) = (3-4)^2 \frac{3}{10} + (4-4)^2 \frac{4}{10} + (5-4)^2 \frac{3}{10} = \frac{6}{10} = \frac{3}{5}$$

En tanto que la varianza de la variable y es igual a:

$$\sigma^2(y) = (2-4)^2 \frac{3}{10} + (3-4)^2 \frac{2}{10} + (5-4)^2 \frac{2}{10} + (6-4)^2 \frac{3}{10} = \frac{28}{10}$$

Dado que la varianza es mayor en la segunda distribución que en la primera, puede afirmarse que la dispersión de la variable y es mayor que la de x. En cuanto a nuestra variable «suma de puntos», su varianza vale:

$$\sigma^2(SP) = (2-4)^2 \frac{1}{9} + (3-4)^2 \frac{2}{9} + (5-4)^2 \frac{2}{9} + (6-4)^2 \frac{1}{9} = \frac{12}{9}$$

La dispersión de la variable SP es mayor que la de x e inferior que la de y.

En cuanto a la distribución de la figura 4.3, su forma es idéntica a la de la variable SP, por lo que su dispersión es la misma y, como puede comprobarse, su varianza es igual a la de SP.

La unidad de medida de la varianza es el cuadrado de la unidad de medida de la variable de que se trate. Por ejemplo, como la variable SP se mide en puntos, su varianza se mide en puntos^2.

> La desviación típica es la raíz cuadrada positiva de la varianza y, frente a ella, tiene la ventaja de medirse en las mismas unidades que la variable en cuestión.

ACTIVIDAD RESUELTA 15

¿Cuanto vale la desviación típica de la variable «suma de puntos» de las Actividades anteriores?

La desviación típica de la variable SP vale:

$$\sigma(SP) = +(12/9)^{1/2} = 1{,}1547 \text{ puntos.}$$

Dispersión significa riesgo. Cuando es muy pequeña, puede decirse que hay una probabilidad elevada de que la variable tome un valor muy próximo a su valor esperado. Si es muy elevada, habrá una gran probabilidad de que la variable se desvíe, al alza o a la baja, respecto a ese valor medio. En el caso de certeza, la dispersión vale cero y va creciendo a medida que el riesgo va siendo superior.

ACTIVIDAD RESUELTA 16

Supongamos que sea seguro que la suma de puntos será cuatro, es decir, que el único valor probable (probabilidad del 100 %) es cuatro. ¿Cuánto vale la esperanza matemática y la varianza de *SP*?

En tal caso, obviamente, el valor esperado vale también cuatro ($4 \cdot 1 = 4$), y la varianza de la suma de puntos vale cero, pues no existe dispersión alguna:

$$\sigma^2(SP) = (4-4)^2 1 = 0$$

En ocasiones ha de elegirse entre varias alternativas de decisión a cada una de las cuales le corresponde un valor esperado diferente y un nivel de riesgo también distinto.

A la pregunta «¿hasta qué punto interesa soportar un mayor nivel de riesgo a cambio de una mayor esperanza de beneficio?» solamente se puede responder que es algo que depende de la subjetividad del decisor, es decir, de su nivel de aversión al riesgo.

Los decisores que tienen gran aversión al riesgo precisan un gran beneficio esperado para asumir niveles de riesgo relativamente pequeños; por contra, aquellos que tienen poca aversión al riesgo están dispuestos a arriesgarse a cambio de beneficios esperados moderados.

Tradicionalmente se considera que el empresario es emprendedor por su escasa aversión al riesgo y que esta «valentía» es una cualidad necesaria para serlo.

> El coeficiente de variación, *CV*, es un parámetro que combina el riesgo y la esperanza matemática: es la desviación típica por unidad de valor esperado.

ACTIVIDAD RESUELTA 17

¿Cuánto vale el coeficiente de variación de la variable «suma de puntos» de la Actividad 14 y de las anteriores?

La desviación típica de la variable *SP* representa un 28,87 % respecto a su valor esperado:

$$CV(SP) = \frac{1,1547}{4} = 0,2887 \text{ por uno}$$

7. El análisis bayesiano

El teorema de Bayes, denominado de ese modo por haber sido formulado por el reverendo Bayes en el siglo XVIII, permite modificar las probabilidades de los distintos estados, o sucesos aleatorios, en función de la información adicional de la que va disponiéndose, es decir, transformar las probabilidades «a priori» en probabilidades «a posteriori» en las cuales se tiene ya en cuenta esa nueva información. Permite modificar las probabilidades a medida que se avanza en el proceso de aprendizaje.

Sean S_1, S_2, ... y S_n, un conjunto de sucesos disjuntos (es decir, que, como en el caso de la suma de puntos de las Actividades Resueltas, no pueden darse simultáneamente), y sea T un suceso que puede producirse si acaece S_1, o si acaece S_2, ..., o si acaece S_n (figura 4.6):

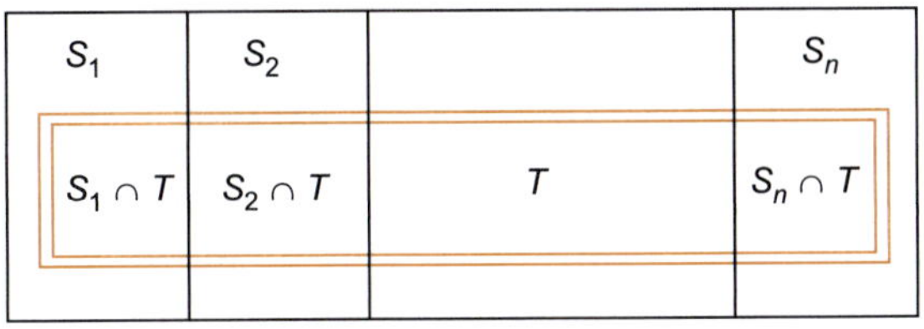

S_1	S_2		S_n
$S_1 \cap T$	$S_2 \cap T$	T	$S_n \cap T$

Figura 4.6

Como puede observarse en la figura:

$$T = (S_1 \cap T) \cup (S_2 \cap T) \cup \cdots \cup (S_n \cap T)$$

Por tanto:

$$P(T) = P(S_1 \cap T) + P(S_2 \cap T) + \cdots + P(S_n \cap T) =$$
$$= P(T/S_1)P(S_1) + P(T/S_2)P(S_2) + \cdots + P(T/S_n)P(S_n)$$

Es decir, si el suceso T puede producirse en el caso S_1, en el S_2, ... y en el S_n, la probabilidad de T es igual a: la probabilidad de que se produzca en el primer caso $[P(T/S_1)]$ multiplicada por la probabilidad del primer caso $[P(S_1)]$, más la probabilidad de que se produzca en el segundo caso $[P(T/S_2)]$ multiplicada por la probabilidad del segundo caso $[P(S_2)]$, más...

Por otra parte, como se recordará, por el teorema del suceso compuesto:

$$P(S_i \cap T) = P(T/S_i)P(S_i) = P(S_i/T)P(T)$$

Despejando, en esta última igualdad, $P(S_i/T)$, se obtiene:

$$P(S_i/T) = \frac{P(T/S_i)P(S_i)}{P(T)}$$

y sustituyendo $P(T)$ según la expresión obtenida anteriormente, se deduce el teorema de Bayes:

$$P(S_i/T) = \frac{P(S_i)P(T/S_i)}{P(T/S_1)P(S_1) + P(T/S_2)P(S_2) + \cdots + P(T/S_n)P(S_n)}$$

CASOS	PRIMERA EXTRACCIÓN	SEGUNDA EXTRACCIÓN	SUMA PUNTOS
4	2	1	3
5	2	2	4
6	2	3	5

TABLA 4.12

ACTIVIDAD RESUELTA 18

Continuando con el caso de la suma de puntos, supongamos que se desea conocer la probabilidad de que la suma de puntos sea 5 (suceso S_4) habida cuenta de que en la primera extracción el resultado ha sido 2 (suceso T), es decir, que se desea conocer $P(S_4/T)$.

Ya se ha efectuado la primera extracción y el resultado ha sido un 2. Este hecho (al que denominaremos suceso T) constituye una información que altera las probabilidades iniciales de los sucesos, o probabilidades «a priori», es decir, previas a la obtención de la información. En efecto, tras producirse el suceso T, los casos posibles son los de la tabla 4.12. Y, por consiguiente, la distribución de probabilidad «a posteriori» es la de la tabla 4.13, siendo el histograma correspondiente el de la figura 4.7.

Dicho de otro modo, las probabilidades «a priori» eran las siguientes:

$$P(S_1) = 1/9$$
$$P(S_2) = 2/9$$
$$P(S_3) = 3/9$$
$$P(S_4) = 2/9$$
$$P(S_5) = 1/9$$

En tanto que las probabilidades «a posteriori» son:

$$P(S_1/T) = 0$$
$$P(S_2/T) = 1/3$$

$$P(S_3/T) = 1/3$$
$$P(S_4/T) = 1/3$$
$$P(S_5/T) = 0$$

Al aplicar el teorema de Bayes para calcular $P(S_4/T)$, se obtiene la misma conclusión. En efecto, la probabilidad del suceso T, es decir, la probabilidad de obtener un 2 en la primera extracción vale un tercio. Por otra parte, sólo existen dos casos (el sexto y el octavo de la tabla 4.9) en los que la suma de puntos vale 5, y en sólo uno de ellos (el sexto) el resultado de la primera extracción vale 2; por tanto, la probabilidad de que en la primera extracción se haya obtenido un 2 cuando la suma de puntos es 5, vale un medio:

$$P(T/S_4) = 1/2$$

Por consiguiente:

$$P(T/S_4) = \frac{P(T/S_4)P(S_4)}{P(T)} = \frac{(1/2)(2/9)}{1/3} = \frac{1}{3}$$

«A priori», la probabilidad de obtener cinco puntos $[P(S_4)]$ era de dos novenos; si el resultado de la primera extracción es dos puntos, dicha probabilidad pasa a ser igual a un tercio.

TABLA 4.13

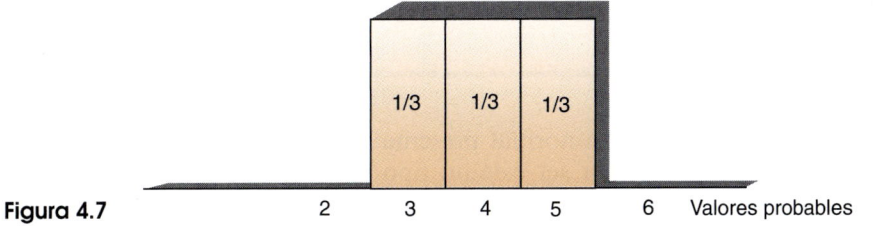

VALORES PROBABLES	PROBABILIDADES
2	0
3	1/3
4	1/3
5	1/3
6	1/3

Figura 4.7

LA DECISIÓN EMPRESARIAL

8. La determinación del grado de confianza

Cuando se conoce la distribución de la variable, es posible conocer la probabilidad de que tome un determinado valor, o de que resulte un valor comprendido en un cierto intervalo. También es posible determinar el intervalo al que le corresponde una cierta probabilidad. Por ejemplo, si quisiéramos tener una probabilidad de 7/9 de acertar, podríamos decir que la suma de puntos de las Actividades Resueltas anteriores será mayor o igual que cinco y menor o igual que siete.

En el ejemplo de la suma de puntos, solamente existían cinco valores posibles. La variable a la que se refiere la distribución de probabilidad de la figura 4.8 puede tomar diez valores; también es una variable discreta, pues el número de valores que puede tomar es finito, pero, al repartirse el área total (la unidad) entre mayor número de variables, el área media de un rectángulo es inferior que en el caso de la variable SP.

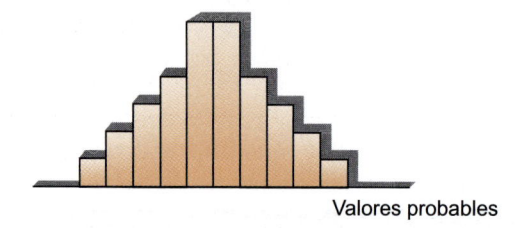

Figura 4.8   Valores probables

Evidentemente, existen variables que pueden tomar ciertos valores (discretas) y otras que pueden tomar un número infinito de valores, que se denominan variables continuas.

Uno de los tipos de variables continuas más importante es el integrado por las denominadas variables normales, a cuyas distribuciones de probabilidad se les denomina también distribuciones normales.

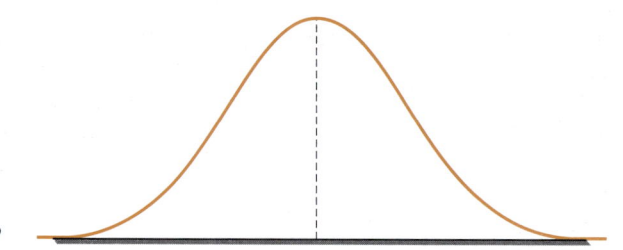

Figura 4.9

Toda distribución normal presenta una serie de características que es importante conocer, por ser éste un tipo de distribución muy utilizado en Economía de la Empresa:

- Las distribuciones normales son simétricas y tienen una forma acampanada (véase la figura 4.9), por lo que a su representación se le denomina campana de Gauss.
- El área correspondiente a cada posible valor de la variable es infinitesimal; es decir, que la probabilidad de que la variable tome un valor en concreto es igual a cero.
- Sin embargo, evidentemente, la probabilidad de que la variable tome un valor comprendido en un cierto intervalo finito es una cantidad también finita e igual al área existente bajo la campana en ese intervalo. El área total que hay bajo la campana vale, evidentemente, uno: es la probabilidad de que la variable tome un valor comprendido entre menos infinito e infinito.
- Como también resultará ya evidente, la esperanza matemática de la variable habrá de encontrarse en el centro de la distribución y, dado que ésta es simétrica y que su área total es igual a uno, tanto el área situada a la izquierda de su valor esperado, como la existente a su derecha, han de valer 0,5.
- Se trata, además, de un tipo de distribución que queda perfectamente descrita con el solo conocimiento de su esperanza matemática y de su varianza (o de su desviación típica); la esperanza matemática determina el lugar en el que se encuentra centrada la distribución, y la varianza determina su forma (su dispersión; su «anchura»). Es decir, que, sabiendo que una distribución es normal, y conociendo su valor esperado y su varianza, es posible representarla perfectamente.

La siguiente expresión significa que la variable x sigue una distribución normal con una esperanza matemática igual a $E(x)$ y una desviación típica igual a $\sigma(x)$:

$$x \rightarrow N[E(x), \sigma(x)]$$

El motivo fundamental de la frecuente aplicación de este tipo de distribuciones en la práctica se encuentra en el teorema fundamental del límite.

En rigor, el teorema sólo se cumple en el límite, es decir, cuando el número de variables que se suman es infinito, pero se puede considerar aplicable de forma aproximada cuando dicho número es suficientemente grande, y la aproximación tenderá a ser tanto mejor cuanto mayor sea ese número.

Cuando una variable, x, está formada por la suma de otras variables, x_1, x_2, ... y x_n, su esperanza matemática es igual a la suma de las esperanzas matemáticas de estas variables:

$$E(x) = E(x_1) + E(x_2) + \cdots + E(x_n)$$

El teorema fundamental del límite señala que, si una variable está formada por la suma de un infinito número de variables independientes entre sí, cada una de las cuales tiene una distribución de media y varianza finitas, esa variable-suma seguirá una distribución normal.

y, si, además, estas variables son independientes entre sí, la varianza de la variable-suma es la suma de las varianzas de las variables que la integran:

$$\sigma^2(x) = \sigma^2(x_1) + \sigma^2(x_2) + \cdots + \sigma^2(x_n)$$

Por consiguiente, conociendo los valores esperados y las varianzas de estas variables, se conocen los parámetros necesarios para describir perfectamente la distribución normal de la variable-suma.

Hay una distribución normal que está tabulada; es decir, existen unas tablas (véase el apéndice de tablas estadísticas, en este libro) con las que puede determinarse la probabilidad de que la variable tome un valor comprendido en cualquier intervalo que se desee.

Denominaremos ξ a la variable que tiene esa distribución; es decir, a la variable normal estandarizada:

$$\xi \to N(0, 1)$$

> Se trata de la distribución normal estandarizada o tipificada, que es aquella cuya esperanza matemática vale cero y cuya desviación típica es igual a uno, por lo que también se le denomina distribución normal-cero-uno.

Si la variable x sigue una distribución normal, entonces:

$$\xi = \frac{x - E(x)}{\sigma(x)}$$

es la variable tipificada. A este proceso de disponer la variable x en número de desviaciones típicas respecto a su media, se le denomina tipificación. Tipificando la variable, es posible calcular cualquier probabilidad relativa a la misma.

ACTIVIDAD RESUELTA 19

Se desea conocer la probabilidad de que una variable normal cuyo valor esperado es 2.600 y cuya desviación típica vale 386, sea mayor que 3.206.

Evidentemente, la distribución $N(2.600, 386)$ no está tabulada, pero sí lo está la de la variable:

$$\xi = \frac{x - 2.600}{386}$$

Se desea conocer:

$$P(x > 3.206)$$

Despejando x en la expresión de ξ, se obtiene:

$$x = \xi 386 + 2.600$$

Por consiguiente, lo que se desea conocer es:

$$P(\xi 386 + 2.600 > 3.206)$$

o, lo que es lo mismo:

$$P\left(\xi > \frac{3.206 - 2.600}{386}\right) = P(\xi > 1{,}57)$$

La probabilidad de que la variable x sea mayor que 3.206 es igual a la probabilidad de que la variable normal tipificada sea mayor que 1,57.

Evidentemente, 1,57 es mayor que 0, por lo que se encuentra a su derecha. En la tabla del apéndice puede obtenerse la probabilidad de que ξ se encuentre entre 0 y 1,57 (el área existente bajo la campana que se encuentra en ese intervalo). Esa probabilidad se halla en el cruce entre la fila del 1,5 y la columna del 7 (las columnas se refieren al segundo decimal); es decir, el 0,4418 por uno. Lo que deseamos conocer es el área existente a la derecha del 1,57, pero, como la distribución es simétrica y el área total vale 1, el área total existente a la derecha del eje central valdrá 0,5 y, por lo tanto:

$$P(\xi > 1{,}57) = 0{,}5 - 0{,}4418 = 0{,}0582 \text{ por uno.}$$

La probabilidad de que la variable x tome un valor superior a 3.206 es del 5,82 %. Dicho de otro modo, podemos tener una **confianza** de 5,82 sobre cien, de que esa variable superará 3.206, o, complementariamente, una confianza de 94,18 sobre cien de que no llegará a 3.206.

En algunos casos, lo que se desea es determinar el intervalo que permite tener cierto nivel de confianza.

ACTIVIDAD RESUELTA 20

Se desea fijar un límite superior a la variable x de la Actividad Resuelta anterior, de modo que se tenga una confianza del 5,82 % de que esa variable no lo superará.

Se trata de determinar el valor de h tal que:

$$P(x > h) = 0{,}0582$$

Despejando x en función de ξ, y operando, se obtiene:

$$P(\xi 386 + 2.600 > h) = P\left(\xi > \frac{h - 2.600}{386}\right)$$

Denominando z al cociente:

$$\frac{h - 2.600}{386}$$

se trata de determinar el valor de h tal que:

$$P(\xi > z) = 0{,}0582$$

o, lo que es lo mismo, tal que:

$$P(0 < \xi < z) = 0{,}5 - 0{,}0582 = 0{,}4418$$

Buscando en las tablas la fila y la columna en las que se encuentra 0,4418, se observa que z vale 1,57. Por consiguiente:

$$\frac{h - 2.600}{386} = 1{,}57$$

y, despejando h, se obtiene:

$$h = 3.206$$

Si se desea tener una confianza de 94,18 sobre cien, de acertar al fijar el límite máximo de x, ha de tomarse como tal 3.206. O, lo que es lo mismo, existe un 5,82 % de probabilidades de que se equivoque quien afirme que x tomará un valor no superior a 3.206.

9. La Teoría de la Información

La Teoría de la Información, originariamente desarrollada por Shannon, profesor del Massachusett Institute of Technology (M.I.T.), ofrece un enfoque del mayor interés para medir la información. Parte de un aserto fundamental.

> La información proporcionada por la materialización de un suceso depende de la probabilidad de su acaecimiento; proporciona tanta más información cuanto mayor sea la sorpresa que produce, es decir, cuanto menor fuera la probabilidad de su acaecimiento.

Así, se puede denominar $h(P)$ a la información proporcionada por la realización de un suceso de probabilidad P, con lo que se hace constar que tal información es función de P. Para determinar la forma concreta de esta función, se debe tener en cuenta que:

1. Debe ser decreciente con P, pues, de acuerdo con lo expuesto, la información aumenta al reducirse la probabilidad del suceso.
2. Congruentemente, la función ha de tender a infinito cuando la probabilidad P tienda a cero (suceso imposible, en el límite).
3. La materialización de un suceso «seguro» no proporciona información alguna, por lo que la función debe tomar el valor cero cuando P sea igual a uno (100 %).
4. A cada uno de los infinitos posibles valores de P les debe corresponder una, y sólo una, medida de información; es decir, la función debe ser monótona y continua.
5. La información proporcionada por la ocurrencia conjunta de dos o más sucesos independientes entre sí, debe ser igual a la suma de las informaciones que nos proporcionan los distintos sucesos en su acontecer.

De todo ello resulta la congruencia de emplear, como medida de la información, el recíproco de la probabilidad:

$$h(P) = \log (1/P) = -\log (P)$$

El logaritmo puede ser neperiano (en cuyo caso la información viene medida en *nits*), decimal (y, entonces, la unidad de información será el *hartley*) o binario (y, en ese caso, la información se mide en *bits*). Por comodidad y sencillez en su aprensión, se suele emplear la base binaria, en la que cada *bit* constituye la información proporcionada por el acaecimiento de un suceso de probabilidad igual a un medio:

$$h(1/2) = -\log_2 (1/2) = 1 \text{ bit.}$$

Si, en lugar de un único suceso, se considera un conjunto, o sistema, de sucesos complementarios y mutuamente excluyentes (ha de producirse uno, pero sólo uno, de ellos), $S_1, S_2, ..., S_n$, a los que corresponden unas probabilidades respectivas de $P_1, P_2, ..., P_n$ (donde, evidentemente, $P_1 + P_2 + \cdots + P_n = 1$) a cada uno de los sucesos, S_i, le corresponderá una información en su acaecimiento (es decir, una incertidumbre, antes de que acaezca) igual a:

$$h(P_i) = -\log (P_i)$$

LA DECISIÓN EMPRESARIAL

por lo que la información esperada (la esperanza matemática del tamaño de la información) será:

$$H = P_1 h(P_1) + P_2 h(P_2) + \cdots + P_n h(P_n)$$

Es decir:

$$H = -[P_1 \log(P_1) + P_2 \log(P_2) + \cdots + P_n \log(P_n)]$$

H mide la incertidumbre que afecta al sistema antes de saberse cuál de los sucesos va a producirse.

A H se le denomina entropía o desorden del sistema, y es siempre no negativa, por serlo tanto las probabilidades de los sucesos (P_i), como los contenidos de información que les corresponden [$h(P_i)$], alcanzando su mínimo ($H = 0$) cuando sólo uno de los sucesos, S_k, es posible (suceso único y, por tanto, seguro), es decir, cuando:

$$P_i = 0 \text{ para todo } i \text{ distinto de } k \quad \text{y} \quad P_i = 1 \text{ para un } i = k$$

La entropía es máxima [$H = \log(n)$] cuando lo es la incertidumbre del sistema, esto es, cuando todos los sucesos tienen la misma probabilidad de presentarse:

$$P_i = 1/n \quad \text{para todo} \quad i = 1, 2, ..., n$$

Como es lógico, la información esperada es nula cuando no existe incertidumbre alguna, y es máxima cuando también lo es la ignorancia.

Volviendo al principio, supóngase un suceso, j, que tiene una probabilidad de presentarse P_j. La información que acompañará a su realización será:

$$h(P_j) = -\log(P_j)$$

Considérese, ahora, no ya la ocurrencia de un suceso j, sino, en general, una comunicación o noticia, que se denominará mensaje, que, con su acaecimiento, hace variar la probabilidad de ocurrencia de un suceso, j, desde P_j hasta Q_j, modificando, con ello, la incertidumbre existente en relación con tal suceso. La variación de incertidumbre, es decir, la modificación de la información que se derivaría de la ocurrencia de j, valdrá:

$$h(P_j) - h(Q_j) = -\log(P_j) + \log(Q_j) = \log(Q_j/P_j)$$

Tal es, por tanto, el contenido informativo del mensaje, o, lo que es lo mismo, la ganancia de información derivada del mismo.

Si no se trata de un único suceso, j, sino de un conjunto, o sistema, como el anteriormente definido, en el que los distintos sucesos, S_1, S_2, ..., S_n, experimentarían, tras la aparición del mensaje, una variación en sus probabilidades respectivas, desde $P_1, P_2, ..., P_n$ (probabilidades «a priori»), hasta $Q_1, Q_2, ..., Q_n$ (probabilidades «a posteriori»), se podrá definir, de manera semejante a lo realizado para la entropía, el contenido informativo esperado del mensaje, o ganancia de información esperada del mismo, como:

$$I(Q:P) = Q_1 \log(Q_1/P_1) + Q_2 \log(Q_2/P_2) + \cdots + Q_n \log(Q_n/P_n)$$

A $I(Q:P)$ se le denomina información de canal y, evidentemente, siempre es no negativa (el mensaje puede tener o no contenido informativo, pero en ningún caso puede «desinformar»). Alcanza su valor mínimo $[I(Q:P) = 0]$ sólo cuando $Q_i = P_i$ para todo i, es decir, cuando el mensaje no modifica la incertidumbre existente, y aumenta de valor a medida que son mayores las variaciones que experimentan las probabilidades de los diversos sucesos.

Si el mensaje hiciera que algún suceso del sistema, S_j, alcanzara una probabilidad «a posteriori» igual a la unidad y, por tanto, que tal probabilidad resultara nula para los demás sucesos del mismo, se obtendría:

$$I(Q:P) = \log(1/P_j) = h(P_j)$$

como es lógico, dado que, en tal caso, el mensaje asegura la realización de S_j, esto es, equivale a la práctica total de la prueba a la que se refiere la indeterminación.

Prueba objetiva de autoevaluación

I. Enunciado

1. A una representación simplificada de una parte de la realidad se le denomina:

    - Sistema. ■
    - Estado de la naturaleza. ■
    - Decisión. ■
    - Ninguna de las anteriores. ■

2. Los modelos que no son analíticos se denominan:

    - Subjetivos. ■
    - Probabilísticos. ■
    - Dinámicos. ■
    - De simulación. ■

3. Los modelos que no son deterministas son:
   - Subjetivos.
   - Analíticos.
   - Dinámicos.
   - Ninguna de las otras.

4. El ambiente de decisión en el que se conocen los estados de la naturaleza, pero no la probabilidad de cada uno de ellos, se denomina:
   - Incertidumbre no estructurada.
   - Riesgo estructurado.
   - Riesgo no estructurado.
   - Ninguna de las otras.

5. El criterio pesimista es el de:
   - Wald.
   - Laplace.
   - Savage.
   - Ninguna de las otras.

6. ¿Dónde se encuentra el valor de un juego rectangular?
   - En el importe que se juega.
   - En su punto de silla.
   - En el maxi-max del ganador.
   - En el mini-min del perdedor.

7. La expresión $P(S \cap T) = P(T)P(S)$ es aplicable cuando los sucesos S y T son:
   - Mútuamente excluyentes.
   - Compuestos.
   - Independientes.
   - Ninguna de las otras.

8. La expresión $P(S \cup T) = P(S) + P(T)$ es aplicable cuando los sucesos S y T son:
   - Mutuamente excluyentes.
   - Compuestos.
   - Independientes.
   - Ninguna de las otras.

9. La información proporcionada por la materialización de un suceso depende de:
   - La probabilidad de su acaecimiento. ■
   - El universo de personas a las que llega el mensaje.
   - La veracidad del mensaje. ■
   - Ninguna de las otras.

10. Al contenido informativo esperado de un mensaje se le denomina:
    - Entropía.
    - Desorden del sistema. ■
    - Información de canal. ■
    - Ninguna de las otras.

II. Respuestas correctas

1. ■
2.
3. ■
4.
5. ■
6.
7.
8.
9. ■
10. ■

5. INSTRUMENTOS DE PLANIFICACIÓN, PROGRAMACIÓN Y CONTROL

- **INTRODUCCIÓN**
- **LOS ÁRBOLES DE DECISIÓN**
- **EL VALOR ESPERADO DE LA INFORMACIÓN PERFECTA**
- **LA PROGRAMACIÓN LINEAL**
- **EL MÉTODO PERT**
  - Concepto
  - Antecedentes históricos
  - Diferencias entre las principales técnicas
  - Actividades previas. Sus aportaciones
  - El PERT en certeza
  - El PERT en incertidumbre
  - El PERT-coste
- **LOS GRÁFICOS DE GANTT**

1. Introducción

En el capítulo anterior quedaron sentadas las bases del análisis de las decisiones en ambiente de riesgo, con lo cual es posible abordar en este el estudio de diversos instrumentos de planificación, de programación y de control de las decisiones y de las actividades.

Se trata de técnicas que, como la Teoría de la Información, la Teoría de Juegos y otras técnicas que se estudiarán en capítulos posteriores, se encuadran en el ámbito de la denominada Investigación Operativa, que se encuentra integrada por todo un conjunto de métodos y modelos operativos, muchos de los cuales fueron desarrollados inicialmente con fines bélicos, y tienen utilidad en otros ámbitos, aunque es en Economía de la Empresa donde su aplicación es más frecuente y donde mayor ha sido su desarrollo posterior.

2. Los árboles de decisión

Las decisiones secuenciales son aquellas que se encuentran sometidas a un proceso dinámico y adaptativo en un período de tiempo más o menos amplio (período de planificación u horizonte de las decisiones) en el que esas decisiones se concatenan, de modo que cada una condiciona a las que le siguen y viene condicionada por las que le anteceden y por los estados de la naturaleza que se hayan presentado.

Los árboles de decisión constituyen un instrumento de gran utilidad para representar secuencialmente y planificar las diversas decisiones alternativas y los posibles estados de la naturaleza.

Todo árbol consta de nudos y ramas:

— Los nudos, también denominados vértices, representan situaciones en las cuales debe tomarse una u otra decisión (nudos decisionales), o el decisor se enfrenta a distintos estados de la naturaleza o sucesos aleatorios (nudos aleatorios).
— Las ramas, también denominadas aristas, que parten de los nudos decisionales representan alternativas de decisión; las que parten de nudos aleatorios representan posibles estados de la naturaleza (sucesos que pueden acontecer y, entre los cuales, no es posible elegir).

Cuando se conocen las probabilidades de los diversos estados, éstas se reflejan sobre las ramas que les representan. Al final de cada camino (sucesión

Un árbol de decisión es un sistema de representación del proceso decisional en el que se reflejan las posibles alternativas por las que se puede optar y los resultados que corresponden a cada alternativa según cual sea el estado de la naturaleza que se presente.

de aristas) se reseña el resultado que correspondería a esa sucesión de decisiones y sucesos.

Por convenio, a los nudos decisionales se les representa con cuadrados, en tanto que a los aleatorios se les representa con círculos.

Cada nudo tiene un *valor asociado:*

— El *valor asociado a un nudo aleatorio* es la esperanza matemática de los valores situados al final de las ramas que parten de él.
— El *valor asociado a un nudo decisional* es el mejor de los valores en los que tienen destino las ramas que parten de él.

El primer nudo es siempre decisional: representa la primera de las decisiones que han de tomarse.

La revisión de probabilidades mediante el análisis bayesiano resulta particularmente útil en los árboles de decisión. En muchas ocasiones, la información «a priori» de la que se dispone resulta insuficiente para tomar una decisión, y el decisor se plantea la posibilidad de incorporar más información.

Las alternativas de acudir a la consecución de mayor información, o no hacerlo, se han de incorporar, evidentemente, al propio árbol, y las probabilidades de los sucesos posteriores a la consecución de la información estarán condicionadas por ella; es decir, serán probabilidades «a posteriori»; probabilidades revisadas. Para revisar estas probabilidades, habrá de utilizarse el teorema de Bayes.

Como en tantas ocasiones, un ejemplo permitirá comprender mejor los conceptos. Sirva para ello la siguiente Actividad Resuelta.

ACTIVIDAD RESUELTA 1

Una empresa tiene un cliente de mal carácter y en el que no se puede confiar. Si se le pregunta por algo afirma que sí en el 10 % de las ocasiones en las que realmente piensa que no. Cuando piensa que sí, sólo dice la verdad en el 80 % de los casos. Es decir, siendo:

DS el suceso «el cliente dice que sí»,
DN el suceso «el cliente dice que no»,
S el suceso «el cliente piensa que sí»,
N el suceso «el cliente piensa que no»,

las probabilidades son:

$$P(DS/N) = 0,1 \rightarrow P(DN/N) = 1 - 0,1 = 0,9$$

$$P(DS/S) = 0,8 \rightarrow P(DN/S) = 1 - 0,8 = 0,2$$

Actualmente se está pensando en que a este cliente le preste servicios un nuevo vendedor que acaba de incorporarse a la plantilla de la empresa. Se estima que hay un 60 % de probabilidades de que este vendedor le agrade y, si así fuera, se sabe por experiencia que se aumentarían las ventas en 39.000 unidades monetarias (u.m.) mensuales. Pero, si trabajara para este cliente, y no fuera de su agrado, se perderían 61.000 unidades de ventas cada mes. Por ello, antes de decidir si asignarle el nuevo vendedor o no, se ha de plantear la posibilidad de presentársele al cliente para preguntarle si este vendedor es de su agrado. Esta posibilidad tiene algunos inconvenientes: por un lado, como se señaló anteriormente, el cliente es algo mentiroso; por otro lado, dado su mal carácter, la experiencia enseña que, por el mero hecho de molestarle para preguntarle, se perderían 10.000 u.m. de ventas mensuales. El objetivo de la empresa es maximizar el crecimiento esperado de sus ventas. ¿Cuál es la mejor secuencia de decisiones?

El árbol de decisión de este caso se recoge en la figura 5.1:

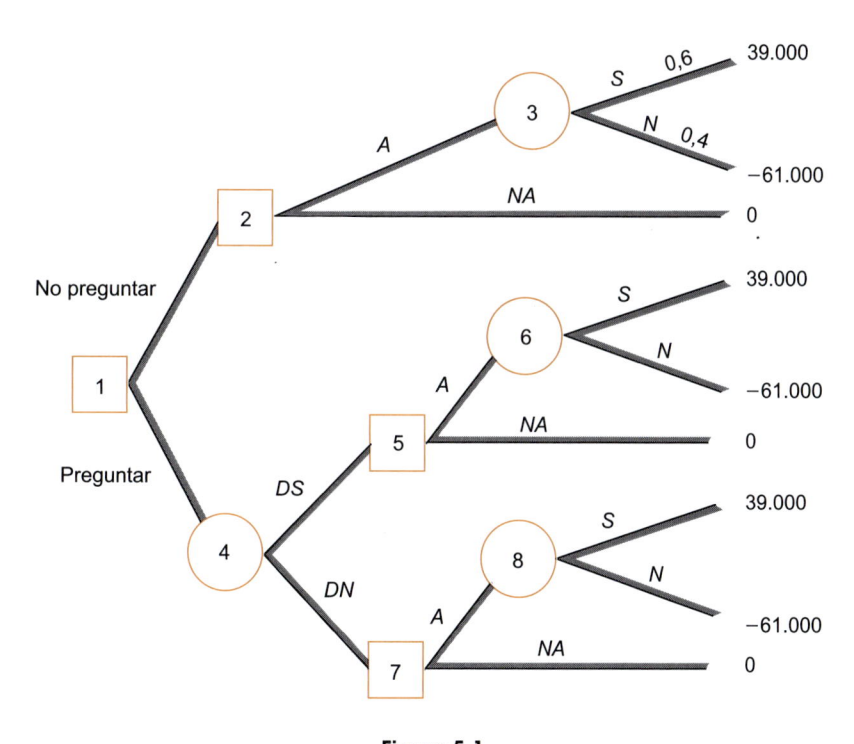

Figura 5.1

— La primera decisión que ha de tomarse es la de preguntar o no al cliente. El nudo decisional 1 representa la situación en la que el decisor tiene que tomar esa decisión: de él parten las ramas que representan las dos alternativas decisionales.

- Si se decide no preguntarle, la siguiente decisión (el nudo 2 también es decisional) es asignarle al vendedor (alternativa A) o no asignársele (alternativa NA).
- Si se le asigna el vendedor, el resultado que se obtenga dependerá de que sí sea del agrado del cliente (suceso S) o de que no lo sea (suceso N). La empresa no puede decidir que suceda S o N: son sucesos aleatorios o estados de la naturaleza. Por ello, el nudo 3 es aleatorio.
- Si se decide preguntar al cliente, este puede responder que sí le agrada el vendedor (suceso DS) o que no le agrada (suceso DN). En ambos casos, posteriormente habría que decidir si asignarle el vendedor (A), o no hacerlo (NA), y si se le asigna, el resultado final dependerá de que sea de su agrado (S) o no lo sea (N).

Cualquier numeración de los nudos es válida siempre que a nudos posteriores correspondan números más altos y que no se salte ningún número.

Al final de cada camino se ha situado el resultado que le corresponde, no teniéndose en cuenta, de momento, por las razones que se expondrán con posterioridad, el coste de la consecución de la información (en este caso, las 10.000 u.m. de ventas mensuales que se pierden al preguntar al cliente).

Sobre las ramas que parten del nudo 3, se han situado las probabilidades correspondientes: si la probabilidad de que el vendedor sea del agrado del cliente es, «a priori», del 60 %, la de que no lo sea será del 40 %. Las demás probabilidades han de ser calculadas aplicando el análisis bayesiano.

La probabilidad de que el cliente diga que sí le agrada el vendedor (suceso DS) será:

$$P(DS) = P(DS/S)P(S) + P(DS/N)P(N) =$$
$$= 0{,}8 \cdot 0{,}6 + 0{,}1 \cdot 0{,}4 = 0{,}52$$

Pues el cliente puede decir que sí en dos casos: cuando piensa que sí y cuando piensa que no; la probabilidad de que diga que sí será la de que lo diga en el primer caso $[P(DS/S)]$ multiplicada por la probabilidad «a priori» del primer caso $[P(S)]$, más la de que lo diga en el segundo caso $[P(DS/N)]$ multiplicada por la probabilidad «a priori» del segundo caso $[P(N)]$. Del mismo modo se calcula la probabilidad de que el cliente señale que no le agrada el vendedor:

$$P(DN) = P(DN/S)P(S) + P(DN/N)P(N) =$$
$$= 0{,}2 \cdot 0{,}6 + 0{,}9 \cdot 0{,}4 = 0{,}48 =$$
$$= 1 - P(DS)$$

El decisor situado en el nudo 6 es aquel que decidió preguntar al cliente, éste le dijo que sí, decidió asignarle el vendedor, y ahora ignora si el empleado será realmente del agrado del cliente. Por consiguiente, la probabilidad correspondiente a la rama S que parte del nudo 6, será la probabilidad de que el vendedor sí agrade al cliente, **habida cuenta de que el cliente ha contestado que sí**; es decir, $P(S/DS)$, que será igual a:

$$P(S/DS) = \frac{P(DS/S)P(S)}{P(DS)} = \frac{0{,}8 \cdot 0{,}6}{0{,}52} = 0{,}92307692$$

Por la misma razón, la probabilidad asociada a la rama N que parte del nudo 6 es:

$$P(N/DS) = \frac{P(DS/N)P(N)}{P(DS)} = \frac{0{,}1 \cdot 0{,}4}{0{,}52} = 0{,}07692307$$

Y las probabilidades correspondientes a las ramas que parten del nudo 8 serán:

$$P(S/DN) = \frac{P(DN/S)P(S)}{P(DN)} = \frac{0{,}2 \cdot 0{,}6}{0{,}48} = 0{,}25$$

$$P(N/DN) = \frac{P(DN/N)P(N)}{P(DN)} = \frac{0{,}9 \cdot 0{,}4}{0{,}48} = 0{,}75$$

Una vez calculadas las probabilidades de los diversos sucesos se procede de derecha a izquierda, calculando los valores esperados asociados a los diversos nudos, obteniéndose los resultados consignados en el árbol de la figura 5.2.

Por ejemplo, el decisor situado en el nudo **aleatorio** 6 tiene una probabilidad del 92,3 % de aumentar en 39.000 u.m. las ventas mensuales y un 7,7 % de que sus ventas se reduzcan en 61.000 u.m. Por consiguiente, el valor esperado asociado al nudo 6 vale:

$$39.000 \cdot 0{,}923 + (-61.000) \cdot 0{,}077 = 31.307{,}69 \text{ u.m.}$$

El decisor situado en el nudo **decisional** 5 ha de **elegir** entre un valor esperado de 31.307,69 u.m. y nada. Si trata de maximizar la esperanza matemática, elegirá A, por lo que el valor asociado al nudo decisional 5 es 31.307,69 u.m.

Procediendo de ese modo se llega a la conclusión de que si se pregunta el valor esperado es de 16.280 u.m.; y si no se pregunta, no se asignará el vendedor al cliente y el valor será 0. Por consiguiente, se espera que la información aporte un valor igual a:

$$16.280 - 0 = 16.280 \text{ u.m.}$$

Por ello, se dice que el **valor esperado de la información** (*VEI*) es de 16.280 u.m.. Como el valor esperado de la información es superior que su coste (10.000 u.m.), conviene utilizar la fuente de información (preguntar al cliente); dicho de otro modo, conviene utilizar la fuente de información porque su **valor esperado neto** (*VENI*) es positivo:

$$VENI = VEI - coste = 16.280 - 10.000 = 6.280 > 0$$

Por tanto, la secuencia de decisiones óptima es la siguiente: preguntar al cliente y, si responde que sí, asignarle el vendedor, no asignándoselo si contesta que no.

Puede comprobarse que, si se hubiera descontado el coste de la información en el cálculo de los resultados finales de los seis últimos caminos, el valor esperado correspondiente al nudo 4 hubiera sido 6.280 u.m.. Lo correcto, para un mejor análisis, es incorporar este coste al final, en el cálculo del *VENI*, de la forma en que aquí se hizo.

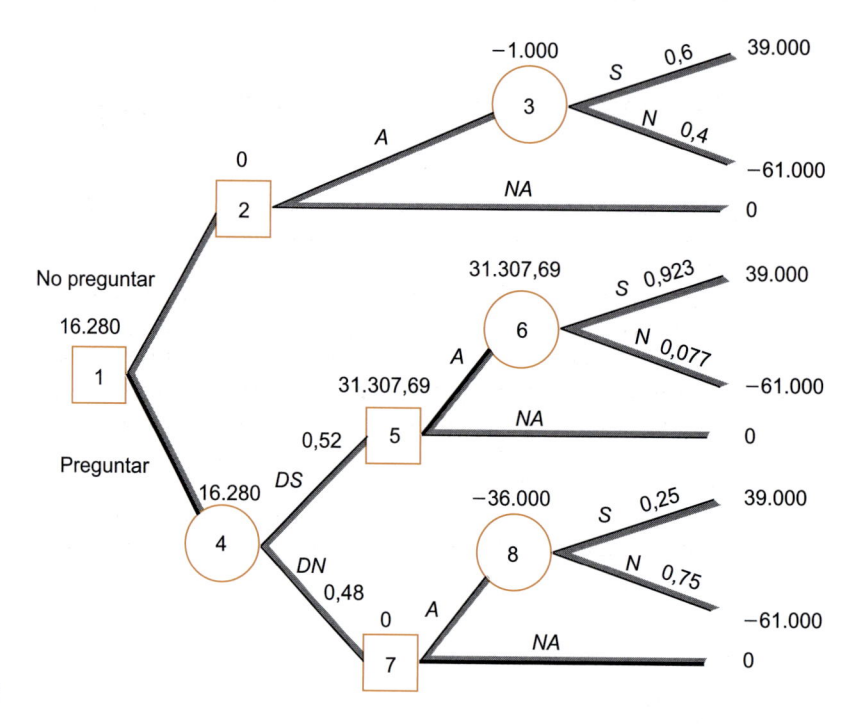

Figura 5.2

Cada alternativa de decisión tiene un valor esperado, pero también tiene una varianza, una desviación típica y un coeficiente de variación, que se calculan de la forma expuesta en el capítulo anterior.

> **ACTIVIDAD RESUELTA 2**
>
> Se desea determinar la varianza, la desviación típica y el coeficiente de variación asociados a la decisión A representada por la rama que parte del nudo 5 del árbol de la figura 5.2.
>
> $\sigma^2 = (39.000 - 31.307,69)^2 0,923 + (-61.000 - 31.307,69)^2 0,077 =$
>
> $= 710.710.059,14 \text{ (u.m.)}^2$
>
> $\sigma = 710.710.059,14^{1/2} = 26.659,15 \text{ u.m.}$
>
> $CV = \dfrac{26.659,15}{31.307,69} = 0,8515 = 85,15\,\%$

3. El valor esperado de la información perfecta

La información perfecta es aquella en la que la probabilidad de que sea correcta es el cien por cien.

El VEIP es la esperanza matemática del valor de la información.

La información obtenida al preguntar al cliente de la Actividad Resuelta número 1 no era perfecta: existían probabilidades de que el cliente mintiera y la información no fuera correcta.

En la primera Actividad Resuelta se calculó el valor esperado de la información obtenida preguntando al cliente y se llegó a la conclusión de que importaba 16.280 u.m., que era el máximo que se podría pagar por ella, pues, si su coste fuera superior, el *VENI* sería negativo. De forma semejante, la información perfecta tiene también un cierto valor esperado (*VEIP*) y será el límite máximo que podrá pagarse por esta información y por cualquier otra, pues si por la información perfecta no puede pagarse un importe superior al *VEIP*, menos podrá pagarse por una información imperfecta.

Por consiguiente, para calcularla, hemos de conocer los posibles valores que pueden derivarse de la misma y sus probabilidades respectivas.

> **ACTIVIDAD RESUELTA 3**
>
> Deseamos conocer el *VEIP* antes de preguntar al cliente de la Actividad Resuelta número 1.

INSTRUMENTOS DE PLANIFICACIÓN, PROGRAMACIÓN Y CONTROL

> La información perfecta podría ser que al cliente sí le agrada el vendedor (suceso *S*) o que no le agrada (suceso *N*). De la información perfecta nunca puede derivarse un resultado desfavorable: si fuera que sí le agrada, el decisor que dispone de esta información asignaría el vendedor al cliente y se ganarían 39.000 u.m. mensuales; si fuera que no le agrada, no se le asignaría (pues hacerlo supondría perder 61.000 u.m.) y no se ganaría ni perdería nada. Por tanto, dos son los resultados que se pueden derivar de la información perfecta: 39.000 y 0.
>
> Si se asigna una probabilidad del 60 % a que el vendedor le agrade al cliente, la probabilidad que se asignará a que la información sea que el vendedor le agrada al cliente será, evidentemente, el 60 %. Por tanto, hay una probabilidad del 60 % de que la información perfecta sea *S* y se ganen 39.000, y una probabilidad del 40 % de que sea *N* y no se gane ni se pierda nada. Así pues:
>
> $$VEIP = 39.000 \cdot 0,6 + 0 \cdot 0,4 = 23.400 \text{ u.m.}$$
>
> Como no podía por menos de suceder, el valor esperado de la información perfecta (23.400 u.m.) es superior que el de una fuente imperfecta como es la consistente en preguntar a alguien que no siempre dice la verdad (16.280 u.m.).

4. La programación lineal

Todo problema de programación lineal consiste en una función objetivo lineal, que se ha de maximizar o minimizar, y un conjunto de restricciones de carácter también lineal.

Se trata de determinar los valores de las variables que optimizan la función objetivo cumpliéndose las restricciones. Formalmente, se trata de:

Maximizar (o minimizar):

$$Z = c_1 X_1 + c_2 X_2 + \cdots + c_n X_n$$

con sometimiento a las restricciones:

$$a_{11} X_1 + a_{12} X_2 + \cdots + a_{1n} X_n \leqslant b_1$$
$$a_{21} X_1 + a_{22} X_2 + \cdots + a_{2n} X_n \leqslant b_2$$
$$\cdots\cdots\cdots\cdots\cdots\cdots\cdots\cdots\cdots\cdots\cdots\cdots$$
$$a_{m1} X_1 + a_{m2} X_2 + \cdots + a_{mn} X_n \leqslant b_m$$

y, siempre, la condición de no negatividad de las variables:

$$X_1, X_2, \ldots, X_n \geqslant 0$$

En este caso, se ha supuesto que las restricciones tienen el sentido «menor o igual», pero algunas o todas ellas podrían tener el sentido «mayor o igual», o tenerse que cumplir como igualdades.

Se trata, por lo tanto, de un problema de óptimo condicionado: ha de encontrarse la combinación de valores X_i (para $i = 1, 2, ..., n$) que, entre todas las que son posibles, es decir, que cumplen las restricciones, maximiza (o minimiza) la función objetivo. Sin embargo, por ser funciones lineales, para resolver el problema no se pueden utilizar los procedimientos clásicos de cálculo de máximos y mínimos condicionados.

Por ello, se han desarrollado diversos algoritmos de resolución para optimizar programas lineales, que no serán objeto de estudio aquí, pues rebasan el carácter introductorio que pretende este texto y, además, se encuentran informatizados; es decir, que existen ya numerosos programas, incluso para pequeños ordenadores personales, que resuelven estos problemas y analizan la solución. En consecuencia, nos limitaremos a un planteamiento meramente conceptual y a la resolución gráfica.

ACTIVIDAD RESUELTA 4

La empresa Teleinsert, S. A., se dedica a la contratación de anuncios en la televisión para sus clientes. Uno de ellos es una empresa fabricante de galletas para perros que le ha encargado que le consiga el máximo de emisión posible dadas las limitaciones existentes. El máximo número de minutos que quiere contratar son 8 minutos por la mañana y 14 por la noche a la semana. En estos momentos, solamente existen dos módulos de contratación de publicidad con la televisión: el módulo A llega a 20.000 televidentes y consta de 2 minutos durante el día y otros 2 durante la noche, a la semana; el módulo B está formado por 2 minutos durante el día y 8 durante la noche, cada semana, y llega a 40.000 personas. Supongamos que se desea conocer el número de módulos de cada tipo que se deben contratar, de modo que se maximice el número de personas que ven el anuncio o el número de veces que ven el anuncio las mismas personas.

Si con cada módulo del tipo A se consiguen 20.000 visionados del anuncio a la semana, contratando X módulos de este tipo, se conseguirán $20.000X$. De forma semejante, si se contratan Y módulos del tipo B, se conseguirán $40.000Y$ visionados semanales. Con lo cual, el total será:

$$Z = 20.000X + 40.000Y$$

Esta será, por tanto, la función objetivo a maximizar. Por otra parte, si los minutos de emisión durante el día son 2 cada semana, por cada módulo del tipo A, y otros 2 por cada módulo del tipo B, contratando X módulos del primer tipo e Y del segundo, se conseguirán $2X + 2Y$

INSTRUMENTOS DE PLANIFICACIÓN, PROGRAMACIÓN Y CONTROL

minutos semanales, y el máximo que puede pagar el cliente es de 8, por lo cual:

$$2X + 2Y \leqslant 8$$

De forma semejante, como el módulo A incorpora 2 minutos semanales de emisión nocturna, el módulo B incorpora 8, y el cliente contratará como máximo 14, habrá de cumplirse la siguiente condición:

$$2X + 8Y \leqslant 14$$

Además, no es posible contratar un número negativo de módulos, por lo que en todo modelo de programación lineal:

$$X, Y \geqslant 0$$

En definitiva, el modelo es:

— Función objetivo:

$$\text{Maximizar:} \quad Z = 20.000X + 40.000Y$$

— Restricción de emisión diurna:

$$2X + 2Y \leqslant 8$$

— Restricción de emisión nocturna:

$$2X + 8Y \leqslant 14$$

— Restricciones de no negatividad:

$$X, Y \geqslant 0$$

Se trata de un modelo lineal, pues son lineales tanto la función objetivo como las restricciones. Cuando, como en este caso, sólo existen dos variables (X e Y), para determinar cuales son los valores de esas variables que, entre los que cumplen las restricciones, optimizan (maximizan en este caso) la función objetivo, puede acudirse a la resolución gráfica.

Para resolver gráficamente un problema de programación lineal han de seguirse los siguientes pasos:

1. Representar las ecuaciones que se obtienen al establecer las restricciones como si fueran igualdades y sólo en el primer cuadrante, pues las variables no pueden ser negativas.

2. Representar la función objetivo tomando un valor arbitrario cualquiera para Z.
3. Trazar paralelas a esta última recta tan alejadas como sea posible del origen de coordenadas, hasta determinar la más lejana que tenga algún punto perteneciente a la región de las soluciones posibles, es decir, a la formada por aquellos puntos que cumplen las restricciones. Si el problema fuera de minimización, se irían trazando paralelas lo más próximas posible al origen de coordenadas.
4. Determinar el punto de esa paralela que se encuentra en el área de soluciones posibles. Las coordenadas de ese punto son la solución óptima. Si hubiera varios puntos, el problema tendría varias soluciones: tantas como puntos.

Quizá, como ya es habitual, un ejemplo contribuya a aclarar los conceptos. Sirva para ello la siguiente Actividad Resuelta.

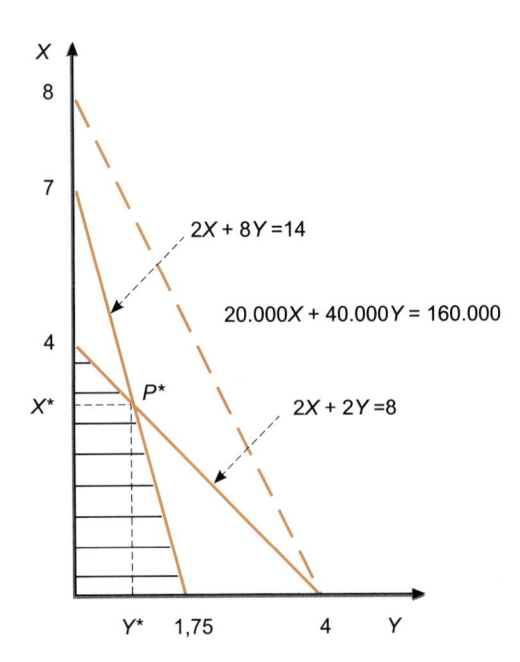

Figura 5.3

ACTIVIDAD RESUELTA 5

Se desea resolver gráficamente el programa lineal planteado en la Actividad Resuelta anterior.
En la figura 5.3 se han representado, en el primer cuadrante, las rectas:

$$2X + 2Y = 8$$

$$2X + 8Y = 14$$

$$20.000X + 40.000Y = 160.000$$

Dado que la solución ha de cumplir las dos restricciones, y que estas tienen el sentido «menor o igual» sólo son factibles los puntos situados en el área rayada horizontalmente, que será la región de soluciones posibles. Sólo los puntos de este área cumplen las dos restricciones; es decir, sólo ellos se encuentran **en la primera recta** (caso de igualdad) o **por debajo de ella** (caso en el que la restricción se cumple con el signo de menor) y en la segunda recta o por debajo de ella.

Por otra parte, cualquier punto de la tercera recta reportaría 160.000 visualizaciones, pero, dado que ninguno de sus puntos se encuentra en la región de soluciones posibles, no es posible conseguir un objetivo tan elevado. Si se hubiera tomado un valor más bajo para Z (por ejemplo 150.000), se hubiera obtenido una recta paralela a la anterior y más próxima al origen de coordenadas. Cualquier punto de esa recta proporcionaría un número de visualizaciones más bajo que el correspondiente a los puntos de la recta anterior. El óptimo se encontrará en la paralela que se encuentre tan alejada como sea posible del origen de coordenadas (pues mayor distancia equivale a mayor valor de Z, que es lo que se desea maximizar) que tenga, al menos, un punto perteneciente a la región de soluciones posibles. En este caso, el óptimo se encuentra en el punto P^*. Dado que este punto se encuentra en las dos primeras rectas, para determinar sus coordenadas basta resolver el sistema de dos ecuaciones con dos incógnitas:

$$2X^* + 2Y^* = 8$$

$$2X^* + 8Y^* = 14$$

obteniéndose:

$$X^* = 3$$

$$Y^* = 1$$

Por tanto, el óptimo es contratar tres módulos del tipo A y uno del tipo B. Con ello, se consigue el mayor número posible de visualizaciones, que es igual a 100.000:

$$Z^* = 20.000X^* + 40.000Y^* = 20.000 \cdot 3 + 40.000 \cdot 1 = 100.000$$

5. El método PERT. Introducción

5.1. Concepto

El método *PERT* es un instrumento al servicio de la toma de decisiones que permite la planificación, ejecución y control de proyectos que requieren la coordinación de un gran número de actividades entre las que existen relaciones de precedencia y que se han de realizar en un tiempo limitado y con unos medios también limitados.

5.2. Antecedentes históricos

Las siglas PERT provienen de *Program Evaluation and Review Technique*, que es como fue denominada esta técnica en el proyecto en el que fue ideada y desarrollada.

Se trató de un proyecto conjunto realizado por la Oficina de Proyectos Especiales de la Marina norteamericana, la empresa aeronáutica Lockheed y la firma de consultores de Chicago Booz-Allen & Hamilton. La necesidad surgió con el proyecto de construcción de submarinos atómicos armados con proyectiles «Polaris».

La idea comenzó a ponerse en marcha en 1957 y a finales de 1958 se aplicó al programa de misiles balísticos de la Marina, consiguiéndose un adelanto de dos años sobre el tiempo previsto inicialmente, que era de cinco años.

En la misma época, las Fuerzas Aéreas norteamericanas presentaron un método muy semejante denominado *PEP* (*Programme Evaluation Procedure*).

En el mismo año de 1958, la empresa Du Pont de Nemours creó una técnica muy similar denominada *CPM*, *Critical Path Method*, o método del camino crítico, con la que también se alcanzaron resultados espectaculares al aplicarla en proyectos muy complejos. Posteriormente, uno de los ingenieros del proyecto, J. E. Kelley, prolongó el método CPM, introduciendo la relación que existe entre el coste de cada actividad y su duración, surgiendo, así, la programación de proyectos a coste mínimo.

Casi simultáneamente, el ingeniero Bernard Roy desarrolló un método dual del PERT, que se conoce como *Método de los Potenciales*, o *Método Roy*, y que fue presentado por este investigador en el congreso de 1960 de la International Federation of Operations Research Society (IFORS).

Posteriormente, se han ido desarrollando otras técnicas muy similares a estos métodos, pudiendo ser consideradas como meras ampliaciones y mejoras de los mismos.

5.3. Diferencias básicas entre las principales técnicas

Como se ha señalado, las técnicas PERT y CPM, aunque surgieron de investigaciones completamente diferentes, resultan idénticas en sus aspectos esenciales, siendo las principales diferencias las referentes a la notación utilizada, y algún aspecto formal. En cuanto a las diferencias de notación, las principales son las siguientes:

— En el método PERT se denominó suceso a lo que en el método CPM se llamó nudo.
— En el método PERT se dijo actividad para denominar a lo que en el CPM se llamó trabajo.
— Lo que en el PERT se denomina holguras, en el CPM se llama flotantes.
— El llamado tiempo *early* en el PERT, en el CPM se llama tiempo más bajo de iniciación.
— El denominado tiempo *last* en el PERT, es denominado, en el CPM, tiempo más alto de iniciación.

La diferencia formal entre ambos métodos consiste en la diferente forma en que asignan los tiempos a las actividades. En el método PERT, se suele trabajar con tres estimaciones de tiempo, en tanto que en el CPM se trabaja con una sola estimación.

La diferencia más importante entre el PERT y el CPM que podríamos denominar «extendido», es que Kelley, como ya se señaló, prolongó las investigaciones iniciales, introduciendo la relación entre el coste y la duración de cada actividad: en el PERT se toman las duraciones de las actividades para un coste dado, en tanto que en este CPM se considera la incidencia que las variaciones de las duraciones pueden tener sobre los costes. Pero este aspecto fue incluido, posteriormente, en el PERT.

La diferencia básica entre el Método Roy y las técnicas anteriores es que en éstas, como se verá, las actividades se representan con flechas y los nudos señalan la interrelación existente entre esas actividades, en tanto que en el Método Roy las actividades se representan por nudos y son las flechas las que indican el orden temporal de realización de las actividades.

La representación propia del Método Roy tiene algunas ventajas sobre la empleada por los métodos PERT y CPM, pues resulta más congruente con la Teoría de Grafos, que define al grafo como conjunto de elementos ligados con relaciones orientadas (flechas), y su comprensión es más intuitiva.

Estas técnicas, junto con las que les siguieron y mejoraron, o ampliaron, se suelen englobar bajo la denominación de Programación Reticular, aunque muchos autores las denominan también técnicas PERT-CPM o, simplemente, PERT.

5.4. Actividades previas a la aplicación del método PERT. Su aportación a la planificación, programación y control

El PERT ha de partir de las decisiones de planificación. La planificación estratégica de los recursos se enfrenta con una variedad de estrategias, entre las que ha de elegirse un programa o proyecto. Sin embargo, en el PERT el proyecto en cuestión viene dado y lo que se ha de estudiar es la forma más económica de llevarlo a cabo.

Además, el PERT es un instrumento de programación temporal y toda programación temporal requiere:

1. Relacionar el conjunto de actividades que se ha de realizar.
2. Estimar el tiempo que requiere cada una de ellas.
3. Determinar el orden en el que han de realizarse las actividades, es decir, determinar las precedencias existentes entre ellas, o, lo que es lo mismo, señalar cuáles deben preceder a otras.

Precisamente, una de las aportaciones del método es que obliga a identificar las actividades que integran el proyecto, resaltando las dependencias y condicionamientos existentes entre ellas, así como sus duraciones.

Como señalaba Harry F. Evarts en una de las obras que más ha contribuido a difundir esta técnica (su «Introducción al PERT», editada en 1965 en España por editorial Sagitario), las principales aportaciones del PERT, que lo han convertido en un instrumento popular de la gestión científica, son seis:

1. La producción de planes realistas, detallados y de fácil difusión, que incrementan las probabilidades de alcanzar los objetivos del proyecto.
2. La predicción de las duraciones y de la certitud de las mismas.
3. El centrar la atención en las partes del proyecto que son susceptibles de impedir o demorar su realización.
4. Informar de la incompleta utilización de los recursos.
5. La sencilla simulación de alternativas.
6. La obtención de informes completos y frecuentes del estado del proyecto.

Uno de los objetivos del PERT es anticipar la duración mínima del proyecto. Otro es determinar qué actividades son críticas; es decir, cuáles han de ser objeto de un mayor control, por ser actividades que, si se retrasan, provocan un retraso en la ejecución total del proyecto sobre el mínimo preciso. Pero, como se verá posteriormente, el PERT genera, además, otras informaciones de gran importancia.

6. El método PERT en certeza

6.1. La tabla de precedencias

Como se señaló anteriormente, el primer paso previo en la aplicación del método PERT es la determinación de las relaciones de precedencia existentes entre las actividades.

ACTIVIDAD RESUELTA 6

Para la elaboración de un cierto producto, la empresa ENSAMBLI-SA ha de realizar las siguientes actividades:

A: Transportar, al taller de fabricación, los materiales necesarios para elaborar los componentes *S* y *T*.
B: Transportar, desde otro punto diferente, al taller de fabricación, los materiales necesarios para elaborar los componentes *U* y *V*.
C: Transportar, desde otro lugar, al taller de fabricación, los materiales necesarios para elaborar el componente *R*.
D: Fabricar el componente *R*.
E: Fabricar el componente *S*.
F: Fabricar el componente *T*.
G: Fabricar el componente *U*.
H: Fabricar el componente *V*.
I: Transportar el componente *S* al taller de ensamblaje.
J: Transportar el componente *T* al taller de ensamblaje.
K: Fabricar el componente *ST* (resultante de ensamblar *S* con *T*).
L: Transportar el componente *R* al taller de ensamblaje.
M: Transportar el componente *U* al taller de ensamblaje.
N: Transportar el componente *V* al taller de ensamblaje.
O: Fabricar el componente *UV* (resultante de ensamblar *U* con *V*).
P: Fabricar el producto terminado final ensamblando *ST* con *R* y con *UV*

¿Cuál es la tabla de precedencias?

Dado que no es posible realizar la actividad *E*, ni la *F*, si no se ha finalizado previamente la actividad *A*, ni puede fabricarse el componente *R* (actividad *D*) si previamente no se han recibido los materiales necesarios en el taller (actividad *C*), etc., la relación de precedencias será la de la tabla 5.1.

ACTIVIDADES	ACTIVIDADES PRECEDENTES
A	—
B	—
C	—
D	C
E	A
F	A
G	B

TABLA 5.1

TABLA 5.1 (Continuación)

ACTIVIDADES	ACTIVIDADES PRECEDENTES
H	B
I	E
J	F
K	I, J
L	D
M	G
N	H
O	M, N
P	K, L, O

La tabla de prelaciones o precedencias contiene la información necesaria para elaborar el grafo PERT.

6.2. Los grafos parciales y los tipos de prelaciones

> El grafo PERT está formado por nudos y flechas. Los nudos (a los que también se denomina vértices) representan estados, o situaciones. Las flechas (también denominadas aristas) representan las actividades del proyecto.

Así, el primer nudo representa el estado de comienzo del proyecto. De este primer nudo partirán las flechas representativas de aquellas actividades a las que no les precede ninguna (las actividades A, B y C, en nuestro ejemplo de la Actividad Resuelta anterior).

De forma semejante, el último nudo representa la situación en la que se ha finalizado el proyecto, y en él tendrán destino las flechas que representan a todas aquellas actividades que no precedan a ninguna otra (solamente la actividad P, en el ejemplo de la Actividad).

Cada flecha ha de tener un nudo de origen y otro de destino:

— El nudo de origen representa la situación en la cual se han finalizado las actividades precedentes y, por tanto, puede comenzar la actividad en cuestión.
— El nudo de destino representa la situación en la cual se ha finalizado la actividad en cuestión y, por tanto, pueden comenzar las que le siguen en el orden secuencial según la tabla de precedencias.

Pero, a efectos de facilitar la representación del grafo PERT, suele ser útil representar los grafos parciales que se deducen de la tabla de prelaciones.

ACTIVIDAD RESUELTA 7

¿Cuáles son los grafos parciales correspondientes al caso de ENSAMBLISA, de la Actividad anterior?

Son los de la figura 5.4.

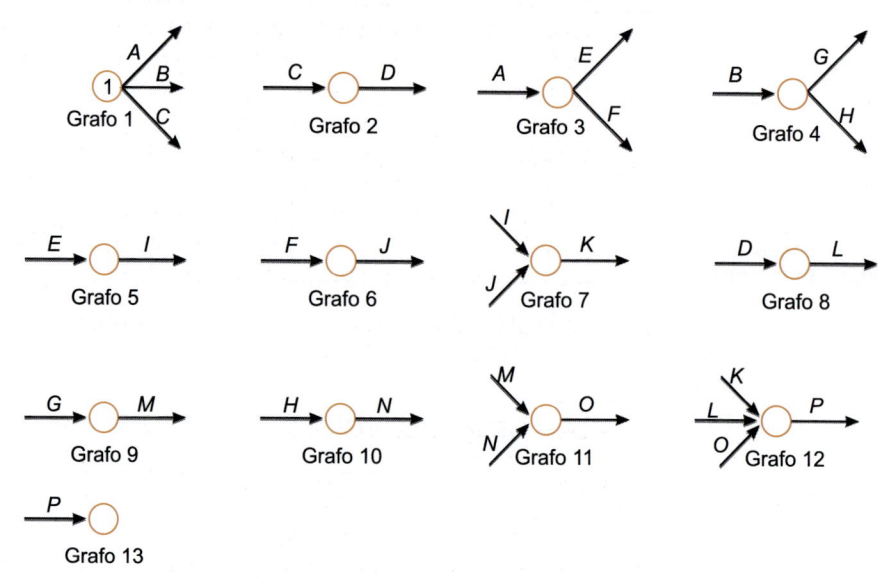

Figura 5.4

El primero representa el primer nudo, del que parten las actividades a las que no les precede ninguna. El de su derecha manifiesta el hecho de que la actividad D es posterior a la C y, entre las flechas, se sitúa el nudo que representa la situación en la cual ya se ha finalizado la actividad C y, por consiguiente, es posible comenzar la D. De forma semejante se interpretan los demás grafos parciales. Por ejemplo, el siguiente significa que, cuando finaliza la actividad A, es posible comenzar la E y la F. El último grafo parcial representa el último nudo, en el que tienen destino las flechas correspondientes a las actividades que no preceden a ninguna otra (en este caso, la actividad P).

Como puede observarse en el ejemplo de la Actividad, existen cuatro tipos elementales de prelaciones o precedencias (tabla 5.2):

1. Las prelaciones lineales, que son las que se presentan cuando, para poder iniciar una determinada actividad, es necesario que haya finalizado previamente una única actividad. Es el caso de los grafos parciales 2, 5, 6, 8, 9 y 10.
2. Las prelaciones de convergencia, que se producen cuando, para poder iniciar cierta actividad, es necesario que hayan finalizado previamente dos o más actividades. En nuestro ejemplo, este tipo de prelaciones aparecen en los grafos 7, 11 y 12.

3. Las prelaciones de divergencia, que son las que aparecen cuando, para que puedan iniciarse dos o más actividades, es necesario que se haya terminado anteriormente una única actividad. En el ejemplo, hay prelaciones de este tipo en los grafos parciales tercero y cuarto.
4. Las prelaciones que dan lugar a una convergencia y divergencia. En nuestro ejemplo no hay ningún caso en el que esto se produzca, pero, como ya resultará evidente, son aquellas que se producen cuando, para que se puedan iniciar un conjunto de dos o más actividades, es preciso que se haya finalizado previamente más de una actividad. En el grafo parcial correspondiente, varias aristas tendrían el mismo nudo de destino y otras dos o más flechas partirían de él.

TABLA 5.2

TIPOS ELEMENTALES DE PRECEDENCIAS
• Lineales.
• De convergencia.
• De divergencia.
• De convergencia y divergencia.

6.3. Los principios de la construcción del grafo y las actividades ficticias

Una vez representados los grafos parciales, resta componerlos para obtener el grafo PERT y numerar los nudos. Para ello, han de respetarse los siguientes principios (tabla 5.3):

TABLA 5.3

PRINCIPIOS DEL GRAFO PERT
• Designación sucesiva.
• Unicidad del estado inicial y del estado final.
• Designación unívoca.

1. El principio de designación sucesiva, que prohíbe, al ir asignando sucesivamente los números naturales a los vértices, numerar un nudo si se encuentra sin numerar alguno de los nudos de los que parten flechas que finalizan en él.
2. El principio de unicidad del estado inicial y del estado final, que prohíbe la existencia de más de un nudo de comienzo ni más de un nudo final, pues sólo puede existir una situacion de inicio del proyecto y una situación de finalización del mismo.
3. El principio de designación unívoca, que prohíbe la existencia de dos flechas que partan del mismo nudo y que tengan, también, el mismo nudo de destino. Una actividad puede designarse por el par de números correspondientes al del nudo del que parte su flecha y al de aquel en el que finaliza. Si dos o más actividades se representaran con flechas

que tuvieran el mismo nudo de origen y el mismo nudo de destino, recibirían la misma denominación, lo cual se evita manteniendo el principio de designación unívoca.

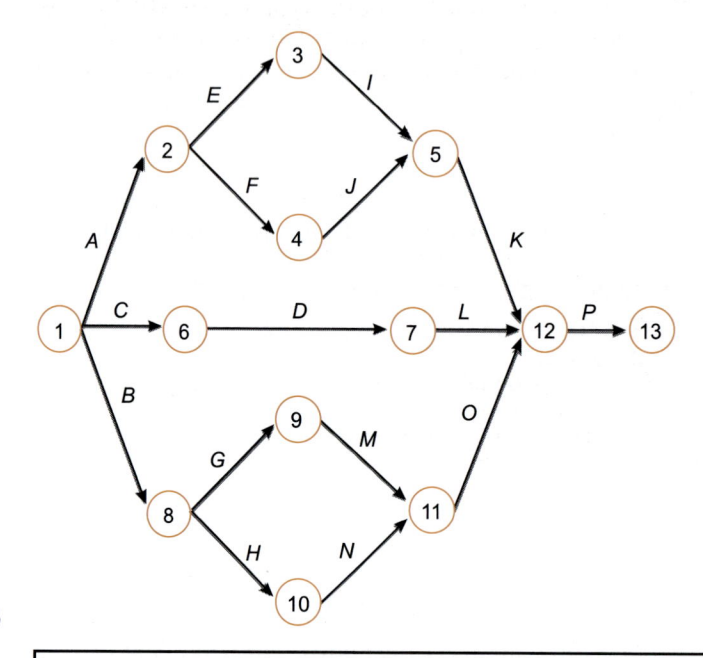

Figura 5.5

ACTIVIDAD RESUELTA 8

¿Cuál es el grafo PERT correspondiente al caso de ENSAMBLISA, al que se refieren las Actividades anteriores?

En nuestro sencillo ejemplo, el grafo PERT correspondiente es el de la figura 5.5.

Aunque, evidentemente, existen otras alternativas «formales» que, por cumplir también los principios, son igualmente correctas.

Por ejemplo, podría girarse enteramente el grafo, de modo que los nudos 2, 3, 4 y 5, con las flechas correspondientes, quedaran en la parte inferior, estando los nudos 8, 9, 10 y 11, con sus flechas, en la superior; otras posibilidades igualmente válidas son que las flechas correspondientes a las actividades *B*, *D* y *L*, con los nudos 6 y 7, se representen por la parte inferior (quedando los nudos 8, 9, 10 y 11 en la zona media) o por la superior (quedando en la zona media los nudos 2, 3, 4 y 5).

Por supuesto, también es posible numerar los nudos de muchas otras formas cumpliéndose, en todas ellas, el principio de designación sucesiva.

Es correcta cualquier representación que respete la tabla de precedencias y los principios de la construcción del grafo.

Un primer problema que se suele plantear frecuentemente es que se presenten simultáneamente prelaciones lineales y de convergencia o divergencia.

El ejemplo que se ha tomado en las Actividades Resueltas puede ser adecuado para una primera aproximación al método PERT, pero, evidentemente, en la realidad las situaciones suelen ser bastante más complejas.

Por ejemplo, supongamos que, en un proyecto, las actividades A y B preceden a la C (convergencia) y la actividad A precede a la D. En una primera aproximación se podría pensar que la representación correcta es la de la figura 5.6.

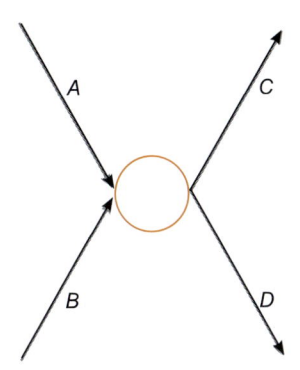

Figura 5.6

Para resolver este tipo de problemas, ha de acudirse a las actividades ficticias, que no son sino unos enlaces lógicos que permiten reflejar formalmente las prelaciones existentes entre las diferentes actividades que forman el proyecto.

Pero, si se observa esta representación se advierte que indica que, para poder iniciar la actividad D, es necesario que, previamente, se haya finalizado la actividad B, y esta prelación no figuraba en el ejemplo.

Por ejemplo, en este caso la representación se haría como en la figura 5.7:

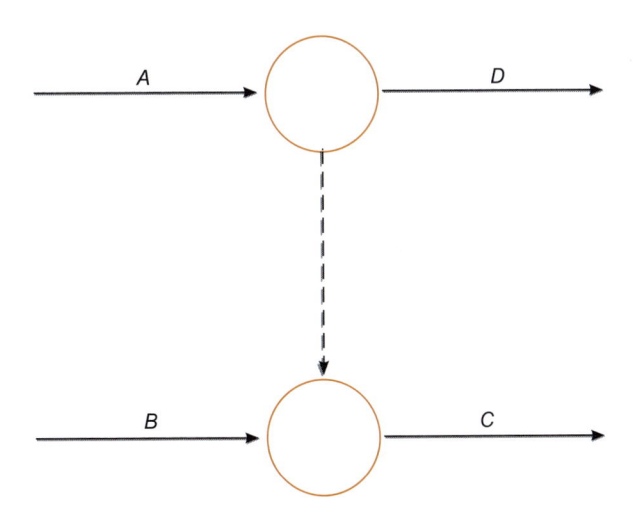

Figura 5.7

Otra dificultad que obliga a la utilización de actividades ficticias es el de las actividades paralelas.

Supongamos, por ejemplo, que se trata de un proyecto en el que la actividad A es previa a las actividades B, C y D, y que estas tres últimas

INSTRUMENTOS DE PLANIFICACIÓN, PROGRAMACIÓN Y CONTROL **125** actividades preceden a la *E*. Si se hiciera la representación de la figura 5.8, se vulneraría el principio de designación unívoca.

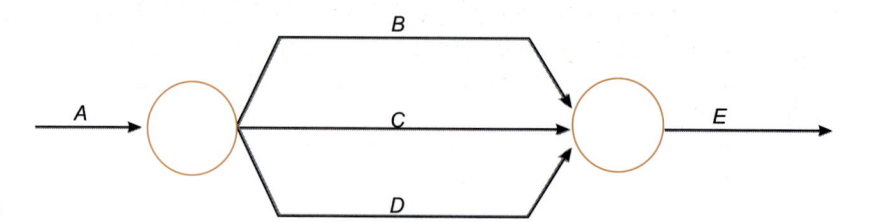

Figura 5.8

Para evitarlo, se introducen actividades ficticias del modo en que se ha efectuado en la figura 5.9.

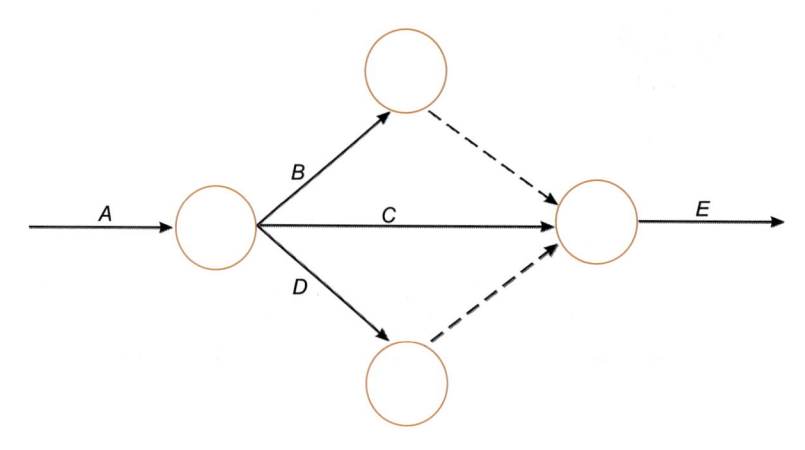

Figura 5.9

Para que se cumplan los principios de unicidad del estado final y de designación unívoca, habrán de utilizarse actividades ficticias siempre que exista más de una actividad que no preceda a ninguna otra.

Por ejemplo, si la actividad *A* precede a las actividades *B*, *C* y *D*, y éstas no preceden a ninguna, la representación correspondiente sería la de la figura 5.10 y el último nudo de este grafo parcial sería el último del grafo completo.

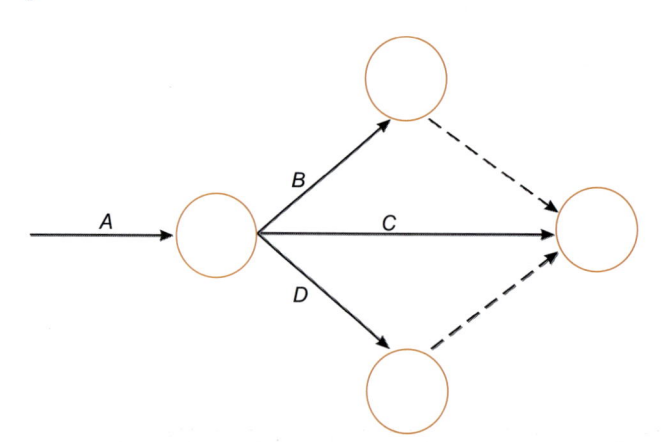

Figura 5.10

La flecha que va directamente de un nudo a otro, sin conectarse con una actividad ficticia a través de un nudo intermedio, ha de ser la que corresponda a la actividad que tenga una duración más prolongada.

6.4. Los tiempos early y last

Sobre cada una de las flechas del grafo-PERT se señala la duración de la actividad que representa.

Se denomina tiempo *early* de un nudo al número mínimo de unidades de tiempo necesarias para alcanzar la situación representada por ese nudo.

ACTIVIDADES	DURACIONES PREVISTAS
A	1
B	1
C	1
D	2
E	3
F	2
G	1
H	2
I	1
J	1
K	2
L	1
M	2
N	2
O	1
P	2

TABLA 5.4

ACTIVIDAD RESUELTA 9

Continuando con el ejemplo de la empresa ENSAMBLISA, supongamos que los tiempos previstos para efectuar cada una de las actividades de su proyecto, son los de la tabla 5.4, en unidades de tiempo (u.t.). ¿Cuánto valen los tiempos *early* de los distintos nudos?

Como se ha señalado, estas duraciones previstas se sitúan sobre las flechas que representan las actividades, como se ha hecho en el grafo de la figura 5.11.

Así, el tiempo *early* del nudo 2 es de 1 u.t., pues, para llegar a la situación representada por ese nudo, es preciso realizar la actividad *A*, y ésta tiene una duración prevista de una unidad de tiempo. El tiempo *early* del nudo 3 es de 4 u.t. pues para llegar a él han debido realizarse las actividades *A* (que dura 1 u.t.) y *E* (que dura 3 u.t.). El del nudo 5 es de 5 u.t. pues, aunque es posible que las actividades *F* y *J* estén terminadas al cabo de la cuarta u.t., la actividad *I* no puede finalizarse antes de la quinta u.t., y la situación representada por el nudo 5 es aquella en la que se han terminado las actividades *I* y *J*, y, por ello, es posible comenzar con la actividad *K*.

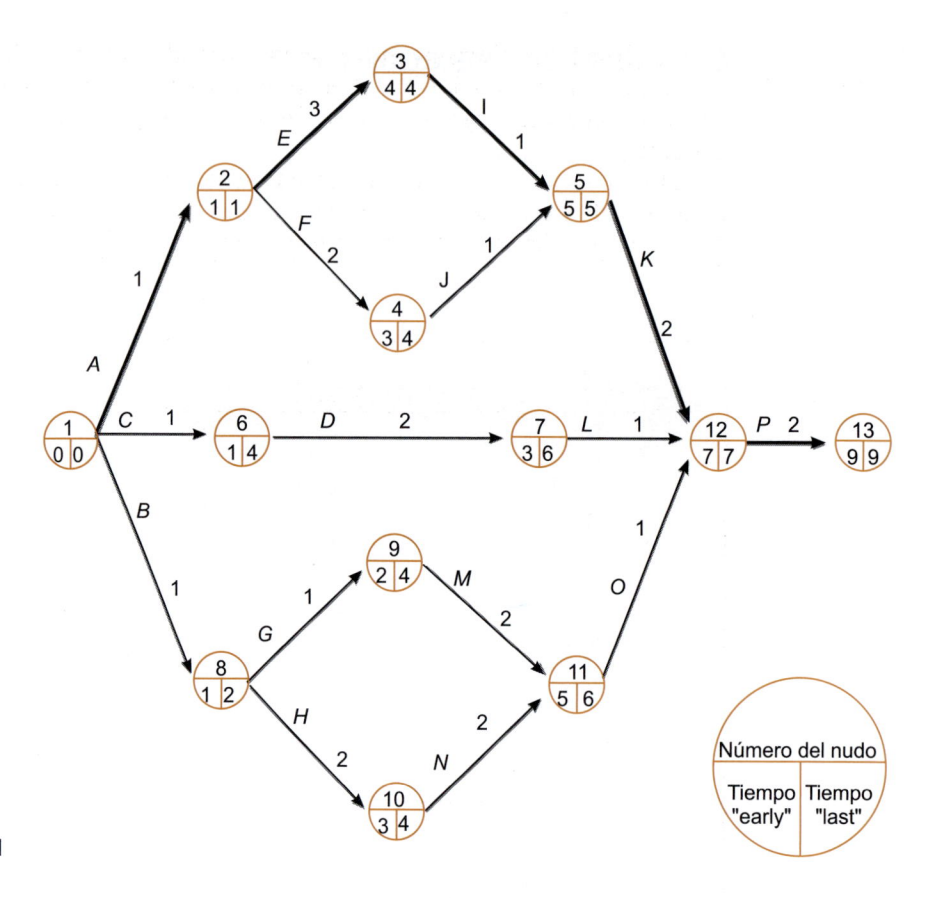

Figura 5.11

Se denomina camino a un conjunto de actividades sucesivas. Pues bien, como ha podido comprobarse:

> El tiempo *early* de un nudo es la duración del camino más largo que conduce, desde el nudo inicial, a ese nudo.

Por ejemplo, al nudo 5 de la figura 5.11 puede llegarse por dos caminos: el *A-E-I* y el *A-F-J*. El primero dura 5 u.t. y el segundo 4 u.t. Por tanto, el más largo es el primero y su duración (5 u.t.) es el tiempo *early* del nudo 5. De ese modo se han calculado los tiempos *early* de todos los nudos, y se han reseñado en ellos.

Dado que el tiempo *early* del último nudo de la Actividad Resuelta vale 9 u.t., no es posible terminar el proyecto en menos de 9 u.t.

> Se denomina tiempo *last* de un nudo al momento más tardío en el que es admisible llegar a la situación descrita por ese nudo de modo que no se retrase la ejecución del proyecto sobre el mínimo imprescindible.

Así como los tiempos *early* se van calculando, en el grafo, procediendo desde el nudo inicial hacia el final, los tiempos *last* se calculan a la inversa, procediendo, de derecha a izquierda, desde el nudo final y hacia el primero.

El tiempo *last* del último nudo ha de ser igual a su tiempo *early* pues ese nudo significa que se ha terminado el proyecto y no se admite que éste se finalice en un tiempo inferior al mínimo imprescindible.

ACTIVIDAD RESUELTA 10

¿Cuánto valen los tiempos *last* del ejemplo de ENSAMBLISA, al que se refieren las Actividades anteriores.

El tiempo *last* del nudo 13 ha de ser 9 u.t., pues es el último nudo y ese es su tiempo *early*.

El tiempo *last* del nudo 12 será de 7 u.t., pues, si se llegara después, al tenerse que realizar luego la actividad P, que dura 2 u.t., el proyecto se terminaría después de 9 u.t.

Por tanto, el tiempo *last* de un nudo es la diferencia entre el tiempo *last* del último nudo y la duración del camino más largo que conduce, en sentido inverso, del último nudo al nudo en cuestión.

Por ejemplo, del nudo 13 al nudo 2 hay dos caminos: el P-K-I-E y el P-K-J-F. El primero dura 8 u.t., y el segundo dura 7 u.t. El tiempo *last* de ese nudo será la diferencia entre las 9 u.t., que es el *last* del último nudo, y las 8 u.t. que dura el camino más largo, es decir, 1 u.t. Si se llegara al nudo 2 después de transcurrida una u.t., el nudo 13 se alcanzaría después de 9 u.t., pues, entre ambos, hay que realizar las actividades E, I, K y P, y para ello, se necesitan 8 u.t.

6.5. El camino crítico y las oscilaciones de los nudos

Se denomina oscilación de un nudo a la diferencia entre su tiempo *last* y su tiempo *early*.

Como puede observarse, en algunos nudos existen ciertos márgenes de tiempo sobrantes. Por ejemplo, la situación descrita por el nudo 7 de la Actividad Resuelta puede alcanzarse al cabo de 3 u.t., pero, aunque se llegara a ella al cabo de 6 u.t., el trabajo podría finalizarse en 9 u.t.

Se denomina camino crítico al formado por las actividades en las que no debe producirse ninguna demora si se desea que el trabajo se termine en el mínimo tiempo posible. Es el camino que tiene mayor duración entre los que unen el primer nudo y el último.

Las oscilaciones de los nudos que se encuentran en el camino crítico valen cero.

Las actividades que forman parte de este camino se denominan actividades críticas. Son las actividades cuyas ejecuciones habrán de ser objeto de mayor grado de control para evitar que se retrasen.

> **ACTIVIDAD RESUELTA 11**
>
> ¿Cuánto valen las oscilaciones de los nudos del ejemplo de EN-SAMBLISA? ¿Cuál es el camino crítico?
>
> Las oscilaciones de los nudos 6 y 7 valen 3 u.t., siendo iguales a 1 u.t. las de los nudos 4, 8, 10 y 11; la del nudo 9 vale 2 u.t.
>
> En los demás nudos las oscilaciones valen cero porque en ellos no hay márgenes; su tiempo *last* coincide con su tiempo *early*; han de ser alcanzados en el mínimo tiempo preciso si no se desea que el conjunto del proyecto se retrase. Dicho de otro modo, las actividades A, E, I, K y P no tienen holguras y se han de realizar en el tiempo previsto, sin ningún retraso. La duración del camino formado por esas actividades es de 9 u.t. y, por tanto, si se produjese algún retraso en alguna de ellas, el proyecto se retrasaría sobre las 9 u.t. que se requieren. Ese camino es el camino crítico. Como puede observarse, es el camino más largo que comunica gráficamente el nudo inicial y el final.

6.6. Análisis de las holguras de las actividades

Las actividades que no son críticas tienen cierto margen, u holgura, para su ejecución. El tamaño concreto de la holgura dependerá del momento en el que se alcanza el nudo de origen y de cuando se llegue al de destino. Así, se distinguen los siguientes tipos de holguras (tabla 5.5):

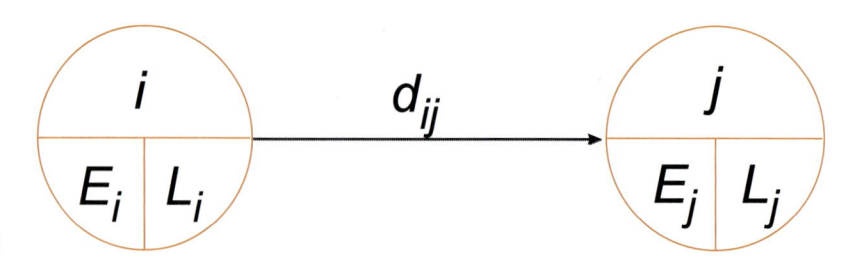

Figura 5.12

i — d_{ij} → j

E_i | L_i E_j | L_j

— La holgura total es el margen de tiempo sobrante suponiendo que a la situación representada por el nudo de origen se llega lo más pronto posible y que a la del de destino se llega lo más tarde que es admisible. Es decir, llamando i al nudo de origen, j al de destino, L al tiempo *last* y E al tiempo *early*, la holgura total, H_T, de la actividad que va del nudo i al j, cuya duración es d_{ij}, será:

$$H_T = L_j - E_i - d_{ij}$$

> Se demuestra fácilmente que la holgura libre se puede calcular restando la oscilación del nudo de destino a la holgura total, y que la independiente es el resultado de deducir la oscilación del nudo de origen a la holgura libre.

— La holgura libre, H_L, es el margen de tiempo sobrante suponiendo que el nudo de origen se alcanza lo más pronto posible y que al de destino se llega también lo más pronto posible; es decir:

$$H_L = E_j - E_i - d_{ij}$$

— La holgura independiente, H_I es el margen que sobra suponiendo que al nudo de origen se llega lo más tarde que es admisible y que al de destino se llega lo más pronto posible:

$$H_I = E_j - L_i - d_{ij}$$

TIPOS DE HOLGURAS	EXPRESIÓN
Total	$L_j - E_i - d_{ij}$
Libre	$E_j - E_i - d_{ij} = H_T - O_j$
Independiente	$E_j - L_i - d_{ij} = H_L - O_i$

TABLA 5.5

Las expresiones de la tabla 5.5 se demuestran fácilmente:

$$O_j = L_j - E_j$$

$$H_T - O_j = L_j - E_i - d_{ij} - L_j + E_j = H_L$$

$$O_i = L_i - E_i$$

$$H_L - O_i = E_j - E_i - d_{ij} - L_i + E_i = H_I$$

Dado que las oscilaciones de los nudos han de ser cantidades no negativas, la holgura total ha de ser mayor o igual que la libre, y ésta es siempre mayor o igual que la independiente.

ACTIVIDAD RESUELTA 12

¿Cuánto valen las holguras del caso de ENSAMBLISA?
En la tabla 5.6 se recogen los cálculos correspondientes al caso de ENSAMBLISA:

ACTIVIDAD	L_j	E_i	d_{ij}	H_T	O_j	H_L	O_i	H_i
A	1	0	1	0	0	0	0	0
B	2	0	1	1	1	0	0	0
C	4	0	1	3	3	0	0	0
D	6	1	2	3	3	0	3	(3)
E	4	1	3	0	0	0	0	0
F	4	1	2	1	1	0	0	0
G	4	1	1	2	2	0	1	(1)
H	4	1	2	1	1	0	1	(1)
I	5	4	1	0	0	0	0	0
J	5	3	1	1	0	1	1	0
K	7	5	2	0	0	0	0	0
L	7	3	1	3	0	3	3	0
M	6	2	2	2	1	1	1	0
N	6	3	2	1	1	0	1	(1)
O	7	5	1	1	0	1	1	(1)
P	9	7	2	0	0	0	0	0

TABLA 5.6

Como puede observarse, en el caso de ENSAMBLISA no hay ninguna holgura independiente que tome un valor superior a cero. Los valores negativos se han recogido entre paréntesis. La holgura independiente puede tomar valores negativos, lo cual no refleja sino escasez de tiempo para que puedan cumplirse sus supuestos. Por ejemplo, en el caso de la actividad *D*, hay una escasez de tres u.t. para poder partir de la situación descrita por el nudo 6 al cabo de la cuarta u.t., y llegar a la del nudo 7 al final de la tercera u.t., realizando, entre tanto, la actividad, que dura 2 u.t.

Obsérvese, además, que, dada la premura existente en su ejecución, si se desea evitar que el trabajo se retrase sobre el mínimo previsto, nunca hay holguras en las actividades críticas; en ellas, las tres holguras valen siempre cero.

7. Los gráficos de Gantt

Las técnicas más elementales de programación temporal de actividades son los denominados gráficos de control, entre los cuales quizá sea el gráfico de Gantt el más empleado.

Este, que debe su denominación a su creador, Harry L. Gantt, es un sencillo instrumento de control consistente en representar en el eje de abcisas el tiempo o las fechas de realización del proyecto, y en el de ordenadas las actividades que lo integran.

Con barras horizontales se reflejan los tiempos precisos para realizar las tareas. Cada barra tiene una longitud directamente proporcional a su duración y comienza en el momento de la iniciación de la tarea que representa, finalizando en el de su terminación.

ACTIVIDAD RESUELTA 13

Se desea representar el gráfico de Gantt correspondiente al caso de ENSAMBLISA.

En la figura 5.13 se ha representado el ejemplo de la empresa ENSAMBLISA. A las actividades A, B y C no les precede ninguna, por lo que pueden comenzar en el momento 0, y tienen una duración de 1 u.t. Una vez finalizada la actividad A, comienzan las actividades E y F. La primera tiene una duración de 3 u.t., en tanto que la segunda dura 2 u.t.; por ello, la barra correspondiente a la actividad E parte del final de la primera u.t. y se prolonga hasta el final de la cuarta, en tanto que la que representa a la tarea F parte del mismo valor pero se prolonga solamente hasta el final de la tercera u.t., etc.

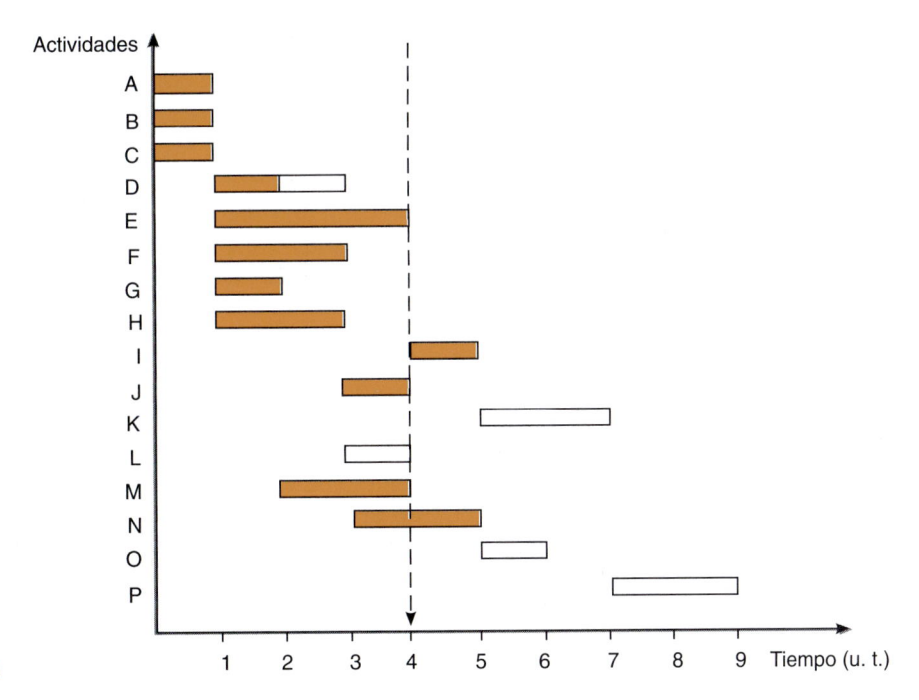

Figura 5.13

INSTRUMENTOS DE PLANIFICACIÓN, PROGRAMACIÓN Y CONTROL

Los gráficos de Gantt permiten controlar visualmente la ejecución de los trabajos. Supongamos, por ejemplo, que han transcurrido cuatro u.t. desde el comienzo de las operaciones. Trazando una recta vertical sobre la fecha actual (como se ha hecho en la figura de la Actividad Resuelta) se observan los niveles de ejecución en los que se encontrarían las actividades si se hubieran realizado en los tiempos previstos. En el caso de ENSAMBLISA, a las 4 u.t desde el comienzo del trabajo deberían haberse finalizado todas las actividades salvo la I, la K, la N (que debería encontrarse en la mitad de su ejecución), la O y la P.

Además, a medida que va avanzándose en la ejecución de cada tarea, se sombrea la barra que la representa para controlar la ejecución de las actividades.

ACTIVIDAD RESUELTA 14

¿Qué se deduce del gráfico de Gantt correspondiente al caso de ENSAMBLISA si la situación es la descrita por la figura 5.13?

En el caso de ENSAMBLISA, puede observarse que han transcurrido 4 u.t. desde el comienzo de los trabajos y se han finalizado las actividades, A, B, C, E, F, G, H, I, J, M y N. Por lo tanto, existe un retraso de dos u.t. en el proceso correspondiente al componente R (al no haberse finalizado la actividad D, no ha podido comenzarse la actividad L) lo cual no afecta, de momento, al plazo de finalización del trabajo, por no ser actividades críticas (podría haber un retraso de una u.t. más). En cuanto a las actividades I y N, se han finalizado con una anticipación de una u.t. Si ese adelanto, de una u.t. conseguida en la actividad I se mantuviera, el proyecto podría finalizarse en 8 u.t., en lugar de las 9 que estaban previstas.

8. El método PERT en incertidumbre

Se suele denominar «método PERT en incertidumbre» a la aplicación de este método cuando no se puede prever las duraciones de las actividades, pero se suponen conocidas sus distribuciones de probabilidad. Sería más correcto denominarlo «método PERT en riesgo»

Quien vive en una pequeña urbe y va caminando a su trabajo, puede prever con casi total certeza cuanto tardará en llegar mañana. Si todas las duraciones de las actividades de un proyecto pudieran preverse con tanta precisión, se podría aplicar un PERT como el del ejemplo de ENSAMBLISA. Pero, incluso en ese caso, existe cierto riesgo de que las previsiones no se cumplan, como lo manifiesta el control realizado mediante el gráfico de Gantt, con el que se observan ciertos retrasos en algunas actividades y ciertos adelantos en otras.

Quien vive en una gran ciudad, cuyo tráfico depende del clima y de otras muchas circunstancias, y ha de utilizar su propio vehículo para ir a su trabajo, difícilmente podrá prever con certeza cuanto va a tardar. Posiblemente, lo más que pueda decir es lo que tarda habitualmente, lo que tarda cuando todo va muy bien, y lo que tarda cuando el tráfico es desastroso. Del mismo modo, un experto en una actividad puede aventurar fácilmente una duración optimista (t_0), una duración normal, o más probable (t_m), y una duración pesimista (t_p). Pues bien, en la aplicación del método PERT, desde sus comienzos, se supuso que la duración de cada actividad (d) es una variable aleatoria que se ajusta a cierta distribución de probabilidad, perteneciente a la familia de las denominadas distribuciones beta, cuya esperanza matemática es:

$$E(d) = \frac{t_0 + 4t_m + t_p}{6}$$

y cuya varianza vale:

$$\sigma^2 = \frac{(t_p - t_0)^2}{36}$$

Una vez estimadas, de este modo, las duraciones esperadas de las actividades, se sitúan sobre las flechas correspondientes, y se procede de la misma forma que en ambiente de certeza, pero, en este caso la duración del camino crítico será la duración esperada del proyecto, es decir, la esperanza matemática del tiempo de ejecución.

Si, además, las duraciones de las actividades son independientes entre sí, la varianza de la duración del proyecto será igual a la suma de las varianzas de las duraciones de las tareas y, cuando es aplicable el teorema central del límite, la duración del proyecto seguirá una distribución normal, lo cual permite utilizar las tablas de la distribución normal estandarizada para calcular la probabilidad de que el proyecto tenga una duración superior, o inferior, a cierto número de u.t., o de que se encuentre comprendida en cierto intervalo.

ACTIVIDAD RESUELTA 15

Supongamos, por ejemplo, que, una vez determinado el camino crítico de un proyecto, resulta estar formado por 100 actividades, de las cuales:

— 50 actividades tienen una duración optimista de 3 días, un tiempo más probable de 5 días, y un tiempo pesimista de 7 días;

— 30 actividades tienen una duración optimista de 8 días, un tiempo más probable de 9 días, y una duración pesimista de 16 días;
— y las 20 actividades restantes tienen un tiempo optimista de 16 días, un tiempo normal de 30 días y una duración pesimista de 32 días.

¿Cuál es la probabilidad de que el proyecto se termine en menos de 1.123 días si es aplicable el teorema central del límite?

La duración esperada de cada actividad del primer grupo será:

$$\frac{3 + 4 \cdot 5 + 7}{6} = 5 \text{ días}$$

siendo la de cada actividad del segundo:

$$\frac{8 + 4 \cdot 9 + 16}{6} = 10 \text{ días}$$

y la de cada una de las actividades del tercero:

$$\frac{16 + 4 \cdot 30 + 32}{6} = 28 \text{ días}$$

Por tanto, la duración esperada del proyecto será:

$$E(D) = 50 \cdot 5 + 30 \cdot 10 + 20 \cdot 28 = 1.110 \text{ días}$$

En cuanto a las varianzas, la de cada actividad del primer grupo valdrá:

$$\frac{(7-3)^2}{36} = 0,4444$$

siendo la de cada una de las del segundo:

$$\frac{(16-8)^2}{36} = 1,7777$$

y la de cada tarea del tercero:

$$\frac{(32-16)^2}{36} = 7,1111$$

Por tanto, la varianza de la duración del proyecto será:

$$\sigma^2(D) = 50 \cdot 0,4444 + 30 \cdot 1,7777 + 20 \cdot 7,1111 = 217,7777$$

Siendo su desviación típica:

$$\sigma(D) = 14{,}76 \text{ días}$$

Siendo ξ la variable que tiene una distribución de probabilidad normal, con esperanza matemática igual a cero y desviación típica igual a la unidad, si se desea conocer la probabilidad de que el proyecto se finalice en menos de 1.123 días, basta observar que:

$$\xi = \frac{D - 1.110}{14{,}76}$$

$$P(D < 1.123) = P(\xi \cdot 14{,}76 + 1.110 < 1.123) =$$

$$= P\left(\xi < \frac{1.123 - 1.110}{14{,}76}\right) = P(\xi < 0{,}88)$$

Como puede verse en las tablas del apéndice, la probabilidad de que ξ se encuentre entre 0 y 0,88 vale 0,3106. Por lo tanto, la probabilidad de que sea inferior a 0,88 vale:

$$P(\xi < 0{,}88) = 0{,}3106 + 0{,}5 = 0{,}8106 \text{ por uno} = 81{,}06\,\%$$

Tal es, por consiguiente, la probabilidad de que el proyecto se finalice en menos de 1.123 días.

9. El PERT-coste

Cuanto se ha tratado hasta aquí se refiere al PERT-tiempo. El PERT-coste es una extensión del PERT-tiempo en la que se consideran explícitamente los costes.

Se distinguen los costes directos y los denominados costes indirectos o cargas de estructura:

> Por regla general, las duraciones de las actividades se pueden modificar en función de los costes en que se esté dipuesto a incurrir.

— Los primeros son aquellos que se pueden imputar claramente a las actividades que los generan.
— Los indirectos, por no estar vinculados a la producción, sino al tiempo, se imputan a la generalidad del proyecto, y no a las actividades en concreto.

Los costes directos de las actividades (y el del proyecto, que será su suma) aumentan a medida que se reducen sus duraciones (se necesitan horas extraordinarias, por ejemplo), en tanto que los costes indirectos son tanto mayores cuanto mayor sea la duración del proyecto (por ejemplo, la parte de la amortización de la maquinaria que se imputa a un trabajo se eleva a medida que aumenta el tiempo que ha estado siendo utilizada en ese trabajo).

Sea c_n el coste directo correspondiente a la duración normal, t_n, de cierta actividad, y sea c_e el coste directo correspondiente a su duración extrema o de urgencia, t_e. El coeficiente

$$\boxed{\frac{c_e - c_n}{t_n - t_e}}$$

es el importe en el que se modifica el coste directo de esa actividad al modificarse su duración en una unidad de tiempo. A este importe se le denomina coeficiente de costes de dicha actividad.

> La duración óptima del proyecto será aquella que tenga el mínimo coste total, es decir, aquella para la que sea mínima la suma de los costes directos e indirectos.

Evidentemente, para reducir el tiempo de realización del proyecto sobre el inicialmente previsto, de la forma más económica posible, se deberá acelerar primero aquella actividad crítica que tenga un menor coeficiente de costes. Posteriormente, se acelera la que tenga el siguiente coeficiente, y así sucesivamente, hasta que todas las actividades críticas se encuentren en su duración extrema.

Para cada duración total del camino crítico, y, consiguientemente, para cada posible coste directo total, se calcula el correspondiente coste indirecto.

Prueba objetiva de autoevaluación

I. Enunciado

1. Las decisiones que se encuentran sometidas a un proceso dinámico y adaptativo en un período de tiempo más o menos amplio (periodo de planificación u horizonte de las decisiones) en el que esas decisiones se concatenan, de modo que cada una condiciona a las que le siguen y viene condicionada por las que le antecenden y por los estados de la naturaleza que se hayan presentado se denominan decisiones:

    - Adaptativas.
    - Sucesivas.
    - Secuenciales.
    - Ninguna de las otras.

2. Un árbol de decisión es un sistema de representación del proceso decisional en el que se reflejan las posibles alternativas por las que se puede optar y los resultados que corresponden a cada alternativa según cual sea:

  - El estado de la naturaleza que se presente.
  - La alternativa colateral.
  - El co-estante.
  - Ninguna de las otras.

3. Los nudos aleatorios de los árboles de decisión representan:

  - Situaciones en las cuales debe tomarse una u otra decisión.
  - Situaciones en las cuales el decisor se enfrenta a distintos estados de la naturaleza o sucesos aleatorios.
  - Sucesos aleatorios.
  - Ninguna de las otras.

4. En un árbol de decisión, el valor asociado a un nudo aleatorio es:

  - La primera decisión que ha de tomarse.
  - La esperanza matemática de los valores situados al final de las ramas que parten de él.
  - El mejor de los valores en los que tienen destino las ramas que parten de él.
  - Ninguna de las otras.

5. En el Método Roy las actividades se representan por:

  - Flechas.
  - Flotantes.
  - Nudos.
  - Ninguna de las otras.

6. El principio del grafo PERT que prohibe, al ir asignando sucesivamente los números naturales a los vértices, numerar un nudo si se encuentra sin numerar alguno de los nudos de los que parten flechas que finalizan en él, es el de:

  - Designación unívoca.
  - Unicidad de estados.
  - Prelación.
  - Ninguna de las otras.

7. Si, ante la existencia de actividades paralelas, no se utilizan actividades ficticias:

    - No se vulnera ningún principio. ■
    - Se vulnera el principio de designación unívoca. ▪
    - Se vulnera el principio de designación sucesiva. ▪
    - Ninguna de las otras. ■

8. La flecha que va directamente de un nudo a otro, sin conectarse con una actividad ficticia a través de un nudo intermedio, ha de ser la que corresponda a la actividad que:

    - Sea anterior. ■
    - Sea posterior. ■
    - Tenga mayor duración. ▪
    - Tenga menor duración. ▪

9. A la diferencia entre el tiempo *last* del nudo de destino, el tiempo *last* del nudo de origen y la duración de la actividad, se le denomina

    - Holgura total. ■
    - Holgura libre. ▪
    - Holgura independiente. ▪
    - Ninguna de las otras. ■

10. En el método PERT en incertidumbre se supone que las duraciones de las actividades siguen distribuciones de probabilidad de la familia de las:

    - Alfa. ■
    - Beta. ■
    - Sigma. ▪
    - Ninguna de las otras. ▪

II. Respuestas correctas

1. ■
2. ▪
3. ▪
4. ■
5. ▪
6. ■
7. ▪
8. ▪
9. ■
10. ■

Parte III

Finanzas

Capítulo 6. Introducción a las decisiones financieras.

Capítulo 7. Análisis y evaluación de inversiones.

Capítulo 8. Las fuentes de financiación y el efecto del endeudamiento sobre la rentabilidad y el riesgo de la empresa.

Capítulo 9. El coste del capital y la valoración de empresas.

6. INTRODUCCIÓN A LAS DECISIONES FINANCIERAS

INTRODUCCIÓN

EL BALANCE: CONCEPTOS BÁSICOS
- Concepto, activo y deudas
- Patrimonio, pasivo y recursos propios
- Estado de inventario
- Balace anual
- Recursos propios

OBJETIVO FINANCIERO DE LA EMPRESA

FACTORES DE LOS QUE DEPENDE EL PRECIO DE LA ACCIÓN. DECISIONES FINANCIERAS

LA MEDIDA DE LA RENTABILIDAD

ESTRUCTURA ECONÓMICO-FINANCIERA Y FONDO DE MANIOBRA

LOS CICLOS DE ACTIVIDAD Y EL PERÍODO DE MADURACIÓN

CÁLCULO DEL PERÍODO MEDIO DE MADURACIÓN

CÁLCULO DEL FONDO DE MANIOBRA MÍNIMO O NECESARIO
- Modelo analítico
- Modelo sintético

LOS RATIOS
- Ratios de situación
- Ratios de rotación
- Método Dupont

1. Introducción

Las características que tiene el conjunto de esos bienes y derechos determinan la estructura económica de la empresa.

Para desarrollar su actividad y cumplir sus fines, las empresas necesitan realizar inversiones. El conjunto de bienes y derechos que tiene una empresa es el resultado del proceso de realización de inversiones que ha desarrollado a lo largo del tiempo.

Para realizar esas inversiones en bienes y derechos, la empresa necesita medios financieros que puede obtener de diversas fuentes de financiación.

Las características del conjunto de esos medios financieros determinan la estructura financiera de la empresa.

El conjunto de la estructura económica y de la estructura financiera conforma la estructura económico-financiera.

Este capítulo tiene como eje central el estudio de las relaciones existentes entre la estructura económica y la estructura financiera. Pero, previamente, es importante, como comprobará el lector, una referencia al Balance, como documento financiero básico, y al objetivo financiero de la empresa.

2. El Balance: conceptos básicos

2.1. Concepto, el activo y las deudas

El Balance es un documento financiero de gran importancia. Para analizar la estructura económico- financiera es preciso realizar frecuentes referencias a este documento y a sus dos partes: el activo y el pasivo. Por ello, seguidamente se realiza una breve exposición de los conceptos básicos del mismo.

El Balance es un importante documento empresarial en el que se detallan todas las inversiones que la empresa ha ido realizando a lo largo de su existencia, así como las fuentes de financiación de esas inversiones.

ACTIVIDAD RESUELTA 1

No sólo las empresas tienen Balances; también las personas los tenemos. Si una persona, A, tiene un automóvil valorado en 2.000.000 de unidades monetarias (u.m.), un piso que vale 11.000.000 u.m., y una cuenta corriente bancaria que importa 500.000 u.m., ¿cuánto vale su activo?

Su activo vale 13.500.000 u.m.:

$$2.000.000 + 11.000.000 + 500.000 = 13.500.000 \text{ u.m.}$$

ACTIVIDAD RESUELTA 2

Si, además, otra persona, B, le debe a A 600.000 u.m., ¿cuánto vale el activo de A?

El activo de A será igual 14.100.000 u.m.:

$$13.500.000 + 600.000 = 14.100.000 \text{ u.m.}$$

La persona A tiene **bienes** que importan 13.500.000 y **derechos** que importan 600.000 u.m. El total de bienes y derechos constituye su activo.

ACTIVIDAD RESUELTA 3

Supongamos que, para financiar parte del importe del automóvil, A solicitó un crédito bancario de 700.000 u.m. del que todavía no ha devuelto nada al banco, y que tampoco ha devuelto nada del crédito hipotecario con el que financió parcialmente la adquisición del piso y que importa 4.000.000. ¿Cuanto importan sus **recursos ajenos**, o **deudas**?

Sus deudas importan 4.700.000 u.m.:

$$700.000 + 4.000.000 = 4.700.000 \text{ u.m.}$$

2.2. El patrimonio, el pasivo y los recursos propios

El valor del patrimonio se determina por diferencia entre el activo y los recursos ajenos. Por ello, también se le denomina patrimonio neto o neto patrimonial.

Se denomina pasivo en sentido restringido a las deudas. De ahí la denominada ecuación del patrimonio, que es la siguiente:

$$\text{Activo} = \text{Pasivo} + \text{Neto}$$

En sentido amplio, se denomina pasivo al conjunto de las fuentes de financiación del activo.

ACTIVIDAD RESUELTA 4

¿Cuanto vale el patrimonio de la persona A? Compruebe la ecuación de su patrimonio.

Esta persona tiene bienes y derechos valorados en 14.100.000 u.m., pero, como debe 4.700.000 u.m., su **patrimonio** vale 9.400.000 u.m.:

$$14.100.000 - 4.700.000 = 9.400.000 \text{ u.m.}$$

En el caso de A, se comprueba el cumplimiento de la ecuación del patrimonio:

$$14.100.000 = 4.700.000 + 9.400.000$$

ACTIVIDAD RESUELTA 5

¿Cuál es la composición del pasivo, en sentido amplio, de la persona A?

En el caso de la persona A, tiene un activo de 14.100.000 u.m., de las cuales ha financiado mediante recursos ajenos 4.700.000. Por consiguiente, la diferencia la ha financiado con recursos propios. La composición del pasivo de esta persona será:

```
Recursos ajenos ............  4.700.000
Recursos propios ..........  9.400.000
```

2.3. El estado de inventario

El estado de inventario es un documento en el que se detallan los componentes del activo y del pasivo con indicación de sus respectivos valores.

El convenio generalmente admitido es situar el activo a la izquierda y el pasivo a la derecha.

Obviamente, el activo total ha de coincidir con el pasivo total: lo que valen el conjunto de activos ha de coincidir con el valor de las fuentes de su financiación.

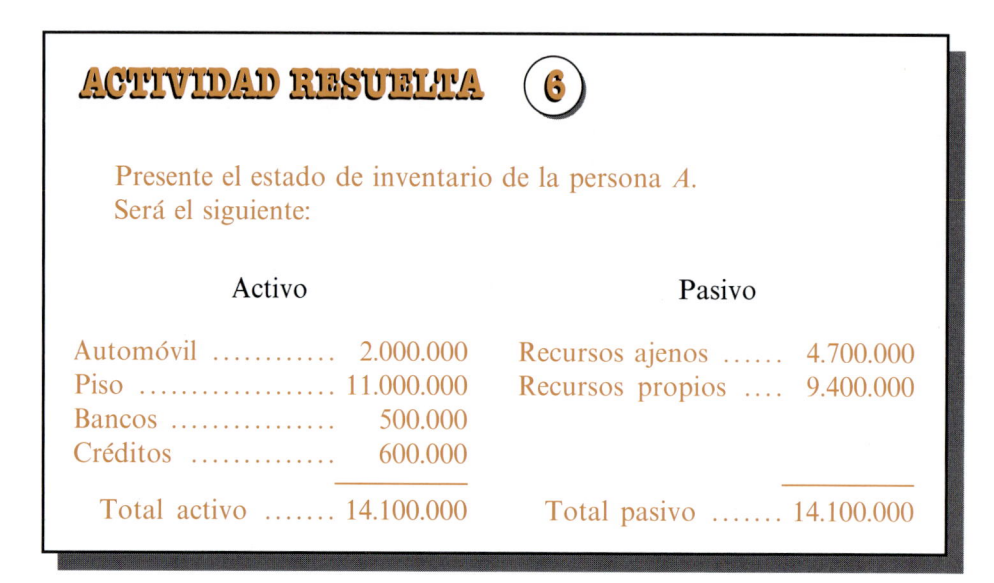

ACTIVIDAD RESUELTA 6

Presente el estado de inventario de la persona A.
Será el siguiente:

Activo		Pasivo	
Automóvil	2.000.000	Recursos ajenos	4.700.000
Piso	11.000.000	Recursos propios	9.400.000
Bancos	500.000		
Créditos	600.000		
Total activo	14.100.000	Total pasivo	14.100.000

2.4. El Balance anual

Anualmente, las empresas han de formular un estado de inventario al que se denomina Balance.

Las distintas partidas de activo y de pasivo pueden recibir otras denominaciones (donde se dijo «Bancos» pudo haberse dicho «Cuentas corrientes», por poner un caso). También el grado de desagregación se puede alterar: por ejemplo, los recursos ajenos pueden desdoblarse en una partida de crédito bancario no garantizado (700.000 u.m.) y otra de crédito hipotecario (4.000.000 u.m.). Un plan general de contabilidad es un conjunto de normas que tratan de homogeneizar los criterios contables en muy diversos aspectos entre los que se incluye la terminología empleada por las diversas empresas en sus documentos contables.

En consecuencia, el total del activo ha de ser igual al total del pasivo.

Por su importancia, vale la pena repetir que en el activo se reflejan los bienes y derechos de la empresa, y en el pasivo se reseñan las fuentes de su financiación, es decir, el origen de los fondos con los que se financia el activo.

ACTIVIDAD RESUELTA 7

Interprete el Balance al 31 de diciembre del pasado año de la empresa Descan, S. A., que es el siguiente:

Activo		Pasivo	
Caja, euros	200.000	Capital social	9.000.000
Bancos	300.000	Deudas a largo plazo.	6.000.000
Construcciones	8.000.000	Proveedores	900.000
Terrenos	2.000.000		
Clientes	400.000		
Mercaderías	5.000.000		
Total activo	15.900.000	Total pasivo	15.900.000

A la vista de este Balance, se deduce que en ese día, en cuanto al activo, en la caja de Descan, S. A., hay 200.000 u.m. en billetes y monedas, tiene 300.000 u.m. en cuentas corrientes, tiene edificios y otras construcciones por un importe igual a 8.000.000 u.m., sus terrenos importan 2.000.000, los clientes le deben 400.000 u.m., y en los almacenes tienen inventariadas mercaderías que importan 5.000.000 u.m. En cuanto al pasivo, se observa que el capital social (aportaciones de los propietarios de la empresa a su financiación) totaliza 9 millones, que tiene unas deudas a largo plazo de 6.000.000 y que debe a sus proveedores 900.000 unidades monetarias

2.5. Los recursos propios

> En la mayor parte de las empresas, las principales fuentes de recursos propios son el Capital Social y las Reservas.

El Capital Social se encuentra formado por las aportaciones directas de los socios a la financiación de la empresa. En las sociedades anónimas este capital se encuentra dividido en partes alícuotas denominadas acciones. Que una empresa cotiza en Bolsa significa que existe un mercado organizado en el que se compran y venden las acciones de esa empresa.

Si, en un año en concreto, una empresa tiene pérdidas, su importe se recoge en el activo. Si obtiene beneficios, hasta el momento de su reparto o asignación se sitúan en el pasivo. En ocasiones, no todo el beneficio se reparte a los socios en forma de dividendos, sino que parte del mismo o su totalidad se retiene en la empresa para financiar activos. En tal caso, evidentemente, el importe retenido se recogerá en el pasivo como tal fuente de financiación y, concretamente, bajo la rúbrica de «Reservas». También es evidente que las reservas constituyen recursos propios, pues no son deudas.

3. El objetivo financiero de la empresa

Para elegir entre una alternativa de decisión u otra, se ha de tener un objetivo que oriente la acción.

Las principales razones para tomar como objetivo la maximización del precio de las acciones son las siguientes:

El objetivo financiero primario de la empresa es máximizar la riqueza de sus accionistas por su vinculación a la empresa, o, lo que es lo mismo, maximizar el precio de la acción.

1. Es un objetivo razonablemente operativo sobre el que construir modelos y reglas de decisión.
2. Los accionistas son los propietarios de la empresa y eligen al equipo directivo. En consecuencia, cabe suponer que la dirección trabajará en interés de aquellos.
3. Supone someterse al juicio del mercado. Si un mercado tan eficiente como el mercado de valores, paga más por una acción de la empresa después de que en ella se tome una decisión que antes de haberla tomado, es casi seguro que es porque esa decisión ha mejorado económica o financieramente la empresa. Tomar las decisiones que más elevan el precio de la acción equivale a elegir las decisiones que más «mejoran» la empresa, y no hay un objetivo más evidente y más general que el de que la empresa sea lo mejor posible.

Podrían enumerarse muchos otros objetivos que persiguen las empresas (maximizar sus ventas, su rentabilidad, su beneficio, etcétera) pero todos ellos deben conducir a la maximización del precio de sus acciones.

Evidentemente, hay muchas empresas que no cotizan en las Bolsas; muchas, además, no tienen su capital dividido en acciones. Pues bien, su objetivo debe ser maximizar el precio que tendría la acción si la tuviera y cotizara en el mercado. Es decir, una empresa es mejor si el mercado está dispuesto a pagar más por ella y el objetivo más general es mejorar la empresa.

4. Factores de los que depende el precio de la acción. Las decisiones financieras de la empresa

4.1. Beneficio y rentabilidad

La siguiente pregunta que ha de contestarse entonces es ¿de qué depende el precio de las acciones? Hay infinidad de modelos que relacionan matemáticamente el precio de la acción con diversas variables (beneficios, dividendos, etcétera) y ninguno cuenta con una aceptación generalizada. Pero sí hay una serie de cuestiones que son evidentes.

Una de ellas es que el beneficio no es tan importante como la rentabilidad. Si el beneficio aumenta a costa de elevar el tamaño de la empresa en una proporción superior, la rentabilidad de los propietarios puede verse mermada.

ACTIVIDAD RESUELTA 8

Una empresa denominada RENTI, S. A., tiene un capital social de 1.000 millones de unidades monetarias (u.m.) dividido en un millón de acciones, y ha obtenido un beneficio de 2.000 millones. ¿Cuáles han sido sus beneficios por acción, y por cada u.m. de capital social? ¿Qué beneficio le corresponde a quien tiene 100 acciones?

Si el beneficio ha sido de 2.000 millones, y tiene un millón de acciones, corresponden 2.000 u.m. por acción:

$$\frac{2.000.000.000 \text{ u.m.}}{1.000.000 \text{ acciones}} = 2.000 \text{ u.m./acción}$$

Al repartir 2.000 millones de beneficio entre 1.000 millones de capital propio, se obtienen 2 u.m. por cada u.m. de capital:

$$\frac{2.000.000.000 \text{ u.m.}}{1.000.000.000 \text{ u.m.}} = 2$$

A quien tiene 100 acciones le corresponden 200.000 u.m. de beneficio:

$$2.000 \text{ u.m./acción} \times 100 \text{ acciones} = 200.000 \text{ u.m.}$$

ACTIVIDAD RESUELTA 9

Supongamos, ahora, que la empresa RENTI, S.A., emitió otro millón de acciones e invirtió los fondos obtenidos (1.000 millones) en activos que produjeron un beneficio de 1.000 millones. ¿Cuáles son los efectos de esta operación sobre el beneficio total, sobre el beneficio por acción, y sobre el beneficio del propietario de 100 acciones?

El beneficio total sería de 3.000 millones (los 2.000 que generaban las antiguas inversiones y los 1.000 millones que producen las nuevas), pero el beneficio por acción sería sólo de 1.500 u.m. pues ahora hay que repartirlo entre dos millones de acciones (el millón de acciones que ya tenía más el nuevo millón de acciones emitidas):

$$\frac{3.000.000.000 \text{ u.m.}}{2.000.000 \text{ acciones}} = 1.500 \text{ u.m./acción}$$

Dicho de otro modo, el beneficio por cada u.m. de capital sería de 1,5 u.m., pues ahora hay que repartir el beneficio total entre 2.000 millones de capital propio. A quien tuviera 100 acciones le correspondería un beneficio de 150.000 u.m.:

$$\frac{3.000.000.000 \text{ u.m.}}{2.000.000.000 \text{ u.m.}} = 1,5$$

$$1.500 \text{ u.m./acción} \times 100 \text{ acciones} = 150.000 \text{ u.m.}$$

Por ello, son más importantes el beneficio por acción y la rentabilidad (beneficio obtenido cada período por cada u.m. invertida) que el beneficio total.

Evidentemente, la medida de emitir esas acciones para invertir en esos activos produciría una reducción del precio de las acciones, aunque el beneficio total de la empresa haya sido más elevado.

Otra cuestión importante hace referencia al valor que tienen los fondos según el momento en el que se han generado, lo que se tratará con detalle más adelante. Evidentemente, son preferibles 200.000 u.m. ahora que dentro de cinco años.

4.2. Las decisiones financieras

Otro factor relevante es el riesgo. Entre dos proyectos de inversión de los que se espera la misma rentabilidad, es preferible aquel que tiene un riesgo menor, y es presumible que el precio de las acciones será más elevado si es éste el que se elige. También las fuentes de financiación alteran el riesgo de la empresa, que, obviamente, será tanto más elevado cuanto mayor sea su nivel de endeudamiento.

Hay un último factor al que no siempre se le da la importancia que merece y es la política de dividendos. Los dividendos son las cantidades que, de los beneficios anuales de la empresa, se reparten a los socios.

Muchas empresas se limitan a pagar el mismo dividendo todos los años, o a distribuir una proporción constante de los beneficios, sin plantearse una política que maximice el precio de la acción.

Los accionistas desean dividendos líquidos, pero posiblemente estén dispuestos a sacrificar una parte para que quede en la empresa y, así, ésta refuerce su financiación, reduciéndose su riesgo, y acometa inversiones lo suficientemente rentables como para pagar mayores dividendos en el futuro. La mejor política de dividendos es la que maximiza el precio de la acción.

Todas las decisiones financieras de la empresa, que son las que se recogen en la tabla 5.1, influyen en el precio de la acción.

Tales decisiones se refieren al activo del Balance (selección de inversiones) y a su pasivo (selección de fuentes de financiación).

Las decisiones de política de dividendos afectan al pasivo, pues en definitiva la disyuntiva es distribuir beneficio en forma de dividendos y financiar las posibles inversiones de otro modo, o no distribuir dividendos sino constituir reservas con las que afrontar las inversiones y crecer autofinanciándose.

TABLA 5.1

LAS DECISIONES FINANCIERAS DE LA EMPRESA
- Selección de inversiones.
- Selección de fuentes de financiación.
- Decisiones de distribución de dividendos.

5. La medida de la rentabilidad

Como se vio anteriormente, la rentabilidad es la relación entre los beneficios obtenidos y los fondos aplicados para obtenerlos. En cuanto al beneficio, ha de distinguirse:

— El beneficio económico (BE): Es el generado por los activos de la empresa, es decir, por sus inversiones. También se le denomina beneficio operativo, de explotación o bruto.
— El beneficio neto (BN): Es el beneficio que queda para los propietarios de la empresa una vez deducidos del beneficio económico los intereses de las deudas.

El beneficio económico no depende de la estructura financiera de la empresa, es decir, de la composición de su pasivo. Sin embargo, dado un cierto beneficio operativo, el beneficio neto de la empresa será tanto menor cuanto mayor sea su nivel de deudas, pues tendrá que pagar más intereses.

Denominando A al activo total de la empresa, su rentabilidad económica será:

$$RE = \frac{BE}{A}$$

La denominada rentabilidad operativa, económica, o bruta, de una empresa, RE, es la rentabilidad de sus activos, es decir, el beneficio que estos han generado por cada u.m. de activo.

Supongamos que esta empresa financia sus activos con K u.m. de recursos propios y con D u.m. de recursos ajenos o deudas (de modo que $A = D + K$) y que cada año ha de pagar a sus acreedores un tipo de interés igual al i por uno. Entonces cada año tendría que pagarles, como intereses, una cantidad de u.m. igual a $D \cdot i$, con lo que quedaría para sus propietarios un beneficio neto igual a:

$$BN = BE - D \cdot i$$

y la rentabilidad de los propietarios de la empresa, es decir, la rentabilidad financiera o rentabilidad neta, valdría:

$$RF = \frac{BN}{K}$$

La rentabilidad financiera es el beneficio que obtienen los propietarios de la empresa por cada u.m. de capital que han aportado a la misma.

Repasemos los símbolos utilizados en este apartado hasta el momento (figura 6.1). Son los siguientes:

BE = Beneficio económico.

BN = Beneficio neto.

RE = Rentabilidad económica.

RF = Rentabilidad financiera.

A = Activo total.

D = Recursos ajenos o deudas.

K = Recursos propios.

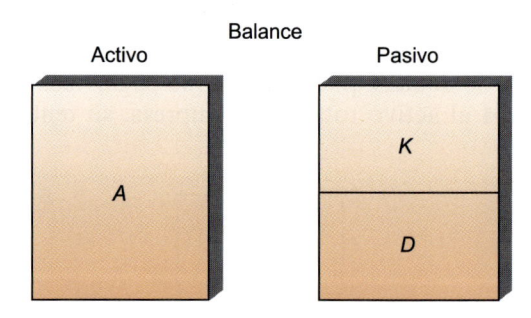

Figura 6.1

ACTIVIDAD RESUELTA 10

La empresa Resino, S. A., se dedica a la fabricación de componentes electrónicos para la industria del automóvil. Esta empresa cuenta con unos activos valorados en 100.000.000 u.m. y el pasado ejercicio obtuvo un beneficio antes de deducir los intereses (es decir, un beneficio económico) de 20.000.000 u.m. ¿Cuál ha sido su rentabilidad económica?

Por cada 100 u.m. de activos obtuvo un beneficio de 20 u.m. Dicho de otro modo, su rentabilidad económica ha sido del 20 por 100 (se obtiene un beneficio de 20 u.m. por cada 100 u.m. que se han invertido), lo cual también se puede expresar como que dicha rentabilidad ha sido del 0,20 por 1 (se obtiene un beneficio de 0,20 u.m. por cada u.m. que se ha invertido):

$$RE = \frac{BE}{A} = \frac{20.000.000}{100.000.000} = 0{,}20 \text{ por } 1 = 20 \text{ por } 100$$

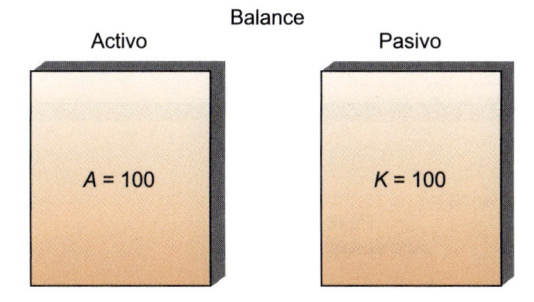

Balance

Activo: $A = 100$

Pasivo: $K = 100$

Figura 6.2

ACTIVIDAD RESUELTA 11

Si la empresa Resino, S. A., de la Actividad Resuelta anterior, no tuviera deudas (figura 6.2), es decir, si los 100 millones que tiene de activos hubieran sido aportados por sus propietarios, a éstos les corresponderían integramente los 20 millones de beneficios, y, por consiguiente, su rentabilidad (es decir, la rentabilidad financiera) sería también igual al 20 % (habrían ganado 20 u.m. por cada 100 u.m. que tuvieron que invertir).

Pero la realidad es que la mitad de los activos de Resino, S. A., se financiaron con préstamos, por lo cual esta empresa tiene unas deudas que importan 50 millones (figura 6.3). El banco que le prestó los 50 millones le cobra un interés anual del 10 % (el 0,10 por 1). ¿Cuál es la rentabilidad financiera de esta empresa?

Si debe 50 millones, y le cobran un interés del 10 % anual, los gastos de intereses importan 5 millones al año:

$$D \cdot i = 50.000.000 \cdot 0{,}10 = 5.000.000 \text{ u.m.}$$

Por consiguiente, de las 20.000.000 u.m. que obtuvo de beneficio económico, han de descontarse 5.000.000 u.m. en concepto de gastos que han de abonarse a los acreedores (el banco, en este caso), con lo cual a los propietarios les queda un beneficio (el beneficio neto) igual a los 15.000.000 restantes:

$$BN = BE - D \cdot i = 20.000.000 - 5.000.000 = 15.000.000 \text{ u.m.}$$

Los propietarios de Resino, S. A., aportaron 50 millones (los otros 50 millones de activos se financiaron con el préstamo) y han obtenido un beneficio de 15 millones. Dicho de otro modo, han ganado 30 u.m. por cada 100 u.m. que han invertido, es decir, el 30 % o, lo que es lo mismo, el 0,30 por uno:

$$RF = \frac{BN}{K} = \frac{15.000.000}{50.000.000} = 0{,}30 \text{ por } 1 = 30 \text{ por } 100$$

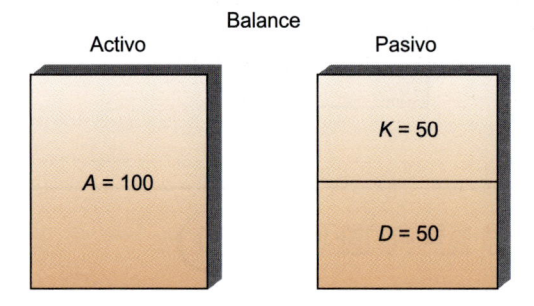

Balance

Activo: $A = 100$

Pasivo: $K = 50$; $D = 50$

Figura 6.3

Si la empresa estuviera sometida al impuesto de sociedades, tendría que pagar a Hacienda una cierta proporción t (tipo de gravamen) de su beneficio neto, con lo cual para los accionistas sólo quedaría el beneficio líquido siguiente:

$$BL = BN - BN \cdot t = (1 - t)BN$$

y la rentabilidad financiera después de impuestos resulta ser igual a:

$$RF_D = \frac{(1-t)BN}{K} = (1-t)RF$$

ACTIVIDAD RESUELTA 12

Si antes de tener en cuenta los impuestos, a los accionistas les corresponden 2 u.m. por cada u.m. que tienen invertida en la empresa como capital propio, y Hacienda grava el 50 % (t vale 0,5), ¿cuánto vale la rentabilidad financiera?

A los accionistas les quedará el otro 50 % y su rentabilidad financiera será 1 u.m. por cada u.m., o, lo que es lo mismo 100 u.m. por cada 100 u.m. invertidas (el 100 %):

$$RF_D = (1 - 0{,}5)2 = 1 \text{ por } 1 = 100 \text{ por } 100$$

La rentabilidad económica de la empresa puede explicarse por la rentabilidad bruta de las ventas y por la rotación del capital total.

La rentabilidad bruta de las ventas, RV, es el cociente entre el beneficio económico y el volumen de ventas medido en unidades monetarias, V. La rotación del capital total, r_T, es el número de veces que el capital total (es decir, todo el pasivo, que siempre es igual que todo el activo) está comprendido en las ventas. Por consiguiente:

$$RV \cdot r_T = \frac{BE}{V} \frac{V}{A} = \frac{BE}{A} = RE$$

Una baja rentabilidad económica puede deberse a que el margen de beneficio que dejan las ventas es bajo, a que el capital rota muy poco, o a ambas causas a la vez.

En el área dedicada a la selección de inversiones se estudiará el procedimiento más correcto para calcular la rentabilidad de una inversión.

6. El equilibrio económico-financiero de la empresa y el fondo de rotación o maniobra

La composición del activo determina la estructura económica de la empresa, la del pasivo determina su estructura financiera y el conjunto conforma su estructura económico-financiera.

6.1. La estructura económica: el inmovilizado y el activo circulante

Las inversiones de la empresa se dividen en dos grupos: el activo fijo y el activo circulante.

Por ejemplo, las materias primas entran en la empresa, se incorporan al producto terminado y éste se vende, con lo que, para que continúe la actividad empresarial, estas materias han de ser repuestas.

Otro tanto sucede con la tesorería (entra tesorería cuando se realizan cobros y sale al efectuarse pagos), con los créditos que se tienen sobre clientes (aumentan con las ventas a crédito y disminuyen con los cobros a clientes), etcétera.

El activo circulante se encuentra formado por:

Como indica su nombre, el activo circulante está constituido por todos los bienes y derechos que no permanecen en la empresa, sino que circulan por ella y son reemplazados por otros.

1. La tesorería (dinero en caja y saldos a la vista en instituciones de crédito).
2. El realizable, que está integrado por todas las partidas a corto plazo que pueden venderse o liquidarse, es decir, transformarse en tesorería, sin que se detenga la actividad de la empresa (créditos sobre clientes, letras de cambio o efectos a cobrar, inversiones financieras temporales, etcétera).
3. Las existencias almacenadas (de materias primas, envases, productos semielaborados, productos terminados, etc.).

El activo fijo, como también indica su nombre, está formado por todos aquellos bienes que permanecen en la empresa, que «se fijan» a ella durante un período prolongado de tiempo.

El activo fijo también se le denomina inmovilizado, porque, a diferencia del circulante, no se mueve, o se mueve muy lentamente.

El activo fijo se encuentra formado por los terrenos, los edificios, las naves industriales, la maquinaria, el mobiliario, etc. Muchos de estos bienes tambien «circulan» por la empresa, pues, en cierto momento, han de ser sustituidos por otros. Pero, a diferencia de los activos circulantes, la circulación del activo fijo es muy lenta.

Figura 6.4

```
Activo
┌─────────────────┐
│   Activo fijo   │
├─────────────────┤
│Activo circulante:│
│ − Tesorería     │
│ − Realizable    │
│ − Existencias   │
└─────────────────┘
```

La experiencia demuestra que el estudiante que comienza a adentrarse en el campo de las finanzas comprende más fácilmente el concepto de activo fijo que el de activo circulante. Si es este su caso, aplique el criterio de exclusión: es activo circulante todo aquello que no sea activo fijo.

6.2. La estructura financiera

En cuanto al pasivo, se encuentra formado por (figura 6.5):

— Los capitales permanentes, que son aquellas fuentes de financiación que se encuentran a disposición de la empresa un período largo de tiempo (recursos financieros propios y créditos a medio y largo plazo)
— El pasivo a corto plazo que está integrado por las deudas que vencen en un período breve de tiempo (deudas con los proveedores, créditos bancarios a corto plazo, etcétera).

Figura 6.5

```
Pasivo
┌─────────────────┐
│    Capitales    │
│   permanentes   │
├─────────────────┤
│    Pasivo a     │
│   corto plazo   │
└─────────────────┘
```

Si le resulta más sencillo el concepto de pasivo a corto plazo que el de capitales permanentes, también en este caso puede aplicar el criterio de exclusión: toda fuente de financiación que no vence en un plazo corto de tiempo, es un capital permanente.

6.3. El fondo de rotación o maniobra

En general, debe haber una cierta correspondencia entre la liquidez del activo y la exigibilidad del pasivo, para evitar el riesgo de que la empresa se vea en la necesidad de suspender sus pagos durante un plazo más o menos largo.

Siguiendo este criterio conservador, el activo fijo ha de ser financiado con capitales permanentes y sólo el activo circulante ha de serlo con pasivo a corto plazo.

Además, para evitar el riesgo de un desfase entre el ritmo de cobros generados por el activo circulante y el ritmo de pagos derivado de la exigibilidad del pasivo a corto, una parte del activo circulante ha de ser financiado con capitales permanentes. Es decir, el pasivo a corto plazo ha de ser menor que el activo circulante.

A la diferencia entre el activo circulante y el pasivo a corto plazo se le denomina fondo de rotación o fondo de maniobra.

Denominaremos:

A_F = Activo fijo

A_C = Activo circulante

CP = Capitales permanentes

P_C = Pasivo a corto plazo

Como puede observarse en la figura 6.6, el fondo de maniobra, FM, se puede definir de las dos formas siguientes:

1. Como la parte del activo circulante que no se financia con pasivo a corto, sino con capitales permanentes (y, en este sentido, también se le denomina capital de trabajo):

$$FM = A_C - P_C$$

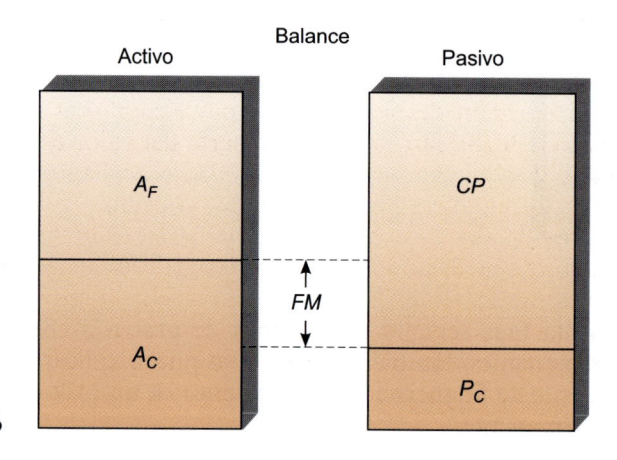

Figura 6.6

2. Como la parte de capitales permanentes que no financia activo fijo, sino que financia activo circulante:

$$FM = CP - A_F$$

El tamaño idóneo del fondo de maniobra varía de una empresa a otra e incluso el de una misma empresa se modifica a lo largo del tiempo dependiendo, además, de la política general de su dirección.

7. Los ciclos de la actividad de la empresa y el período medio de maduración

Los bienes del activo circulante se encuentran sometidos al denominado ciclo de explotación, ciclo corto o ciclo dinero-mercaderías-dinero.

A la duración de este ciclo se le denomina período de maduración.

Con el consumo se incorpora el material al producto y se genera el coste.

A este ciclo al que está sometido el activo fijo se le denomina ciclo largo, ciclo de amortizaciones, o ciclo de depreciación.

Un ciclo es una sucesión de hechos que se repite cada cierto tiempo.

El ciclo corto está formado por el proceso en el que se adquieren los materiales inventariables (materias primas y auxiliares, por ejemplo), se almacenan hasta incorporarse al proceso de transformación, se realiza la fabricación, se obtienen los productos terminados, estos son también almacenados y luego vendidos y remitidos a los clientes, a quienes se cobra inmediatamente o transcurrido cierto período de tiempo, lo que permite recuperar fondos de dinero con los que retribuir a los factores de producción.

En algunas ocasiones el ciclo puede tener una duración diferente que en otras dentro de la misma empresa. A su duración media se le denomina período medio de maduración.

La mera adquisición de materias primas, por ejemplo, no supone un coste de producción. Se trata de una inversión, como lo sería la adquisición de una maquinaria: un bien que tiene entidad propia y que se recoge en el activo del Balance junto con las demás inversiones (concretamente, dentro del activo circulante, entre las existencias).

Cuando un kilogramo de materia prima (por ejemplo, oro) se incorpora al proceso de producción de bienes (joyas, por ejemplo) es cuando se consume como tal materia (oro) para pasar a ser parte del valor de coste del producto semiterminado (joya incompleta) o del producto acabado.

Aunque de forma diferente que las materias primas, también la maquinaria y todos los activos fijos se consumen con su uso o por el mero transcurso del tiempo, mediante procesos de depreciación o de obsolescencia. La adquisición de estos bienes supone la realización de una inversión que se irá depreciando a los largo del tiempo, hasta el momento en que sea reemplazada por otra.

También los activos fijos se consumen y se incorporan al coste del producto, pero ese consumo se produce a lo largo de un período prolongado de tiempo (el ciclo largo).

8. Las fases del ciclo de explotación y el período medio de maduración económico

8.1. Las fases del ciclo de explotación

En la figura 6.7 se han representado los flujos del ciclo de explotación como si de flujos líquidos se tratara. Las fases del ciclo son las siguientes:

1. Fase de almacenamiento de las primeras materias. Con la compra de materias primas, éstas se incorporan al almacen, constituyendo una inversión que es valorada a precio de coste (precio de adquisición).
2. Fase de fabricación. Al entrar en el proceso de producción, se consumen y su coste, junto con el de otros factores, como la mano de obra, la energía, las amortizaciones de la maquinaria, etcétera, determina el coste de los productos semiterminados, a los que se les van incorporando factores (y, consiguientemente, se les van imputando costes) a medida que se van terminando.
3. Fase de almacenamiento de los productos terminados, o fase de venta. Hasta que se vende, el producto acabado se introduce en el almacén de productos terminados, cuyo valor, como el de las existencias de productos en curso de fabricación, se determina sumando los costes de los factores que tienen incorporados.

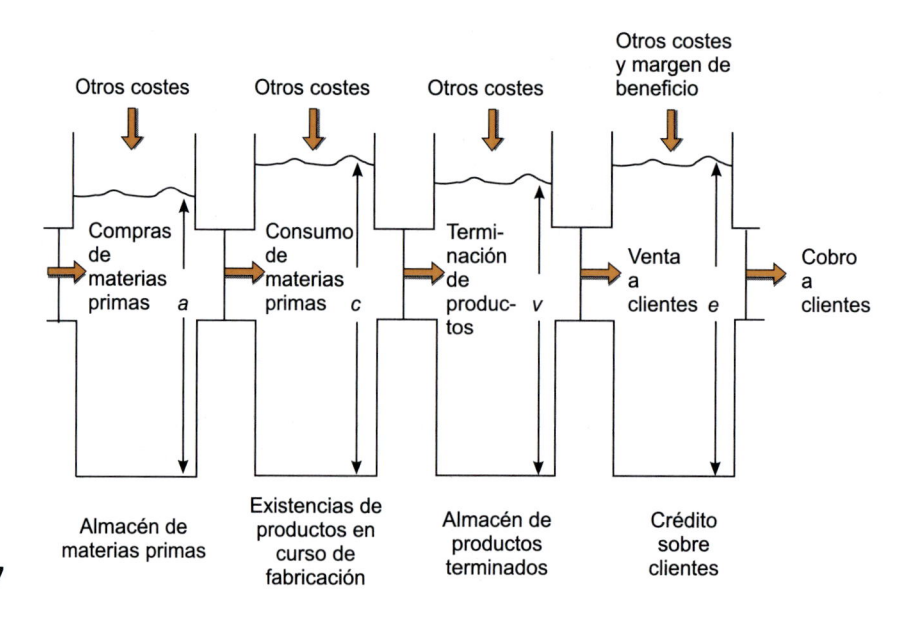

Figura 6.7

4. Fase de cobro a los clientes. Con la venta de la producción se reducirá el valor del almacén de productos terminados, pero se incrementará, a menos que se cobre al contado, el crédito que se tenga sobre los clientes; crédito que será valorado al precio de venta, es decir, al resultado de añadir al coste el margen de beneficios de la empresa. El saldo del crédito sobre clientes se reducirá a medida que se vaya cobrando su importe.

8.2. Cálculo de la duración del período medio de maduración económico

Con cuanto antecede, no reviste dificultad el cálculo aproximado del que denominaremos período medio de maduración económico[1]. Este período, PM, estará integrado por:

— el período medio de almacenamiento de materias primas, PM_a,
— el período medio de fabricación, PM_c,
— el período medio de venta, PM_v,
— y el período medio de cobro a clientes, PM_e.

Es decir:

$$PM = PM_a + PM_c + PM_v + PM_e$$

Para obtener el período medio de maduración económico y sus componentes, obsérvese que:

— Si A es el consumo anual de primeras materias y a es el nivel medio de existencias en el almacén, el cociente

$$n_a = \frac{A}{a}$$

será el número de veces que, en un año, se consume el stock medio de materias primas, y

$$\frac{365}{n_a} = 365\,\frac{a}{A} = PM_a$$

será el número de días que tarda la empresa en consumir el nivel medio, es decir, el período medio de almacenamiento.

---

[1] Para lo que seguimos, como también lo haremos en los modelos de cálculo del fondo de maniobra, al profesor Fernández Pirla en sus obras Teoría Económica de la Contabilidad y Economía y Gestión de la Empresa (editorial ICE, Madrid, 1968).

— Si C es el coste total de la producción anual (materias primas y otros consumos incorporados) y c es el nivel medio de productos en curso de elaboración (valorados también al coste), C/c indicará el número de veces que, en un año, se renueva el stock en curso de fabricación. Si dicho cociente se representa por n_c, obviamente

$$\frac{365}{n_c} = 365\,\frac{c}{C} = PM_c$$

indicará el número de días que, por término medio, tardan en fabricarse los productos, es decir, el período medio de fabricación.

— De forma semejante, siendo V el volumen anual de ventas, valorado a precio de coste, y v el volumen medio de las existencias del almacén de productos terminados, valorado también al coste, el cociente

$$n_v = \frac{V}{v}$$

será el número de veces que, en un año, se renuevan las existencias de productos acabados, y

$$\frac{365}{n_v} = 365\,\frac{v}{V} = PM_v$$

señalará el número de días que, por término medio, tarda en producirse dicha renovación; es decir, el plazo promedio que se requiere para vender los artículos del stock medio de productos terminados, o período medio de venta.

— Finalmente, si E es el volumen o montante anual de ventas (valoradas, como es obvio, al precio que se aplica a los clientes, resultante de añadir al coste un margen de beneficio) y e es el valor medio de la deuda que los clientes tienen con la empresa, el ratio o cociente

$$n_e = \frac{E}{e}$$

será el número de veces que, en un año, se renueva la deuda media de los clientes y

$$\frac{365}{n_e} = 365\,\frac{e}{E} = PM_e$$

será el número promedio de días que tarda en cobrarse a los clientes, o período medio de cobro.

En definitiva, el período medio de maduración económico será:

$$PM = PM_a + PM_c + PM_v + PM_e = 365 \left(\frac{a}{A} + \frac{c}{C} + \frac{v}{V} + \frac{e}{E} \right)$$

ACTIVIDAD RESUELTA 13

La empresa Madura, S. A., compró y consumió el pasado año, para la fabricación de su producto 20.000 u.m. de materias primas y, por término medio, mantuvo un nivel de existencias de las mismas en almacén de 2.000 u.m. ¿Cuánto vale su período medio de almacenamiento?

Su almacén medio se consumió 10 veces en el año:

$$n_a = \frac{A}{a} = \frac{20.000}{2.000} = 10 \text{ veces}$$

Como el año tiene 365 días, el período medio de almacenamiento será 36,5 días:

$$PM_a = \frac{365}{n_a} = \frac{365}{10} = 36,5 \text{ días}$$

ACTIVIDAD RESUELTA 14

El valor de la producción anual de Madura, S. A., es 40.000 u.m. y el valor del nivel medio de productos en curso de elaboración es 2.000 u.m. ¿Cuánto vale su período medio de fabricación?

El stock de productos en curso de fabricación se renueva 20 veces al año:

$$n_c = \frac{C}{c} = \frac{40.000}{2.000} = 20 \text{ veces}$$

Por consiguiente, el período medio de fabricación es de 18,25 días:

$$PM_c = \frac{365}{n_c} = \frac{365}{20} = 18,25 \text{ días}$$

INTRODUCCIÓN A LAS DECISIONES FINANCIERAS

ACTIVIDAD RESUELTA 15

Como se señaló anteriormente, la producción de la empresa Madura, S. A., el pasado año costó 40.000 u.m. Pues bien, esta empresa no vendió ni más ni menos que lo que produjo. Es decir:

$$V = C = 40.000 \text{ u.m.}$$

Por otra parte, el valor del nivel medio de sus existencias en el almacén de productos terminados fue 4.000 u.m. ¿Cuánto vale su período medio de venta?

El número de veces que, en el año, se renovaron las existencias de productos acabados fue 10:

$$n_v = \frac{V}{v} = \frac{40.000}{4.000} = 10 \text{ veces}$$

Por tanto, el período medio de venta de esta empresa ha sido 36,5 días:

$$\frac{365}{n_v} = \frac{365}{10} = 36,5 \text{ días}$$

ACTIVIDAD RESUELTA 16

Como se ha repetido anteriormente, el coste de la producción y de las ventas anuales de Madura, S. A., fue 40.000 u.m. Si esta empresa vendiera esa producción en ese mismo importe, no obtendría beneficio alguno. Por ello, la vendió en 60.000 u.m. Por otra parte, los clientes tuvieron, por término medio, una deuda con la empresa de 3.000 u.m. ¿Cuánto vale su período medio de cobro?

La deuda media de los clientes se renovó 20 veces en el año:

$$n_e = \frac{E}{e} = \frac{60.000}{3.000} = 20 \text{ veces}$$

Por consiguiente, por término medio, se tarda 18,25 días en cobrar a los clientes:

$$PM_e = \frac{365}{n_e} = \frac{365}{20} = 18,25 \text{ días}$$

> **ACTIVIDAD RESUELTA 17**
>
> ¿Cuánto vale el período medio de maduración económico de Madura, S. A.?
>
> En el caso de Madura, S. A., se obtiene:
>
> $$PM = PM_a + PM_c + PM_v + PM_e = 36,5 + 18,25 + 36,5 + 18,25 =$$
>
> $$= 109,5 \text{ días}$$

8.3. La utilidad del análisis del período medio de maduración económico

El período medio de maduración económico, calculado de este modo, es el tiempo promedio que tarda en recuperarse una unidad monetaria invertida (aunque no tiene por qué ser pagada, pues es posible que a los proveedores no se les pague al contado) en el ciclo de explotación. Desde que la empresa de la Actividad Resuelta Madura, S. A., invierte una unidad monetaria en la compra de materias primas, hasta que la recupera con el cobro al cliente, transcurren 109,5 días por término medio.

La determinación y análisis del *PM* y de sus componentes, así como el estudio de su evolución, constituyen herramientas útiles para la explicación del desenvolvimiento económico de la empresa. Por ejemplo:

— Si se mantienen las ventas anuales, reduciéndose al mismo tiempo el período de almacenamiento, el de fabricación o el de ventas, será porque se ha conseguido reducir los recursos financieros inmovilizados en almacenes de materias primas, o bien en stocks de productos semielaborados o terminados.

— De forma semejante, la reducción del período medio de cobro, es decir, una agilización del cobro a clientes, da lugar a una menor necesidad de capitales inmovilizados en créditos sobre terceros.

— Si la producción y venta anual se mantienen y la duración del ciclo de explotación se reduce, se reducirá también la necesidad de activos de la empresa, porque éstos rotan más rápidamente y, consiguientemente, se precisarán menos recursos financieros, incrementándose así la rentabilidad de la empresa.

9. El período medio de maduración financiero

Una parte del período de maduración económico es financiado por los proveedores de los factores permitiendo el aplazamiento de los pagos a la empresa. Deduciendo de este *PM* la parte financiada por ellos, se obtiene el período medio de maduración financiero.

Si anualmente se compran *P* unidades monetarias (u.m.) de materias primas y el saldo medio con los proveedores es de *p* u.m., cada año se paga este saldo medio

$$n_p = \frac{P}{p}$$

veces y, por consiguiente, el número promedio de días que financian los proveedores, o período medio de pago es:

$$\frac{365}{n_p} = 365\,\frac{p}{P} = PM_p$$

Por tanto, el período medio de maduración financiero será:

$$PMF = PM - PM_p = 365\left(\frac{a}{A} + \frac{c}{C} + \frac{v}{V} + \frac{e}{E} - \frac{p}{P}\right)$$

ACTIVIDAD RESUELTA 18

Como se señaló anteriormente, el pasado año la empresa Madura, S. A., compró y consumió 20.000 u.m. de materias primas. Por consiguiente:

$$P = A = 20.000 \text{ u.m.}$$

Por otra parte, esta empresa paga al contado todos sus gastos salvo las materias primas, por las que mantiene un saldo medio de deuda con sus proveedores de 4.000 u.m. ¿Cuánto valen su período medio de pago, y su período medio de maduración financiero?

Por término medio paga 5 veces al año a sus proveedores:

$$n_p = \frac{P}{p} = \frac{20.000}{4.000} = 5 \text{ veces}$$

Lo cual significa que les paga cada 73 días por término medio:

$$PM_p = \frac{365}{n_p} = \frac{365}{5} = 73 \text{ días}$$

El período medio de maduración financiero de esta empresa vale 36,5 días:

$$PMF = PM - PM_p = 109,5 - 73 = 36,5 \text{ días}$$

10. El cálculo del fondo de maniobra mínimo o necesario

10.1. Modelo analítico

Según se señaló anteriormente, el fondo de maniobra, o fondo de rotación, es la diferencia entre el activo circulante y el pasivo a corto plazo.

Siguiendo con la terminología del apartado anterior, consideremos una empresa que tiene un activo circulante formado por las existencias de materias primas, cuyo nivel medio es a, las de productos semiterminados, c, las de productos acabados, v, los créditos sobre clientes, e, y un cierto nivel de tesorería, t. Mantiene, además, como pasivo a corto plazo, una deuda con sus proveedores que, por término medio, importa p u.m. Necesitará un fondo de maniobra igual a:

$$FM = A_C - P_C = t + a + c + v + e - p =$$

$$= t + \frac{A}{365} PM_a + \frac{C}{365} PM_c + \frac{V}{365} PM_v + \frac{E}{365} PM_e - \frac{P}{365} PM_p$$

Si puede considerarse que el consumo anual de materias primas, A, coincide con el volumen anual de compras a los proveedores, P, podrá escribirse la expresión:

$$FM = t + \frac{A}{365}(PM_a - PM_p) + \frac{C}{365} PM_c + \frac{V}{365} PM_v + \frac{E}{365} PM_e$$

En esta expresión, el cociente $A/365$ es el consumo medio diario de materias primas (se divide el consumo anual entre el número de días que tiene el año). Multiplicando este consumo por el número de días que dura el período medio de inmovilización de una unidad monetaria en el almacen de primeras materias, salvo los días que son financiados por los proveedores ($PM_a - PM_p$), se obtiene el fondo de maniobra necesario para financiar el inventario de materias primas.

De forma semejante, el cociente $C/365$ es el coste medio diario de producción y multiplicando este importe por el número de días que permanece inmovilizada cada unidad monetaria en productos en curso, se obtiene el fondo de maniobra necesario para financiar el inventario de existencias de estos productos semielaborados.

Del mismo modo se interpretan los dos últimos sumandos. A este procedimiento de determinación del fondo de maniobra se le denomina modelo analítico.

ACTIVIDAD RESUELTA 19

Si la empresa Madura, S. A., de las actividades anteriores, desea mantener un fondo de tesorería de 1.000 u.m., ¿cuál será su fondo de maniobra mínimo o necesario?

Necesitará un fondo de maniobra de 8.000 u.m.

$FM = t + a + c + v - p =$

$= 1.000 + 2.000 + 2.000 + 4.000 + 3.000 - 4.000 = 8.000 \; u.m.$

10.2. Modelo sintético

En la exposición del modelo sintético, denominaremos:

k: al coste medio diario, que estará formado por el consumo diario de materias primas, de mano de obra, y de otros gastos o gastos generales,

s: al consumo diario de materias primas, en unidades físicas,

p_s: al precio de cada unidad física de materias primas,

m: al número de unidades físicas de mano de obra utilizadas diariamente,

p_m: al precio unitario de la mano de obra,

g: al modulo diario de gastos generales,

p_g: al precio unitario de los gastos generales.

Entonces, obviamente:

$$k = sp_s + mp_m + gp_g$$

Por otra parte, como se ha señalado repetidamente, cada unidad monetaria incorporada al ciclo de explotación tarda *PM* días en recuperarse. Si diariamente se incorporan *k* unidades, la inmovilización media en activo circulante será:

$$A_C = PM\ k = PM(sp_s + mp_m + gp_g)$$

Además, si a los proveedores de materias primas se les paga al cabo de los x_s días desde su incorporación al proceso de producción, por término medio estarán financiando las $x_s sp_s$ u.m. que resultan de multiplicar el consumo diario y el número de días de aplazamiento del pago. Del mismo modo, si la mano de obra se abona con un aplazamiento de x_m días, y x_g es el período medio de dilación en el pago de los gastos generales, otros pasivos a corto plazo serán $x_m mp_m$ y $x_g gp_g$.

Por consiguiente, por término medio, el pasivo a corto plazo valdrá:

$$P_C = x_s sp_s + x_m mp_m + x_g gp_g$$

y el fondo de maniobra será:

$$A_C - P_C = PM(sp_s + mp_m + gp_g) - (x_s sp_s + x_m mp_m + x_g gp_g)$$

O, lo que es lo mismo:

$$\boxed{FM = sp_s(PM - x_s) + mp_m(PM - x_m) + gp_g(PM - x_g)}$$

El primero, de estos tres últimos sumandos, será el fondo para pago de materias primas, el segundo el de pago de mano de obra, y el tercero el de pago de gastos generales.

11. Los ratios como instrumento de análisis de la estructura económico-financiera de la empresa

11.1. Los ratios de situación

Los ratios son relaciones, por cociente, entre dos masas patrimoniales.

Como se señaló anteriormente, la estructura económico-financiera de la empresa viene determinada por la composición del activo y del pasivo de su Balance. Por consiguiente, parece razonable estudiar como se distribuyen proporcionalmente el activo y el pasivo. Esto es lo que se realiza mediante los denominados ratios de situación, que se obtienen a partir de los datos del Balance y, por consiguiente, tienen carácter estático, es decir, se refieren a un momento del tiempo; a aquél en el que está fechado el Balance.

Los ratios de situación son de tres tipos:

— Los relativos al activo, con los que se estudia la estructura económica de la empresa.
— Los referentes al pasivo, con los que se estudia su estructura financiera.
— Los ratios de síntesis, en los que se utilizan datos del activo y del pasivo.

Los ratios de situación relativos al activo más frecuentemente empleados son las proporciones que, cada una de las masas a que se refieren, representan respecto al activo total, A. Por ejemplo, el de activo circulante es A_C/A, siendo el ratio de activo fijo A_F/A. Del mismo modo, se definen los ratios de tesorería (T/A), realizable (R/A) y existencias (E/A).

Igualmente, los ratios de situación referentes al pasivo que más se utilizan son las proporciones que las masas en cuestión representan respecto al pasivo total, P, que, como ya es bien sabido es igual al activo total, A. Así, el de pasivo a corto es P_C/P, y, siendo RA los recursos ajenos a largo plazo, K los propios, y CP los capitales permanentes, sus ratios son, respectivamente, RA/P, K/P y CP/P.

Los principales ratios de solvencia y equilibrio financiero se han recogido en la tabla 6.2 (donde, como se recordará, D son los recursos ajenos totales; las deudas).

RATIOS DE EQUILIBRIO FINANCIERO A CORTO PLAZO

- Ratio de liquidez: A_C/P_C.
- Ratio de tesorería inmediata: T/P_C.
- Ratio de tesorería ordinaria: $(T + R)/P_C$.

RATIOS DE EQUILIBRIO FINANCIERO A LARGO PLAZO

- Ratio de capital propio inmovilizado: $(A_F - RA)/K$.
- Ratio de capital propio en circulante: FM/K.
- Ratio de garantía: A/D.
- Ratio de financiación del inmovilizado: CP/A_F.

RATIOS DE APALANCAMIENTO

- Ratio de endeudamiento a corto plazo: P_C/K.
- Ratio de endeudamiento a largo plazo: RA/K.
- Ratio de endeudamiento total: D/K.

TABLA 6.2

Un ratio no es sino el tanto por uno que la magnitud situada en el numerador representa respecto a la del denominador. Su significado se deduce de la denominación que reciben y de las partidas que los integran.

A algunos ratios se les puede fijar un límite. Por ejemplo, si se desea que el fondo de maniobra sea positivo, el ratio de liquidez tendrá que ser superior a la unidad y el de capital propio en circulante habrá de ser positivo. Pero, en general, para emitir un juicio es necesario compararlos con los valores que han tomado en otros momentos del tiempo, para ver como evoluciona la estructura económico-financiera de la empresa, o bien, por ejemplo, con los de otras empresas semejantes o con la media del sector.

11.2. Los ratios de rotación

Los ratios de rotación miden el número de veces que la masa patrimonial correspondiente se encuentra comprendida en el volumen de ventas o cifra de negocios del período, que suele ser un año.

Otro tanto sucede con los ratios de rotación, a los que también se denomina ratios de actividad o de gestión y que, a diferencia de los de situación, tienen carácter dinámico.

Cuanto mayores sean las rotaciones de las masas patrimoniales, mayor será la eficacia de su utilización. Los ratios de rotación más frecuentemente utilizados se han recogido en la tabla 6.3, donde V denota las ventas anuales al precio de venta, C su valoración al coste, y e el crédito sobre clientes y los efectos a cobrar:

ROTACIÓN DE ACTIVOS
• Rotación del activo total: V/A.
• Rotación del activo fijo: V/A_F.
• Rotación del activo circulante: V/A_C.
• Rotación de clientes y efectos a cobrar: V/e.
• Rotación de existencias: C/E.
ROTACIÓN DE FUENTES DE FINANCIACIÓN
• Rotación de capitales permanentes: V/CP.
• Rotación de capitales propios: V/K.
• Rotación de capitales totales: V/P = Rotación del activo total.

TABLA 6.3

11.3. El método Dupont

El método Dupont es un procedimiento de descomposición, análisis e interpretación de la rentabilidad, basado en ratios que actúan entre sí de forma multiplicativa.

Como se señaló en el apartado dedicado a la medida de la rentabilidad, la rentabilidad operativa se explica por la rotación de los capitales totales y por la rentabilidad bruta de las ventas. De forma semejante, la rentabilidad neta de los capitales totales, RT, se puede descomponer del siguiente modo:

$$RT = \frac{BN}{P} = \frac{BN}{A} = \frac{BN}{V}\frac{V}{A}$$

donde BN/V es la rentabilidad neta de las ventas, o margen neto sobre ventas (proporción que el beneficio neto representa de las ventas; la proporción restante de las ventas es la que cubre los costes), y V/A es la rotación del activo.

De forma semejante, la rentabilidad financiera se descompone del siguiente modo:

$$RF = \frac{BN}{K} = \frac{BN}{V}\frac{V}{A}\frac{A}{K}$$

donde son conocidos todos los ratios salvo el último, que no es sino una medida del grado de endeudamiento: es el resultado de añadir la unidad al ratio de endeudamiento total:

$$\frac{A}{K} = \frac{P}{K} = \frac{D+K}{K} = \frac{D}{K} + 1$$

Prueba objetiva de autoevaluación

I. Enunciado

1. El nivel de endeudamiento influye en:

    - El riesgo de la empresa. ■
    - El beneficio operativo. ▫
    - La rentabilidad económica. ▪
    - Ninguna de las otras. ■

2. El beneficio que obtienen los propietarios de la empresa por cada u.m. de capital que han aportado a la misma, se denomina:

    - Beneficio neto. ■
    - Rentabilidad financiera. ■
    - Rentabilidad operativa. ▫
    - Ninguna de las otras. ▫

3. Las partidas de activo circulante que pueden venderse o liquidarse sin que se detenga la actividad de la empresa forman:

   - La tesorería.
   - Las existencias.
   - El renovable.
   - Ninguna de las otras.

4. El ciclo formado por el proceso en el que se adquieren los materiales inventariables (materias primas y auxiliares, por ejemplo), se almacenan hasta incorporarse al proceso de transformación, se realiza la fabricación, se obtienen los productos terminados, estos son también almacenados y luego vendidos y remitidos a los clientes, a quienes se cobra inmediatamente o transcurrido cierto período de tiempo, lo que permite recuperar fondos de dinero con los que retribuir a los factores de producción, se denomina:

   - Período medio de maduración.
   - Ciclo de depreciación.
   - Ciclo de explotación.
   - Ninguna de las otras.

5. El coste se genera con:

   - La adquisición de materias primas.
   - El consumo del material.
   - El pago del material.
   - Ninguna de las otras.

6. El almacén de productos terminados se valora:

   - Por el precio de venta.
   - Por el coste.
   - Por el resultado de añadir al coste el margen de beneficios.
   - Ninguna de las otras.

7. La diferencia entre el período medio de maduración económico y el financiero es:

   - El período medio de cobro.
   - El período medio de pago.
   - El fondo de tesorería.
   - Ninguna de las otras.

8. La diferencia entre los capitales permanentes y el activo circulante es:

    - El pasivo a corto.
    - El fondo de maniobra. ■
    - Los recursos ajenos. ■
    - Ninguna de las otras.

9. Para calcular el período medio de fabricación, el valor de la producción anual se valora:

    - Por su coste.
    - Por su último precio de venta.
    - Por su precio medio de venta. ■
    - Ninguna de las otras. ■

10. Multiplicando el coste medio diario de producción por el número de días que permanece inmovilizada cada unidad monetaria en productos en curso, se obtiene:

    - El período medio de fabricación. ■
    - El período medio de venta. ■
    - El fondo de maniobra necesario para financiar el inventario de existencias de productos semielaborados.
    - Ninguna de las otras. ■

II. Respuestas correctas

1. ■
2. ■
3.
4.
5.
6.
7. ■
8.
9.
10.

7. ANÁLISIS Y EVALUACIÓN DE INVERSIONES

- **INTRODUCCIÓN**
- **CONCEPTO Y CLASES**
- **VARIABLES FUNDAMENTALES**
- **MÉTODOS ESTÁTICOS**
  - Concepto
  - Plazo de recuperación
  - Otros métodos
- **MÉTODOS DINÁMICOS**
  - Valor actual neto
  - Tipo de rendimiento interno
  - Plazo de recuperación con descuento
  - Otros métodos
- **EL VAN Y EL TIR EN ALGUNOS CASOS ESPECIALES**
  - Modelo general
  - Flujos constantes
  - Flujos constantes y duración ilimitada
  - Flujos crecientes a tasa constante
  - Flujos crecientes a tasa constante y duración ilimitada
- **EL VAN Y EL TIR ANTE PROYECTOS INDEPENDIENTES**
- **EL VAN Y EL TIR ANTE PROYECTOS EXCLUYENTES**
  - Caso de concordancia
  - Posible discordancia
  - Resolución de discordancia
- **INTRODUCCIÓN DEL RIESGO**
- **RELACIÓN ENTRE P Y EL VAN Y EL TIR EN UN CASO PARTICULAR**
- **LAS INVERSIONES MIXTAS**

1. Introducción

Las inversiones que la empresa ha ido realizando a lo largo del tiempo conforman su estructura económica, que contablemente se encuentra representada en el activo de su Balance.

Para que un proyecto empresarial sea viable es imprescindible que las inversiones sean seleccionadas adecuadamente. Las decisiones de inversión son determinantes en el futuro de la empresa.

En la selección de las inversiones se debe tener en cuenta el distinto valor que tienen los capitales en los diferentes momentos del tiempo. En un contexto económico inflacionario, en la selección de las inversiones debe incorporarse explícitamente la inflación.

En este capítulo se realiza una introducción a las decisiones de inversión y se estudian los principales métodos de selección de inversiones.

2. Concepto y tipos de inversiones

Toda inversión comporta el sacrificio de algo inmediato, a lo que se renuncia, a cambio de una esperanza, que se adquiere, y de la que es soporte el bien o derecho en el que se invierte.

Las inversiones se pueden clasificar con arreglo a muchos criterios. Pero las clasificaciones de más relevancia en el contexto de la gestión financiera son las siguientes (tabla 7.1):

1. La primera, que ya conocemos, distingue entre las inversiones de activo fijo, y las de activo circulante. Habitualmente, las empresas se plantean las decisiones de selección de activos fijos, considerando a las inversiones en activo circulante anexas, o complementarias de aquellas.

2. Otra clasificación es la que distingue entre las inversiones financieras, que se materializan en activos de carácter financiero, como las obligaciones, las acciones, los pagarés, etc., y las inversiones productivas, que son las que se concretan en activos que sirven para producir bienes y servicios.

TIPOS DE INVERSIONES	
De activo fijo	**De activo circulante**
Financieras	**Productivas:**
	De mantenimiento
	De mejora
	De ampliación: • De los productos y mercados actuales. • A nuevos productos o mercados.
	Impuestas

TABLA 7.1

3. La tercera clasificación se refiere sólo a las inversiones productivas, y atiende a la función que desempeñan en la empresa. Se distinguen así los siguientes tipos de inversiones:

— Inversiones de reemplazamiento para el mantenimiento de la empresa, que son las necesarias para sustituir los bienes de equipo desgastados o estropeados que son precisos para continuar la producción.
— Inversiones de reemplazamiento para reducir costes o para mejorar tecnológicamente, que son las que se realizan para sustituir equipos que funcionan, pero que se encuentran obsoletos, por existir otros, que los reemplazan, que requieren unos consumos inferiores de materiales, energía, etc., o que incorporan mejoras tecnológicas.
— Inversiones de ampliación de los productos o mercados existentes. En este grupo se incluyen las que se realizan para elevar la producción de los productos existentes o para ampliar los canales y las posibilidades de distribución en los mercados a los que ya sirve la empresa.
— Inversiones de ampliación a nuevos productos o mercados, que son las efectuadas para elaborar nuevos productos o para extenderse a nuevas áreas geográficas o, en general, a nuevos mercados.
— Inversiones impuestas, que son aquéllas que no se efectúan por motivos económicos, sino para cumplir leyes, convenios colectivos, etc.

Las inversiones de mantenimiento suelen ser las que requieren menos análisis, y en las que el proceso decisional es más sencillo. Además, dentro de cada grupo, los trámites necesarios suelen ser tanto más prolongados y complejos cuanto mayor es el importe que requiere la inversión.

ACTIVIDAD RESUELTA 1

Para introducirse en los mercados asiáticos, una empresa española construyó una nave industrial en China. Los medios financieros necesarios para ello se consiguieron mediante una emisión de acciones que fueron suscritas íntegramente por los antiguos accionistas ¿A qué tipo de inversiones dió lugar la operación?

La empresa realizó una inversión productiva de ampliación a nuevos mercados. Sus accionistas realizaron una inversión financiera. Por consiguiente, la operación dió lugar a dos tipos de inversiones: productivas y financieras.

---

3. Variables fundamentales que definen un plan de inversión

3.1. Las variables relevantes

Un proyecto de inversión puede ser valorado de acuerdo con diversos criterios. Un ingeniero puede valorar la tecnología que aporta un equipo en relación a los demás y determinar con criterios técnicos cuál es la mejor máquina entre un conjunto de alternativas. Un experto en mantenimiento podría elegir el equipo de producción al que le correspondan los menores costes de entretenimiento y reparación. El operario que lo ha de utilizar posiblemente eligiera el equipo que tiene un manejo más sencillo, etc.

Cualquier consideración de tipo técnico, de mantenimiento, de capacidad de producción, etc., ha de traducirse en términos de flujos de caja esperados y de riesgo.

Resulta evidente que estos son los únicos datos relevantes económicamente en una inversión financiera, sin importar el aspecto físico del título (su forma, su color, etc.), ni ninguna otra consideración que no influya en el desembolso inicial, en los flujos de caja, en los momentos en los que se generan ni en el nivel de riesgo. Pues bien, tampoco importaría ninguna otra si se tratara de una inversión productiva.

Desde el punto de vista económico, lo único relevante es el desembolso inicial que requiere la inversión, los flujos de caja que cabe esperar de la misma, los momentos en que se espera que sean generados cada uno de ellos, y el riesgo que comporta.

Por consiguiente, el plan de una inversión se puede representar como en la figura 7.1, que contiene todas las variables fundamentales salvo el factor riesgo. En esa figura:

A es el desembolso inicial
Q_t es el flujo de caja del momento t
n es el número de años que dura la inversión

Figura 7.1

Esa inversión también se puede representar del siguiente modo:

$$-A \ / \ Q_1 \ / \ Q_2 \ / \ \cdots \ / \ Q_n$$

El factor riesgo se incorpora al análisis en la rentabilidad requerida de la inversión. Evidentemente, la rentabilidad que se ha de exigir de una inversión para considerarla viable, ha de ser tanto mayor cuanto mayor sea su nivel de riesgo.

3.2. Los flujos de caja

En algunos casos, la previsión de los flujos de caja es relativamente sencilla. Pero, en la mayor parte de los proyectos de inversión, resulta una labor compleja y que es diferente en cada uno de ellos.

En cualquier caso, se debe saber diferenciar entre flujo de caja y beneficio. Las decisiones de selección de inversiones deben basarse en los flujos de caja, que son diferencias entre cobros y pagos, y no en los beneficios, que son diferencias entre ingresos y gastos.

Por ejemplo, si una empresa ha vendido a crédito este año productos terminados por un importe de un millón de u.m. que cobrará dentro de tres años, se trata de un ingreso del año actual, que computará al calcular el beneficio de este año, pero formará parte del flujo de caja de dentro de tres años por ser entonces cuando se producirá el cobro.

> Se denomina flujo de caja, o flujo neto de caja, de un cierto momento t a la diferencia entre el cobro generado por la inversión en ese momento y los pagos que esa inversión requiere en ese instante del tiempo.

ACTIVIDAD RESUELTA 2

Se trata de invertir en una obligación que vale 1.000 u.m. y que rentará anualmente y de forma ilimitada un interés de 100 u.m. Los intereses son cobrados con la intermediación de un banco que cobra una comisión de 10 u.m. Identifique el desembolso inicial y los flujos de caja.

El desembolso inicial necesario para realizar esta inversión es de 1.000 u.m., y cada año genera un flujo de caja igual a 90 u.m., es decir, igual a la diferencia entre el cobro anual que genera la inversión (100 u.m.) y los pagos que requiere (las 10 u.m. que se han de abonar al banco por su intermediación).

Por consiguiente, son variables fundamentales que definen el plan de esta inversión las siguientes:

$$A = 1.000 \text{ u.m.} \quad Q_1 = Q_2 = Q_3 = \cdots = 90 \quad n \to \infty$$

3.3. El efecto de la inflación y del riesgo: la rentabilidad requerida

En una inversión ha de distinguirse entre:

— Su rentabilidad esperada o, simplemente, su rentabilidad, que es la rentabilidad que esperamos obtener con ella.
— Su rentabilidad requerida, que es la rentabilidad que exigimos a esa inversión.

Resulta evidente que los capitales tienen distinto valor según el momento en el que se generan. Una cantidad de dinero vale más ahora que si se genera dentro de un año; vale menos dentro de dos años que en el plazo de un año, etcétera.

Supongamos, por ejemplo, que alguien que debe pagarnos 10.000 u.m. dentro de un año nos pide que le retrasemos el pago dos años, es decir, hasta dentro de tres años.

Si accediéramos, en ese momento tendríamos que cobrarle más y, al menos, por tres motivos:

— El primero es que si nos paga dentro de un año podremos colocar esos fondos durante los dos años siguientes a un cierto tipo de interés y lo que tendremos al final no serán 10.000 u.m., sino ese importe y sus intereses acumulados.
— El segundo es la existencia de inflación. Las 10.000 u.m. dentro de un año tienen más capacidad adquisitiva que dentro de tres años. Para mantener la misma capacidad adquisitiva tendríamos que cobrarle un importe superior.
— El tercero es el riesgo. Si nos paga ahora, no corremos el riesgo de que no nos pueda pagar en el futuro. Cuanto mayor sea la probabilidad de que no nos pague, mayor será la rentabilidad que debemos exigirle.

Entre los pagos que han de descontarse de los cobros para calcular el flujo de caja se encuentra el pago de los impuestos correspondientes al beneficio que genera la inversión.

Una inversión no es realizable a menos que su rentabilidad esperada supere a su rentabilidad requerida.

ANÁLISIS Y EVALUACIÓN DE INVERSIONES

Se denomina prima de riesgo de una inversión al suplemento de rentabilidad que incorpora debido al riesgo que comporta.

Supongamos que estamos en una economía en la que el tipo libre de riesgo es R_f, y que la rentabilidad requerida de cierta inversión, h, es k_h. La prima de riesgo requerida de esta inversión es:

$$p_h = k_h - R_f$$

Se denomina tipo libre de riesgo a la rentabilidad que tienen los activos que carecen de riesgo.

Tanto p_h como k_h y R_f se expresan en tantos por uno.

Si de la inversión h esperamos una rentabilidad r_h, su rentabilidad neta de riesgo es:

$$r_h - p_h$$

Se denomina rentabilidad neta de riesgo de una inversión a la diferencia entre su rentabilidad y su prima de riesgo requerida.

Aunque no haya inflación ni riesgo, se debe exigir de las inversiones una cierta rentabilidad (si no, no se realizarían). A medida que el riesgo de una inversión sea mayor, aumentará la rentabilidad requerida de la misma.

También se eleva la rentabilidad exigida de todas las inversiones (incluyendo la inversión en activos sin riesgo) a medida que la inflación es más alta.

Concretamente, la relación existente entre la rentabilidad que exigimos de una inversión cuando no hay inflación, i, y la que le exigimos cuando la hay, k, es la siguiente:

$$k = i + g + i \cdot g$$

donde g es la tasa de inflación anual. Tanto k, como i y g, se expresan en tantos por uno.

ACTIVIDAD RESUELTA 3

Si no hubiera inflación exigiríamos de cierta inversión una tasa de interés del 8 % cada año. Se espera una inflación anual del 6 %. ¿Cuál será la rentabilidad requerida de esta inversión?

Una persona lega en la materia sumaría las dos tasas y diría que el tipo que debemos aplicar es el 14 %, y se equivocaría bastante poco. En realidad, el tipo exacto es el 14,48 %:

$$k = i + g + i \cdot g =$$

$$= 0{,}08 + 0{,}06 + 0{,}08 \cdot 0{,}06 = 0{,}1448 \text{ por uno} = 14{,}48 \%$$

> Si la inversión rentara un 14,48 %, obtendríamos una **rentabilidad real** (rentabilidad en términos reales, o en términos de capacidad adquisitiva) del 8 % anual.

Existen otra serie de precisiones que han de hacerse sobre la rentabilidad requerida. Evidentemente, ha de ser superior que el coste de la financiación, pues no tiene sentido tomar dinero al 10 % para invertirlo luego al 6 %.

Otra precisión evidente es que, si ha de elegirse entre dos inversiones mutuamente excluyentes que tienen el mismo nivel de riesgo, la rentabilidad mínima que ha de requerirse de cada una de ellas es la rentabilidad esperada de la otra. Dicho de otro modo, no sería lógico realizar la inversión X, que renta un 10 % anual, y abandonar por ello la inversión Y que tiene el mismo nivel de riesgo que X y una rentabilidad anual del 20 %.

4. Métodos estáticos de selección de inversiones

4.1. Concepto

Los denominados métodos estáticos, o criterios aproximados, son métodos de selección de inversiones que no tienen en cuenta el hecho de que los capitales tienen distintos valores en los diferentes momentos del tiempo.

En realidad, los métodos estáticos no se deberían utilizar, pues, como se verá seguidamente, pueden conducir a decisiones equivocadas. Sin embargo, es importante conocerlos por dos razones: porque son muy utilizados en la práctica y para saber los motivos por los que no se deben emplear.

El método estático más utilizado es el plazo de recuperación.

4.2. El plazo de recuperación

El plazo de recuperación, o *pay-back*, P, es el período de tiempo que tarda en recuperarse el desembolso inicial con los flujos de caja.

Este criterio da preferencia a aquellas inversiones cuyo plazo de recuperación sea menor. Por consiguiente se trata de un criterio de liquidez; un criterio en el que se prefieren las inversiones más líquidas.

ACTIVIDAD RESUELTA 4

Supongamos una inversión que requiere un desembolso inicial de 10.000 u.m. y que dura cuatro años, en el primero de los cuales genera un flujo de caja de 7.000 u.m., siendo de 2.000 u.m. el generado en el segundo, de 1.000 u.m. el del tercero, y de 2.000 el del cuarto. Como ya es sabido, esta inversión se podría representar del siguiente modo:

$$-10.000 \ / \ 7.000 \ / \ 2.000 \ / \ 1.000 \ / \ 2.000$$

¿Cuánto vale el plazo de recuperación de esta inversión?

Inicialmente se han de desembolsar 10.000 u.m., el primer año se recuperan 7.000, el segundo 2.000 (con lo que ya sólo quedan 1.000 por recuperar), y el tercero se recuperan otras 1.000, con lo que, en ese momento, se ha recuperado todo el desembolso inicial. Por tanto, el plazo de recuperación de esta inversión es de tres años.

Si los flujos de caja son constantes e iguales a Q, y la duración de la inversión es igual o superior que el propio plazo de recuperación, denominando A al desembolso inicial, P será igual a:

$$P = \frac{A}{Q}$$

Este criterio adolece de importantes inconvenientes:

1. Así, en cuanto a los flujos de caja anteriores al plazo de recuperación, no tiene en cuenta los momentos en los que se generan.

ACTIVIDAD RESUELTA 5

Compare, según este criterio, el proyecto de la Actividad Resuelta número 4 con el siguiente:

$$-10.000 \ / \ 1.000 \ / \ 2.000 \ / \ 7.000 \ / \ 2.000$$

Son equivalentes, pues ambos tienen el mismo *pay-back* (tres años), y, sin embargo, el primero es claramente preferible, pues sus mayores flujos de caja se generan antes que en el segundo.

2. En cuanto a los flujos de caja posteriores al propio plazo de recuperación, este criterio no les tiene en cuenta en absoluto.

ACTIVIDAD RESUELTA 6

Compare los proyectos de inversión de las Actividades Resueltas números 4 y 5 con el siguiente:

-10.000 / 7.000 / 2.000 / 1.000 / 20.000

Según este criterio, cualquiera de las dos inversiones anteriores es equivalente a esta. Sin embargo, esta última es la mejor de las tres, dado el tamaño de su último flujo de caja.

3. En este criterio, que es muy utilizado en la práctica, se suman unidades monetarias de los diversos años, como si fueran homogéneas, y el total se compara con el desembolso inicial, que se encuentra referido a otro momento del tiempo.

ACTIVIDAD RESUELTA 7

En términos de equivalencia financiera ¿cree que al final del tercer año se ha recuperado el desembolso inicial en las inversiones de las Actividades Resueltas anteriores?

En términos de equivalencia de capitales, al final del tercer año todavía no se han recuperado las 10.000 u.m. del momento 0, pues las u.m. de los años siguientes valen menos que estas 10.000 u.m., por estar referidas a momentos posteriores del tiempo.

ACTIVIDAD RESUELTA 8

Una inversión que dura más de tres años, requiere un desembolso inicial de 1.500 u.m. y cada año genera un flujo de caja de 500 u.m. ¿Cuál es su plazo de recuperación?

Su plazo de recuperación será tres años:

$$P = \frac{A}{Q} = \frac{1.500}{500} = 3 \text{ años}$$

Evidentemente, si durara menos de tres años, la inversión no tendría plazo de recuperación; el desembolso inicial no se recuperaría nunca.

4.3. Otros métodos estáticos

Otros métodos estáticos muy empleados en la práctica son:

— El criterio del flujo total por unidad monetaria comprometida.
— El criterio del flujo de caja medio anual por unidad monetaria comprometida.
— El criterio de la comparación de costes.
— La tasa de rendimiento contable.

> **MÉTODOS ESTÁTICOS DE SELECCIÓN DE INVERSIONES**
>
> - Plazo de recuperación.
> - Flujo total por unidad monetaria comprometida.
> - Flujo de caja medio anual por unidad monetaria comprometida.
> - Comparación de costes.
> - Tasa de rendimiento contable

TABLA 7.2

El flujo de caja total por unidad monetaria comprometida es igual al cociente:

$$r' = \frac{Q_1 + Q_2 + \cdots + Q_n}{A}$$

La regla es realizar la inversión cuando este importe es superior a la unidad, considerarla indiferente cuando es igual a uno y no efectuarla si resulta inferior a la unidad. El coeficiente r' es la cantidad de u.m. que la inversión genera, durante toda su vida, por cada u.m. invertida. Según este criterio, una inversión es tanto mejor cuanto mayor sea este importe.

También este criterio presenta inconvenientes importantes:

1. Para determinar r', se agregan magnitudes que son heterogéneas entre sí, por referirse a diferentes momentos del tiempo, y, en definitiva, el total se compara con el desembolso inicial que, también, está referido a otro momento.
2. Se refiere al conjunto de la vida de la inversión, lo que impide comparar inversiones que tienen diferente duración.
3. No se trata de una verdadera rentabilidad.

El criterio del flujo de caja medio anual por unidad monetaria comprometida constituye un infructuoso intento de paliar el penúltimo inconveniente del anterior. El método consiste en calcular el flujo neto de caja medio anual, $\bar{Q}$, y determinar cuanto corresponde por cada unidad monetaria invertida, del siguiente modo:

$$\bar{Q} = \frac{Q_1 + Q_2 + \cdots + Q_n}{n}$$

$$r'' = \frac{\bar{Q}}{A}$$

El coeficiente r'' es lo que, por termino medio, genera la inversión anualmente por cada u.m. invertida, y una inversión se considera tanto mejor cuanto mayor sea su r''.

Evidentemente, este método tiene los mismos inconvenientes que el anterior, excepto el penúltimo, pues r'' tiene una referencia anual. Sin embargo, tampoco es aplicable para comparar inversiones que tienen diferentes duraciones, pues tiende a dar preferencia a las más breves.

ACTIVIDAD RESUELTA 9

Compare las inversiones

$-10.000 \ / \ 7.000 \ / \ 2.000 \ / \ 1.000 \ / \ 2.000$

y

$-10.000 \ / \ 1.000 \ / \ 2.000 \ / \ 7.000 \ / \ 2.000$

aplicando los criterios r' y r''.

Apenas es preciso realizar ningún cálculo para observar que según estos criterios las dos inversiones son equivalentes, pues tienen el mismo desembolso inicial, la misma duración, y la suma algebraica de sus flujos de caja también coincide. Sin embargo, como se señaló en Actividades anteriores, la primera inversión es claramente preferible a la segunda.

ACTIVIDAD RESUELTA 10

Utilice el criterio del flujo de caja medio anual por unidad monetaria comprometida para comparar las dos inversiones siguientes:

$-10.000 \ / \ 7.000 \ / \ 2.000 \ / \ 1.000 \ / \ 2.000$

$-10.000 \ / \ 7.000 \ / \ 2.000 \ / \ 1.000 \ / \ 2.000 \ / \ 0 \ / \ 1$

> ¿Qué conclusiones obtiene?
> En la primera se obtiene:
>
> $$\bar{Q} = (7.000 + 2.000 + 1.000 + 2.000)/4 = 3.000 \text{ u.m.}$$
>
> $$r'' = 3.000/10.000 = 0{,}3 \text{ por } 1 = 30\,\%$$
>
> Y en la segunda:
>
> $$\bar{Q} = (7.000 + 2.000 + 1.000 + 2.000 + 1)/6 = 2.000{,}16 \text{ u.m.}$$
>
> $$r'' = 2.000{,}16/10.000 = 0{,}2 \text{ por } 1 = 20\,\%$$
>
> El flujo de caja medio por unidad monetaria comprometida es superior en la primera inversión que en la segunda y, sin embargo, son dos inversiones muy semejantes y, de preferirse alguna, es mejor la segunda, que genera un flujo de caja más que la otra, por pequeño que sea.
> La conclusión es que este método penaliza severamente a las inversiones que tienen mayor duración.

El método de la comparación de costes es un procedimiento consistente en calcular los costes anuales que corresponden a las diversas alternativas de inversión y elegir la que tenga el menor coste anual total.

El método de la comparación de costes es especialmente aplicado en las inversiones industriales.

Es un criterio técnico que aporta una información importante en algunos casos, pero tiene inconvenientes importantes. No constituye un procedimiento de valoración de inversiones ni permite calcular su rentabilidad. Además, no se trata ya de que sea un método estático, sino que ni siquiera utiliza la información económicamente relevante (flujos de caja, momentos de su generación, riesgo, etc.).

Los mismos inconvenientes tiene la denominada tasa de rendimiento contable o rentabilidad media, que relaciona mediante cociente el beneficio medio anual que se espera que genere el proyecto, con la inmovilización media que requiere en activo fijo y circulante.

5. Métodos dinámicos de selección de inversiones

5.1. Concepto

Los métodos dinámicos de selección de inversiones son aquellos que, a diferencia de los estáticos, incorporan el factor tiempo, y tienen en cuenta el hecho de que los capitales tienen distinto valor en función del momento en el que se generan.

Los principales métodos dinámicos de selección de inversiones son el valor actual neto, *VAN*, la tasa interna de rentabilidad, *TIR*, y el plazo de recuperación con descuento (tabla 7.3).

TABLA 7.3

MÉTODOS DINÁMICOS DE SELECCIÓN DE INVERSIONES
• Valor Actual Neto (*VAN*). • Tipo de Rendimiento Interno (*TIR*). • Plazo de recuperación con descuento. • Otros métodos

En principio, en la exposición de estos métodos se considerará, como es lo habitual en la práctica, que los flujos de caja son anuales y que cada uno de ellos se genera al final del año al que corresponde.

5.2. El valor actual neto

Si la rentabilidad que el decisor exige de una inversión es el *k* por uno anual y entre cada dos flujos de caja sucesivos media un año, el importe:

$$VA = \frac{Q_1}{(1+k)} + \frac{Q_2}{(1+k)^2} + \cdots + \frac{Q_n}{(1+k)^n}$$

representa el equivalente en el momento actual (momento 0) de todos los flujos de caja que genera la inversión.

Todos estos sumandos se refieren al mismo instante del tiempo (al momento 0) y, por tanto, son magnitudes homogéneas, sumables y además se pueden comparar con el desembolso inicial *A*, pues también éste se refiere a ese instante. A esa suma se le denomina valor actual, *VA*, del proyecto de inversión; es el valor actual de lo que el inversor adquiere pagando, por ello, *A* u.m.

La inversión será efectuable cuando el valor actual del proyecto es mayor que lo que hay que desembolsar por él (*A*); en términos coloquiales se diría que, en tal caso, la inversión es «barata» (su valor es superior a su precio; cuesta menos de lo que vale). La inversión será indiferente cuando su *VA* coincida con el desembolso inicial que requiere, y no será efectuable cuando el valor actual de sus flujos de caja (*VA*) sea inferior al desembolso inicial; coloquialmente, podría decirse que, en este último caso, la inversión es cara (su precio es superior a su valor; cuesta más de lo que vale).

Se denomina valor actual neto (*VAN*) de una inversión a la diferencia entre su valor actual y su desembolso inicial.

El valor actual neto (VAN) es el importe:

$$VAN = VA - A = -A + \frac{Q_1}{(1+k)} + \frac{Q_2}{(1+k)^2} + \cdots + \frac{Q_n}{(1+k)^n}$$

Congruentemente con lo señalado anteriormente, una inversión es efectuable cuando su valor actual neto es mayor que cero, siendo indiferente si es igual a cero, y no efectuable si es negativo. Entre un conjunto de inversiones efectuables, debe darse preferencia a aquellas cuyo valor actual neto sea más elevado.

ACTIVIDAD RESUELTA 11

La empresa TRICHE, S.A., dedicada a la fabricación de bucles se encuentra estudiando una inversión que requiere un desembolso inicial de 10.000 u.m. y que generaría los siguientes flujos de caja:

Primer año:	5.000 u.m.
Segundo año:	6.000 u.m.
Tercer año:	6.000 u.m.
Cuarto año:	8.000 u.m.
Quinto año:	6.000 u.m.

En ausencia de inflación, la rentabilidad requerida sería del 5 %, pero existe una tasa de crecimiento medio de los precios del 8 % anual acumulativo. ¿Cuánto vale el VAN de esta inversión?

La rentabilidad requerida teniendo en cuenta la inflación será:

$k = i + g + ig = 0,05 + 0,08 + 0,05 \cdot 0,08 = 0,134$ por uno

Con lo cual, el valor actual neto vale:

$$VAN = VA - A = -A + \frac{Q_1}{(1+k)} + \frac{Q_2}{(1+k)^2} + \cdots + \frac{Q_n}{(1+k)^n} =$$

$$= -10.000 + \frac{5.000}{1,134} + \frac{6.000}{1,134^2} + \frac{6.000}{1,134^3} + \frac{8.000}{1,134^4} + \frac{6.000}{1,134^5} =$$

$$= 11.225 \text{ u.m.}$$

Dado que su VAN es positivo, TRICHE, S.A., puede efectuar esta inversión.

5.3. El valor actual neto como función del tipo de actualización o descuento

No merece la pena perder el tiempo analizando una inversión en la que la suma aritmética de los flujos de caja, S, sea inferior que el desembolso inicial, es decir, una inversión en la que:

$$S = Q_1 + Q_2 + \cdots + Q_n < A$$

Evidentemente, una inversión en la que esto sucede no es efectuable. Solo son «analizables» las inversiones en las que la suma aritmética de los flujos de caja supera al desembolso inicial.

Por otra parte, se denomina inversiones simples a aquellas que se encuentran formadas por un desembolso inicial y un conjunto posterior de flujos de caja que son todos no negativos.

El valor actual neto, como función del tipo de descuento, responderá a la expresión:

$$VAN(k) = -A + \frac{Q_1}{(1+k)} + \frac{Q_2}{(1+k)^2} + \cdots + \frac{Q_n}{(1+k)^n}$$

donde, ahora, k no es un dato, sino una variable.

Pues bien, en las inversiones simples que, además, son «analizables», el valor actual neto evoluciona, como función del tipo de descuento, siguiendo una curva como la de la figura 7.2.

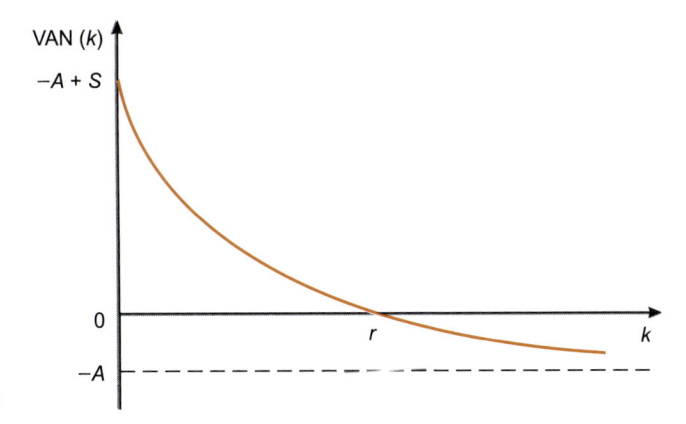

Figura 7.2

Es decir, cuando el tipo de descuento vale cero, el valor actual neto vale:

$$VAN(0) = -A + Q_1 + Q_2 + \cdots + Q_n = S - A$$

Y este importe, por ser una inversión «analizable», será mayor que cero.

A medida que la rentabilidad requerida crece a partir de ese valor mínimo, el $VAN(k)$ ha de irse reduciendo, pues, por ser una inversión simple, los flujos de caja posteriores al momento 0 ($Q_1, Q_2, ..., Q_n$) son todos positivos y, como puede observarse en la ecuación del $VAN(k)$, cuando k tiende a infinito, el valor actual neto tiende a $-A$, por lo que presenta una asíntota en esa altura.

Puede comprobarse, además, que la primera derivada de la función, respecto a k, es positiva y que la segunda es negativa, por lo que la curva es convexa respecto al eje de abcisas.

Por consiguiente, en estas inversiones, dado que, al aumentar el tipo de descuento el $VAN(k)$ se reduce contínuamente, pasando de valores positivos a negativos, existirá un único valor de k que haga el $VAN(k)$ igual a cero.

5.4. El tipo de rendimiento interno

> Se denomina tipo de rendimiento interno, tasa interna de rentabilidad, TIR, tasa de retorno, o, simplemente, rentabilidad de una inversión, al tipo de descuento, r, que hace su valor actual neto igual a cero.

El tipo de rendimiento interno (TIR) es el valor de r tal que:

$$-A + \frac{Q_1}{(1+r)} + \frac{Q_2}{(1+r)^2} + \cdots + \frac{Q_n}{(1+r)^n} = 0$$

Con arreglo a este criterio, una inversión será efectuable cuando su rentabilidad, r, sea superior que la rentabilidad requerida de la misma, k; no lo será cuando aquella sea inferior; y será indiferente cuando ambas rentabilidades coincidan.

Si se ha de seleccionar entre un conjunto de inversiones efectuables, como se señaló anteriormente deberá darse preferencia a las que tengan mayor rentabilidad neta de riesgo.

ACTIVIDAD RESUELTA 12

Un banco ha concedido a un cliente un préstamo de 2.000.000 u.m. por el que, en cada uno de los cuatro años de su duración, le cobrará un interés del 16 %. El último año el cliente deberá devolver el principal del préstamo y los intereses del último año. Dado que el 16 % de 2.000.000 es 320.000 u.m., la inversión que realiza el banco es la siguiente:

$-2.000.000$ / 320.000 / 320.000 / 320.000 / 2.320.000

¿Cuánto vale el TIR de esta inversión?

Aplicando la expresión anterior, el *TIR* de esta inversión será el valor de *r* tal que:

$$-A + \frac{Q_1}{(1+r)} + \frac{Q_2}{(1+r)^2} + \cdots + \frac{Q_n}{(1+r)^n} = 0$$

Es decir:

$$-2.000.000 + \frac{320.000}{(1+r)} + \frac{320.000}{(1+r)^2} + \frac{320.000}{(1+r)^3} + \frac{2.320.000}{(1+r)^4} = 0$$

Sustituyendo *r* por 0,16, puede comprobarse que la expresión se cumple para este valor de *r*. Evidentemente, la rentabilidad del banco será el 0,16 por uno; el 16 % anual, que es el tipo de interés del préstamo.

5.5. Rentabilidad aparente y rentabilidad real

Si no hubiera inflación, la rentabilidad así obtenida sería, además, la rentabilidad real de la inversión. Pero si las expectativas son que los próximos años va a haber una inflación anual del *g* por uno el *TIR* así calculado sería la rentabilidad aparente, r_A, y para calcular la rentabilidad real, rentabilidad neta de inflación, o rentabilidad en términos de capacidad adquisitiva esperada, r_R, se debe aplicar la expresión:

$$r_R = \frac{r_A - g}{1 + g}$$

ACTIVIDAD RESUELTA 13

Un Banco desea calcular la rentabilidad real de un préstamo que tiene un tipo de interés del 16 %, si la inflación anual es el 6 %.

$$r_R = \frac{r_A - g}{1 + g} = \frac{0,16 - 0,06}{1 + 0,06} = 0,0943 \text{ por uno} = 9,43 \%$$

Dicho de otro modo, las dos situaciones siguientes son equivalentes entre sí:

ANÁLISIS Y EVALUACIÓN DE INVERSIONES

— Obtener una rentabilidad anual del 16 % con una inflación del 6 % al año.
— Obtener una rentabilidad anual del 9,43 % sin inflación alguna.

Las comparaciones entre las rentabilidades de las inversiones pueden plantearse bien en términos de rentabilidades aparentes o bien en términos de rentabilidades reales. Por ejemplo, una inversión es efectuable cuando su rentabilidad aparente, r_A, es superior a la rentabilidad aparente que se le exige, k, o, equivalentemente, cuando su rentabilidad real, r_R, supera a la tasa neta de inflación que se requiere, i. Ambos criterios son equivalentes pues, evidentemente, si r_A es superior que k, la tasa real

$$r_R = \frac{r_A - g}{1 + g}$$

será superior que la rentabilidad real requerida:

$$i = \frac{k - g}{1 + g}$$

ACTIVIDAD RESUELTA 14

El Banco al que se refiere la Actividad Resuelta anterior exige de sus operaciones de préstamo una rentabilidad real (es decir, neta de inflación) del 8 % (es decir, que i vale 0,08). ¿Es efectuable la operación de la actividad anterior?

Dado que la rentabilidad real obtenida en esta operación (r_R) es el 9,43 %, dicha operación es efectuable.

La efectuabilidad también se puede comprobar en términos de rentabilidades aparentes: exigir una rentabilidad real del 8 % cuando existe una inflación del 6 %, equivale a exigir una rentabilidad aparente del 14,48 %:

$$k = i + g + i \cdot g = 0{,}08 + 0{,}06 + 0{,}08 \cdot 0{,}06 = 0{,}1448 \text{ por uno}$$

Dado que la rentabilidad aparente de esta inversión (el 16 %) es superior a la rentabilidad aparente que se le exige (el 14,48 %), la inversión es efectuable, llegándose así a la misma conclusión que cuando el problema se planteó en términos de rentabilidades reales.

5.6. Problemática del cálculo del tipo de rendimiento interno

En la inversión en un préstamo al 16 % a la que se hizo referencia anteriormente, la rentabilidad tenía que ser, evidentemente, el 16 %.

Tampoco existen dificultades de cálculo cuando la inversión sólo dura un año, pues se puede despejar la incognita r, ni cuando dura dos, pues aparece una ecuación de segundo grado y sólo una de las soluciones tendrá sentido económico.

Pero, a medida que aumenta el número de años que dura la inversión, r no se puede despejar y el problema del cálculo se hace más complejo. En estos casos, para calcular el *TIR* ha de utilizarse una calculadora financiera que tenga esta función, o bien un programa de hoja de cálculo de un ordenador (o algún programa financiero), o utilizar el método de prueba y error.

Este método no consiste sino en ir probando con distintos tipos de descuento hasta encontrar aquel que hace el valor actual neto igual a cero. Si con un tipo de descuento se obtiene un valor mayor que cero, habrá de probarse con otro más elevado. Si el valor obtenido es negativo, habrá de probarse con otro más pequeño, pues, como ya es bien sabido, en las inversiones simples al elevarse el tipo de descuento el valor actual neto se reduce[1].

Existen dos fórmulas que permiten acotar el valor de r. Para ello definiremos:

$$M = Q_1 1 + Q_2 2 + Q_3 3 + \cdots + Q_n n$$

$$D = Q_1/1 + Q_2/2 + Q_3/3 + \cdots + Q_n/n$$

El importe M (de *M*ultiplicación) se obtiene sumando los importes obtenidos al multiplicar cada flujo de caja por el momento en el que se genera. De forma semejante, el importe D (de *D*ivisión) se obtiene sumando los importes obtenidos al dividir cada flujo de caja entre el momento en el que se genera. Siendo, además, como ya es habitual, S la suma aritmética de los flujos de caja, y A el desembolso inicial de la inversión, la primera fórmula aproximada es la siguiente:

$$r^* = (S/A)^{(S/M)} - 1$$

siendo la segunda:

$$r^{**} = (S/A)^{(D/S)} - 1$$

---

[1] Para mayor detalle, pueden consultarse, de E. Pérez Gorostegui, *Prácticas de administración de empresas*, Ediciones Pirámide, Madrid, 1998.

Estas fórmulas aproximadas tienen gran utilidad en el análisis de inversiones simples. Cuando la inversión dura sólo un año, estas fórmulas determinan el valor exacto de r. Pero, si la duración de la inversión es superior a un año, la tasa r^* proporciona una aproximación por defecto, en tanto que la tasa r^{**} aproxima por exceso. Es decir:

$$r^* < r < r^{**}$$

Si se trata de determinar si una inversión es efectuable y r^* resulta superior que la rentabilidad requerida, r será mayor todavía, y podría concluirse que la inversión es efectuable, sin necesidad de efectuar más cálculos ni acudir al método de prueba y error. De forma semejante, si resulta que r^{**} es inferior que la rentabilidad requerida, podrá concluirse que la inversión no es efectuable.

ACTIVIDAD RESUELTA 15

Una empresa que exige de sus inversiones una rentabilidad del 10 %, tiene la posibilidad de realizar una inversión que requeriría un desembolso inicial de 2.000 u.m. y que, teniendo una duración de tres períodos, generaría unos flujos netos de caja de 600, 1.000 y 1.200 u.m. respectivamente durante los tres años de su duración. ¿Es efectuable esta inversión según el criterio del tipo de rendimiento interno?

$$S = 600 + 1.000 + 1.200 = 2.800$$

$$M = 600 + 2 \cdot 1.000 + 3 \cdot 1.200 = 6.200$$

$$r^* = (2.800/2.000)^{(2.000/6.200)} - 1 = 0,1641 = 16,41 \%$$

Dado que el límite inferior de r ya es superior a la rentabilidad exigida por la empresa para sus inversiones (10 %), puede afirmarse que esta inversión es efectuable según el criterio de la tasa interna de rendimiento, no siendo preciso calcular el límite superior.

$$0,10 < 0,1641 < r^* < r$$

5.7. El plazo de recuperación con descuento

Este método es muy semejante al método estático del plazo de recuperación estudiado en el apartado anterior. La principal diferencia con aquél es que éste tiene carácter dinámico, es decir, que tiene en cuenta el diferente valor que tienen los capitales en los distintos momentos del tiempo.

El plazo de recuperación o *pay-back* con descuento es el período de tiempo que tarda en recuperarse, en términos actuales, el desembolso inicial de la inversión.

ACTIVIDAD RESUELTA 16

Deseamos conocer el plazo de recuperación con descuento de la siguiente inversión, de la que se requiere una rentabilidad del 10 % anual:

$$-5.000 \ / \ 1.100 \ / \ 2.420 \ / \ 2.662 \ / \ 3.600$$

El valor actual de las 1.100 u.m. del primer año es:

$$\frac{1.100}{1 + 0,1} = 1.000 \text{ u.m.}$$

Al final del primer año se habrán recuperado, en términos actuales, 1.000 u.m. de las 5.000 u.m. invertidas. Del mismo modo, se deduce que al final del segundo año se recuperan otras 2.000 u.m.:

$$\frac{2.420}{(1 + 0,1)^2} = 2.000 \text{ u.m.}$$

y que al final del tercero se recuperan las otras 2.000 que quedaban por recuperar:

$$\frac{2.662}{(1 + 0,1)^3} = 2.000 \text{ u.m.}$$

El *pay-back* con descuento de esta inversión sería tres años.

Según este método, las inversiones son tanto mejores cuanto menor sea su plazo de recuperación con descuento.

Es un criterio que prima la liquidez de las inversiones sobre su rentabilidad y que no tiene en cuenta los flujos generados con posterioridad al propio plazo de recuperación. No obstante, su carácter dinámico supone una importante mejora en relación al plazo de recuperación simple.

5.8. Otros métodos dinámicos

Otros métodos dinámicos de selección de inversiones son la tasa de valor actual, T, y el índice de rentabilidad.

La tasa de valor actual, T, es el cociente:

La tasa de valor actual, T, es el valor actual neto que se obtiene con la inversión por cada unidad monetaria comprometida.

$$T = \frac{VAN}{A}$$

Una inversión será efectuable cuando su tasa sea positiva (pues, en tal caso el VAN es positivo), será indiferente cuando la tasa valga cero y no será efectuable cuando T sea negativa. Entre las inversiones efectuables, este criterio da preferencia a aquellas cuya tasa de valor actual sea más elevada.

La tasa de valor actual puede tener cierto interés en inversiones fraccionables, es decir, en aquellas en las que se puede adquirir una participación. Quien piensa invertir N u.m. en un proyecto de este tipo, puede calcular el valor actual neto de su participación mediante el producto entre T y N. Si ha de seleccionar uno, entre varios proyectos de este tipo, debería elegir aquel en el que ese producto fuera más elevado.

El índice de rentabilidad, también llamado coeficiente beneficio/coste es el cociente entre el valor actual de todos los cobros generados por el proyecto y el valor actual de todos los pagos que requiere, incluyendo entre éstos últimos, el desembolso inicial.

El índice de rentabilidad considera que una inversión es efectuable sólo cuando el índice es superior a la unidad (cuando el valor actual de los cobros es superior que el valor actual de los pagos y, como consecuencia, el VAN es superior a cero). Entre un conjunto de inversiones efectuables, debe darse preferencia a aquellas cuyo índice sea más elevado.

El índice de rentabilidad conduce a las mismas decisiones de selección de inversiones que el VAN.

6. El *VAN* y el *TIR* en algunos casos especiales

Dedicaremos este apartado a analizar el valor actual neto y el tipo de rendimiento interno en cinco casos especiales. Uno de ellos parte de un supuesto más general que el asumido hasta el momento en cuanto a la generación de los flujos de caja. Los otros cuatro pueden considerarse casos particulares relativos a la duración de la inversión y al comportamiento de los flujos de caja.

6.1. Un modelo general de valoración de inversiones y cálculo de rentabilidades

Hasta el momento, se ha venido suponiendo que los flujos de caja eran anuales y que se generaban súbitamente al final de los respectivos años.

En realidad, resulta un supuesto bastante razonable, pues en la mayor parte de las inversiones la estimación diaria de los flujos requeriría mucho tiempo, daría lugar a una información excesiva para utilizarla, y probablemente no se conseguiría mucha más exactitud, dado que nuestra capacidad de predicción del futuro no es suficiente para alcanzar tal nivel de detalle.

Sin embargo, en algunas inversiones, puede ser útil suponer que los flujos se generan a mediados de año, o incluso realizar previsiones trimestrales o mensuales.

Por ejemplo, es frecuente que los intereses de las obligaciones se abonen semestralmente. «Intereses del 10 % anual pagaderos semestralmente» significa que cada seis meses se pagarán unos intereses iguales al 5 % del valor nominal de la obligación. El importe de cada cupón (pago de intereses) es la mitad que en el caso de intereses anuales, pero el número de cupones es el doble.

ACTIVIDAD RESUELTA 17

Supongamos que el nominal (importe sobre el que giran los porcentajes de intereses) de cada una de esas obligaciones fuera de 10.000 u.m. y que éste fuera también el precio que habría que pagar por ella, y el importe en el que sería reembolsada al cabo de los dos años de su duración. Si los intereses se pagaran al final de cada año, la rentabilidad **anual** de esta inversión sería, como ya debe resultar evidente, el 10 %. Pero, si los intereses se pagan por semestres vencidos (500 u.m. al final de cada semestre, en lugar de 1.000 u.m. al final de cada año), la inversión será la siguiente:

$$-10.000 \ / \ 500 \ / \ 500 \ / \ 500 \ / \ 10.500$$

donde, ahora, el período que media entre cada dos flujos de caja es un **semestre**, es decir, medio año. ¿Cuál es la rentabilidad anual de uno de estos títulos? ¿Cómo se calcula su valor actual neto, una vez determinada la rentabilidad **anual** requerida?

Para calcular la rentabilidad (*TIR*) de uno de estos títulos puede procederse de la forma habitual:

$$0 = -10.000 + \frac{500}{(1+r')} + \frac{500}{(1+r')^2} + \frac{500}{(1+r')^3} + \frac{10.500}{(1+r')^4}$$

Pero, en esta expresión, r' sería la rentabilidad **semestral**, que obviamente resulta ser el 5 %. Como en un año hay dos semestres, la relación entre la rentabilidad anual, r, y la semestral, r', es la siguiente (figura 7.3)

$$(1+r) = (1+r')^2$$

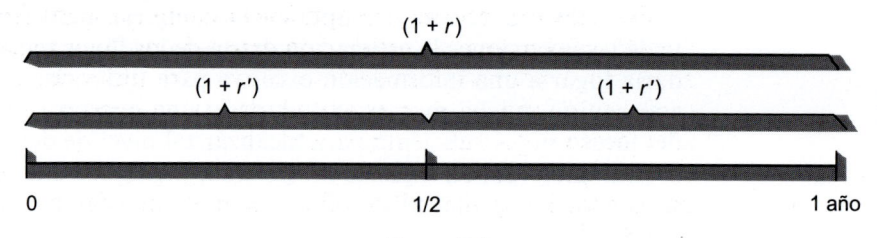

Figura 7.3

Deduciéndose, en este ejemplo, que la rentabilidad **anual** de una de estas obligaciones es el 10,25 %; algo mayor que si los intereses se abonaran anualmente:

$$r = (1 + r')^2 - 1 = (1 + 0{,}05)^2 - 1 = 0{,}1025 \text{ por uno}$$

Del mismo modo, el valor actual neto de la inversión podría calcularse del siguiente modo:

$$VAN = -10.000 + \frac{500}{(1+k')} + \frac{500}{(1+k')^2} + \frac{500}{(1+k')^3} + \frac{10.500}{(1+k')^4}$$

Donde k' es la rentabilidad requerida semestralmente, cuya relación con la exigida anualmente, k, es la siguiente:

$$(1 + k) = (1 + k')^2$$

Una vez deducida, de acuerdo con esta última expresión, la rentabilidad exigible semestralmente que es equivalente a la rentabilidad anual que se requiere, se aplica la expresión anterior para calcular el *VAN* de la inversión.

En general, el modelo que, partiendo de flujos generados en cualesquiera momentos, permite determinar el valor actual neto y la rentabilidad anual, utilizando como tipo de descuento la rentabilidad requerida anualmente, es el siguiente:

$$VAN = -A + \frac{Q_1}{(1+k)^{t_1}} + \frac{Q_2}{(1+k)^{t_2}} + \ldots + \frac{Q_n}{(1+k)^{t_n}}$$

$$0 = -A + \frac{Q_1}{(1+r)^{t_1}} + \frac{Q_2}{(1+r)^{t_2}} + \ldots + \frac{Q_n}{(1+r)^{t_n}}$$

En estas expresiones, de apariencia compleja, pero fácilmente comprensibles, Q_1 es el próximo flujo de caja generado por la inversión, y t_1 el momento en el que se producirá, expresado en años contados desde la actualidad; Q_2 es el siguiente flujo, y t_2 el momento en el que se generará, expresado también en años desde el momento actual, etc.

Por ejemplo, si el próximo flujo de caja se generará dentro de un trimestre, t_1 será 1/4, y si el último flujo se producirá dentro de dos años y medio, t_n será 2,5.

ACTIVIDAD RESUELTA 18

Se desea aplicar el modelo general de evaluación de inversiones y cálculo de rentabilidades al caso de las obligaciones a que se refiere la Actividad Resuelta anterior.

Para calcular el *VAN* se habrá de hacer lo siguiente:

$$VAN = -10.000 + \frac{500}{(1+k)^{1/2}} + \frac{500}{(1+k)^1} + \frac{500}{(1+k)^{3/2}} + \frac{10.500}{(1+k)^2}$$

donde k es la rentabilidad anual requerida. Del mismo modo, la tasa de rentabilidad interna anual de esa inversión sería el valor de r tal que:

$$0 = -10.000 + \frac{500}{(1+r)^{1/2}} + \frac{500}{(1+r)^1} + \frac{500}{(1+r)^{3/2}} + \frac{10.500}{(1+r)^2}$$

Basta sustituir, en esta expresión r por 0,1025, para concluir que se llega al mismo resultado aplicando esta expresión que siguiendo el proceso descrito anteriormente.

6.2. El supuesto en el que los flujos de caja son constantes

Algunas inversiones generan todos los períodos los mismos flujos de caja. Pero el caso más habitual en el que se supone que los flujos son constantes es aquel en el que resulta imposible o excesivamente caro prever los flujos que generará el proyecto en cada uno de los períodos y, por ello, se estima un flujo promedio anual que se supone constante. Volviendo a nuestro supuesto de que los flujos son anuales y denominando Q al flujo constante, el valor actual neto sería:

$$VAN = -A + \frac{Q}{(1+k)} + \frac{Q}{(1+k)^2} + \cdots + \frac{Q}{(1+k)^n}$$

$$= -A + Q\left[\frac{1}{(1+k)} + \frac{1}{(1+k)^2} + \cdots + \frac{1}{(1+k)^n}\right]$$

El importe que se encuentra entre corchetes es el valor actual de una corriente de flujos de caja unitarios, que tiene una duración de n años. Se le designa como $a_{\overline{n}|k}$. Es decir, es el valor actual de una renta constante que genera cada año un flujo de caja igual a 1 u.m., comenzando dentro de un año:

$$0/1/1/\cdots/1$$

Obsérvese que dicho importe es la suma de los términos de una progresión geométrica. En general, la suma de los términos de una progresión geométrica es igual a:

$$\frac{T_1 - T_n R}{1 - R}$$

donde T_1 es el primer término de la progresión, T_n es el último, y R es la razón que al multiplicar a un término genera el siguiente. Por tanto:

$$a_{\overline{n}|k} = \frac{[1/(1+k)] - [1/(1+k)^n][1/(1+k)]}{1 - [1/(1+k)]} = \frac{1 - 1/(1+k)^n}{k}$$

Por tanto, en este caso particular, el valor actual neto es igual a:

$$\boxed{VAN = -A + Q\,\frac{1 - 1/(1+k)^n}{k}}$$

Existen tablas financieras en las que puede encontrarse el valor de $a_{\overline{n}|k}$ para distintos valores de n y de k, si bien su utilidad se ha reducido desde que las calculadoras de bolsillo incorporan la función exponencial (es decir, la función x^y).

En cuanto al *TIR*, dado que es el tipo de descuento que hace el *VAN* igual a cero, en este caso será el valor de r que cumple:

$$\boxed{0 = -A + Q\,\frac{1 - 1/(1+r)^n}{r}}$$

6.3. El supuesto en el que los flujos de caja son constantes y la duración de la inversión tiende a infinito

En muchas ocasiones, la duración de la inversión es tan elevada que sin apenas pérdida de precisión, pues se trabaja con magnitudes que normalmente son inciertas, puede considerarse que tiende a infinito. Si, además, se supone que los flujos de caja son constantes, el *VAN* de la inversión será el límite, para *n* tendiendo a infinito, de

$$-A + Q\frac{1 - 1/(1+k)^n}{k}$$

Es decir:

$$\boxed{VAN = -A + \frac{Q}{k}}$$

En cuanto al *TIR*, recordando de nuevo que es el tipo de descuento que hace el valor actual neto igual a cero, será el valor de *r* para el cual:

$$0 = -A + \frac{Q}{r}$$

Es decir:

$$\boxed{r = \frac{Q}{A}}$$

Como puede observarse, con estos supuestos los cálculos se simplifican considerablemente. Además, si la duración de la inversión es suficiente, no se pierde apenas precisión.

ACTIVIDAD RESUELTA 19

Supongamos que a una inversión se le exige una rentabilidad del 10 % anual, que requiere un desembolso inicial de 10.000 u.m. y que genera un flujo de caja anual constante, durante 50 años, igual a 5.000 u.m. Compruebe la precisión que se pierde en el cálculo del VAN al hacer el supuesto de que su duración no tiene límite.

Si se aplica la expresión correspondiente a una duración limitada, se obtiene:

$$VAN = -10.000 + 5.000 \frac{1 - 1/(1 + 0,1)^{50}}{0,1} = 39.574 \text{ u.m.}$$

en tanto que si se supone que la duración es ilimitada, el resultado es:

$$VAN = -10.000 + \frac{5.000}{0,1} = 40.000 \text{ u.m.}$$

La razón de esta escasa pérdida de precisión es que el cociente $1/(1 + k)^n$ tiende a cero con bastante rapidez; con tanta más celeridad cuanto más elevado es el valor de k.

6.4. El supuesto en el que los flujos de caja crecen a una tasa constante

En muchos casos parece más razonable suponer que los flujos de caja crecen que considerar que se mantendrán constantes, pues las economías crecen, los precios se elevan, las propias empresas tienden a extender sus mercados, etc.. Que los flujos de caja crecen a una tasa f, expresada en tanto por uno, significa que:

$$Q_2 = Q_1(1 + f)$$
$$Q_3 = Q_2(1 + f) = Q_1(1 + f)^2$$
$$Q_4 = Q_3(1 + f) = Q_1(1 + f)^3$$
$$\dots\dots\dots\dots\dots\dots\dots\dots\dots\dots\dots$$
$$Q_n = Q_1(1 + f)^{n-1}$$

Por tanto, el VAN de la inversión será:

$$VAN = -A + \frac{Q_1}{(1 + k)} + \frac{Q_1(1 + f)}{(1 + k)^2} + \dots + \frac{Q_1(1 + f)^{n-1}}{(1 + k)^n} =$$

$$= -A + Q_1 \left[\frac{1}{(1 + k)} + \frac{(1 + f)}{(1 + k)^2} + \dots + \frac{(1 + f)^{n-1}}{(1 + k)^n} \right]$$

De nuevo aparece entre corchetes la suma de los términos de una progresión geométrica. Resolviendo, se obtiene:

$$VAN = -A + Q_1 \frac{[1/(1 + k)] - [(1 + f)^{n-1}/(1 + k)^n][(1 + f)/(1 + k)]}{1 - [(1 + f)/(1 + k)]}$$

Es decir:

$$VAN = -A + Q_1 \frac{1 - (1+f)^n/(1+k)^n}{k - f}$$

En cuanto a la tasa de rentabilidad interna, como ya resultará evidente, es el valor de r que cumple la siguiente expresión:

$$0 = -A + Q_1 \frac{1 - (1+f)^n/(1+r)^n}{r - f}$$

ACTIVIDAD RESUELTA 20

Se desea determinar el valor actual neto y la tasa interna de rendimiento de una inversión cuyo desembolso inicial es de 1.000 u.m., siendo su duración de 3 años. Tal inversión generaría el próximo año un flujo de caja de 500 u.m. y los flujos anuales posteriores crecerían a una tasa anual del 5 %. La rentabilidad requerida de esta inversión es el 12 % anual.

$$VAN = -1.000 + 500 \frac{1 - (1+0{,}05)^3/(1+0{,}12)^3}{0{,}12 - 0{,}05} = 257{,}32 \text{ u.m.}$$

En cuanto a la tasa de rentabilidad interna:

$$0 = -1.000 + 500 \frac{1 - (1+0{,}05)^3/(1+r)^3}{r - 0{,}05}$$

Donde, probando con distintos valores, se obtiene:

$$r = 0{,}262 \text{ por } 1 = 26{,}2\%$$

6.5. El supuesto en el que los flujos de caja crecen a una tasa constante y además la duración de la inversión tiende a infinito

Si al supuesto considerado en el subapartado anterior se añade el de que la duración de la inversión tiende a infinito, el valor actual neto será el límite, para n tendiendo a infinito, de

$$-A + Q_1 \frac{1 - (1+f)^n/(1+k)^n}{k - f} = -A + Q_1 \frac{1 - [(1+f)/(1+k)]^n}{k - f}$$

Si f fuera superior que k, el cociente $(1 + f)/(1 + k)$ sería superior a la unidad y el límite valdría infinito. Puesto que toda inversión ha de tener un valor actual finito, ha de suponerse que f es inferior que k, y, en tal caso, el límite es:

$$VAN = -A + \frac{Q_1}{k - f}$$

y la rentabilidad de la inversión será el valor de r tal que:

$$0 = -A + \frac{Q_1}{r - f}$$

es decir:

$$r = \frac{Q_1}{A} + f$$

Como se dedujo anteriormente, cuando la duración de la inversión tiende hacia infinito y todos los flujos se mantienen al nivel del primero (es decir, cuando no crecen, sino que se mantienen constantes), la rentabilidad de la inversión es igual al cociente entre el flujo constante y el desembolso inicial. Acabamos de comprobar, en la última expresión, que el aumento de rentabilidad que provoca el crecimiento de los flujos es precisamente igual a la tasa de crecimiento de los flujos.

ACTIVIDAD RESUELTA 21

Determinar el valor actual neto y la tasa interna de rendimiento de la inversión de la Actividad anterior, suponiendo que su duración tiende a infinito.

$$VAN = -1.000 + \frac{500}{0{,}12 - 0{,}05} = 6.142{,}86 \text{ u.m.}$$

$$r = \frac{500}{1.000} + 0{,}05 = 0{,}55 \text{ por } 1 = 55\,\%$$

7. Relaciones entre el *VAN* y el *TIR*

7.1. Los métodos *VAN* y *TIR* en las decisiones de aceptación o rechazo de proyectos independientes

En la figura 7.2 se recogía la representación del valor actual neto de una inversión simple como función del tipo de descuento o rentabilidad requerida.

> En consecuencia, en la determinación de la efectuabilidad o rechazo de una inversión simple, el valor actual neto y la tasa de rentabilidad siempre conducen a la misma decisión.

Como puede observarse en ella, cuando el tipo de descuento es mayor que r, el *VAN* es negativo y, por consiguiente, la inversión no es efectuable con arreglo a este criterio. Según el tipo de rendimiento interno, tampoco será efectuable la inversión en ese caso, pues la rentabilidad requerida, k, es superior que la rentabilidad esperada del proyecto, r.

Si la rentabilidad requerida es inferior que la rentabilidad de la inversión ($k < r$), el proyecto es efectuable según el criterio del tipo de rendimiento interno y también lo es según el *VAN*, pues, como puede observarse en la figura 7.2, cuando el tipo de descuento es inferior al *TIR* de la inversión, el valor actual neto es positivo.

> Por tanto, en el análisis de proyectos independientes, los dos criterios conducen a la misma decisión.

Como último caso, cuando la rentabilidad esperada de la inversión coincide con la que se le requiere, su valor actual neto es igual a cero, y el proyecto es indiferente tanto si se utiliza este criterio como si se utiliza el tipo de rendimiento interno.

Cuando los proyectos son independientes, se les ha de analizar independientemente, estudiándolos uno por uno, de la forma en la que se ha analizado el proyecto de la figura 7.2.

7.2. Los métodos *VAN* y *TIR* en las decisiones de aceptación o rechazo de proyectos mutuamente excluyentes que tienen el mismo nivel de riesgo

I. Caso en el que no existe discrepancia entre los dos criterios aunque se utilice un único tipo de descuento.

En la figura 7.4 se han representado los valores actuales netos de dos proyectos de inversión (A y B) como funciones de sus tipos de descuento.

Supongamos que ambos proyectos tienen el mismo nivel de riesgo y que para valorarlos se les aplica el mismo tipo de descuento o, lo que es lo mismo, que la rentabilidad que se les exige para que resulten aceptables es la misma en ambos proyectos.

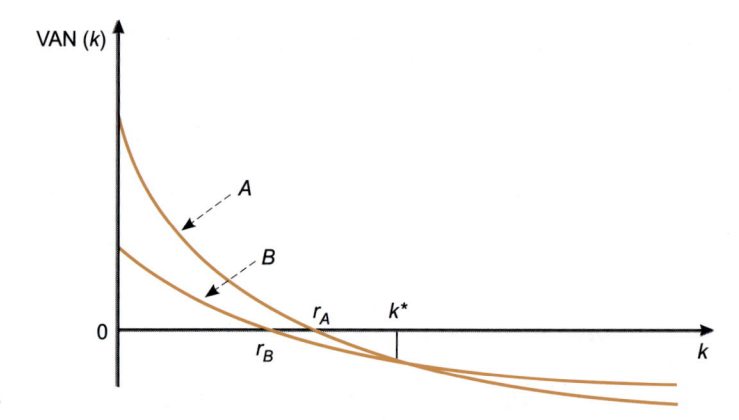

Figura 7.4

[Gráfico: curvas VAN(k) para inversiones A y B, mostrando r_B, r_A y k^* en el eje k]

Si los dos proyectos fueran independientes entre sí y sus rentabilidades fueran mayores que esa rentabilidad requerida, se deberían efectuar los dos. Pero supongamos que estas inversiones son mutuamente excluyentes y que, por tanto, no se pueden efectuar las dos, sino que ha de elegirse una de ellas:

— Siguiendo el criterio del tipo de rendimiento interno, es preferible la inversión A, cuya rentabilidad (r_A) es superior que la de la inversión B (r_B).
— Siguiendo el criterio del valor actual neto, también es siempre preferible la inversión A, cuyo VAN es superior que el de la inversión B para cualquier tipo de descuento inferior a k^*; para tipos superiores a k^* ninguna de las dos inversiones es efectuable y, por tanto, no tiene interés estudiar cuál es menos mala. La tasa k^* es el tipo de descuento para el cual son idénticos los valores actuales netos de las dos inversiones.

A la intersección entre ambas curvas se le denomina intersección de Fisher.

II. Caso de posible discrepancia entre los dos criterios cuando se utiliza un único tipo de descuento.

Cuando se utiliza el mismo tipo de descuento para calcular los valores actuales netos de dos proyectos de inversión pueden aparecer discrepancias entre los dos criterios si existe alguna intersección de Fisher en el primer cuadrante.

> Como se ha comprobado, aunque se utilice la misma tasa para valorar las distintas inversiones, es condición suficiente para que los dos criterios conduzcan a la misma decisión que no exista ninguna intersección de Fisher en el primer cuadrante.

ACTIVIDAD RESUELTA 10

Sean los proyectos C (de corto plazo) y L (de largo plazo), cuyos desembolsos iniciales y flujos de caja posteriores son los siguientes:

Proyecto C: -2.000 / 1.000 / 800 / 600 / 200

Proyecto L: -2.000 / 200 / 600 / 800 / 1.200

El primer proyecto genera los mayores flujos de caja en un plazo corto de tiempo, en tanto que los mayores flujos de caja del segundo se generan en un plazo largo. ¿Puede existir discrepancia entre los criterios *VAN* y *TIR* al determinar qué inversión es preferible?

En la figura 7.5 se han representado los valores actuales netos de los dos proyectos como funciones de sus tipos de descuento. Como puede observarse, en este caso existe una intersección de Fisher en el primer cuadrante.

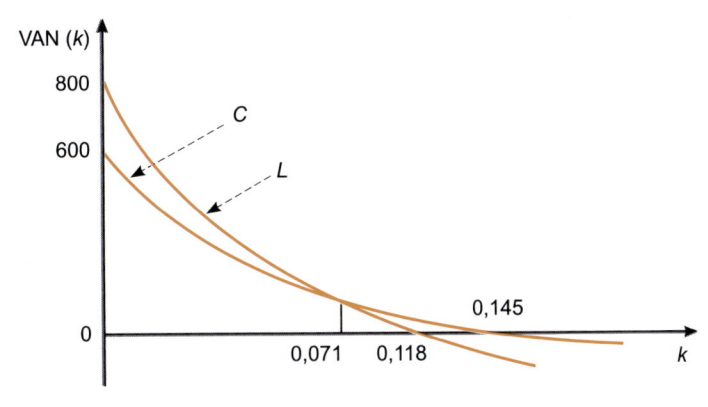

Figura 7.5

Supongamos que ambas inversiones tienen **el mismo nivel de riesgo** y que se utiliza **el mismo tipo de descuento** (rentabilidad requerida) para valorar a los dos proyectos. En este caso, como se puede observar en la figura 7.5, si tal rentabilidad requerida es superior al 7,1 %, según el *VAN* es preferible la inversión *C*, en tanto que, si es inferior al 7,1 %, el mayor valor actual neto corresponde a la inversión *L* y ha de ser ésta la preferida. En este último caso, existirá una discrepancia entre los criterios *VAN* y *TIR*, pues según éste último es siempre preferible la inversión *C*, cuya rentabilidad (el 14,5 %) es superior que la del proyecto *L* (el 11,8 %).

III. La resolución de la discrepancia.

Sustituyamos ahora el supuesto de que la rentabilidad requerida es la misma en los dos criterios por otro que resulta más razonable. Si alguien puede colocar las 2.000 u.m. de que dispone en unos pagarés que rentan el 14,5 %, y le ofrecen la posibilidad de efectuar otra inversión alternativa que tiene el mismo riesgo que los pagarés, para hacer esta segunda inversión requerirá una tasa de rentabilidad del 14,5 %, pues es el coste de oportunidad en el que incurre: la rentabilidad que deja de ganar por llevar a cabo esta segunda inversión. Y si ésta rentara sólo el 11,8 %, no le interesaría llevarla a cabo.

ANÁLISIS Y EVALUACIÓN DE INVERSIONES

> Por ello, parece más razonable considerar que la rentabilidad requerida de cada uno de los proyectos de inversión que tienen el mismo riesgo es la rentabilidad de la inversión alternativa.

Para valorar el proyecto C de la Actividad Resuelta anterior ha de aplicarse un tipo de descuento igual al 11,8 %, deduciéndose, así, como puede observarse en la figura 7.6, que su valor actual neto es positivo. Para valorar el proyecto L, ha de aplicarse un tipo de descuento del 14,5 % y, al hacerlo, su VAN es negativo.

Como ha podido comprobarse, ante un conjunto de proyectos de inversión mutuamente excluyentes, el problema no es tanto determinar cuál es preferible, sino de averiguar cuál es efectuable; y sólo uno de ellos lo es.

Si todos los proyectos tienen el mismo nivel de riesgo, sólo es efectuable aquel cuya rentabilidad es mayor o, lo que es lo mismo, aquel cuyo valor actual neto es positivo cuando se utiliza el tipo de descuento adecuado, y éste no tiene que ser, necesariamente, el mismo para las distintas inversiones. En realidad, lo normal es que no lo sea.

8. La rentabilidad requerida y la diferencia de riesgo entre las inversiones mutuamente excluyentes

Si entre dos inversiones alternativas existe distinto nivel de riesgo, deberá darse preferencia a aquella cuya rentabilidad neta de riesgo sea más elevada.

ACTIVIDAD RESUELTA 11

Supongamos que a la inversión X, que renta un 10 % anual se le aplica una prima de riesgo de un 3 %, y que a la inversión Y, que renta un 20 % al año se la requiere una prima del 15 %. ¿Qué inversión es preferible?

La rentabilidad neta de riesgo de la inversión X es:

$$r_X - p_X = 0{,}10 - 0{,}03 = 0{,}07$$

En cuanto a la inversión Y:

$$r_Y - p_Y = 0{,}20 - 0{,}15 = 0{,}05$$

Dado que la rentabilidad neta de riesgo de la inversión X es superior que la de la inversión Y, es preferible la inversión X.

En consecuencia, una inversión ha de rentar, al menos, el mayor de los siguientes valores:

1. El resultado de añadir, al tipo puro, la prima de inflación y la prima de riesgo requerida. Esto es equivalente a añadir al tipo libre de riesgo, R_f, la prima de riesgo requerida, ya que la rentabilidad que se exige de los activos que no tienen riesgo incorpora ya el efecto de la inflación.
2. El coste de la financiación, también denominado coste del capital.
3. La rentabilidad esperada de otra inversión alternativa que tenga su mismo nivel de riesgo. Si una inversión es más arriesgada y más rentable que otra, el analista ha de comprobar si la diferencia entre sus rentabilidades compensa la diferencia entre sus riesgos, comparando sus rentabilidades netas de riesgo.

Denominando p a la prima de riesgo requerida del proyecto, R_f al tipo libre de riesgo, k_i al coste de la financiación, r' a la rentabilidad del proyecto alternativo, y p' a la prima de riesgo requerida de este último, las tres condiciones se expresan del siguiente modo:

$$r - p > R_f \quad \text{o bien,} \quad r > R_f + p$$
$$r - p > r' - p' \quad \text{o bien,} \quad r > r' - p' + p$$
$$r > k_i$$

Puesto que r ha de ser mayor que $(R_f + p)$, mayor que $(r' - p' + p)$, y mayor que k_i, las tres condiciones pueden sintetizarse en que la rentabilidad total de la inversión, r, ha de ser superior que su rentabilidad requerida, k, siendo ésta la mayor de las tres tasas anteriores; dicho de otro modo:

$$\text{Condición de efectuabilidad:} \quad r > k$$
$$\text{donde:} \quad k = \text{Máx}[(R_f + p); \quad (r' - p' + p); \quad k_i]$$

ACTIVIDAD RESUELTA 12

Se están analizando dos inversiones mutuamente excluyentes, A y B, cuyas características más relevantes son las siguientes:

— Inversión A: la rentabilidad que cabe esperar de la misma es del 15 % anual. Por ser una inversión muy segura se le aplica una prima por riesgo del 4 %.
— Inversión B: Su realización conlleva un cierto nivel de riesgo, por lo que se le aplica una prima del 8 %. Su rentabilidad esperada es del 18 %.

> El coste de la financiación de esta empresa es del 10 % y la rentabilidad del activo libre de riesgo es del 5 %. Se desea saber qué inversión es preferible.
> Por lo que se refiere a la inversión A, siendo la única alternativa la inversión B:
>
> $$R_f + p = 0{,}05 + 0{,}04 = 0{,}09$$
> $$r' - p' + p = 0{,}18 - 0{,}08 + 0{,}04 = 0{,}14$$
> $$k_i = 0{,}1$$
>
> El valor máximo de los tres es el 14 %, y dado que su rentabilidad esperada es del 15 %, resulta ésta superior y por tanto será efectuable.
> Por lo que se refiere a la inversión B:
>
> $$R_f + p = 0{,}05 + 0{,}08 = 0{,}13$$
> $$r' - p' + p = 0{,}15 - 0{,}04 + 0{,}08 = 0{,}19$$
> $$k_i = 0{,}1$$
>
> El valor máximo es el 19 %, inferior al 18 %, que era la rentabilidad esperada de esta inversión. Por lo tanto, no será efectuable.

9. La relación entre el plazo de recuperación simple y los criterios VAN y TIR cuando los flujos de caja son constantes y la duración de la inversión es ilimitada

Cuando los flujos de caja son constantes (iguales a Q) y la duración de la inversión es mayor que el propio plazo de recuperación simple, éste es igual al cociente entre el desembolso inicial y el flujo de caja constante:

$$P = \frac{A}{Q}$$

Por consiguiente, en tal caso:

$$A = Q \cdot P$$
$$Q = \frac{A}{P}$$

Por otra parte, cuando el flujo de caja es constante y la inversión dura indefinidamente,

$$VAN = -A + \frac{Q}{k}$$

$$r = \frac{Q}{A}$$

Si la duración de la inversión tiende a infinito, y el desembolso inicial se recupera en algún momento, tal duración será superior que su plazo de recuperación y, en tal caso, siendo el flujo de caja constante, podrá escribirse:

$$VAN = -A + \frac{A}{P \cdot k} = A\left(\frac{1}{P \cdot k} - 1\right)$$

o bien:

$$VAN = Q\left(\frac{1}{k} - P\right)$$

y, también:

$$r = \frac{1}{P}$$

De todo lo cual se deduce que, aunque el plazo de recuperación tiene todos los inconvenientes apuntados, en este caso particular, al darse mayor preferencia a las inversiones que se recuperan antes, se está prefiriendo aquellas que tienen una mayor rentabilidad y cuyo valor actual neto es más elevado.

¿Significa esto que, en este caso, el plazo de recuperación conduce a las mismas decisiones que el valor actual neto y que el tipo de rendimiento interno? La respuesta es que no siempre. Como puede comprobarse en la siguiente Actividad Resuelta, todo depende de cual sea el plazo de recuperación máximo que se admita.

ACTIVIDAD RESUELTA 14

Una empresa mantiene el principio de no acometer los proyectos cuyo *pay-back* sea superior a dos años, y está analizando uno cuyo desembolso inicial es de 2.000 u.m., siendo su flujo de caja esperado constante *ad infinitum* igual a 500 y su rentabilidad requerida el 10 %. ¿Es congruente en este caso el principio de limitar el plazo de recuperación con los criterios VAN y TIR?

Como ya resultará evidente, el valor actual neto de esta inversión es positivo y su rentabilidad esperada es superior que la requerida:

$$VAN = -2.000 + \frac{500}{0,1} = 3.000 \text{ u.m.} > 0$$

$$r = \frac{500}{2.000} = 0,25 > 0,10$$

Sin embargo, el plazo de recuperación de esta inversión es cuatro años y no es efectuable con arreglo a este criterio pues el máximo admitido por la empresa es dos años. Para determinar el plazo de recuperación límite de esta inversión que es congruente con los criterios del valor actual neto y del tipo de rendimiento interno, puede procederse del siguiente modo:

$$r > 0,10 \quad \text{implica que} \quad P = \frac{1}{r} < \frac{1}{0,10} = 10 \text{ años}$$

Fijar a la rentabilidad de la inversión un límite inferior del 10 % equivaldría a establecer un plazo de recuperación máximo de 10 años. Pero el *pay-back* es un criterio de liquidez, no de rentabilidad, y, por tanto, puede establecerse para él un límite diferente que obligue, como por ejemplo en este caso, a rechazar inversiones que son factibles desde el punto de vista del *VAN* y de la *TIR*.

Como ha podido comprobarse, la utilización del criterio del plazo de recuperación puede conducir, incluso en este caso, al rechazo de inversiones cuyo valor actual neto es positivo y cuya rentabilidad es superior que la requerida. Dicho de otro modo, este criterio no es congruente con el principio de maximización del valor de las acciones, y no se debiera utilizar. Si la razón para emplearlo es limitar el riesgo de las inversiones de la empresa, es preferible aumentar la prima de riesgo de las mismas, y con ello su rentabilidad requerida, al nivel que se considere adecuado.

10. El problema de las inversiones mixtas

La regla de los signos de Descartes establece que toda ecuación de grado n puede tener tantas soluciones positivas como cambios de signo existan entre A y Q_n.

En una inversión simple existe un único cambio de signo en la ecuación del *TIR* y, como se ha visto reiteradamente, hay una sola solución real.

Las inversiones no simples se dividen en inversiones puras e inversiones mixtas. Las primeras tienen una única solución real. En las inversiones mixtas, al representar el valor actual neto como función del tipo de descuento, puede suceder que la curva no corte en ningún punto al eje de abcisas (es decir, que la ecuación del *TIR* no tenga ninguna solución real; que sean todas números imaginarios), o que le corte en varios puntos, en cuyo caso parecería que la inversión tuviera varias rentabilidades, lo cual no tiene sentido económico.

Aparentemente, el problema afecta solamente al tipo de rendimiento interno y la solución es muy simple: aplicar el criterio del valor actual neto. Efectivamente, esto es lo que debe hacerse si se trata de determinar si es efectuable una inversión independiente o un proyecto que es mutuamente excluyente respecto a otro en el que no existen estas dificultades. Pero el problema afecta también al valor actual neto si se trata de analizar un proyecto mixto, A, que se ha de comparar con otro, B, que también lo es. Como se recordará, en tal caso, para determinar la rentabilidad requerida del proyecto A, ha de conocerse $(r' - p' + p)$, donde r' es la rentabilidad del proyecto alternativo, es decir, del proyecto B.

El tratamiento detallado de este problema supera el alcance introductorio de este libro, pero ha de señalarse que su resolución más extendida consiste en actualizar los flujos de caja negativos al momento 0 e incluir su valor actual en el desembolso inicial de la inversión, calculándose luego el *TIR* de la forma habitual. Como tipo de descuento para actualizar los flujos de caja negativos ha de aplicarse el coste de la financiación (k_i), o el resultado de añadir al tipo libre de riesgo, R_f, la prima de riesgo que se considere adecuada; debiendo elegirse el mayor de los dos.

Prueba objetiva de autoevaluación

I. Enunciado

1. Si entre dos inversiones alternativas existe distinto nivel de riesgo:

    - No son comparables.
    - Es preferible la que tiene menor nivel de riesgo.
    - Deberá darse preferencia a aquella cuya rentabilidad neta de riesgo sea más elevada.
    - Ninguna de las otras.

2. Las inversiones impuestas son aquellas que:

    - Se encuentran gravadas por el impuesto sobre las sociedades.
    - Se efectúan para cumplir leyes, convenios colectivos, etc.
    - Se realizan para sustituir equipos que funcionan, pero que se encuentran obsoletos.

- Se realizan para sustituir equipos que funcionan, pero que se encuentran obsoletos. ■
- Ninguna de las otras. ■

3. Las inversiones que suelen requerir menos análisis, y en las que el proceso decisional es más sencillo, son las de:
   - Mantenimiento. ■
   - Ampliación a nuevos productos. ■
   - Ampliación de los productos existentes. ■
   - Ninguna de las otras. ■

4. Los impuestos correspondientes al beneficio que genera la inversión son:
   - Pagos que han de descontarse para calcular el flujo de caja. ■
   - Gastos que han de descontarse para calcular el beneficio. ■
   - Parte del desembolso inicial. ■
   - Ninguna de las otras. ■

5. Se denomina inversiones simples a aquellas que:
   - Sólo tienen un flujo de caja aparte del desembolso inicial. ■
   - Tienen uno o dos flujos de caja aparte del desembolso inicial. ■
   - Salvo el desembolso inicial, todos sus flujos de caja son positivos. ■
   - Ninguna de las otras. ■

6. En las inversiones simples, cuando el tipo de descuento, k, tiende a infinito, el $VAN(k)$ tiende a:
   - Cero. ■
   - $-A$. ■
   - $S-A$. ■
   - Ninguna de las otras. ■

7. En la expresión:

$$r_R = \frac{r_A - g}{1 + g}$$

   - r_A es la rentabilidad requerida neta de inflación. ■
   - g es la rentabilidad real de la inversión. ■
   - r_R es la rentabilidad aparente de la inversión. ■
   - Ninguna de las otras. ■

8. Las comparaciones entre las rentabilidades de las inversiones:
   - No pueden plantearse nunca. ■
   - Sólo pueden plantearse en términos de rentabilidades aparentes. ■
   - Sólo pueden plantearse en términos de rentabilidades reales. ■
   - Pueden plantearse bien en términos de rentabilidades aparentes o bien en términos de rentabilidades reales. ■

9. Para que sea aplicable la expresión

$$VAN = -A + \frac{Q}{k}$$

   es suficiente que
   - Los flujos de caja sean constantes. ■
   - La duración de la inversión tienda a infinito. ■
   - Los flujos de caja crezcan a una tasa constante y su duración tienda a infinito. ■
   - Ninguna de las otras. ■

10. El problema de las inversiones simples afecta:
    - Sólo al tipo de rendimiento interno. ■
    - Sólo al valor actual neto. ■
    - Al valor actual neto y al tipo de rendimiento interno. ■
    - Ni al valor actual neto ni al tipo de rendimiento interno. ■

II. Respuestas correctas

1. ■
2. ■
3. ■
4. ■
5. ■
6. ■
7. ■
8. ■
9. ■
10. ■

8. LAS FUENTES DE FINANCIACIÓN Y EL EFECTO DEL ENDEUDAMIENTO SOBRE LA RENTABILIDAD Y EL RIESGO DE LA EMPRESA

INTRODUCCIÓN

CONCEPTO DE FINANCIACIÓN. TIPOS DE FUENTES Y RECURSOS
- Según su duración
- Según su titularidad
- Según su procedencia

LAS VARIACIONES DE LAS VENTAS Y EL RIESGO DE LA EMPRESA

EL PUNTO MUERTO

EL APALANCAMIENTO
- Apalancamiento operativo
- Apalancamiento operativo y punto muerto
- Apalancamiento financiero
- Apalancamiento total

LIMITACIONES DEL ANÁLISIS COSTE-VOLUMEN-BENEFICIO

ENDEUDAMIENTO Y RENTABILIDAD
- Rentabilidad y apalancamiento
- Rentabilidad financiera y rentabilidad operativa

PROBABILIDAD DE INSOLVENCIA

EL PRESUPUESTO DE TESORERÍA

1. Introducción

Para que la empresa pueda realizar su actividad necesita recursos financieros. Sin ellos, no puede efectuar inversiones y, en consecuencia, no puede desarrollar las funciones de producción y comercialización.

A los orígenes de los distintos recursos de financiación, se les denomina fuentes financieras.

Pues bien, este capítulo se dedica al estudio de las distintas fuentes financieras de las que puede disponer la empresa para financiar su inmovilizado y su activo circulante.

> En la práctica, no existen problemas de inversión y problemas de financiación, sino problemas financieros.

Las decisiones de financiación condicionan a las de inversión y resultan limitadas por ellas, dada la correspondencia que ha de existir entre la estructura económica y la estructura financiera, y el hecho de que la rentabilidad de las inversiones ha de ser superior que el coste de su financiación.

Como se verá, la forma en la que la empresa se financia influye en su rentabilidad y en su riesgo y, por consiguiente, afecta al valor de sus acciones.

2. Concepto de financiación, y tipos de fuentes y recursos financieros

Las fuentes financieras de la empresa y los medios o recursos financieros que se obtienen con ellas se pueden clasificar con arreglo a diversos criterios. Los principales son los siguientes:

Se denomina financiación a la consecución de los medios necesarios para efectuar inversiones.

A cada una de las formas de consecución de esos medios se le denomina fuente financiera.

1. **Según su duración:** Se distingue entre capitales permanentes (CP), o recursos a medio y largo plazo, y pasivo a corto plazo (P_C).

   Las fuentes de capitales permanentes son las aportaciones de los socios, la emisión de obligaciones, otras formas de endeudamiento a medio y largo plazo, y la autofinanciación.

   Las principales fuentes de pasivo a corto plazo son la financiación de los proveedores de factores y los préstamos y créditos bancarios a corto plazo.

   Desde un punto de vista económico, la consideración de una fuente financiera como de plazo corto o no, depende de la actividad de la empresa, siendo diferente en una fabricante de tornillos y en otra fabricante de grandes acorazados.

2. **Según su titularidad:** Se distingue entre recursos financieros propios (K) y ajenos (D). Los fondos propios son aquellos que no han de devolverse nunca, en tanto que los ajenos son aquellos cuya devolución le será exigida a la empresa en un período de tiempo más o menos amplio.

   Las fuentes de recursos propios son las aportaciones de los socios y la retención de beneficios o autofinanciación. Los recursos ajenos provienen de las distintas formas de endeudamiento.

3. **Según su procedencia:** Se distingue entre recursos financieros externos (E) e internos (I). Los primeros son los conseguidos en el exterior de la empresa captando el ahorro de otros, en tanto que los fondos internos son los generados dentro de la empresa mediante su propio ahorro.

   Las fuentes de recursos externos son diversas: aportaciones de los socios, emisión de obligaciones y todas las demás formas de endeudamiento.

   La fuente de recursos internos es la retención de beneficios que, en lugar de repartirse a los socios como dividendos, quedan en la empresa para su financiación. A la retención de beneficios se le denomina autofinanciación.

En la tabla 8.1 se han clasificado, de acuerdo con los distintos criterios, cada una de las principales fuentes financieras de la empresa:

	CP o PC	K o D	E o I
Aportaciones de los socios	CP	K	E
Autofinanciación	CP	K	I
Emisión de obligaciones	CP	D	E
Otras deudas a medio y largo	CP	D	E
Deudas a corto	P_C	D	E

TABLA 8.1

3. Las variaciones de las ventas y el riesgo de la empresa

Quizá la mayor incertidumbre que afecta al sistema empresarial sea la dificultad de previsión de las ventas.

Cuando las ventas se modifican, se altera el beneficio de explotación, beneficio económico o beneficio operativo, que, como se recordará, es el generado por los activos.

Por ello, es importante determinar el volumen de ventas preciso para que los activos de la empresa comiencen a generar beneficios (punto muerto o umbral de rentabilidad) y analizar la sensibilidad del beneficio de explotación respecto a las ventas, lo que se efectúa mediante el estudio del apalancamiento operativo.

Además, al modificarse el beneficio económico se alteran la rentabilidad economica y el beneficio neto. Al variar este último, se altera también la rentabilidad financiera que es la rentabilidad de los accionistas, con lo que el efecto final será una modificación del precio de las acciones.

Por consiguiente, tienen gran interés los siguientes análisis:

— El de la sensibilidad del beneficio neto respecto al beneficio económico, lo que se realiza mediante el estudio del apalancamiento financiero.
— El de las relaciones existentes entre la rentabilidad financiera y la económica, que dependerán del grado de endeudamiento de la empresa y del coste de sus deudas.

Mientras la rentabilidad económica, o rentabilidad de los activos, sea superior que el coste de las deudas, a la empresa le interesará endeudarse, pues significa tomar fondos cuyo coste es inferior a la rentabilidad que se va a obtener de ellos, quedándose los socios con la diferencia.

Pero si la rentabilidad de los activos pasase a ser inferior al coste del endeudamiento, la empresa podría llegar a la insolvencia técnica. Como se verá, la probabilidad de que esto suceda, es decir, la probabilidad de que el beneficio económico no sea suficiente para pagar los intereses de las deudas, es tanto mayor cuanto más elevado sea su nivel de endeudamiento.

Todo ello pone de manifiesto la necesidad de elaborar previsiones y de planificar los medios financieros. El futuro nunca se puede conocer con absoluta certeza, pero el riesgo es tanto mayor cuanto menor sea la información existente y, por tanto, cuanto menor sea también el nivel de previsión.

4. El punto muerto

Al análisis del punto muerto y del apalancamiento se le denomina análisis coste-volumen-beneficio, por ser los costes fijos (financieros y no financieros), el volumen de ventas y los beneficios económico y neto las principales magnitudes que intervienen en el mismo. A esta forma de análisis del riesgo empresarial se dedican este apartado y el siguiente.

El beneficio operativo es la diferencia entre los ingresos y los costes no financieros:

> El punto muerto o umbral de rentabilidad es el volumen de ventas, en unidades físicas, que hace el beneficio operativo igual a cero y a partir del cual comienza a ser positivo.

— Los ingresos (I) son el producto del número de unidades físicas vendidas (V) por el precio de venta (p):

$$I = V \cdot p$$

— En cuanto a los costes, hay que distinguir entre los costes fijos y los costes variables. Los primeros no dependen del volumen de producción y ventas; por ejemplo, todos los años se incurre en un coste de amortización del inmovilizado, aunque no sea utilizado en la producción. Por el contrario, los costes variables dependen de la cantidad producida y vendida; por ejemplo, si una empresa dedicada a la producción de sillas detiene su actividad durante un año, no tendrá costes de consumo de madera. Si fabrica 100 sillas al año, tendrá un coste variable por consumo de madera igual a cien veces el valor de la madera que se precisa para fabricar una silla. El coste variable total es el producto del número de unidades producidas y vendidas por el coste variable unitario, c_v, siendo este último el que se precisa para elaborar una unidad física de producto. Denominando C_F al coste fijo anual excluyendo los gastos financieros, el coste total no financiero (C) será:

$$C = V \cdot c_v + C_F$$

En la figura 8.1 se han representado el coste fijo, el variable y el total.

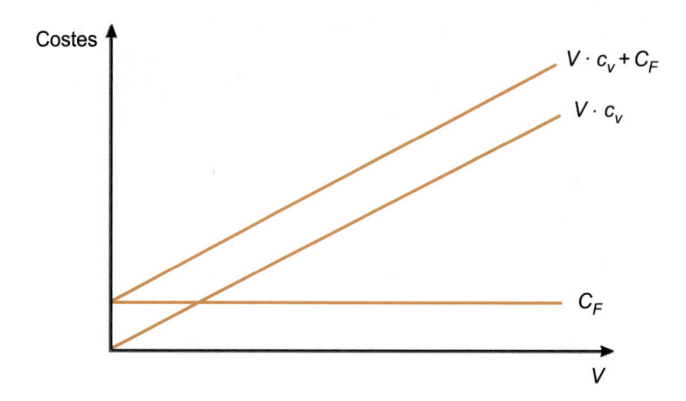

Figura 8.1

Como se señaló anteriormente, el beneficio operativo, *BE*, es la diferencia entre los ingresos totales y todos los costes no financieros, es decir:

$$BE = V \cdot p - V \cdot c_v - C_F$$

Por tanto, el punto muerto es el volumen de producción y ventas, *X*, tal que:

$$X \cdot p - X \cdot c_v - C_F = 0$$

Es decir:

$$X = \frac{C_F}{p - c_v}$$

A la diferencia entre el precio de venta y el coste variable unitario ($p - c_v$) se le denomina margen unitario sobre costes variables o margen bruto unitario, *m*. El umbral de rentabilidad es el cociente entre los costes fijos anuales y el margen bruto unitario:

$$X = \frac{C_F}{m}$$

Este margen unitario, *m*, es el beneficio que se obtiene con cada unidad vendida si no se tienen en cuenta los costes fijos (de ahí que se denomine margen «bruto»). Cuando el precio de venta es superior al coste variable unitario, el beneficio unitario es positivo y con cada unidad vendida se «absorben» o cubren costes fijos en una cuantía igual a *m*.

El margen bruto total es el producto entre el margen bruto unitario y el número de unidades vendidas (*mV*). Pues bien, el punto muerto es el nivel de ventas en el cual los costes fijos son cubiertos en su totalidad con el margen bruto total generado ($mX = C_F$). A partir de ese nivel de ventas la empresa comienza a obtener beneficios.

En la figura 8.2 se han representado los ingresos (*Vp*), los costes totales no financieros ($Vc_v + C_F$) y el punto muerto (*X*). Ha de suponerse que el precio (pendiente de la recta de ingresos) es superior que el coste variable unitario (pendiente de la recta de costes) pues si no fuera así no sería necesario ningún análisis para llegar a la conclusión de que no habría punto muerto: la empresa tendría tantas más pérdidas cuanto mayor fuera su volumen de producción y ventas, *V*.

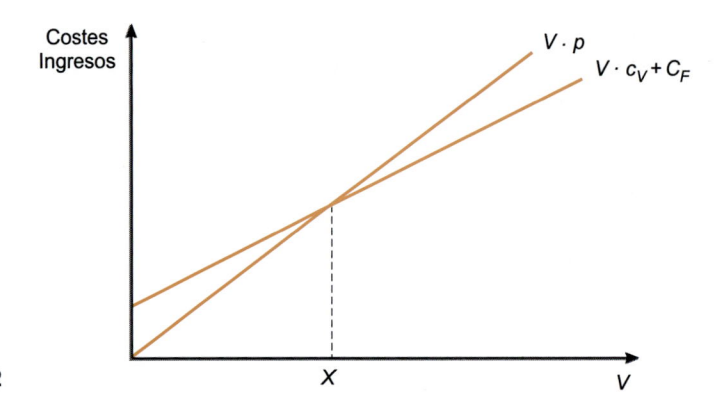

Figura 8.2

El volumen de ventas para el que se produce la intersección entre las dos rectas es el punto muerto. Para volúmenes inferiores los costes son superiores que los ingresos y se incurre en pérdidas. Para volúmenes mayores se obtienen beneficios, pues los ingresos superan a los costes.

ACTIVIDAD RESUELTA 1

PALANCA, S. A., es una empresa dedicada a la fabricación de un componente industrial que cuenta con unos costes fijos anuales cifrados en 2.000.000 u.m. Para la fabricación de cada componente incurre en un coste variable unitario de 1.000 u.m. y lo vende en un precio de 2.000 u.m. ¿Cuánto vale su punto muerto?

Su punto muerto es de 2.000 componentes:

$$X = \frac{C_F}{p - c_v} = \frac{2.000.000}{2.000 - 1.000} = 2.000 \text{ u.f.}$$

En general, las empresas en cuya estructura de costes la mayor carga recae en los fijos tienen un riesgo superior que aquellas cuya estructura se basa principalmente en los costes variables.

Evidentemente, el riesgo de que las ventas no sean suficientes para obtener beneficios es tanto mayor cuanto mayor sea el punto muerto. Se denomina margen de seguridad a la diferencia entre las ventas previstas y el punto muerto.

El riesgo de pérdidas será tanto mayor cuanto más estrecho sea este margen. Pero también la relación existente entre los costes fijos y los variables influye en el nivel de riesgo.

Por ejemplo, en la figura 8.3 se ha representado el punto muerto de una empresa que tiene mayores costes fijos y un coste variable unitario menor que la de la figura 8.2. El precio de su producto es el mismo, por lo que la recta de

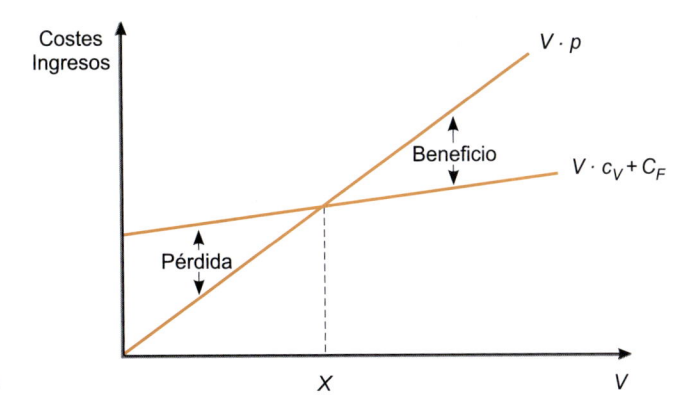

Figura 8.3

ingresos es idéntica que la del caso anterior y también es el mismo su punto muerto. Sin embargo, unas ventas inferiores al punto muerto provocarían una pérdidas muy superiores que en el otro caso, aunque también será mayor su beneficio si las ventas superan al punto muerto.

Estudiar la incidencia de los costes fijos en las relaciones entre las ventas y el beneficio de explotación es estudiar el apalancamiento operativo de la empresa.

5. El apalancamiento

5.1. El apalancamiento operativo

Los costes fijos no financieros ejercen un efecto semejante al de una palanca en la relación entre las variaciones de las ventas y las modificaciones que, como consecuencia, se producen en el beneficio operativo. Habitualmente, las empresas pueden elegir entre:

— Estructuras económicas con grandes inmovilizados y consecuentes grandes costes fijos, pero pequeños costes variables.
— O estructuras con pequeños inmovilizados, pequeños costes fijos y costes variables relativamente grandes.

ACTIVIDAD RESUELTA 2

Una editorial, para distribuir sus libros, podría crear su propia red de librerías, o pagar una comisión a los distribuidores y a los libreros por cada 100 u.m. de ventas. ¿Qué diferencia existe entre ambas alternativas en cuanto a la estructura de sus costes?

> En el primer caso los costes fijos serían muy elevados; tanto que el punto muerto sería casi inalcanzable a pesar de que el margen bruto unitario sería elevado, dado lo somero del coste variable de cada unidad.
>
> En el segundo caso, los costes fijos son mínimos, pero los costes variables son más elevados, pues lo son las comisiones de los distribuidores y de los libreros.

Cuando la estructura económica de una empresa es grande, es decir, que se encuentra formada por grandes inmovilizados que le permiten producir y vender con costes variables pequeños, pero con grandes costes fijos, se dice que tiene mucho apalancamiento operativo.

Son empresas sometidas a un gran riesgo económico o riesgo operativo, que es el que se deriva de la actividad económica de la empresa, independientemente de la composición de su estructura financiera.

El coeficiente de apalancamiento operativo es, en definitiva, la elasticidad del beneficio operativo respecto a las ventas: es el cociente entre el tanto por uno de variación del beneficio y la proporción de modificación de las ventas que provoca esa alteración del beneficio (figura 8.4).

Estas empresas que tienen mucho apalancamiento pueden pasar de tener grandes beneficios un año a generar enormes pérdidas al año siguiente, sin que se modifiquen mucho las ventas de un año al otro.

El grado de apalancamiento operativo se mide por el coeficiente:

$$A_0 = \frac{\Delta BE/BE}{\Delta V/V}$$

donde el símbolo Δ representa «variación de».

Al modificarse las ventas pasando de valer V a valer

$$V + \Delta V$$

el beneficio económico se modifica, pasando de valer

$$BE = (p - c_v)V - C_F$$

a valer:

$$BE + \Delta BE = (p - c_v)(V + \Delta V) - C_F =$$
$$= (p - c_v)V - C_F + (p - c_v) \cdot \Delta V$$
$$= BE + (p - c_v) \cdot \Delta V$$

De donde se deduce que:

$$\Delta BE = (p - c_v) \cdot \Delta V$$

Sustituyendo este resultado en la expresión del coeficiente de apalancamiento operativo, se obtiene:

$$A_0 = \frac{\Delta BE/BE}{\Delta V/V} = \frac{(p - c_v) \cdot \Delta V}{\Delta V} \frac{V}{BE}$$

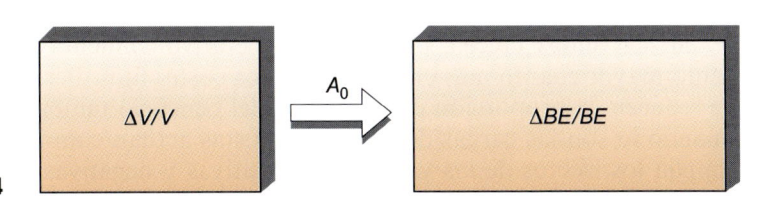

Figura 8.4

$$\Delta V/V \xrightarrow{A_0} \Delta BE/BE$$

Por tanto:

$$A_0 = (p - c_v)\frac{V}{BE} = \frac{(p-c_v)V}{(p-c_v)V - C_F}$$

Dado que los costes fijos no pueden ser negativos, si los activos de la empresa son rentables (es decir, si el beneficio económico, que figura en el denominador del cociente, es positivo), el coeficiente de apalancamiento operativo no puede ser inferior a la unidad, es decir:

$$\frac{\Delta BE/BE}{\Delta V/V} \geq 1$$

O, lo que es lo mismo:

$$\frac{\Delta BE}{BE} \geq \frac{\Delta V}{V}$$

Lo cual demuestra que si se produce una modificación de las ventas, el beneficio operativo se alterará en una proporción que nunca puede ser inferior que aquélla. Como se deduce de la expresión del coeficiente de apalancamiento operativo, la proporción de variación del beneficio será igual a A_0 veces el tanto por uno de variación de las ventas, siendo A_0 no inferior a la unidad:

$$\frac{\Delta BE}{BE} = \frac{\Delta V}{V} A_0$$

Ante una variación de las ventas, el beneficio generado por los activos se modificará en una proporción superior o igual y tanto mayor cuanto mayor sea el apalancamiento operativo de la empresa, es decir, cuanto mayores sean sus costes fijos no financieros.

En general, los costes fijos dependen fundamentalmente del tamaño del inmovilizado. Por ello, a los costes fijos se les denomina también cargas de estructura. Las empresas que tienen una estructura económica basada en grandes inversiones en inmovilizado se enfrentan a un riesgo económico mayor que las que pueden ajustarse más facilmente a la coyuntura de las ventas por desarrollar su actividad con un inmovilizado pequeño, aunque ello les suponga unos costes variables más elevados.

Si las ventas crecen, el beneficio operativo aumenta en una proporción tanto mayor cuanto más elevados sean los costes fijos. Pero, cuando las ventas se reducen, la proporción de reducción del beneficio también será más elevada cuando lo son las cargas de estructura. Estas actúan como una «palanca» que amplia los efectos de las variaciones positivas y negativas de las ventas sobre los beneficios del activo.

ACTIVIDAD RESUELTA 3

La empresa PALANCA, S. A., a la que se refería la primera Actividad Resuelta, vende 4.000 componentes al año. ¿Cuánto vale su coeficiente de apalancamiento operativo? ¿Qué sucedería si sus ventas se redujeran un 50 %?

Su coeficiente de apalancamiento operativo vale 2:

$$A_0 = \frac{(p-c_v)V}{(p-c_v)V - C_F} = \frac{mV}{mV - C_F} = \frac{1.000 \cdot 4.000}{1.000 \cdot 4.000 - 2.000.000} = 2$$

Si las ventas de PALANCA se redujeran en un 50 %, el beneficio económico se reduciría en una proporción igual al doble, es decir, en un 100 %, pasando a ser nulo. En efecto, si las ventas disminuyeran en ese porcentaje, su importe sería 2.000 u.f., con lo cual el beneficio operativo valdría:

$$BE = (p - c_v)V - C_F = mV - C_F = 1.000 \cdot 2.000 - 2.000.000 = 0$$

5.2. El apalancamiento operativo y el punto muerto

En el subapartado anterior se llegó a la siguiente expresión del apalancamiento operativo:

$$A_0 = \frac{(p-c_v)V}{(p-c_v)V - C_F}$$

Por otra parte, anteriormente, en este capítulo se dedujo, como expresión del punto muerto, la siguiente:

$$X = \frac{C_F}{p - c_v}$$

Por consiguiente, dividiendo el numerador y el denominador de la expresión del apalancamiento operativo entre el margen bruto unitario ($p - c_v$), se deduce que:

$$A_0 = \frac{V}{V - X}$$

Esta expresión muestra que en las empresas cuyo beneficio operativo es positivo y, por tanto, sus ventas superan a su punto muerto, el apalancamiento operativo es tanto mayor cuanto más se aproximan las ventas al punto muerto:

— Dado un volumen de ventas previsto, el riesgo económico u operativo es mayor a medida que el punto muerto es más elevado, por lo que éste constituye una medida de riesgo.
— Conocido con certeza el punto muerto, el riesgo operativo es tanto mayor cuanto menores sean las ventas previstas, como puede observarse en la figura 8.5. A medida que las ventas se aproximan al punto muerto, el apalancamiento tiende a infinito.

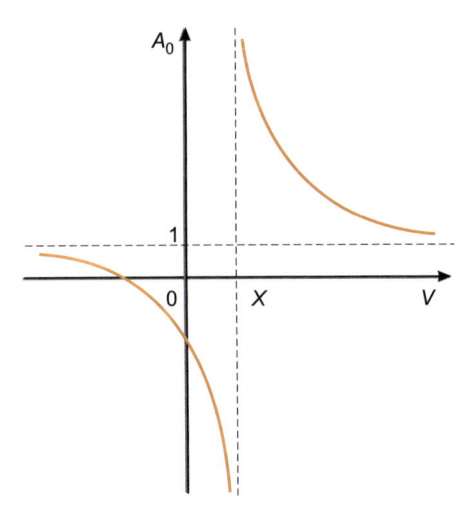

Figura 8.5

Cuando las ventas son inferiores al punto muerto, el beneficio es negativo. Las ventas no pueden ser negativas, por lo que la parte de la figura situada a la izquierda del eje de ordenadas no tiene interés desde un punto de vista económico. Tampoco lo tiene la parte de la figura situada por debajo de la paralela al eje de abcisas situada a una altura igual a la unidad, pues el apalancamiento operativo no puede ser inferior a uno.

ACTIVIDAD RESUELTA 4

Se desea aplicar al caso de PALANCA, S. A., de Actividades Resueltas anteriores, la expresión que relaciona el coeficiente de apalancamiento operativo con el punto muerto.

En el ejemplo de PALANCA, S. A., se obtiene:

$$A_0 = \frac{V}{V-X} = \frac{4.000}{4.000 - 2.000} = 2$$

que es el mismo resultado alcanzado anteriormente.

5.3. El apalancamiento financiero

La financiación de la empresa a medio y largo plazo puede realizarse con recursos propios procedentes de la emisión de acciones y de la retención de beneficios, o bien con recursos ajenos (préstamos y empréstitos).

Al modificarse las ventas se altera el beneficio económico y cuando este varía se modifica el beneficio neto, que es la diferencia entre aquél y los intereses de las deudas.

Como se analizará con mayor detalle posteriormente, si la rentabilidad económica esperada es superior al coste de la financiación, al aumentar el endeudamiento se eleva la esperanza de rentabilidad financiera. Pero, por otra parte, el endeudamiento eleva la variabilidad del beneficio neto y, con ello, el riesgo de la empresa.

Si inicialmente el beneficio financiero o neto es BN y, al alterarse el beneficio económico en una cuantía igual a ΔBE, aquél se modifica en ΔBN, el coeficiente de apalancamiento financiero será:

$$A_f = \frac{\Delta BN/BN}{\Delta BE/BE}$$

Se trata de la elasticidad del beneficio neto respecto al beneficio operativo: es una medida de la sensibilidad de aquél respecto a éste.

Como ya es sabido, siendo F los intereses de las deudas:

$$BN = BE - F$$

> El endeudamiento genera unos costes fijos por intereses que provocan un efecto de apalancamiento en las relaciones entre las oscilaciones del beneficio económico y las que, como consecuencia, se producen en el beneficio neto, o renta de la que pueden disponer los propietarios de la empresa.

> Se denomina apalancamiento financiero a la incidencia que tienen las variaciones del beneficio operativo sobre el beneficio financiero o beneficio neto como consecuencia del endeudamiento.

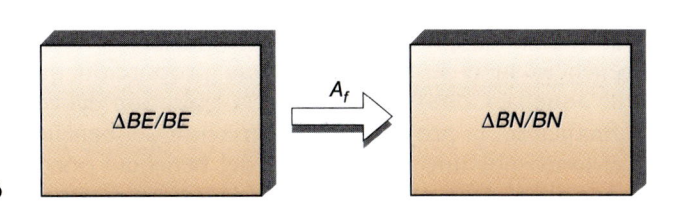

Figura 8.6

El coeficiente de apalancamiento financiero, A_f, es la relación por cociente entre el tanto por uno de variación del beneficio neto y la proporción de modificación del beneficio económico que genera aquella variación (figura 8.6).

Al modificarse el beneficio operativo, el nuevo beneficio neto será:

$$(BN + \Delta BN) = (BE + \Delta BE) - F$$

De donde se deduce que:

$$(BE - F + \Delta BN) = (BE + \Delta BE) - F$$

es decir:

$$\Delta BN = \Delta BE$$

Y, en consecuencia:

$$\boxed{A_f = \frac{BE}{BN} = \frac{(p - c_v)V - C_F}{(p - c_v)V - C_F - F}}$$

Dado que los intereses de las deudas, F, no pueden ser negativos, es obvio que el coeficiente de apalancamiento financiero no puede ser inferior a la unidad:

$$A_f \geq 1$$

Ante una variación del beneficio operativo, el beneficio que queda para los propietarios se modificará en una proporción tanto mayor cuanto mayor sea el apalancamiento financiero de la empresa, es decir, cuanto mayores sean sus costes financieros.

Es decir:

$$\frac{\Delta BN/BN}{\Delta BE/BE} \geq 1$$

O, lo que es lo mismo:

$$\boxed{\frac{\Delta BN}{BN} \geq \frac{\Delta BE}{BE}}$$

LAS FUENTES DE FINANCIACIÓN Y EL EFECTO DEL ENDEUDAMIENTO

Lo cual demuestra que si se produce una modificación del beneficio operativo, el beneficio neto se alterará en una proporción que nunca puede ser inferior que aquella. Como se deduce de la expresión del coeficiente de apalancamiento financiero, la proporción de variación del beneficio neto será igual a A_f veces el tanto por uno de variación del beneficio operativo, siendo A_f no inferior a la unidad:

$$\boxed{\frac{\Delta BN}{BN} = \frac{\Delta BE}{BE} A_f}$$

El coeficiente de apalancamiento financiero es igual a la unidad cuando los gastos financieros son nulos, es decir, cuando la empresa no tiene deudas. En ese caso, no existe efecto de apalancamiento y cuando se altera el beneficio económico el financiero se modifica en la misma proporción.

Obsérvese que el coeficiente de apalancamiento financiero es el mismo cuando lo que se desea es medir la sensibilidad respecto al beneficio económico del beneficio líquido, BL, es decir, del que resulta de deducir los impuestos al beneficio neto. En efecto, en tal caso el coeficiente sería:

$$A_f = \frac{\Delta BL/BL}{\Delta BE/BE}$$

donde, como se recordará, si el tipo de gravamen en el impuesto sobre el beneficio es t:

$$BL = BN - BNt = (1-t)BN = (1-t)(BE - F)$$

Al modificarse el beneficio operativo, el nuevo beneficio líquido será:

$$(BL + \Delta BL) = (1-t)(BE + \Delta BE - F) =$$
$$= (1-t)(BE - F) + (1-t)\Delta BE$$

De donde se deduce que

$$\Delta BL = (1-t) \cdot \Delta BE$$

y, en consecuencia:

$$A_f = (1-t)\frac{BE}{BL} = (1-t)\frac{BE}{BN(1-t)} = \frac{BE}{BN}$$

que es la misma expresión obtenida anteriormente.

El apalancamiento financiero se produce por el endeudamiento, cuyos costes hacen que se eleve el denominado riesgo financiero, es decir, el derivado de la estructura financiera de la empresa. El riesgo financiero es tanto mayor cuanto más elevado es el nivel de endeudamiento.

ACTIVIDAD RESUELTA 5

La empresa PALANCA, S. A., a la que se hizo referencia en Actividades anteriores, tiene unos gastos financieros anuales que totalizan 750.000 u.m. ¿Cuánto vale su coeficiente de apalancamiento financiero?

Su apalancamiento financiero es igual a 1,6:

$$A_f = \frac{BE}{BN} = \frac{(p - c_v)V - C_F}{(p - c_v)V - C_F - F} =$$

$$= \frac{1.000 \cdot 4.000 - 2.000.000}{1.000 \cdot 4.000 - 2.000.000 - 750.000} = 1,6$$

5.4. El apalancamiento combinado o total

Al modificarse el volumen de ventas, se altera el beneficio económico, lo que a su vez provoca una variación del beneficio financiero.

Como se verá seguidamente, los apalancamientos operativo y financiero se combinan de forma multiplicativa para generar el apalancamiento total.

El coeficiente de apalancamiento total es el cociente:

$$A_t = \frac{\Delta BN/BN}{\Delta V/V}$$

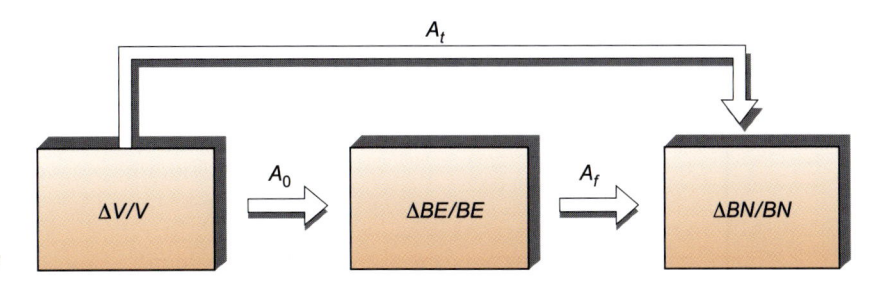

El apalancamiento combinado o total se refiere a la incidencia que tienen las variaciones de las ventas en el beneficio que queda para los propietarios de la empresa (figura 8.7).

Figura 8.7

LAS FUENTES DE FINANCIACIÓN Y EL EFECTO DEL ENDEUDAMIENTO

> Ya resultará evidente que el coeficiente de apalancamiento total es la relación por cociente entre el tanto por uno de variación del beneficio neto y la proporción de modificación de las ventas que genera aquella variación.

Se comprueba fácilmente que multiplicando los coeficientes de apalancamiento operativo y financiero se obtiene el de apalancamiento total. En efecto:

$$A_0 A_f = \frac{\Delta BE/BE}{\Delta V/V} \frac{\Delta BN/BN}{\Delta BE/BE} = \frac{\Delta BN/BN}{\Delta V/V} = A_t$$

Por tanto, recordando las expresiones de A_0 y de A_f, se obtiene la de A_t del siguiente modo:

$$A_t = A_0 A_f = \frac{(p-c_v)V}{(p-c_v)V - C_F} \frac{(p-c_v)V - C_F}{(p-c_v)V - C_F - F}$$

O, lo que es lo mismo:

$$\boxed{A_t = \frac{(p-c_v)V}{(p-c_v)V - C_F - F}}$$

Las empresas que tienen grandes inmovilizados que generan unos costes fijos no financieros muy elevados tendrán un gran apalancamiento operativo y, en consecuencia, un riesgo económico muy elevado: las oscilaciones de sus ventas se dejarán sentir en gran medida en sus beneficios operativos. Si financian esos grandes activos fijos con recursos propios, su riesgo financiero será escaso, pero si lo hacen con deudas a ese elevado riesgo económico habrá de «multiplicarse» (mejor que «añadirse») un gran riesgo financiero, dando todo ello lugar a un fuerte riesgo total.

La elevada variabilidad de su beneficio operativo redundará en una variabilidad todavía mayor de su beneficio financiero, o renta de los accionistas, y esto se dejará notar en el precio de las acciones, cuya maximización es el objetivo financiero de la empresa. Evidentemente, entre dos empresas que tienen una rentabilidad esperada semejante, los accionistas prefieren aquella cuyo riesgo es inferior y están dispuestos a pagar más por sus acciones.

ACTIVIDAD RESUELTA 6

¿Cuál es el coeficiente de apalancamiento total de la empresa PALANCA, S. A., a la que se refieren Actividades Resueltas anteriores? ¿Qué sucedería si sus ventas se redujeran un 50 %?

La empresa PALANCA, S. A., tiene un riesgo elevado. Como se recordará, sus coeficientes de apalancamiento operativo y financiero valen 2 y 1,6, respectivamente, por lo que su coeficiente de apalancamiento total vale 3,2:

$$A_t = A_0 \cdot A_f = 2 \cdot 1,6 = 3,2$$

Lo cual significa que, si sus ventas se redujeran un 50 %, pasando a ser 2.000 u.f. al año, su beneficio neto se reduciría un 160 %:

$$\frac{\Delta BN}{BN} = A_t \frac{\Delta V}{V} = 3,2(-0,50) = -1,6 \text{ por uno} = -160 \%$$

En efecto, cuando sus ventas son 4.000 u.f. al año, su beneficio neto vale 1.250.000:

$$BN = (p - c_v)V - C_F - F =$$
$$= 1.000 \cdot 4.000 - 2.000.000 - 750.000 = 1.250.000 \text{ u.m.}$$

Si las ventas fueran 2.000 u.f. al año, el beneficio neto sería negativo (pérdidas) e igual a -750.000 u.m.:

$$BN = (p - c_v)V - C_F - F =$$
$$= 1.000 \cdot 2.000 - 2.000.000 - 750.000 = -750.000 \text{ u.m.}$$

Lo cual representa una reducción de 2.000.000 que es el 160 % de 1.250.000 u.m.

6. Las limitaciones del análisis coste-volumen-beneficio

En el análisis del riesgo realizado sobre la base del punto muerto y de los distintos tipos de apalancamiento se han supuesto constantes el precio de venta del producto, el coste variable unitario y el coste fijo anual.

El supuesto mencionado en este margen izquierdo introduce algunas limitaciones en el análisis realizado, cuyas conclusiones generales son, sin embargo, correctas en general y dentro de una perspectiva planteada a corto plazo.

El volumen de ventas depende del precio y esta relación funcional (la función de demanda) no se ha tenido en cuenta en el análisis.

De hecho, a largo plazo casi nada es «fijo» o constante, sino que casi todo puede ser objeto de modificaciones. Si la demanda es muy elevada y por ello el nivel habitual de utilización de los activos fijos resulta insuficiente, puede ser

> En realidad, el precio no es una constante, sino una variable que puede utilizarse, y se utiliza, para influir en el nivel de ventas.

necesario, por ejemplo, aumentar transitoriamente la capacidad productiva de la empresa mediante nuevos talleres con mano de obra temporal y escasa utilización de la maquinaria, o con horas extraordinarias para utilizar durante más tiempo la maquinaria existente, lo cual provocaría un aumento del coste variable unitario.

A medio o largo plazo, si existe una demanda suficiente, la empresa puede adquirir más maquinaria o, en general, mayores inmovilizados para aumentar su capacidad de producción, reducir sus costes variables o conseguir ambos objetivos.

> Los costes fijos y el coste variable unitario son constantes a corto plazo, pero en el plazo largo ambas variables pueden modificarse.

Por tanto, el análisis realizado se basa en el supuesto de que el precio de venta del producto es constante y en un planteamiento a corto plazo en el que son también constantes tanto el coste fijo anual como el coste variable unitario.

Si la enumeración de estas limitaciones puede hacer pensar que este análisis es méramente teórico y que carece de relevancia práctica, debe advertirse que es de la mayor utilidad para demostrar a un empresario las consecuencias de sus decisiones en la realidad.

Por ejemplo, puede utilizarse para mostrarle que la decisión de automatizar una planta industrial y financiar esa automatización con deudas daría como resultado una situación en la que una reducción de un 5 % en las ventas provocaría una disminución del 30 % en el beneficio neto, en tanto que otra solución económico-financiera haría que una disminución del mismo tamaño en las ventas provocara una reducción del beneficio neto de sólo el 15 %.

Esta forma de expresar las consecuencias de las alternativas de decisión permite, a quienes han de decidir, tener una idea bastante acertada de las consecuencias de sus actos.

7. Endeudamiento y rentabilidad

7.1. La rentabilidad y el apalancamiento

Como ya es sabido, la rentabilidad económica o rentabilidad operativa, *RE*, es la generada por los activos de la empresa, independientemente de como se financie. Es el beneficio económico obtenido por cada u.m. invertida en el activo:

$$RE = \frac{BE}{A}$$

Pero, dado que el objetivo financiero de la empresa es maximizar el valor de sus acciones, es más relevante la rentabilidad financiera, que es la rentabilidad de los accionistas: el beneficio que queda para ellos por cada u.m. de recursos propios, K:

$$RF = \frac{BN}{K}$$

Anteriormente se demostró que la rentabilidad tiene más importancia que el beneficio absoluto cuando se trata de maximizar el valor de las acciones. Pero ello no solamente no invalida los análisis efectuados en los apartados anteriores, sino que confirma su importancia pues:

— Cuando se modifica el beneficio operativo como consecuencia de una alteración de las ventas, la rentabilidad económica se alterará en la misma proporción:

$$\Delta RE/RE = \Delta BE/BE$$

pues RE es igual al resultado de dividir BE entre una constante (A). Por ello, la elasticidad respecto a las ventas de la rentabilidad económica será idéntica a la del beneficio económico, es decir, el apalancamiento operativo:

$$\boxed{\frac{\Delta RE/RE}{\Delta V/V} = \frac{\Delta BE/BE}{\Delta V/V} = A_0}$$

— Cuando se modifica el beneficio neto como consecuencia de una variación del beneficio operativo, la rentabilidad financiera se alterará en la misma proporción:

$$\Delta RF/RF = \Delta BN/BN$$

pues RF es igual al resultado de dividir BN entre una constante (K). Por tanto, la elasticidad respecto al beneficio económico de la rentabilidad financiera será igual que la del beneficio neto; esto es, el apalancamiento financiero:

$$\boxed{\frac{\Delta RF/RF}{\Delta BE/BE} = \frac{\Delta BN/BN}{\Delta BE/BE} = A_f}$$

— De todo ello se deriva que la elasticidad de la rentabilidad financiera respecto a las ventas es el apalancamiento total.

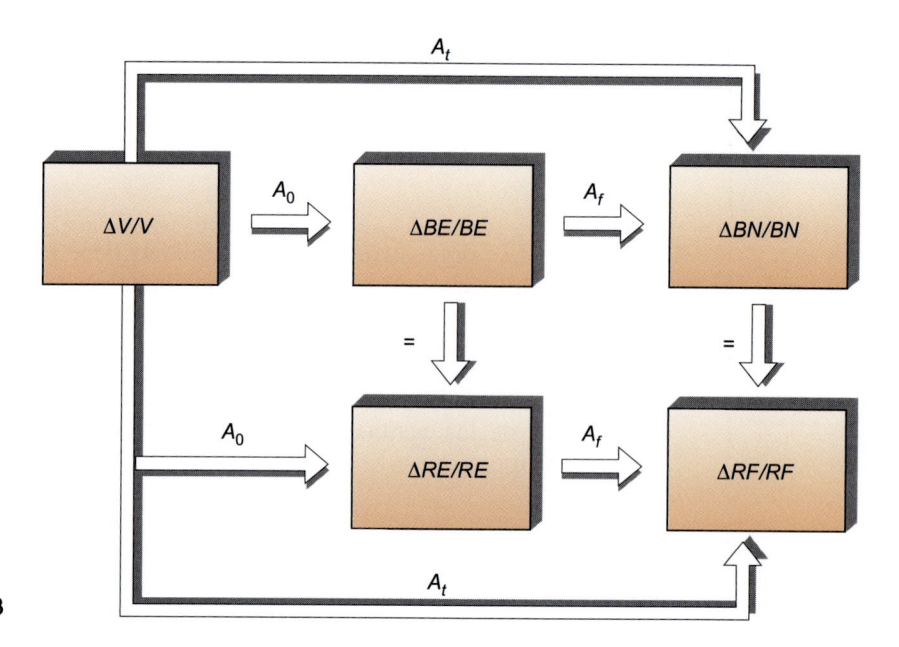

Figura 8.8

— Del mismo modo se concluye que la elasticidad de la rentabilidad financiera respecto a la económica es también igual al apalancamiento financiero.

$$\frac{\Delta RF/RF}{\Delta RE/RE} = \frac{\Delta BN/BN}{\Delta BE/BE} = A_f$$

7.2. La relación entre la rentabilidad financiera y la rentabilidad operativa

Ahora importa determinar la relación existente entre la rentabilidad de los propietarios, *RF*, y la de los activos, *RE*. Ello permitirá analizar de otra forma la incidencia que tienen las deudas en la rentabilidad financiera y en el riesgo de la empresa.

ACTIVIDAD RESUELTA 7

Un particular dispone de dos millones de u.m. de capital propio que va a tener colocadas durante un año en diversas inversiones que espera que le renten un 20 %. ¿Cuánto valdrían su rentabilidad económica y su rentabilidad financiera en los siguientes casos?

a) Si esta persona no se endeudara y sus expectativas se cumplieran.

b) Si, dada la firme convicción que tiene en sus expectativas, esta persona decidiera endeudarse en dos millones de u.m., a un coste del 10 % anual durante un año, para colocarlas en esas inversiones junto con su capital propio, suponiendo que se cumplen sus expectativas.

c) Si se hubiera indeudado como en el apartado b, pero sus expectativas no se hubieran vista satisfechas y la rentabilidad de sus inversiones hubiera sido de sólo un 5 %.

a) Si esta persona no se endeudara y sus expectativas se cumplieran, al final del año tendría los dos millones que invirtió y una renta adicional de 400.000 u.m. (el 20 % de dos millones), con lo que su rentabilidad (económica y financiera, puesto que no tiene deudas) sería del 20 % anual:

$$\frac{2.400.000 - 2.000.000}{2.000.000} = 0{,}20 \text{ por uno} = 20\,\%$$

b) Si sus expectativas se cumplieran, al final sus inversiones valdrían 4.800.000 u.m. (el capital inicialmente invertido, que totalizaría 4.000.000, más el 20 % de renta):

$$4.000.000(1 + 0{,}20) = 4.800.000 \text{ u.m.}$$

Una vez vendidas sus inversiones en 4.800.000 u.m., devolvería el préstamo junto con sus intereses, que totalizaría 2.200.000 (dos millones de principal, y 200.000 u.m. de intereses al 10 %):

$$2.000.000(1 + 0{,}10) = 2.200.000 \text{ u.m.}$$

Con lo cual, su capital propio final sería 2.600.000 u.m.:

$$4.800.000 - 2.200.000 = 2.600.000 \text{ u.m.}$$

Al comienzo del año que duró su operación, esta persona disponía de un capital propio de 2.000.000 u.m., y al final dispondría de 2.600.000. Por consiguiente, su rentabilidad **financie-**

ra habría sido del 30 % [1]:

$$\frac{2.600.000 - 2.000.000}{2.000.000} = 0,30 \text{ por uno} = 30\,\%$$

Según se comprobó anteriormente, si esta persona no se hubiera endeudado, su rentabilidad (es decir, la rentabilidad financiera) habría sido igual a la rentabilidad de sus inversiones (es decir, igual a la rentabilidad económica) que es el 20 %. Al endeudarse su rentabilidad se eleva al 30 % y, según puede comprobar el lector, se hubiera elevado más si el endeudamiento hubiera sido mayor.

Por tanto, cuando la rentabilidad **económica** (la rentabilidad de las inversiones; la rentabilidad de los activos; el 20 % en este caso) es mayor que el coste del endeudamiento (el 10 % en este ejemplo) el mayor nivel de deudas redunda en una mayor rentabilidad financiera.

c) Si las expectativas de este inversor no se hubieran visto satisfechas y la rentabilidad de sus inversiones hubiera sido de sólo un 5 %, el valor final de sus inversiones sería 4.200.000:

$$4.000.000(1 + 0,05) = 4.200.000 \text{ u.m.}$$

Con lo cual, tras descontar las deudas y sus intereses, su patrimonio final sería el mismo que tenía al principio:

$$4.200.000 - 2.200.000 = 2.000.000 \text{ u.m.}$$

---

[1] Los cálculos de las rentabilidades también se pueden realizar de la forma convencional. En efecto, denominando K a los recursos propios:

— Cuando no existen deudas:

$$RF = \frac{BN}{K} = \frac{BE - F}{K} = \frac{400.000 - 0}{2.000.000} = 0,20 \text{ por uno}$$

— Cuando el endeudamiento es de 2.000.000:

$$RF = \frac{BN}{K} = \frac{BE - F}{K} = \frac{800.000 - 200.000}{2.000.000} = 0,30 \text{ por uno}$$

Obsérvese que en este ejemplo el beneficio económico (el generado por los activos) son las rentas de las inversiones (el 20 % del capital invertido en cada caso).

y su rentabilidad (financiera) habría sido nula. Es más, dado que posiblemente haya existido algún nivel de inflación durante el año, su rentabilidad real habría sido negativa. Sin embargo, si no se hubiera endeudado, su rentabilidad habría coincidido con la rentabilidad de sus inversiones, es decir, habría sido del 5 %, y si la inflación no hubiera superado ese porcentaje, habría quedado salvaguardado de la misma, obteniendo una rentabilidad real positiva.

Por consiguiente, cuando la rentabilidad esperada de los activos supera al coste de las deudas, el endeudamiento hace que aumente la rentabilidad financiera esperada, pero también hace que aumente el riesgo tanto más cuanto mayor sea la incertidumbre existente sobre la rentabilidad económica [2].

---

[2] Actualmente, en muchas operaciones de endeudamiento el tipo de interés es variable, con lo que al riesgo inherente a la rentabilidad económica ha de añadirse el que acompaña al coste de las deudas.

Denominemos L al coeficiente de endeudamiento o coeficiente de *leverage*, que es el ratio recursos ajenos/recursos propios:

$$L = \frac{D}{K}$$

Denominando k_i al tipo de interés de las deudas expresado en tanto por uno y operando en la expresión de la rentabilidad financiera, se deduce que:

$$RF = \frac{BN}{K} = \frac{BE - F}{K} = \frac{RE \cdot A - k_i D}{K}$$

El activo total, A, ha de ser igual al pasivo y éste es la suma de recursos propios y ajenos. Sustituyendo en la expresión anterior, se sigue que:

$$RF = \frac{RE(K + D) - k_i D}{K} = \frac{RE \cdot K + (RE - k_i)D}{K} =$$

$$= RE + (RE - k_i)\frac{D}{K}$$

> Esta es una expresión de gran importancia. Muestra que cuando la rentabilidad económica es superior al coste de las deudas, la rentabilidad financiera será tanto mayor cuanto mayor sea el nivel de endeudamiento.

O lo que es lo mismo:

$$\boxed{RF = RE + (RE - k_i)L}$$

Mientras se puedan tomar recursos al 6 % de interés, por ejemplo, e invertirlos al 15 %, interesará seguir haciéndolo y los propietarios de la empresa se quedarán con la diferencia entre ambas tasas, con lo cual se elevará la rentabilidad financiera, como puede comprobarse en la figura 8.9.

ACTIVIDAD RESUELTA 8

Se desea resolver los tres apartados de la Actividad Resuelta anterior aplicando la expresión que relaciona la rentabilidad financiera con el coeficiente de endeudamiento:

a) En el primer caso la rentabilidad de los activos es el 20 % y no tiene deudas, por lo que el coeficiente L vale cero:

$$RF = RE + (RE - k_i)L = 0{,}20 + (0{,}20 - 0)0 = 0{,}20 = 20\,\%$$

b) En el segundo caso, las expectativas del inversor se cumplen, por lo que la rentabilidad económica es el 20 %, y su coeficiente de endeudamiento es igual a la unidad, pues sus deudas (2.000.000 u.m.) igualan a su capital propio:

$$L = \frac{D}{K} = \frac{2.000.000}{2.000.000} = 1$$

Por consiguiente, como se dedujo en la Actividad anterior, la rentabilidad financiera es el 30 %:

$$RF = RE + (RE - k_i)L = 0{,}20 + (0{,}20 - 0{,}10)1 = 0{,}30 = 30\,\%$$

c) En el tercer caso, las expectativas no se veían satisfechas y la rentabilidad económica era sólo el 5 %. Por tanto, como también se dedujo en la Actividad anterior, la rentabilidad financiera es nula:

$$RF = RE + (RE - k_i)L = 0{,}05 + (0{,}05 - 0{,}10)1 = 0$$

En este tercer caso, si no se hubiese endeudado, es decir, si L hubiera valido cero, la rentabilidad financiera hubiera sido igual a la económica, es decir, igual al 5 %.

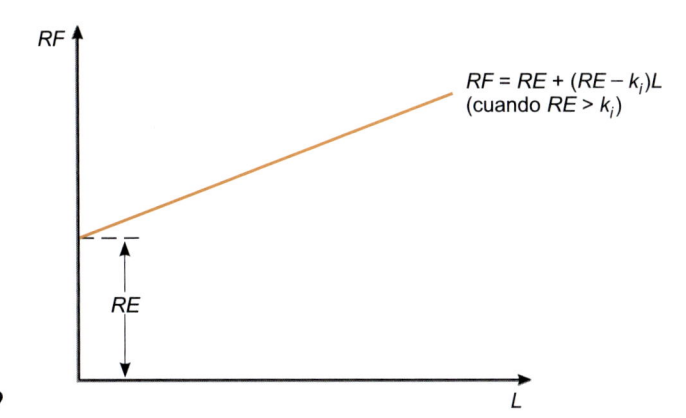

Figura 8.9

$$RF = RE + (RE - k_i)L$$
(cuando $RE > k_i$)

Pero «a priori» no es posible saber con certeza si la rentabilidad económica superará al coste de los recursos ajenos:

Si los directivos de la empresa la endeudan porque esperan obtener una rentabilidad operativa superior al coste de las deudas y se equivocan en sus previsiones, de modo que la rentabilidad económica efectiva resulta ser inferior que k_i, la rentabilidad financiera será tanto menor cuanto mayor sea el nivel de endeudamiento, como puede observarse en la figura 8.10.

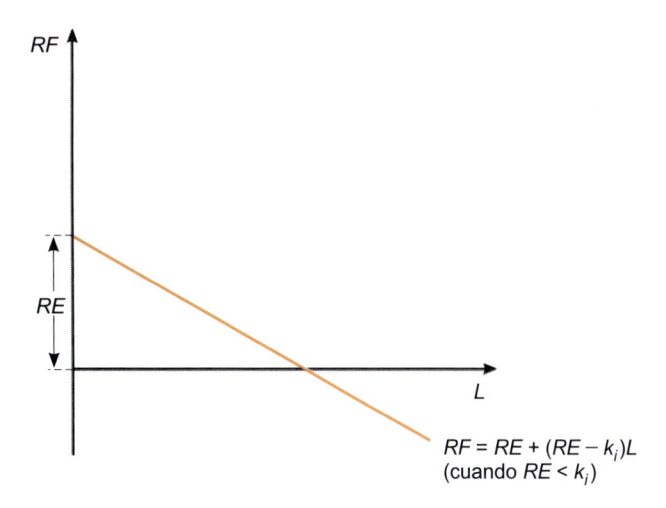

Figura 8.10

$$RF = RE + (RE - k_i)L$$
(cuando $RE < k_i$)

Si el coste de las deudas supera a la rentabilidad operativa, a partir de cierto nivel de endeudamiento la rentabilidad financiera será negativa, por serlo el beneficio neto. De este modo se comprueba nuevamente que el riesgo empresarial se eleva a medida que aumentan las deudas.

ACTIVIDAD RESUELTA 9

Se desea analizar la rentabilidad de la empresa PALANCA, S.A., a la que se refirieron algunas Actividades Resueltas anteriores, y de la que también se sabe que el 50 % de los 10 millones de u.m. que valen sus activos se encuentran financiados con recursos ajenos a los que abona un interés del 15 % anual.

Los elevados gastos financieros de esta empresa tienen su origen en la cuantiosa participación del endeudamiento en su financiación. En efecto, el 50 % de los 10 millones de u.m. que valen sus activos se encuentran financiados con recursos ajenos a los que abona un interés (k_i) del 15 % anual. De ahí que:

$$D = K = 5.000.000$$

$$L = \frac{D}{K} = 1$$

$$F = k_i \cdot D = 0,15 \cdot 5.000.000 = 750.000 \text{ u.m.}$$

$$BE = (p - c_v)V - C_F =$$
$$= 1.000 \cdot 4.000 - 2.000.000 = 2.000.000 \text{ u.m.}$$

$$BN = (p - c_v)V - C_F - F =$$
$$= 1.000 \cdot 4.000 - 2.000.000 - 750.000 = 1.250.000 \text{ u.m.}$$

La rentabilidad económica de esta empresa será:

$$RE = \frac{BE}{A} = \frac{2.000.000}{10.000.000} = 0,20 \text{ por uno} = 20 \%$$

Siendo su rentabilidad financiera:

$$RF = \frac{BN}{K} = \frac{1.250.000}{5.000.000} = 0,25 \text{ por uno} = 25 \%$$

El margen de rentabilidad financiera conseguido por esta empresa se explica por su nivel de endeudamiento y por el hecho de que su rentabilidad económica es superior que el coste de su endeudamiento.

En efecto:

$$RF = RE + (RE - k_i)L = 0{,}20 + (0{,}20 - 0{,}15)1 = 0{,}25$$

Si PALANCA, S. A., se hubiera financiado íntegramente con capital propio, el ratio L hubiera sido nulo, y su rentabilidad financiera hubiera coincidido con su rentabilidad económica que es del 20 %.

Sus deudas han apalancado positivamente la rentabilidad financiera al 25 % gracias a la favorable diferencia que se ha producido entre la rentabilidad de los activos y el coste de las deudas.

Si existe mucha incertidumbre sobre el mantenimiento de esa diferencia favorable en el futuro, el mantener un elevado endeudamiento supone un elevado riesgo.

ACTIVIDAD RESUELTA 10

¿Para qué nivel de rentabilidad económica anual de la empresa PALANCA, S.A., sería nula su rentabilidad financiera anual?

Igualando a cero la rentabilidad financiera:

$$RE + (RE - k_i)L = 0$$

Al despejar RE, se obtiene:

$$RE = \frac{L \cdot k_i}{1 + L}$$

Sustituyendo los valores correspondientes a los datos de esta empresa:

$$RE = \frac{1 \cdot 0{,}15}{1 + 1} = \frac{0{,}15}{2} = 0{,}075 \text{ por uno} = 7{,}5\,\%$$

Para cualquier rentabilidad económica inferior al 7,5 %, la rentabilidad financiera de esta empresa será negativa.

Con los resultados anteriores resulta muy sencillo determinar la relación existente entre la rentabilidad financiera y la rentabilidad económica cuando se tiene en cuenta el impuesto sobre el beneficio. En efecto, como se recordará, si t es el tipo de gravamen en este impuesto, el beneficio líquido es igual a:

$$BL = BN(1 - t)$$

Por tanto, la rentabilidad financiera después de impuestos, RF_D, vale:

$$RF_D = \frac{BL}{K} = \frac{BN(1-t)}{K} = \frac{BN}{K}(1-t)$$

O, lo que es lo mismo:

$$\boxed{RF_D = [RE + (RE - k_i)L](1 - t)}$$

De donde se deducen las mismas conclusiones que cuando no se considera la existencia de los impuestos.

ACTIVIDAD RESUELTA 11

¿Cuál es la rentabilidad financiera después de impuestos de PALANCA, S.A., que se encuentra sometida a un tipo de gravamen del 35%?

A rentabilidad financiera después de impuestos de PALANCA, S.A., es el 16,25%:

$$RF_D = [RE + (RE - k_i)L](1 - t) = 0,25(1 - 0,35) =$$
$$= 0,1625 \text{ por uno} = 16,25\%$$

La decisión principal en materia de estructura financiera de la empresa es la concerniente a la determinación de su nivel de endeudamiento y, como se ha podido comprobar, en esta decisión han de considerarse factores de rentabilidad y de riesgo.

Existen diversos modelos y teorías sobre la estructura financiera óptima de la empresa que sobrepasan el nivel introductorio de este libro.

En la práctica, para tomar una decisión sobre la estructura financiera han de ponderarse adecuadamente las ventajas e inconvenientes del endeudamiento, realizarse previsiones para determinar una rentabilidad económica esperada y, finalmente, decidir.

En esa decisión inevitablemente intervienen factores subjetivos como la confianza del decisor en la calidad de las previsiones realizadas y su aversión al riesgo.

8. La probabilidad de insolvencia

Se dice que una empresa se encuentra en situación de insolvencia técnica cuando el beneficio que generan sus activos, BE, no es suficiente para hacer frente a los intereses de sus deudas, F.

Si se supone que el beneficio operativo sigue una distribución de probabilidad normal, es muy sencillo calcular la probabilidad de que se produzca la insolvencia técnica.

En efecto, como ya es sabido, si la variable BE sigue una distribución normal con una esperanza matemática $E(BE)$ y una desviación típica $\sigma(BE)$, la variable ξ, definida del siguiente modo:

$$\xi = \frac{BE - E(BE)}{\sigma(BE)}$$

seguirá también una distribución normal, pero con una esperanza matemática igual a cero y una desviación típica igual a la unidad. Puesto que esta variable normal estandarizada está tabulada, es posible determinar la probabilidad de insolvencia del siguiente modo:

Dicho de otro modo, las empresas más endeudadas tienen una mayor probabilidad de insolvencia: cuanto mayores son los intereses más probable resulta que el beneficio operativo sea inferior a ellos.

$$P(BE < F) = P[\xi\sigma(BE) + E(BE) < F] = P\left[\xi < \frac{F - E(BE)}{\sigma(BE)}\right]$$

El cociente:

$$z = \frac{F - E(BE)}{\sigma(BE)}$$

tomará un cierto valor con el que se acude al apéndice de tablas estadísticas para obtener la probabilidad deseada.

Como resulta obvio, cuanto mayores sean las deudas más elevado será el importe de los intereses, F, y, con ello, el valor de z y la probabilidad de que ξ sea inferior a ese valor.

9. El presupuesto de tesorería

Aunque la empresa no devenga técnicamente insolvente y su beneficio operativo sea suficiente para atender al pago de los intereses de sus deudas, puede verse en la necesidad de suspender los pagos a sus acreedores por no tener liquidez suficiente para hacerles frente.

En su actividad de explotación, la empresa va realizando una serie de cobros y afrontando una serie de pagos.

LAS FUENTES DE FINANCIACIÓN Y EL EFECTO DEL ENDEUDAMIENTO

Si no se prevén las necesidades de dinero para hacer frente a los pagos, puede verse obligada a suspenderlos incluso tratándose de una empresa saneada y técnicamente solvente.

El presupuesto de tesorería es un documento en el que se reflejan los saldos iniciales de liquidez, los cobros, los pagos y, como resultado, los saldos finales de dinero en cada uno de los períodos presupuestarios. Habitualmente estos períodos son semanas, quincenas, meses o trimestres.

ACTIVIDAD RESUELTA 12

En la tabla 8.2 se recoge, como ejemplo, el presupuesto de tesorería, en miles de u.m., de la empresa Previ, S. A, para los próximos tres meses. ¿Tendrá Previ, S. A. dificultades de tesorería?

Según estas previsiones, Previ, S. A., no tendrá dificultades de tesorería el próximo trimestre. Si las hubiera habido, tendría que acudir a algún procedimiento, como el crédito bancario, para superarlas.

	MES 1	MES 2	MES 3
Saldo inicial	600	650	2.850
Cobros:			
— Ventas al contado	2.050	2.000	2.100
— Cobros de ventas a crédito	4.000	4.050	3.900
Total cobros	**6.050**	**6.050**	**6.000**
Pagos			
— Materias primas compradas al contado	700	500	550
— Materias primas a crédito	600	700	600
— Sueldos y salarios	2.000	2.000	2.000
— Gastos generales	700	650	750
— Intereses y devolución de préstamos	2.000	—	4.000
Total pagos	**6.000**	**3.850**	**7.900**
Saldo final	650	2.850	950

TABLA 8.2

Prueba objetiva de autoevaluación

I. Enunciado

1. El propietario de una fábrica de pan ha comprado un nuevo horno que pagará al fabricante dentro de seis años. ¿De qué tipo de fuente de financiación se trata?

   - Autofinanciación. ■
   - Préstamo a medio y largo plazo. ■
   - Financiación propia.
   - Ninguna de las otras.

2. A la consecución de los medios necesarios para efectuar inversiones se le denomina:

   - Fuente financiera. ■
   - Medio financiero.
   - Financiación.
   - Ninguna de las otras. ■

3. La emisión de obligaciones proporciona:

   - Capitales permanentes internos.
   - Capitales permanentes propios. ■
   - Pasivo a corto plazo. ■
   - Ninguna de las otras.

4. Al análisis del punto muerto y del apalancamiento se le denomina:

   - Análisis coste-beneficio. ■
   - Análisis volumen-beneficio. ■
   - Análisis coste-volumen-beneficio.
   - Ninguna de las otras.

5. El cociente entre los costes fijos no financieros y el margen bruto unitario es:

   - El umbral de rentabilidad.
   - El índice estructural. ■
   - El coeficiente de estructura. ■
   - Ninguna de las otras.

6. El coste anual de amortización del inmovilizado es:

   - Un coste variable. ■
   - Una carga de estructura.

- Un coste reticular. ■
- Un coste residual. ▪

7. Si se produce una modificación de las ventas, el beneficio operativo se alterará en una proporción que nunca puede ser:

    - Igual que aquella. ▪
    - Superior que aquella. ■
    - Inferior que aquella. ▪
    - Positiva. ■

8. A la incidencia que tienen las variaciones del beneficio operativo sobre el beneficio financiero o beneficio neto se la denomina:

    - Apalancamiento operativo. ■
    - Elasticidad financiera. ■
    - Apalancamiento total. ▪
    - Ninguna de las otras. ▪

9. Si se eleva el nivel de endeudamiento, también aumenta:

    - El apalancamiento total. ■
    - El apalancamiento operativo. ■
    - El punto muerto. ▪
    - Ninguna de las otras. ▪

10. Una empresa puede verse en la necesidad futura de suspender los pagos a sus acreedores:

    - Sólo si es técnicamente insolvente. ▪
    - Aunque actualmente no tenga deudas. ■
    - Sólo si no tiene que pagar intereses a sus deudas. ■
    - Ninguna de las otras. ▪

II. Respuestas correctas

1. ■
2. ▪
3. ▪
4. ▪
5. ▪
6. ▪
7. ▪
8. ▪
9. ■
10. ■

9. EL COSTE DEL CAPITAL Y LA VALORACIÓN DE EMPRESAS

- INTRODUCCIÓN
- EL COSTE, EN GENERAL
- PRÉSTAMOS Y EMPRÉSTITOS
  - Cálculo del coste
  - Caso de cuotas constantes
- EFECTO DE LOS IMPUESTOS
- COSTE DEL CRÉDITO COMERCIAL
- EFECTO DE LA INFLACIÓN Y COSTE SEGÚN VALORES DE MERCADO
- COSTE DEL CAPITAL-ACCIONES
- COSTE DE LA AUTOFINANCIACIÓN, Y DECISIONES SOBRE DIVIDENDOS
- COSTE MEDIO PONDERADO
- COSTE DE OPORTUNIDAD DEL CAPITAL
- VALORACIÓN DE EMPRESAS
  - Valor sustancial, valor de rendimiento y fondo de comercio
  - Método indirecto
  - Método directo

1. Introducción

Existen al menos tres razones por las que es importante conocer el coste de la financiación o coste del capital (tabla 9.1):

— *La primera es que la rentabilidad requerida de las inversiones no puede ser nunca inferior que el coste de su financiación.* Para tomar decisiones de selección de inversiones es preciso conocer el coste del capital.

PRINCIPALES MOTIVOS PARA LA DETERMINACIÓN DEL COSTE DEL CAPITAL

- Selección de inversiones.
- Nivel de endeudamiento.
- Selección de fuentes de financiación.

TABLA 9.1

— *La segunda razón se refiere al coste del endeudamiento:* como se estudió en el capítulo anterior, el endeudamiento eleva la rentabilidad financiera, y con ello el valor de las acciones, sólo cuando la rentabilidad operativa de la empresa es mayor que el coste de sus deudas. Para tomar las decisiones concernientes al endeudamiento de la empresa es preciso prever su rentabilidad económica y conocer el coste de sus deudas.

— *La tercera se refiere a la selección de fuentes de financiación.* Supongamos que una empresa ha decidido tener un 50 % de su pasivo financiado con deudas y que para endeudarse puede acudir a diversas formas de crédito. Si no existe otra diferencia entre ellas, la mejor será la más barata, es decir, aquella que tenga un coste inferior. Del mismo modo que son preferibles las inversiones más rentables, también lo son las fuentes financieras menos costosas.

2. El cálculo del coste de una fuente de financiación, en general

Si un banco concede un préstamo a un cliente, con ello realiza una inversión que tendrá cierta rentabilidad anual. Para el cliente esa operación es una financiación que tendrá un coste anual. Pues bien, cuando no existen costes de intermediación entre quien financia y quien es financiado, ni impuestos, la rentabilidad de aquél tendrá que coincidir con el coste de éste.

ACTIVIDAD RESUELTA 1

Supongamos que el préstamo del ejemplo importara 100 u.m., que tuviera un tipo de interés anual del 10 % y que durara tres años, al final de los cuales el cliente ha de devolver al Banco el principal del préstamo, es decir, las 100 u.m. que le prestó ¿Cuál sería la perspectiva del banco? ¿Y la del cliente?

Para el banco se trata de una inversión que podría esquematizar del siguiente modo:

$$-100 \;/\; 10 \;/\; 10 \;/\; 110$$

En el momento inicial tiene que desembolsar 100 u.m. y posteriormente percibe los siguientes flujos de caja: 10 u.m. al final del primer año, otras 10 u.m. al final del segundo y 110 u.m. al final del tercero (los intereses de este último año y la recuperación del principal del crédito).

Sin embargo, el cliente esquematizaría la operación de la siguiente forma:

$$100 \;/\; -10 \;/\; -10 \;/\; -110$$

Pues inicialmente percibe un cobro de 100 u.m. y posteriormente tiene que realizar los siguientes desembolsos (flujos de caja negativos): 10 u.m. al final del primer año, otras 10 u.m. al final del segundo, y 110 u.m. al final del tercero para pagar los intereses del último año y devolver el principal del préstamo.

Para calcular la rentabilidad de su inversión, el banco plantearía la siguiente ecuación:

$$0 = -100 + \frac{10}{(1+r)} + \frac{10}{(1+r)^2} + \frac{110}{(1+r)^3}$$

y, evidentemente, concluiría que su rentabilidad anual es el 10 %.

El cliente, por su parte, para calcular el coste anual de su capital (k) plantearía la ecuación del siguiente modo:

$$0 = 100 - \frac{10}{(1+k)} - \frac{10}{(1+k)^2} - \frac{110}{(1+k)^3}$$

y obtendría el mismo resultado: el coste anual de este crédito es el 10 %. La ecuación del cliente es la misma que la del banco sin más que cambiar el signo a ambos lados de la igualdad, por lo cual su solución tiene que ser la misma.

Al igual que el *TIR*, el coste de una fuente de financiación es el tipo de descuento que hace que el valor actual neto de sus flujos de caja sea nulo.

Si la empresa percibe inicialmente A unidades monetarias y ha de abonar posteriormente Q_1 u.m. al final del primer año, Q_2 al final del segundo, ..., y Q_n al final del último (figura 9.1), la representación esquemática de esta financiación sería la siguiente:

$$A \ / \ -Q_1 \ / \ -Q_2 \ / \ ... \ / \ -Q_n$$

y su coste sería el valor de k_f que cumple la expresión:

$$0 = A - \frac{Q_1}{1+k_f} - \frac{Q_2}{(1+k_f)^2} - ... - \frac{Q_n}{(1+k_f)^n}$$

o, lo que es lo mismo:

$$0 = -A + \frac{Q_1}{1+k_f} + \frac{Q_2}{(1+k_f)^2} + ... + \frac{Q_n}{(1+k_f)^n}$$

Figura 9.1

Por consiguiente, en el cálculo del coste de una fuente de financiación surgen las mismas dificultades que en la determinación de la rentabilidad de una inversión y, cuando no puede despejarse k_f, son aplicables las mismas aproximaciones por exceso y por defecto que se estudian en el capítulo correspondiente, al cual nos remitimos.

También remitimos al lector a ese capítulo en lo concerniente a los distintos casos particulares que pueden presentarse en materia de periodicidad de los flujos de caja (semestrales, trimestrales, etc.), constancia o crecimiento constante de los mismos, y duración ilimitada.

3. El coste de los préstamos y empréstitos, y el cálculo de una cuota de amortización constante

3.1. El cálculo del coste

Para calcular el coste efectivo de un préstamo o de un empréstito, se ha de aplicar la expresión anterior, donde A será el principal del crédito neto de gastos y los flujos posteriores (Q_1, Q_2, ..., y Q_n) serán los pagos necesarios para devolver el crédito y abonar sus intereses.

ACTIVIDAD RESUELTA 2

Supongamos, por ejemplo, que una empresa emite un empréstito de 100.000 obligaciones que tienen un nominal de 1.000 u.m. cada una y un plazo de amortización de dos años, sin prima ni quebranto de emisión ni de reembolso, siendo su tipo de interés anual el 15 %. Supongamos, además, que el sindicato bancario encargado de colocar la emisión entre sus clientes le cobra a la empresa un 5 % del importe emitido. ¿Cuál sería el coste de este empréstito?

El importe neto de comisiones que la empresa percibiría inicialmente sería la diferencia entre lo que los obligacionistas abonan (100.000.000 u.m.) y lo que el sindicato bancario retiene como intermediación (el 5 % de 100.000.000 u.m., es decir, 5.000.000), lo cual totaliza 95.000.000:

$$100.000.000 - 0,05 \cdot 100.000.000 = 100.000.000(1 - 0,05) =$$
$$= 95.000.000 \text{ u.m.}$$

El primer año la empresa tiene que abonar el 15 % de 100 millones (15 millones) y el segundo ha de pagar ese mismo 15 % y, además, devolver los 100 millones. Por tanto, el esquema correspondiente a esta operación es el siguiente, en millones de unidades:

$$95 \ / \ -15 \ / \ -115$$

> El coste de este empréstito sería el *ki* que cumple la siguiente expresión:
>
> $$0 = 95 - \frac{15}{(1+k_i)} - \frac{115}{(1+k_i)^2}$$
>
> Resolviendo esta ecuación de segundo grado se deduce que el coste de esta fuente de financiación es el 18,20 % anual.

Cuando no existen gastos de intermediación ni impuestos y, además, los intereses se pagan anualmente y todos los años, y la emisión y el reembolso del crédito se efectúan por su nominal, el coste coincide con el tipo de interés.

Esto es particularmente sencillo de demostrar en el caso del sistema americano, en el que cada año se abonan los intereses del préstamo, y el principal se devuelve enteramente al final de su duración. En efecto, si el tipo de interés del crédito es *i*, la representación esquemática de esta operación será:

$$A \ / \ -iA \ / \ -iA \ / \ ... \ / \ -(iA + A)$$

y su coste será el k_i que cumple la expresión:

$$0 = A - \frac{iA}{1+k_i} - \frac{iA}{(1+k_i)^2} - \cdots - \frac{iA + A}{(1+k_i)^n}$$

o, lo que es lo mismo:

$$0 = A - iA\left[\frac{1}{1+k_i} + \frac{1}{(1+k_i)^2} + \cdots + \frac{1}{(1+k_i)^n}\right] - \frac{A}{(1+k_i)^n}$$

El importe situado entre corchetes es el valor actual de una corriente de flujos de caja unitarios que tiene una duración de *n* años y se le designa como $a_{\overline{n}|k_i}$. Por consiguiente:

$$0 = A - iA\, a_{\overline{n}|k_i} - \frac{A}{(1+k_i)^n}$$

O bien:

$$0 = A - iA\frac{1 - 1/(1+k_i)^n}{k_i} - \frac{A}{(1+k_i)^n} = A - iA\frac{(1+k_i)^n - 1}{(1+k_i)^n k_i} - \frac{A}{(1+k_i)^n}$$

Cuando *i* y k_i coinciden, la parte de la derecha de la igualdad vale:

$$A - A\frac{(1+k_i)^n - 1}{(1+k_i)^n} - \frac{A}{(1+k_i)^n} = A\left[1 - \frac{(1+k_i)^n - 1}{(1+k_i)^n} - \frac{1}{(1+k_i)^n}\right] =$$

$$= A\left[1 - 1 + \frac{1}{(1+k_i)^n} - \frac{1}{(1+k_i)^n}\right] = 0$$

Con lo que queda demostrado que la expresión del coste del crédito se cumple cuando k_i es igual a i, es decir, que bajo las condiciones señaladas el coste del crédito es igual a su tipo de interés.

3.2. El sistema de cuotas constantes

Existe un tipo especial de préstamo que tiene cierto interés por su frecuente utilización en la práctica: es el amortizado mediante el sistema de cuotas constantes.

En el sistema de cuotas constantes todos los períodos se paga la misma cuota Q en concepto de intereses y de devolución del principal.

Por consiguiente, su coste será el k_i que cumple la ecuación:

$$0 = A - \frac{Q}{1+k_i} - \frac{Q}{(1+k_i)^2} - \cdots - \frac{Q}{(1+k_i)^n} =$$

$$= A - Q\left[\frac{1}{1+k_i} + \frac{1}{(1+k_i)^2} + \cdots + \frac{1}{(1+k_i)^n}\right]$$

Por tanto:

$$\boxed{0 = A - Q\, a_{\overline{n}|k_i}}$$

ACTIVIDAD RESUELTA 3

Tomemos como ejemplo el de la empresa de decoración de oficinas Aprovechamiento del Espacio Total, S.A., (Apesto, S.A.), que necesita 100 millones de u.m. durante tres años para ampliar el negocio y se las ha pedido a otra empresa del mismo grupo. Ambas empresas han convenido en que el interés efectivo (coste de Apesto, S.A., y rentabilidad de la empresa que le presta el dinero) sea el 15 % anual. ¿Cuánto vale la cuota constante que amortiza el crédito? ¿Cuál es el cuadro de amortización del préstamo?

Para determinar el importe de la cuota constante, se plantea la ecuación:

$$0 = 100 - Q\, a_{\overline{3}|0,15}$$

donde:

$$a_{\overline{3}|0,15} = \frac{1 - 1/(1+0,15)^3}{0,15} = 2,2832 \text{ u.m.}$$

Por consiguiente:

$$Q = \frac{100}{2,2832} = 43,80 \text{ millones u.m.}$$

Si cada año Apesto, S. A., paga 43,80 millones u.m., el préstamo estará amortizado en tres años y el interés efectivo será el 15 %. En efecto, en la tabla 9.2 se recoge el **cuadro de amortización** del préstamo en millones de u.m.:

AÑO	INTERESES	DEVOLUCIÓN DE PRINCIPAL
1	15	28,80
2	10,68	33,12
3	5,72	38,08
		Total 100,00

TABLA 9.2

El primer año Apesto, S. A., dispone de un préstamo de 100 millones y, por tanto, los intereses han de ser 15 millones (el 15 %). El resto hasta los 43,80 millones (28,80) será devolución del principal. Con ello, la deuda el año siguiente será:

$$100 - 28,80 = 71,20 \text{ millones u.m.}$$

y al final del mismo tendrá que pagar como intereses el 15 %; es decir:

$$0,15 \cdot 71,20 = 10,68 \text{ millones u.m.}$$

El resto hasta los 43,80 millones de cuota fija (33,12 millones) es devolución del principal. Con lo cual, la deuda pendiente durante el tercer año es de 38,08 millones, que se abonan al final del mismo junto con sus intereses, que importan 5,72 millones:

$$0,15 \cdot 38,08 = 5,72 \text{ millones u.m.}$$

Evidentemente, el pago total del tercer año también totaliza 43,80 millones:

$$5,72 + 38,08 = 43,80 \text{ millones u.m.}$$

Como se ha podido comprobar con el ejemplo de la Actividad Resuelta, en los créditos sometidos al sistema de cuotas constantes la parte correspondiente a los intereses se va reduciendo, aumentando complementariamente la destinada a la devolución del principal.

4. El efecto de los impuestos

Los intereses de los préstamos y empréstitos así como los demás gastos que comportan (comisiones, por ejemplo) son deducibles en el impuesto sobre el beneficio.

Si el tipo de gravamen en este tributo es el t por uno, con cada unidad monetaria pagada en forma de intereses o comisiones la empresa se ahorra t u.m.

También son deducibles fiscalmente el quebranto de emisión y la prima de reembolso de los empréstitos. Además, estos dos últimos gastos y otros, como los que comporta la emisión de las obligaciones y la formalización de los préstamos, se pueden imputar a varios ejercicios económicos, dividiéndose entre ellos sus importes.

Si el único gasto que tiene un crédito (sea préstamo o empréstito) son los intereses anuales, y estos se pagan todos los años, el coste de ese crédito antes de tener en cuenta los impuestos, k_i, es el tipo de interés y éste es lo que la empresa tiene que abonar cada año por cada unidad monetaria que le queda de deuda. Si por cada u.m. de intereses se ahorra t u.m. de impuestos, el coste del crédito después de tener en cuenta la deducción de los intereses en el tributo, k'_i será:

$$k'_i = k_i - tk_i = k_i(1 - t)$$

ACTIVIDAD RESUELTA 4

¿Cuál es el coste neto de impuestos del préstamo de cuotas constantes de la actividad resuelta anterior si su tipo de gravamen en el impuesto sobre sociedades fuera el 33 %?

El primer año Apesto, S. A., tenía que pagar como intereses 15 millones, que era el 15 % (tipo de interés y coste del préstamo) de los 100 millones que tenía de deuda. Si el tipo de gravamen de esta empresa en el impuesto sobre el beneficio fuera el 33 %, se evitaría pagar 4,95 millones:

$$0{,}33 \cdot 15 = 4{,}95 \text{ millones u.m.}$$

Con ello, los intereses del préstamo el primer año netos de impuestos serían 10,05 millones, lo cual representa el 10,05 % de su deuda.

El segundo año tenía que pagar como intereses 10,68 millones que, una vez tenidos en cuenta los ahorros de impuestos, suponen 7,1556 millones:

$$10,68 - 0,33 \cdot 10,68 = 7,1556 \text{ millones u.m.}$$

y 7,1556 es el 10,05 % de 71,2, que son los millones que Apesto, S. A., tiene de deuda el segundo año:

$$\frac{7,1556}{71,2} = 0,1005 \text{ por } 1 = 10,05 \text{ por } 100$$

De la misma forma se procede con los cálculos del tercer año. Los intereses netos de impuestos son:

$$5,72(1 - 0,33) = 3,8324 \text{ millones u.m.}$$

y, salvando los errores de redondeo, esta cifra es el 10,05 % de los 38,08 millones de deudas que tiene la empresa el tercer año.

El coste del préstamo de Apesto, S. A., antes de tener en cuenta los impuestos era el 15 %. Aplicando la expresión anterior se obtiene, como es evidente, un coste después de impuestos igual al 10,05 %:

$$k_i' = k_i(1 - t) = 0,15(1 - 0,33) = 0,1005 \text{ por } 1 = 10,05 \text{ por } 100$$

La demostración analítica de esta expresión es particularmente sencilla en el caso del crédito sometido al sistema americano de amortización. Como se demostró anteriormente, si no existen otros costes (comisiones, quebranto de emisión, prima de reembolso, etcétera) que no sean los intereses y además estos se pagan todos los años, y la emisión y el reembolso se efectúan por el nominal, el coste de este tipo de crédito antes de tener en cuenta los impuestos, k_i, coincide con su tipo de interés. Sin embargo, si existieran impuestos sobre el beneficio, la representación esquemática de una de estas operaciones sería la siguiente:

$$A \ / \ -i \cdot A(1 - t) \ / \ -i \cdot A(1 - t) \ / \ \cdots \ / -[i \cdot A(1 - t) + A]$$

El coste de esta fuente de financiación después de tener en cuenta el impuesto sobre el beneficio será el k_i' que cumple:

$$0 = A - \frac{i \cdot A(1 - t)}{1 + k_i'} - \frac{i \cdot A(1 - t)}{(1 + k_i')^2} - \cdots - \frac{i \cdot A(1 - t) + A}{(1 + k_i')^n}$$

y siguiendo los mismos pasos de la demostración que se hizo para el caso de inexistencia de impuestos se concluye que:

$$k'_i = i(1 - t)$$

Por otra parte, en aquella demostración se dedujo que cuando no hay impuestos el coste de esta financiación es igual a su tipo de interés:

$$k_i = i$$

Por tanto:

$$k'_i = k_i(1 - t)$$

ACTIVIDAD RESUELTA 5

Una empresa que tiene un crédito cuyo coste anual antes de impuestos es el 12 %, está gravada en el impuesto sobre sociedades con el 35 % ¿Cuánto vale su coste después de tener en cuenta el impuesto?

$$k'_i = k_i - t \cdot k_i = k_i(1 - t) = 0{,}12(1 - 0{,}35) = 0{,}078 \text{ por } 1 = 7{,}8 \text{ por } 100$$

5. El coste del crédito comercial

El crédito comercial es el concedido a la empresa por sus proveedores permitiendo el pago aplazado de sus adquisiciones.

Es habitual que los proveedores permitan a la empresa aplazar los pagos un cierto número de días, D, y que le hagan un descuento si paga al contado. Supongamos que el precio de cada unidad física de producto sea C unidades monetarias y que el denominado descuento por pronto pago sea del s por uno, de modo que si abona las compras al contado la empresa sólo tiene que pagar:

$$C - sC = C(1 - s) \text{ unidades monetarias}$$

Muchos empresarios y comerciantes entienden que el proveedor no les cobra ningún interés si pagan a plazo, y perciben un ahorro en el pago al contado, como si aquél les regalara el descuento. En realidad, el planteamiento correcto es el inverso. El verdadero precio es el denominado precio de contado o precio al contado, es decir, $C(1-s)$ y cuando se paga a plazo el proveedor carga unos intereses iguales a sC, lo cual significa que cada D días aplica un tipo de interés, h, igual a:

$$h = \frac{sC}{C(1-s)} = \frac{s}{1-s}$$

Habitualmente los empresarios utilizan el siguiente procedimiento incorrecto para calcular el coste anual: tomando el año comercial de 360 días, el periodo D está comprendido en el año $360/D$ veces y, como cada D días el coste es h, el coste anual será:

$$\frac{360}{D} h = \frac{360}{D} \frac{s}{1-s}$$

El procedimiento correcto es calcular la tasa anual, k_c, equivalente a la tasa h, del siguiente modo (véase figura 9.2):

$$(1+h)^{360/D} = 1 + k_c$$

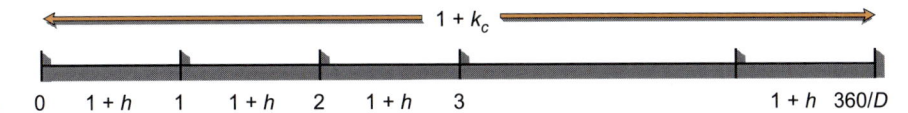

Figura 9.2

El verdadero coste anual del crédito comercial es el tipo k_c calculado de este modo:

$$k_c = (1+h)^{360/D} - 1$$

Esta tasa, k_c, puede compararse con las de otras fuentes de financiación alternativas para elegir la más conveniente.

Debe saberse que en numerosas ocasiones este análisis no se realiza y que muchas empresas están incurriendo en costes financieros enormes sin advertirlo. Si lo hicieran, tomarían un crédito bancario y pagarían al contado a sus «generosos» proveedores.

ACTIVIDAD RESUELTA 6

Un pequeño industrial posee una panadería. Su proveedor habitual de harina le cobra 30 u.m. por cada kilogramo del mismo si el industrial le paga a los treinta días, y le aplica un 10 por 100 de descuento si le paga al contado. Se desea conocer el coste anual del crédito comercial de este pequeño industrial.

El proveedor aplica un descuento tal que colocando 27 u.m. durante un mes al tanto que llamaremos «h», pueda obtener al final del mismo 30 u.m.:

$$27(1 + h) = 30$$

De donde h, que es el coste mensual es:

$$h = \frac{30}{27} - 1 = 0{,}111111$$

La tasa anual será:

$$k = (1 + 0{,}111111)^{12} - 1 = 2{,}5407 \text{ por } 1 = 254{,}07 \text{ por } 100$$

Contablemente, algunas empresas consideran al importe sC (es decir, al descuento; al mayor pago que ha de hacerse al proveedor por utilizar la posibilidad de aplazamiento) como un gasto financiero. Otras consideran que se trata de un ingreso financiero que se produce cuando se paga al contado. En cualquiera de los casos, el aplazamiento de los pagos hace que el beneficio fiscal sea menor y los impuestos se reducen en $s \cdot C \cdot t$ por unidad de producto adquirida a plazo. Como consecuencia, el descuento neto de impuestos es:

$$sC - sCt = sC(1 - t)$$

y la tasa h ha de sustituirse por la h' siguiente:

$$h' = \frac{sC(1 - t)}{C(1 - s)} = \frac{s(1 - t)}{(1 - s)}$$

Es decir:

$$\boxed{h' = h(1 - t)}$$

El coste anual de esta fuente financiera se calcula luego de la misma forma que antes, pero utilizando esta tasa, h', en lugar de la tasa h.

6. El efecto de la inflación y el cálculo del coste según valores de mercado

La inflación favorece a los deudores y perjudica a los acreedores. Como ya es sabido, si un banco concede a un cliente un crédito al 10 % anual de rentabilidad efectiva (coste efectivo del cliente) y la tasa de inflación anual durante la vida del crédito es también el 10 %, la rentabilidad real del banco será nula (y también será nulo el coste real para el cliente). Más concretamente, como es obvio, la relación entre el coste aparente, k_A, y el coste real o coste del crédito en términos de capacidad adquisitiva, k_R, será:

$$k_R = \frac{k_A - g}{1 + g}$$

> Al modificarse la rentabilidad real requerida de un título que documenta un crédito, se altera el precio de ese título, de manera que la rentabilidad real que genere sea la que los inversores requieren.

donde, como siempre, g es la tasa de inflación anual.

Dicho de otro modo, si la inflación anual esperada es g y quien financia a la empresa considera que, dadas sus características de riesgo y la rentabilidad de las inversiones seguras, la tasa real esperada de la operación ha de ser k_R, aplicará una tasa nominal igual al k_A siguiente:

$$k_A = k_R + g + k_R g$$

ACTIVIDAD RESUELTA 7

Tomemos como ejemplo el caso de la empresa Ruino, S. A., que emitió hace dos años un empréstito de obligaciones que tenían un valor nominal de 1.000 u.m. y un plazo de amortización de cinco años, por lo que ahora quedan tres años para su vencimiento. En aquella época la rentabilidad requerida por el mercado de estos títulos era del 10 %. Por ello Ruino, S. A., no tuvo dificultades para colocar todas las obligaciones emitiéndolas por 1.000 u.m. con un interés del 10 % y con un precio de reembolso de 1.000 u.m. Pero actualmente, por diversas circunstancias (alteraciones de la rentabilidad del activo libre de riesgo, nueva tasa de inflación esperada, modificaciones en el nivel de riesgo de Ruino, S. A., rentabilidad que ofrecen otros títulos semejantes, etcétera), la rentabilidad que el mercado exige de estos títulos es el 12 %. Como los intereses se calculan aplicando el tipo de interés nominal (el 10 %) sobre el valor nominal (1.000 u.m.), quien adquiere una obligación obtiene unos intereses anuales de 100 u.m. y el precio de reembolso dentro de tres años (1.000 u.m.). ¿Qué precio tendrá ahora una de estas obligaciones? ¿Cuál es ahora el coste de este empréstito?

Para obtener una rentabilidad aparente del 12 % anual (y con ello la tasa real que corresponda) habrá de pagar por estos títulos 952 u.m.:

$$\frac{100}{1 + 0{,}12} + \frac{100}{(1 + 0{,}12)^2} + \frac{100 + 1.000}{(1 + 0{,}12)^3} = 952 \text{ u.m.}$$

Pagando por cada obligación 952 u.m., el obligacionista obtiene la rentabilidad que ahora requiere el mercado para estos títulos. Por ello, su cotización bursátil se aproximará a este importe.

Si Ruino, S. A., necesitara emitir un nuevo empréstito de obligaciones, tendría que hacerlo de modo que la rentabilidad de quien las suscriba sea mayor o igual que el 12 %; si no lo hiciera así, no conseguiría colocarlas. Por ejemplo, si las emite por tres años y con un valor nominal de 1.000 u.m., el precio de emisión no podrá superar las 952 u.m.: si las emitiera por un precio mayor, sería preferible adquirir en la Bolsa las obligaciones antiguas. Para emitirlas por 1.000 u.m. tendría que fijar un tipo de interés del 12 % anual. Este es, por tanto, el *nuevo coste* de esta fuente de financiación. Hace dos años el coste de los empréstitos de esta empresa era el 10 %; pero ahora es el 12 %.

En la práctica, lo que habitualmente se conoce es la cotización bursátil del título P_i y los flujos de caja que generará en el futuro (Q_1, Q_2, ..., Q_n), siendo su coste lo que se desea calcular. Para ello, se aplicará la expresión:

$$P_i = \frac{Q_1}{1 + k_i} + \frac{Q_2}{(1 + k_i)^2} + \cdots + \frac{Q_n}{(1 + k_i)^n}$$

Evidentemente, en esta expresión k_i es el coste antes de tener en cuenta los impuestos y la inflación. Al tener en cuenta los impuestos el coste se reduce.

ACTIVIDAD RESUELTA 8

Por ejemplo, si Ruino, S. A., a la que se refiere la Actividad anterior está sometida a un tipo de gravamen del 33 %, ¿cuál será el coste de su empréstito después de impuestos?

Después de tener en cuenta los impuestos, el coste del empréstito de Ruino, S. A., será el 8,04 %:

$$k'_i = 0,12(1 - 0,33) = 0,0804 = 8,04\,\%$$

Los impuestos hacen que difieran la rentabilidad de los acreedores y el coste de los deudores.

ACTIVIDAD RESUELTA 9

Si, además, durante la vida del empréstito de Ruino, S. A., existe una tasa de inflación media del 4 % anual, ¿cuál será su coste real?

El coste real de esta fuente de financiación es el 3,88 %:

$$k'_{iR} = \frac{0,0804 - 0,04}{1 + 0,04} = 0,0388 = 3,88\,\%$$

7. El coste del capital obtenido mediante la emisión de acciones

Hasta el momento se ha estudiado el coste de las distintas fuentes de financiación ajena. Como ya es sabido, la financiación propia proviene de las aportaciones de los socios y de la autofinanciación. En el siguiente apartado se estudia el coste de la autofinanciación. Este se dedica al coste de las aportaciones de los socios o, más concretamente, al caso más relevante, que es la emisión de acciones.

A los accionistas se les remunera mediante el pago de dividendos. Del mismo modo que los obligacionistas de Ruino, S. A., para fijar el precio de la obligación actualizaban sus intereses y el precio de reembolso, para establecer la cotización de la acción sus accionistas actualizan los dividendos que esperan obtener y como tipo de actualización aplican la tasa de rentabilidad esperada que exigen.

Habitualmente las acciones no tienen plazo de amortización, por lo que su duración ha de considerarse ilimitada. Para cada accionista individual la acción es un título que puede vender y obtener un cierto precio al final de algún periodo, pero para el mercado en su conjunto las acciones no se amortizan nunca (a no ser en algún caso muy particular en el que se espera que la empresa vaya a reducir su capital social, o que quiebre o se liquide por cualquier causa).

Por tanto, denominando d_e al dividendo del t-ésimo año y k_e a la rentabilidad esperada que exigen los accionistas de esta empresa, el precio de una acción será el P_e que cumple la expresión:

$$P_e = \frac{d_1}{1+k_e} + \frac{d_2}{(1+k_e)^2} + \frac{d_3}{(1+k_e)^3} + \dots$$

Como ya es sabido, si los dividendos anuales esperados fueran constantes e iguales a d, la expresión aplicable sería la siguiente:

$$P_e = \frac{d}{k_e}$$

Fijando esta cotización a la acción, los accionistas se aseguran de que su rentabilidad esperada (d/P_e) coincide con la que ellos requieren (k_e):

$$k_e = \frac{d}{P_e}$$

Por consiguiente, el coste del capital obtenido mediante la emisión de acciones es k_e, es decir, la rentabilidad que exigen quienes aportan estos fondos.

Si el dividendo abonado por la empresa fuera inferior, las expectativas de los inversores se verían defraudadas y el precio de las acciones se reduciría. Dejar que esto sucediera significaría no atender al principal objetivo financiero de la empresa, que es precisamente maximizar la riqueza de los accionistas por su pertenencia a la empresa.

Aunque el supuesto de dividendos esperados constantes puede ser aplicable a algunas acciones, en la mayoría de los casos lo razonable es pensar que los accionistas esperan que el dividendo vaya aumentando con el paso del tiempo. Existen varias razones para ello:

— En primer lugar, si la renta nacional del país crece, es evidente que la de su empresa media también lo hará, es decir, que por término medio, los beneficios de las empresas crecen. Dado que los dividendos son el resultado de repartir beneficios, si estos aumentan parece razonable que también crezcan aquéllos.
— En segundo lugar, cuando existe inflación y los dividendos son constantes su valor real se va reduciendo con el tiempo. Si la empresa desea pagar un dividendo constante en términos reales, el número de unidades monetarias que habrá de abonar cada año tendrá que crecer en una tasa igual que la de inflación.
— En tercer lugar, es evidente que las empresas tienen como uno de sus objetivos el del crecimiento del beneficio y si este objetivo se consigue también tenderán a crecer los dividendos.

Por todo ello, parece más razonable pensar que los inversores esperan que el dividendo crezca según una cierta tasa, f. Si así fuera, el precio de la acción sería el siguiente:

$$P_e = \frac{d_1}{1+k_e} + \frac{d_1(1+f)}{(1+k_e)^2} + \frac{d_1(1+f)^2}{(1+k_e)^3} + \frac{d_1(1+f)^3}{(1+k_e)^4} + \ldots$$

Como se recordará, el valor actual de una serie ilimitada de flujos de caja (dividendos, en este caso) que crecen a una tasa constante es igual al cociente entre el primer flujo y la diferencia entre el tipo de descuento y la tasa de crecimiento. Por tanto, se obtiene:

$$P_e = \frac{d_1}{k_e - f}$$

De donde se deduce que:

$$\boxed{k_e = \frac{d_1}{P_e} + f}$$

Seguidamente se comprobará que la rentabilidad esperada requerida se encuentra formada por una rentabilidad esperada requerida por dividendos (igual al cociente d_1/P_e) y por una rentabilidad esperada requerida por ganancias de capital (igual a la tasa de crecimiento de los dividendos, f).

Como también se recordará, ha de suponerse que k_e es superior que la tasa f, pues si no lo fuera la acción valdría infinitas unidades monetarias y no existe ninguna que tenga este precio, por lo cual no hay ninguna acción de la que se espere que sus dividendos crezcan a una tasa superior que su rentabilidad requerida.

ACTIVIDAD RESUELTA 10

¿Cuál será el precio hacia el que tienden las acciones de Ruino, S. A., que ha asegurado a sus accionistas que dentro de un año les pagará un dividendo de 100 u.m. y que posteriormente crecerá a una tasa del 10 %, si la rentabilidad requerida de estas acciones es el 12 %?

El precio será 5.000 u.m.:

$$P_e = \frac{100}{0{,}12 - 0{,}10} = 5.000 \text{ u.m.}$$

ACTIVIDAD RESUELTA 11

Si las condiciones se mantienen, ¿cual será el precio de las acciones de Ruino, S. A., dentro de un año? ¿Y dentro de dos años?

Repitamos el análisis al final del primer año (principio del segundo). Para estimar la cotización en ese momento, aplicamos la misma expresión, pero ahora el próximo dividendo es de 110 u.m. Por consiguiente:

$$P_e = \frac{110}{0{,}12 - 0{,}10} = 5.500 \text{ u.m.}$$

Comprando la acción al principio del año por 5.000 u.m., al final se tienen 5.500, lo cual representa una **ganancia de capital** o **plusvalía** de 500 u.m., es decir, del 10 % del capital invertido: el precio de la acción crece según la misma tasa que los dividendos.

El resto hasta el 12 % de rentabilidad requerida total proviene de los dividendos (100 u.m. representa un 2 % de las 5.000 u.m. que cuesta el título al comienzo del año). Puede comprobarse que si se cumplen las expectativas y se mantienen, los años siguientes se cumple la misma relación. Por ejemplo, el siguiente dividendo valdría 121 u.m. (un 10 % mayor que 110) y el valor de la acción al final del segundo año sería:

$$P_e = \frac{121}{0{,}12 - 0{,}10} = 6.050 \text{ u.m.}$$

Lo cual representa un crecimiento de 550 u.m. sobre las 5.500 que valía la acción al principio de ese año. El resto, hasta el 12 %, es el 2 % obtenido con el dividendo, que importa 110 u.m. sobre las 5.500 u.m.

ACTIVIDAD RESUELTA 12

¿Qué conclusiones se obtienen en cuanto a la rentabilidad por dividendos y por ganancias de capital o plusvalías, de los resultados de las dos actividades anteriores?

De lo dicho en la resolución de las actividades anteriores se deduce que esperar (o requerir) que el dividendo crezca constantemente significa esperar (o requerir):

— Que el precio de la acción crezca a la misma tasa constante, f, que será la rentabilidad esperada (o requerida) por ganancias de capital.
— Que la rentabilidad por dividendos sea constante.
— Que, como consecuencia, sea constante la rentabilidad total.

Los mismos principios son aplicables a las acciones cuyos dividendos se espera que se vayan reduciendo a una tasa constante. En tal caso, la tasa f sería negativa e igual a la rentabilidad negativa anual por minusvalías o pérdidas de capital (plusvalías negativas), y la rentabilidad por dividendos y la total serían constantes.

En realidad, como ha podido comprobarse, esta fuente de financiación tiene un coste. Más aún, se trata de una fuente más cara que el crédito.

Los no iniciados en la materia pudieran pensar que el capital obtenido mediante emisión de acciones puede ser una fuente de financiación barata. Bastaría con emitir las acciones y no pagar dividendos.

Las principales razones por las que los accionistas requieren una rentabilidad mayor que los acreedores se derivan del mayor riesgo que deben soportar; más concretamente, son las siguientes (tabla 9.3):

— Los dividendos se reparten cuando la empresa obtiene beneficios y, además, se decide repartir la totalidad o parte de esos beneficios, en lugar de retenerlos íntegramente dentro de la empresa para hacer frente a sus necesidades de inversión. Es decir, a diferencia de las obligaciones, que incorporan la obligación del pago de los intereses y la devolución del principal, las acciones no incorporan un compromiso de pago de dividendos. Quien compra una acción puede esperar obtener dividendos, pero es posible que esa esperanza se frustre. Si una empresa tiene pérdidas, no pagará dividendos a sus accionistas, pero tendrá que seguir pagando los intereses a sus acreedores, a menos que se declare en situación de suspensión de pagos o de quiebra.
— Si quebrara la empresa, se liquidarían sus activos y con el importe obtenido se pagarían sus deudas. Si después de pagar a los obligacionistas y a los demás acreedores quedara algún dinero, éste se repartiría a los accionistas, quienes son los últimos en cobrar.

— Generalmente, quien adquiere acciones lo hace con la esperanza de venderlas en un importe superior a su precio de adquisición. Los inversores esperan obtener plusvalías (ganancias de capital), pero, evidentemente, se pueden encontrar con pérdidas de capital o minusvalías. Los precios de las acciones oscilan mucho más que los de las obligaciones, por lo cual su riesgo es mucho más elevado.

TABLA 9.3

PRINCIPALES RAZONES POR LAS QUE EL COSTE DEL CAPITAL PROPIO ES SUPERIOR QUE EL DEL CAPITAL AJENO
• Inexistencia de un compromiso de pago de dividendos. • Mayor riesgo en caso de quiebra. • Mayor riesgo de depreciación.

Junto a estos motivos concernientes a las diferencias de riesgos, no ha de olvidarse que los intereses de las deudas son gastos deducibles en el impuesto sobre la renta de las sociedades, en tanto que los dividendos no son gastos sino repartos de beneficios y, por ello, no son deducibles.

8. El coste de la autofinanciación y las decisiones de distribución de dividendos

Para analizar el coste de los beneficios retenidos, partiremos del supuesto más sencillo, es decir, de aquel en el que los dividendos esperados son constantes.

Supongamos que una empresa dispone de m unidades monetarias de beneficio por acción y que se plantea la alternativa de repartirlas o retenerlas para financiar unas inversiones de las que espera una rentabilidad anual igual a r. Sea, además, d el dividendo anual constante esperado en el caso de que la empresa reparta como dividendos las m u.m. Si lo hiciera, el precio de la acción valdría:

$$P_e = \frac{d}{k_e}$$

Y la riqueza del accionista por cada acción de la que es propietario, R, sería el resultado de añadir a ese precio de la acción las m u.m. que se le repartirían como dividendo:

$$R = P_e + m = \frac{d}{k_e} + m$$

Si, por el contrario, la empresa retuviera las *m* unidades monetarias para invertirlas con una rentabilidad anual esperada igual a *r*, el flujo de caja anual esperado de esta inversión sería $r \cdot m$, con lo cual los futuros dividendos esperados pasarían a ser:

$$d + r \cdot m$$

y la riqueza del accionista por cada acción que posea, R', sería el nuevo valor de la acción, P'_e, es decir, el resultado de actualizar ese dividendo esperado aplicando la rentabilidad requerida por los accionistas:

$$R' = P'_e = \frac{d + r \cdot m}{k_e}$$

Dado que se desea maximizar la riqueza del accionariado, la condición de retención de las *m* unidades será que:

$$R' \geqslant R$$

es decir:

$$\frac{d + rm}{k_e} \geqslant \frac{d}{k_e} + m$$

O, lo que es lo mismo:

$$\frac{d}{k_e} + \frac{rm}{k_e} \geqslant \frac{d}{k_e} + m$$

De donde se deduce finalmente que la condición de retención de los beneficios es:

$$\boxed{r \geqslant k_e}$$

Por consiguiente, k_e es el coste de los recursos propios, independientemente de su procedencia (emisión de acciones o autofinanciación).

Dado que los accionistas exigen la misma rentabilidad del capital que aportan suscribiendo acciones que de los beneficios que no se les reparten, el coste de la autofinanciación coincide con el del capital obtenido mediante la emisión de acciones, k_e.

El análisis realizado para determinar el coste de la autofinanciación permite concluir, en cuanto a las decisiones de distribución de los beneficios, que la política de dividendos óptima consiste en repartirlos siempre que la rentabilidad que se espere obtener en la empresa si se les retiene, *r*, sea inferior que la rentabilidad esperada requerida por los accionistas, k_e.

Sin embargo, en la práctica las políticas de dividendos más habitualmente seguidas por las empresas son las siguientes:

1. Pagar un dividendo nominal constante, lo cual reduce la incertidumbre de los accionistas y eleva la estabilidad de la cotización de la acción.
2. Pagar dividendos reales constantes, lo cual obliga a que nominalmente crezcan aproximadamente a la misma tasa que la de inflación. En este caso, la incertidumbre del accionista es menor, incluso, que en el caso anterior, al paliarse el riesgo proveniente de la inflación.
3. Aplicar un coeficiente de reparto estable. El coeficiente de reparto, b, es el tanto por uno de los beneficios que se distribuye en forma de dividendos. El coeficiente $(1 - b)$ será el coeficiente de retención, es decir, el tanto por uno de los beneficios que se retiene para autofinanciación.

    Establecer un coeficiente de reparto equivale a repartir todos los años una proporción fija del beneficio. Cuando éste es constante, esta política equivale a la señalada en primer lugar (dividendo nominal constante).

    Si el beneficio crece a una tasa aproximadamente igual a la de la inflación, esta política equivale a la señalada en segundo lugar (dividendo real constante). Pero si el beneficio oscilara sensiblemente de unos años a otros, esta política daría lugar a una gran variabilidad de los dividendos e incertidumbre de los accionistas.
4. Alguna de las políticas anteriores, pero con cierta flexibilidad. La aplicación de políticas tan rígidas como las señaladas anteriormente provoca una falta de flexibilidad para la toma de decisiones que puede dar lugar a diferentes tipos de problemas (exceso o escasez de autofinanciación, o de capital propio en general, en relación a la estructura financiera deseada).

    Para evitarlo, se acude a procedimientos de ajuste como el abono de dividendos extraordinarios o la entrega de acciones liberadas cuando existe un exceso de beneficios retenidos.
5. Pago de dividendos variables en función de las necesidades financieras de la empresa dadas las inversiones disponibles. Aunque pueda parecer que esta no es una política estable, sino más bien una «antipolítica», es la mejor política de dividendos. Cuando la rentabilidad esperada de las inversiones disponibles sea inferior que el coste del capital propio, se deben repartir los beneficios.

9. El coste medio ponderado del capital

Hasta el momento, se han venido analizando los costes de las distintas fuentes financieras aisladamente. Pero es importante conocer el coste medio que tienen globalmente.

Este coste promedio se calcula como una media aritmética ponderada de los costes de las diversas fuentes, utilizándose como ponderaciones los valores de mercado de las mismas.

En el caso más simple, en el que la única distinción que tiene interés es la que se establece entre los recursos propios (que importan S u.m. y cuyo coste anual es k_e) y los ajenos (cuyo importe es B u.m., siendo k'_i su coste anual neto de impuestos), el coste medio ponderado, k_o, será:

$$k_o = \frac{k_e S + k'_i B}{S + B}$$

ACTIVIDAD RESUELTA 13

Tomemos, por ejemplo, el caso de una empresa que cuenta con dos fuentes financieras: unas deudas cuyo valor de mercado totaliza 70 millones de u.m., y unos recursos propios representados por 200.000 acciones cuya cotización bursátil es de 1.000 u.m. cada una. Los costes anuales antes de tener en cuenta la inflación ni los impuestos son el 10 % para los créditos y el 14 % para los recursos propios. El tipo de gravamen de esta empresa en el impuesto sobre la renta de las sociedades es el 35 % y la tasa de inflación media anual esperada es el 6 % ¿Cuánto vale su coste de capital medio ponderado real?

Como los intereses de las deudas son gastos deducibles en el impuesto sobre el beneficio, puede estimarse que el coste neto de impuestos de las deudas es el 6,5 % anual:

$$k'_i = 0{,}10(1 - 0{,}35) = 0{,}0650 = 6{,}5 \text{ \% anual}$$

Puesto que la empresa cuenta con 200.000 acciones, cada una de las cuales cotiza a 1.000 u.m., el valor de mercado del capital propio será 200 millones. En consecuencia, el coste medio del capital antes de tener en cuenta la inflación (coste medio aparente) es el 12,056 %:

$$k_o A = \frac{0{,}0650 \cdot 70 + 0{,}14 \cdot 200}{70 + 200} = 0{,}12056 = 12{,}056 \text{ \%}$$

Tras tener en cuenta la existencia de inflación, el coste medio ponderado real que se obtiene es el 5,71 %:

$$\frac{12{,}056 - 0{,}06}{1 + 0{,}06} = 0{,}0571 = 5{,}71 \text{ \% anual}$$

EL COSTE DEL CAPITAL Y LA VALORACIÓN DE EMPRESAS

En la práctica, existen muchas fuentes de financiación que no cotizan en ningún mercado, por lo que no es posible acudir a él para conocer de forma inmediata las valoraciones de las mismas. No obstante, en muchas ocasiones pueden obtenerse estimaciones relativamente razonables.

ACTIVIDAD RESUELTA 14

Tomemos como ejemplo el caso de la empresa fabricante de embutidos Sebo, S. A., que tomó hace dos años un crédito bancario de 10 millones a cuatro años, por lo que quedan dos para su amortización. En aquel momento, el banco le impuso un tipo de interés del 10 % anual y el sistema americano de amortización. Para calcular el valor actual de este crédito, el director financiero de Sebo, S. A., ha acudido a diversos bancos preguntando por el tipo de interés efectivo que le aplicarían ahora en un crédito a dos años con sus características. Por término medio, la respuesta ha sido el 12 % ¿Cuál es la estimación de su valor de mercado?

El coste actual estimado de este crédito es el 12 %, y su valor actual, por el que se estima su valor de mercado, es 9.661.990 u.m:

$$\frac{1.000.000}{(1 + 0,12)} + \frac{11.000.000}{(1 + 0,12)^2} = 9.661.990 \text{ u.m.}$$

Quien pagará por este préstamo 9.661.990 u.m. obtendría una rentabilidad anual del 12 %, que es la rentabilidad actualmente requerida en el mercado.

---

10. El coste del capital y la selección de inversiones. El coste de oportunidad del capital

Como se expuso en la Actividad Resuelta anterior, el coste del préstamo de Sebo, S. A., es el 12 % (y no el 10 al que inicialmente se endeudó) porque es el tipo que actualmente aplicaría el mercado a un crédito como este. Es el coste marginal, es decir, el coste en el que tendría que incurrir para financiar una nueva inversión utilizando esta fuente.

Pero el problema también podría haberse planteado y resuelto en términos de costes de oportunidad: si el mercado paga un 12 % por estos fondos, la propia Sebo, S. A., podría colocarlos en él a ese tipo de rentabilidad; rentabilidad que pierde (deja de ganar) si los aplica a otro destino.

Cuando se determinó el coste de la autofinanciación, se compararon sólo dos alternativas: repartir las m u.m. de beneficios o reinvertirlas al tipo r. Se llegó a la conclusión de que es preferible reinvertirlas cuando ese tipo es mayor que la rentabilidad que los accionistas exigen, en tanto que si es inferior es mejor repartirlas. En la práctica, el problema no es tan simple pues han de compararse más alternativas de decisión.

Por ejemplo, puede haber otras fuentes de financiación de la inversión y es posible que alguna de ellas tenga un coste inferior y que no eleve sustancialmente el riesgo de la empresa, lo cual podría provocar un aumento de los dividendos esperados sin que se alterara la rentabilidad requerida por los accionistas. Si así fuera, esta posibilidad podría ser preferible a la autofinanciación por dar lugar a un mayor crecimiento del precio de la acción y a una riqueza del accionista más elevada.

Además, como ya es sabido, cuando ha de elegirse entre un conjunto de inversiones mutuamente excluyentes la rentabilidad esperada que ha de exigirse de una de ellas es la que se deja de obtener al dejar de realizar la inversión alternativa (siempre que la de ésta supere al coste del pasivo y que compense por el riesgo de la inversión y por la inflación esperada). En el sentido de coste de oportunidad, la rentabilidad esperada de ésta última es el coste del capital invertido en aquella.

> Por ello, en las empresas que se encuentran en fase de crecimiento, que tienen posibilidades de realizar diversas inversiones cuya rentabilidad es superior a la que se puede obtener en el mercado financiero, el coste del capital no ha de buscarse en el pasivo, sino en otros activos alternativos.

11. Valoración de empresas

La valoración de empresas incorpora diversos elementos que hacen que el valor resultante tenga cierto caracter subjetivo y relativo.
Un elemento de relatividad es el objetivo perseguido por el sujeto con la valoración. Según cual sea el objetivo se distingue entre valoración en liquidación y valoración en funcionamiento.

Lo relevante cuando se trata de valorar una empresa en liquidación es su valor como conjunto de bienes, derechos y deudas: como organización muerta, no como empresa en marcha; como patrimonio inerte y no como sistema vivo. En tal caso, el problema se limita a estimar el precio que tiene en el mercado cada uno de los bienes, derechos y deudas que tiene la empresa.

La valoración en funcionamiento suele ser bastante más compleja que la valoración en liquidación.

Bajo esta consideración, la empresa no es una organización muerta, sino un ente cambiante inmerso en una realidad económica de la que depende,

> La valoración en liquidación es la que realizaría una persona que piensa adquirir la empresa para vender sus activos, pagar a los acreedores, y quedarse con la diferencia entre el montante así obtenido y el precio pagado por ella.

Como indica su nombre, el valor en funcionamiento es el que tiene la empresa para quien piensa continuar con el negocio.

dirigida por una persona o grupo de personas y en la que el propietario ha de afrontar riesgos de pérdidas.

11.1. Valor sustancial, valor de rendimiento y fondo de comercio

El *valor de reposición* de un bien es lo que costaría adquirir otro bien que, aunque no sea igual que aquél, pueda sustituirlo por tener la mismas prestaciones y la misma capacidad de producción y de generación de rentas.

El valor sustancial de una empresa, *VS*, es el resultado de deducir sus deudas a los valores de reposición actualizados de todos sus bienes y derechos.

Interesará liquidar una empresa cuando su valor en funcionamiento sea inferior que su valor en liquidación, es decir, cuando valga más como organización muerta que como sistema vivo.

Por tanto, es el valor de los capitales propios invertidos en la empresa según tales valores de reposición actualizados. La mayoría de los autores estan de acuerdo en tomar el valor sustancial como valor material de la empresa, al que ha de añadirse el fondo de comercio, que es la parte inmaterial, para obtener su valor global.

Hay autores que distinguen entre el valor sustancial bruto, que es el valor de reposición actualizado de todos los activos, y el valor sustancial neto, que se obtiene al deducir de aquél las deudas. No obstante, lo más habitual es hablar simplemente de valor sustancial para referirse al neto, que es el más utilizado.

ACTIVIDAD RESUELTA 15

Por ejemplo, dado que el valor de reposición actualizado de la empresa Vali, S. A., es 250 u.m., en tanto que sus deudas totalizan 150 u.m., su valor sustancial vale 100 u.m.:

$$VS = 250 - 150 = 100 \text{ u.m.}$$

El valor de rendimiento es el valor actual de todas las rentas que generará la empresa en el futuro.

El valor de rendimiento es el valor que tiene la empresa para quien la mantenga en funcionamiento.

Cuando una persona o entidad adquiere una empresa y desea que continúe con su actividad, lo que realmente desea adquirir son unas rentas futuras. En tal caso, adquirir una empresa es realizar una inversión que en principio podría valorarse y analizarse como cualquier otra. Como se recordará, el valor actual de los flujos de caja de una inversión es:

$$\frac{Q_1}{1+k} + \frac{Q_2}{(1+k)^2} + \cdots + \frac{Q_n}{(1+k)^n}$$

donde k es la rentabilidad requerida de la inversión en cuestión. Cuando esta expresión se aplica a la inversión en la adquisición de una empresa, al resultado se le denomina valor de rendimiento, *VR*.

No obstante, la inversión en una empresa presenta una serie de peculiaridades. La primera es que habitualmente su duración tiende a infinito, pues las empresas no suelen tener una fecha de disolución o extinción (con la excepción de algunas, como las mineras, cuyas explotaciones estan sometidas a un plazo de caducidad). La segunda es la dificultad existente para estimar sus flujos de caja, que obliga a realizar algunos supuestos simplificadores. Así, aunque lo que se debe prever es los flujos de caja, lo más habitual es tomar como estimación de los mismos los beneficios.

Como ya es sabido, entre los flujos de caja y los beneficios existen importantes diferencias, pero, dada la falta de exactitud que existe siempre en las valoraciones de empresas, no pensamos que esa práctica provoque una inexactitud relevante en relación al total en la mayoría de los casos.

Más aún, dada la dificultad existente para prever el beneficio de cada periodo, lo habitual es estimar un beneficio promedio anual y suponer que ese promedio, *B*, se mantendrá constante en todos los años. Como se ha señalado anteriormente, resultaría más correcto suponer que el beneficio crece a cierta tasa, pues crecen los precios, la renta nacional, etcétera, pero, en cualquier caso, el de constancia es el supuesto más frecuente en la práctica.

Por tanto, cuando se supone que la duración de la empresa es de *n* años., habitualmente el valor de rendimiento responderá a la expresión:

$$VR = \frac{B}{1+k} + \frac{B}{(1+k)^2} + \cdots + \frac{B}{(1+k)^n} =$$

$$VR = B\left[\frac{1}{1+k} + \frac{1}{(1+k)^2} + \cdots + \frac{1}{(1+k)^n}\right]$$

o lo que es lo mismo, según se sabe:

$$\boxed{VR = B\, a_{\overline{n}|k} = B\,\frac{1 - 1/(1+k)^n}{k}}$$

En el caso más frecuente, en que se considera que la duración de la inversión tiende a infinito, se obtiene:

$$VR = \frac{B}{k}$$

ACTIVIDAD RESUELTA 16

Por ejemplo, el beneficio anual promedio que cabe esperar de la empresa Vali, S. A., a la que se hizo referencia en la Actividad Resuelta anterior, es 100 u.m. y, dada la situación de los mercados financieros, se considera que la rentabilidad requerida que ha de utilizarse como tipo de descuento es el 15 %. ¿Cuál es su valor de rendimiento suponiendo que la duración de la empresa es ilimitada?

Su valor de rendimiento totaliza 333,33 u.m.:

$$VR = \frac{B}{k} = \frac{100}{0{,}15} = 333{,}333 \text{ u.m.}$$

En realidad la valoración analítica de una empresa no es sino un punto a partir del cual comienza el proceso de negociación.

El comprador y el vendedor pueden iniciar un proceso de negociación partiendo de diversos valores de rendimiento calculados bajo una amplia variedad de supuestos en cuanto al comportamiento de sus flujos de caja o de sus beneficios, para distintas posibles duraciones de la empresa y tomando diferentes tipos de actualización. Con esa información, se inicia el proceso negociador y, si se llega a un acuerdo, de él se obtendrá el valor final que el adquirente de la empresa habrá de abonar a su vendedor.

Junto a los bienes, derechos y deudas que aparecen relacionados en su balance, las empresas en funcionamiento tienen unos activos inmateriales derivados de una variedad de orígenes tales como la capacidad de sus directivos, la cantidad y calidad de su clientela, la posición de sus productos en el mercado, su capital humano, etc.

Son muchos los casos que lo ponen de manifiesto. Alguna empresa de asesoramiento de inversión bursátil española que contaba con unos activos mínimos (algunos créditos sobre clientes, mobiliario y algún ordenador, pues incluso tenía la oficina en régimen de alquiler) fue adquirida por una empresa consultora extranjera por un precio que podría parecer desorbitado a quien no comprenda el valor que tenía para esa consultoría el conocimiento que estos asesores tienen del mercado de valores español, su experiencia y su clientela.

El fondo de comercio hace referencia a este activo intangible y para la determinación de su valor existen dos enfoques que pueden conducir a resultados diferentes. Son los siguientes:

— El primero, que podemos denominar método de la diferencia respecto al valor total, estima el valor del fondo como diferencia entre el valor de la empresa en funcionamiento y lo que vale su parte tangible, es decir, como diferencia entre el valor total de la empresa y el valor de su parte material.
— El segundo, denominado método de los superrendimientos, estima el valor del fondo de comercio por el valor actual de la diferencia entre las rentas generadas por la empresa en cuestión y las que pueden considerarse «normales». Bajo esta consideración, el fondo de comercio se manifiesta en unos rendimientos extraordinarios cuya actualización determina el valor del fondo.

En cualquiera de los casos, si el fondo de comercio fuera negativo y no interviniera ninguna otra consideración de tipo social o ético que lo impidiera, sería preferible liquidar la empresa.

Cuando el fondo de comercio es positivo, también se le denomina con el término anglosajón *goodwill*. Cuando es negativo, también se le denomina *badwill*.

En las figuras 9.3 a 9.6 se han representado el *goodwill* y el *badwill* bajo cada uno de los enfoques.

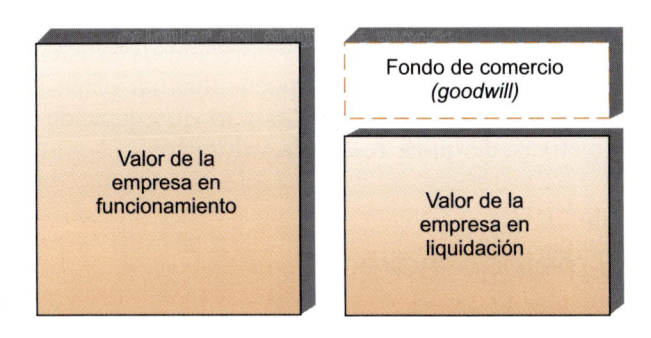

Figura 9.3

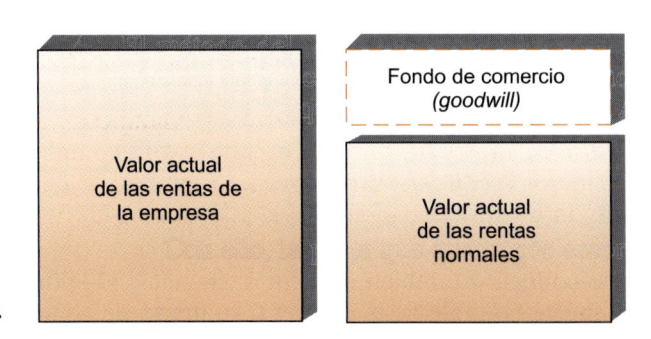

Figura 9.4

EL COSTE DEL CAPITAL Y LA VALORACIÓN DE EMPRESAS

Figura 9.5

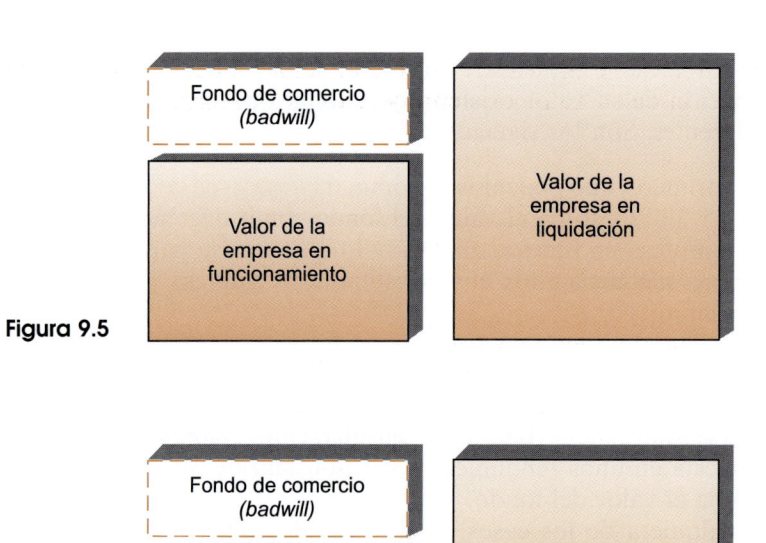

Figura 9.6

La determinación del valor del fondo de comercio está sometida a mayor incertidumbre y subjetividad que la valoración de la parte tangible de la empresa. Además, a diferencia de ésta, puede fluctuar ostensiblemente por múltiples factores y se orienta al futuro, por lo que depende de las expectativas, siempre subjetivas, de quien realiza la valoración.

11.2. El método indirecto

Los principales métodos de valoración de empresas son el método directo o anglosajón y el método indirecto o alemán.

En el método directo, que se estudiará con mayor detalle en el siguiente subapartado, se parte de la determinación del valor material de la empresa y separadamente se estima el fondo de comercio mediante el anteriormente denominado método de los superrendimientos. Una vez estimados los valores de la parte tangible y de la inmaterial, se calcula el valor global de la empresa.

En el método indirecto o alemán, también denominado método de los prácticos, se parte de la consideración de que el valor teóricamente correcto de la empresa es el valor de rendimiento, que se calcula de la forma expuesta anteriormente.

Una vez conocido también el valor sustancial, *VS*, por el que se estima el valor de la parte tangible de la empresa, su fondo de comercio, *FC*, se calcula por el método de la diferencia respecto al valor material, es decir, por la diferencia entre el valor de rendimiento y el valor sustancial:

$$FC = VR - VS$$

ACTIVIDAD RESUELTA 17

Siguiendo con el ejemplo de la empresa Vali, S. A., según este método de valoración, ¿cuánto vale su fondo de comercio?
Su fondo de comercio vale 233,33 u.m.:

$$FC = VR - VS = 333,33 - 100 = 233,33 \text{ u.m.}$$

En principio, el valor global de la empresa, *VG*, sería la suma de los valores de su parte tangible y de su parte intangible o, lo que es lo mismo, de su valor sustancial y su fondo de comercio. Es decir, el valor global de la empresa sería su valor de rendimiento.

Sin embargo, en el método alemán al valor sustancial solamente se le añade la mitad del fondo de comercio. Lo cual se justifica por las dos razones siguientes:

— La primera por la incertidumbre que afecta a la determinación del fondo de comercio y al mantenimiento de un principio de prudencia valorativa que aconseja no valorar a la empresa en exceso.
— La segunda apunta que el fondo de comercio de la empresa en el momento de la compra – venta ha sido creado por el vendedor, pero para mantenerlo el adquirente ha de seguir realizando un esfuerzo similar, y por ello el fondo se debe repartir entre los dos, y el comprador solamente ha de pagar la mitad de su valor.

Al aplicar este método, se obtiene como valor global de la empresa el siguiente:

$$VG = VS + \frac{FC}{2} = VS + \frac{1}{2}(VR - VS) = VS + \frac{1}{2}VR - \frac{1}{2}VS = \frac{1}{2}VR + \frac{1}{2}VS$$

Es decir:

$$VG = \frac{VR + VS}{2}$$

ACTIVIDAD RESUELTA 18

¿Qué valor global se obtiene en el ejemplo de la empresa Vali, S. A., a la que se refieren las Actividades Resueltas anteriores?

En el ejemplo de Vali, S. A., se obtiene:

$$VG = \frac{VR + VS}{2} = \frac{333{,}33 + 100}{2} = 216{,}66 \text{ u.m.}$$

Por tanto, según este método el valor global resulta igual a la media aritmética simple de los valores sustancial y de rendimiento.

En algún caso puede ser cierto que se cumpla esta igualdad, pero no hay ningún motivo razonable que obligue a que lo sea en todos. Este extremo es el que más se le ha criticado al método indirecto.

11.3. El método directo

> Como se señaló anteriormente, en el método directo se estima el fondo de comercio por el procedimiento de los superrendimientos y luego se añade este importe al del valor sustancial para estimar el valor global.

Seguidamente, se estudian estas dos fases.

I. La estimación del fondo de comercio en el método directo: el método de los superrendimientos.

Sea B el beneficio anual, supuesto constante, que se espera que genere la empresa para su propietario, por término medio, en cada uno de los años de su duración. La rentabilidad que supone este beneficio en relación al valor material de la empresa es:

$$r = \frac{B}{VS}$$

Si la rentabilidad anual que puede considerarse *normal* es k, el superrendimiento anual constante será:

$$B - k \cdot VS$$

o lo que es lo mismo:

$$r \cdot VS - k \cdot VS = (r - k)VS$$

Por tanto, cuando se calcula el fondo de comercio por el procedimiento de los superrendimientos, según sea el supuesto de que se parta surgen las siguientes expresiones:

— Cuando se considera que la duración de la empresa es de *n* años y que el tipo de descuento adecuado al análisis (rentabilidad requerida) es igual a la rentabilidad normal *k*:

$$FC = (B - k \cdot VS) a_{\overline{n}|k} = (r - k) \cdot VS \cdot a_{\overline{n}|k}$$

— Cuando se supone que la duración de la empresa es de *n* años y que el tipo de descuento adecuado al análisis es un *k'* que puede ser diferente que la rentabilidad normal:

$$FC = (B - k \cdot VS) a_{\overline{n}|k'} = (r - k) \cdot VS \cdot a_{\overline{n}|k'}$$

— Cuando se considera que la duración de la empresa es ilimitada y que el tipo de descuento adecuado al análisis es igual a la rentabilidad normal *k*:

$$FC = (B - k \cdot VS)\frac{1}{k} = (r - k) \cdot VS \frac{1}{k}$$

— Cuando se supone que la duración de la empresa es ilimitada y que el tipo de descuento adecuado al análisis es un *k'* que puede ser diferente que la rentabilidad normal:

$$FC = (B - k \cdot VS)\frac{1}{k'} = (r - k) \cdot VS \frac{1}{k'}$$

ACTIVIDAD RESUELTA 19

Volvamos a nuestra empresa Vali, S. A.. Como se recordará, puede suponerse que esta empresa, cuyo valor sustancial importa 100 u.m., tiene una duración ilimitada generando un beneficio anual de 50 u.m., y el tipo de descuento aplicable es el 15 %. Si el tipo de rentabilidad normal que puede obtenerse en el mercado financiero es el 12 % con un riesgo semejante al de la inversión en esta empresa, los accionistas podrían liquidar la empresa por su valor sustancial e invertir las 100 u.m. así obtenidas, al 12 %, obteniendo 12 u.m. cada año:

$$k \cdot VS = 0{,}12 \cdot 100 = 12 \text{ u.m.}$$

Puesto que con la inversión en esta empresa ganan 50 u.m. de beneficio al año, el superbeneficio anual que consiguen con ella es 38 u.m.:

$$B - k \cdot VS = 50 - 12 = 38 \text{ u.m.}$$

Al actualizar al 15 % esta corriente ilimitada de superbeneficios, se obtiene un fondo de comercio de 253,33 u.m.:

$$FC = (B - k \cdot VS)\frac{1}{k'} = 38\,\frac{1}{0{,}15} = 253{,}33 \text{ u.m.}$$

Debe mencionarse que en ocasiones en la práctica se utiliza el razonamiento incorrecto siguiente: puesto que la empresa va a durar n años y se espera que cada año genere un superbeneficio igual a $(r - k) \cdot VS$, su fondo de comercio es el producto:

$$(r - k) \cdot VS \cdot n$$

Evidentemente, esto equivale a sumar los beneficios del primer año con los del segundo y los del tercero, etc., como si fueran cantidades homogéneas, y sería reiterativo demostrar que no lo son. Para que sean homogéneas y sumables, los diversos capitales han de referirse al mismo momento del tiempo, es decir, deben ser actualizados.

Por ejemplo, según este procedimiento incorrecto, el fondo de comercio de Vali, S. A., empresa a la que se refieren las Actividades Resueltas anteriores, tendería a infinito, dado que se considera que su duración es ilimitada.

II. La estimación del valor global en el método directo.

En el método directo el valor global se estima añadiendo al fondo de comercio, calculado por el procedimiento de los superrendimientos, el valor sustancial. Por tanto, responde a la expresión:

$$\boxed{VG = VS + FC}$$

donde, a su vez, el fondo de comercio responderá a la expresión que corresponda a los supuestos que se hagan, conforme a lo señalado en el subapartado anterior.

> ## ACTIVIDAD RESUELTA 20
>
> ¿Cuál es el valor global de Vali, S. A., según este método?
> En el caso de Vali, S. A., el valor global según este método es 353,33 u.m.:
>
> $$VG = VS + FC = 100 + 253,33 = 353,33 \text{ u.m.}$$

Algunos autores consideran que el tipo de rendimiento normal debe aplicarse al valor global de la empresa y no a su valor sustancial. La razón de esta revisión es que el adquirente de la empresa ha de pagar por ella su valor global y que invirtiendo ese importe al tipo de rentabilidad normal obtendría $k \cdot VG$, por lo cual el superrendimiento que obtiene comprando la empresa es:

$$B - k \cdot VG$$

En tal caso, el valor global por este método directo revisado se obtiene sin más que despejarlo en la expresión correspondiente. Así, en el primer caso considerado en el subapartado anterior (cuando se considera que la duración de la empresa es de n años y que el tipo de descuento adecuado al análisis es igual a la rentabilidad normal k) se obtiene:

$$VG = VS + (B - k \cdot VG)a_{\overline{n}|k}$$

De donde se deduce que:

$$VG(1 + k\,a_{\overline{n}|k}) = VS + B\,a_{\overline{n}|k}$$

o lo que es lo mismo:

$$VG = \frac{VS + B\,a_{\overline{n}|k}}{1 + k\,a_{\overline{n}|k}}$$

De forma semejante, por poner otro ejemplo, en el último caso, (cuando se supone que la duración de la empresa es ilimitada y que el tipo de descuento adecuado al análisis es un k' que puede ser diferente que la rentabilidad normal), se obtiene:

$$VG = VS + (B - k \cdot VG)\frac{1}{k'}$$

EL COSTE DEL CAPITAL Y LA VALORACIÓN DE EMPRESAS

de donde, a su vez, se deduce:

$$VG\left(1 + \frac{k}{k'}\right) = VS + \frac{B}{k'}$$

y finalmente:

$$\boxed{VG = \frac{VS \cdot k' + B}{k' + k}}$$

ACTIVIDAD RESUELTA 21

Se desea aplicar esta última expresión al caso de la empresa Vali, S. A., de las Actividades Resueltas anteriores.

En el caso de la empresa Vali, S. A., el rendimiento normal sería:

$$k \cdot VG = 0{,}12 \cdot VG$$

Con lo que el superrendimiento anual valdría:

$$50 - 0{,}12 \cdot VG$$

Actualizando este superrendimiento se obtiene el fondo de comercio:

$$FC = \frac{50 - 0{,}12 \cdot VG}{0{,}15}$$

Y añadiendo al fondo de comercio el valor sustancial (100 u.m.), se obtiene el valor global:

$$VG = 100 + \frac{50 - 0{,}12 \cdot VG}{0{,}15}$$

Despejando el valor global en esta ecuación, se obtiene un importe igual a 240,74 u.m.:

$$VG = \frac{VS \cdot k' + B}{k' + k} = \frac{100 \cdot 0{,}15 + 50}{0{,}15 + 0{,}12} = 240{,}74 \text{ u.m.}$$

Del mismo modo se opera en los otros dos casos considerados anteriormente, alcanzándose los resultados recogidos en la tabla 9.4.

$k = k'$	DURACIÓN	VALOR GLOBAL
Sí	Limitada	$\dfrac{VS + B\,a_{\overline{n}|k}}{1 + k\,a_{\overline{n}|k}}$
No	Limitada	$\dfrac{VS + B\,a_{\overline{n}|k'}}{1 + k\,a_{\overline{n}|k'}}$
Sí	Ilimitada	$\dfrac{VS \cdot k + B}{2k}$
No	Ilimitada	$\dfrac{VS \cdot k' + B}{k' + k}$

TABLA 9.4

Prueba objetiva de autoevaluación

I. Enunciado

1. El sistema de cuotas constantes de amortización de préstamos es aquél en el que:

    - Todos los períodos se pagan los mismos intereses. ■
    - Todos los períodos se devuelve la misma cantidad del principal del préstamo. ■
    - Todos los períodos se paga la misma cuota en concepto de intereses y de devolución del principal. ■
    - Ninguna de las otras. ■

2. En el método directo de valoración de empresas el fondo de comercio se estima por el método:

    - De los superrendimientos. ■
    - De la diferencia respecto al valor total. ■
    - De la intangibilidad. ■
    - Ninguna de las otras. ■

3. La consideración del impuesto sobre el beneficio hace que el coste del endeudamiento:

    - No se modifique. ■
    - Desaparezca. ■
    - Aumente. ■
    - Se reduzca. ■

4. La inflación:

    - Favorece a los deudores. ■
    - Favorece a los acreedores. ■
    - No influye en los acreedores, pero perjudica a los deudores. ■
    - Ninguna de las otras. ■

5. Si aumenta la rentabilidad real requerida de un título que documenta un crédito, su precio:

    - Aumenta. ■
    - Se reduce. ■
    - No se modifica. ■
    - Vale cero. ■

6. Esperar (o requerir) que el dividendo crezca constantemente significa esperar (o requerir):

    - Que el precio de la acción se mantenga constante. ■
    - Que la rentabilidad por dividendos sea constante. ■
    - Que la rentabilidad total crezca. ■
    - Ninguna de las otras. ■

7. ¿Bajo qué tipo de valoración se considera a la empresa como organización muerta?

    - Bajo la valoración en funcionamiento. ■
    - Bajo la valoración en mantenimiento. ■
    - Bajo la valoración en financiación. ■
    - Ninguna de las otras. ■

8. Cuando se trata de valorar una empresa en funcionamiento, lo relevante es su valor:

    - Como conjunto de bienes. ■
    - Como conjunto de bienes y derechos. ■
    - Como conjunto de bienes, derechos y deudas. ■
    - Ninguna de las otras. ■

9. El valor que tiene una empresa para quien la mantenga en funcionamiento es:

    - Su valor sustancial.
    - Su valor de rendimiento.
    - Su fondo de comercio. ■
    - Ninguna de las otras.

10. En el sistema de cuotas constantes, a medida que transcurre el tiempo:

    - La parte de la cuota correspondiente a los intereses va aumentando. ■
    - La parte de la cuota correspondiente a la devolución de principal va aumentando.
    - La parte de la cuota correspondiente a la devolución de principal se mantiene constante. ■
    - Ninguna de las otras.

II. Respuestas correctas

1.
2.
3.
4.
5. ■
6. ■
7. ■
8.
9.
10.

Parte IV

Producción

Capítulo 10. La función productiva de la empresa y el proceso de producción.

Capítulo 11. La capacidad de producción.

Capítulo 12. Los inventarios.

Capítulo 13. El factor humano en la producción.

10. LA FUNCIÓN PRODUCTIVA DE LA EMPRESA Y EL PROCESO DE PRODUCCIÓN

- INTRODUCCIÓN
- PRODUCIR "VERSUS" COMPRAR
- LA PRIMERA DECISIÓN: PRODUCIR O COMPRAR
- LA DIRECCIÓN DE LA PRODUCCIÓN
  - Objetivos
  - Principales decisiones
- DIFERENCIAS ENTRE ELABORAR BIENES Y PRODUCIR SERVICIOS
- LOS COSTES DE PRODUCCIÓN Y SU CONTROL
- LA MEDIDA DE LA PRODUCTIVIDAD
- LA CALIDAD
- TIPOS DE PROCESOS
- ALTERNATIVAS TECNOLÓGICAS
- LOS BIENES DE EQUIPO
  - Selección
  - Duración óptima
  - Amortización
  - Mantenimiento
- ANÁLISIS DEL FLUJO DEL PROCESO
- LA DISTRIBUCIÓN DE LA PLANTA

1. Introducción

En su sentido más amplio, la función productiva de la empresa consiste en el empleo de factores humanos y materiales para la elaboración de bienes y la prestación de servicios. La dirección de la producción es el proceso de toma de decisiones en este ámbito.

La importancia de esta función es tal que el concepto más extendido y tradicional de empresa la define como «unidad económica de producción». Frente a ella se encuentran las familias, que son las unidades económicas de consumo. Las empresas crean utilidad y riqueza produciendo, y las familias destruyen la utilidad y riqueza consumiendo.

Transformando factores de producción en productos terminados, la empresa crea utilidad, es decir, incrementa la capacidad de satisfacer deseos y necesidades que tienen las cosas.

En ausencia de ayudas ajenas al mercado, solamente las empresas rentables (las que crean suficiente utilidad) sobreviven a largo plazo.

Existen utilidades de forma, tiempo, lugar y propiedad. Las tres últimas se crean, mediante la función de marketing, poniendo los productos a disposición de los consumidores en los momentos y lugares que éstos desean, y facilitando la transferencia de su propiedad. La utilidad de forma es la creada mediante la conversión de materias primas y otros factores de producción, en productos terminados.

Como es evidente, toda la actividad productiva se encuentra condicionada por el tipo de producto elaborado. Sin embargo, el diseño del producto no es competencia exclusiva de la dirección de producción:

— Cuando el producto se destina al mercado en general y no tiene que responder a las características definidas por un cliente en particular, se

A medida que aumenta la utilidad de un bien, se incrementa su valor para los consumidores y, consiguientemente, el precio que están dispuestos a pagar por él, lo que explica el papel de la función de producción en la formación del beneficio de la empresa y su relevancia para la supervivencia de la misma (figura 10.1).

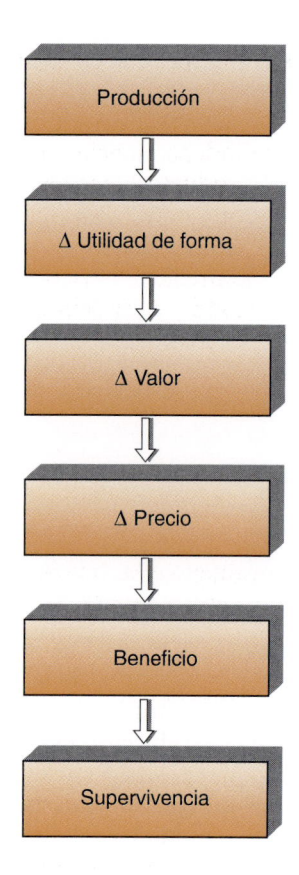

```
Producción
    ↓
Δ Utilidad de forma
    ↓
Δ Valor
    ↓
Δ Precio
    ↓
Beneficio
    ↓
Supervivencia
```

Figura 10.1

precisan estudios de investigación comercial para conocer las reacciones de los consumidores a diferentes alternativas, así como pruebas de mercado y estimaciones de las ventas potenciales y de las rentabilidades de los diferentes proyectos de nuevos productos, todo lo cual concierne a la dirección de marketing.

— A la dirección de producción le corresponde transformar el concepto inicial en un producto final y diseñar el sistema de modo que el nuevo producto se elabore tan eficientemente como sea posible. Para que un nuevo producto resulte rentable no es suficiente que el mercado lo acepte, sino que además ha de ser producido económicamente.

2. La primera decisión: producir o comprar

Evidentemente, antes de decidir sobre el diseño del proceso, la capacidad de producción, el nivel de los inventarios de productos terminados, etc., ha de plantearse la posibilidad de comprar fuera el producto terminado o en estado de semielaboración o algunos de sus componentes, en lugar de producirlos la propia empresa. Es la denominada decisión de producir o comprar.

En algunas ocasiones la decisión se encuentra condicionada por cuestiones tales como la necesidad de garantizar la independencia respecto a otras empresas o la conveniencia de incorporar al producto componentes elaborados por empresas de prestigio (caso frecuente, por ejemplo, en aparatos de alta fidelidad y en el sector informático).

En otros casos el problema puede plantearse estrictamente atendiendo al objetivo de minimizar los costes. Así, siendo p el precio que habría que pagar por cada unidad si se adquiere fuera, c_v el coste variable asociado a la producción de una unidad, C_F los costes fijos anuales necesarios para acometer la elaboración del bien o servicio, y P el número de unidades necesarias al año, interesará producir cuando:

$$C_F + c_v P < p \cdot P$$

es decir, cuando el coste total de «producir» sea inferior al coste de «comprar». Dicho de otro modo, la decisión óptima será la de elaborar el producto cuando:

$$\boxed{P > \frac{C_F}{p - c_v}}$$

El problema y su resolución se han representado en la figura 10.2. En ella se supone que el precio de adquisición, p, es superior al coste variable unitario, c_v, pues, evidentemente, si no fuera así la compra sería preferible cualquiera que fuera el valor de P. El cociente $C_F/(p - c_v)$ determina el nivel mínimo de unidades anuales necesarias para que la decisión de producción sea preferible a la de compra.

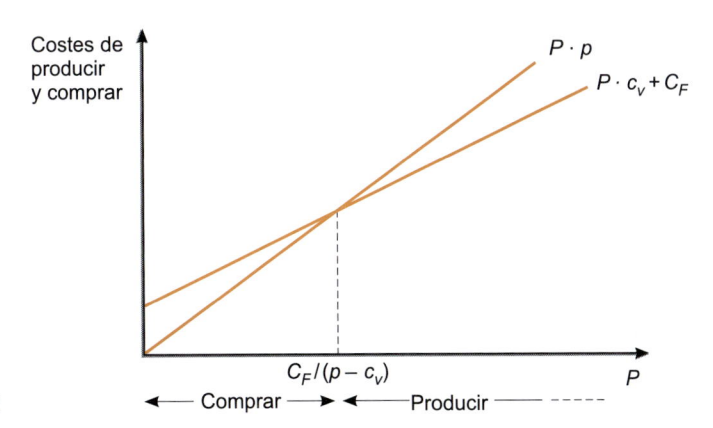

Figura 10.2

ACTIVIDAD RESUELTA 1

Una empresa fabricante de maquinaria agrícola necesita cierto componente para los motores, que puede comprar en el exterior por 50.000 u.m. cada uno, o fabricarlos ella misma con un coste variable unitario de 25.000 u.m. y un coste fijo anual de 1.000.000 u.m. anuales ¿A partir de qué nivel de necesidades anuales de componentes le interesará fabricarlos ella?

Le interesará fabricarlos ella si necesita más de 40 componentes al año.

$$P > \frac{C_F}{p - c_v} = \frac{1.000.000}{50.000 - 25.000} = 40 \text{ componentes anuales}$$

3. La dirección de la producción: objetivos y principales tipos de decisiones

Los principales objetivos de la dirección de la producción hacen referencia a los costes, la productividad, la calidad, la fiabilidad y la capacidad de adaptación.

Por tanto, en términos generales puede decirse que el objetivo de la dirección de la producción es minimizar los costes de producción, maximizar la productividad de los factores, o ambos, cumpliendo los niveles requeridos de calidad, fiabilidad y capacidad de adaptación.

Dado que la minimización de los costes y la maximización de la productividad son los objetivos operativos más importantes, a ellos se dedican dos apartados de este capítulo.

Los otros objetivos actúan más bien como restricciones que han de cumplirse. Así:

— Al definir el producto se especifican los límites de calidad que han de respetarse.
— La fiabilidad es el grado de confianza que puede tenerse en que no se interrumpa el proceso de producción ni se deje de atender a la demanda. También actúa como una restricción, límite o necesidad que ha de cubrirse en un cierto nivel.
— Del mismo modo interviene la capacidad de adaptación a un cambio en el diseño del producto o a una variación del volumen de producción.

Las decisiones tomadas en el ámbito de la producción se pueden clasificar con arreglo a muy diversos criterios.

Quizá la más útil en la práctica sea la agrupación funcional que distingue entre decisiones de proceso, de capacidad productiva, de inventarios, de recursos humanos y de calidad (tabla 10.1).

TABLA 10.1

TIPOS DE DECISIONES DE PRODUCCIÓN
• De proceso.
• De capacidad productiva.
• De inventarios.
• De recursos humanos.
• De calidad.

Otra clasificación importante es la que diferencia entre decisiones estratégicas y decisiones tácticas:

— Las primeras afectan a la empresa durante un período de tiempo largo, durante el cual son irreversibles.
— Las decisiones tácticas son más cotidianas y su efecto se extiende sobre un período breve de tiempo.

Veamos las principales decisiones estratégicas y tácticas que se toman en cada uno de los grupos funcionales:

1. Las decisiones de proceso son todas aquellas que se relacionan con el diseño del proceso físico de producción. Dada la estrecha relación existente entre el diseño del proceso y el diseño del producto, las decisiones de este grupo requieren una gran coordinación entre el departamento de producción y el de marketing. Constituyen decisiones estratégicas la selección del tipo de proceso de producción y de los equipos productivos. Son decisiones tácticas las referentes al orden del flujo de procesos y las de mantenimiento y conservación de los equipos.

2. Las decisiones de capacidad de producción son todas aquellas que tienen como objetivo que la empresa cuente con la capacidad de producción adecuada: ni excesiva ni escasa. Son decisiones estratégicas las relativas a la determinación del tamaño de las instalaciones, a su localización y al establecimiento del nivel de recursos humanos. Son tácticas las decisiones referentes a la utilización de horas extraordinarias, a la negociación de subcontratas y a la programación de las actividades.

3. En materia de inventarios, constituyen decisiones estratégicas las relativas a la fijación del tamaño general de los almacenes y al diseño de un sistema de control de inventarios. Son tácticas las decisiones sobre cuánto y cuándo ordenar en cada pedido.

4. Las decisiones de recursos humanos en este ámbito tratan de optimizar el comportamiento de este factor en la producción. Constituyen decisiones estratégicas las referentes al diseño del puesto de trabajo y a la selección de un sistema de incentivos. Son decisiones tácticas las del control cotidiano y las de fijación de estándares de trabajo y rendimientos.

5. En materia de calidad de los bienes y servicios, son estratégicas las decisiones de fijación de estándares de calidad y las referentes a la determinación de la estructura organizativa que permite optimizar la

calidad. Son tácticas las decisiones sobre selección de muestras de control y las que han de tomarse en el control cotidiano que se realiza para comprobar el grado de cumplimiento de los estándares.

A los temas de la calidad y del proceso se les dedican varios apartados de este capítulo. Las otras tres áreas se estudiarán en capítulos independientes.

4. Principales diferencias entre la elaboración de bienes y la producción de servicios

Los resultados de los procesos productivos, es decir, los productos, pueden ser bienes o servicios.

Los servicios pueden definirse como productos que se elaboran y consumen simultáneamente.

Esas diferencias entre los dos tipos de productos hacen que también existan diferencias en la dirección de su producción. Las principales son las siguientes (tabla 10.2):

1. Diferencias en cuanto a los inventarios y la utilización de la capacidad de producción.

   Cuando la demanda se reduce, el productor de bienes puede seguir utilizando toda su capacidad de producción almacenando los productos que no se venden. En los períodos en los que la demanda supera su capacidad de producción puede atenderla con los bienes almacenados.

La diferencia existente entre ellos es que los bienes son unidades tangibles que, por tanto, pueden almacenarse, transformarse físicamente y transportarse, en tanto que los servicios son intangibles y no son susceptibles de ser almacenados ni transportados.

TABLA 10.2

PRINCIPALES DIFERENCIAS EN LA DIRECCIÓN DE LA PRODUCCIÓN ENTRE LOS BIENES Y EN LOS SERVICIOS

- Inventarios y capacidad de producción.
- Medida de la calidad.
- Dispersión de los centros de producción.
- Integración entre producción y marketing.

Esta flexibilidad que proporcionan los inventarios no la tiene el productor de servicios, pues éstos son como bienes extremadamente perecederos; tanto que no pueden almacenarse para usarlos en el futuro.

Por ello, el productor de servicios debe prever la demanda con mucha precisión. Si la demanda fuera muy inferior a su capacidad de producción, incurriría en unos costes innecesarios. Si, por el contrario, la demanda superara a su capacidad, no podría atender al exceso.

2. Diferencias en cuanto a la medida de la calidad, que resulta mucho más sencilla en los bienes que en los servicios.

Dada la naturaleza intangible de estos últimos, al productor le resulta difícil controlar su calidad, y también es difícil que el cliente la mida. Por ello, habitualmente se considera que la reputación del productor de servicios depende más de su imagen que de la calidad de sus productos.

3. Diferencias en lo relativo a la dispersión geográfica de los centros de producción.

El fabricante de bienes puede centralizar su producción en un lugar y distribuir posteriormente sus productos transportándoles a donde se encuentran los consumidores.

Por el contrario, los servicios no se pueden almacenar ni transportar sino que se han de producir en el mismo lugar en el que se consumen. Ello obliga al productor de servicios que desea atender a consumidores situados en diversos lugares, a dispersar geográficamente sus instalaciones.

4. Diferencias en cuanto al grado de integración existente entre las actividades de producción y las de marketing.

En la producción de bienes suele existir cierta distancia entre el productor y el consumidor. Entre ellos median una serie de intermediarios (mayoristas y minoristas) que forman el canal de distribución. Puesto que son estos intermediarios quienes se encuentran más próximos al consumidor final, tiene gran importancia la promoción que ellos realizan de los productos de la empresa fabricante.

Sin embargo, en el caso de los servicios la relación entre el cliente y el fabricante es inmediata y esa promoción la efectúan los empleados del productor. Por ello, éstos han de tener no solamente una formación en materia de producción, sino también una formación mercadotécnica.

Los productores de bienes utilizan a los miembros del canal de distribución para obtener información sobre las necesidades y deseos de los consumidores. En el caso de la producción de servicios, estas informaciones han de obtenerlas los propios empleados del fabricante. Por consiguiente, en general, la integración que existe entre las actividades de producción y las de marketing es mayor en la producción de servicios que en la de bienes.

5. Los costes de producción y su control

Como ya es bien sabido, a corto plazo los costes se dividen en variables y fijos, según se incrementen o no con el volumen de producción.
Los costes fijos pueden ser de inactividad o de puesta en marcha.

ACTIVIDAD RESUELTA 2

Independientemente de lo lejos que se encuentre el lugar a donde vaya a dirigirse, un avión de carga necesita mantener sus motores en funcionamiento cierto tiempo antes de abandonar el aeropuerto para calentarlos. Además, aunque se encuentre detenido en los angares durante todo el año, tiene unos costes fijos de conservación, alquiler del angar, amortización y obsolescencia, etc. Se desea identificar los costes fijos de inactividad y de puesta en marcha.

El valor de la energía consumida por el avión durante el tiempo que necesita estar en funcionamiento para calentar los motores antes de volar es un coste fijo de puesta en marcha independiente de la distancia que luego recorra.

Los costes anuales de conservación, alquiler del angar, obsolescencia, etc., independientes de la actividad que tenga el avión en el año, son costes fijos de inactividad.

Hay dos tipos de sistemas de producción: simples y múltiples:

— Son simples aquellos en los que el *output* es un solo producto de características técnicas homogéneas.
— En la producción múltiple, también denominada compuesta o conjunta, se obtienen varios productos o, al menos, parte del proceso es común a varios productos.

En la producción múltiple es interesante conocer qué parte de los costes totales corresponde a cada producto.

Las dos técnicas de imputación principales son el *full-costing* y el *direct costing*.

En el *full-costing* los costes fijos se distribuyen entre los productos prorrateándolos en proporción a sus costes variables totales o a los costes de los materiales que llevan incorporados.

En la técnica del *direct costing* (representada en la figura 10.3) a cada producto, j, se le imputa como precio de coste solamente su coste variable. A la diferencia entre el precio de venta, p_j, y el coste variable unitario, c_{v_j}, se le denomina margen bruto unitario, m_j:

$$m_j = p_j - c_{v_j}$$

> La adecuada imputación de los costes es de suma importancia para la distribución del beneficio del ejercicio entre los distintos productos que contribuyen a su formación y para un apropiado control de los costes.

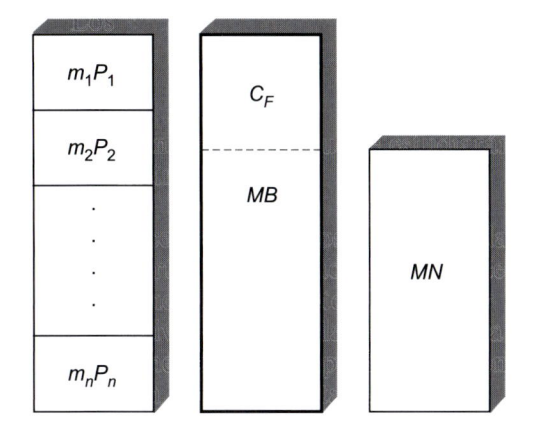

Figura 10.3

Al multiplicarle por el número de unidades físicas vendidas, P_j, se obtiene el margen bruto total del producto, MB_j:

$$MB_j = m_j \cdot P_j$$

Sumando los márgenes brutos de los diversos productos, se obtiene el margen bruto de la empresa, MB, del que, finalmente, se deducen los costes fijos, C_F, para determinar el margen de beneficio neto, MN. Si la empresa tuviera n productos, los cálculos serían los siguientes:

$$MB = MB_1 + MB_2 + \cdots + MB_n$$

$$MN = MB - C_F$$

ACTIVIDAD RESUELTA 3

Una empresa elabora dos productos: el 1 y el 2. El primero tiene un precio variable unitario de 1.000 u.m. y un coste variable unitario de 800 u.m. El segundo tiene un coste variable unitario de 250 u.m. y se vende cada unidad en 600 u.m. El pasado año fabricó y vendió 5.000 unidades físicas (u.f.) del primero y 4.000 u.f. del segundo. Los costes fijos de la empresa han sido 700.000 u.m. Se desea analizar los márgenes de los productos y de la empresa con la técnica del *direct costing*.

El margen unitario del producto 1 es:

$$m_1 = p_1 - c_{v_1} = 1.000 - 800 = 200 \text{ u.m.}$$

y su margen bruto total vale:

$$MB_1 = m_1 \cdot P_1 = 200 \cdot 5.000 = 1.000.000 \text{ u.m.}$$

En cuanto al producto 2:

$$m_2 = p_2 - c_{v_2} = 600 - 250 = 350 \text{ u.m.}$$
$$MB_2 = m_2 \cdot P_2 = 350 \cdot 4.000 = 1.400.000 \text{ u.m.}$$

Por consiguiente, el margen bruto de la empresa es:

$$MB = MB_1 + MB_2 = 1.000.000 + 1.400.000 = 2.400.000 \text{ u.m.}$$

El margen de beneficio neto de la empresa vale 1.700.000 u.m.:

$$MN = MB - C_F = 2.400.000 - 700.000 = 1.700.000 \text{ u.m.}$$

ACTIVIDAD RESUELTA 4

En la empresa GRA, S.A., fabrican los productos X e Y. El mes pasado, por diferentes partidas, tuvo 550 u.m. de costes fijos, y elaboró 60 u.f. de X y 90 de Y, las cuales vendió inmediatamente a un precio unitario de 50 u.m. y 40 u.m., respectivamente. A comienzos de mes no tenía existencias de productos en curso de fabricación ni terminados, y los costes variables del período fueron los de la tabla 10.3.

	Producto X	Producto Y
Materias primas	320	450
Mano de obra variable	250	250
Combustible	75	90
Materias auxiliares	75	110
Total costes variables	720	900

TABLA 10.3

Se desea analizar la estructura de márgenes de esta empresa por el método del *direct costing*.

$$\text{Coste variable unitario} = c_v = \frac{\text{Coste variable total}}{\text{Producción}}$$

$$c_{vX} = \frac{720}{60} = 12 \text{ u.m.}$$

$$c_{vY} = \frac{900}{90} = 10 \text{ u.m.}$$

$$m_j = p_j - c_{v_j}$$

$$m_X = 50 - 12 = 38 \text{ u.m.}$$

$$m_Y = 40 - 10 = 30 \text{ u.m.}$$

$$MB_j = m_j \cdot P_j$$

$$MB_X = 38 \cdot 60 = 2.280 \text{ u.m.}$$

$$MB_Y = 30 \cdot 90 = 2.700 \text{ u.m.}$$

$$MB = MB_X + MB_Y = 2.280 + 2.700 = 4.980 \text{ u.m.}$$

$$MN = MB - C_F = 4.980 - 550 = 4.430 \text{ u.m.}$$

Uno de los tipos de control más aplicados en la práctica empresarial es el que se efectúa sobre sus costes.

En las empresas se preven los costes del siguiente período y, cuando éste ha transcurrido, se comparan los costes efectivos con los previstos y se analizan las desviaciones para determinar sus causas.

La forma de control de costes más importante y más difundida se denomina costes estándares.

Para exponerla, supondremos que se trata de un sistema de producción simple y denominaremos: P a la cantidad de producción en unidades físicas, F al consumo del factor cuyo coste se desea controlar en unidades físicas, y f al precio de cada una de esas unidades físicas. Además, utilizaremos el subíndice s para referirnos a la previsión (o estándar) y el subíndice r para hacer referencia al valor real o efectivo.

Si se previó una producción de P_s unidades físicas y un consumo de F_s u.f., significa que el consumo previsto por cada unidad producida es:

$$x_s = \frac{F_s}{P_s}$$

Si la producción efectiva ha sido P_r, con arreglo al estándar se debió consumir una cantidad de u.f. de este factor igual a:

$$x_s \cdot P_r$$

Como, según las previsiones, el precio de cada unidad es f_s, el coste previsto correspondiente a la producción real es:

$$x_s \cdot P_r \cdot f_s$$

Pero lo que realmente ha sucedido es que se han consumido F_r unidades físicas a f_r unidades monetarias cada una. Por tanto, el coste real ha sido:

$$F_r \cdot f_r$$

Denominando x_r al número de unidades físicas realmente consumidas por cada unidad de producto terminado ($x_r = F_r/P_r$), el coste real también se puede expresar del siguiente modo:

$$x_r \cdot P_r \cdot f_r$$

Se denomina desviación total, *DT*, a la diferencia entre el coste real y el coste previsto correspondiente a la producción real:

$$DT = x_r \cdot P_r \cdot f_r - x_s \cdot P_r \cdot f_s$$

Es decir:

$$\boxed{DT = P_r(x_r \cdot f_r - x_s \cdot f_s)}$$

> Como se señaló anteriormente, una vez determinada la desviación total se procede a analizar sus causas, que evidentemente son dos: la variación respecto al estándar que se ha producido en el precio del factor, y la habida en la cantidad de factor aplicado por cada unidad de producto elaborada.

El importe situado entre paréntesis en esta última expresión es la desviación que existe por cada unidad de producto: se preveía consumir x_s unidades físicas a f_s u.m. cada una, y realmente se han consumido x_r u.f., cada una de las cuales costó f_r u.m. Multiplicando la desviación existente en cada unidad de producto por el número de unidades producidas, P_r, se obtiene la desviación total.

La desviación en precios, *DP*, es el resultado de multiplicar la diferencia existente entre el precio unitario real y el estándar por el número de unidades del factor efectivamente utilizadas:

$$\boxed{DP = (f_r - f_s)F_r = (f_r - f_s)x_r P_r}$$

La desviación en cantidades, *DC* es el resultado de valorar según el precio estándar la diferencia entre las unidades físicas realmente utilizadas (F_r) y las que hubieran correspondido a la producción real según las previsiones ($x_s P_r$):

$$\boxed{DC = (F_r - x_s P_r)f_s = (x_r P_r - x_s P_r)f_s = (x_r - x_s)P_r f_s}$$

En la última expresión, entre paréntesis se encuentra la diferencia entre el número de unidades físicas del factor que se han aplicado en realidad y las previstas según el estándar por unidad de producto. Multiplicando ese importe por el número de unidades de producto efectivamente elaboradas, se obtiene la desviación en cantidades medida en unidades físicas. Cuando esa desviación se valora según el precio estándar, se obtiene la desviación en cantidades.

Sumando la desviación en precios (también denominada desviación económica) y la desviación en cantidades (a la que también se denomina desviación técnica), se obtiene la desviación total. En efecto:

$$DP + DC = (f_r - f_s)x_r P_r + (x_r - x_s)P_r f_s =$$

$$= f_r x_r P_r - f_s x_r P_r + x_r P_r f_s - x_s P_r f_s$$

En esta última expresión el segundo sumando y el tercero son idénticos. Al eliminarlos, se obtiene:

$$f_r x_r P_r - x_s P_r f_s = P_r(x_r \cdot f_r - x_s \cdot f_s) = DT$$

Con lo que queda demostrado.

Este análisis se realiza para cada uno de los factores de producción. En la tabla 10.4 se refleja el análisis realizado en una empresa que sólo utiliza dos factores de producción. Como puede observarse, totalizando horizontalmente se calculan las desviaciones totales de la empresa en precios (DP) y en cantidades (DC). Totalizando verticalmente se obtienen las desviaciones totales de los distintos factores (DT_1 y DT_2). La desviación total de los costes de la empresa (DT) puede calcularse totalizando vertical u horizontalmente.

	Factor 1	Factor 2	Totales
D. en cantidades	C_1	C_2	$DC = C_1 + C_2$
D. en precios	P_1	P_2	$DP = P_1 + P_2$
D. total	$DT_1 = C_1 + P_1$	$DT_2 = C_2 + P_2$	$DT = DC + DP =$ $= DT_1 + DT_2$

TABLA 10.4

Esta es una tabla de control de costes, es decir, un cuadro en el que se reflejan las diversas desviaciones habidas en los distintos factores y los totales.

Con una tabla de control de costes delante resulta muy sencillo identificar los puntos positivos y los negativos, y explicar las causas de las desviaciones totales, DT. Por ejemplo, en algunas ocasiones una desviación favorable se explica por un acontecimiento extraordinario (la adquisición de una partida barata) y con la tabla se comprueba que de no haber sido por esa razón la desviación hubiera sido desfavorable.

ACTIVIDAD RESUELTA 5

La empresa GRUE, S.A., realizó a comienzos del mes pasado unas previsiones de costes que, junto a los consumos efectivos, se recogen en la tabla 10.5.

Concepto	Costes estándares			Costes reales		
	Cantidad	Precio	Total	Cantidad	Precio	Total
Mano de obra	300	100	30.000	310	120	37.200
Materias primas	150	50	7.500	155	52,5	8.137,5

TABLA 10.5

Se había previsto una producción de 250 u.f., aunque realmente se produjeron 200 u.f. Se desea analizar las desviaciones del período.

a) Desviaciones en mano de obra:
Desviación económica:

$$D_P = (f_r - f_s)F_r = (120 - 100)310 = 6.200 \text{ u.m.}$$

Desviación técnica:

$$D_C = (F_r - x_s P_r)f_s = \left(310 - \frac{300}{250}200\right)100 = 7.000 \text{ u.m.}$$

Desviación total:

$$D_T = P_r(x_r \cdot f_r - x_s \cdot f_s) = 200\left(\frac{310}{200}120 - \frac{300}{250}100\right) =$$

$$= 13.200 \text{ u.m.} = D_C + D_P$$

Tanto en precios como en cantidades, las desviaciones han sido desfavorables.

b) Desviaciones en materias primas:

$$\text{Desviación económica} = D_P = (52,5 - 50)155 = 387,5 \text{ u.m.}$$

$$\text{Desviación técnica} = D_C = \left(155 - 200\frac{150}{250}\right)50 = 1.750 \text{ u.m.}$$

$$\text{Desviación total} = D_T = 200\left(\frac{155}{200}\,52{,}5 - \frac{150}{250}\,50\right) =$$

$$= 2.137{,}5 \text{ u.m.} = D_P + D_C$$

También en este caso han sido desfavorables las dos desviaciones.

c) Desviación total del período:
Sumando las desviaciones totales de mano de obra y de materias primas se obtiene:

$$13.200 + 2.137{,}5 = 15.337{,}5 \text{ u.m.}$$

6. La medida de la productividad

> La productividad es la relación entre la producción de un período y la cantidad de recursos consumidos para alcanzarla.

Por tratarse de un concepto de carácter técnico, y no financiero, tanto la producción como los recursos han de medirse en unidades físicas.

Cuando se estudia la evolución de la productividad de un factor, generalmente ha de suponerse que las de los otros factores se mantienen constantes.

ACTIVIDAD RESUELTA 6

Tomemos como ejemplo el caso de Ladrillos Onestes que el pasado año tenía una plantilla de 50 trabajadores, cada uno de los cuales trabajó 1.760 horas, alcanzándose un volumen de producción de 440.000 u.f. de ladrillos. Por ello, la productividad de su mano de obra fué de 5 u.f. de ladrillo por cada hora-hombre:

$$P_0 = \frac{\text{Producción}}{\text{Horas-hombre aplicadas}} = \frac{440.000}{50 \cdot 1.760} = 5 \text{ u.f./hora-hombre}$$

Este año ha tenido una plantilla de 25 hombres que han trabajado el mismo número de horas que el año pasado, y su producción ha sido de 528.000 ladrillos. Por tanto, la productividad de su mano de obra se ha elevado sustancialmente, pasando a ser de 12 u.f. de ladrillo por cada hora-hombre:

$$P_1 = \frac{528.000}{25 \cdot 1.760} = 12 \text{ u.f./hora-hombre}$$

Concretamente, la productividad ha aumentado en un 140 %:

$$VP = \frac{12 - 5}{5} = 1,4 \text{ por } 1 = 140 \%$$

No obstante, este elevado aumento de la productividad se explica porque el Sr. Onestes, nieto del fundador de la empresa, y su único propietario y directivo actualmente, tomó la decisión de mecanizar la mayor parte del proceso de producción aprovechando la jubilación de la mitad de la plantilla que tenía anteriormente.

En el caso de Ladrillos Onestes de la Actividad Resuelta, como en muchos otros, tiene cierto interés conocer la productividad global de la empresa.

La única dificultad para calcular la productividad global es que los diferentes factores y los distintos productos son heterogéneos y, por tanto, sus cantidades físicas no son sumables (no se puede sumar número de tejas con número de ladrillos). Por ello, la producción total y la cantidad total de factores empleados se han de valorar en unidades monetarias (el valor de la producción de tejas se puede sumar con el valor de la producción de ladrillos).

No obstante, como se señaló anteriormente, la productividad es una medida de carácter técnico en cuyo análisis no deben influir las variaciones de los precios.

Siguiendo con la terminología utilizada anteriormente, denominaremos:

P_j al número de unidades físicas elaboradas del producto j en el período 0, y p_j a su precio unitario en ese período;

F_i a la cantidad utilizada del factor i en el período 0 (en unidades físicas), y f_i a su coste unitario en ese período;

Δ a la variación positiva o negativa experimentada por la variable ante la que se sitúa este símbolo en el período 1 respecto al período 0.

Si la empresa utiliza m factores para elaborar n productos, efectuando las valoraciones con los precios del año 0 (p_i y f_i), la productividad de la empresa en ese período sería:

$$\boxed{\bar{P}_0 = \frac{p_1 P_1 + p_2 P_2 + \cdots + p_n P_n}{f_1 F_1 + f_2 F_2 + \cdots + f_m F_m}}$$

siendo la del período 1:

$$\bar{P}_1 = \frac{p_1(P_1 + \Delta P_1) + p_2(P_2 + \Delta P_2) + \cdots + p_n(P_n + \Delta P_n)}{f_1(F_1 + \Delta F_1) + f_2(F_2 + \Delta F_2) + \cdots + f_m(F_m + \Delta F_m)}$$

Al coeficiente que mide por cociente la relación entre la productividad del período 1 y la del período 0 se le denomina índice de productividad global (IPG).

Por consiguiente, responderá a la expresión:

$$IPG = \frac{\bar{P}_1}{\bar{P}_0} = \left[\frac{p_1(P_1 + \Delta P_1) + \cdots + p_n(P_n + \Delta P_n)}{f_1(F_1 + \Delta F_1) + \cdots + f_m(F_m + \Delta F_m)}\right]\left[\frac{f_1 F_1 + \cdots + f_m F_m}{p_1 P_1 + \cdots + p_n P_n}\right]$$

La tasa de productividad global (TPG) mide la proporción de variación de la productividad entre los dos períodos

Responderá a la expresión:

$$TPG = \frac{\bar{P}_1 - \bar{P}_0}{\bar{P}_0} = IPG - 1$$

En muchas ocasiones es deseable saber en qué proporción ha variado la producción de un período a otro. Como antes, para evitar que las oscilaciones de los precios influyan en los resultados se utilizan precios constantes, apareciendo así los denominados índices de cantidades de Laspeyres.

El índice de evolución de la cantidad de producción de Laspeyres será:

$$IL_P = \frac{p_1(P_1 + \Delta P_1) + p_2(P_2 + \Delta P_2) + \cdots + p_n(P_n + \Delta P_n)}{p_1 P_1 + p_2 P_2 + \cdots + p_n P_n}$$

De modo semejante, el índice de evolución de las cantidades empleadas de factores es:

$$IL_F = \frac{f_1(F_1 + \Delta F_1) + f_2(F_2 + \Delta F_2) + \cdots + f_m(F_m + \Delta F_m)}{f_1 F_1 + f_2 F_2 + \cdots + f_m F_m}$$

Como resulta evidente tras la comparación de las ecuaciones del índice de productividad global y de los índices de Laspeyres, el *IPG* es igual al cociente entre el índice de cantidades de producción y el de factores empleados:

$$IPG = \frac{IL_P}{IL_F}$$

Cuando se conocen los índices de Laspeyres, el índice de productividad global puede calcularse de este modo. Posteriormente, la tasa de productividad global se calcula como diferencia entre el *IPG* y la unidad.

ACTIVIDAD RESUELTA 7

Este año, según los índices de Laspeyres, la producción de la empresa Prode, S. A., se elevó un 20 % y tuvo que utilizar un 10 % menos de factores. ¿En cuánto se modificó su productividad global?

Su productividad global creció en un tercio, es decir, un 33,33 %:

$$IPG = \frac{IL_P}{IL_F} = \frac{1,20}{0,90} = 1,3333$$

$$TPG = IPG - 1 = 1,3333 - 1 = 0,3333 \text{ por } 1 = 33,33 \text{ por } 100$$

---

7. La calidad

Como se señaló anteriormente, la calidad es uno de los objetivos básicos de la dirección de la producción, que suele actuar como restricción, y también una de las cinco áreas de decisión en este ámbito.

Desde el punto de vista de los consumidores, la calidad es uno de los diversos atributos que tiene el producto o que ellos perciben que tiene. Para la empresa productora, la calidad es una característica del producto que se establece «a priori» y que posteriormente se controla para que se cumplan las especificaciones predeterminadas.

La adecuada planificación y control de la calidad requiere el seguimiento de las siguientes *fases*:

> Bajo la concepción más general y amplia de la calidad se la define como «el grado de adecuación del producto para el uso al que se le destina».

1. Determinación de los factores de los que depende la calidad.

    La calidad es un atributo que tiene como peculiaridad la de medirse en relación a otros atributos (en un automóvil podrían ser duración, potencia, tamaño, color, etc.). Puesto que el producto se dirige a los consumidores, corresponde al área de marketing investigar el mercado para determinar los factores por los que aquellos miden la calidad del producto; estos serán los atributos relevantes.

2. Establecimiento de la forma de medir la calidad de cada uno de los factores.

    Los procedimientos existentes son muy numerosos y dependen del tipo de factor de que se trate; van desde la simple «ojeada de vez en cuando» a la utilización de complejos procedimientos técnicos y de la maquinaria más sofisticada.

3. Fijación de estándares de calidad.

   Estimar la calidad de una unidad de un producto significa comparar los atributos de esa unidad con los del producto tipo o estándar, lo cual requiere definir previamente a este último con cierta precisión. La tipificación o normalización es un requisito previo al control de calidad. Normalizar significa clasificar productos en grupos homogéneos con relación a los atributos de calidad.

   En algunos casos es difícil o excesivamente costoso que los productos se ajusten con exactitud a una norma rígida, por lo que suelen especificarse unos límites de tolerancia. Por ejemplo, una de las características de cierta clase de tornillo puede ser su tamaño en milímetros, y un tornillo tendrá tanta más calidad cuanto más se acerque a esa dimensión; pero, para entrar en esa clase, será suficiente que no se desvíe ciertas milésimas que la norma señala.

4. Establecimiento de un programa de inspección.

   Es muy frecuente que resulte imposible o excesivamente costoso revisar la totalidad de las unidades de productos, por lo que se ha de recurrir a una inspección por muestreo en la que sólo se analizan algunas. Para evitar que la arbitrariedad del inspector introduzca sesgos de selección, el muestreo debe ser aleatorio; es decir, la selección de las unidades que serán inspeccionadas se ha de realizar al azar.

   Dado que el control se basa en una muestra, es imposible tener la seguridad de que el tanto por ciento de unidades defectuosas (es decir, que no se ajustan al estándar) es inferior al máximo tolerable o porcentaje de control, pero cabe estimar que la probabilidad de que sea aceptada una partida incumpliendo dicho porcentaje, se reduce a medida que se incrementa el tamaño de la muestra, y se acerca al cien por cien cuando la dimensión de la muestra se aproxima al tamaño de la partida. Por tanto, el problema es equilibrar la menor probabilidad de error con el mayor coste que el aumento de la muestra supone.

5. Determinación y corrección de las causas de la baja calidad.

   Pueden encontrarse en la utilización de una materia prima inadecuada, en escasez de formación de los trabajadores, en que la maquinaria no es la adecuada o no funciona bien, etc. El control de calidad, como toda forma de control, finalmente conduce a la determinación de las causas humanas o materiales que provocan las desviaciones para corregirlas.

En las modernas empresas la calidad es un tema al que se le concede una gran importancia. Está demostrado que los productos de mayor calidad captan la mayor parte de los mercados y son los más rentables. Por ello, se ha llegado a un concepto de calidad total con el que ha quedado superada en gran medida una antigua polémica existente sobre si el departamento de calidad debía depender del de producción o directamente de la dirección general o situarse fuera de línea, es decir, como *staff*.

Bajo la idea de calidad total, el departamento de calidad coordina todos los esfuerzos de los demás departamentos (marketing, investigación y desarrollo, compras y producción) en lo relativo a este tema. Esta idea pone un gran énfasis, además, en la necesidad de prever los posibles defectos y esto es algo que requiere esa coordinación de los diversos departamentos; la calidad no es sólo responsabilidad del departamento de calidad: es responsabilidad de todos.

Ligada a la concepción de la calidad total, otra idea que se impone modernamente es la denominada política de cero defectos o política de acertar a la primera, que aboga por la realización de los esfuerzos motivacionales precisos para elaborar bien el producto desde el principio, para no tener que corregir posteriormente los errores, dado el coste que ello supone.

Por supuesto, no es realista esperar que no se produzca ningún error, pero en lo que insiste este enfoque es en que los trabajadores deben estar lo suficientemente motivados como para esforzarse por elaborar el producto de acuerdo con las especificaciones, sin que ninguno produzca defectos conscientemente.

8. Principales tipos de procesos de producción y alternativas tecnológicas

La selección del tipo de proceso de producción es una decisión de carácter estratégico que compromete a la empresa durante un período prolongado de tiempo y que condiciona otras decisiones estratégicas posteriores. Por otra parte, es una decisión condicionada por las relativas a la capacidad de producción de la empresa, que se estudiarán próximamente.

Los procesos de producción pueden clasificarse con arreglo a diversos criterios. Los principales son los siguientes:

1. El destino del producto, con arreglo al cual se distingue entre producción por encargo y producción para el mercado. En la producción por encargo, la empresa espera a que le soliciten un pedido para elaborar el bien o servicio, en tanto que en la producción para el mercado no espera al encargo de un cliente, sino que produce para los consumidores en general.
2. La razón que provoca la producción, que puede ser la existencia de una orden de fabricación o el mantenimiento del nivel de los inventarios, distinguiéndose así entre la producción por órdenes de fabricación y la producción para almacén. Evidentemente, en el caso de la producción de servicios no es posible la producción para almacén.
3. El grado de tipificación del producto, según el cual se distingue entre producción individualizada y producción en serie o en masa. La primera es aquella en la que cada unidad de producto responde a unas características específicas, en tanto que en la segunda todas las unidades son iguales.

4. La dimensión temporal del proceso, que permite distinguir entre la producción intermitente y la continua. La segunda se mantiene sin interrupción, en tanto que en la primera no existe realmente un proceso, sino un conjunto de tramos discontínuos.

Casi resulta innecesario señalar que la producción por encargo suele ser por órdenes de fabricación, individualizada e intermitente, y que la producción para el mercado generalmente es para almacén, en serie y continua (tabla 10.6). Sin embargo, como señala el profesor García-Gutierrez[1], en ocasiones se dan casos de producción:

— Por encargo o por órdenes de fabricación que, cuando la aceptación del producto es grande, dan lugar a producción en masa o en serie y con proceso contínuo.
— Para el mercado o para almacén que se realiza individualizadamente y de forma intermitente, como es el caso de los productos de artesanía.
— Que siendo de tipo contínuo en casi todas las fases del proceso, individualizan una o más de ellas (generalmente las de acabado) para atender a determinados encargos u órdenes de fabricación. Esto suele suceder cuando existen varias posibilidades de combinar módulos que están normalizados.

TABLA 10.6

Destino del producto	Razón de producir	Tipificación	Dimensión temporal
Por encargo Para el mercado	Por órdenes Para almacén	Individualizada En serie	Intermitente Continua

> Desde el punto de vista empresarial, la tecnología puede definirse como el conjunto de procesos, procedimientos, equipos y herramientas utilizados para producir bienes y servicios.

Por tanto, no se refiere solamente a la maquinaria, sino también a la forma de combinarse medios humanos y materiales para elaborar productos. Utilizando la misma maquinaria de una forma diferente se puede crear una nueva tecnología.

Las decisiones de selección de un tipo de proceso y de elección de una tecnología se encuentran tan interrelacionadas y se condicionan mutuamente tanto que habitualmente se toman de forma simultánea y conjunta.

La tecnología elegida condiciona, además, el diseño del puesto de trabajo, por lo cual hasta no hace mucho se consideraba que éste era posterior a la selección tecnológica. Hoy, también el diseño del puesto de trabajo y la elección de la tecnología tienden a considerarse como decisiones simultáneas, bajo el denominado diseño de enfoque socio-técnico.

---

[1] En *Introducción a la Economía de la Empresa*, de Díez de Castro y otros autores, editada por la Facultad de Ciencias Económicas y Empresariales de la Universidad Complutense.

Las principales opciones existentes son, en términos muy generales, las siguientes (véase tabla 10.7):

TABLA 10.7

	PRODUCCIÓN		
	Manual	Mecanizada	Automatizada
Fuerza	Humana	Mecánica	Mecánica
Control	Humano	Humano	Mecánico

1. La producción manual, en la que el hombre proporciona tanto la fuerza como el manejo de las herramientas. Para el trabajador supone un esfuerzo físico considerable y el producto obtenido no suele ser homogéneo, pero no por ello ha de resentirse la calidad. De hecho, muchos consumidores están dispuestos a pagar más cuando en el producto consta el mensaje *«hand made»* o *«hecho a mano».*
2. La producción mecanizada, en la que la máquina proporciona la fuerza, pero es el hombre el que maneja los útiles y herramientas. El trabajador no tiene que realizar tanto esfuerzo físico, pero todavía tiene que manejar las máquinas.

   Así como el talado de un arbol con un hacha es un ejemplo de producción manual, el hacerlo con una sierra mecánica lo es de producción mecanizada.
3. La producción automática, de la que la robotizada constituye un caso particular, es aquella en la que las máquinas proporcionan la fuerza y, además, controlan otras máquinas y herramientas, de forma que el hombre se limita a programar y supervisar al aparato mecánico.

Actualmente, la producción automática no solamente se utiliza en la producción en masa, sino también en la individualizada, pues los avances tecnológicos hacen que cada vez resulte más sencillo programar las máquinas para trabajos específicos.

Un robot es una máquina reprogramable capaz de realizar numerosas tareas que requieren la manipulación programada de materiales y herramientas. La utilización de estas máquinas permite la creación de sistemas de fabricación tan flexibles que se pueden adaptar rápidamente a la elaboración de unos productos distintos.

Otras aportaciones recientes de la tecnología que han adquirido gran importancia son los sistemas CAD/CAM. Las siglas CAD provienen del termino anglosajón *computer-aided design* (diseño asistido por ordenador), en tanto que las siglas CAM derivan de *computer-aided manufacturing* (fabricación asistida por ordenador).

Los sistemas CAD permiten a los ingenieros, arquitectos, etc., diseñar productos y partes de ellos sobre la pantalla de un ordenador con mayor rapidez y con menores errores que si lo hacen en un papel. Posteriormente pueden realizar correcciones, e incluso utilizar el ordenador para simular una serie de pruebas. Por ejemplo, los diseñadores de automóviles pueden probar sus diseños sobre una carretera simulada, efectuar los cambios necesarios y, finalmente, cuando están satisfechos, dar la orden para que se fabrique un prototipo real.

La función de los sistemas CAM comienza donde finaliza la de los sistemas CAD. Un sistema CAM permite al fabricante utilizar ordenadores especiales para analizar las fases que debe seguir una máquina para elaborar un producto o una parte del mismo. Posteriormente, se transmiten al equipo de producción unas señales electrónicas que constituyen instrucciones para que realice las fases adecuadas y en el orden correcto. Por ejemplo, mediante un simple cambio en las instrucciones correspondientes a las distintas partes de los equipos, es posible producir distintos tamaños de una pieza o un cierto número de piezas diferentes que tengan el mismo tamaño.

Como resultará evidente, tanto en la elección del tipo de proceso como en la elección de la tecnología, resulta determinante la demanda prevista. La amortización de los grandes y/o costosos equipos de producción que habitualmente son precisos para el mantenimiento de una producción mecanizada o automática, provoca unos gastos que sólo se compensan con unos ingresos elevados, lo cual requiere un alto nivel de demanda.

9. Los bienes de equipo

En principio, las decisiones a largo plazo que comporta el diseño de un proceso de producción, es decir, la selección de un tipo de proceso, de una tecnología y de unos equipos, puede plantearse como un problema de selección de inversiones, pues realmente lo es. Es más, si bien, como parece evidente, la selección de los bienes de equipo ha de ser posterior a la elección de una tecnología, en la práctica es habitual tomar aquella como un dato determinado por la demanda y por otros condicionantes, y centrar el proceso decisional en los equipos.

Las principales decisiones que atañen a los equipos de producción son las concernientes a su selección, a la determinación de su duración, a su amortización y a su mantenimiento. A cada una de ellas se dedica un subapartado seguidamente.

9.1. Las decisiones de selección

> La principal característica de los bienes de equipo es que constituyen inversiones de renovación o reemplazo, es decir, inversiones que han de renovarse al final de su duración para que la empresa pueda continuar su actividad de producción.

Esta característica resulta de gran importancia al aplicar los criterios de selección de inversiones en este ámbito.

ACTIVIDAD RESUELTA 8

La empresa Fata, S. A., que se dedica a la fabricación de transmisores automáticos, próximamente va a montar una nueva factoría en una nueva zona industrial del sur peninsular y se encuentra con la posibilidad de utilizar un equipo del tipo *A* o del tipo *B*. Las características relevantes de ambas posibilidades son las siguientes:

— El equipo del tipo A requiere un desembolso inicial de 20 u.m. y dura 3 años en cada uno de los cuales genera un flujo anual constante de 30 u.m.
— El equipo *B* dura 4 años, su desembolso inicial es de 30 u.m. y genera un flujo de caja anual constante de 28 u.m.

Supongamos, para simplificar, que el tipo de descuento aplicable es el mismo para ambos equipos e igual al 8 % y que la nueva factoría no dejará de funcionar nunca.

Si la actividad cesara con el final de la vida del equipo, podría considerarse adecuado un criterio basado en la elección del equipo que tuviese el mayor *VAN* o el *TIR* más elevado. Pero, dado que se considera que la actividad de la nueva factoría no cesará nunca, si se elige el equipo *A*, al cabo de los 3 años de su duración habría que adquirir otro equipo para continuar la producción, abonando las 20 u.m. que tiene como desembolso inicial, y la misma operación habría que efectuar a los 6 años, a los 9 años, etc., con lo que la representación correspondiente sería:

$$-20 \ / \ 30 \ / \ 30 \ / \ 30 - 20 \ / \ 30 \ / \ 30 \ / \ 30 - 20 \ / \ ...$$

¿Cuál será el *VAN* de toda la cadena de renovaciones del bien de equipo *A*?

El *VAN* de toda la **cadena de renovaciones**, $VANC$, valdría:

$$VANC_A = -20 + \frac{30}{1{,}08} + \frac{30}{1{,}08^2} + \frac{30}{1{,}08^3} -$$

$$-\frac{20}{1{,}08^3} + \frac{30}{1{,}08^4} + \frac{30}{1{,}08^5} + \frac{30}{1{,}08^6} -$$

$$-\frac{20}{1{,}08^6} + ...$$

Siendo VAN_A el valor actual neto del equipo tipo A, es decir:

$$VAN_A = -20 + \frac{30}{1,08} + \frac{30}{1,08^2} + \frac{30}{1,08^3} = -20 + 30\frac{1 - 1/(1,08)^3}{0,08} =$$

$$= 57,3129 \text{ u.m.}$$

también puede escribirse:

$$VANC_A = VAN_A + \frac{VAN_A}{1,08^3} + \frac{VAN_A}{1,08^6} + \cdots$$

o, lo que es lo mismo:

$$VANC_A = VAN_A\left(1 + \frac{1}{1,08^3} + \frac{1}{1,08^6} + \cdots\right) = VAN_A \frac{1}{1 - \frac{1}{1,08^3}} =$$

$$= VAN_A \frac{1,08^3}{1,08^3 - 1} = 57,3129 \frac{1,08^3}{1,08^3 - 1} = 278 \text{ u.m.}$$

En general, si se trata de determinar el valor actual de la cadena de infinitas renovaciones de un equipo del tipo i, que dura n períodos, siendo k el tipo de actualización, procediendo como en el caso del equipo del tipo A, se llega a la expresión:

$$\boxed{VANC_i = VAN_i \frac{(1 + k)^n}{(1 + k)^n - 1}}$$

A la misma conclusión se llega mediante la observación de la figura 10.4. Actualizando al momento 0 los flujos de caja de los primeros n períodos, se

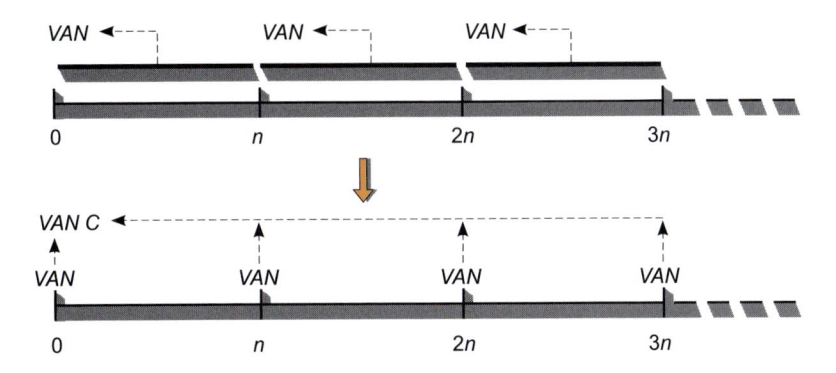

Figura 10.4

obtiene el *VAN* situado en ese lugar. De forma semejante, actualizando los flujos correspondientes al equipo de la primera renovación al momento *n* se obtiene el *VAN* colocado en ese lugar, etc. Para determinar el *VAN* de toda la cadena se actualizan esos valores actuales netos y se alcanza la expresión anterior.

ACTIVIDAD RESUELTA 9

¿Cuánto vale el *VAN* de toda la cadena de renovaciones del bien de equipo *B*, al que se refiere la Actividad Resuelta anterior? ¿Qué equipo es preferible?

En el caso del equipo *B*, se obtiene:

$$VAN_B = -30 + 28 \; \frac{1 - 1/(1,08)^4}{0,08} = 62,7396 \text{ u.m.}$$

$$VANC_B = 62,7396 \; \frac{1,08^4}{1,08^4 - 1} = 236,78 \text{ u.m.}$$

Si bien el valor actual neto del equipo *B* (62,7396 u.m.) es superior que el del equipo tipo *A* (57,3129 u.m.), al tenerse en cuenta toda la cadena de renovaciones resulta preferible el equipo del tipo *A* pues el *VAN* de su cadena (278 u.m.) es superior que el de la cadena de equipos del tipo *B* (236,78 u.m.).

La utilización del valor actual neto simple, sin acudir al artificio de la cadena de renovaciones, solamente es correcta cuando los diferentes equipos alternativos tienen la misma duración.

Otra posibilidad para resolver el problema, que tiene, frente a la anterior, la ventaja de no precisar del supuesto de una duración ilimitada de las actividades, es la que se basa en su planteamiento bajo una base temporal homogénea finita como el mínimo común múltiplo de las duraciones de los diversos equipos.

ACTIVIDAD RESUELTA 10

Se desea aplicar el método del *VAN* de la base temporal homogénea finita a la selección de bienes de equipo a la que se refieren las Actividades anteriores.

En el caso de la empresa Fata, S.A., la base temporal homogénea finita sería de doce años. Para cubrir ese tiempo de actividad se requerirían cuatro equipos si se utiliza el tipo A, y tres si se elige el tipo B. Resolviendo de la misma forma en que se hizo anteriormente pero con una referencia a doce años, en lugar de ser de infinitos años, se obtiene:

$$VANC_A = VAN_A \left(1 + \frac{1}{1,08^3} + \frac{1}{1,08^6} + \frac{1}{1,08^9}\right) = VAN_A \frac{1 - \frac{1}{1,08^9} \frac{1}{1,08^3}}{1 - \frac{1}{1,08^3}} =$$

$$= 57,3129 \frac{1 - \frac{1}{1,08^9} \frac{1}{1,08^3}}{1 - \frac{1}{1,08^3}} = 167,60 \text{ u.m.}$$

Del mismo modo, en cuanto al equipo del tipo B,

$$VANC_B = 62,7396 \left(1 + \frac{1}{1,08^4} + \frac{1}{1,08^8}\right) = 62,7396 \frac{1 - \frac{1}{1,08^8} \frac{1}{1,08^4}}{1 - \frac{1}{1,08^4}} =$$

$$= 142,76 \text{ u.m.}$$

Como puede observarse, la decisión óptima a la que se llega es la misma cuando se toma una base temporal común de duración limitada que cuando se supone indefinida: es preferible elegir el equipo A.

El tercer método para seleccionar bienes de equipo es el de la renta anual equivalente. La renta anual constante que es equivalente al equipo i es aquella que, teniendo su misma duración (n años), produce el mismo valor actual neto (VAN_i), es decir, aquella cuyo flujo de caja anual constante, Q'_i, es tal que:

$$VAN_i = Q'_i \cdot a_{\overline{n}|k}$$

ACTIVIDAD RESUELTA 11

Se desea aplicar el método de la renta anual equivalente a la selección de equipos a la que se refieren las Actividades Resueltas anteriores.

El equipo A, que tiene un valor actual neto de 57,3129 u.m. y dura 3 años, será equivalente a una renta anual igual al Q'_A tal que:

$$57{,}3129 = Q'_A \cdot a_{\overline{3}|0{,}08}$$

o, lo que es lo mismo:

$$Q'_A = \frac{57{,}3129}{a_{\overline{3}|0{,}08}} = 57{,}3129 \, \frac{0{,}08}{1 - 1/1{,}08^3} = 22{,}24 \text{ u.m.}$$

Del mismo modo, el flujo anual constante que tiene el mismo valor actual neto que el equipo B es:

$$Q'_B = \frac{VAN_B}{a_{\overline{4}|0{,}08}} = \frac{62{,}7396}{3{,}31213} = 18{,}94 \text{ u.m.}$$

Si al finalizar cada proyecto se van efectuando sucesivas renovaciones, estas rentas anuales continuarán hasta el infinito; es decir, serán rentas perpetuas. Dado que es preferible una renta perpetua de 22,24 u.m. anuales que otra de 18,94, es preferible el proyecto A. Este procedimiento conduce a la misma conclusión que los dos anteriores.

Estos tres procedimientos, de la forma expuesta, son los unánimemente aceptados como criterios de selección de equipos de producción tanto en los textos básicos sobre la materia como en los más avanzados. Sin embargo, nos resistimos a dar por terminado este subapartado sin realizar una puntualización personal.

A nuestro juicio, la elección entre un conjunto de equipos alternativos es un problema de selección entre proyectos de inversión mútuamente excluyentes y ha de ser tratado como tal, sin más diferencia que la de tener en cuenta que son inversiones de renovación o reemplazo y que, por ello, ha de tomarse una base temporal homogénea, sea de un número finito de años (mínimo común múltiplo de sus duraciones) o ilimitada. Por tanto, son aplicables tanto el criterio del valor actual neto como el del tipo de rendimiento interno. Además, si se aplica el primero, como rentabilidad requerida (tipo de descuento) ha de tomarse la señalada en el capítulo correspondiente, es decir, la mayor de estas tres:

— El resultado de añadir al tipo libre de riesgo la prima que compensa por el riesgo de la inversión.
— El coste de la financiación.
— El resultado de ajustar la rentabilidad de la inversión alternativa por la diferencia entre el riesgo que tienen ambas inversiones.

Dicho de otro modo, el tipo de descuento no tiene necesariamente que ser el mismo para los dos equipos alternativos; en realidad, lo habitual es que no lo sea.

9.2. La duración óptima

La vida técnica de un equipo de producción es su duración potencial, es decir, aquel período de tiempo durante el cual puede ser útil y producir normalmente.

La duración óptima es la vida económica, que es aquella que hace máximo el valor actual neto de la inversión en el equipo.

La vida técnica de un equipo se puede prolongar con mayores gastos de entretenimiento, reparación y mantenimiento, y asumiendo una inferioridad respecto a equipos más modernos y tecnológicamente más avanzados.

Generalmente, los proyectos se analizan como si la empresa se comprometiera con ellos durante un cierto período. Sin embargo, en muchas ocasiones puede ser preferible retirar el proyecto antes de que finalice su duración potencial.

Sea V_t el denominado valor de retiro correspondiente al momento t, es decir, el importe en el que se podría vender el equipo en ese momento y, por tanto, el último flujo de caja que generaría si se le enajenara en ese instante. El problema es determinar el valor de t para el cual es máximo el valor actual neto; se trata de maximizar:

$$-A + \frac{Q_1}{1+k} + \frac{Q_2}{(1+k)^2} + \dots + \frac{Q_t}{(1+k)^t} + \frac{V_t}{(1+k)^t}$$

Sea n la vida técnica del equipo ($n > t$) el valor actual neto del equipo correspondiente a esta duración es:

$$VAN_n = -A + \frac{Q_1}{1+k} + \frac{Q_2}{(1+k)^2} + \dots + \frac{Q_t}{(1+k)^t} + \frac{Q_{t+1}}{(1+k)^{t+1}} + \dots +$$
$$+ \frac{Q_n}{(1+k)^n} + \frac{V_n}{(1+k)^n}$$

Comparando las dos expresiones, se observa que lo que se trata de maximizar se puede expresar también del siguiente modo:

$$VAN_n + \frac{V_t}{(1+k)^t} - \frac{Q_{t+1}}{(1+k)^{t+1}} - \frac{Q_{t+2}}{(1+k)^{t+2}} - \dots - \frac{Q_n}{(1+k)^n} - \frac{V_n}{(1+k)^n}$$

El importe VAN_n no depende de t, por lo cual el óptimo se consigue cuando es máximo lo siguiente:

$$\frac{V_t}{(1+k)^t} - \frac{Q_{t+1}}{(1+k)^{t+1}} - \frac{Q_{t+2}}{(1+k)^{t+2}} - \dots - \frac{Q_n}{(1+k)^n} - \frac{V_n}{(1+k)^n}$$

o, lo que es lo mismo, siendo VAR_t el valor que tienen en el momento t los flujos de caja que podría continuar generando el equipo:

$$\frac{1}{(1+k)^t}\left[V_t - \left(\frac{Q_{t+1}}{1+k} + \frac{Q_{t+2}}{(1+k)^2} + \cdots + \frac{Q_n}{(1+k)^{n-t}} + \frac{V_n}{(1+k)^{n-t}}\right)\right] =$$

$$= \frac{1}{(1+k)^t}(V_t - VAR_t)$$

La duración óptima es la que maximiza el valor actual de la diferencia entre el valor del bien en el exterior y su valor dentro de la empresa.

En definitiva, la duración óptima es aquel momento, t, para el cual es máximo el resultado de actualizar al momento 0 la diferencia entre el valor de retiro que tiene el equipo en ese momento t y el valor que tienen en ese instante los flujos de caja que podría continuar generando ese equipo.

El valor de retiro o valor residual en el momento t, V_t, es el valor que tiene el bien fuera de la empresa al cabo de t períodos (lo que el mercado está dispuesto a pagar por él en ese momento). Por el contrario, VAR_t es el valor que tiene dentro de la empresa (lo que valen en ese momento los flujos de caja que todavía puede generar).

ACTIVIDAD RESUELTA 12

En la tabla 10.8 se recogen los valores de retiro (V_t) y el valor de los flujos restantes (VAR_t) de un equipo en los cuatro años de su duración técnica ¿Cuál es su duración óptima si el tipo de descuento es el 10 %?

AÑOS (t)	V_t	VAR_t
1	150	205,035
2	95	135,535
3	60	59,090
4	0	0

TABLA 10.8

No hace falta hacer ningún cálculo para observar que la duración óptima es 3 años. Es la única duración para la que la diferencia entre V_t y VAR_t es mayor que cero. Por consiguiente, es la única para la cual también será mayor que cero el resultado de actualizar al momento 0 esa diferencia.

Otro enfoque para determinar la vida óptima de un equipo es el basado en la minimización de los costes. Este enfoque fué iniciado por Terborgh y se le denomina método MAPI o método del mínimo adverso. Terborgh distingue dos tipos de costes:

1. Costes que crecen a medida que la duración del equipo es mayor, como los de mantenimiento y reparación, y los de la denominada inferioridad de servicio.
2. Costes que se reducen a medida que es mayor la duración del equipo, como las amortizaciones. El coste anual por amortización será tanto menor cuanto mayor sea el número de años entre los que se reparte la base amortizable total.

La duración óptima, según este enfoque, es aquella para la cual es mínimo el coste total, que es el resultado de sumar los costes crecientes y los decrecientes. Al coste total mínimo se le denomina «mínimo adverso».

> El coste de la inferioridad de servicio es el coste de oportunidad en el que se incurre por utilizar un equipo más o menos obsoleto tecnológicamente en relación al más avanzado.

9.3. La amortización

Los bienes de equipo se deprecian (es decir, pierden valor) por los tres tipos de motivos siguientes (tabla 10.9):

TABLA 10.9

MOTIVOS POR LOS QUE LOS BIENES DE EQUIPO SE DEPRECIAN
• Razones físicas. • Razones técnicas. • Razones económicas.

1. Razones físicas, como cuando una maquinaria se desgasta por el uso o por el mero transcurso del tiempo, o cuando una mina se agota.
2. Razones técnicas, es decir, provocadas por los avances tecnólogicos, que hacen que las nuevas máquinas dejen obsoletas y depreciadas a las antiguas, por producir con menores costes que éstas, o con mayor calidad, etc.
3. Razones económicas. Las principales son las variaciones en las retribuciones de los factores y las alteraciones de la demanda. Un aumento en la retribución de un factor puede dejar obsoletos los sistemas de producción que se basaban en él y, con ello, quedar totalmente depreciados los equipos correspondientes. Muchos tipos de maquinas son adecuados para ciertos niveles de demanda, pero no para niveles superiores ni inferiores; por ello, quedan obsoletos cuando la demanda se modifica ostensiblemente.

La amortización es la imputación al coste de la producción, de la depreciación experimentada por los elementos de activo fijo, una parte del cual (y generalmente importante) es la formada por los equipos de producción.

Si inicialmente un equipo vale V_0 u.m. (que coincidirá con el desembolso inicial que se efectúa por él cuando todo el valor se paga al contado) y, al cabo de los n años de su duración, se vende por un valor residual igual a V_r u.m., la base amortizable, M, que habrá de amortizarse en los n años, será:

$$M = V_0 - V_r$$

Los principales métodos de amortización son los siguientes:

1. El método lineal o de cuotas fijas, en el que se amortiza todos los años la misma cantidad, por lo que la cuota de amortización anual, A, es:

$$A = \frac{M}{n}$$

2. El método de los números dígitos crecientes, en el que cada cuota es directamente proporcional a los años transcurridos desde la adquisición del bien. La cuota del primer año, A_1, es directamente proporcional a 1, la del segundo, A_2, a 2, la del tercero, A_3, a 3, etc. La suma de los dígitos es igual a:

$$1 + 2 + 3 \cdots + (n-1) + n = \frac{n(n+1)}{2}$$

Por consiguiente, las sucesivas cuotas valdrán:

$$A_1 = \frac{2 \cdot 1}{n(n+1)} M$$

$$A_2 = \frac{2 \cdot 2}{n(n+1)} M = 2A_1$$

$$\vdots$$

$$A_n = \frac{2 \cdot n}{n(n+1)} M = nA_1$$

En general:

$$A_t = \frac{2 \cdot t}{n(n+1)} M = tA_1$$

3. El método de los números dígitos en sentido decreciente, que es semejante al anterior, pero tomando la serie de los números naturales en sentido inverso. La primera cuota es directamente proporcional a n, la segunda a $n - 1$, la tercera a $n - 2$, ..., y la última es directamente proporcional a 1. Por tanto:

$$A_1 = \frac{2 \cdot n}{n(n+1)} M$$

$$A_2 = \frac{2(n-1)}{n(n+1)} M$$

$$\vdots$$

$$A_n = \frac{2 \cdot 1}{n(n+1)} M$$

En general:

$$\boxed{A_t = \frac{2 \cdot (n - t + 1)}{n(n+1)} M}$$

Una vez determinada la cuota del último año, las demás se pueden calcular del siguiente modo:

$$A_1 = nA_n$$
$$A_2 = (n-1)A_n$$
$$A_3 = (n-2)A_n$$
$$\vdots$$

Dado que en este método las cuotas de los primeros años son mayores que las de los últimos, se trata de un procedimiento de amortización acelerada.

4. El método del tanto fijo sobre una base amortizable decreciente, que consiste en aplicar una proporción de amortización constante, t, sobre la parte de V_0 que queda por amortizar. Así, la cuota del primer año será:

$$A_1 = tV_0$$

Con ello, la parte que queda por amortizar es:

$$V_0 - tV_0 = V_0(1 - t)$$

y la cuota del segundo año será el resultado de aplicar el tanto fijo a este importe; es decir:

$$A_2 = tV_0(1 - t)$$

Tras esta segunda cuota, lo que queda por amortizar es:

$$V_0 - tV_0 - tV_0(1 - t) = V_0(1 - t)^2$$

La cuota del tercer año será:

$$A_3 = tV_0(1 - t)^2$$

Del mismo modo, se calcula lo que queda por amortizar tras esta tercera cuota, resultando:

$$V_0(1 - t)^3$$

y la cuota del cuarto período valdrá:

$$tV_0(1 - t)^3$$

Continuando de este modo, se concluye que la última cuota será:

$$A_n = tV_0(1 - t)^{n-1}$$

y que tras ello el importe que quedará por amortizar será igual a:

$$V_0(1 - t)^n$$

La parte de V_0 que no se ha de amortizar es el valor residual (sólo se debe amortizar la base M). Por tanto, la parte de V_0 que queda por amortizar tras la última cuota ha de ser igual a V_r:

$$V_r = V_0(1 - t)^n$$

de donde se deduce la expresión del tanto fijo t:

$$\boxed{t = 1 - \left[\frac{V_r}{V_0}\right]^{1/n}}$$

En la práctica, el proceso ha de ser el inverso al seguido aquí. Primero se calcula el tanto fijo y posteriormente se van calculando las sucesivas cuotas.

> **ACTIVIDAD RESUELTA 13**
>
> Un bien de equipo tiene un valor inicial de 5.000 u.m. y un valor residual de 1.000. Si se le amortizara por el método de los números dígitos crecientes, la cuota del segundo año sería 800 u.m. ¿Cuál será la cuota del segundo año si se aplica el método del tanto fijo sobre una base decreciente?
>
> En el método de los números dígitos crecientes la cuota del segundo año es
>
> $$A_2 = \frac{4}{n(n+1)} M$$
>
> Por consiguiente:
>
> $$\frac{4}{n(n+1)} (5.000 - 1.000) = 800$$
>
> De donde se deduce que el bien de equipo dura cuatro años.
>
> $$n = 4$$
>
> Por consiguiente:
>
> $$t = 1 - (V_r/V_0)^{1/n} = 1 - (1.000/5.000)^{1/4} = 0{,}331260$$
>
> Al aplicar el método del tanto fijo, se obtiene:
>
> $$A_1 = 0{,}331260 \cdot 5.000 = 1.656{,}3$$
> $$A_2 = 1.656{,}3(1 - 0{,}331260) = 1.107{,}63$$

9.4. El mantenimiento

El mantenimiento es la función cuyo objetivo es minimizar el tiempo durante el cual se interrumpe el proceso de producción o su calidad resulta alterada por un mal funcionamiento de los equipos, todo ello con el menor coste posible.

En esta función tiene un papel importante la tecnología, que puede automatizar parte del proceso de mantenimiento, reducir la frecuencia de las revisiones, avisar de la necesidad de un intervención, y facilitar el acceso a los componentes de la maquinaria.

Se distingue entre el mantenimiento correctivo, el mantenimiento preventivo, y el mantenimiento predictivo (tabla 10.10):

— El mantenimiento correctivo se presenta cuando surge la avería, por lo que viene caracterizado por la incertidumbre de su aparición, y por la consiguiente dificultad de planificación de las actividades. Una avería puede interrumpir el proceso de producción, con los costes que ello su-

pone. Una de las actuaciones que tratan de evitarlo es el mantenimiento preventivo.
- El mantenimiento preventivo tiene como objetivo reducir la probabilidad de averías, aumentar la vida útil de los equipos, y elevar el nivel de calidad de la producción. Puede ser perfectamente planificado, aprovechando los momentos de menor actividad y en los que existe disponibilidad de personal para realizarlo. Evidentemente tiene costes como el del personal especializado, los repuestos, y la detención de actividad que puede requerir. Por ello, suele aplicarse especialmente en los equipos críticos, cuya paralización puede hacer que se detenga la producción, en los equipos de seguridad, y en los de mayor valor.
- El mantenimiento predictivo es el que actúa cuando surge alguna desviación entre el comportamiento del equipo y el que se considera normal (gasto excesivo, ruidos, vibraciones, etc.). La detección de esas desviaciones puede realizarla el propio trabajador, un equipo de inspección, o sensores y complejos instrumentos técnicos.

TABLA 10.10

TIPOS DE MANTENIMIENTO
• Correctivo.
• Preventivo.
• Predictivo.

Dos decisiones estratégicas importantes en materia de mantenimiento son las siguientes:

- La relativa a si contratar en el exterior el mantenimiento, o si es preferible tener personal e instrumentos para realizarlo. Evidentemente, en la decisión han de influir factores como, la cantidad de maquinaria de la que se disponga, la especialización que necesita el personal de mantenimiento, el coste en que se incurre con cada parada provocada por una avería, y la frecuencia de las intervenciones.
- La concerniente a si es preferible centralizar el mantenimiento en un departamento, o si el personal debe repartirse por plantas y talleres de producción. En principio la centralización evita la infrautilización de recursos en unos talleres, cuando en otros existe falta de personas y medios. Sin embargo, puede ser más adecuada la descentralización cuando los equipos de los distintos talleres son muy diferentes o, por ejemplo, cuando estos se encuentran muy distantes y es primordial la rapidez de la intervención.

Es importante disponer de una base con todos los datos relativos al mantenimiento de los diferentes equipos. Ello permite, en cierta medida, prever las averías, su duración, sus orígenes, la forma de repararlas, las necesidades de repuestos, etc.

10. El análisis del flujo del proceso

En el gráfico del flujo del proceso se señalan todas las fases por las que va pasando un material, especificándose, en cada una de ellas, si se trata de una operación, una inspección, un transporte, un almacenamiento o una demora, para lo cual se utilizan los símbolos de la figura 10.5.

Una vez seleccionado el tipo de proceso, la tecnología y los equipos de producción, ha de decidirse cómo se ha de producir el flujo de los materiales en el proceso de producción, entendiendo como «materiales» las materias primas, otros materiales auxiliares, los productos semielaborados y los productos terminados.

Aunque con frecuencia se utilizan además otros documentos, el más empleado y el que mayor importancia tiene en el análisis del flujo de materiales es, sin duda, el gráfico del flujo del proceso, que en distintas empresas recibe también otras denominaciones.

○ Operación

□ Inspección

▷ Transporte

▽ Almacenamiento

D Demora

Figura 10.5

Se distinguen los siguientes tipos de situaciones:

— Una operación es una tarea o actividad realizada sobre el material.
— Una inspección es una revisión del material realizada para comprobar su cantidad o calidad.
— Un transporte es un movimiento del material de un lugar a otro.
— Por almacenamiento se entiende una acumulación de los materiales a la espera de la siguiente operación.
— Finalmente, una demora es un retraso en la secuencia de las operaciones.

A la vista del gráfico, es posible tener una idea detallada del flujo de materiales y pensar en otras alternativas para mejorarle, respondiendo a los siguientes tipos de preguntas:

1. ¿Qué fases son realmente necesarias? En algunas ocasiones pueden eliminarse, combinarse o simplificarse algunas fases.

2. ¿Quién realiza cada fase? Es posible que se pueda rediseñar algunas fases de modo que se utilice mano de obra menos cualificada, o menos horas de trabajo, o que éste se enriquezca y se mejore la productividad o las condiciones laborales.
3. ¿Dónde se realiza cada fase? A veces es posible mejorar la distribución de la planta de modo que las distancias que deben recorrerse se reduzcan.
4. ¿Cuándo se ejecuta cada fase? En algunos casos se descubre que se puede evitar alguna demora o algún almacenamiento innecesario, o bien actividades que crean «cuellos de botella» retrasando la realización del conjunto.
5. ¿Cómo se realiza el proceso? Es posible que se puedan utilizar mejores métodos o equipos, o que se pueda simplificar y que consuma menos tiempo.

La atención primordial suele centrarse en la eliminación de las demoras y de los almacenamientos:

— Las demoras se producen cuando el ritmo de entradas de una fase es superior al de las salidas de la fase anterior.
— Los almacenamientos aparecen en el caso contrario, es decir, cuando el ritmo de salidas de una etapa es superior al flujo de entradas de la siguiente.

Al estudio del flujo de materiales debe acompañarse un análisis del flujo de información requerido por el control administrativo del proceso, realizándose éste de forma semejante a la de aquél, sin más que sustituir materiales por documentos.

En el análisis del flujo del proceso son especialmente aplicables los modelos de colas o modelos de líneas de espera, que se integran entre los instrumentos que la Investigación Operativa pone a disposición de la Economía de la Empresa para la optimización de las decisiones. Su estudio sobrepasa ampliamente el carácter introductorio de este texto.

11. La distribución de la planta

El tipo de proceso de producción condiciona la distribución de la planta de producción. Así, la denominada disposición por procesos, en la que las diversas funciones (ensamblaje de piezas, soldadura, pintura, etc.) se realizan físicamente en lugares diferentes e inalterables, y los distintos productos circulan en la planta siguiendo diferentes caminos según sea el orden de su fabricación (véase la figura 10.6), resulta propia de la producción por órdenes, individualizada e intermitente.

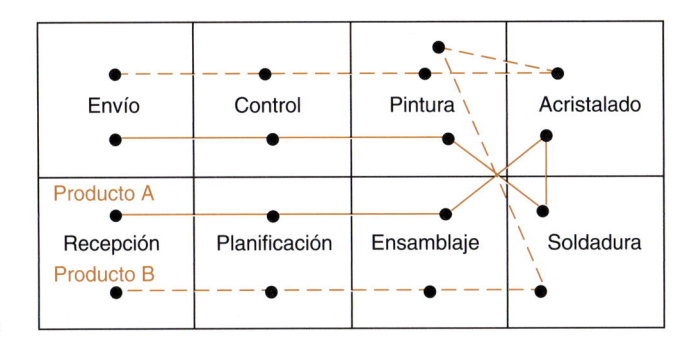

Figura 10.6

Envío	Control	Pintura	Acristalado
Producto A Recepción Producto B	Planificación	Ensamblaje	Soldadura

TABLA 10.11

ALTERNATIVAS DE DISTRIBUCIÓN DE LA PLANTA

- Disposición por procesos.
- Disposición por productos.
- Disposición de punto fijo.
- Disposiciones combinadas.

En la disposición por productos los trabajadores y las máquinas se sitúan en diferentes puntos de una línea por la que circulan los materiales y productos semiterminados (figura 10.7). Las disposiciones físicas de tales líneas pueden ser diferentes para los distintos tipos de productos, siendo esta organización más adecuada que la anterior para la producción para almacen, en serie y contínua, en la que se elaboran grandes cantidades de una escasa variedad de productos muy tipificados.

La disposición de punto fijo es idónea cuando resulta demasiado costosa la circulación física del producto, el cual permanece inmóvil, siendo hombres y máquinas quienes se mueven de unidad en unidad, realizando las distintas fases del proceso, como en la fabricación de aviones, puentes o barcos. En muchos de estos casos, los materiales y herramientas se colocan en círculos

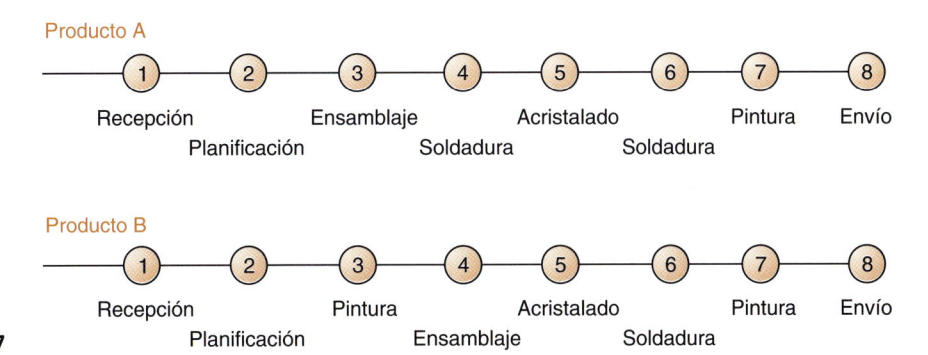

Producto A

1 — 2 — 3 — 4 — 5 — 6 — 7 — 8

Recepción · Ensamblaje · Acristalado · Pintura · Envío
Planificación · Soldadura · Soldadura

Producto B

1 — 2 — 3 — 4 — 5 — 6 — 7 — 8

Recepción · Pintura · Acristalado · Pintura · Envío
Planificación · Ensamblaje · Soldadura

Figura 10.7

LA FUNCIÓN PRODUCTIVA DE LA EMPRESA Y EL PROCESO DE PRODUCCIÓN concéntricos, estando el producto situado en el centro. Para minimizar el tiempo preciso y los costes del manejo de los materiales y herramientas, en los anillos interiores se situan aquellos que se usan con más frecuencia, mientras que en los externos se colocan los menos utilizados (figura 10.8).

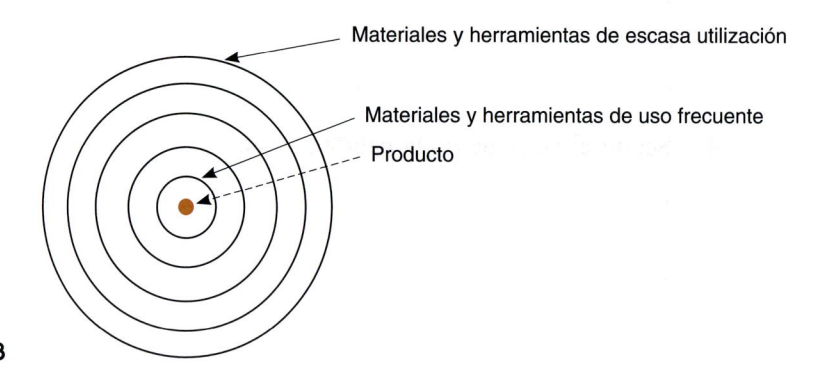

Figura 10.8

Es frecuente encontrar procesos que no se ajustan en su totalidad a ninguno de los tipos señalados, sino que se utiliza uno u otro en cada fase, o se toman elementos característicos de cada uno de aquellos en las distintas etapas, resultando así disposiciones combinadas.

Prueba objetiva de autoevaluación

I. Enunciado

1. ¿A cuál de los siguientes aspectos no hacen referencia los principales objetivos de la dirección de la producción.

   - A los costes. ■
   - A la productividad. ■
   - A la fiabilidad.
   - Ninguna de las otras. ■

2. Las decisiones referentes a la utilización de horas extraordinarias son decisiones de:

   - Proceso. ■
   - Capacidad de producción. ■
   - Recursos humanos.
   - Ninguna de las otras.

3. El cociente entre el índice de Laspeyres de factores empleados y el índice de Laspeyres de cantidades de producción es:

   - La productividad del período.
   - El índice de productividad global.
   - La tasa de productividad global.
   - Ninguna de las otras.

4. Según el enfoque de la calidad total:

   - El control de la calidad corresponde al departamento de recursos humanos.
   - El departamento de calidad debe depender del de producción.
   - El departamento de calidad coordina los esfuerzos de los demás departamentos en lo relativo a este tema.
   - Ninguna de las otras.

5. El que una producción sea individualizada o en serie depende de:

   - La razón que provoca la producción.
   - El grado de tipificación del producto.
   - La dimensión temporal del proceso.
   - Ninguna de las otras.

6. El diseño del puesto de trabajo y la elección de la tecnología tienden a considerarse como decisiones simultáneas, bajo el denominado diseño de enfoque:

   - Tecnológico.
   - Socio-experimental.
   - Sociológico.
   - Ninguna de las otras.

7. En la selección de bienes de equipo, la utilización del valor actual neto simple, sin acudir al artificio de la cadena de renovaciones, solamente es correcta cuando los diferentes equipos alternativos tienen:

   - El mismo riesgo.
   - La misma duración.
   - Los mismos flujos de caja.
   - Ninguna de las otras.

8. En los bienes de equipo, el método de la renta anual equivalente se utiliza para:
    - Seleccionarlos. ▪
    - Determinar su duración óptima. ■
    - Amortizarlos. ■
    - Ninguna de las otras. ▪

9. La duración potencial de un equipo de producción se denomina:
    - Vida óptima. ■
    - Vida económica. ▪
    - Vida técnica. ■
    - Ninguna de las otras. ▪

10. La duración óptima de un bien de equipo es aquel momento, *t*, para el cual:
    - Su valor actual neto es positivo. ▪
    - El valor actual neto de su cadena de renovaciones es positivo. ■
    - Es máximo el valor actual neto de la diferencia entre el valor del bien en el exterior y su valor dentro de la empresa. ■
    - Ninguna de las otras. ▪

II. Respuestas correctas

1. ▪
2. ■
3. ■
4. ▪
5. ■
6. ■
7. ▪
8. ▪
9. ■
10. ■

11 LA CAPACIDAD DE PRODUCCIÓN

INTRODUCCIÓN

LA CAPACIDAD DE LAS INSTALACIONES
- La medida de la capacidad
- La previsión de la demanda
- La capacidad necesaria
- Las alternativas, su evaluación y la decisión final

LA LOCALIZACIÓN
- De una instalación independiente
- De instalaciones interdependientes
- De centros comerciales
- De servicios de emergencia

LA PLANIFICACIÓN CONJUNTA

LA PROGRAMACIÓN DE LA PRODUCCIÓN

LA PLANIFICACIÓN Y CONTROL DE LAS ACTIVIDADES PRODUCTIVAS

1. Introducción

La toma de decisiones sobre capacidad de producción comporta la realización de planes a corto, medio y largo plazo.

Han de planificarse a largo plazo (generalmente dos años o más) las decisiones relativas a la capacidad de las instalaciones y a su localización, resolviendo cuestiones referentes a la capacidad precisa, al momento en el que se la necesitará y al lugar en el que habrán de situarse las instalaciones.

A medio plazo (generalmente más de un año) se efectúa una planificación conjunta de todas las líneas de productos de la empresa, que se encontrará condicionada por los planes a largo plazo. En ella se planifica la forma de coordinar las oscilaciones de la demanda con las posibilidades de producción existentes, utilizando recursos tales como la mano de obra, los inventarios, la posible subcontratación de parte de la producción, etc.

A corto plazo se realiza la programación de la producción, que hace referencia a la asignación de los recursos disponibles a los trabajos, pedidos, actividades y tareas. A diferencia de los planes a medio y a largo plazo, en los que se toman decisiones sobre la adquisición de recursos, en la programación se entiende que esos recursos vienen dados y el problema que se ha de resolver es cómo asignarlos.

Las decisiones de capacidad afectan al tipo de proceso que se utilice y a su grado de mecanización o automatización, así como a otras cuestiones referentes al diseño del proceso y, por supuesto, al nivel de los almacenes.

2. La capacidad de las instalaciones

Como se señaló anteriormente, las decisiones sobre la capacidad de las instalaciones se basan en la determinación de la capacidad necesaria, del momento en el que será necesaria esa capacidad, y del lugar en el que debe localizarse. A la localización se le dedica el próximo apartado. En éste nos centraremos en los pasos que deben darse para decidir sobre la capacidad de las instalaciones, que son los siguientes:

1. Establecer una medida adecuada de la capacidad.
2. Prever la demanda.
3. Determinar la capacidad de producción necesaria.
4. Establecer un conjunto de alternativas.
5. Evaluar las alternativas.
6. Decidir.

En los siguientes subapartados se estudian estos pasos.

2.1. La medida de la capacidad

> La capacidad es el máximo nivel de producción que puede alcanzarse en un período. Siempre debe referirse a un plazo de tiempo.

Por ejemplo, son medidas de capacidad: barriles de petróleo a la semana, pacientes tratados al mes, toneladas de acero al año, etc.

En ocasiones, erróneamente, se utilizan medidas que olvidan el factor tiempo, como número de camas de un hospital, número de asientos de un restaurante, número de máquinas y de operarios de un taller, etc. En tal caso, lo que se define no es la capacidad de producción, sino el tamaño de las instalaciones y para conocer la capacidad serían necesarios más datos, como, por ejemplo, el tiempo que permanece un paciente en el hospital por termino medio.

Otro error frecuente es confundir la capacidad con el volumen real. El volumen de producción es la cantidad que se produce en un período de tiempo. La capacidad es el máximo volumen de producción que puede alcanzarse en el período.

Los mayores problemas de medición de la capacidad surgen en los sistemas de producción múltiple. Como se recordará, en estos sistemas se elaboran diversos productos y surge la dificultad de que no pueden sumarse unidades de unos y otros, dada su heterogeneidad.

La solución depende de cada caso; por ejemplo, las empresas de aerolíneas suelen medir su capacidad en plazas-millas disponibles por mes: una plaza-milla es una plaza que recorre una distancia de una milla, y se calcula multiplicando el número de plazas que hay en cada avión por el número de millas que puede recorrer. De este modo se salva la dificultad proveniente de las diferencias existentes entre los distintos tipos de aviones en cuanto a su tamaño, su velocidad, etc.

En cualquier caso, si no se encuentra otra alternativa, siempre existe la posibilidad de valorar en unidades monetarias las unidades físicas que se pueden alcanzar en los diversos tipos de productos, y las cantidades así obtenidas sí que son sumables.

Una variable que puede crear otras dificultades es el número de horas de trabajo a la semana. La capacidad normal es la que puede llegar a alcanzarse con las horas que se trabaja en condiciones normales, sin horas extras, ni subcontratos extraordinarios ni congestionamiento de las instalaciones.

En algunas ocasiones se distingue entre capacidad punta y capacidad sostenida:

— La primera es aquella que sólo puede mantenerse durante un breve período de tiempo: algunas horas de un día o unos pocos días de un mes.
— La capacidad sostenida es un nivel de producción que podría mantenerse de forma prolongada sin dificultad.

2.2. La previsión de la demanda

La problemática de la previsión de la demanda atañe a la dirección de marketing y será estudiada en ese área. La dirección de la producción toma la demanda prevista como un dato que la dirección de marketing pone a su disposición.

En muchos casos resulta más correcto hablar de «objetivo de ventas» que de demanda o ventas previstas, pues para la dirección de marketing las ventas no son un dato, sino algo en lo que puede influirse utilizando las políticas mercadotécnicas adecuadas (precio, publicidad, promoción de ventas, vendedores, etc.).

2.3. La determinación de la capacidad necesaria

En la determinación de la capacidad necesaria la principal dificultad se encuentra en estimar la capacidad requerida, pues normalmente la demanda futura no se puede conocer con certeza. En la mayoría de los casos, lo más que se puede estimar es un conjunto de posibles valores y sus respectivas probabilidades; es decir, la distribución de probabilidad de la demanda.

> El nivel de demanda previsto (o el objetivo de ventas) determina la capacidad requerida. Por diferencia entre ésta y la capacidad disponible en el futuro, se estima la capacidad necesaria.

ACTIVIDAD RESUELTA 1

Podemos tomar como ejemplo el de la empresa Rasuro, S. A., que va a instalar en un país del Este europeo una fábrica de máquinas de afeitar eléctricas. La dirección de marketing sólo ha podido aventurar que la demanda anual (q) sigue una distribución de probabilidad normal con un valor esperado igual a 50.000 unidades físicas y una desviación típica de 10.000 u.f. Tras una reunión de altos directivos, se ha tomado la decisión de fijar como capacidad requerida (que, en este caso, coincide con la necesaria, por no existir una capacidad disponible previa) aquella para la cual la probabilidad de que quede inutilizada un 10 % o más de la capacidad de producción anual (P) sea sólo de un 5 %. ¿Cuánto vale la capacidad requerida?

Como ya es bien sabido, la variable ξ, definida del siguiente modo

$$\xi = \frac{q - 50.000}{10.000}$$

seguirá una distribución normal con esperanza matemática nula y desviación típica igual a la unidad. Se desea determinar el valor de P para el cual la probabilidad de que la demanda anual sea inferior al 90 % de P es el 5 %; es decir:

$$P(q < 0,9P) = 0,05 \text{ por uno}$$

Operando, se obtienen las expresiones equivalentes siguientes:

$$P(10.000\xi + 50.000 < 0,9P) = 0,05$$

$$P\left(\xi < \frac{0,9P - 50.000}{10.000}\right) = 0,05$$

Definamos $-z$ del siguiente modo:

$$-z = \frac{0,9P - 50.000}{10.000}$$

Entonces, el primer paso será encontrar el valor de $-z$ tal que:

$$P(\xi < -z) = 0,05$$

Como puede observarse en la figura 11.1, esto es equivalente a determinar el valor de z para el cual la probabilidad de que la variable ξ se encuentre entre 0 y $+z$ es 0,45. Consultando la tabla de la distribución normal estandarizada del apéndice de tablas estadísticas, se comprueba que $+z$ vale 1,65. Por tanto:

$$+z = -(-z) = \frac{50.000 - 0,9P}{10.000} = 1,65$$

De donde se deduce que la capacidad requerida es de 37.222 unidades físicas al año:

$$P = \frac{1{,}65 \cdot 10.000 - 50.000}{-0{,}9} = 37.222 \text{ u.f.}$$

Dado que los directivos de Rasuro, S. A., lo único que pretenden evitar es tener una capacidad ociosa excesiva, han de establecer una capacidad requerida inferior a la demanda esperada (50.000 u.f. al año). En otras empresas prima el objetivo de que no quede demanda sin cubrir, o que no supere cierto límite la probabilidad de que no se pueda atender un porcentaje determinado de la demanda.

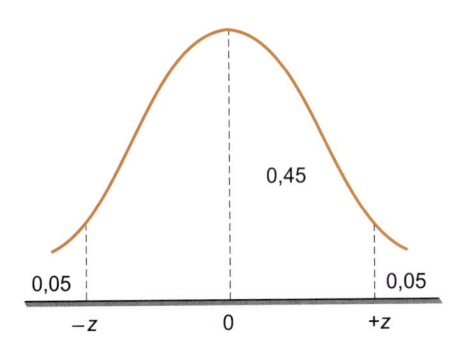

Figura 11.1

2.4. Generación de alternativas, evaluación de las mismas y decisión final

Quizá sea el correspondiente a la generación de un conjunto de alternativas el paso que requiere mayor creatividad de todo el proceso. Las alternativas surgen de las distintas respuestas que deben darse a las tres cuestiones básicas relativas a la capacidad precisa, al momento en el que se la necesitará y al lugar en el que habrán de situarse las instalaciones. Por ejemplo, en un caso en particular las alternativas podrían ser las siguientes:

1. Construir ahora una fábrica de 50.000 u.f. al año en Bilbao.
2. Construir ahora una fábrica de 50.000 u.f. al año en Madrid.
3. Construir ahora una fábrica de 25.000 u.f. al año en Bilbao, y otra de 25.000 u.f. al año en Madrid dentro de dos años.
4. Construir dentro de un año una fábrica de 40.000 u.f. en Burgos.

LA CAPACIDAD DE PRODUCCIÓN

En muchas ocasiones las posibilidades son muy numerosas, pero deben considerarse todas. Es posible que se pueda descartar algunas inmediatamente, pero a las demás hay que evaluarlas. Para ello, son aplicables procedimientos propios de la selección de inversiones como el valor actual neto y el tipo de rendimiento interno.

La decisión se toma a nivel de alta dirección, pues compromete a la empresa a largo plazo y afecta a todas sus funciones y no sólo a la de producción: para llevarla a cabo se requieren recursos financieros (por lo cual concierne a la dirección financiera), y de ella dependerá la posibilidad de satisfacer necesidades y deseos de los consumidores (por lo que concierne también a la dirección de marketing).

3. La localización de las instalaciones

El problema de la localización es bien diferente según se trate de situar una instalación independiente, varias fábricas y almacenes interdependientes, un comercio que entrará en competencia con otros de la zona, o servicios de emergencia. Seguidamente se tratará cada uno de los casos.

3.1. La localización de una instalación independiente

Cuando las diversas instalaciones de la empresa son independientes entre sí, es posible analizarlas aisladamente, es decir, una a una. Para seleccionar un lugar, junto a los factores referentes a la rentabilidad que puede conseguirse en cada sitio, se manejan otros de muy diversa naturaleza.

Supongamos que los ingresos y cobros que pueden conseguirse son semejantes en todos los lugares. Incluso en ese caso existirán diferencias de costes y pagos que afectarán a la rentabilidad de la inversión en las instalaciones. Los más habituales son los siguientes:

1. Coste del terreno, local y equipo.
2. Coste de la materia prima y otros materiales.
3. Coste de la mano de obra.
4. Coste de los servicios necesarios.
5. Impuestos y seguros.

Entre los factores que no afectan directamente a la rentabilidad de la inversión, pero que se tienen en cuenta, se encuentran los siguientes:

1. Las garantías existentes de continuidad en el suministro de materias primas y otros materiales de producción.
2. La disponibilidad de mano de obra con el nivel necesario de cualificación.

3. Las relaciones laborales y sindicales, y la conflictividad social.
4. Las disposiciones y reglamentos de las entidades oficiales de la localidad.
5. El nivel y la calidad de vida (clima, disponibilidad de viviendas y de servicios como escuelas, lugares de recreo, etc.).

Evidentemente, no todos los factores que intervienen en la decisión (la rentabilidad y los demás) tienen la misma importancia. Unos han de recibir mayor ponderación que otros. Para tomar una decisión puede estudiarse cada posible localización asignando una puntuación (por ejemplo, de 0 a 10) a cada uno de los factores según su grado de cumplimiento. Posteriormente, se pondera la puntuación de cada factor según la importancia que tiene, y finalmente, en el modelo aditivo, se suman los resultados, obteniéndose así la puntuación de esa localización. Se realiza este proceso para cada alternativa de localización y se elige aquella que tiene mayor puntuación.

Dicho de otro modo, la puntuación de la localización j, T_j, es:

$$T_j = p_{1j} \cdot W_1 + p_{2j} \cdot W_2 + \cdots + p_{mj} \cdot W_m$$

donde p_{ij} es el número de puntos asignados subjetivamente al factor i ($i = 1, 2, ..., m$) en la localidad j según el nivel que se considera que alcanza dicho factor en esa localidad, W_i es la ponderación de ese factor i, y m el número de factores considerados relevantes.

ACTIVIDAD RESUELTA 2

La empresa Local, S. A., dedicada a la producción de conservas vegetales va a ampliar sus instalaciones abriendo una nueva factoría. Para su ubicación considera dos posibilidades: las ciudades X e Y. Los responsables de la selección consideran tres factores fundamentales por su incidencia en el coste total de producción:

Factor 1: El coste de la mano de obra.
Factor 2: El coste de transporte de los productos terminados.
Factor 3: El coste de las materias primas.

La ponderación de cada uno de estos factores depende de la incidencia del coste correspondiente en el coste total de la producción. Dado que la incidencia del coste de la mano de obra es mayor que el del transporte de los productos terminados y que la de éste es, a su vez, mayor que la del coste de las materias primas, las ponderaciones asignadas han sido las siguientes:

Factor 1: 0,5
Factor 2: 0,3
Factor 3: 0,2

Una vez analizadas cuidadosamente las dos ciudades, se ha otorgado a cada una de las ciudades en cada uno de los factores las puntuaciones de la tabla 11.1 ¿Qué localización es preferible aplicando el modelo aditivo?

FACTOR	PUNTUACIÓN EN CIUDAD X	PUNTUACIÓN EN CIUDAD Y
1	2	8
2	8	6
3	9	4

TABLA 11.1

En cuanto a la primera alternativa de localización:

$$T_x = p_{1x} \cdot W_1 + p_{2x} \cdot W_2 + \cdots + p_{mx} \cdot W_m =$$

$$= 2 \cdot 0{,}5 + 8 \cdot 0{,}3 + 9 \cdot 0{,}2 = 5{,}2 \text{ puntos}$$

En cuanto a la segunda:

$$T_y = p_{1y} \cdot W_1 + p_{2y} \cdot W_2 + \cdots + p_{my} \cdot W_m =$$

$$= 8 \cdot 0{,}5 + 6 \cdot 0{,}3 + 4 \cdot 0{,}2 = 6{,}6 \text{ puntos}$$

La nueva factoría se ubicará en la ciudad Y, a la que le corresponde mayor cantidad de puntos.

En algunos casos se considera muy importante que la localidad elegida cumpla mínimamente en cada uno de los factores considerados. En ese caso, puede ser preferible el modelo multiplicativo siguiente:

$$T_j = p_{1j}^{w_1} \cdot p_{2j}^{w_2} \cdot \cdots \cdot p_{mj}^{w_m}$$

En este segundo procedimiento, el que un único factor tenga poca puntuación hace que la puntuación global de la localización sea baja. Por tanto, da preferencia a aquellas alternativas que no tienen baja puntuación en ninguno de los factores.

ACTIVIDAD RESUELTA 3

¿Cuál será la solución del problema de la empresa Local, S. A., de la Actividad Resuelta anterior si se emplea el modelo multiplicativo?

En cuanto a la primera alternativa de localización:

$$T_x = p_{1x}^{w1} \cdot p_{2x}^{w2} \cdot \ldots \cdot p_{mx}^{wm} = 2^{0,5} \cdot 8^{0,3} \cdot 9^{0,2} = 4,08 \text{ puntos}$$

En cuanto a la segunda:

$$T_y = p_{1y}^{w1} \cdot p_{2y}^{w2} \cdot \ldots \cdot p_{my}^{wm} = 8^{0,5} \cdot 6^{0,3} \cdot 4^{0,2} = 6,38 \text{ puntos}$$

Por consiguiente, la solución es la misma que con el modelo aditivo: la mejor ubicación es la ciudad Y.

3.2. La localización de varios almacenes y fábricas interdependientes

En los modelos de localización de varias fábricas y almacenes interdependientes suele suponerse que ya se ha tomado la decisión referente a la capacidad y que el problema es determinar el plan de localización que minimiza los costes de distribución. En tal caso, resulta especialmente útil la programación lineal.

ACTIVIDAD RESUELTA 4

Como ejemplo, podemos tomar el caso de Distribu, S. A., que tiene dos almacenes: uno situado en la ciudad A y otro en la ciudad C. La dirección de la empresa estima que es necesario otro almacén y no sabe si situarlo en la ciudad B o en la ciudad D.

Desde los tres almacenes de los que finalmente disponga ha de servir a los mercados N, M y S.

Evidentemente, la introducción de un nuevo almacén alterará las cantidades que actualmente se distribuyen desde los almacenes ya existentes. En la tabla 11.2 se refleja lo que cuesta transportar una unidad física de producto desde cada ciudad hasta cada mercado (en u.m.), así como la cantidad de unidades físicas requeridas mensualmente por cada uno de los mercados, y las que ha de servir al mes cada almacen:

Almacenes	MERCADOS			u.f. a servir al mes
	N	M	S	
C	3	2	4	150
A	3	4	2	200
B	4	2	4	200
D	4	3	2	200
u.f. precisas	150	300	100	

TABLA 11.2

¿Dónde se debe ubicar el nuevo almacén?

Supongamos que el nuevo almacen se situara en la ciudad B. Denominando X_{ij} al número de unidades que debe servir cada mes el almacen i al mercado j, el modelo de programacion lineal que permite determinar los valores de las X_{ij} que minimizan los costes totales de distribución es el siguiente:

Minimizar:

$$3X_{CN} + 2X_{CM} + 4X_{CS} + 3X_{AN} + 4X_{AM} + 2X_{AS} + 4X_{BN} + 2X_{BM} + 4X_{BS}$$

Con sujeción a las siguientes restricciones:

— Restricciones de servicio de los almacenes:

$$X_{CN} + X_{CM} + X_{CS} = 150$$
$$X_{AN} + X_{AM} + X_{AS} = 200$$
$$X_{BN} + X_{BM} + X_{BS} = 200$$

— Restricciones de necesidades de los mercados:

$$X_{CN} + X_{AN} + X_{BN} = 150$$
$$X_{CM} + X_{AM} + X_{BM} = 300$$
$$X_{CS} + X_{AS} + X_{BS} = 100$$

— Restricciones de no negatividad:

$$X_{ij} \geq 0 \text{ para todo } i \text{ y } j$$

Evidentemente, dado que existen más de dos variables no es posible acudir a la resolución gráfica, pero utilizando un pequeño programa diseñado para ordenadores personales se alcanza la siguiente solución:

$$X_{CN} = 50$$
$$X_{CM} = 100$$
$$X_{CS} = 0$$
$$X_{AN} = 100$$
$$X_{AM} = 0$$
$$X_{AS} = 100$$
$$X_{BN} = 0$$
$$X_{BM} = 200$$
$$X_{BS} = 0$$

La solución óptima es que el nuevo almacen situado en la ciudad B dedique toda su capacidad de abastecimiento al mercado M, que el almacen de la ciudad A dirija la mitad de sus servicios al mercado N y la otra mitad al S, y que las restantes necesidades de los mercados N y M sean cubiertas por el almacen de la ciudad C. Con ello, el coste total mínimo en el que puede incurrirse es:

$$3 \cdot 50 + 2 \cdot 100 + 3 \cdot 100 + 2 \cdot 100 + 2 \cdot 200 + = 1.250 \text{ u.m.}$$

Podría repetirse el análisis suponiendo que se hubiera elegido situar el nuevo almacén en la ciudad D, y se llegaría a la conclusión de que a la solución óptima le corresponde un coste (el mínimo en el que puede incurrirse en ese caso) de 1.400 u.m., que es superior que cuando se sitúa el almacén en la ciudad B. Por tanto, es preferible localizarlo en la ciudad B.

3.3. Localización de centros comerciales

En el caso de los centros comerciales (tiendas, restaurantes, etc.) no puede suponerse que los ingresos y los cobros son independientes de su localización. Es más, la mayor parte de los modelos de localización de centros comerciales tratan de maximizar los ingresos (que se pueden identificar, aproximadamente, con cobros) o el número de clientes. Además, estiman que las variables de las que dependen esas magnitudes son el tamaño del local y el tiempo que necesitan los clientes para trasladarse a él.

Uno de los modelos más conocidos es el de Huff, denominado así por haber sido estudiado con cierto detalle por este autor. Es el siguiente:

$$N_{ik} = P_{ik}C_i = \frac{S_k/T_{ik}^A}{(S_1/T_{i1}^A) + (S_2/T_{i2}^A) + \cdots + (S_n/T_{in}^A)} \cdot C_i$$

donde:

N_{ik}: es el número de clientes de la zona i que se espera que acudan a comprar al lugar k,
P_{ik}: es la probabilidad de que un cliente de la zona i acuda a comprar al lugar k,
C_i: es el número de clientes que residen en la zona i,
S_j: es el tamaño del local situado en j,
T_{ij}: es el tiempo necesario para que un cliente se desplace de la zona i al lugar j, y
A: es un parámetro que refleja el efecto del tiempo de desplazamiento sobre el comportamiento de los clientes en la compra.

Todos los datos necesarios para aplicar el modelo son conocidos con excepción de A. En sus estudios Huff obtuvo para este parámetro valores comprendidos entre 2,1 y 3,2.

3.4. La localización de servicios de emergencia

En la localización de servicios de emergencia el criterio determinante es la rapidez en la prestación del servicio.

Los ejemplos más evidentes de servicios de emergencia son los de bomberos, policía o ambulancias. Pero en el ámbito empresarial surgen, por ejemplo, en servicios post-venta de reparación de sistemas informáticos o de maquinaria cuya paralización puede detener la actividad de los clientes.

4. La planificación conjunta

A medio plazo (un año aproximadamente) se ha de realizar la planificación conjunta de todas las líneas de productos de la empresa para atender a la demanda con los medios disponibles.

Cuando se considera que es posible incidir en la demanda por procedimientos mercadotécnicos, esta planificación deberá realizarse conjuntamente con la dirección de marketing.

Dado que la planificación de la capacidad de las instalaciones determina el nivel máximo de producción, condiciona a la planificación conjunta a medio plazo.

> Las alternativas existentes para hacer frente a las oscilaciones de la demanda son de dos tipos: las que tratan de suavizar la demanda y las que se dirigen a modificar la oferta de la empresa para atender a esas oscilaciones.

Los principales medios por los que se intenta incidir en la demanda para ajustarla al ritmo de producción de la empresa son los siguientes:

1. Variables mercadotécnicas, como el precio, la publicidad y la promoción de ventas, que se estudiarán con cierto detalle en el área de marketing.
2. La espera del cliente y la reserva de capacidad. Una posible política es hacer esperar a los clientes en las fases en las que la demanda es muy fuerte; otra es hacerles que reserven capacidad de antemano. Ambas tienen como efecto el trasladar la demanda de las fases de exceso de actividad a aquellas en la que la capacidad está infrautilizada. Evidentemente, el principal inconveniente de este tipo de políticas es que pueden perderse ventas y clientes.
3. El desarrollo de productos de ciclo inverso. Para mantener la capacidad ocupada todo el año, puede tenerse una cartera de productos cuya oscilación estacional sea inversa. Un caso ilustrativo es el del puesto callejero que vende castañas en invierno y helados en verano.

TABLA 11.3

ALTERNATIVAS FRENTE A LAS OSCILACIONES DE LA DEMANDA	
Incidir en la demanda	Incidir en la oferta
• Variables mercadotécnicas. • Espera del cliente y reserva de capacidad. • Productos de ciclo inverso.	• Plantilla flexible. • Horas extraordinarias y jornadas reducidas. • Trabajadores de temporada. • Inventarios. • Subcontratación temporal.

En cuanto a los principales medios para flexibilizar la capacidad de producción y conseguir que la oferta se adapte a las oscilaciones de la demanda, son los siguientes:

1. La utilización de una plantilla flexible, contratándose empleados en algunos momentos y despidiéndolos en otros. En general, es una práctica que tiene diversos inconvenientes, de los cuales quizá el mayor sea la falta de motivación que provoca en el personal de la empresa. Además, cuenta con importantes restricciones legales y la contratación y el despido tienen costes muy elevados.
2. Las horas extraordinarias y las jornadas reducidas. En algunos casos, las horas extraordinarias tienen el inconveniente de ser más caras que las horas normales. Además, los sindicatos suelen oponerse pues consideran que son una de las causas del desempleo. Las jornadas reducidas pueden realizarse reduciendo las horas de trabajo diario o el número de días de trabajo a la semana. Su inconveniente es que, aunque

el personal está dispuesto a trabajar transitoriamente menos horas, no lo suele estar a dejar de cobrar esas horas y percibir una remuneración mensual inferior.

3. La contratación de trabajadores de temporada, que constituye una práctica muy habitual en algunos sectores, como el comercio (por ejemplo, en época de rebajas) y en la hostelería (en temporada turística alta). Su principal inconveniente es que suelen ser trabajadores menos motivados e identificados con la empresa que los vinculados a ella de forma regular.

4. Los inventarios o almacenes, que actuan como auténticos reguladores entre el ritmo de producción y el ritmo de demanda. En las ocasiones en las que la demanda se reduce, los niveles de inventarios de productos terminados crecen, y tales niveles se reducen cuando el ritmo de la demanda es superior que el de la producción. No obstante, como se comprobará en el siguiente capítulo, tener grandes inventarios comporta incurrir en grandes costes. Además, este procedimiento no se puede utilizar en el caso de la producción de servicios, pues estos no son almacenables.

5. La subcontratación temporal con otras empresas, de la elaboración de productos o de partes de ellos. Habitualmente, se especifica a los subcontratistas los materiales que deben utilizar, los métodos que han de emplear y la calidad del producto. Este procedimiento tiene costes que pueden ser elevados, pues generalmente es más barato producir en la empresa que comprar la producción al subcontratista.

6. Los acuerdos con otras empresas, por los cuales las que se enfrentan con un exceso de demanda transfieren clientes o reciben productos de las que se encuentran en un período de exceso de capacidad. Por ejemplo, los hoteles y las líneas aéreas se transfieren clientes cuando no tienen plazas, y las compañías eléctricas tienen redes compartidas por las que se producen intercambios de producción de energía.

No es posible determinar una regla que optimice la utilización de estos procedimientos. Para cada caso existe una solución distinta que seguramente precisará del empleo de más de uno.

5. La programación de la producción

En la planificación de la capacidad se determinaban los recursos a largo plazo (el nivel de las instalaciones y su localización) y en la planificación a plazo medio se establecían los recursos a un plazo inferior (nivel de utilización de horas extraordinarias, mano de obra a tiempo parcial, inventarios, etc.). Con ello quedan determinados los recursos disponibles.

> Pues bien, la programación de la producción consiste en distribuir esos recursos limitados entre los diferentes productos, trabajos, actividades, tareas, clientes, o items en general.

En el estudio que sigue se supondrá que el problema es de asignación a productos, aunque se resolvería de la misma forma si se tratara de distribuir los recursos entre otro tipo de item.

La principal técnica de programación de la producción es la programación lineal, que ya es conocida por haber sido objeto de estudio en un capítulo anterior, y que se ha utilizado también en este para resolver un problema de localización. En su aplicación a la producción, la única novedad es de tipo terminológico.

A cada posibilidad de distribución se le denomina programa productivo. Por tanto, el problema tambien puede enunciarse del siguiente modo: determinar el programa que maximiza el beneficio.

> En su planteamiento más común, el problema de la programación de la producción consiste en determinar cuál es la distribución de los recursos, entre el conjunto de productos, que maximiza el beneficio.

Como es sabido, formalmente un problema de programación lineal se expresa del siguiente modo:

Maximizar (o minimizar)

$$Z = c_1 X_1 + c_2 X_2 + \cdots + c_n X_n$$

con sometimiento a las restricciones:

$$a_{11} X_1 + a_{12} X_2 + \cdots + a_{1n} X_n \leqslant b_1$$
$$a_{21} X_1 + a_{22} X_2 + \cdots + a_{2n} X_n \leqslant b_2$$
$$\cdots\cdots\cdots\cdots\cdots\cdots\cdots\cdots\cdots\cdots\cdots\cdots$$
$$a_{m1} X_1 + a_{m2} X_2 + \cdots + a_{mn} X_n \leqslant b_m$$

y, siempre, la condición de no negatividad de las variables:

$$X_1, X_2, ..., X_n \geqslant 0$$

En el ámbito productivo se denomina función de rendimiento a la función objetivo que, en este caso, se trata de maximizar, y vector de existencias al siguiente:

$$B = \begin{bmatrix} b_1 \\ b_2 \\ \vdots \\ b_m \end{bmatrix}$$

donde b_i es el número de unidades disponibles del factor i.

El rendimiento unitario c_j es el beneficio que deja a la empresa el proceso j cuando se realiza una vez.

El nivel de realización de un proceso, X_j, es el número de veces que se lleva a cabo. Las incognitas del problema son los niveles de realización de los diversos procesos.

En éste ámbito, un proceso es una alternativa tecnológica; es decir, una forma de combinar los recursos para obtener el producto.

La matriz tecnológica es la siguiente:

$$\begin{bmatrix} a_{11} & a_{12} & \cdots & a_{1n} \\ a_{21} & a_{22} & \cdots & a_{2n} \\ \cdots & \cdots & \cdots & \cdots \\ a_{m1} & a_{m2} & \cdots & a_{mn} \end{bmatrix}$$

donde a_{ij} es la cantidad del factor i utilizada por el proceso j cuando se le utiliza a nivel unitario. Un proceso se define por las cantidades que utiliza de cada uno de los factores cuando se le aplica a ese nivel, es decir, por el vector:

$$\begin{bmatrix} a_{1j} \\ a_{2j} \\ \cdots \\ a_{mj} \end{bmatrix}$$

Aunque este es el caso más comúnmente estudiado, el objetivo y las restricciones de un modelo de programación lineal de la producción pueden ser muy diferentes. Puede tratarse de minimizar los costes, de maximizar la calidad o el contenido de cierta sustancia en el producto, etc. Para el estudio de diversos casos sencillos, remitimos al lector a nuestro libro *Prácticas de Administración de Empresas*, editado por Ediciones Pirámide.

6. La planificación y control de las actividades productivas

A diferencia de la programación de la producción, en la que habitualmente se trata de optimizar la elaboración de un conjunto de productos, la planificación de las actividades productivas se centra en preparar la elaboración de un producto. Por ello, también se la denomina planificación de proyectos.

La planificación de un proyecto parte de una relación detallada de las actividades de que consta, incluyéndose la duración de cada una y las relaciones de precedencia que existen entre ellas.

Los objetivos principales de esta planificación a corto plazo son conseguir cierta coordinación en la ejecución y determinar la duración esperada del proyecto y las actividades que requieren mayor control. El principal método para ello está constituido por las técnicas PERT-CPM, que se estudiaron con cierto detalle en otro capítulo, por lo cual no se insistirá en ellas en este.

También se estudiaron entonces los gráficos de Gantt, que constituyen un instrumento valiosísimo para el control de la ejecución del proyecto, permitiendo determinar visualmente cada día el nivel de realización de las diversas actividades y los retrasos o adelantos que se van produciendo.

Prueba objetiva de autoevaluación

I. Enunciado

1. Las decisiones relativas a la capacidad de las instalaciones:
   - No se planifican. ■
   - Se planifican a corto plazo. ■
   - Se planifican a medio plazo.
   - Se planifican a largo plazo.

2. ¿A cuál de las siguientes cuestiones no afectan las decisiones de capacidad?
   - Al tipo de proceso que se utilice. ■
   - Al grado de mecanización del proceso.
   - Al nivel de los almacenes.
   - Ninguna de las otras. ■

3. El número de asientos de un restaurante mide:
   - Su capacidad de producción.
   - El tamaño de sus instalaciones. ■
   - Su volumen de producción. ■
   - Ninguna de las otras.

4. Cuando se considera muy importante que la localidad elegida cumpla mínimamente en cada uno de los factores considerados, es preferible utilizar el modelo de localización:
   - Aditivo. ■
   - Exponencial. ■
   - Multiplicativo.
   - Ninguna de las otras.

5. El modelo de Huff se utiliza en la localización de:
   - Centros comerciales. ■
   - Almacenes y fábricas interdependientes.
   - Instalaciones independientes. ■
   - Ninguna de las otras.

6. ¿Cuál de los siguientes no es uno de los principales medios por los que se intenta incidir en la demanda para ajustarla al ritmo de producción de la empresa:
   - Variables mercadotécnicas.
   - Desarrollo de productos de ciclo inverso. ■
   - Los inventarios o almacenes.
   - Ninguna de las otras. ■

7. ¿Cuál de los siguientes no es uno de los principales medios para flexibilizar la capacidad de producción y conseguir que la oferta se adapte a las oscilaciones de la demanda?
   - La utilización de una plantilla flexible. ■
   - Las horas extraordinarias y las jornadas reducidas.
   - La subcontratación temporal con otras empresas. ■
   - Ninguna de las otras.

8. ¿A qué se denomina «proceso» en programación de la producción?
   - A la función objetivo. ■
   - Al rendimiento unitario. ■
   - Al nivel de realización.
   - Ninguna de las otras.

9. ¿Qué es la planificación de proyectos?
   - La utilización de los gráficos de Gantt en la producción.
   - La matriz tecnológica de la programación. ■
   - La planificación de las actividades productivas. ■
   - Ninguna de las otras.

10. Un proceso se define por:
    - Las cantidades que utiliza de cada uno de los factores cuando se le aplica a nivel unitario. ■
    - Su rendimiento implícito cuando se aplica a nivel unitario. ■
    - Su matriz tecnológica.
    - Ninguna de las otras.

II. Respuestas correctas

1. ▪ (gris)
2. ■ (negro)
3. ■ (naranja)
4. ▪ (gris)
5. ■ (negro)
6. ▫ (beige)
7. ▪ (gris)
8. ▪ (gris)
9. ■ (naranja)
10. ■ (naranja)

12. LOS INVENTARIOS

- INTRODUCCIÓN
- OBJETIVOS DE LOS INVENTARIOS
- LOS COSTES DE LOS INVENTARIOS Y SU TAMAÑO
- TIPOS DE DEMANDA
- TIPOS DE SISTEMAS Y MODELOS DE INVENTARIOS
- MODELOS DETERMINISTAS
- MODELO PROBABILÍSTICO
- SISTEMAS DE CONTROL
  - Concepto
  - Funciones
  - Sistemas ABC
- LA TRASLACIÓN DE LOS INVENTARIOS. EL INVENTARIO JUSTO-A-TIEMPO

1. Introducción

Un inventario es una provisión de materiales que tiene como objeto principal facilitar la continuidad del proceso productivo y la satisfacción de los pedidos de los consumidores y clientes.

Los inventarios actúan como reguladores entre los ritmos de salida de unas fases y los de entrada de las siguientes (figura 12.1).

La clasificación más importante de los mismos es la que distingue entre inventarios de materias primas, de productos semielaborados, y de productos terminados:

— Si el ritmo al que los proveedores sirvieran las materias primas y auxiliares fuera idéntico al ritmo al que son necesarias en el proceso de producción, no se plantearía problema de regulación en esa fase. Pero lo más frecuente es que los proveedores entreguen materiales periódicamente y que las empresas los precisen de forma prácticamente continua, por lo que resulta precisa la colocación de unos reguladores que son los inventarios de materias primas.

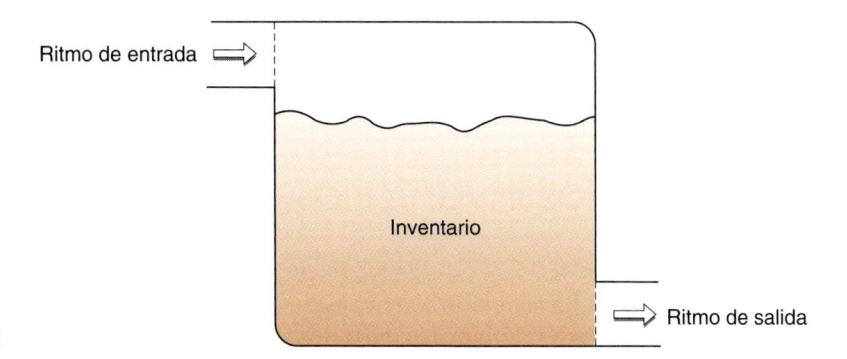

Figura 12.1

- En el proceso de producción es necesario un regulador o inventario de productos semiterminados entre aquellas fases del proceso cuyos ritmos de producción difieren, siendo las salidas de unas entradas para las siguientes.
- Del mismo modo, el ritmo de ventas no suele coincidir con el de generación de productos, por lo cual se hace precisa la utilización de inventarios de productos terminados.

> Las decisiones en materia de almacenes o inventarios se encuentran condicionadas por las referentes al proceso de producción y a la capacidad de las instalaciones.

Así, una empresa con pequeños almacenes de materias primas que pretenda producir continuamente en serie para inventarios, se verá obligada a realizar compras frecuentes de pequeño volumen y, para garantizar la continuidad en el abastecimiento, debería firmar contratos de compra con proveedores en los que pueda confiar.

Por el contrario, una empresa con proceso intermitente trabajando por órdenes no suele precisar unos almacenes tan grandes como la que fabrica de forma continua y para inventario. Esta última, dada la mayor homogeneidad de las materias adquiridas y el mayor tamaño de sus pedidos, podrá aprovecharse de descuentos por volumen de compras de los que no disfrutará aquella en la misma medida.

Generalmente, los directivos financieros prefieren mantener unos inventarios tan bajos como sea posible, pues constituyen un activo cuya financiación tendrá un coste.

Por el contrario, tanto los directivos del área de producción como los de marketing prefieren que los inventarios sean elevados, para garantizar la continuidad del proceso de fabricación y de la satisfacción de la demanda.

Debe advertirse que la problemática de los inventarios no sólo incumbe a las empresas fabricantes de bienes. Las que prestan servicios también se encuentran con esta problemática, pues, aunque los servicios no son almacenables, en muchas ocasiones para prestarlos es preciso tener inventarios de diversos tipos de bienes. Por ejemplo, un hospital es una entidad de servicios médicos que tiene que tener almacenes de diverso tipo (medicamentos, ropa de cama, etc.)

Además, las decisiones tomadas en materia de inventarios tienen importantes consecuencias financieras y mercadotécnicas que dan lugar a conflictos de objetivos.

Las decisiones óptimas sobre el nivel de inventarios son las que equilibran estos objetivos contrapuestos y satisfacen los objetivos globales de la empresa.

2. Objetivos de los inventarios

Como se ha señalado anteriormente, el principal objetivo de los inventarios es actuar como reguladores entre los ritmos de sus entradas y las cadencias de sus salidas. Pero, más concretamente, pueden señalarse los siguientes objetivos (tabla 12.1):

1. Reducción del riesgo. Generalmente no se conoce con certeza la demanda de productos terminados que habrá en el próximo período:

   — Para evitar que un repentino aumento de la demanda produzca un desabastecimiento que obligue a dejar de satisfacerla, se mantiene un *stock* de seguridad de productos terminados.
   — Del mismo modo, no es posible saber con toda certeza el tiempo que tardarán los proveedores en servir el pedido. Para evitar una detención del proceso de producción por agotamiento del almacén de primeras materias, se mantiene un *stock* de seguridad de materias primas.

   Este último es necesario incluso cuando los proveedores son de absoluta confianza, pues un aumento inesperado de la intensidad de la demanda de productos terminados puede provocar una mayor necesidad de producción, lo cual requiere, a su vez, una repentina elevación del ritmo de salidas del almacén de primeras materias que puede agotarle si no se dispone de un nivel mínimo o *stock* de seguridad.

TABLA 12.1

OBJETIVOS DE LOS INVENTARIOS
- Reducción del riesgo.
- Reducción de costes.
- Anticipar variaciones de oferta y demanda.
- Facilitar el transporte y la distribución.

2. Abaratar las adquisiciones y la producción. En ocasiones, la forma óptima de producción es hacerlo «por lotes», es decir, fabricar un gran lote de unidades durante un periodo de tiempo corto y no volver a fabricar hasta que ese lote se encuentre casi agotado.

   Ello permite, por ejemplo, utilizar la misma maquinaria para elaborar distintos productos, lo cual en muchos casos resulta muy barato, al distribuirse entre todos ellos los costes fijos de las máquinas.

   En las adquisiciones de materia prima también puede ser económico comprar por grandes lotes, para aprovechar los descuentos por tamaño del pedido, repartir entre mayor número de unidades los costes de transporte, etc. La fabricación por lotes precisa grandes inventarios de productos terminados. En la adquisición por lotes también son necesarios grandes almacenes de materias primas.

   Otro caso en el que la disposición de grandes inventarios también abarata la adquisición de primeras materias y la producción, es aquel en el que se compra grandes cantidades de aquéllas cuando su precio se reduce transitoriamente.

3. **Anticipar las variaciones previstas de la oferta y la demanda.** Existen ocasiones en las que pueden preverse las variaciones de la oferta y de la demanda.

   Por ejemplo, los editores de libros se anticipan a la escasez que provocará una huelga de imprentas anunciada acumulando libros en sus inventarios.

   También puede preverse que una amplia campaña de promoción de uno de los productos va a elevar la demanda del mismo. Para anticiparse a ella, la empresa acumula productos terminados en sus almacenes.

   Otro tanto ocurre cuando la materia prima (por ejemplo, productos agrícolas) o los productos terminados (por ejemplo, helados y ventiladores) están sometidos a variaciones estacionales.

4. **Facilitar el transporte y la distribución del producto.** Aunque la demanda de los consumidores finales sea perfectamente previsible, generalmente los productos han de ser transportados desde los lugares de fabricación hasta los de consumo, y el transporte no puede efectuarse de forma continua. Por ello, la producción se almacena para ser transportada en lotes.

   Otro tanto sucede en el proceso de elaboración de algunos productos que se van completando en sucesivas fases realizadas en puntos más o menos distantes entre sí.

Por supuesto, existen otros posibles objetivos para acumular materiales (como el de especulación, es decir, la acumulación ante futuras subidas de precios), pero los anteriores son los más importantes en la empresa.

3. Los costes de los inventarios y su tamaño

Como es obvio, para decidir el nivel óptimo de los inventarios han de tenerse en cuenta sus costes, que son los siguientes:

1. **Costes de almacenamiento, posesión o mantenimiento de inventarios.** A medida que el nivel de los almacenes aumente, se incrementará el volumen de recursos financieros inmovilizados en los mismos. Estos recursos tendrán un coste que será igual al coste del capital que los financia (coste del pasivo) o el coste de oportunidad que comporta la rentabilidad que podría obtenerse si se les invirtiera de otro modo (coste del activo alternativo). Además, se incurre en costes de alquiler o de amortización de los locales destinados a almacenes, costes de control de los productos, de manipulación física, de obsolescencia y mermas de los productos almacenados, de seguros, etc.

   Evidentemente, estos costes son tanto mayores cuanto mayor sea el nivel del inventario o nivel de *stocks*.

2. *Costes de reaprovisionamientos, renovación del stock o realización de pedidos.* Con cada lote que se pide para reaprovisionar el almacén, se incurre en costes comerciales, administrativos y de distribución que suelen suponerse independientes de cual sea el tamaño del pedido. Incluyen los costes de administración de la orden de compra y su expedición, los del transporte del pedido y su recepción, los de seguros, etc.

   Dado que a medida que se incrementa el volumen de los almacenes se reduce el número de órdenes que es preciso realizar al año, el coste anual por pedidos se reduce con el nivel de los inventarios.

3. *Costes de ruptura de stocks.* La ruptura de *stocks* se produce cuando la empresa se queda sin inventarios. Cuando la ruptura se produce en el almacén de productos terminados, la empresa se enfrenta a la imposibilidad temporal de satisfacer las demandas de sus clientes, lo cual provoca siempre una pérdida de imagen, y en ocasiones una pérdida de ventas. Si la ruptura se produce en el inventario de materias primas o en el de productos semiterminados, provoca una detención total o parcial del proceso de producción, lo cual da lugar, a su vez, a los que en un capítulo anterior se denominaron costes fijos de inactividad. Además, si esta situación se prolonga, la ruptura del *stock* de materias primas o del almacén de productos semielaborados puede dar lugar a una ruptura del inventario de productos terminados.

   Evidentemente, la probabilidad de incurrir en costes de ruptura es tanto mayor cuanto menor sea el tamaño del inventario. Dicho de otro modo, las rupturas son más frecuentes en las empresas que tienen inventarios pequeños y, por tanto, los costes anuales por rupturas son mayores en éstas que en las que detentan grandes almacenes.

Algunos autores consideran que el coste de adquisición de las materias primas es parte del coste del inventario correspondiente, y que también forma parte del coste del almacén de productos terminados el coste de su fabricación.

En realidad estos costes sólo han de tenerse en cuenta cuando se alteran con el tamaño del inventario. Por ejemplo, si el disponer de altos niveles de almacenamiento permite realizar grandes pedidos y a ello acompaña la obtención de descuentos de precios, éstos deben incorporarse como un menor coste de la opción consistente en mantener grandes inventarios.

Pero, por lo demás, el coste de las materias primas constituye un coste de producción en el que se ha de incurrir tanto si se tienen grandes inventarios como si se tienen pequeños o no se tienen en absoluto, y lo mismo cabe afirmar en cuanto al coste de fabricación de los productos terminados.

En general, interesará mantener grandes inventarios cuando:

1. Los costes de realización de pedidos son elevados.
2. Los costes de almacenamiento son bajos.
3. Realizando grandes pedidos es posible obtener importantes descuentos de los proveedores.

4. Se espera un crecimiento sustancial de la demanda.
5. Se esperan fuertes subidas de precios.

Complementariamente, se mantendrán bajos niveles de inventarios cuando:

1. Los costes de almacenamiento son altos y los de realización de pedidos son bajos.
2. La demanda de la empresa es estable, siendo improbable un crecimiento súbito.
3. Los proveedores son de confianza y no existen dificultades de reaprovisionamiento.
4. No es posible aplazar el pago a los proveedores y existen dificultades de financiación de las existencias.
5. Se esperan importantes disminuciones de precios.

4. Tipos de demanda

En materia de inventarios tiene gran importancia la distinción de dos tipos de demanda: la dependiente y la independiente:

— La demanda independiente es aquella que viene determinada directamente por el mercado. Es la demanda propia de aquellos artículos que son demandados por el mercado de manera inmediata, sin la mediación de otros bienes. Es el caso de la demanda de productos terminados, de repuestos, etc.
— La demanda dependiente es aquella que se encuentra vinculada a la demanda de otros productos. Es una demanda mediata, en el sentido de que entre el mercado y los bienes que son objeto de la misma median otros bienes.
  Por ejemplo, si una empresa fabrica un producto ensamblando varios componentes, la demanda de éstos dependerá de la demanda que exista del producto terminado.
  Otro ejemplo: la demanda de ruedas de automovil depende de la demanda de automóviles que haya. Por tanto, la demanda de automóviles es independiente, en tanto que la de ruedas es dependiente.

A los bienes cuya demanda es independiente se les denomina bienes finales. Si se conoce con certeza la demanda de un bien final, también se conocerá la de los bienes cuya demanda depende de la de ellos, y el asegurar que se disponga de las cantidades necesarias en los momentos precisos será un proceso muy simple.

> **ACTIVIDAD RESUELTA 1**
>
> Por ejemplo, si el fabricante de automóviles sabe que el próximo mes tendrá que fabricar 3.000 autos para atender a la demanda, también sabe que tendrá que tener un inventario de 15.000 ruedas (incluyendo las de repuesto).

Por el contrario, cuando la demanda de los bienes finales es incierta, también lo es la de los bienes cuya demanda depende de la de aquellos.

En cualquier caso, dada la relación de dependencia existente, resulta evidente que lo relevante es estudiar las necesidades de inventarios de bienes finales, pues los de los demás bienes vienen determinadas por éstos.

5. Tipos de sistemas y modelos de inventarios

Un sistema de inventarios está integrado por una estructura organizativa y por un conjunto de reglas, políticas y procedimientos de mantenimiento y control de los bienes inventariados.

Al sistema le corresponde la ordenación de pedidos y su recepción. Determina el tamaño de cada pedido y el momento en el que ha de enviarse la orden. Además, ha de mantenerse información actualizada de qué se ha pedido, cuánto se ha pedido, y a quién se ha pedido.

Existen dos tipos básicos de sistemas de inventarios que dan lugar a dos tipos de modelos. Son los siguientes:

— El sistema de volumen de pedido constante (sistema Q), al que también se suele denominar sistema de volumen económico de pedido. En él todos los pedidos tienen el mismo tamaño y se realizan cuando se comprueba que es necesario, lo cual puede suceder en cualquier momento, dado el nivel de existencias del almacén y la demanda prevista.

— El sistema de periodo constante (sistema P), que también recibe otras denominaciones, como sistema periódico, sistema de revisión periódica, o sistema de intervalo fijo de pedido. En él se establece un periodo constante entre cada par de pedidos. Estos se efectúan cuando ha transcurrido ese periodo, y su tamaño es variable dependiendo del nivel que tenga el inventario al llegar ese momento y de la demanda prevista.

El sistema Q requiere una frecuente revisión de las existencias para determinar si es conveniente realizar un pedido. En el sistema P las revisiones sólo se realizan llegado el momento de la reposición para determinar la cantidad que conviene encargar. A igualdad de *stock* de seguridad éste último sistema provoca mayores rupturas que el de pedido constante.

Dicho de otro modo, para que el riesgo de que se produzca una ruptura sea semejante, el sistema de periodo constante requiere el mantenimiento de unos inventarios mayores que el de pedido constante.

En la práctica, se utilizan los dos tipos de sistemas:

— El sistema P, por requerir mayores inventarios, se aplica en los inventarios de productos de poco valor.
— Por el contrario, el sistema Q se utiliza mucho para artículos caros en los que lo que se gana teniendo una inmovilización de recursos financieros más baja, compensa los gastos derivados del elevado nivel de control que requiere.

Como se señaló anteriormente, los distintos sistemas de inventarios conducen a diferentes modelos. Pero los distintos tipos de modelos también se pueden diferenciar según el nivel de información existente. Así, conforme se apuntó en un capítulo anterior, se distinguen:

— Modelos deterministas, en los que la demanda se supone conocida con certeza.
— Modelos probabilísticos o aleatorios, en los que la demanda sólo se conoce en términos de probabilidades.

Seguidamente se estudiarán cada uno de los principales modelos de ambos tipos.

6. Modelos deterministas

En 1915, F. W. Harris desarrolló el famoso modelo de volumen económico de pedido, que es el más conocido y utilizado de los modelos deterministas. Esa popularidad del modelo se debe a los esfuerzos de un consultor y asesor de empresas denominado Wilson. Por ello también se le suele denominar modelo de Wilson aunque fue desarrollado por Harris.

Los supuestos en los que se basa este modelo son los siguientes (tabla 12.2):

1. La demanda del producto es constante, uniforme y conocida. Dicho de otro modo, cada día sale del almacen la misma cantidad.
2. El tiempo transcurrido desde la solicitud del pedido hasta su recepción (plazo de entrega) es constante.
3. El precio de cada unidad de producto es constante e independiente del nivel del inventario y del tamaño del pedido, por lo que no es una variable que deba incorporarse en el modelo. Esto incluye el supuesto de que no existen descuentos por tamaño del pedido.
4. El coste de mantenimiento o almacenamiento depende del nivel medio del inventario.

TABLA 12.2

SUPUESTOS DEL MODELO DE WILSON
• Demanda constante, uniforme y conocida..   • Plazo de entrega constante.   • Precio unitario constante e independiente.   • Coste de mantenimiento dependiente del inventario medio.   • Pedidos constantes y coste de pedido constante.   • No se permiten rupturas de *stocks*.   • Producto individual independiente de otros.

5. Las entradas en el almacén se realizan por lotes o pedidos constantes y el coste de realización de cada pedido es también constante e independiente de su tamaño.
6. No se permiten rupturas de *stocks*, sino que ha de satisfacerse toda la demanda.
7. El bien almacenado es un producto individual que no tiene relación con otros productos.

Cuando se cumplen estos supuestos, la evolución temporal del inventario, en unidades físicas, se ajusta a una forma como la de la figura 12.2, es decir, como «dientes de sierra». La forma que tienen estos dientes (vertical a la izquierda e inclinada a la derecha) se explica por el supuesto de que las entradas se efectúan por lotes y de que las salidas (demanda) se producen de forma constante y continua.

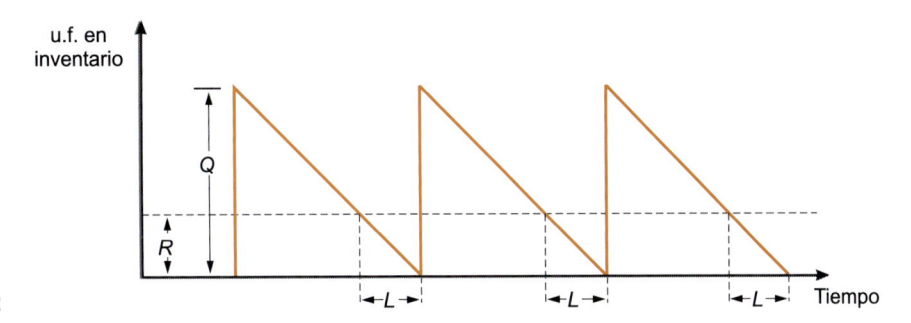

Figura 12.2

En la figura 12.2, además se ha supuesto que no existe *stock* de seguridad. Si hubiera un *stock* de seguridad igual a S_s unidades físicas, la representación correcta sería la realizada en la figura 12.3.

En ambas figuras, Q es el tamaño del lote o pedido, L es el plazo de entrega, y R es el número de unidades físicas que hay en el almacén en el momento de realizar el pedido además del *stock* de seguridad.

El tamaño del pedido, Q, influye en la frecuencia con la que se tendrán que realizar los pedidos y en el nivel del inventario:

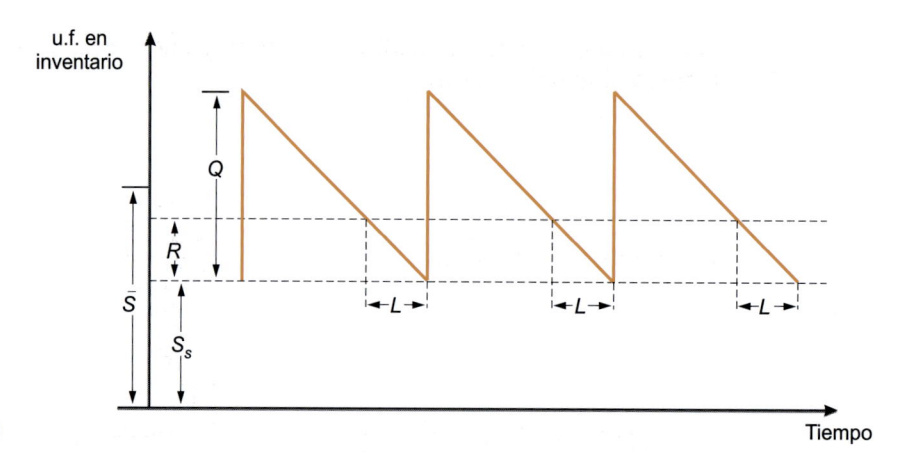

Figura 12.3

- Cuanto menor es el tamaño del pedido, mayor es la frecuencia con la que hay que renovar el almacén (lo que hace que el coste anual de realización de pedidos se eleve) y menor es el nivel medio del almacén (con lo que también resulta menor el coste de mantenimiento).
- Si el tamaño del pedido es grande, también lo será el nivel medio del almacén y el coste de mantenimiento, pero el número de pedidos al año y el coste de realización de pedidos serán pequeños. El modelo de Wilson permite determinar el tamaño del pedido para el cual es mínimo el coste total.

El supuesto representado en la figura 12.2 constituye un caso particular del representado en la figura 12.3: aquel en el que S_s vale cero. Por tanto, en el desarrollo del modelo se partirá del caso de la figura 12.3. En ella puede observarse que el nivel medio de los inventarios es:

$$\bar{S} = S_s + \frac{Q}{2}$$

Si el coste de tener una unidad almacenada durante un año es g, el coste anual de mantenimiento será:

$$C_p = g \cdot \left[S_s + \frac{Q}{2} \right]$$

Sea q la demanda anual en unidades físicas. Dado que con cada pedido se solicitan Q u.f., al año se realizará un número de pedidos igual a:

$$\frac{q}{Q}$$

Si el coste constante de realización de un pedido es k, el coste total anual de reaprovisionamiento será:

$$C_R = k \cdot \frac{q}{Q}$$

Por tanto, el coste total es:

$$C_T = C_R + C_p = k \cdot \frac{q}{Q} + g \cdot \left[S_s + \frac{Q}{2} \right]$$

En la figura 12.4 se han representado el coste de posesión, el de renovación y el total como funciones del tamaño del pedido. Para determinar el valor de este último que hace que el coste total sea mínimo se deriva respecto a Q en la última expresión y se iguala a cero el resultado obtenido, del siguiente modo:

$$\frac{dC_T}{dQ} = -k\frac{q}{Q^2} + \frac{g}{2} = 0$$

de donde, a su vez, se deduce que el tamaño óptimo del pedido es:

$$\boxed{Q = \sqrt{\frac{2kq}{g}}}$$

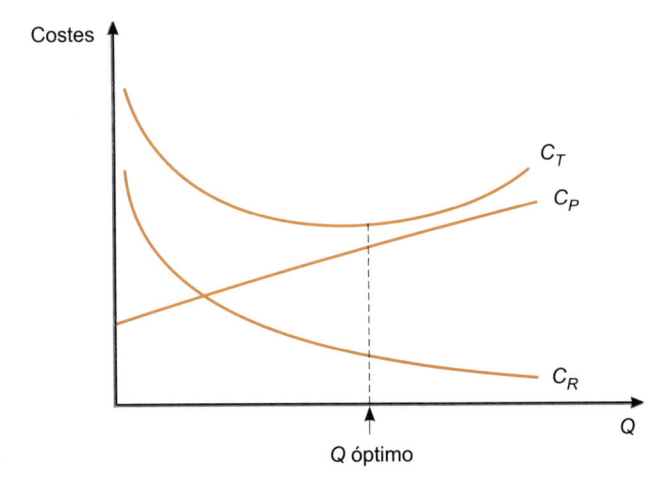

Figura 12.4

Una vez determinado el tamaño óptimo del pedido, se conocen el número de pedidos que se ha de efectuar al año (q/Q), y el número de días que han de transcurrir entre cada dos pedidos, que, tomando el año comercial de 360 días, será:

$$\frac{360}{q/Q}$$

Como ya se sabe, también es posible conocer el nivel medio del inventario, el coste de posesión, el de renovación y el total. Para determinar el nivel que tiene el inventario cuando se realiza el pedido, obsérvese que la demanda diaria vale:

$$\frac{q}{360}$$

y, por tanto, la demanda correspondiente a los L días que forman el plazo de entrega es:

$$R = L \cdot \frac{q}{360}$$

En consecuencia, como puede observarse en la figura 12.3, el nivel del inventario en el momento del pedido es:

$$S_s + R = S_s + L \cdot \frac{q}{360}$$

Un caso particular del modelo de Wilson es aquel en el que ha de incorporarse el coste financiero al coste de posesión anual unitario, g. Como se señaló anteriormente, en este coste se encuentra incluido el coste de la financiación del inventario. Al incorporarse al activo una unidad física de producto, su precio, P, tendrá que ser financiado. Si el coste financiero (sea como coste del pasivo, o como coste de oportunidad por lo que deja de ganarse al no colocarse estas P unidades monetarias en otra inversión alternativa) es igual al i por uno anual, el coste financiero unitario anual será:

$$P \cdot i$$

Si, además, los otros gastos de almacenamiento unitarios importan a u.m. al año, podrá escribirse:

$$g = a + P \cdot i$$

Una vez calculado g, su importe se introduce en la expresión del valor económico del pedido para determinar el valor óptimo de Q de la forma expuesta anteriormente.

ACTIVIDAD RESUELTA 2

Una empresa se dedica a comprar en el extranjero, por un precio unitario de 812.500 u.m., un producto que vende en España. Cada año compra y vende 400 u.f. del producto. El coste de gestión de cada pedido es de 781.250 u.m. y el coste de tener una unidad de producto almacenada durante un año es de 168.750 u.m., excluyendo los costes financieros. El coste de oportunidad del capital es el 10 %. ¿Cuántos pedidos debe realizar al año?

$$g = a + P \cdot i = 168.750 + 0{,}10 \cdot 812.500 = 250.000 \text{ u.m.}$$

$$Q = \sqrt{\frac{2kq}{g}} = \sqrt{\frac{2 \cdot 781.250 \cdot 400}{250.000}} = 50 \text{ u.f.}$$

Si con cada pedido se solicitan 50 u.f., y al cabo de un año se necesitan 400 u.f., el número de pedidos que hay que efectuar al año es:

$$\frac{400}{50} = 8 \text{ pedidos}$$

---

7. Modelo probabilístico

En los modelos probabilísticos se supone que la demanda se conoce sólo en términos de probabilidades.

El modelo más sencillo considera aplicable el teorema central del límite, en virtud de lo cual estima que la demanda sigue una distribución de probabilidad normal.

En tal caso, utilizando las tablas de la distribución normal estandarizada es posible determinar el pedido que se debe efectuar, o el *stock* de seguridad que se debe mantener, de modo que se limite a cierto porcentaje la probabilidad de que se produzca una ruptura de *stocks*, la de que la ruptura supere cierta cuantía, etc.

ACTIVIDAD RESUELTA 3

Lotes, S. A., es una empresa dedicada a la distribución de lámparas que importa de un productor cuya fábrica se encuentra en un país oriental. Dicho fabricante le entrega un pedido al comienzo de cada mes, Lotes, S. A., pone su marca a las lámparas y las vende en nuestro país. Actualmente se va a realizar telefónicamente un pedido que se recibirá mañana a primera hora por vía aérea. En el almacen hay 400 lámparas y para el próximo mes se esperan unas ventas de 4.500 unidades con una desviación típica de 300. Los directivos de Lotes, S. A., desearían saber el volumen de pedido que han de efectuar de forma que la probabilidad de que el tamaño de la ruptura sea superior a 500 lámparas sea sólo el 15 %.

El **tamaño de la ruptura** es el número de unidades físicas de demanda que no pueden atenderse por inexistencia de unidades en el almacén. Por tanto, en el caso del ejemplo se desea determinar el tamaño del inventario inicial, S, tal que:

$$P(q > S + 500) = 0{,}15$$

O, lo que es lo mismo, siendo ξ la variable que sigue una distribución normal cuyo valor esperado es nulo y cuya desviación típica es igual a la unidad:

$$P(4.500 + 300\xi > S + 500) = 0{,}15$$

Es decir:

$$P\left(\xi > \frac{S - 4.000}{300}\right) = 0{,}15$$

Como puede observarse en la figura 12.5,

$$P\left(\xi > \frac{S - 4.000}{300}\right) = 0{,}50 - P\left(0 \leqslant \xi \leqslant \frac{S - 4.000}{300}\right)$$

INTRODUCCIÓN A LA ECONOMÍA DE LA EMPRESA

En consecuencia, se desea que:

$$0{,}50 - P\left(0 \leq \xi \leq \frac{S - 4.000}{300}\right) = 0{,}15$$

De donde se deduce que:

$$P\left(0 \leq \xi \leq -\frac{S - 4.000}{300}\right) = 0{,}35$$

Consultando las tablas se observa que cuando z vale 1,04 se cumple que:

$$P(0 \leq \xi \leq z) = 0{,}35$$

Por consiguiente:

$$\frac{S - 4.000}{300} = 1{,}04$$

O, lo que es lo mismo:

$$S = 4.312 \text{ lámparas}$$

Para que se cumpla el requisito establecido por la dirección de la empresa el *stock* inicial debe ser de 4.312 lámparas. Como actualmente tiene en el almacén 400 unidades, el pedido debe ser de 3.912:

$$4.312 - 400 = 3.912 \text{ lámparas}$$

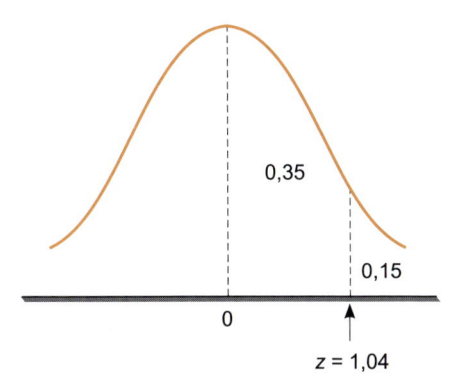

Figura 12.5

8. Sistemas de control de inventarios

8.1. Concepto de sistema de control

Todos los sistemas de inventarios incorporan un sistema de control para hacer frente a dos problemas importantes: mantener un control adecuado sobre cada elemento del inventario, y asegurar que se mantengan unos registros adecuados de los tipos de materiales existentes y de sus cantidades.

8.2. Funciones del control de inventarios

Concretamente, las principales funciones del control de inventarios son las siguientes (tabla 12.3):

1. Mantener un registro actualizado de las existencias. La periodicidad de la actualización varía de unas empresas a otras y depende, además, del tipo de producto de que se trate (de su valor, de su importancia para el mantenimiento de la actividad de la empresa, etc.).
   En el llamado sistema de inventario continuo, que generalmente está informatizado, el registro de todas las entradas y salidas permite conocer, en todo momento, las existencias de los diversos productos. No obstante, incluso cuando se aplica este sistema, periódicamente suele efectuarse un recuento físico de las existencias en el almacén, a lo que coloquialmente se denomina «hacer inventario».

TABLA 12.3

FUNCIONES DEL CONTROL DE INVENTARIOS
- Mantener un registro actualizado.
- Informar sobre nivel de existencias.
- Notificar situaciones anormales.
- Elaborar informes.

2. Informar sobre el nivel de existencias para saber cuándo se debe hacer un pedido y cuánto se debe pedir de cada uno de los productos. En muchos casos, se establecen reglas de decisión relativas a sistemas de pedido constante (Q) o de periodo constante (P), y el propio sistema informático que registra las existencias extiende una orden de pedido en el momento adecuado y del tamaño preciso.
3. Notificar situaciones fuera de lo común que pueden constituir síntomas de errores o de un mal funcionamiento del sistema, como el sistemático exceso de inventarios, la realización de un pedido extraordinariamente

grande o pequeño dadas las existencias, o la excesiva frecuencia de las rupturas de *stocks*.
4. Elaborar informes para la dirección y para los responsables de los inventarios.

Como puede observarse, un buen sistema de control de inventarios es algo más que un mero registro de existencias.

8.3. El método ABC de control de inventarios

Vilfredo Pareto, en un estudio de la distribución de la riqueza descubrió que el 20 % de las personas controlaban el 80 % de la riqueza. A esta conclusión de que pocos tienen gran importancia y que muchos importan poco, se llega en otras muchas situaciones y se la denomina el Principio de Pareto.

Este principio es cierto incluso en nuestra vida doméstica, de modo que, por ejemplo, la mayoría de las decisiones que tomamos no tienen apenas importancia, y unas pocas decisiones son las que determinan nuestro futuro.

El Principio de Pareto también suele ser aplicable en los inventarios, en los que unas pocas unidades almacenadas representan un gran porcentaje del valor del inventario. De ello se deduce que el control minucioso sólo es necesario en unos pocos artículos, en tanto que en los demás es suficiente una revisión menos rigurosa.

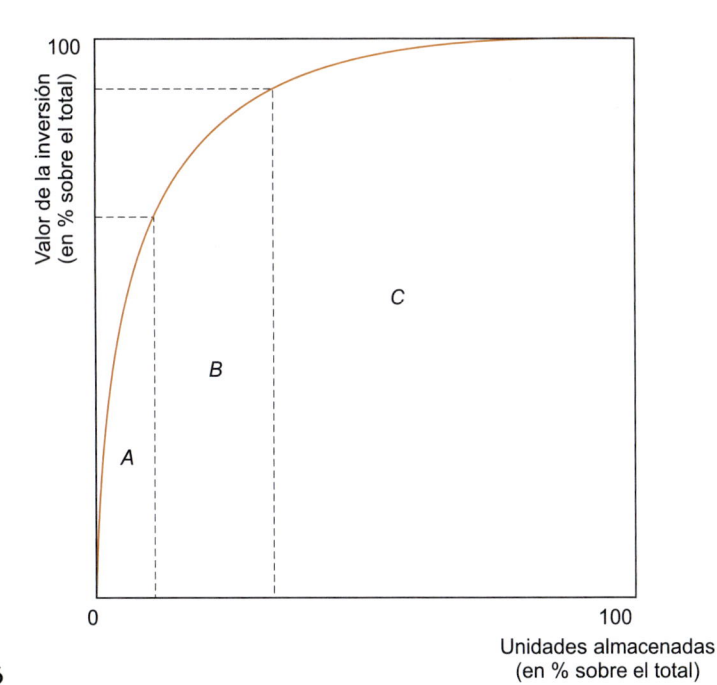

Figura 12.6

A. Rambaux (en su obra *Gestión Económica de stocks*, editada por Hispano-Europea) propone la aplicación del método *ABC*, con arreglo al cual los bienes almacenados se clasifican en tres grupos (figura 12.6):

— El grupo *A* está formado por los artículos que, suponiendo un importante porcentaje de la inversión total en productos inventariados, representan una proporción muy pequeña del número de unidades almacenadas. Controlando esta pequeña parte de las unidades, se tiene controlada la mayor parte del valor del almacén.
— Por el contrario, los productos del grupo *C* son aquellos que menos interesa controlar, pues representan la mayor proporción de las unidades almacenadas y, sin embargo, su valor es muy pequeño.
— Los artículos del grupo *B* tienen una importancia en relación al número de unidades del almacen semejante a la que tienen con referencia al valor total de la inversión en el inventario.

9. Consideraciones finales: la traslación de los inventarios

Algunas empresas tienen el suficiente poder sobre los intermediarios que distribuyen sus productos como para obligarles a que sean ellos los que detenten grandes almacenes a la espera de la demanda de los consumidores. Suelen ser empresas cuyos productos son muy demandados y cuyas ventas constituyen una proporción importante del negocio de los distribuidores, por lo que éstos ven compensados los esfuerzos que les suponen los grandes inventarios.

Pero más habitual es la traslación de los almacenes de materias primas, materias auxiliares y componentes de diverso tipo a los proveedores de la empresa, es decir, a los fabricantes de esos bienes. Los proveedores, para tener satisfechos a sus clientes, aceptan construir grandes almacenes próximos a las instalaciones de éstos y correr con unos costes que, de otro modo, no tendrían que soportar.

En ocasiones el problema de los inventarios da lugar a conflictos a los que sigue un proceso negociador en el que se dilucida quién tendrá que hacerse cargo de los mismos.

En otros casos, la escasez de almacenes perjudica a los transportistas, cuyas asociaciones se han quejado en numerosas ocasiones de que se les obliga a esperar con la mercancía en los vehículos hasta que hay espacio suficiente en los almacenes del destinatario, lo cual se ha producido especialmente en el servicio a algunos distribuidores como los hipermercados.

Para reducir los costes de los inventarios minimizando el volumen de existencias, se está extendiendo por numerosos países, especialmente de la mano de empresas multinacionales, el sistema de inventario justo-a-tiempo (*just-in-*

time inventory), popularizado en Japón. Este sistema se basa en la recepción de pequeños pedidos frecuentemente (puede ser varias veces al día) y con tanta proximidad al momento de su utilización como sea posible, lo que requiere que los proveedores se localicen cerca de su cliente.

Esta aproximación física favorece, además, los contactos para la resolución de problemas comunes y para la firma de acuerdos. La reducción del número de días que permanecen almacenadas las unidades, es decir, la disminución del período medio de almacenamiento y, por tanto, del periodo medio de maduración, supone un aumento de la rentabilidad de la empresa, pues no sólo se reducen los costes de inventarios y la posibilidad de daños y mermas, sino que también disminuyen las necesidades de capitales inmovilizados.

Prueba objetiva de autoevaluación

I. Enunciado

1. ¿Cuál de los siguientes no es un objetivo de los inventarios?

    - Reducción del riesgo. ■
    - Reducción de costes. ■
    - Facilitar el transporte y la distribución.
    - Ninguna de las otras.

2. A medida que se incrementa el volumen de los almacenes:

    - El coste anual por pedidos se reduce. ■
    - Aumenta la probabilidad de ruptura de *stocks*. ■
    - Se reduce el coste de posesión.
    - Ninguna de las otras.

3. No interesará mantener grandes inventarios cuando:

    - Los costes de realización de pedidos son elevados.
    - Los costes de almacenamiento son bajos. ■
    - Realizando grandes pedidos es posible obtener importantes descuentos de los proveedores.
    - Ninguna de las otras. ■

4. No se mantendrán bajos niveles de inventarios cuando:

    - Los costes de almacenamiento son altos y los de realización de pedidos son bajos.
    - La demanda de la empresa es estable, siendo improbable un crecimiento súbito.
    - No es posible aplazar el pago a los proveedores y existen dificultades de financiación de las existencias.
    - Ninguna de las otras.

5. Si una empresa fabrica un producto ensamblando varios componentes, la demanda de éstos será:

    - Coaligada.
    - Integrada.
    - Dependiente.
    - Ninguna de las otras.

6. A los bienes cuya demanda es independiente se les denomina bienes:

    - Libres.
    - Finales.
    - *Free way*.
    - Ninguna de las otras.

7. El sistema *P* no es el sistema:

    - Periódico.
    - De intervalo fijo de pedido.
    - De pedido constante.
    - Ninguna de las otras.

8. A igualdad de *stock* de seguridad:

    - Los sistemas *P* y *Q* provocan iguales rupturas de *stocks*.
    - Bajo el sistema *P* no puede haber rupturas de *stocks*.
    - El sistema *P* provoca mayores rupturas de *stocks* que el sistema *Q*.
    - Ninguna de las otras.

9. ¿Cuál de los siguientes elementos no es constante bajo los supuestos del modelo de Wilson:
   - El tamaño del pedido. ■
   - El coste de realización de cada pedido. ■
   - El precio de cada unidad de producto. ■
   - Ninguna de las otras. ■

10. ¿Cuál de las siguientes no es una función del control de inventarios?
    - Mantener un registro actualizado. ■
    - Notificar situaciones anormales. ■
    - Elaborar informes. ■
    - Ninguna de las otras. ■

II. Respuestas correctas

1. ■
2. ■
3. ■
4. ■
5. ■
6. ■
7. ■
8. ■
9. ■
10. ■

13 EL FACTOR HUMANO EN LA PRODUCCIÓN

INTRODUCCIÓN

PRINCIPIOS DE DIRECCIÓN

LA ORGANIZACIÓN DEL TRABAJO
- Concepto
- Enfoque sociotécnico
- Escuela de la Dirección Científica
- El enriquecimiento del puesto de trabajo

ESTUDIO DE MÉTODOS Y MEDICIÓN DEL TRABAJO
- Concepto
- El estudio de métodos
- La medición del trabajo

SISTEMAS DE REMUNERACIÓN POR INCENTIVOS
- Generalidades
- Sistema de destajo
- Sistema Halsey
- Sistema Rowan
- Sistema York

1. Introducción

El factor humano ha venido tomando una importancia creciente en el ámbito de la producción. De ser considerado y tratado como una herramienta más del proceso de producción ha pasado a ser el elemento fundamental de la organización, del que se espera que sea creativo, innovador, consciente de la necesidad de unirse al espíritu de la calidad total y de la política de cero defectos, dentro de una cultura organizativa con las que las personas se identifican considerándose no ya sólo parte de la organización, sino como la organización misma.

2. Principios en la dirección de la fuerza de trabajo

Al factor humano en la producción, en ocasiones, también se le denomina fuerza de trabajo. A lo largo del tiempo ha ido evolucionando la forma de enfocar este factor de la producción, viniendo tal evolución marcada por el paso de una concepción mecanicista del hombre (al que se consideraba como mera fuerza) a unos planteamientos más humanos y sociales.

Desde una perspectiva práctica, es preferible tomar un conjunto de principios que se han demostrado eficaces que abogar por una teoría o doctrina en concreto. Tales principios son los siguientes (tabla 13.1):

1. Coordinación entre el hombre y su puesto de trabajo. En general, es preferible optimizar el puesto de trabajo y posteriormente seleccionar a la persona más adecuada para desempeñarlo, pero también puede ser

TABLA 13.1

> **PRINCIPIOS EN LA DIRECCIÓN DE LA FUERZA DE TRABAJO**
> - Coordinación hombre-puesto.
> - Estándares de rendimiento.
> - Reconocimiento de resultados.
> - Sistemas de supervisión y control.
> - Clara asignación de responsabilidades y tareas.

necesario amoldar los puestos de trabajo a las personas que los desempeñan.

A este tema se dedica el tercer apartado de este capítulo.

2. Establecimiento de estándares de rendimiento. En los estándares se especifica lo que se espera que consiga el trabajador. Con ellos es posible que el trabajador se autocontrole comparando los resultados que ha obtenido con los que se esperan de él.

Si no se fijan estándares, los trabajadores no conocen bien sus responsabilidades y se sobrecarga de trabajo a sus superiores. Cuando sea posible, el propio trabajador ha de participar en la fijación de sus estándares.

Al estudio de algunas técnicas que pueden utilizarse para establecer estándares y para medir el trabajo se dedica el apartado cuarto de este capítulo.

3. Reconocimiento de los resultados obtenidos. Comparando el resultado real obtenido por cada trabajador y su estándar, se obtiene una medida de sus resultados. Cuando éstos son favorables, es preciso reconocérselo al trabajador y recompensarle mediante cualquier procedimiento (incentivo económico, promoción, etc.).

En el apartado quinto de este capítulo se exponen algunos sistemas de incentivos.

4. Establecer unos sistemas adecuados de supervisión y control. Una de las cuestiones de mayor importancia para el trabajador y para los resultados de su trabajo es la adecuada supervisión.

El supervisor o capataz es un mando intermedio situado entre la dirección de la empresa y los trabajadores. Debe estar preparado tanto técnicamente como en capacidad directiva y en relaciones humanas, siendo capaz de establecer un ambiente de trabajo adecuado.

Por su situación, el supervisor puede encontrarse sometido a intereses contrapuestos. Para que realice adecuadamente su función debe tener una autoridad congruente con las responsabilidades que tiene asignadas.

5. Asignar claramente las responsabilidades y tareas. La confusión en la asignación de responsabilidades y tareas o su constante alteración generan frustración y abatimiento en los trabajadores. Como resultado, se producen situaciones de baja calidad, escasa productividad y conflictos entre las personas.

Lo ideal es que los distintos trabajos se describan por escrito, definiéndose las responsabilidades que comportan y las tareas que les integran, y que estas descripciones se actualicen con cierta frecuencia.

Evidentemente, estos principios no son rígidos ni infalibles, sino que han de aplicarse con cierta flexibilidad, adaptándolos a cada situación, y haciendo mayor o menor énfasis en cada uno de ellos según las circunstancias.

3. La organización del trabajo

3.1. Concepto

La organización del trabajo consiste en la síntesis de una serie de tareas o actividades individuales para conformar un puesto de trabajo que se asigna a un trabajador o a un grupo de trabajadores, especificándose así el contenido del puesto de trabajo y las responsabilidades de quienes lo desempeñen.

Generalmente, el producto se desarrolla y especifica técnicamente antes de iniciarse la organización del trabajo. En algunas ocasiones, también se realizan anteriormente la selección de la tecnología y el diseño del proceso. En tal caso, el trabajo queda ya casi completamente especificado por la tecnología y por el proceso, por lo que queda muy poca flexibilidad.

En el presente apartado se pondrá de manifiesto que la tecnología, el proceso y el trabajo se han de diseñar conjuntamente y que la organización del trabajo requiere la comprensión de variables técnicas, humanas y sociales. Se trata de un problema que ha de enfocarse bajo un enfoque sociotécnico que optimice tanto el aspecto técnico como el humano y social.

3.2. El enfoque sociotécnico

El enfoque sociotécnico para la organización y diseño del trabajo consiguió su reconocimiento gracias a una serie de estudios realizados por Eric Trist y sus asociados, en minas de carbón de Inglaterra. Fue desarrollado en la decada de los años cincuenta en el seno del Instituto Tavistock de Relaciones Humanas de Londres, al cual pertenecía el propio Trist y otros estudiosos como Emery y Herbst.

Estos investigadores llegaron a la conclusión de que las nuevas tecnologías, y la forma en que se las estaba aplicando sin tener en cuenta el sistema social, provocaban insatisfacción en el trabajo, costes y mayores necesidades de supervisión y control, en detrimento del rendimiento y de la productividad.

Sus estudios pusieron de manifiesto que toda organización productiva incorpora un sistema técnico (tecnología, equipos, procesos y métodos de producción) y un sistema social (conjunto de hombres) que están interrelacionados y de cuyo funcionamiento conjunto depende el rendimiento del sistema global en el que se integran.

Aplicando el enfoque de sistemas, estos investigadores observaron que no es adecuado partir de un enfoque analítico y tratar de optimizar separadamente cada uno de esos subsistemas (técnico y social), sino que ha de partirse de una perspectiva sintética y sistemática en la que se tengan en cuenta las interrelaciones que se producen entre los dos subsistemas, y entre cada uno de ellos y el sistema global.

Cada uno de los subsistemas ofrece al otro una serie de posibilidades, pero también le impone restricciones o exigencias. La idea básica se ha representado en la figura 13.1.

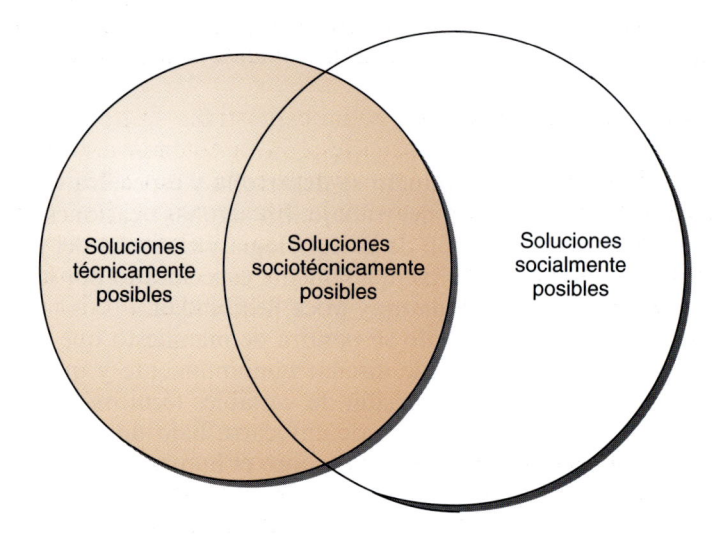

Figura 13.1

Soluciones técnicamente posibles | Soluciones sociotécnicamente posibles | Soluciones socialmente posibles

El círculo de la izquierda representa el conjunto de todas las posibilidades que son factibles desde el punto de vista técnico.

De forma semejante, el círculo de la derecha representa todas las alternativas de organización que son factibles desde una perspectiva social, considerando las limitaciones psicológicas y sociológicas.

La intersección de los dos circulos contiene el conjunto de soluciones que satisfacen tanto los requerimientos sociales como los de tipo técnico. La organización óptima se encontrará en algún punto de esta intersección.

En tal caso, la técnica determina que el óptimo y el sistema social ha de adaptarse a esa solución como si los hombres fueran máquinas o partes de una gran maquinaria.

En el subapartado siguiente se exponen las ideas de la Escuela de la Dirección Científica como ejemplo del extremo en el que sólo se tienen en cuenta condicionamientos tecnológicos, lo cual permite comprender la problemática del círculo de la izquierda de la figura 13.1. En el subapartado 3.4 se realiza una exposición del enfoque social representado por la perspectiva del enriquecimiento del puesto de trabajo (círculo de la derecha de la figura).

> A la organización del trabajo basada en una perspectiva exclusivamente técnica, ignorando las restricciones sociales, se le denomina determinismo tecnológico.

3.3. La Escuela de la Dirección Científica

La Escuela de la Dirección Científica se inició con los estudios realizados por Frederick W. Taylor en la Midvale Steel Company en 1882. Sus estudios fueron ampliados y mejorados por Frank y Lillian Gilbreth y Henry L. Gantt, junto con cientos de directivos, investigadores y asesores de empresas que hicieron que en 1912 los métodos de esta escuela constituyeran ya prácticas generalmente conocidas y utilizadas.

Desde sus primeras investigaciones, Taylor descubrió la existencia de ciertas limitaciones al aumento de la productividad provenientes del temor de los trabajadores a perder su empleo y a la escasa predisposición de los empresarios a compensar económicamente a los trabajadores más productivos.

Aunque en muchos casos se ha demostrado que el aumento de la productividad crea más empleos, persiste todavía el temor de los trabajadores a perderlos. Por ello, cuando una nueva persona entra a trabajar en una empresa, los demás trabajadores le señalan la tasa de producción socialmente aceptable que debe mantener. Los trabajadores que superan esta norma tácitamente establecida son rechazados por el grupo y conminados a que la acaten. Además, la falta de compensación económica a la mayor productividad hace que no existan incentivos para aumentarla.

La idea fundamental de Taylor fué la aplicación de métodos científicos a la organización del trabajo; decía que «siempre existe un método mejor para hacer cualquier cosa».

Uno de sus muchos éxitos lo obtuvo en el estudio del trabajo de un conjunto de obreros ocupados de cargar bloques de hierro en vagones ferroviarios. Reduciendo el peso de los bloques y dejando un tiempo de descanso entre cada cierto número de cargas, consiguió que cada uno pasara de cargar diariamente 12,5 toneladas a cargar 47,5, y que su remuneración pasara de 1,15 dólares diarios a 1,85.

Taylor consideraba que la aplicación de sus métodos favorecía tanto a la empresa como a los trabajadores, pues ambos se beneficiaban de los aumentos de productividad. Estos se consiguen mediante mejores métodos de trabajo y no mediante mayores esfuerzos de los trabajadores.

En esencia, los procedimientos organizativos de esta escuela se basan en una extremada división del trabajo y especialización, con arreglo a las siguiente fases:

— El trabajo de cada operario se descompone en sus diferentes operaciones.
— A cada operario se le encarga solamente un tipo de operación.
— Posteriormente, cada operario se limita a repetir constantemente la operación que se le ha encomendado.

La especialización de los trabajadores permite que realicen las tareas con mayor rapidez, con lo cual la producción aumenta, los costes se reducen y se

> Tales métodos se basaban en una descomposición y racionalización de las tareas que deberían aumentar el rendimiento de los trabajadores, con lo que se elevaría su remuneración, y se reduciría su fatiga.

eleva la retribución al mismo tiempo que los beneficios de la empresa. Es más, según Taylor, si no se benefician económicamente tanto la empresa como sus trabajadores, los métodos serán un fracaso.

Para la aplicación de lo que él denominó organización científica, Taylor estableció los cuatro principios siguientes (tabla 13.2):

1. Estudio científico del trabajo. Se trata de determinar el mejor método de trabajo realizando un estudio de los tiempos y movimientos que requiere, optimizando la secuencia de tales movimientos u orden en el que se deben realizar, y eliminando los movimientos innecesarios.

TABLA 13.2

LOS PRINCIPIOS DE LA ORGANIZACIÓN CIENTÍFICA DE TAYLOR

- Estudio científico del trabajo.
- Selección científica, instrucción y desarrollo de los trabajadores.
- Cooperación entre trabajadores y dirección.
- División del trabajo entre trabajadores y dirección.

2. Selección científica, instrucción y progresivo desarrollo de los trabajadores. Los trabajadores deben ser seleccionados por su adecuación al trabajo que se les va a asignar e instruidos para llevarlo a cabo según el método establecido. Cuando se implanta un nuevo método y un trabajador no resulta adecuado para él, es responsabilidad de los directivos el asignarle a otro trabajo.
3. Cooperación entre los trabajadores y la dirección para incorporar los cambios de métodos y procedimientos que sean necesarios. Aunque tanto los operarios como los directivos necesitarán algún tiempo para aceptar los nuevos métodos, deben ser conscientes de que han de trabajar según principios científicos; ha de llegarse a una unión recíproca entre los trabajadores científicamente seleccionados y la ciencia.
4. División del trabajo entre la dirección y los trabajadores. La dirección se ocupa de dirigir; los trabajadores se ocupan de trabajar. Taylor justificaba esta división porque posiblemente el trabajador no esté preparado para dirigir, porque no se puede programar y ejecutar el trabajo al mismo tiempo, y por la necesaria especialización de las funciones directivas.

No obstante, también señaló la necesidad de que la dirección y los trabajadores formaran un equipo de trabajo coordinado y cooperante. El propio Taylor utilizó el ejemplo de un equipo de beisbol para ilustrar esta necesidad: cada jugador puede conocer su propio trabajo, pero si el equipo no trabaja conjuntamente, no podrán cosecharse éxitos.

Los principales errores de Taylor fueron los siguientes (tabla 13.3):

1. Su excesiva abstracción y rigidez. Según él, la organización científica era una ciencia exacta y el individuo no era sino una maquina cuya única aspiración es ganar dinero. No comprendió la naturaleza humana y creó malestar y oposición en los trabajadores. Por ejemplo, llegó a recomendar despedir a los que no quisieran o no pudieran alcanzar el rendimiento fijado por él, y definió como «estándar normal» a la máxima cantidad de trabajo que puede desarrollar un obrero de gran capacidad.

TABLA 13.3

PRINCIPALES ERRORES DE TAYLOR
- Excesiva abstracción y rigidez.
- Exceso de especialización.
- Separación radical entre dirección y trabajo.

2. El exceso de especialización, que reduce las posibilidades de desarrollo de la persona y constriñe su personalidad.
3. La separación radical entre dirección y trabajo. Una persona no puede programar o ejecutar solamente, sino que siempre realiza en diversa medida ambos aspectos del trabajo.

Dada la fama que llegó a tener Taylor, surgieron por doquier «expertos en productividad» que fueron fijando tiempos cada vez más estrechos, estándares de rendimientos más elevados y primas de productividad menores, llegando a quebrantar el principio de Taylor de que las ganancias obtenidas con el aumento de productividad se repartieran entre la empresa y los trabajadores según su rendimiento efectivo.

En la primavera de 1911, los sindicatos americanos se opusieron a la realización de un estudio de tiempos en los astilleros de Rock Island. En el verano de ese mismo año hubo una huelga general ante la tentativa de introducir sistemas de incentivos en la fundición de Watertown.

En 1912, la Camara de Representantes nombró un Comité de Encuesta, ante el que compareció Taylor, que concluyó que en ningún caso de estudio de tiempos se había llegado a un ritmo de trabajo insostenible. No obstante, la Camara prohibió la asignación de fondos para estudios de tiempos en astilleros del Estado y en las oficinas de Correos.

En 1913 y 1914, la American Federation of Labor dictó resoluciones de condena de los métodos taylorianos.

En 1915, la Camara y el Senado americanos prohibieron los estudios de tiempos y los sistemas de remuneración por incentivos en la Administración pública, y en 1916 se hizo otro tanto en el ejército y en los servicios civiles. El 21 de marzo de 1916 murió Taylor.

Los estudiantes preguntan a menudo si aún es posible la aplicación de los métodos de la Escuela de la Dirección Científica. La respuesta es que se siguen aplicando y mucho. Además, es conveniente aplicarlos, pero no con tanta rigidez como la preconizada por Taylor y sus seguidores.

Si es posible simplificar un trabajo, reducir la fatiga que provoca y aumentar la productividad eliminando movimientos que son innecesarios o, en general, racionalizándolo, debe hacerse, pero con sometimiento a una serie de restricciones de carácter psicológico y social en los que hace especial énfasis el enfoque del enriquecimiento del puesto de trabajo.

3.4. El enfoque del enriquecimiento del puesto de trabajo

Los cinco factores de motivación en el trabajo, a los que algunos autores denominan ejes centrales del trabajo son los siguientes:

1. La variedad de las operaciones a realizar (factor V).
2. La identidad de la tarea (factor I).
3. La importancia de la tarea (factor M).
4. La autonomía del trabajador (factor A).
5. La retroalimentación (factor R).

Hackman y Oldham desarrollaron un cuestionario de diagnóstico del puesto de trabajo, que permite cuantificar estos factores. Posteriormente, se mide la motivación potencial de un puesto de trabajo por el índice, diseñado también por estos autores, siguiente:

$$IMP = \left(\frac{V + I + M}{3}\right) \cdot A \cdot R$$

Cuando este índice es elevado, señala que existe una elevada potencialidad de motivación del trabajo en cuestión, en tanto que cuando es bajo indica que el trabajo tiene escasas posibilidades de ser motivador.

Una de las principales contribuciones de Hackman y Oldham al estudio del enriquecimiento del trabajo es la idea de que los trabajos deben estudiarse cuidadosamente para determinar su capacidad de motivación, antes de enriquecerlos. El estudio debe seguir las siguientes fases:

1. Determinar si existen problemas de falta de motivación o insatisfacción con el trabajo. En algunos casos, se realizan esfuerzos para enriquecer los trabajos cuando realmente el problema no proviene del incumplimiento de restricciones del sistema social, sino del sistema técnico (tecnología utilizada, equipos empleados, diseño del proceso, etc.).

    Antes de enriquecer el trabajo, hay que encuestar a los trabajadores para determinar la motivación y satisfacción que tienen con sus tareas. Si el resultado es que se encuentran poco motivados, se debe pasar a la segunda fase; si no es así, se deben buscar los problemas en el sistema técnico o en el sistema global.

2. Determinar la capacidad de motivación del trabajo mediante una encuesta y la posterior medida mediante un índice como el IMP. Si el resultado es elevado, deben buscarse las dificultades en cuestiones que Herzberg denominaba factores de mantenimiento, es decir, en factores relacionados con el puesto de trabajo, como el salario, las condiciones de trabajo y la seguridad en el empleo, pero no asociados directamente a él.

Los factores asociados de forma directa al trabajo (que Herzberg denominaba factores motivacionales), son los anteriormente enumerados (V, I, M, A y R) y es de ellos de lo que depende la capacidad de motivación del trabajo.

3. Especificar los factores que provocan los problemas. Tomando las puntuaciones de cada uno de los cinco factores de motivación, se determina cuáles son los que provocan falta de satisfacción.

En el ejemplo de la figura 13.2, el trabajo A presenta un nivel elevado de motivación en los cinco factores, por lo que no debería ser enriquecido. Sin embargo, el trabajo B muestra unos niveles escasos de motivación en todos los factores excepto en lo relativo a la importancia de la tarea. Si los trabajadores están dispuestos a ello, debería realizarse un esfuerzo de enriquecimiento en los demás factores.

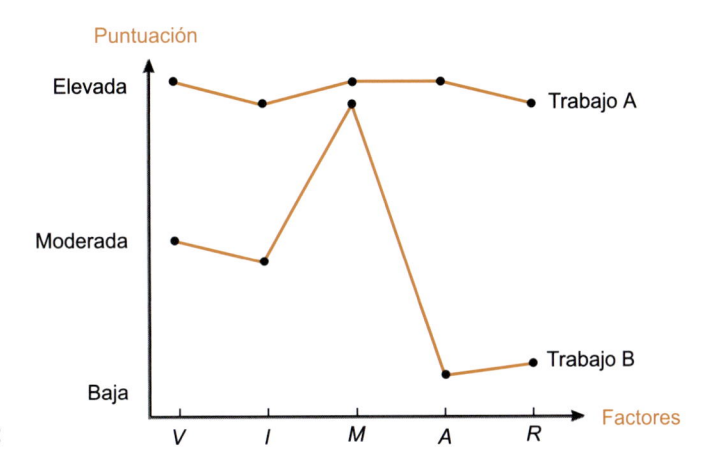

Figura 13.2

4. Determinar si los trabajadores están dispuestos a que se altere su puesto de trabajo. En algunos casos, los empleados no desean que se altere su trabajo, sino que prefieren seguir realizando las mismas tareas de siempre aunque les resulten poco motivadoras y no les satisfagan. Las alternativas son no enriquecer el trabajo, o enriquecerlo y transferir a esos trabajadores a otros puestos.

Los estudios realizados demuestran que los programas de enriquecimiento del trabajo sólo tienen éxito en el 50 % de los casos y que la causa de la mayor parte de los fracasos se encuentran en una defectuosa planificación de los mismos.

4. El estudio de métodos y la medición del trabajo

4.1. Concepto

El estudio de métodos de trabajo y su medición tienen sus raices en la Escuela de la Dirección Científica de Taylor. Continúan siendo instrumentos útiles, aunque en muchas ocasiones constituyen un motivo de conflicto entre la dirección de la empresa y los trabajadores.

Al estudio de métodos de trabajo se dedica el subapartado siguiente. La medida del trabajo se estudiará en el subapartado 4.3.

4.2. El estudio de métodos de trabajo

El estudio de métodos y la medición del trabajo constituyen las dos áreas de lo que clásicamente se denomina estudio del trabajo, que consiste en el empleo de ciertas técnicas que permiten analizar los factores físicos que influyen en él e introducir mejoras para simplificarle, con el objetivo último de aumentar la productividad a corto plazo.

Un estudio de métodos de trabajo debe seguir las siguientes fases:

1. Definición de los objetivos y restricciones del estudio.
2. Selección del enfoque del estudio.
3. Informar a los trabajadores.
4. División del trabajo en sus elementos.
5. Estudio del método mediante gráficos.
6. Seleccionar un método para cada elemento del trabajo.

El objetivo puede consistir en conseguir economías de movimientos, economías de materiales, o una mejor utilización de los medios de producción, reduciendo así los costes y aumentando la productividad.

El enfoque puede consistir en un estudio de movimientos muy detallado que incluya la utilización de cámaras de video para registrar las operaciones que realizan los trabajadores, o un estudio somero y rápido.

Es importante informar a los trabajadores no solamente para advertirles de que se va a realizar un estudio, sino también para que sepan los objetivos que se pretenden y el enfoque que se va a seguir. Tambien es importante que conozcan los beneficios que pueden derivarse para ellos, y que tengan la oportunidad de hacer preguntas.

Se denomina elemento de un trabajo a una parte del mismo que contiene un conjunto de movimientos, actividades o tareas estrechamente relacionadas entre sí. El trabajo se divide en elementos para facilitar el análisis, pues cada elemento requerirá un metodo específico.

Cada elemento se estudia mediante diagramas que facilitan la comprensión del papel que desempeña en el conjunto y cómo se realiza el proceso de movimientos, actividades y tareas que lo forman. Sobre los diagramas se pueden estudiar otros métodos alternativos que simplifiquen el trabajo.

La fase final consiste en seleccionar el método de trabajo más adecuado para cada elemento. Tras ello comienza la implantación de los nuevos métodos, para la cual es de gran importancia que los trabajadores los acepten y que coordinen sus esfuerzos con los de la dirección de la empresa.

El tipo de diagrama que se ha de utilizar depende del nivel al que se va a realizar el estudio. Los posibles niveles y tipos de estudio son los siguientes:

1. El proceso de producción global.
2. El trabajador situado en un punto de trabajo fijo sin desplazamientos.
3. La interacción del trabajador con otros trabajadores.
4. La interacción del trabajador con la máquina.

El objetivo del estudio del proceso de producción global es detectar esperas, combinar o eliminar pasos superfluos y reducir desplazamientos. Para ello, como ya es sabido por un capítulo anterior, se utiliza el diagrama del proceso.

Muchos trabajos requieren que el trabajador se encuentre en un puesto fijo durante la realización de algunas tareas (inspección, montaje, embalaje, etc.). En tal caso, el objetivo del estudio de métodos es simplificar el trabajo y minimizar el número de movimientos que debe realizar el operario. Los dos procedimientos clásicos para ello son los siguientes:

— El primero, atribuido a Taylor, consiste en elegir a la persona que mejor realiza la tarea y tomar su método como estándar. Los demás trabajadores deberán realizar la tarea según su método, y quienes no pueden hacerlo son transferidos a otras tareas.
— El segundo fue ideado por los esposos Gilbreth, y consiste en observar los movimientos de varios trabajadores realizando la misma tarea y elegir de cada operario aquellos aspectos en los que destaca. Las observaciones se realizan mediante la filmación de la tarea y la determinación de los micromovimientos analizando la tarea fotograma a fotograma. Para denominar a un movimiento elemental, los Gilbreth invirtieron el orden de las letras de su apellido y lo llamaron Therblig.

Una vez identificados los movimientos necesarios para realizar una tarea, se les puede representar en un diagrama de operaciones o, para mayor detalle, en un simograma:

— El diagrama de operaciones es una representación de las operaciones necesarias para realizar una tarea, mediante la utilización de los símbolos de la A.S.M.E. (Sociedad Americana de Ingenieros Mecánicos: *American Society of Mechanical Engineers*), que se han recogido en la figura 13.3.

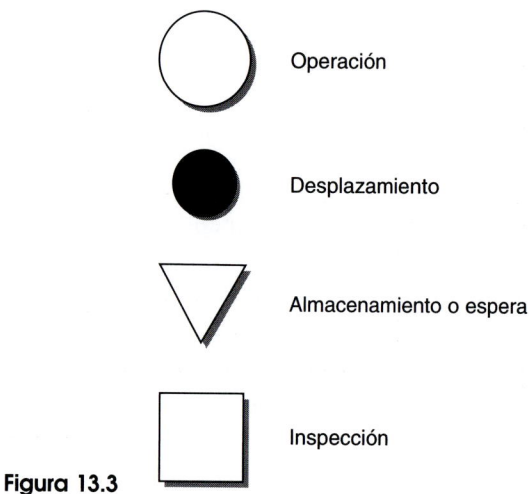

○ Operación

● Desplazamiento

▽ Almacenamiento o espera

□ Inspección

Figura 13.3

— El término simograma proviene de la traducción al inglés de «*mo*vi-miento *si*multáneo» (*si*multaneous **mo**tion), que es una representación simultánea para ambas manos en la que se reflejan los movimientos que realizan y los tiempos precisos para efectuarlos. De ese modo se comprueba que se cumplen principios de economía de movimientos como el de que las dos manos no deben estar ociosas al mismo tiempo o que una mano no debe utilizarse como punto de sujeción ya que para ello hay herramientas especiales.

Cuando existe interacción entre un trabajador y una o varias máquinas, el principal objetivo del estudio de métodos es minimizar el tiempo ocioso tanto del trabajador como de la máquina.

Para ello es de gran utilidad un tipo de diagrama de actividades que es el diagrama hombre-máquina.

En la actividad productiva es muy frecuente que muchas tareas se realicen por equipos de personas. Para minimizar su tiempo ocioso y las interferencias entre los trabajadores, se utiliza otro tipo de diagrama de actividades denominado diagrama de equipo.

Un diagrama de actividades es una representación simultánea por orden cronológico y en una misma escala de tiempo, de las tareas que realizan los distintos trabajadores (diagrama de equipo) o el trabajador y las máquinas (diagrama hombre-máquina). Por ejemplo, en la figura 13.4 se ha representado el diagrama hombre-máquina de las actividades necesarias para preparar una bebida con una batidora. La barra de la columna «tiempo» de cada actividad tiene una altura proporcional a la duración de la misma. Los tiempos ociosos se destacan con un color especial porque el objetivo final es reducirlos tanto como sea posible.

Operario	Tiempo	Máquina	Tiempo
Tomar orden del cliente		Ociosa	
Cargar batidora		Recibir carga	
Ocioso		Batir	
Vaciar batidora		Verter bebida	
Servir bebida		Ociosa	

Figura 13.4

4.3. La medición del trabajo

Una vez finalizado el estudio de métodos, se puede realizar la medición del trabajo, que consiste en un conjunto de técnicas cuyo principal objetivo es determinar el tiempo requerido para realizar una tarea.

Las principales técnicas son las siguientes (tabla 13.4):

1. El estudio de tiempos, que fué formalizado por Taylor y que constituye el método cuantitativo de medición del trabajo más utilizado en la práctica.

Antes de aplicarlo, se ha de dividir el trabajo en sus elementos, desarrollar un método para cada elemento, y seleccionar y entrenar a un trabajador o a un conjunto de trabajadores.

Tras ello, comienza el estudio de tiempos con la repetida medida (con un cronómetro u otro instrumento) del tiempo que tarda cada uno de los trabajadores en realizar cada elemento del trabajo.

PRINCIPALES TÉCNICAS EN LA MEDICIÓN DEL TRABAJO
- El estudio de tiempos.
- Los tiempos predeterminados.
- El muestreo del trabajo.

TABLA 13.4

Se denomina tiempo observado (*TO*) de un elemento del trabajo a la media aritmética de los tiempos medidos a los trabajadores. Por tanto, también puede definirse como lo que tarda por termino medio un trabajador bien entrenado, en realizar el elemento en cuestión, sin realizar un esfuerzo anormal.

Pero unos trabajadores son más eficientes que otros. Un grado de eficiencia (*GE*) del 100 % (o, lo que es lo mismo, del 1 por uno) representa un ritmo de trabajo normal. Un alto porcentaje de los trabajadores debe ser capaz de trabajar a este ritmo. Si un trabajador se clasifica en el 125 % (en el 1,25 por uno), su eficiencia es mayor que la media.

Se denomina tiempo normalizado (*TN*) al resultado de multiplicar el tiempo observado por el grado de eficiencia. Por ejemplo, si el tiempo observado para realizar un elemento es de 2 minutos, y el grado de eficiencia de un operario se estima en un 125 %, su tiempo normalizado será 2,5 minutos:

$$TN = TO \cdot GE = 2 \cdot 1{,}25 = 2{,}5 \text{ minutos}$$

En el cálculo del tiempo normalizado se supone que el operario está trabajando constantemente, sin interrupciones debidas a necesidades personales o a contratiempos inevitables. Para tener en cuenta estas necesidades complementarias de tiempo, el tiempo estándar (*T*) se calcula añadiendo un tiempo suplementario (*TS*) al tiempo normalizado. Generalmente, el tiempo suplementario viene determinado como un cierto porcentaje (o tanto por uno, *s*) del tiempo normalizado, de modo que:

$$T = TN + TS = TN + s \cdot TN = TN(1 + s)$$

2. Los tiempos predeterminados, que figuran en una relación estandarizada de movimientos básicos junto con sus tiempos de ejecución.

Para utilizar la relación, se divide la actividad que se desea medir en sus movimientos básicos, a cada movimiento básico se le asigna un grado de dificultad (por ejemplo, coger un objeto que siempre aparece en el mismo lugar requiere menos tiempo que coger otro que cada vez se encuentra en un sitio distinto), y con las tablas se determina el tiempo requerido para cada movimiento básico.

Posteriormente, el tiempo normal de la actividad se calcula sumando los tiempos requeridos por sus movimientos básicos. El tiempo estándar se determina añadiendo un tiempo suplementario al tiempo normal.

3. El muestreo del trabajo, que consiste en realizar un gran número de observaciones directas e instantáneas de una determinada operación y registrar lo que ocurre en ese instante para determinar el porcentaje de tiempo en que la operación se encuentra en determinado estado.

Habitualmente, se distinguen dos estados principales: el de actividad y el de inactividad. Se basa en la idea de que el porcentaje de observaciones que registran inactividad o actividad del trabajador o máquina, es una estimación razonable del porcentaje de tiempo en que la operación se encuentra en estado de inactividad o actividad. Para que esto sea cierto es preciso que el número de observaciones sea bastante elevado y que los momentos en los que se realicen se seleccionen aleatoriamente.

5. Sistemas de remuneración por incentivos

El dinero no tiene ni tanta importancia como para considerarlo la única motivación, ni tan poca como para olvidar que muchas de las necesidades motivadoras se satisfacen, parcial o totalmente, con dinero.

Existen multitud de sistemas de remuneración por incentivos, pero los principales sistemas son el destajo, el sistema Halsey, el sistema Rowan y el sistema York (tabla 13.5).

TABLA 13.5

PRINCIPALES SISTEMAS DE REMUNERACIÓN POR INCENTIVOS
• Destajo. • Sistema Halsey. • Sistema Rowan. • Sistema York.

Común a los cuatro sistemas es la división del salario por tarea realizada (fabricación de una pieza, recogida de x kilos de aceitunas, etc.) en dos partes: la remuneración del tiempo de trabajo, y la prima de producción.

Supongamos que un trabajador tarda t unidades de tiempo (u.t.) en realizar la tarea. Si cada u.t. de trabajo se remunera a s_0 unidades monetarias (u.m.), la remuneración del tiempo de trabajo de este trabajador será:

$$s_0 \cdot t$$

Si el tiempo estándar previsto para realizar esta tarea es T u.t., al efectuarla en t u.t., este trabajador le ahorra a la empresa la diferencia entre T y t u.t, por cada una de las cuales hubiera tenido que pagarle s_0 u.m. si hubiera trabajado a ritmo normal. Para incentivarle, por cada u.t. ahorrada se le abona un incentivo igual a I u.m., de manera que la prima por tarea realizada vale:

$$P = I(T - t)$$

En total, por cada tarea recibirá un salario igual a:

$$S = s_0 \cdot t + P$$

Es decir:

$$S = s_0 \cdot t + I(T - t)$$

Los tres sistemas de remuneración por incentivos mencionados anteriormente difieren entre sí por el valor que asignan a I. Veamos cada uno de ellos:

1. En el destajo, al trabajador se le paga un incentivo igual a la remuneración unitaria del tiempo de trabajo:

$$I = s_0$$

Por lo cual, la prima vale:

$$P = s_0(T - t)$$

y el salario por tarea realizada es:

$$\boxed{S = s_0 \cdot t + P = s_0 \cdot t + s_0(T - t) = s_0 \cdot T}$$

Por consiguiente, cualquiera que sea el tiempo que tarde en realizar la tarea, al trabajador se le paga el producto entre la remuneración de la u.t. de trabajo y el tiempo estándar previsto.

2. En el sistema Halsey, el valor de cada u.t. que el trabajador ahorra (s_0) se reparte entre él y la empresa, de modo que:

$$I = \frac{s_0}{m}$$

Es corriente que s_0 se reparta al 50 % entre trabajador y empresa, es decir, que m valga 2, pero también se utilizan otros coeficientes de reparto. Sustituyendo en la expresión de la prima, se obtiene:

$$P = \frac{s_0}{m}(T - t)$$

Por consiguiente, el salario por tarea realizada, S, es igual a:

$$\boxed{S = s_0 \cdot t + P = s_0 \cdot t + \frac{s_0}{m} \cdot (T - t)}$$

3. En el sistema Rowan la proporción que representa el incentivo unitario, I, sobre el salario unitario, s_0, es igual al que representa el tiempo efectivo de trabajo, t sobre el previsto para realizar la tarea, T, es decir:

$$\frac{I}{s_0} = \frac{t}{T}$$

o, lo que es lo mismo:

$$I = s_0 \cdot \frac{t}{T}$$

De donde se deduce que:

$$P = s_0 \cdot \frac{t}{T} \cdot (T - t)$$

y que:

$$\boxed{S = s_0 \cdot t + P = s_0 \cdot t + s_0 \cdot \frac{t}{T} \cdot (T - t)}$$

4. En el sistema York o con prima por pieza, la proporción que representa el incentivo, I, sobre el salario unitario, s_0, es igual a la que representa el tiempo estándar, T, sobre el ahorro de tiempo, $T - t$. Es decir:

$$\frac{I}{s_0} = \frac{T}{T - t}$$

De donde se deduce que:

$$I = s_0 \frac{T}{T - t}$$

Sustituyendo en la expresión de la prima, se obtiene:

$$P = s_0 \frac{T}{T - t} (T - t) = s_0 \cdot T$$

Obteniéndose finalmente:

$$\boxed{S = s_0 t + s_0 T = s_0(t + T)}$$

ACTIVIDAD RESUELTA 1

El tiempo previsto para realizar una tarea, siguiendo un rendimiento normal, es de 12 horas. Cierto trabajador, que percibe una remuneración de 1.000 unidades monetarias (u.m.) por hora, realiza la tarea en 10 horas. Se desea saber la remuneración por tarea de este trabajador y su remuneración semanal, si la semana consta de 40 horas laborables en los siguientes casos:

1. Cuando el incentivo horario es de 800 u.m.
2. En el destajo.

3. En el sistema Halsey con un incentivo horario igual a la mitad de la remuneración del tiempo de trabajo.
4. En el sistema Rowan.
5. En el sistema York
6. Si realizara la tarea en el tiempo normal.

En la tabla 13.6 se ha resuelto esta Actividad.

En los cinco primeros casos el trabajador realiza la tarea cuatro veces a la semana, pues la semana tiene 40 horas laborables, y tarda 10 horas en realizar la tarea. Por consiguiente, la remuneración semanal será cuatro veces la remuneración que obtiene con cada tarea.

En el sexto caso, cada semana realiza la tarea un número de veces igual a:

$$\frac{40}{12} \text{ veces}$$

CASO DE APLICACIÓN DE REMUNERACIÓN POR INCENTIVOS
1. Incentivo horario de 800 u.m. $$P = I(T - t) = 800(12 - 10) = 1.600 \text{ u.m.}$$ Remuneración por tarea: $$S = s_0 \cdot t + P = s_0 \cdot t + I(T - t) = 1.000 \cdot 10 + 1.600 = 11.600 \text{ u.m.}$$ Remuneración semanal: $$4 \cdot 11.600 = 46.400 \text{ u.m.}$$
2. Destajo Remuneración por tarea: $$S = s_0 \cdot T = 1.000 \cdot 12 = 12.000$$ Remuneración semanal: $$4 \cdot 12.000 = 48.000 \text{ u.m.}$$
3. Sistema Halsey con un incentivo horario igual a la mitad de la remuneración del tiempo de trabajo. Remuneración por tarea: $$P = \frac{s_0}{m}(T - t) = \frac{1.000}{2}(12 - 10) = 1.000 \text{ u.m.}$$ $$S = s_0 \cdot t + P = s_0 \cdot t + \frac{s_0}{m}(T - t) = 1.000 \cdot 10 + 1.000 = 11.000 \text{ u.m.}$$ Remuneración semanal: $$4 \cdot 11.000 = 44.000 \text{ u.m.}$$

TABLA 13.6

CASO DE APLICACIÓN DE REMUNERACIÓN POR INCENTIVOS
4. Sistema Rowan Remuneración por tarea: $$P = s_0 \cdot \frac{t}{T} \cdot (T - t) = 1.000 \frac{10}{12}(12 - 10) = 1.666,67 \text{ u.m.}$$ $$S = s_0 \cdot t + P = 1.000 \cdot 10 + 1.666,67 = 11.666,67$$ Remuneración semanal: $$4 \cdot 11.666,67 = 46.666,67 \text{ u.m}$$
5. Sistema York Remuneración por tarea: $$P = s_0 \cdot T = 1.000 \cdot 12 = 12.000 \text{ u.m.}$$ $$S = s_0 \cdot t + P = 1.000 \cdot 10 + 12.000 = 22.000 \text{ u.m.}$$ Remuneración semanal: $$4 \cdot 22.000 = 88.000 \text{ u.m.}$$
6. Tarea en tiempo normal Remuneración por tarea: Cuando no existe ahorro de tiempo en relación al estándar, la prima vale cero. En consecuencia: $$S = s_0 \cdot T = 1.000 \cdot 12 = 12.000$$ Remuneración semanal: $$\frac{40}{12} \cdot 12.000 = 40.000 \text{ u.m.}$$

TABLA 13.6.
(Continuación)

Este tipo de incentivos no siempre da lugar a aumentos de productividad debido al efecto, contrastado empíricamente y documentado en varios estudios, que tienen las presiones del grupo sobre las personas cuyo desempeño es superior a la media. A menos que exista un ambiente general de competencia entre las personas, si una de ellas trabaja más rápido que las otras puede terminar encontrándose con un clima de desconfianza y hostilidad hacia ella en el grupo.

Prueba objetiva de autoevaluación

I. Enunciado

1. ¿Cuál de los siguientes no es un principio en la dirección de la fuerza de trabajo?

    • Coordinación entre el hombre y su puesto de trabajo. ■

EL FACTOR HUMANO EN LA PRODUCCIÓN **409**

- Establecimiento de estándares de rendimiento. ■
- Imposición de disciplina.
- Ninguna de las otras.

2. ¿En qué orden se han de diseñar la tecnología, el proceso y el trabajo?

- Primero la tecnología, luego el proceso y, finalmente, el trabajo. ■
- Primero el proceso, luego la tecnología y, finalmente, el trabajo.
- Primero el trabajo, luego el proceso y después la tecnología.
- Los tres conjuntamente. ■

3. A la organización del trabajo basada en una perspectiva exclusivamente técnica, ignorando las restricciones sociales, se le denomina:

- Organizativismo técnico.
- Organizativismo asocial. ■
- Determinismo tecnológico. ■
- Ninguna de las otras.

4. ¿Cuál fue la idea fundamental de Taylor?

- La división del trabajo.
- La aplicación de métodos científicos a la organización del trabajo.
- El aumento de la productividad. ■
- Ninguna de las otras. ■

5. ¿Cuál de los siguientes no es un principio de la organización científica de Taylor?

- Selección científica, instrucción y desarrollo de los trabajadores. ■
- Cooperación entre trabajadores y dirección. ■
- Estudio científico del trabajo.
- Ninguna de las otras.

6. Taylor señaló tres justificaciones para la división del trabajo entre la dirección y los trabajadores. ¿Cuál de las siguientes no lo es?

- Porque posiblemente el trabajador no esté preparado para dirigir.
- Porque no se puede programar y ejecutar el trabajo al mismo tiempo. ■
- Por la necesaria especialización de las funciones directivas.
- Ninguna de las otras. ■

7. ¿Cuál de los siguientes no fue un error de Taylor?

   - No dejar que los trabajadores se beneficiaran económicamente de la aplicación de sus métodos. ■
   - Su excesiva abstracción y rigidez.
   - La separación radical entre dirección y trabajo.
   - Ninguna de las otras. ■

8. En el enfoque del enriquecimiento del puesto de trabajo, ¿como se determina cuáles son los factores de motivación que provocan falta de satisfacción?

   - Tomando las puntuaciones de cada uno de ellos. ■
   - Aplicando un índice como el IMP.
   - Con los factores de mantenimiento.
   - Ninguna de las otras.

9. El diagrama hombre-máquina es un:

   - Diagrama de actividades.
   - Diagrama de equipo. ■
   - Simograma. ■
   - Ninguna de las otras.

10. Al resultado de multiplicar el tiempo observado por el grado de eficiencia se le denomina:

    - Tiempo estándar.
    - Tiempo predeterminado. ■
    - Tiempo normalizado. ■
    - Ninguna de las otras.

II. Respuestas correctas

1.
2. ■
3. ■
4.
5.
6. ■
7. ■
8. ■
9.
10. ■

Parte V

Marketing

Capítulo 14. El mercado, la demanda, el marketing y el presupuesto mercadotécnico.

Capítulo 15. Investigación de mercados, segmentación y experimentación comercial.

Capítulo 16. El producto y el precio.

Capítulo 17. Comunicación y distribución.

14. EL MERCADO, LA DEMANDA, EL MARKETING Y EL PRESUPUESTO MERCADOTÉCNICO

- INTRODUCCIÓN
- LA ORIENTACIÓN AL CLIENTE
- EL MARKETING COMO FUNCIÓN EMPRESARIAL Y EL MARKETING-MIX
- CLASES DE MERCADOS
- LA DEMANDA A CORTO PLAZO Y SUS ELASTICIDADES
- OPTIMIZACIÓN Y CONTROL DEL PRESUPUESTO MERCADOTÉCNICO
- ESTIMACIÓN Y PREVISIÓN DE LA DEMANDA
- PREVISIÓN DE CUOTAS DE MERCADO Y CADENAS DE MARKOV

1. Introducción

> El marketing comprende el conjunto de actividades que dirigen el flujo de bienes y servicios del productor al consumidor.

Como se ha señalado en un capítulo anterior, la empresa crea utilidades de forma, tiempo, lugar y propiedad (tabla 14.1):

— La utilidad de forma es creada, básicamente, por la función de producción, convirtiendo las materias primas y otros factores de producción en productos terminados. Los otros tres tipos de utilidad son creados por el marketing.
— La utilidad de tiempo se crea poniendo el producto a disposición del consumidor cuando éste desea adquirirlo. Precisa investigar lo que el consumidor deseará en fechas futuras.
— La utilidad de lugar se crea poniendo el producto a disposición del consumidor donde éste desea adquirirlo.
— La utilidad de propiedad se crea disponiendo la transferencia del dominio del vendedor al comprador.

UTILIDADES CREADAS POR LA EMPRESA

- Utilidad de forma.
- Utilidad de tiempo.
- Utilidad de lugar.
- Utilidad de propiedad.

TABLA 14.1

En cierto modo, las actividades de marketing pueden considerarse como parte del proceso de producción, pues el producto no se encuentra totalmente terminado hasta que se le han incorporado las cuatro formas de utilidad, y en la concepción que el consumidor tiene del producto, a las actividades mercadotécnicas les corresponde un papel predominante.

2. La empresa orientada al cliente

A lo largo del tiempo el centro de la atención de la empresa ha ido cambiando (tabla 14.2):

TABLA 14.2

ORIENTACIONES DE LA EMPRESA
- A la producción.
- A las ventas.
- A los consumidores.
- A la competencia.
- Al cliente.
- A la sociedad

— Desde el principio de la Revolución Industrial y hasta las primeras décadas de este siglo, la gestión de la producción dominó el pensamiento empresarial. Se trataba de elaborar productos de calidad a bajo coste, siendo un problema menor el de su venta que, generalmente, se resolvía sin esfuerzo dada la amplia variedad de deseos y necesidades insatisfechos que tenían los consumidores. A este planteamiento hoy se le denomina orientación a la producción.
— A medida que creció la competencia y que las necesidades y deseos se fueron cubriendo, se pasó a una orientación a las ventas, en la que lo prioritario no es ya sólo elaborar productos con calidad y bajo coste, sino realizar el esfuerzo preciso para venderlos, adquiriendo gran importancia la gestión de la fuerza de ventas.
— Actualmente en muchas empresas predomina una orientación a los consumidores, en la que lo primordial es determinar lo que desean los consumidores para luego producirlo y ofrecérselo con un beneficio. Bajo este enfoque es preciso inferir la acción empresarial y los propios productos del análisis de las necesidades y de los deseos de los consumidores.

Ese cambio de orientación empresarial supuso el cambio de una perspectiva técnica a otra basada en las necesidades del mercado. Las modificaciones técnicas del producto deben incorporarse cuando el mercado las desea y está dispuesto a pagar por ellas.
— La orientación al consumidor ha de completarse con una orientación a la competencia basada en la consecución de ventajas sobre los competidores. En puridad, esta orientación considera a los consumidores como un premio conseguido a costa de los competidores.

— En la actualidad, las empresas mejor dirigidas se orientan al cliente. El cliente debe convertirse en el centro de la organización. Hasta no hace mucho, las empresas tenían vendedores que hablaban con el cliente, especialistas en marketing que lo analizaban (aunque no lo conocieran), y otras personas que se limitaban a respetar las normas y directivas emitidas por la dirección y sus estados mayores. Bajo esta perspectiva, la dirección se situaba en el centro de la organización. Eran empresas orientadas hacia sí mismas.

Decir que hoy el cliente se convierte en el centro de la organización no significa que la dirección no dirija, sino que dirige de otro modo: el impacto de la competencia ha desestabilizado los canales de poder puramente tecnocráticos, y la autoridad de la dirección depende de su aptitud para llevar a toda la organización a pensar en el cliente y en el competidor de modo creativo y responsable.

En diferentes épocas del tiempo, distintos autores han defendido la tendencia a una orientación social de la empresa dirigida a procurar la satisfacción y el bienestar a largo plazo de los clientes y de la sociedad, en general, para, así, satisfacer los propios objetivos y responsabilidades de la organización. Esta perspectiva se basa en la idea de que los consumidores y la sociedad auspiciarán a aquellas organizaciones que demuestren interés por su satisfacción y bienestar.

3. El marketing como función empresarial: el marketing-mix

El marketing constituye una función empresarial interrelacionada con las otras dos grandes funciones de producción y finanzas.

La relación entre el marketing y las funciones de producción y finanzas se ha representado en la figura 14.1:

— En base a estudios de mercado se fijan objetivos de venta que dependerán del esfuerzo de marketing que se va a realizar. A mayores gastos mercadotécnicos suelen corresponder mayores ventas.
— De las ventas esperadas dependerán los gastos de fabricación y las necesidades de inversiones.
— La diferencia entre el volumen de negocio previsto y los gastos de producción, marketing y financiación determina el beneficio y el volumen de autofinanciación previsto.
— El resto de necesidades financieras para acometer inversiones habrá de obtenerse con otras fuentes de financiación. En el plan financiero se establecen las inversiones que se van a realizar y los medios con los que van a ser financiadas.

Tradicionalmente, las decisiones mercadotécnicas se han tomado basándose en la experiencia, la intuición, o la repetición de fórmulas que tuvieron éxito

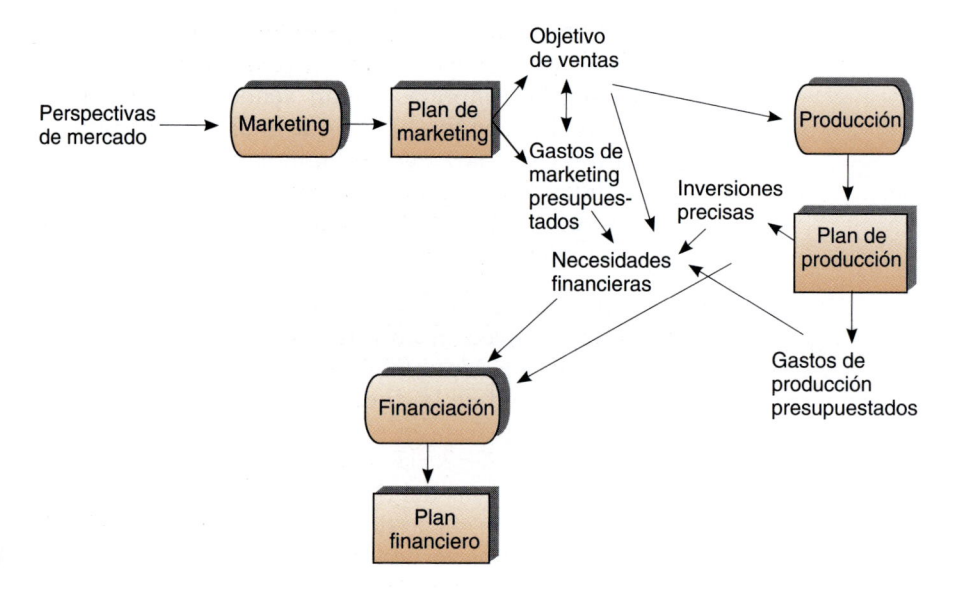

Figura 14.1

en el pasado. Hoy, dado el creciente ritmo de cambio del entorno empresarial y de la propia empresa, son escasas las ocasiones en las que existen precedentes útiles para la toma de decisiones, y los problemas son tan complejos que escapan a la intuición y al análisis subjetivo, siendo preciso el empleo de un método científico basado en instrumentos objetivos de investigación y medida cuyos campos de aplicación son (figura 14.2):

1. La obtención de información y la elaboración de previsiones para decidir, utilizándose técnicas de análisis estadístico y económico, sondeos, estudios de motivación, paneles, etc.
2. La previa prueba de decisiones alternativas mediante técnicas de verificación parcial (prueba del producto, del envase, de la marca, etc.) y total (mercado de prueba, estadísticas, paneles, etc.).
3. La toma de decisiones, área en la que, aunque son aplicables algunas técnicas de investigación operativa, los instrumentos disponibles resultan todavía escasos.
4. El control posterior a la ejecución de las decisiones, para determinar las desviaciones existentes en su cumplimiento y en la consecución de los objetivos propuestos. Del análisis de estas desviaciones puede surgir la necesidad de ampliar la información, modificar las decisiones o su ejecución, o realizar nuevas pruebas, surgiendo así el sistema de retroalimentación que es característico de las decisiones empresariales.

La información de partida en marketing es de dos tipos:

— El primero se refiere a las necesidades insatisfechas del mercado.

> Por confrontación de ambos se deduce el segmento del mercado al que la empresa se dirigirá y el producto con el que lo hará.

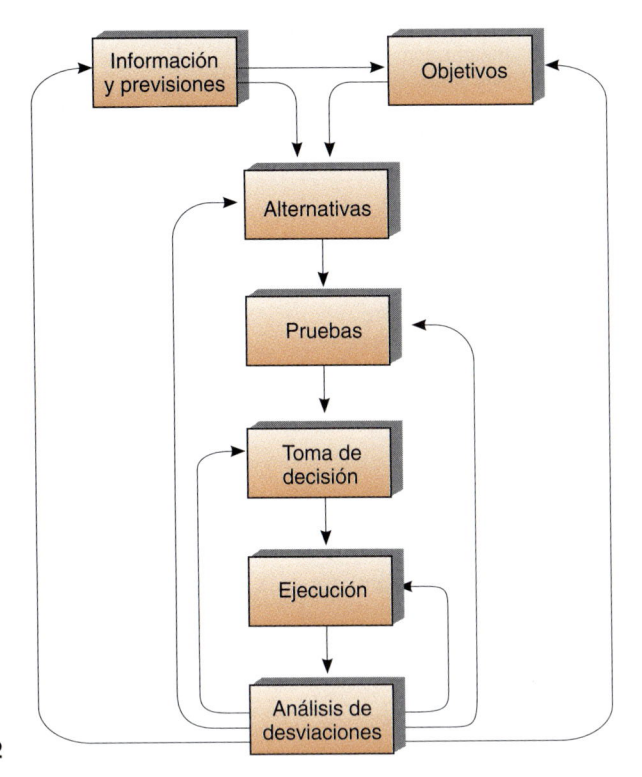

Figura 14.2

A una combinación de las cuatro políticas se le denomina *marketing-mix* o mezcla comercial y, en sentido abstracto, una vez que se ha seleccionado un segmento del mercado, el principal problema que se presenta es determinar la mezcla comercial óptima, es decir aquella combinación que optimice la consecución del mercado, habida cuenta de las limitaciones provenientes del propio mercado y de la escasez de recursos financieros técnicos y comerciales de la empresa (figura 14.3).

— El segundo está constituido por las limitaciones financieras, técnicas y comerciales de la empresa.

Cada decisión constituye información adicional que ha de considerarse como limitación para las decisiones siguientes. Así:

— Las necesidades y características del mercado tomado como objetivo, las limitaciones de la empresa y de la red de distribución, y los atributos del producto, determinan la política de distribución que ha de seguirse.
— La política de promoción y publicidad viene igualmente condicionada por las necesidades y características del mercado, las limitaciones comerciales y publicitarias de la empresa, las características del producto y el tipo de distribución elegido.
— Las necesidades del mercado y sus características, así como las del producto y las de los tipos de distribución y promoción seleccionados, conjuntamente con las limitaciones financieras de la empresa, determinan la política de precios.

Combinando las cuatro políticas mencionadas (producto, distribución, promoción y precios) la empresa ha de conquistar el mercado-objetivo.

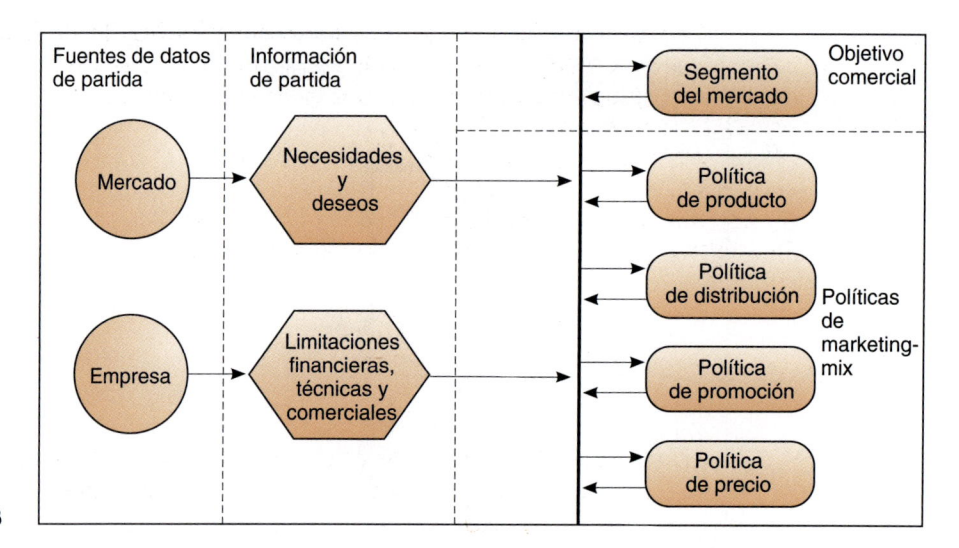

Figura 14.3

Bajo el concepto de marketing-mix existen los siguientes principios (tabla 14.3):

TABLA 14.3

PRINCIPIOS DEL *MARKETING-MIX*
• Restricción en la toma de decisiones. • Interdependencia. • Secuencia. • Retroacción. • Control.

1. Principio de restricción en la toma de decisiones. Las decisiones se encuentran restringidas por cuestiones tales como la imagen de la empresa, su previa especialización o sus actuales medios tecnológicos, que no pueden modificarse sino muy lentamente, por lo que constituyen limitaciones a corto plazo, aunque a largo plazo sean variables.
2. Principio de interdependencia. Como se ha señalado anteriormente las decisiones tomadas en las cuatro políticas son interdependientes entre sí.
3. Principio de secuencia. Dado que unas decisiones dependen de otras, deberán tomarse de forma secuencial y la prioritaria es la selección de un mercado-objetivo al que dirigir las acciones mercadotécnicas.
4. Principio de retroacción. El principio de interdependencia determina que la toma de unas decisiones obligue frecuentemente a la revisión de otras anteriores.
5. Principio de control. Del análisis de las desviaciones entre los planes y los datos reales posteriores, se puede deducir la necesidad de iniciar de nuevo todo el proceso o de revisar alguna decisión.

El marketing comporta la toma de decisiones cuantitativas y cualitativas que se toman en diferentes dimensiones temporales y espaciales.

Constituyen ejemplos de decisiones cuantitativas la de fijación del presupuesto destinado a actividades de marketing y la de su distribución entre ellas.

Decisiones cualitativas son, por ejemplo, las relativas a la selección de medios y soportes publicitarios.

Ambos tipos de decisiones pueden diferir en el tiempo y en su localización geográfica. Así, en diferentes momentos en la vida de un producto se requieren combinaciones mercadotécnicas distintas y que, además, pueden diferir cuantitativa y cualitativamente en las distintas zonas o segmentos geográficos del mercado.

4. Clases de mercados

La clasificación de mercados más generalizada en Economía es la que los distingue según el número de oferentes y demandantes que intervienen, conforme a la tabla 14.4.

		OFERENTES		
		Muchos	**Pocos**	**Uno**
Demandantes	**Muchos**	Mercado competencia perfecta	Oligopolio	Monopolio
	Pocos	Oligopsonio (oligopolio de demanda)	Oligopolio	Monopolio
	Uno	Monopsonio (monopolio de demanda)	Monopsonio limitado	Monopolio bilateral

TABLA 14.4

Otras clasificaciones que tienen interés en marketing son las siguientes (tabla 14.5):

1. Según el grado de elaboración del producto se distingue entre mercados de productos primarios (agropecuarios, marítimos, minerales), productos semielaborados, bienes manufacturados y servicios.
2. Desde una perspectiva temporal se distingue entre mercado pasado, mercado presente y mercado futuro.
3. Según las posibilidades de expansión empresarial, se habla de mercado actual (formado por los actuales consumidores), mercado potencial (integrado por los consumidores actuales y los que pueden llegar a serlo con una política mercadotécnica adecuada) y mercado tendencial, o mercado hacia el que se tiende en el futuro.

TABLA 14.5

CRITERIO DE CLASIFICACIÓN	TIPOS DE MERCADOS
Grado de elaboración del producto	• De productos primarios. • De productos semielaborados. • De bienes manufacturados. • De servicios.
Perspectiva temporal	• Pasado. • Presente. • Futuro.
Posibilidades de expansión	• Actual. • Potencial. • Tendencial.
Adquirentes	• De mayoristas. • De minoristas. • De consumidores.
Características y motivos de compra de los consumidores finales	• De consumo. • Industriales.

4. Según quienes sean los adquirentes del producto, se distingue entre mercados de mayoristas, mercados de minoristas y mercados de consumidores.
5. Según sean las características y los motivos de compra de los consumidores finales, se distingue entre mercados de consumo, en los que los consumidores son individuos o familias que compran para satisfacer sus necesidades consumiendo o usando el bien o servicio, y mercados industriales, en los que los adquirentes compran por encargo de organizaciones que precisan los productos para desarrollar su actividad y alcanzar sus fines.

Esta última clasificación es del mayor interés en marketing. Se basa en el uso final a que se va a destinar el producto. Un mismo producto puede ofertarse en uno u otro mercado. Por ejemplo, un ordenador de sobremesa puede ofertarse a las familias, a las empresas o a ambos grupos de posibles clientes. Pero las políticas y estrategias mercadotécnicas suelen diferir considerablemente de uno a otro tipo de mercado.

> A su vez, los mercados de consumo pueden serlo de consumo inmediato, de consumo duradero, o de servicios.

Los bienes de consumo duradero son aquellos que se adquieren para ser utilizados durante largos períodos de tiempo en los que se van consumiendo mediante depreciación u obsolescencia. Dado que la adquisición de un bien de consumo duradero (automóvil, frigorífico, televisor, etc.) tiene implicaciones a largo plazo, suele estar más planificada que la compra de bienes de consumo inmediato, cuyo importe por regla general es, además, comparativamente pequeño.

5. La función de demanda a corto plazo y sus elasticidades

Por regla general, el producto y la distribución son variables estructurales a largo plazo. Las modificaciones del producto y de los canales de distribución requieren períodos de tiempo generalmente amplios, por lo que, una vez implantados un producto y un sistema de distribución, no suelen alterarse durante un largo plazo. Por el contrario, el precio, la venta personal y algunas variables promocionales, como la publicidad y la promoción de ventas, son variables a corto plazo que, además, en la mayor parte de los casos, se dejan sentir en las ventas de forma inmediata o en un período de tiempo no demasiado amplio. A largo plazo, la demanda depende de todas las variables mercadotécnicas, pero a corto plazo el producto y la distribución se consideran constantes, pues no se pueden alterar con rapidez, y las variables con las que se puede incidir en la demanda son el precio (p), la venta personal (F) y las mencionadas variables promocionales (A). Para tomar decisiones a corto plazo interesará conocer la función que relaciona la cantidad demandada (q) y esas variables mercadotécnicas, es decir, la función de demanda:

$$q = q(p, F, A)$$

Si ésta se conociera sería posible determinar el efecto que una variación en una de tales variables tendría sobre la cantidad demandada. A los ratios que miden, por cociente, el tanto por uno de modificación de la demanda sobre el tanto por uno de variación de la variable que provoca aquella modificación, se les denomina coeficientes de elasticidad. Así, la elasticidad de la demanda respecto a la fuerza de ventas se mide por el coeficiente:

$$l_F = \frac{\Delta q/q}{\Delta F/F} = \frac{\Delta q}{\Delta F} \cdot \frac{F}{q}$$

En cuanto al coeficiente de elasticidad de la demanda respecto a la promoción, se obtiene:

$$l_A = \frac{\Delta q/q}{\Delta A/A} = \frac{\Delta q}{\Delta A} \cdot \frac{A}{q}$$

Dado que, en la mayor parte de los bienes, una variación del precio da lugar a una modificación de la cantidad demandada de signo contrario (si el precio sube, la demanda se reduce, y viceversa), para obtener una medida en términos absolutos, al ratio que mide la elasticidad de la demanda respecto al precio se le suele afectar de signo negativo del siguiente modo:

$$l_P = \frac{-\Delta q/q}{\Delta p/p} = \frac{-\Delta q}{\Delta p} \cdot \frac{p}{q}$$

Si se toman variaciones infinitesimales se obtiene:

$$l_F = \frac{\partial q}{\partial F} \cdot \frac{F}{q}$$

$$l_A = \frac{\partial q}{\partial A} \cdot \frac{A}{q}$$

$$l_P = -\frac{\partial q}{\partial p} \cdot \frac{p}{q}$$

La elasticidad correspondiente a una variable queda medida, así, por el producto de la derivada parcial de la demanda respecto a la variable y el cociente entre el valor de dicha variable y el nivel de la demanda.

Las funciones de demanda exponenciales del tipo

$$q = k p^{b_1} A^{b_2} F^{b_3}$$

tienen elasticidades constantes cualesquiera que sean los valores de las variables. En efecto:

$$l_P = -\frac{\partial q}{\partial p} \cdot \frac{p}{q} = -k b_1 p^{b_1-1} A^{b_2} F^{b_3} \frac{p}{q} = -b_1 k p^{b_1} A^{b_2} F^{b_3} \frac{1}{q} = -b_1 q \frac{1}{q} = -b_1$$

$$l_A = \frac{\partial q}{\partial A} \cdot \frac{A}{q} = k p^{b_1} b_2 A^{b_2-1} F^{b_3} \frac{A}{q} = b_2 k p^{b_1} A^{b_2} F^{b_3} \frac{1}{q} = b_2 q \frac{1}{q} = b_2$$

$$l_F = \frac{\partial q}{\partial F} \cdot \frac{F}{q} = k p^{b_1} A^{b_2} b_3 F^{b_3-1} \frac{F}{q} = b_3 k p^{b_1} A^{b_2} F^{b_3} \frac{1}{q} = b_3 q \frac{1}{q} = b_3$$

Por consiguiente, en las funciones de ete tipo:

$$l_P = -b_1$$

$$l_A = b_2$$

$$l_F = b_3$$

cualesquiera que sean los valores de las variables y el correspondiente de la demanda.

ACTIVIDAD RESUELTA (1)

Las investigaciones realizadas por la empresa Elástica, S. A., ponen de manifiesto que la función de demanda de su producto se adapta a la siguiente expresión:

$$q = 150 - 3p + 15 \ln A + 12 \ln F$$

donde ln denota logaritmo neperiano.

En la actualidad vende en 45 u.m. cada unidad de producto y destina 450 u.m. anuales a publicidad y promoción de ventas y 150 u.m. a venta personal.¿Cuáles son las elasticidades actuales de su demanda respecto a las tres variables de que depende?

El nivel actual de demanda es:

$$q = 150 - 3 \cdot 45 + 15 \ln 450 + 12 \cdot \ln 150 = 166{,}7663$$

$$l_P = -\frac{\partial q}{\partial p} \cdot \frac{p}{q} = -(-3)\frac{45}{136{,}76} = 0{,}81$$

$$l_A = \frac{\partial q}{\partial A} \cdot \frac{A}{q} = \frac{15}{A} \cdot \frac{A}{q} = \frac{15}{136{,}76} = 0{,}09$$

$$l_F = \frac{\partial q}{\partial F} \cdot \frac{F}{q} = \frac{12}{F} \cdot \frac{F}{q} = \frac{12}{136{,}76} = 0{,}07$$

EL MERCADO, LA DEMANDA, EL MARKETING Y EL PRESUPUESTO MERCADOTÉCNICO

6. La optimización del presupuesto mercadotécnico y su control

En el siguiente subapartado se muestra la utilidad del análisis de la demanda para la determinación de los valores óptimos de las variables mercadotécnicas. Debe advertirse que se trata de un planteamiento a corto plazo en el que se consideran constantes el coste variable unitario de producción y distribución y los costes fijos por ambos conceptos, siendo las variables, con las que se trata de incidir en la demanda: el precio, la venta personal y variables promocionales como la promoción de ventas y la publicidad. Se trata, por tanto, de establecer el presupuesto mercadotécnico con un planteamiento a corto plazo.

En el subapartado 6.2 se plantea un sencillo procedimiento de control del presupuesto mercadotécnico en el que la desviación observada en el beneficio obtenido, respecto al previsto, se divide en una serie de desviaciones parciales que permiten explicar las razones por las que se ha producido la desviación total.

6.1. La optimización del presupuesto mercadotécnico a corto plazo

Supongamos, en primer lugar, que la empresa elabora un producto lo suficientemente diferenciado como para que no tenga que considerar las relaciones de los competidores, es decir, que se encuentra en un mercado de competencia monopolística en el que los consumidores perciben que su producto difiere de cualquier otro y satisface deseos y necesidades que ningún otro satisface, al menos del mismo modo. Supongamos, además, que se conoce la función de demanda a corto plazo:

$$q = q(p, F, A)$$

Los niveles óptimos de p, F y A dependerán de cuál sea el objetivo que se persiga. Si se trata de maximizar la demanda, tales niveles habrán de cumplir la condición necesaria de que sean nulas las derivadas parciales de q respecto a p, a F y a A. Si se trata de maximizar el ingreso, I, habrá de formularse la función:

$$I = pq = p \cdot q(p, F, A)$$

En el óptimo se habrá de cumplir la condición necesaria de que sean nulas las derivadas parciales de I respecto a p, a F y a A. De forma semejante, cuando se trata de maximizar el beneficio, *B*, se ha de formular la función:

$$B = pq - c_v q - C_F - A - F$$

donde c_v es el coste variable unitario de producción y distribución, y C_F son los costes fijos, también de producción y distribución. En este caso, las condiciones necesarias del máximo serán:

$$\frac{\partial B}{\partial p} = (p - c_v)\frac{\partial q}{\partial p} + q = 0$$

$$\frac{\partial B}{\partial F} = (p - c_v)\frac{\partial q}{\partial F} - 1 = 0$$

$$\frac{\partial B}{\partial A} = (p - c_v)\frac{\partial q}{\partial A} - 1 = 0$$

Multiplicando los dos términos de estas tres relaciones por *p/q*, *F/q* y *A/q*, respectivamente, se obtiene:

$$(p - c_v)\frac{\partial q}{\partial p} \cdot \frac{p}{q} + p = 0$$

$$(p - c_v)\frac{\partial q}{\partial F} \cdot \frac{F}{q} - \frac{F}{q} = 0$$

$$(p - c_v)\frac{\partial q}{\partial A} \cdot \frac{A}{q} - \frac{A}{q} = 0$$

O lo que es lo mismo:

$$(p - c_v)(-l_P) + p = 0 \qquad [1]$$

$$(p - c_v)l_F - \frac{F}{q} = 0 \qquad [2]$$

$$(p - c_v)l_A - \frac{A}{q} = 0 \qquad [3]$$

De la ecuación [1] se deduce el precio óptimo:

$$p = \frac{l_P}{l_P - 1} c_v \qquad [4]$$

$$l_P = \frac{p}{p - c_v} \qquad [5]$$

De la ecuación [2] se deduce, de forma semejante, el nivel óptimo de gastos en fuerza de ventas:

$$F = (p - c_v)q l_F = \frac{p}{l_P} q l_F = \frac{l_F}{l_P} pq \qquad [6]$$

y

$$l_F = l_P \frac{F}{pq} \qquad [7]$$

En cuanto al valor óptimo del gasto en promoción se obtiene:

$$A = (p - c_v)q l_A = \frac{p}{l_P} q l_A = \frac{l_A}{l_P} pq \qquad [8]$$

y

$$l_A = l_P \frac{A}{pq} \qquad [9]$$

Una vez determinado el precio óptimo con arreglo a la ecuación [4], los niveles óptimos de A y F pueden obtenerse, con arreglo a la expresiones [6] y [8], por producto entre el cociente de la elasticidad de la variable correspondiente y la del precio (l_F/l_P; l_A/l_P) y el volumen óptimo de ventas expresado en unidades monetarias (Precio óptimo × Cantidad óptima: pq). Los valores óptimos para estas variables también pueden obtenerse multiplicando sus correspondientes elasticidades por el margen total óptimo sobre costes variables —producto del margen unitario óptimo ($p - c_v$) y el número óptimo de unidades vendidas (q).

Como puede observarse, a partir de las expresiones [7] y [9], en el óptimo:

$$\frac{l_F}{F} = \frac{l_A}{A} = \frac{l_P}{pq}$$

Muchas empresas establecen sus presupuestos anuales de promoción y venta personal como una proporción fija de su volumen de ventas anual en unidades monetarias. En tal caso, según los resultados obtenidos anteriormente, resulta evidente que las proporciones óptimas son, para cada una de las variables:

$$\frac{A}{pq} = \frac{l_A}{l_P} \quad \text{y} \quad \frac{F}{pq} = \frac{l_F}{l_P}$$

En cuanto a la proporción óptima para el conjunto de ambas, será:

$$\frac{A + F}{pq} = \frac{l_A + l_F}{l_P}$$

Donde el precio, la cantidad demandada y los valores de las elasticidades se entienden referidos a sus niveles óptimos (p es el precio óptimo de venta, l_A y l_F las elasticidades en el óptimo y q la cantidad demandada correspondiente a los valores óptimos de p, A y F).

Otras empresas establecen un total de M unidades monetarias para sus gastos anuales en promoción y fuerza de ventas. Si el objetivo continúa siendo el de maximizar el beneficio, se trata de hacer máximo:

$$B = pq - c_v q - C_F - A - F$$

con la restricción:

$$M = A + F$$

Para determinar las condiciones de óptimo cabe formar la función lagrangiana

$$Z = (p - c_v)q - C_F - A - F + \lambda(M - A - F)$$

Derivando respecto a cada una de las variables (p, A, F), respecto a λ, e igualando a cero las expresiones resultantes, se obtienen las condiciones necesarias de óptimo:

$$\frac{\partial Z}{\partial p} = (p - c_v)\frac{\partial q}{\partial p} + q = 0 \rightarrow (p - c_v)\frac{\partial q}{\partial p} \cdot \frac{p}{q} + p = 0 \quad [10]$$

$$\left.\begin{array}{l}\dfrac{\partial Z}{\partial A} = (p - c_v)\dfrac{\partial q}{\partial A} - 1 - \lambda = 0 \\[2mm] \dfrac{\partial Z}{\partial F} = (p - c_v)\dfrac{\partial q}{\partial F} - 1 - \lambda = 0\end{array}\right\} \rightarrow \dfrac{\partial q}{\partial A} = \dfrac{\partial q}{\partial F} \quad [11]$$

$$M - A - F = 0 \rightarrow M = A + F \quad [12]$$

La condición [10] conduce a la ya conocida expresión:

$$p = \frac{l_P}{l_P - 1} c_v$$

La condición [11] señala que, en equilibrio, la respuesta marginal de la demanda ha de ser la misma ante ambas variables. Si la respuesta fuera mayor para una de las variables, interesaría detraer recursos para ella a costa de la variable a la que le correspondiera la menor respuesta, hasta que se produjera la igualdad. La condición [12] es la restricción presupuestaria.

De forma semejante se optimiza la distribución del presupuesto entre dos o más territorios o segmentos. Supongamos, por ejemplo, que la empresas vende su producto en dos territorios, A y B, y que se conocen las funciones de demanda en cada uno de ellos, que dependen de sus presupuestos de marketing (E_A y E_B, respectivamente) y que son las siguientes:

$$q_A = q_A(E_A)$$

$$q_B = q_B(E_B)$$

Supongamos, además, que el objetivo de esta empresa es maximizar la demanda total, q, que será igual a:

$$q = q_A + q_B = q_A(E_A) + q_B(E_B)$$

y que, además, su presupuesto mercadotécnico total es de E u.m., es decir:

$$E = E_A + E_B$$

Para establecer las condiciones necesarias de óptimo ha de formularse la función lagrangiana:

$$Z = q_A(E_A) + q_B(E_B) + \lambda(E - E_A - E_B)$$

Al derivar, se obtienen las condiciones:

$$\frac{\partial q_A}{\partial E_A} - \lambda = 0$$

$$\frac{\partial q_B}{\partial E_B} - \lambda = 0$$

y la restricción presupuestaria:

$$E = E_A + E_B$$

De las dos primeras restricciones se deduce que:

$$\frac{\partial q_A}{\partial E_A} = \frac{\partial q_B}{\partial E_B}$$

Cuando la respuesta marginal de las ventas en el territorio A es mayor que en el territorio B ($\partial q_A/\partial E_A > \partial q_B/\partial E_B$), es decir, cuando una u.m. gastada en el sector A tiene mayor incidencia en las ventas que si se gasta en el sector B, deben trasladarse fondos presupuestarios de B a A hasta que se produzca la igualdad. Otro tanto ocurrirá si dicha respuesta es mayor en el territorio B; deberían trasladarse fondos, de A a B, hasta que se llegue a la igualdad. El equilibrio y la maximización de las ventas se alcanzan cuando la respuesta marginal de la demanda al esfuerzo mercadotécnico es idéntico en ambos territorios.

Combinando cuanto se ha expuesto hasta el momento, no tiene dificultad alguna la optimización del presupuesto y de su distribución por marcas, segmentos y variables. Tomemos como ejemplo el de la empresa Óptima, S. A., que ha diferenciado su producto en dos marcas que presenta en envases diferentes y que distribuye por canales distintos para dirigirlo a dos segmentos del mercado. La primera marca tiene una demanda anual a corto plazo cuya función es:

$$q_1 = k_1 p_1^{b_1} A_1^{b_2} F_1^{b_3}$$

En cuanto a la segunda marca, su demanda anual a corto plazo es de la forma:

$$q_2 = k_2 p_2^{c_1} A_2^{c_2} F_2^{c_3}$$

El coste variable unitario de fabricación y distribución es idéntico para ambas marcas e igual a c_v u.m. Además, por ambos conceptos se han de soportar unos costes fijos anuales de C_F u.m.

Para determinar el precio óptimo en cada uno de los mercados y la distribución óptima del presupuesto de promoción y fuerza de ventas, en orden a maximizar el beneficio anual de la empresa, se ha de formular la expresión:

$$B = p_1 k_1 p_1^{b_1} A_1^{b_2} F_1^{b_3} + p_2 k_2 p_2^{c_1} A_2^{c_2} F_2^{c_3} - c_v(k_1 p_1^{b_1} A_1^{b_2} F_1^{b_3} + k_2 p_2^{c_1} A_2^{c_2} F_2^{c_3}) - \\ - C_F - A_1 - A_2 - F_1 - F_2$$

La condición necesaria de óptimo se cumple cuando:

$$\frac{\partial B}{\partial p_1} = k_1(1 + b_1)p_1^{b_1} A_1^{b_2} F_1^{b_3} - c_v k_1 b_1 p_1^{b_1-1} A_1^{b_2} F_1^{b_3} = 0 \rightarrow p_1 = c_v \frac{b_1}{1 + b_1} \quad [13]$$

$$\frac{\partial B}{\partial p_2} = 0 \rightarrow p_2 = c_v \frac{c_1}{1 + c_1} \quad [14]$$

$$\frac{\partial B}{\partial A_1} = p_1 k_1 p_1^{b_1} b_2 A_1^{b_2-1} F_1^{b_3} - c_v k_1 p_1^{b_1} b_2 A_1^{b_2-1} F_1^{b_3} - 1 = 0 \rightarrow$$

$$\rightarrow p_1 q_1 b_2 A_1^{-1} - c_v b_2 q_1 A_1^{-1} - 1 = 0 \rightarrow A_1 = b_2 q_1 (p_1 - c_v) \qquad [15]$$

$$\frac{\partial B}{\partial A_2} = 0 \rightarrow A_2 = c_2 q_2 (p_2 - c_v) \qquad [16]$$

$$\frac{\partial B}{\partial F_1} = p_1 k_1 p_1^{b_1} A_1^{b_2} b_3 F_1^{b_3-1} - c_v k_1 p_1^{b_1} A_1^{b_2} b_3 F_1^{b_3-1} - 1 = 0 \rightarrow$$

$$\rightarrow p_1 q_1 b_3 F_1^{-1} - c_v q_1 b_3 F_1^{-1} - 1 = 0 \rightarrow F_1 = b_3 q_1 (p_1 - c_v) \qquad [17]$$

$$\frac{\partial B}{\partial F_2} = 0 \rightarrow F_2 = c_3 q_2 (p_2 - c_v) \qquad [18]$$

Las expresiones [13] y [14] definen los precios óptimos de cada una de las marcas. Las expresiones [15], [16], [17] y [18], en unión de las correspondientes a las de las demandas de cada una de las marcas, forman un sistema de seis ecuaciones con seis incógnitas (q_1, A_1, F_1, q_2, A_2 y F_2) que permite determinar los gastos óptimos en promoción y en fuerza de ventas, para cada marca, y los niveles óptimos de demanda en cada segmento.

El presupuesto total de promoción y venta personal es:

$$A_1 + A_2 + F_1 + F_2 = b_2 q_1(p_1 - c_v) + c_2 q_2(p_2 - c_v) + b_3 q_1(p_1 - c_v) +$$
$$+ c_3 q_2(p_2 - c_v) = (b_2 + b_3)q_1(p_1 - c_v) + (c_2 + c_3)q_2(p_2 - c_v)$$

El presupuesto total óptimo destinado a la primera marca es:

$$A_1 + F_1 = (b_2 + b_3)q_1(p_1 - c_v)$$

y el destinado a la segunda:

$$A_2 + F_2 = (c_2 + c_3)q_2(p_2 - c_v)$$

El presupuesto óptimo total de promoción será:

$$A_1 + A_2 = b_2 q_1(p_1 - c_v) + c_2 q_2(p_2 - c_v)$$

y el destinado a fuerza de ventas:

$$F_1 + F_2 = b_3 q_1(p_1 - c_v) + c_3 q_2(p_2 - c_v)$$

Una situación diferente a la considerada hasta el momento es la relativa al equilibrio competitivo de dos o más empresas. Supongamos que en un mercado compiten sólo dos empresas, 1 y 2, y que la demanda de cada una de ellas depende de los niveles que fija a sus variables mercadotécnicas y de los que establece la otra, conforme a las siguientes funciones:

$$q_1 = q_1(p_1, F_1, A_1, p_2, F_2, A_2)$$
$$q_2 = q_2(p_1, F_1, A_1, p_2, F_2, A_2)$$

En equilibrio competitivo, cada empresa, i, trata de maximizar su beneficio y éste es igual a:

$$B_i = (p_i - c_{vi})q_i - C_{Fi} - A_i - F_i$$

Para ello, toma las primeras derivadas del mismo respecto a las variables que puede controlar, y las iguala a 0:

$$\frac{\partial B_i}{\partial p_i} = (p_i - c_{vi})\frac{\partial q_i}{\partial p_i} + q_i = 0$$

$$\frac{\partial B_i}{\partial A_i} = (p_i - c_{vi})\frac{\partial q_i}{\partial A_i} - 1 = 0$$

$$\frac{\partial B_i}{\partial F_i} = (p_i - c_{vi})\frac{\partial q_i}{\partial F_i} - 1 = 0$$

Ninguna de las empresas puede conseguir mayores beneficios modificando unilateralmente la combinación mercadotécnica así alcanzada. En tanto que una de las empresas fije sus variables de marketing en la solución a que así se llega, la otra obtendrá el máximo beneficio posible fijando las variables en los niveles indicados para ella.

6.2. El control del presupuesto mercadotécnico

Como se ha señalado repetidamente en diversas ocasiones, es frecuente que las empresas elaboren estándares «a priori» y que luego comparen los resultados realmente alcanzados con aquéllos para analizar las desviaciones. Denotando con el subíndice r a las cantidades reales y con el s a las cantidades presupuestadas, la desviación entre el beneficio neto de costes fijos (BN) real y el previsto será:

$$D_T = BN_r - BN_s$$

El beneficio bruto de costes fijos (BB) es el resultado alcanzado antes de deducir estos costes, es decir:

$$BN = BB - C_F$$

Por el hecho de ser fijos, dichos costes pueden ser previstos con gran precisión, y no han de existir diferencias sustanciales entre su valor real y el presupuestado, de modo que:

$$BN_r - BN_s = (BB_r - C_F) - (BB_s - C_F) = BB_r - BB_s$$

Dicho de otro modo, dado que apenas han de existir diferencias entre los costes fijos reales y los presupuestados, las únicas diferencias entre el beneficio neto real y el estándar han de provenir de diferencias habidas en el beneficio bruto. Por consiguiente, son éstas las que deben ser objeto de control. Por otra parte, tales diferencias pueden producirse porque el número de unidades vendidas fue diferente que el previsto, o porque el margen de beneficio conseguido con cada unidad se ha desviado respecto al estándar.

Denominando m al margen de beneficio bruto unitario, o diferencia entre el precio de venta y el coste variable unitario:

$$m = p - c_v$$

y llamando q a la cantidad vendida, el beneficio bruto (es decir, antes de deducir los costes fijos) será:

$$BB = qm$$

Denotando con el subíndice r a las cantidades reales y con el s a las cantidades presupuestadas, la desviación entre el beneficio real y el previsto será:

$$D_T = BB_r - BB_s = q_r m_r - q_s m_s$$

y esta desviación se puede desglosar como sigue:

$$D_T = (q_r m_r - q_r m_s) + (q_r m_s - q_s m_s)$$

donde el primer sumando es la desviación en márgenes:

$$\boxed{D_M = (q_r m_r - q_r m_s) = q_r(m_r - m_s)}$$

y el segundo es la desviación en cantidades:

$$\boxed{D_Q = (q_r m_s - q_s m_s) = m_s(q_r - q_s)}$$

La desviación en márgenes puede descomponerse del siguiente modo:

$$D_M = q_r(m_r - m_s) = q_r[(p_r - c_{vr}) - (p_s - c_{vs})] = q_r(p_r - p_s) + q_r(c_{vs} - c_{vr})$$

donde:

$$D_P = q_r(p_r - p_s)$$

es la desviación en precios y:

$$D_C = q_r(c_{vs} - c_{vr})$$

es la desviación en costes variables.

Denominando Q a las ventas totales del conjunto de empresas que compiten en el mercado y t a la proporción de las mismas correspondiente al producto en cuestión (cuota de ventas de este producto), como es obvio:

$$q = tQ$$

y, por tanto, la desviación en cantidades puede descomponerse del siguiente modo:

$$D_Q = m_s(q_r - q_s) = m_s(t_rQ_r - t_sQ_s) = m_s[(t_rQ_r - t_sQ_r) + (t_sQ_r - t_sQ_s)] =$$
$$= m_sQ_r(t_r - t_s) + m_st_s(Q_r - Q_s)$$

donde el primer sumando es la desviación en cuotas:

$$D_K = m_sQ_r(t_r - t_s)$$

y el segundo es la desviación en el tamaño global del mercado:

$$D_G = m_st_s(Q_r - Q_s)$$

En la tabla 14.6 se sintetizan los resultados obtenidos.

Desviación total $D_T = q_rm_r - q_sm_s$	Desviación en márgenes $D_M = q_r(m_r - m_s)$	Desviación en precios $D_P = q_r(p_r - p_s)$
		Desviación en costes $D_C = q_r(c_{vs} - c_{vr})$
	Desviación en cantidades $D_Q = m_s(q_r - q_s)$	Desviación en cuotas $D_K = m_sQ_r(t_r - t_s)$
		Desviación en el tamaño del mercado $D_G = m_st_s(Q_r - Q_s)$

TABLA 14.6

ACTIVIDAD RESUELTA 2

En la empresa CTR, S. A. preveían a comienzos del pasado año que las ventas globales de todo el sector alcanzaran los 8.000.000 de unidades físicas (u.f.), que las ventas de su producto fueran de 1.000.000 u.f. y que aplicara un margen unitario de 250 unidades monetarias (u.m.) sobre el coste variable unitario que se esperaba que fuera de 750 u.m.

En realidad al final del año se comprobó que las ventas globales de todo el sector fueron 7.000.000 u.f., que las ventas de su producto fueron 1.400.000 u.f. y que el margen unitario alcanzó 150 u.m. solamente, si bien el coste variable unitario fue de sólo 600 u.m.

Se desea analizar la desviación total del beneficio bruto generado por este producto.

Los datos básicos son los siguientes:

$$c_{v_s} = 750 \text{ u.m.}$$

$$m_s = 250 \text{ u.m.}$$

$$p_s = c_{v_s} + m_s = 750 + 250 = 1.000 \text{ u.m.}$$

$$Q_s = 8.000.000 \text{ u.f.}$$

$$q_s = 1.000.000 \text{ u.f.}$$

$$t_s = \frac{q_s}{Q_s} = \frac{1.000.000}{8.000.000} = 0,125$$

$$c_{v_r} = 600 \text{ u.m.}$$

$$m_r = 150 \text{ u.m.}$$

$$p_r = c_{v_r} + m_r = 600 + 150 = 750 \text{ u.m.}$$

$$Q_r = 7.000.000 \text{ u.m.}$$

$$q_r = 1.400.000 \text{ u.m.}$$

$$t_r = \frac{q_r}{Q_r} = \frac{1.400.000}{7.000.000} = 0,2$$

Con estos datos se han realizado los siguientes cálculos:

$$D_T = q_r m_r - q_s m_s = 1.400.000 \cdot 150 - 1.000.000 \cdot 250 =$$
$$= -40.000.000 \text{ u.m.}$$

$$D_M = q_r(m_r - m_s) = 1.400.000(150 - 250) = -140.000.000 \text{ u.m.}$$

$$D_Q = m_s(q_r - q_s) = 250(1.400.000 - 1.000.000) =$$
$$= 100.000.000 \text{ u.m.}$$
$$D_P = q_r(p_r - p_s) = 1.400.000(750 - 1.000) =$$
$$= -350.000.000 \text{ u.m.}$$
$$D_C = q_r(c_{v_s} - c_{v_r}) = 1.400.000(750 - 600) = 210.000.000 \text{ u.m.}$$
$$D_K = m_s Q_r(t_r - t_s) = 250 \cdot 7.000.000(0,2 - 0,125) =$$
$$= 131.250.000 \text{ u.m.}$$
$$D_G = m_s t_s(Q_r - Q_s) = 250 \cdot 0,125(7.000.000 - 8.000.000) =$$
$$= -31.250.000 \text{ u.m.}$$

En la tabla 14.7 se han sintetizado los resultados obtenidos. La negativa desviación total se explica por una desviación en márgenes negativa que no se compensó con la desviación favorable conseguida en la cantidad vendida.

Desviación total −40.000.000 u.m.	Desviación en márgenes −140.000.000 u.m.	Desviación en precios −350.000.000 u.m.
		Desviación en costes 210.000.000 u.m.
	Desviación en cantidades 100.000.000 u.m.	Desviación en cuotas 131.250.000 u.m.
		Desviación en el mercado −31.250.000 u.m.

TABLA 14.7

La negativa desviación en márgenes se debió a la considerable inferioridad del precio real respecto al previsto, que provocó una desviación que no fue cubierta con la favorable evolución del coste variable unitario.

En cuanto a la desviación en cantidades, su importe positivo se consiguió gracias a la mayor participación del producto en el mercado, que compensó la negativa evolución de las ventas globales de la industria.

Si bien no existe información suficiente para asegurarlo, dicho aumento de participación sobre la cifra prevista puede haber sido conseguido gracias a la fijación de un precio de venta inferior al previsto inicialmente.

7. Estimación y previsión de la demanda

Para prever las ventas es precisa la utilización de técnicas y modelos de previsión. Dado, además, que la empresa puede influir en la evolución de las ventas utilizando las distintas políticas mercadotécnicas, en general, no es suficiente con prever la *evolución espontánea* del mercado, sino que es preciso determinar la *reacción o respuesta* de éste a sus acciones.

Los modelos de previsión pueden ser clasificados con arreglo a distintos criterios. Así:

— Según el horizonte de la previsión, se distingue entre modelos de previsión a corto, medio y largo plazo. En las previsiones a corto plazo, los principales factores son coyunturales, en tanto que a medio tienen carácter más estructural. A largo plazo no existen apenas constantes; el entorno es una variable sometida a cambios sociales, políticos y tecnológicos.

— Según los datos que utilizan, se distingue entre: 1) Modelos basados en opiniones e intenciones de consumidores, vendedores o expertos; 2) Modelos de extrapolación de datos históricos, y 3) Modelos explicativos que tienen en cuenta otras variables además del tiempo. Los dos primeros tipos son especialmente adecuados para previsiones a corto plazo de la evolución espontánea del mercado. Los modelos explicativos se aplican a corto, medio y largo plazo, tanto para prever la evolución espontánea del mercado como sus reacciones a las decisiones de la empresa.

7.1. Modelos de extrapolación

Los modelos de extrapolación se basan en la observación de tendencias regulares en el pasado y en la hipótesis de que se mantendrán en el futuro. En las figuras 14.4 y 14.5 se recogen los ejemplos de extrapolación gráfica. Cuando las ventas varían de forma aproximadamente lineal en el tiempo, como en la figura 14.4, puede ser útil la regresión lineal simple de las ventas (V_t) sobre el tiempo (t), con arreglo a la ecuación de regresión:

$$V_t = \alpha + \beta \cdot t + \varepsilon_t$$

donde α y β son los coeficientes de regresión y ε es una variable residual de media nula. Las ventas estimadas serían, para el período t:

$$V_t = \alpha + \beta \cdot t$$

A éste y otros modelos de regresión se hará referencia más detenida posteriormente. Baste señalar, de momento, que la ecuación de regresión depende

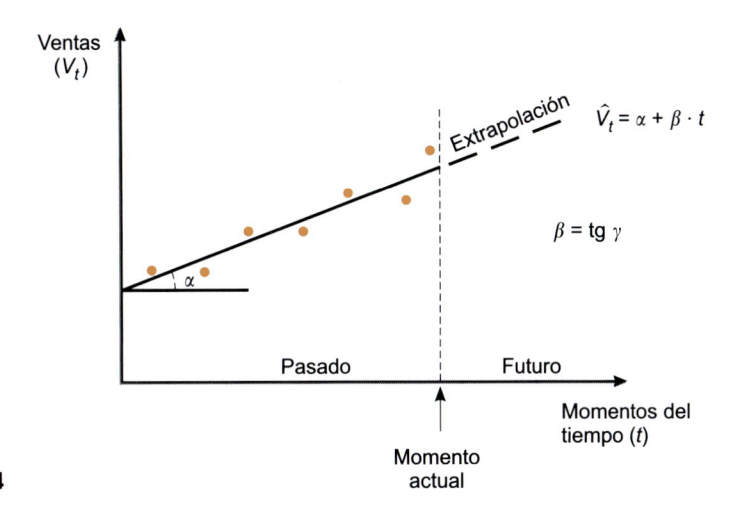

Figura 14.4

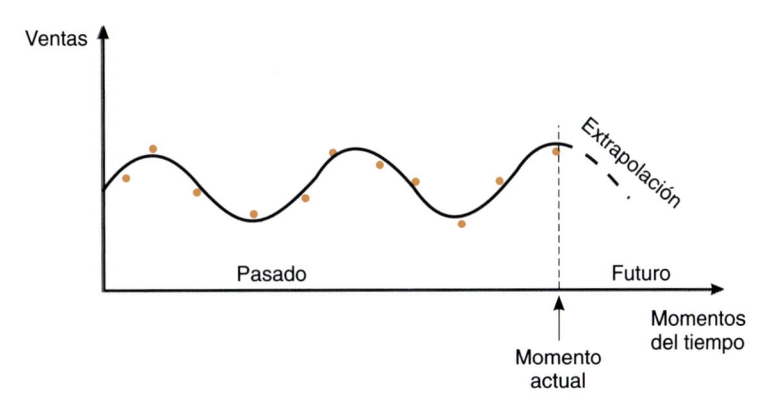

Figura 14.5

de la forma en que las ventas evolucionen en el tiempo. En las figuras 14.6 a 14.10 se han recogido diversos ejemplos alternativos.

Para eliminar las variaciones esporádicas o accidentales de las ventas se utiliza el método de las *medias móviles,* consistente en sustituir el valor del período correspondiente (V_t) por la media aritmética de este valor y otros que le son próximos. Las dos columnas siguientes muestran un ejemplo de transformación:

Serie original	Nueva serie (medias móviles)
V_4	$V'_4 = (V_3 + V_4 + V_5)/3$
V_5	$V'_5 = (V_4 + V_5 + V_6)/3$
V_6	$V'_6 = (V_5 + V_6 + V_7)/3$
V_7	$V'_7 = (V_6 + V_7 + V_8)/3$
V_8	$V'_8 = (V_7 + V_8 + V_9)/3$

Representando estos valores en un gráfico, se suele obtener una curva más regular que la resultante de representar la serie original, lo que facilita la extrapolación.

En algunos casos, en la evolución de las ventas es posible distinguir hasta cuatro **componentes:**

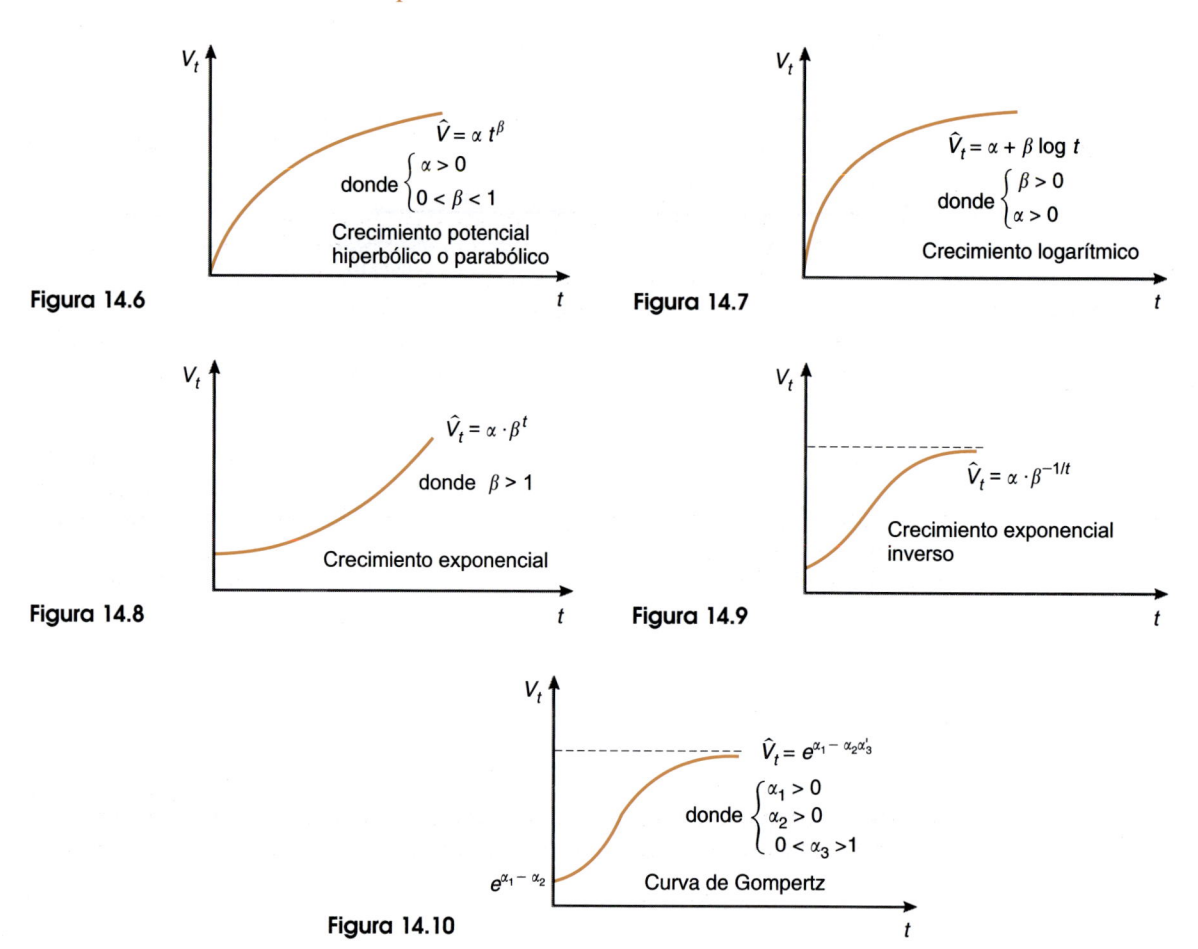

Figura 14.6
$\hat{V} = \alpha t^\beta$
donde $\begin{cases} \alpha > 0 \\ 0 < \beta < 1 \end{cases}$
Crecimiento potencial hiperbólico o parabólico

Figura 14.7
$\hat{V}_t = \alpha + \beta \log t$
donde $\begin{cases} \beta > 0 \\ \alpha > 0 \end{cases}$
Crecimiento logarítmico

Figura 14.8
$\hat{V}_t = \alpha \cdot \beta^t$
donde $\beta > 1$
Crecimiento exponencial

Figura 14.9
$\hat{V}_t = \alpha \cdot \beta^{-1/t}$
Crecimiento exponencial inverso

Figura 14.10
$\hat{V}_t = e^{\alpha_1 - \alpha_2 \alpha_3^t}$
donde $\begin{cases} \alpha_1 > 0 \\ \alpha_2 > 0 \\ 0 < \alpha_3 > 1 \end{cases}$
Curva de Gompertz

1. La tendencia (T) o dirección predominante de la serie observada en un período suficientemente amplio. En la figura 14.11 es la línea recta T.
2. Las variaciones estacionales y periódicas (E), que resultan evidentes en aquellos productos cuyas ventas se ven influidas por las estaciones del año (helados, turrón, refrescos, prendas de invierno o verano, etc.), pero que también se pueden encontrar en otros sometidos a variaciones de período inferior al año, como aquellos cuyo consumo depende del nivel de fondos disponibles por las familias que suele ser mayor en los comienzos que al final de los meses. En la figura 14.11 son las variaciones observadas en la curva E.

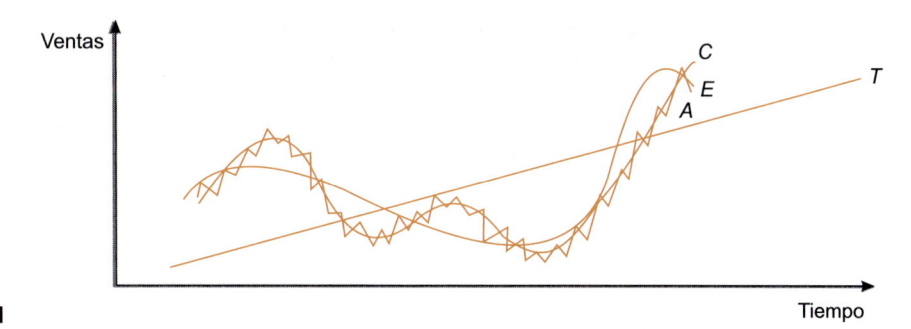

Figura 14.11

3. Variaciones cíclicas (*C*). Es frecuente que la coyuntura económica, y las ventas de los productos cuya demanda depende de la misma, evolucionen a través de oscilaciones denominadas variaciones cíclicas y que se han representado en la figura 14.11 en la curva *C*.
4. Las variaciones accidentales (*A*) son pequeños movimientos derivados de circunstancias momentáneas y esporádicas. Son las pequeñas puntas asistemáticas de la figura.

Para predecir las ventas sería preciso determinar: 1) los cuatro componentes, y 2) la forma en que se combinan para ofrecer como resultado un determinado valor de las ventas. En cuanto a este segundo punto, es posible seguir una hipótesis aditiva, según la cual las ventas resultan explicadas por la acumulación de los cuatro factores ($V = T + E + C + A$) o una hipótesis multiplicativa, si es el producto la forma en que se conjugan ($V = T \times E \times C \times A$).

7.2. Modelos explicativos

Con los análisis de regresión se trata de determinar la relación cuantitativa existente entre una variable explicada (ventas) y cierto número de variables explicativas (nivel de precios, esfuerzo publicitario, etc.) del siguiente modo:

$$V_t = \alpha + \beta_1 X_{1t} + \beta_2 X_{2t} + \cdots + \beta_n X_{nt} + \varepsilon_t$$

donde $X_{1t}, X_{2t}, ..., X_{nt}$ son las variables explicativas; α es una constante que mide el valor esperado para las ventas cuando tales variables toman un valor nulo; $\beta_1, \beta_2, ..., \beta_n$ son constantes que miden la influencia que las respectivas variables explicativas tienen en las ventas, y ε_t es una variable que recoge las denominadas perturbaciones aleatorias o residuos, es decir, todos aquellos factores que influyen en V_t y que no se han considerado explícitamente en el modelo. Se estima que estos residuos tienen escasa relevancia y que se compensan entre sí, por lo que el valor medio de ε_t es nulo. Más rigurosamente, se supone que estas variables aleatorias residuales:

1. Siguen una distribución normal con esperanza matemática nula y desviación típica constante cualquiera que sea el valor de las variables explicativas.
2. No están correlacionadas con sus valores pasados ni con ninguna de las variables explicativas, que son también variables aleatorias.

Cuando la única variable explicativa es el tiempo, aparece el modelo de extrapolación recogido en el subepígrafe anterior. En otro caso, los modelos resultantes son explicativos.

Si la relación, conforme a la expresión anterior, es lineal, se habla de regresión *lineal*. Si la relación fuera del tipo:

$$V_t = \alpha \cdot X_{1t}^{\beta_1} \cdot X_{2t}^{\beta_2} \cdot \ldots \cdot X_{nt}^{\beta_n} \cdot e^{\varepsilon_t}$$

se puede transformar en lineal aplicando logaritmos del siguiente modo:

$$V'_t = a + \beta_1 y_{1t} + \beta_2 y_{2t} + \cdots + \beta_n y_{nt} + \varepsilon_t$$

donde

$$V'_t = \ln V_t$$

$$y_{it} = \ln x_{it} \qquad i = 1, 2, \ldots, n$$

$$a = \ln \alpha$$

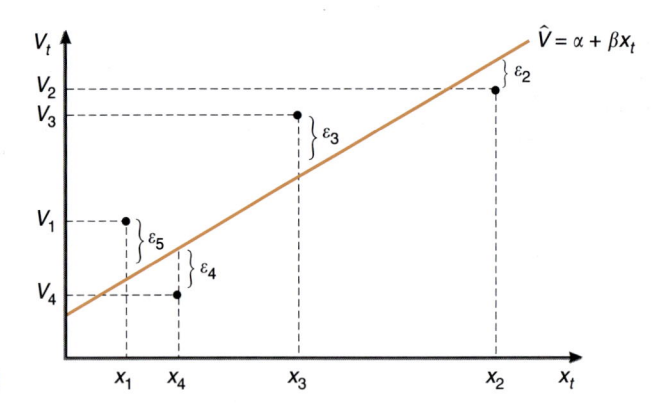

Figura 14.12

y ln es el operador de «logaritmo neperiano». Existen otros tipos de funciones que pueden ser transformadas en lineales tomando logaritmos. Así, en la tabla 14.8 se han transformado los ejemplos de las figuras 14.6 a 14.10 del subapartado anterior.

Relación no lineal	Modelo lineal ($V' = a + bx$)
$V_t = \alpha \cdot t^\beta$	$(\ln V_t) = a + \beta(\ln t)$ donde $a = \ln \alpha$
$V_t = \alpha + \beta \log t$	$V_t = \alpha + \beta(\log t)$
$V_t = \alpha \cdot \beta^t$	$(\ln V_t) = a + b \cdot t$ donde $\begin{cases} a = \ln \alpha \\ b = \ln \beta \end{cases}$
$V_t = \alpha \cdot \beta^{1/t}$	$(\ln V_t) = a + b\left(\dfrac{1}{t}\right)$ donde $\begin{cases} a = \ln \alpha \\ b = \ln \beta \end{cases}$
$V_t = e^{\alpha_1 - \alpha_2 \alpha_3^t}$	$(\ln V_t) = \alpha_1 - \alpha_2(\alpha_3^t)$

TABLA 14.8

Cuando existe una sola variable explicativa, el método se denomina análisis de regresión *simple*. La ecuación será, en este caso:

$$V_t = \alpha + \beta \cdot X_t + \varepsilon_t$$

Para estimar los parámetros α y β puede seguirse el criterio de seleccionar aquellos para los que la suma de los residuos (ε_t en la figura 14.12) sea mínima. Pero los valores de tales residuos, o desviaciones verticales repecto de la recta, habrían de tomarse en valor absoluto (la suma aritmética de los residuos siempre vale cero), o bien tomar aquellos valores de α y β para los que se minimiza la suma de los cuadrados de tales residuos, lo que se denomina método de los mínimos cuadrados. Tal método consistirá, entonces, en minimizar:

$$H = \sum_{t=1}^{m} \varepsilon_t^2 = \sum_{t=1}^{m} (V_t - \alpha - \beta X_t)^2$$

donde m es el número de períodos en que se han observado V_t y X_t (número de puntos en la figura).

La condición necesaria de mínimo exige que las derivadas parciales de H con relación a α y β se anulen y, por lo tanto,

$$\frac{\partial H}{\partial \alpha} = -2 \sum_{t=1}^{m} (V_t - \alpha - \beta X_t) = 0$$

$$\frac{\partial H}{\partial \beta} = -2 \sum_{t=1}^{m} (V_t - \alpha - \beta X_t) \cdot X_t = 0$$

de donde se obtiene el denominado «sistema de ecuaciones normales»:

$$\sum_{t=1}^{m} V_t = m \cdot \alpha + \beta \sum_{t=1}^{m} X_t$$

$$\sum_{t=1}^{m} V_t X_t = \alpha \sum_{t=1}^{m} X_t + \beta \sum_{t=1}^{m} X_t^2$$

Se trata de un sistema de dos ecuaciones con dos incógnitas (α y β), del que se obtiene:

$$\beta = \frac{\sum_{t=1}^{m} V_t X_t - m\bar{V}\bar{X}}{\sum_{t=1}^{m} X_t^2 - m(\bar{X})^2}$$

$$\alpha = \bar{V} - \beta\bar{X}$$

donde $\bar{V}$ y $\bar{X}$ son las medias aritméticas de las variables V_t y X_t, respectivamente, es decir:

$$\bar{V} = \frac{\sum_{t=1}^{m} V_t}{m}$$

$$\bar{X} = \frac{\sum_{t=1}^{m} X_t}{m}$$

La media de los productos de las desviaciones de ambas variables, respecto a sus medias, se denomina covarianza. Es decir:

$$\text{cov}(V_t, X_t) = \frac{1}{m} \sum_{t=1}^{m} (V_t - \bar{V})(X_t - \bar{X}) =$$

$$= \frac{1}{m} \left[\sum_{t=1}^{m} V_t X_t - \bar{X} \sum_{t=1}^{m} V_t - \bar{V} \sum_{t=1}^{m} X_t + m \cdot \bar{V} \cdot \bar{X} \right] =$$

$$= \frac{1}{m} \sum_{t=1}^{m} V_t X_t - \bar{X} \cdot \bar{V}$$

La covarianza entre una variable y ella misma es la varianza, que para las ventas valdrá:

$$\sigma^2(V_t) = \text{cov}(V_t, V_t) = \frac{1}{m} \sum_{t=1}^{m} (V_t - \bar{V})^2 = \frac{1}{m} \sum_{t=1}^{m} V_t^2 - (\bar{V})^2$$

y para la variable explicativa:

$$\sigma^2(X_t) = \text{cov}(X_t, X_t) = \frac{1}{m} \sum_{t=1}^{m} (X_t - \bar{X})^2 = \frac{1}{m} \sum_{t=1}^{m} X_t^2 - (\bar{X})^2$$

Dividiendo entre m en el numerador y el denominador de la expresión del coeficiente de regresión β, se deduce que:

$$\boxed{\beta = \frac{\text{cov}(V_t, X_t)}{\sigma^2(X_t)}}$$

que es la expresión más frecuentemente empleada para definir este coeficiente.

La varianza de la variable residual ε_t será:

$$\sigma^2(\varepsilon_t) = \text{cov}(\varepsilon_t, \varepsilon_t) = \frac{1}{m} \sum_{t=1}^{m} \varepsilon_t^2 - (\varepsilon)^2$$

Pero, según se señaló anteriormente, esta variable tiene media nula ($\varepsilon = 0$) y, por consiguiente,

$$\sigma^2(\varepsilon_t) = \frac{1}{m} \sum_{t=1}^{m} \varepsilon_t^2$$

lo que demuestra que el método de los mínimos cuadrados trata de minimizar la varianza de la variable residual minimizando la suma de los cuadrados de los residuos.

La varianza mide la variabilidad de los datos en torno a su media. Es la media de las desviaciones, respecto a la media, elevadas al cuadrado. Una parte de esta variabilidad, o dispersión, proviene de la variabilidad de la variable explicativa. Es la denominada variabilidad explicada o variabilidad factorial. El resto es la proveniente de la variabilidad de los residuos (variabilidad no explicada) y es la que se pretende minimizar. Al tanto por uno que, de la variabilidad total de la varible explicada (V_t) medida por la varianza, representa la parte factorial (es decir, el total menos la variabilidad de los residuos) se le denomina coeficiente de determinación simple:

$$\boxed{r = \frac{\sigma^2(V_t) - \sigma^2(\varepsilon_t)}{\sigma^2(V_t)}}$$

Como es obvio, el valor de r no puede ser inferior a cero ni superior a la unidad. Con este coeficiente se puede estimar la bondad del ajuste de los puntos a la recta, pues éste es tanto mejor cuanto menor sea $\sigma^2(\varepsilon_t)$ y cuanto más próximo a la unidad se encuentre r. Constituye, ahora, un sencillo ejercicio demostrar las siguientes expresiones:

$$\sigma^2(\varepsilon_t) = \sigma^2(V_t) - \beta^2 \cdot \sigma^2(X_t)$$

$$r = \frac{\beta^2 \cdot \sigma^2(X_t)}{\sigma^2(V_t)}$$

$$r = \frac{[\text{cov}(V_t, X_t)]^2}{\sigma^2(X_t) \cdot \sigma^2(V_t)}$$

Otro coeficiente que puede dar idea de la bondad del ajuste es la raíz cuadrada del coeficiente de determinación, que se denomina coeficiente de correlación simple:

$$\boxed{\rho = r^{1/2} = \frac{\beta \cdot \sigma(X_t)}{\sigma(V_t)} = \frac{\text{cov}(V_t, X_t)}{\sigma(X_t) \cdot \sigma(V_t)}}$$

Su valor puede oscilar entre -1 (en cuyo caso se dice que la correlación entre las variables X_t y V_t es perfecta y negativa) y 1 (correlación perfecta y positiva). Se dice que no existe correlación, o que las variables no están correlacionadas, cuando $\rho = 0$.

Para estudiar la bondad del ajuste también se puede realizar un análisis de varianza y un test en F como el que se verá en el capítulo siguiente en experimentación comercial.

Las variables explicativas pueden ser de dos tipos:

— Variables exógenas, o independientes de la voluntad de la empresa, como la renta de los consumidores, el tamaño de la población, los precios de los productos de la competencia, etc.
— Variables de acción, o dependientes de la voluntad empresarial, como el importe del presupuesto publicitario, los precios de sus productos, etc.

Los modelos que sólo incorporan variables exógenas se utilizan para prever la evolución espontánea del mercado. Los que incorporan variables de acción se utilizan para prever las reacciones del mercado ante las distintas acciones alternativas de la empresa.

Las relaciones existentes entre las ventas y las variables explicativas se estiman en base a datos pasados. Para realizar previsiones se precisa que tales relaciones se mantengan en el futuro y, además, generalmente, si las variables son exógenas, se requiere prever los futuros valores de éstas. En algunos cassos, sin embargo, la relación entre las ventas y las variables explicativas no es contemporánea, sino que éstas preceden a la evolución de aquéllas en el sentido de que las ventas de un período dependen de los valores tomados por las variables explicativas en el período anterior o en otros períodos. Entonces, una vez estimada la relación y conocidos los últimos valores de las variables explicativas, se podrían estimar los futuros valores de las ventas. Un ejemplo de relación con «retardos» ($k_1, k_2, ..., k_n$) diferentes en las distintas variables sería:

$$V_t = \alpha + \beta_1 X_{1, t-k_1} + \beta_2 X_{2, t-k_2} + \cdots + \beta_n X_{n, t-k_n}$$

8. La previsión de cuotas de mercado y las cadenas de Markov

La cuota de mercado es la proporción que, del mercado total disponible ha obtenido una empresa, una marca, un producto, una línea de productos, o un item, en general.

La evolución de la cuota permite dilucidar si las variaciones de las ventas son debidas a variables controlables por la empresa o a condiciones generales comunes a toda la industria en cuestión.

Es frecuente, además, la fijación de cuotas de mercado como objetivos en relación a los cuales se efectúa posteriormente el control, lo que, además, se puede efectuar tanto para el conjunto de la empresa como para sus distintos productos y marcas y bien en relación al conjunto del mercado o por sus distintos segmentos.

Esto implica, dentro del proceso de planificación comercial, la necesidad de elaborar previsiones sobre las cuotas para, luego, determinar el esfuerzo necesario para alcanzar tales objetivos.

Un modelo de extrapolación de cuotas es el basado en las denominadas cadenas de Markov. El sencillo modelo que se expondrá aquí es el de primer orden, en el sentido de que considera que sólo el último estado afecta al siguiente. En un modelo de segundo orden, la probabilidad de comprar un item determinado dependerá de los dos últimos comprados. De forma semejante se definirían los de orden superior.

Se denomina vector de estado de un período a aquél cuyos elementos son las cuotas de mercado conseguidas por los distintos items en ese período.

Si en un mercado compiten N marcas y en el período pasado (período 0) sus cuotas de mercado respectivas, en tantos por uno, fueron $p_1(0), p_2(0), ..., p_N(0)$, el vector de estado correspondiente a ese período sería:

$$P(0) = [p_1(0) \ p_2(0) \ \cdots \ p_N(0)]$$

ACTIVIDAD RESUELTA 3

En cierto mercado compiten tres items de consumo que se adquieren semanalmente. Efectuando un sondeo entre los establecimientos de venta se ha estimado que la última semana adquirieron el primer item un 10 % de los consumidores, que otro 20 por cien adquirió el segundo, y que el 70 % restante adquirió el item tercero. ¿Cuál ha sido el vector de estado de este período?

Poniendo las cuotas de mercado en tantos por uno, se obtiene:

$$P(0) = [p_1(0) \ p_2(0) \ p_3(0)] = [0,1 \ 0,2 \ 0,7]$$

EL MERCADO, LA DEMANDA, EL MARKETING Y EL PRESUPUESTO MERCADOTÉCNICO

Se denomina p_{ij} a la proporción que, en relación a todos los consumidores que adquirieron el item i en un período, representan los que han decidido adquirir el item j en el período siguiente. Es la probabilidad de cambio del estado i al estado j.

Pues bien, conocidas las cuotas de un período (período 0), las del período siguiente (período 1), se preven del siguiente modo:

La cuota prevista para el primer item será:

$$q_1(1) = p_1(0) \cdot p_{11} + p_2(0) \cdot p_{21} + \cdots + p_N(0) \cdot p_{N1}$$

De forma semejante, para el segundo la previsión es:

$$q_2(1) = p_1(0) \cdot p_{12} + p_2(0) \cdot p_{22} + \cdots + p_N(0) \cdot p_{N2}$$

Y así, sucesivamente, hasta el enésimo:

$$q_N(1) = p_1(0) \cdot p_{1N} + p_N(0) \cdot p_{2N} + \cdots + p_N(0) \cdot p_{NN}$$

Esos elementos integran el vector de estado previsto, que será el siguiente:

$$Q(1) = [q_1(1) \; q_2(1) \cdots q_N(1)]$$

ACTIVIDAD RESUELTA 4

En el mercado al que se refiere la actividad resuelta anterior, a comienzos de esta semana se ha realizado un sondeo sobre la intención de compra de los consumidores y se ha llegado a la conclusión de que:

— De cada 100 consumidores que adquirieron el primer item la última semana, 50 volverán a adquirirlo (p_{11} vale 0,5), 10 cambiarán al segundo (p_{12} vale 0,1) y el resto adquirirá el tercero p_{13} vale 0,4).
— En relación al segundo item, de cada 100 consumidores que lo adquirieron la última semana, 80 lo volverán a adquirir, 10 cambiarán al primero y otros 10 al tercero (p_{21} vale 0,1, p_{22} vale 0,8 y p_{23} vale 0,1).
— En cuanto al tercer item, de cada 100 adquirentes la última semana, 30 cambiarán al primero, 20 al segundo y el resto volverá a adquirir el mismo (p_{31} vale 0,3, p_{32} vale 0,2 y p_{33} vale 0,5).

Se desea conocer las cuotas previstas para esta semana.

La cuota prevista para el primer item será:

$$q_1(1) = p_1(0) \cdot p_{11} + p_2(0) \cdot p_{21} + p_3(0) \cdot p_{31} =$$
$$= 0,1 \cdot 0,5 + 0,2 \cdot 0,1 + 0,7 \cdot 0,3 = 0,28 \text{ por 1}$$

De forma semejante, para el segundo la previsión es:

$$q_2(1) = p_1(0) \cdot p_{12} + p_2(0) \cdot p_{22} + p_3(0) \cdot p_{32} =$$
$$= 0{,}1 \cdot 0{,}1 + 0{,}2 \cdot 0{,}8 + 0{,}7 \cdot 0{,}2 = 0{,}31 \text{ por } 1$$

En cuanto al tercero:

$$q_3(1) = p_1(0) \cdot p_{13} + p_2(0) \cdot p_{23} + p_3(0) \cdot p_{33} =$$
$$= 0{,}1 \cdot 0{,}4 + 0{,}2 \cdot 0{,}1 + 0{,}7 \cdot 0{,}5 = 0{,}41 \text{ por } 1$$

Se prevé que el 28 % de los consumidores adquirirán el primer item, el 31 % el segundo y el 41 % el tercero.
El vector de estado previsto es:

$$Q(1) = [q_1(1) \; q_2(1) \; q_3(1)] = [0{,}28 \; 0{,}31 \; 0{,}41]$$

Las anteriores expresiones pueden sintetizarse, en notación matricial, del siguiente modo:

$$\boxed{Q(1) = P(0) \cdot M}$$

donde M es la denominada matriz de transición, o matriz de cambios de estado:

$$M = \begin{bmatrix} p_{11} & p_{12} & \cdots & p_{1N} \\ p_{21} & p_{22} & \cdots & p_{2N} \\ \multicolumn{4}{c}{\dotfill} \\ p_{N1} & p_{N2} & \cdots & p_{NN} \end{bmatrix}$$

Obsérvese que siempre:

— Los elementos de los vectores de estado no pueden ser inferiores a cero ni superiores a uno y han de totalizar la unidad.
— Los elementos de la matriz de transición tampoco pueden ser inferiores a cero ni superiores a uno, y los de cada fila han de totalizar la unidad.

Si se supone que la matriz es estacionaria, es decir, que se mantiene constante en el tiempo, para predecir el vector de estado de la siguiente semana cabría hacer:

$$Q(2) = Q(1) \cdot M = P(0) \cdot M \cdot M = P(0) \cdot M^2$$

y, en general, en la semana enésima:

$$Q(n) = Q(n-1) \cdot M$$

$$Q(n) = P(0) \cdot M^n$$

La potencia de la matriz M es otra matriz. Si tal potencia tiene limite cuando n tiende a infinito, se dice que la cadena de Markov es asintóticamente ergódica.

Evidentemente:

$$\lim_{n \to \infty} Q(n) = \lim_{n \to \infty} Q(n-1) \cdot M \qquad [19]$$

Denominemos L al vector de estado que es el límite para n tendiendo a infinito de $Q(n)$:

$$L = \lim_{n \to \infty} Q(n) = [\lambda_1 \lambda_2 \cdots \lambda_N] \qquad [20]$$

Como en todos los vectores de estado:

$$\lambda_1 + \lambda_2 + \cdots + \lambda_N = 1$$

De las expresiones [19] y [20] se sigue que:

$$L = L \cdot M$$

o, lo que es lo mismo,

$$[\lambda_1 \lambda_2 \cdots \lambda_N] = [\lambda_1 \lambda_2 \cdots \lambda_N] \begin{bmatrix} p_{11} & p_{12} & \cdots & p_{1N} \\ p_{21} & p_{22} & \cdots & p_{2N} \\ \cdots & \cdots & \cdots & \cdots \\ p_{N1} & p_{N2} & \cdots & p_{NN} \end{bmatrix}$$

lo cual permite obtener un sistema de ecuaciones del que deducir los valores de los elementos de L:

$$\lambda_1 = \lambda_1 p_{11} + \lambda_2 p_{21} + \cdots + \lambda_N p_{N1}$$
$$\lambda_2 = \lambda_1 p_{12} + \lambda_2 p_{22} + \cdots + \lambda_N p_{N2}$$
$$\cdots$$
$$\lambda_N = \lambda_1 p_{1N} + \lambda_2 p_{2N} + \cdots + \lambda_N p_{NN}$$

Dado que la suma de los términos de una fila de la matriz de transición vale la unidad, las ecuaciones anteriores son complementarias, por lo que es preciso sustituir cualquiera de ellas por la siguiente:

$$\lambda_1 + \lambda_2 + \cdots + \lambda_N = 1$$

Los valores obtenidos de $\lambda_1, \lambda_2, ..., \lambda_N$ son las cuotas hacia las que se tiende si no se modifica la matriz de transición por cualquier causa, como pueda ser la relativa a los esfuerzos mercadotécnicos de las empresas concurrentes.

ACTIVIDAD RESUELTA 5

¿Hacia qué cuotas tiende a largo plazo el mercado al que se refieren las Actividades Resueltas anteriores?

En este caso el sistema de ecuaciones sería:

$$\lambda_1 = \lambda_1 \cdot 0{,}5 + \lambda_2 \cdot 0{,}1 + \lambda_3 \cdot 0{,}3$$

$$\lambda_2 = \lambda_1 \cdot 0{,}1 + \lambda_2 \cdot 0{,}8 + \lambda_3 \cdot 0{,}2$$

$$\lambda_1 + \lambda_2 + \lambda_3 = 1$$

De donde se deduce que:

$$\lambda_1 = 0{,}2666$$

$$\lambda_2 = 0{,}4333$$

$$\lambda_3 = 0{,}3$$

Si la matriz permanece constante, el segundo item acabará consiguiendo un 43,33 % del mercado, seguido por el tercero, con un 30 % y, finalmente, el primero, al que le corresponderá un 26,67 %.

Prueba objetiva de autoevaluación

I. Enunciado

1. La utilidad de propiedad se crea:

    - Convirtiendo las materias primas y otros factores de producción en productos terminados. ■
    - Poniendo el producto a disposición del consumidor cuando éste desea adquirirlo.
    - Poniendo el producto a disposición del consumidor cuando éste desea adquirirlo.
    - Ninguna de las otras. ■

2. Tras la orientación a la producción se pasó a una orientación:

    - A las ventas. ■
    - A los consumidores. ■
    - A la competencia.
    - Ninguna de las otras.

3. ¿Cuál de los siguientes no es un campo de aplicación de un método científico de decisión en marketing?

    - La obtención de información. ■
    - La elaboración de previsiones para decidir.
    - El control posterior a la ejecución de las decisiones. ■
    - Ninguna de las otras.

4. ¿Cuál de las siguientes cuestiones no condiciona la política de promoción y publicidad?

    - Las características del producto.
    - El tipo de distribución.
    - Las limitaciones comerciales de la empresa. ■
    - Ninguna de las otras. ■

5. ¿Cuál de los siguientes no es un principio del marketing-mix?

    - El de especificidad. ■
    - El de interdependencia. ■
    - El de retroacción.
    - Ninguna de las otras.

6. La distinción entre mercados de consumo y mercados industriales se basa en:

    - Las características del producto.
    - Las características de quien selecciona el producto.
    - El uso final a que se va a destinar el producto.
    - Ninguna de las otras.

7. Los modelos de previsión que se basan en la observación de tendencias regulares en el pasado y en la hipótesis de que se mantendrán en el futuro se denominan modelos:

    - Explicativos.
    - De explotación.
    - De extrapolación.
    - Ninguna de las otras.

8. Los elementos de la matriz de transición en una cadena de Markov son:

    - Cuotas de mercado.
    - Probabilidades de cambios de estados.
    - Cuotas de mercado probables.
    - Ninguna de las otras.

9. ¿Cuándo se dice que una cadena de Markov es asintóticamente ergódica?

    - Cuando la potencia de la matriz de transición es un vector.
    - Cuando el vector de estado es estacionario.
    - Cuando la matriz de transición es estacionaria.
    - Ninguna de las otras.

10. En el control del presupuesto mercadotécnico:

    - La desviación en márgenes está formada por la desviación en cuotas y la desviación en precios.
    - La desviación en cantidades está formada por la desviación en costes y la desviación en el tamaño global del mercado.
    - La desviación en precios está formada por la desviación en márgenes y la desviación en costes.
    - Ninguna de las otras.

II. Respuestas correctas

1. ■ (c)
2. ■ (a)
3. ■ (b)
4. ■ (c)
5. ■ (a)
6. ■ (b)
7. ■ (b)
8. ■ (d)
9. ■ (c)
10. ■ (a)

15 INVESTIGACIÓN DE MERCADOS, SEGMENTACIÓN Y EXPERIMENTACIÓN COMERCIAL

INTRODUCCIÓN

LA INVESTIGACIÓN COMERCIAL
- Menor riesgo y coste
- Fuentes de información
- Objetivos inmediatos
- Fases del proceso
- Empresa "versus" consultores
- Tamaño de la muestra
- Tipos de muestreo
- Sistemas de afijación

LA SEGMENTACIÓN DE MERCADOS

MÉTODOS DE SEGMENTACIÓN
- Método de Belson
- Método de la χ^2
- El análisis de la varianza

LA EXPERIMENTACIÓN COMERCIAL

1. Introducción

Se destina este capítulo al estudio de la consecución de información para la toma de decisiones comerciales y de conceptos de tanta importancia como la segmentación de mercados y la experimentación comercial.

Existen una serie de técnicas de investigación que quedan fuera del alcance introductorio que se pretende mantener en este manual. Otras técnicas elementales pueden considerarse aplicaciones en este área de procedimientos provenientes de la estadística, pero para su utilización práctica no son precisos conocimientos previos, por lo cual se han incorporado.

Debe advertirse, además, que no existe unanimidad en cuanto al lugar en el que deben ubicarse algunos de estos temas. Por ejemplo, la segmentación de mercados podría haberse incorporado tras el estudio del concepto y de las clases de mercados en el capítulo anterior. Aunque muchos autores incluyen la segmentación y la experimentación bajo el epígrafe «investigación de mercados», si se decidió agrupar estos tres temas en un capítulo es básicamente por razones operativas, pero existen otras posibilidades igualmente buenas o incluso mejores desde una perspectiva sistemática.

2. La investigación comercial

Algunos autores distinguen entre investigación comercial e investigación de mercados, no existiendo acuerdo unánime sobre cuál de ellas es más amplia. Aquí se utilizarán ambas expresiones, indistintamente, para hacer referencia a esta función de consecución y análisis de la información precisa para la toma de decisiones y su control.

> El riesgo de error es tanto mayor cuanto menor es la información en que la decisión se basa; el *objetivo último* de la investigación comercial es la *reducción del riesgo.*

Ahora bien, la investigación tiene también un *coste.* Mayor información supone, por consiguiente, menor riesgo y mayor coste de recogida y análisis. La cantidad de recursos financieros que se deben destinar a la investigación habrá de determinarse en cada caso, pero, generalmente, los estudios son tanto más amplios cuanto mayor es la pérdida en que puede incurrirse en caso de error.

En ocasiones, aunque se precise gran volumen de información, ésta puede conseguirse con elevado grado de elaboración y sin apenas coste. Las fuentes de información pueden ser internas o externas:

— Las primeras se refieren a todos aquellos datos localizados en la propia empresa. Comprenden estadísticas sobre volúmenes periódicos de ventas y su distribución, sobre costes y resultados de políticas alternativas de promoción y distribución, datos relativos a la evolución de las ventas ante distintas políticas de precios, etc.
— Cuando las fuentes internas son insuficientes, es preciso acudir a las externas. Las primeras fuentes externas que deben consultarse son las estadísticas e informes elaborados por organismos públicos y privados que son de libre disposición (información externa secundaria). Estos datos externos, como los internos, tienen la ventaja de su bajo coste y la rapidez de su disposición. Sin embargo, los datos elaborados por tales organismos adolecen, en ocasiones, de escasa fiabilidad y de excesivo retraso en su elaboración.
— Cuando los datos precisos no se encuentran en la empresa y la fiabilidad o la actualización de tales informes y estadísticas es escasa o no existen, es preciso recogerlos de la propia fuente primaria y posteriormente elaborarlos para que resulten adecuados a las necesidades del decisor. En marketing la principal fuente de datos primarios externos es el mercado.

Las características de la investigación comercial dependerán en buena medida del objetivo inmediato que se persiga y éste puede ser:

1. Una mera descripción del objeto investigado (un segmento del mercado, por ejemplo).
2. La previa contrastación de una o varias hipótesis de decisión.
3. La explicación y determinación de la relación existente entre variables como las ventas y el precio o la publicidad.
4. La predicción de futuros valores de diversas variables.
5. El control de la ejecución de las decisiones y de sus resultados.

Las diferentes investigaciones comerciales pueden tener distintos procesos de desarrollo. Pero el proceso generalmente aplicable es el representado en la figura 15.2. El primer paso es determinar el objetivo concreto de la investigación, que se ajustará a alguno de los tipos anteriores. Posteriormente, es preciso estudiar y realizar un balance de la situación general de la empresa y su

Figura 15.1

entorno. Con ello se consigue cierta percepción del ambiente que rodea al problema, para cuya ampliación puede ser útil una somera investigación informal, lo que puede dar lugar a una revisión del objetivo o permitir el paso a la planificación de la investigación. Ésta requiere:

1. Una revisión de las fuentes de información internas y externas disponibles.
2. Una selección de las fuentes.
3. Si no existen fuentes internas ni externas secundarias, o éstas no son fiables o no se encuentran actualizadas, será preciso determinar los métodos a seguir para obtener los datos. Los más frecuentemente utilizados son las encuestas (entrevistas personales, encuestas telefónicas, cuestionarios enviados por correo), las observaciones directas, ya sean personales o mediante instrumentos mecánicos (cámaras ocultas, instrumentos de recuento del tráfico en una autopista, etc.) y los procedimientos experimentales, con los que se trata de simular la realidad a escala reducida.

   Un método experimental de gran importancia es la prueba de mercado, consistente en crear un mercado de control (por ejemplo, una zona geográfica), en el que todos los factores permanecen constantes, y uno o varios mercados de prueba (otras zonas), en los que se cambia un factor para determinar el efecto que tiene esta variación por comparación con la evolución del mercado de control.
4. Preparación de impresos para registrar los datos y prueba previa de los mismos mediante, por ejemplo, su utilización con una pequeña muestra de personas semejantes a las que serán encuestadas.
5. Selección de la muestra. Generalmente, no es posible recoger la información de toda la población de interés. Por ello, se selecciona una muestra de la que se presume que tiene las mismas características que la población y en la misma proporción aproximadamente. Las principales decisiones son, en este punto, las de determinación del tamaño de la muestra y las de elección del procedimiento para seleccionarla. A ellas se hará referencia posteriormente.
6. Recogida de datos primarios, lo que requiere seleccionar, adiestrar y dirigir a los entrevistadores, labor de gran importancia, pues si los datos primarios incorporan errores sustanciales, el conjunto de la investigación resultará afectado.

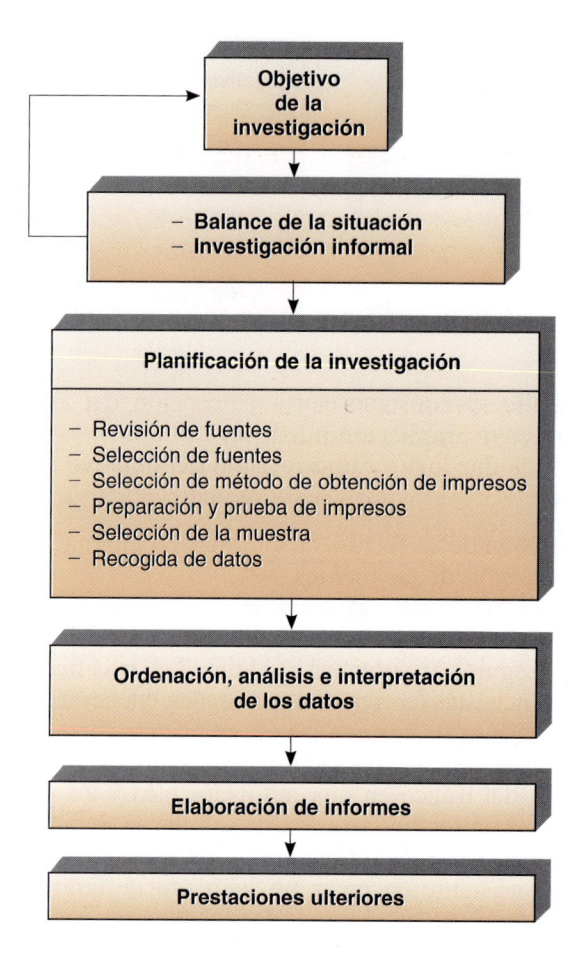

```
              ┌─────────────────┐
              │   Objetivo      │
      ┌──────▶│     de la       │
      │       │  investigación  │
      │       └────────┬────────┘
      │                ▼
      │       ┌─────────────────────────┐
      │       │ − Balance de la situación│
      │       │ − Investigación informal │
      │       └────────┬─────────────────┘
      │                ▼
      │       ┌─────────────────────────────────────┐
      │       │  Planificación de la investigación  │
      │       │                                     │
      │       │  − Revisión de fuentes              │
      │       │  − Selección de fuentes             │
      │       │  − Selección de método de obtención │
      │       │    de impresos                      │
      │       │  − Preparación y prueba de impresos │
      │       │  − Selección de la muestra          │
      │       │  − Recogida de datos                │
      │       └──────────────┬──────────────────────┘
      │                      ▼
      │       ┌─────────────────────────────────────┐
      │       │  Ordenación, análisis e interpretación│
      │       │          de los datos               │
      │       └──────────────┬──────────────────────┘
      │                      ▼
      │              ┌────────────────────────┐
      │              │ Elaboración de informes │
      │              └───────────┬─────────────┘
      │                          ▼
      │              ┌────────────────────────┐
      └──────────────│ Prestaciones ulteriores │
                     └────────────────────────┘
```

Figura 15.2

Una vez recogidos los datos, es preciso pasar a su ordenación, análisis e interpretación.

Los impresos de recogida de datos deben diseñarse de manera que la posterior ordenación de los datos resulte lo más sencilla posible. Una vez acumulados y ordenados, es posible pasar a su análisis e interpretación, en la que se basará la elaboración de informes para la dirección.

Generalmente para que la dirección tome decisiones no precisa la totalidad de los datos recogidos, sino el resultado de la ordenación realizada en la fase anterior. Éstos se han de presentar por escrito junto con unas notas relativas a la metodología empleada y a las conclusiones personales del investigador.

Es frecuente que la dirección reclame del investigador ulteriores aclaraciones, informes complementarios, etc., por lo que la investigación no se entiende concluida con la elaboración y presentación de los informes, sino que a ésta le siguen prestaciones ulteriores.

Los objetivos de la investigación deben orientarla en todo momento. De ahí la importancia de las fases finales. El informe debe ser realizado de tal manera que permita decidir sin necesidad de una ulterior ordenación de la información por parte del decisor.

La información ha de ser concisa, pero comprendiendo todos los puntos que afectan al problema decisional.

La investigación puede ser realizada por miembros de la propia organización o por consultores externos. Éstos carecen, en principio, del conocimiento interno de la empresa. Para conseguirlo e identificarse con sus objetivos y el entorno de sus decisiones es precisa una fuerte relación con la misma. Su ventaja es que parten de una visión más objetiva e imparcial del problema.

Además, en ocasiones, el coste de los servicios externos es inferior. Así, las denominadas encuestas colectivas se realizan por cuenta de varias empresas, lo que reduce su coste. Los paneles, o encuestas periódicas en las que se requieren a las mismas personas (muestra permanente) que respondan a un mismo cuestionario a intervalos regulares, permiten seguir la evolución de comportamientos y opiniones, pero sus elevados costes las hacen inviables, en muchas ocasiones, a menos que, como es el caso más general, sean realizadas por empresas especializadas por cuenta de numerosos clientes, entre los que se reparten los gastos mediante abonos o suscripciones.

Existen procedimientos estadísticos para determinar el tamaño óptimo de la muestra.

A medida que ésta se incrementa, aumenta el coste de la investigación y el tiempo que requiere. Por otra parte, a partir de cierto tamaño, se precisan grandes incrementos de la misma para conseguir pequeños aumentos de la fiabilidad estadística.

Los métodos de selección de muestras van desde los basados en el criterio subjetivo del investigador hasta los métodos probabilísticos en los que los elementos de la muestra se seleccionan al azar. Entre éstos, el más común es el muestreo aleatorio simple, en el que los elementos son seleccionados asignándoseles números y utilizándose cualquier procedimiento de generación de números aleatorios (bombo, urna de papeletas o bolas, etc.) o bien utilizando una tabla de números generados por cualquier de tales procedimientos (tabla de números aleatorios).

Otro método probabilístico es el muestreo aleatorio sistemático, en el que los elementos de la población son también numerados (por ejemplo, del 1 al 1.000) para luego elegir la muestra (de un tamaño de 100, por ejemplo), seleccionando el primer elemento al azar y los restantes (99, en el ejemplo) tomando intervalos de una dimensión igual al resultado de dividir el tamaño de la población entre el de la muestra $\left(\dfrac{1.000}{100} = 10\right)$. Cuando el muestreo aleatorio sistemático tiene una base territorial, se le denomina muestreo aleatorio por itinerarios.

El muestreo aleatorio estratificado es otro procedimiento probabilístico consistente en dividir la población en grupos, o «estratos», de acuerdo con el criterio de segmentación que interese en cada caso (nivel de renta, edad, sexo, etc.), de cada uno de los cuales se extrae una muestra mediante alguno de los métodos anteriormente mencionados.

INVESTIGACIÓN DE MERCADOS, SEGMENTACIÓN Y EXPERIMENTACIÓN COMERCIAL

Si existen m estratos, cada uno de los cuales tiene una población N_1, $N_2, ..., N_m$, el reparto de la muestra total (de tamaño n) puede realizarse proporcionalmente a la población de cada estrato, del siguiente modo:

$$\frac{n_1}{N_1} = \frac{n_2}{N_2} = \cdots = \frac{n_m}{N_m} = \frac{n}{N}$$

es decir:

$$\boxed{n_i = \frac{n}{N} \cdot N_i} \qquad i = 1, 2, ..., m$$

donde:

$n_1, n_2, ..., n_m$ = número de elementos que integran las muestras de los estratos 1, 2, ..., m, respectivamente $(n = n_1 + n_2 + \cdots + n_m)$.

$N = N_1 + N_2 + \cdots + N_m$ = número de elementos de la población total.

A tal procedimiento se le denomina reparto o «afijación proporcional». Pero en otros casos puede interesar tomar muestras del mismo tamaño en todos los estratos, es decir, realizar una «afijación por igual», del siguiente modo:

$$\boxed{n_1 = n_2 = \cdots = n_m = \frac{n}{m}}$$

En los estratos cuyos elementos son muy heterogéneos puede interesar tomar una muestra mayor que en aquellos en los que existe homogeneidad en relación a la variable relevante en el estudio. En la denominada «afijación óptima», el reparto es proporcional al tamaño de la población de cada estrato y a la desviación típica de la variable en el estrato. Esta última es la raíz cuadrada de la media de las desviaciones de los valores de la variable respecto a su medida, elevadas al cuadrado; es decir, es la raíz cuadrada de la varianza de la variable. Por tanto, en la afijación óptima:

$$\frac{n_1}{N_1 S_1} = \frac{n_2}{N_2 S_2} = \cdots = \frac{n_m}{N_m S_m} = \frac{n}{N_1 S_1 + N_2 S_2 + \cdots + N_m S_m}$$

$$\boxed{n_i = N_i S_i \frac{n}{N_1 S_1 + N_2 S_2 + N_m S_m}}$$

$$i = 1, 2, ..., m$$

donde S_i es la desviación típica de la variable en el estrato i ($i = 1, 2, ..., m$).

En algunos procedimientos de afijación se tienen en cuenta los costes de recogida de información en los distintos estratos. Así, en la «afijación óptima con costes variables» el tamaño de la muestra de cada estrato, i, es directamente proporcional al tamaño de su población, N_i, e inversamente proporcional a la raíz cuadrada del coste de obtención de información de un elemento del estrato (C_i):

$$\frac{n_1}{N_1 S_1/C_1^{1/2}} = \frac{n_2}{N_2 S_2/C_2^{1/2}} = \frac{n_m}{N_m S_m/C_m^{1/2}} =$$

$$= \frac{n}{(N_1 S_1/C_1^{1/2}) + (N_2 S_2/C_2^{1/2}) + \cdots + (N_m S_m/C_m^{1/2})}$$

$$\boxed{n_i = \frac{N_i S_i}{C_i^{1/2}} \cdot \frac{n}{(N_1 S_1/C_1^{1/2}) + (N_2 S_2/C_2^{1/2}) + \cdots + (N_m S_m/C_m^{1/2})}}$$

En general, la afijación puede realizarse en proporción al valor que cualquier característica o variable toma en los diferentes estratos, sea dicha variable la población del estrato (afijación proporcional), el producto de la pobnlación y la desviación típica de otra variable (afijación óptima), el resultado de dividir dicho producto entre la raíz cuadrada del coste de recoger la información de un elemento (afijación óptima con costes variables) o cualquier otra que se considere adecuada en cada tipo de estudio. Así pues, en general, siendo x_i el valor que toma la variable en el estrato i:

$$\frac{n_1}{x_1} = \frac{n_2}{x_2} = \cdots = \frac{n_m}{x_m} = \frac{n}{x_1 + x_2 + \cdots + x_m}$$

y

$$\boxed{n_i = x_i \frac{n}{x_1 + x_2 + \cdots + x_m}}$$

$$i = 1, 2, ..., m$$

Cuando el muestreo estratificado tiene una base territorial, se le denomina muestreo por conglomerados o áreas. Así, una ciudad se puede estratificar por barrios. En el muestreo polietápico los estratos se dividen en nuevos estratos que pueden ser objeto de nueva subdivisión y así sucesivamente. En el ejemplo anterior, los barrios pueden dividirse en manzanas de casas, éstas en edificios, etc.

Figura 15.3

Muestreo probabilístico	M. aleatorio simple	
	M. aleatorio sistemático M. aleatorio por itinerarios	
	M. aleatorio estratificado M. por conglomerados o áreas	– Afijación por igual – Afijación proporcional – Afijación óptima – Afijación óptima con costes variables
	M. polietápico	
Muestreo no probabilístico	M. por cuotas	

Entre los métodos no probabilísticos, baste mencionar, por su frecuente utilización, el muestreo por cuotas, en el que a los entrevistadores se les asigna un número de personas a encuestar, divididas en cuotas establecidas en base a cualquier criterio de segmentación (sexo, edad, etc.), y son los propios entrevistadores quienes seleccionan subjetivamente las personas que entrevistarán.

3. La segmentación de mercados

Es poco frecuente que se pueda satisfacer simultáneamente a todos los consumidores con una única política de marketing. Si se desea acceder a todos los tipos de consumidores será preciso agruparlos en segmentos homogéneos y dirigir las acciones mercadotécnicas a cada uno de tales segmentos de la forma adecuada a sus deseos, necesidades y características generales.

Una posible estrategia sería tratar de satisfacer a la mayoría del mercado potencial mediante acciones de marketing dirigidas a «la media». Tal estrategia puede ser adecuada cuando la competencia es escasa o nula. Pero si ya existen en el mercado varias empresas dirigidas en ese sentido, es decir, tratando de satisfacer a la mayoría, puede ser más rentable tratar de acceder a segmentos que, aunque en principio son minorías, tienen necesidades, deseos o motivaciones que no son cubiertos por otras empresas.

Una vez realizada la segmentación, la empresa puede dirigirse a aquel segmento que mejor se adecue a sus posibilidades, o bien tratar, dentro de sus

La *segmentación* de mercados es el proceso de división de los mercados en grupos de características similares.

limitaciones financieras, técnicas y comerciales, de dirigirse a varios segmentos con estrategias diferenciadas.

Aunque puede pensarse en multitud de criterios para la segmentación, os más comunes son los siguientes:

1. Segmentación demográfica, basada en criterios tales como la edad, el sexo, la raza, el estado civil, el peso o la estatura de los individuos.
2. Segmentación geográfica, diferenciándose los consumidores por regiones o lugares de residencia, en base, por ejemplo, al clima, la dimensión de la localidad o su carácter rural o urbano.
3. Segmentación sociológica, en clases sociales, o en función del nivel de renta de las familias, o la profesión, educación o nivel cultural de los padres, su religión, etc.
4. Segmentación psicográfica, basada en la identificación de los individuos con cierta personalidad, estilo de vida o valores.
5. Segmentación basada en la posesión de otros productos. Así, resulta demostrado que la adquisición de tomavistas es posterior a la de la máquina fotográfica, por lo que aquel producto debe dirigirse a quienes ya son propietarios de éste.

El criterio idóneo en cada caso depende en gran medida del tipo de producto de que se trate. Por otra parte, combinando distintos criterios (sexo, edad y nivel de renta, por ejemplo, como en la figura 15.4) pueden obtenerse segmentos progresivamente menores. Pero a la excesiva segmentación redunda en falta de operatividad, dado el reducido tamaño de los grupos resultantes.

> Desde un punto de vista operativo, la segmentación trata de explicar el comportamiento de cierta variable en los consumidores (que consumen o no cierto producto, o que prefieren aquéllos en los que se presenta cierta característica) en base a una serie de criterios de segmentación que actúan como variables explicativas (edad, sexo, etc.).

	JÓVENES A	ADULTOS B	ANCIANOS C
RENTA BAJA I	HOMBRES IA 1 / IA 2 MUJERES	HOMBRES IB 1 / IB 2 MUJERES	HOMBRES IC 1 / IIIC 2 MUJERES
RENTA MEDIA II	HOMBRES IIA 1 / IIA 2 MUJERES	HOMBRES IIB 1 / IIB 2 MUJERES	HOMBRES IIC 1 / IIIC 2 MUJERES
RENTA ALTA III	HOMBRES IIIA 1 / IIIA 2 MUJERES	HOMBRES IIIB 1 / IIIB 2 MUJERES	HOMBRES IIIC 1 / IIIC 2 MUJERES

Figura 15.4

4. Métodos de segmentación de mercados

Con los métodos de segmentación de mercados se trata de agrupar a la población en dos grupos o categorías dicotómicas: la de las personas que consumen el producto en cuestión y la de las que no lo consumen

TABLA 15.1

	MUESTRA	CONSUMIDORES
Edad		
I. Hasta 30 años	650	100
II. 31-50 años	1.800	190
III. Más de 50 años	2.550	210
Total	**5.000**	**500**
Nivel de renta		
B. Bajo	625	155
M. Medio	1.700	175
A. Alto	2.675	170

ACTIVIDAD RESUELTA 1

Cosaloca, S. A., fabrica y vende un refresco con diversos ingredientes extraidos de raices de plantas orientales. Para determinar qué criterio es preferible, si la edad o el nivel de renta, para explicar el consumo de su producto y así segmentar su mercado, su departamento de marketing ha seleccionado una muestra de 5.000 personas, de las que 500 resultaron ser consumidoras del mismo. La distribución por edades y por niveles de renta de las 5.000 personas y de las 500 que resultaron ser consumidoras, se recoge en la tabla 15.1. ¿Qué agrupaciones en categorías dicotómicas son posibles con el criterio «edad»?

Según el criterio «edad», las agrupaciones posibles son:

— En un grupo los menores de 31 años (I) y en el otro los que tienen más de 30 (II + III).

— En un grupo los que tienen menos de 51 años (I + II) y en el otro los que tienen más de 50 (III).

— En un grupo los que tienen una edad comprendida entre 31 y 50 años, ambos inclusive (II), y en el otro los demás (I + III).

Para segmentar el mercado ha de procederse siguiendo las dos fases siguientes:

Los métodos de segmentación de mercados determinan la capacidad discriminante de los diferentes criterios de segmentación y de las distintas agrupaciones dicotómicas que se pueden realizar con cada uno de ellos.

— En la primera se determina cuál es la mejor agrupación bajo cada uno de los diversos criterios existentes. Por ejemplo en el caso de la Actividad Resuelta anterior, habría que determinar cuál de las tres agrupaciones dicotómicas del criterio «edad» es la mejor, y posteriormente hacer los mismo con las tres agrupaciones que se pueden realizar con el criterio «nivel de renta».

— En la segunda, se comparan las mejores agrupaciones que se pueden realizar con los diversos criterios, para elegir el mejor de ellos. Por ejemplo en el caso de la Actividad Resuelta hay que elegir entre la mejor agrupación que se puede realizar con el criterio «edad», y la mejor a la que puede llegarse con el criterio «nivel de renta».

Los principales métodos de segmentación son los siguientes:

El método de Belson es el más sencillo: considera que la mejor agrupación bajo cada criterio es la consistente en integrar en una categoría dicotómica a aquellos grupos en los que el porcentaje de consumidores es superior a la media y en otra a aquellos en los que es inferior a la media.

— El método de Belson.
— El método de la χ^2.
— El método del análisis de la varianza.

En el método de Belson la capacidad discriminante se mide por la diferencia, en términos absolutos, entre el número de consumidores efectivos en cada grupo, E_i, y el que le correspondería si se mantuviera el porcentaje medio de consumidores, T_i.

ACTIVIDAD RESUELTA 2

Se desea segmentar el mercado de la empresa de la Actividad anterior utilizando el método de Belson.

Los cálculos necesarios se han efectuado en la tabla 15.2.

	PORCENTAJES DE CONSUMIDORES
Edad	
I. Hasta 30 años	$(100/650) \cdot 100 = 15{,}38 > 10$
II. 31-50 años	$(190/1.800) \cdot 100 = 10{,}56 > 10$
III. Más de 50 años	$(210/2.550) \cdot 100 = 8{,}23 < 10$
Total (media general)	$(500/5.000) \cdot 100 = 10$
Nivel de renta	
B. Bajo	$(155/625) \cdot 100 = 24{,}80 > 10$
M. Medio	$(175/1.700) \cdot 100 = 10{,}29 > 10$
A. Alto	$(170/2.675) \cdot 100 = 6{,}36 < 10$

TABLA 15.2

Por término medio, la proporción de consumidores estimada es del 10 % (500 consumidores de una muestra de 5.000). Por tanto, siguiendo el criterio de la edad, la agrupación óptima es situar en una categoría a los menores de 51 años, y en la otra a los mayores de 50.

Siguiendo el criterio de nivel de renta, la mejor agrupación consiste en situar en un grupo a las personas de niveles bajo y medio, y en el otro a los que tienen un nivel alto.

En la tabla 15.3 se recogen algunos datos correspondientes a esas agrupaciones.

	MUESTRA	NÚMERO TEÓRICO DE CONSUMIDORES	NÚMERO EFECTIVO DE CONSUMIDORES
Edad			
I + II	2.450	245	290
III	2.550	255	210
Nivel de renta			
B + M	2.325	232,5	330
A	2.675	267,5	170

TABLA 15.3

Tomemos el criterio «edad». Si en la categoría I + II, cuya muestra está integrada por 2.450 personas (650 del grupo I y 1.800 del grupo II) se mantuviera el porcentaje medio de consumidores (el 10 %), el número de consumidores sería 245, que es el número teórico, T_1. Sin embargo, en realidad existen 290, que es el efectivo E_1, es decir, 45 consumidores más. En esa categoría el porcentaje de consumidores es superior a la media.

En la segunda categoria hay 210 consumidores (E_2), lo cual representa 45 consumidores menos que si se mantuviera el porcentaje medio, pues en tal caso habría 255 (T_2).

Cuando se utiliza el criterio «nivel de renta, el resultado es el siguiente:

$$|E_1 - T_1| = |330 - 232,5| = |170 - 267,5| = |E_2 - T_2|$$

Dado que la diferencia entre el efectivo y el teórico es mayor cuando se utiliza el criterio de nivel de renta que cuando se emplea el de la edad, aquél tiene mayor capacidad de explicación del consumo que éste. Dicho de otro modo, el criterio del nivel de renta tiene mayor **capacidad discriminante** entre quienes consumen el producto y quienes no lo consumen.

En definitiva, el método de Belson considera que tiene mayor capacidad discriminante aquel criterio para el cual sea máxima la diferencia:

$$|E_i - T_i|$$

Al mismo resultado se llega si se toma como medida:

$$(E_i - T_i)^2$$

Pues bien, en el método de la χ^2, tanto para seleccionar la mejor agrupación bajo cada criterio, como para determinar el criterio que tiene mayor capacidad discriminante, se utiliza el coeficiente:

$$\frac{(E_i - T_i)^2}{T_i}$$

Para cada posible agrupación se calcula este importe en cada uno de las dos categorías y posteriormente se suman. La mejor agrupación es aquella a la que le corresponde el total, S, más elevado.

ACTIVIDAD RESUELTA 3

Se desea segmentar el mercado del producto de las Actividades anteriores utilizando el método de la χ^2.

En la tabla 15.4 se han realizado los cálculos correspondientes al criterio «edad» del caso de Cosaloca, S. A. El valor más elevado de S (21,66) corresponde a la agrupación en la que se sitúa en una categoría dicotómica a las personas que tienen menos de 31 años (I) y en la otra a las demás (II + III).

	MUESTRA	T_i	E_i	$(E_i - T_i)^2/T_i$	S
Edad					
I + II	2.450	245	290	8,27	
III	2.550	255	210	7,94	16,21
I + III	3.200	320	310	0,3125	
II	1.800	180	190	0,5555	0,87
II + III	4.350	435	400	2,81	
I	650	65	100	18,85	21,66

TABLA 15.4

Realizando las mismas operaciones tomando el criterio «nivel de renta» se concluye que la mejor agrupación es la que situa en una categoría a los grupos de niveles medio y alto, y en el otro a los de nivel bajo, obteniéndose un valor de S igual a 156,46. Dado que 156,46 es mayor que 21,66, el criterio del nivel de renta tiene mayor capacidad de discriminación que el de la edad.

Además, con este método es posible determinar si la diferencia entre la distribución efectiva y la teórica es significativa o no, pues, cuando los efectivos de cada categoría son lo suficientemente grandes, puede estimarse que S sigue una distribución χ^2 con un grado de libertad, y esta distribución se encuentra tabulada (véase tabla en el apéndice de tablas estadísticas al final de este libro).

ACTIVIDAD RESUELTA 4

¿Es significativa la diferencia entre la distribución efectiva y la teórica, en el caso de la Actividad anterior, a un nivel de confianza del 95 %?

Para un nivel de confianza del 95 %, se observa que el valor según tablas es 3,84. Dado que el valor obtenido para S (es decir, 156,46) es superior, puede decirse que la diferencia entre la distribución efectiva y la teórica es significativa a ese nivel de confianza.

Aunque no entraña excesiva dificultad (como puede comprobar el lector interesado en el aspecto formal, en el apéndice de este capítulo) sería prolijo, a nivel introductorio, cansar al lector con una larga demostración matemática como la que es necesaria para justificar que en el método del análisis de la varianza se trate de maximizar el importe:

$$D_{1-2} = \frac{N_1 N_2}{N} (y_1 - y_2)^2$$

donde N_1 es el tamaño de la muestra de la primera categoría, N_2 el de la segunda, N el tamaño total de la muestra, y_1 la proporción media de consumidores de la primera categoría dicotómica, e y_2 la de la segunda.

ACTIVIDAD RESUELTA 5

En el caso de Cosaloca, S. A., al que se refieren las actividades anteriores, ¿cuál es la mejor segmentación si se utiliza el método del análisis de la varianza?

Tomemos, por ejemplo el criterio «edad». La primera agrupación de las realizadas en la tabla anterior (tabla 15.4) es la que sitúa en una categoría a los menores de 51 años (I + II) y en la otra a los demás (III). Como puede observarse en dicha tabla, en esta primera agrupación:

$$N_1 = 2.450$$
$$N_2 = 2.550$$

El tamaño total de la muestra, N, es el mismo cualquiera que sea la agrupación que se realice: vale 5.000. En cuanto a la proporción de consumidores de la primera categoría, es:

$$y_1 = \frac{E_1}{N_1} = \frac{290}{2.450} = 0{,}1184 \text{ por } 1$$

Es decir, si entre 2.450 personas hay 290 consumidores, la proporción es el 11,84 %. De forma semejante, en cuanto a la segunda categoría:

$$y_2 = \frac{E_2}{N_2} = \frac{210}{2.550} = 0{,}0824 \text{ por } 1$$

Por consiguiente, en esta primera forma de agrupación se obtiene:

$$D_{1-2} = \frac{2.450 \cdot 2.550}{5.000} (0{,}1184 - 0{,}0824)^2 = 1{,}62$$

En cuanto a la segunda forma de agrupación, la primera categoría es la I + III, la segunda es la II, y los datos y resultados son los siguientes:

$$N_1 = 3.200$$
$$N_2 = 1.800$$

$$y_1 = \frac{310}{3.200} = 0{,}0969 \text{ por } 1$$

$$y_2 = \frac{190}{1.800} = 0{,}1055 \text{ por } 1$$

$$D_{1-2} = \frac{3.200 \cdot 1.800}{5.000}(0,0969 - 0,1055)^2 = 0,0868$$

Finalmente, los datos y resultados correspondientes a la tercera agrupación, tomando como primera categoría al grupo II + III y como segunda categoría al grupo I, son los siguientes:

$$N_1 = 4.350$$

$$N_2 = 650$$

$$y_1 = \frac{400}{4.350} = 0,0920 \text{ por } 1$$

$$y_2 = \frac{100}{650} = 0,1538 \text{ por } 1$$

$$D_{1-2} = \frac{4.350 \cdot 650}{5.000}(0,0920 - 0,1538)^2 = 2,1662$$

Dado que el mayor valor de D_{1-2} es el obtenido con la tercera agrupación, ésta es la mejor que puede realizarse, según el método del análisis de la varianza, cuando se utiliza el criterio «edad».

Repitiendo el estudio utilizando el criterio «nivel de renta», se llega a la conclusión de que la mejor agrupación es la que sitúa en una categoría a los grupos de renta media y alta, y en la otra al grupo de renta baja, para la que se obtiene un D_{1-2} igual a 15,65 (superior a 2,1662). Por tanto, según el análisis de la varianza, es preferible segmentar de ese modo utilizando el criterio del nivel de renta.

Los dos últimos métodos estudiados tienen mayor capacidad discriminante que el de Belson, pues proporcionan segmentos más homogéneos en sí y más heterogéneos entre sí.

5. La experimentación comercial

Si un especialista en nutrición animal desea comprobar la influencia que tiene cierta sustancia en el peso de los animales, puede proceder realizando el experimento consistente en administrar la sustancia en diferentes dosis a dis-

En el ámbito empresarial, la experimentación consiste en analizar de manera empírica el efecto que tiene una variable que controla la empresa, sobre otra que no se puede controlar directamente y que depende de la primera.

tintos grupos de animales durante algún tiempo para, luego, pesarlos y comprobar si existe una diferencia significativa entre unos y otros.

La experimentación es un procedimiento científico de contrastación y formulación de hipótesis aplicable en muy diversos campos del conocimiento.

Por ejemplo, la experimentación puede utilizarse para estimar la influencia que tiene el precio sobre las ventas de una marca. De forma semejante a como la empleaba el especialista en nutrición animal, el experto en marketing fijaría distintos precios en diferentes mercados, mediría las ventas de los mismos, y analizaría si aparecen diferencias significativas entre los niveles de ventas de unos y otros mercados.

Aunque la demostración matemática del procedimiento (que se recoge en el apéndice de este capítulo para el lector interesado) es lo suficientemente prolongada como para no merecer lugar aquí, conceptualmente la técnica es muy simple, como también lo es su aplicación práctica.

La técnica más utilizada en experimentación comercial es el análisis de la varianza.

El análisis de la varianza permite determinar la existencia de efectos de ciertos factores (variables explicativas o controladas) sobre una variable explicada o controlada en un entorno sometido a múltiples influencias o especialmente no relacionado con los factores estudiados.

ACTIVIDAD RESUELTA 6

Supóngase que se desea explicar las ventas de cierto producto por la promoción en el lugar de venta y que, a estos efectos, se han medido en diez días las unidades vendidas en tres establecimientos situados en tres barrios diferentes de una ciudad, en cada uno de los cuales se realizó un nivel de promoción distinto (bajo en el establecimiento 1, medio en el 2, y alto en el 3), obteniéndose los resultados de la tabla 15.5 ¿Cuál ha sido la venta media diaria por establecimiento, en general? ¿Qué valores han tomado las ventas medias diarias en cada uno de los establecimientos?

Evidentemente, la venta media diaria por establecimiento fue:

$$\bar{X} = \frac{1.275}{30} = 42,5 \text{ u.f.}$$

En el primer establecimiento, la venta media diaria fue:

$$\bar{X}_1 = \frac{395}{10} = 39,5 \text{ u.f.}$$

y en los otros dos establecimientos:

$$\bar{X}_2 = 41 \text{ u.f.}$$
$$\bar{X}_3 = 47 \text{ u.f.}$$

DÍA (t)	UNIDADES FÍSICAS VENDIDAS		
	ESTABLECIMIENTO 1	ESTABLECIMIENTO 2	ESTABLECIMIENTO 3
1	50	45	50
2	40	45	60
3	30	35	50
4	50	60	65
5	60	60	60
6	20	25	25
7	10	10	15
8	10	10	20
9	60	60	65
10	65	60	60
Total	395	410	470
GRAN TOTAL = 395 + 410 + 470 = 1.275			

TABLA 15.5

Las diferencias entre las ventas medias de los distintos establecimientos y la media general ya aparentemente pone de manifiesto que la variable controlada (promoción en el lugar de venta) tiene efectos sobre la variable que se desea explicar (ventas). Pero ha de comprobarse si esas diferencias son estadísticamente significativas.

> Se denomina dispersión total (o variabilidad total) a la existente entre cada uno de los datos de la tabla (treinta datos, en el ejemplo de la Actividad) y la media general.

Si se sumaran las diferencias existentes entre cada uno de esos datos y dicha media general (42,5 u.f. en el caso de la Actividad), el resultado, como es evidente, sería cero, pues las diferencias positivas se compensan con las negativas. Por ello, tales diferencias se elevan al cuadrado.

ACTIVIDAD RESUELTA 7

¿Cuánto vale la dispersión total en el caso de la Actividad anterior?
La dispersión total vale:

$$D_T = (50 - 42{,}5)^2 + (40 - 42{,}5)^2 + (30 - 42{,}5)^2 +$$
$$+ (50 - 42{,}5)^2 + \cdots + (45 - 42{,}5)^2 + (45 - 42{,}5)^2 +$$
$$+ (35 - 42{,}5)^2 + (60 - 42{,}5)^2 + \cdots + (50 - 42{,}5)^2 +$$
$$+ (60 - 42{,}5)^2 + (50 - 42{,}5)^2 + (65 - 42{,}5)^2 + \cdots +$$
$$+ (20 - 42{,}5)^2 + (65 - 42{,}5)^2 + (60 - 42{,}5)^2 =$$
$$= 11.337{,}5 \ (u.f)^2$$

La dispersión factorial (o variabilidad factorial) mide la variabilidad de los grupos respecto a la media general.

ACTIVIDAD RESUELTA 8

¿Cuánto vale la dispersión factorial en el caso de las Actividades anteriores?

En este caso, es la desviación existente de la media de cada uno de los tres establecimientos respecto a la media general. Dado que en cada establecimiento la media es diaria y se han observado 10 días, de forma semejante a la dispersión total, vale:

$$D_f = 10[(39{,}5 - 42{,}5)^2 + (41 - 42{,}5)^2 + (47 - 42{,}5)^2] = 315 \ (u.f.)^2$$

Se denomina dispersión residual a la que se produce en los diversos períodos en los establecimientos respecto a las ventas medias de cada uno de ellos.

Se le denomina dispersión factorial porque, como es obvio, su tamaño será tanto mayor cuanto mayor sea la incidencia del factor o variable controlada (promoción en el lugar de venta, en este caso) sobre la variable explicada (ventas, en nuestro ejemplo).

Si la variable controlada tiene incidencia en las ventas, ello hará que en el establecimiento en el que se aplica intensivamente la media sea muy superior a la media general y que en aquel en el que se aplica muy poco la venta media sea muy inferior a esa media general, lo cual ha de dar lugar a que la dispersión factorial sea elevada.

ACTIVIDAD RESUELTA 9

¿Cuánto vale la dispersión residual en el caso de las Actividades anteriores?

Totalizando, en el primer establecimiento se producen las desviaciones siguientes (elevadas al cuadrado por las razones expuestas anteriormente):

$$(50 - 39{,}5)^2 + (40 - 39{,}5)^2 + (30 - 39{,}5)^2 + \cdots + (10 - 39{,}5)^2 +$$
$$+ (60 - 39{,}5)^2 + (65 - 39{,}5)^2$$

En cuanto al segundo establecimiento, sería:

$$(45 - 41)^2 + (45 - 41)^2 + (35 - 41)^2 + \cdots + (10 - 41)^2 +$$
$$+ (60 - 41)^2 + (60 - 41)^2$$

Y en cuanto al tercero:

$$(50 - 47)^2 + (60 - 47)^2 + (50 - 47)^2 + \cdots + (20 - 47)^2 +$$
$$+ (65 - 47)^2 + (60 - 47)^2$$

Sumando los resultados obtenidos en los tres establecimientos, se obtiene la dispersión residual:

$$D_r = (50 - 39{,}5)^2 + (40 - 39{,}5)^2 + (30 - 39{,}5)^2 + \cdots +$$
$$+ (10 - 39{,}5)^2 + (60 - 39{,}5)^2 + (65 - 39{,}5)^2 + (45 - 41)^2 +$$
$$+ (45 - 41)^2 + (35 - 41)^2 + \cdots + (10 - 41)^2 +$$
$$+ (60 - 41)^2 + (60 - 41)^2 + (50 - 47)^2 + (60 - 47)^2 +$$
$$+ (50 - 47)^2 + \cdots + (20 - 47)^2 + (65 - 47)^2 + (60 - 47)^2 =$$
$$= 11.022{,}5 \text{ (u.f.)}^2$$

Como puede observarse, la suma de la dispersión factorial y la residual es la dispersión total:

$$D_T = D_f + D_r = 315 + 11.022{,}5 = 11.337{,}5 \text{ (u.f.)}^2$$

Como se demuestra en el apéndice, existe un procedimiento menos tedioso para calcular las tres dispersiones. Este procedimiento se ha representado en la figura 15.5, en la que X_{tk} es la venta del día t en el establecimiento k, $\bar{X}_k$ es la venta media del establecimiento k, X es la venta media general por establecimiento y período, m es el número de establecimientos y n es el número de períodos.

$$\sum_{k=1}^{m}\sum_{t=1}^{n} X_{tk}^2$$

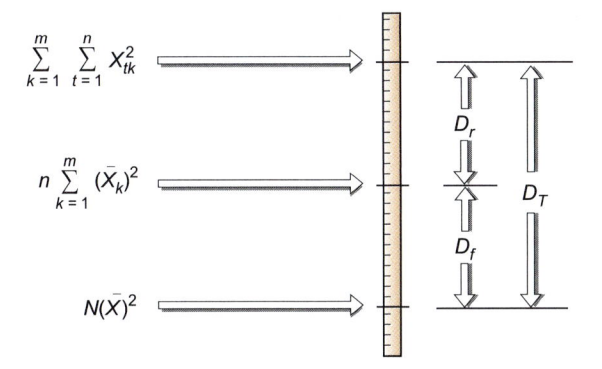

$$n\sum_{k=1}^{m}(\bar{X}_k)^2$$

$$N(\bar{X})^2$$

Figura 15.5

Algunos estudiantes palidecen cuando ven un sumatorio. En el caso de las Actividades Resueltas:

— El límite superior de la «escala» de la figura es el resultado de elevar al cuadrado los 30 datos de la tabla 15.5 y, posteriormente, sumar esos cuadrados. Esto se ha hecho en la tabla 15.6 y, como puede observarse, el total es 65.525 (u.f.)^2.

— El nivel intermedio de la «escala» se obtiene sumando los cuadrados de las medias de los establecimientos y multiplicando el total por el número de periodos (10 días, en el caso de las Actividades), es decir:

$$(39,5^2 + 41^2 + 47^2)10 = 54.502,5 \text{ (u.f.)}^2$$

— El límite inferior de la «escala» es igual al resultado de elevar al cuadrado la media general (42,5, en nuestro ejemplo) y multiplicar ese cuadrado por el número de datos (30 en nuestro caso), es decir:

$$(42,5)^2 30 = 54.187,5 \text{ (u.f.)}^2$$

t	$x_{t_1}^2$	$x_{t_2}^2$	$x_{t_3}^2$
1	2.500	2.025	2.500
2	1.600	2.025	3.600
3	900	1.225	2.500
4	2.500	3.600	4.225
5	3.600	3.600	3.600
6	400	625	625
7	100	100	225
8	100	100	400
9	3.600	3.600	4.225
10	4.225	3.600	3.600
Total	19.525	20.500	25.500
Gran total = 19.525 + 20.500 + 25.500 = 65.525			

TABLA 15.6

Como puede observarse en la figura 15.5, la dispersión residual es la distancia existente entre el límite superior y el nivel intermedio:

$$D_r = 65.525 - 54.502,5 = 11.022,5 \text{ (u.f.)}^2$$

y la dispersión factorial es la distancia entre el nivel intermedio y el límite inferior:

$$D_f = 54.502,5 - 54.187,5 = 315 \text{ (u.f.)}^2$$

En cuanto a la dispersión total, es la distancia entre el límite superior y el inferior:

$$D_T = 65.525 - 54.187,5 = 11.337,5 \text{ (u.f.)}^2$$

> La dispersión factorial mide la variabilidad de las medias de los grupos respecto a la media general. Por el contrario, la dispersión residual, al calcularse dentro de los grupos, tiende a reflejar la variabilidad derivada de factores incontrolados.

Si la variabilidad factorial fuera significativamente superior que la residual, se podría concluir que existe un efecto diferencial debido a la variable explicativa o variable controlada en el experimento. Para determinar si esa diferencia es significativa, se calcula el estadístico F y con las tablas estadísticas apropiadas (véase apéndice de tablas al final de este libro) se verifica si el cociente entre la dispersión factorial y la dispersión residual es significativamente superior a la unidad.

El estadístico F se define como sigue:

$$F = \frac{S_f^2}{S_r^2}$$

donde S_f^2 es la cuasivarianza factorial:

$$S_f^2 = \frac{D_f}{m - 1}$$

y S_r^2 es la cuasivarianza residual:

$$S_r^2 = \frac{D_r}{N - m}$$

donde N es el número de datos (30 en el caso de las Actividades) y m es el número de establecimientos (3 en el caso de las Actividades).

Los denominadores de estos dos últimos cocientes son los denominados grados de libertad de cada uno de ellos.

ACTIVIDAD RESUELTA 10

En el caso de la Actividad anterior, ¿es significativa la contribución de la dispersión factorial a la variabilidad total a un nivel de significación del uno %?

En este caso, se obtiene:

$$F = \frac{315/2}{11.022,5/27} = 0,386$$

Una vez calculado F, se acude al apéndice de tablas (al final del libro) para consultar la «distribución F».
Si somos muy exigentes, nos dirigiremos a la tabla correspondiente a un nivel de significación del 1 %, como señala el enunciado de la Actividad.

Como el numerador de nuestra F tiene 2 grados de libertad y su denominador tiene 27, buscaríamos el lugar donde se cruzan la columna 2 y la fila 27. En nuestra tabla no figura la fila 27, pero, evidentemente, el dato que buscamos se encuentra entre 5,39 y 5,57.

Dado que el valor según tablas es superior que el de nuestra F, podemos decir que la contribución de la dispersión factorial a la variabilidad total no es significativo a un nivel de significación del 1 %.

ACTIVIDAD RESUELTA 11

En el caso de las Actividades anteriores, ¿es significativa la contribución de la dispersión factorial a la variabilidad total a un nivel de significación del 5 %?

Podemos ser menos exigentes que en la Actividad anterior, y acudir a la tabla correspondiente a un nivel de significación del 5 % y efectuar la búsqueda del mismo modo.

El dato (comprendido entre 3,32 y 3,39) continúa siendo superior que nuestra F, por lo cual, puede concluirse que el efecto diferencial de la variable explicativa (promoción en el lugar de venta) no es acusado, pues incluso a un nivel de significación del 5 %, el valor de la F correspondiente, según tablas, a un cociente en el que el numerador tiene dos grados de libertad y el denominador 27, es sustancialmente superior al calculado.

Prueba objetiva de autoevaluación

I. Enunciado

1. ¿Cuál es el objetivo último de la investigación comercial?
   - Conseguir más información.
   - Conseguir mejor información.
   - Reducir el riesgo.
   - Ninguna de las otras.

2. La investigación comercial se entiende concluida:
   - Con la ordenación de los datos.
   - Con el análisis e interpretación de los datos.
   - Con la elaboración de informes para la dirección.
   - Ninguna de las otras.

3. Cuando el muestreo aleatorio sistemático tiene una base territorial, se le denomina:
   - Muestreo aleatorio estratificado.
   - Muestreo aleatorio por itinerarios.
   - Muestreo por conglomerados o áreas.
   - Ninguna de las otras.

4. El muestreo por cuotas es un tipo de muestreo:
   - No probabilístico.
   - Polietápico.
   - Por conglomerados o áreas.
   - Ninguna de las otras.

5. La segmentación basada en la identificación de los individuos con cierta personalidad, estilo de vida o valores se denomina segmentación:
   - Psicológica.
   - Psicosociológica.
   - Psicográfica.
   - Ninguna de las otras.

6. ¿Cuál es la técnica más utilizada en experimentación comercial?
   - El método de Belson.
   - El método del la χ^2.
   - El método del análisis de la varianza.
   - Ninguna de las otras.

7. El estadístico *F* es el cociente entre:
   - La dispersión residual y la dispersión factorial. ■
   - La cuasivarianza residual y la cuasivarianza factorial.
   - La cuasivarianza residual y la dispersión factorial.
   - Ninguna de las otras. ■

8. La variabilidad derivada de factores incontrolados viene reflejada por la dispersión:
   - Factorial. ■
   - Residual.
   - Total.
   - Ninguna de las otras. ■

9. La que se produce en los diversos períodos en los establecimientos respecto a las ventas medias de cada uno de ellos, se denomina dispersión:
   - Total. ■
   - Residual.
   - Factorial.
   - Parcial. ■

10. ¿Cuál de los siguientes no puede ser el objetivo inmediato en una investigación de mercados?
    - Una mera descripción del objeto estudiado.
    - La previa contrastación de una o varias hipótesis de decisión. ■
    - La predicción de futuros valores de diversas variables.
    - Ninguna de las otras. ■

II. Respuestas correctas

1.
2. ■
3.
4.
5. ■
6.
7. ■
8.
9.
10. ■

APÉNDICE: Sobre el análisis de la varianza

A.1. El análisis de la varianza en segmentación de mercados

Sea una población formada por N items y sea y_i el valor tomado por el item i-ésimo. El valor medio de los items será:

$$\bar{y} = \frac{\sum_{i=1}^{N} y_i}{N}$$

El análisis de la varianza se basa en la descomposición de la suma de las desviaciones cuadráticas respecto a la media:

$$SDC_T = \sum_{i=1}^{N} (y_i - \bar{y})^2 = \sum_{i=1}^{N} (y_i^2 - 2y_i\bar{y} + \bar{y}^2) = \sum_{i=1}^{N} y_i^2 - 2\bar{y} \sum_{i=1}^{N} y_i + N\bar{y}^2 =$$

$$= \sum_{i=1}^{N} y_i^2 - 2N\bar{y}^2 + N\bar{y}^2 = \sum_{i=1}^{N} y_i^2 - N\bar{y}^2 \qquad [1]$$

La SDC_T mide la dispersión de los valores de la variable y en torno a su media. Supóngase que se divide la población en dos grupos formados por N_1 y N_2 items, respectivamente ($N_1 + N_2 = N$). De forma semejante a la población total se demuestra que para el primer grupo:

$$SDC_1 = \sum_{i=1}^{N} (y_{1i} - \bar{y}_1)^2 = \sum_{i=1}^{N} y_{1i}^2 - N_1 \bar{y}_1^2 \qquad [2]$$

donde

$$\bar{y}_1 = \frac{\sum_{i=1}^{N} y_{1i}}{N_1}$$

y para el segundo:

$$SDC_2 = \sum_{i=1}^{N} (y_{2i} - \bar{y}_2)^2 = \sum_{i=1}^{N} y_{2i}^2 - N_2 \bar{y}_2^2 \qquad [3]$$

donde

$$\bar{y}_2 = \frac{\sum_{i=1}^{N} y_{2i}}{N_2}$$

Ahora bien:

$$\sum_{i=1}^{N_1} y_{1i}^2 + \sum_{i=1}^{N_2} y_{2i}^2 = \sum_{i=1}^{N} y_i^2$$

y, por otra parte, sumando las expresiones [2] y [3], se obtiene:

$$SDC_1 + SDC_2 = \sum_{i=1}^{N_1} y_{1i}^2 + \sum_{i=1}^{N_2} y_{2i}^2 - N_1 \bar{y}_1^2 - N_2 \bar{y}_2^2 = \sum_{i=1}^{N} y_i^2 - N_1 \bar{y}_1^2 - N_2 \bar{y}_2^2 \rightarrow$$

$$\rightarrow \sum_{i=1}^{N} y_i^2 = SDC_1 + SDC_2 + N_1 \bar{y}_1^2 + N_2 \bar{y}_2^2$$

Al sustituir este resultado en la expresión [1], se obtiene:

$$SDC_T = SDC_1 + SDC_2 + N_1 \bar{y}_1^2 + N_2 \bar{y}_2^2 - N \bar{y}^2 \qquad [4]$$

Pero:

$$\bar{y} = \frac{\sum_{i=1}^{N} y_i}{N} = \frac{\sum_{i=1}^{N_1} y_{1i}}{N} + \frac{\sum_{i=1}^{N_2} y_{2i}}{N} = \bar{y}_1 \frac{N_1}{N} + \bar{y}_2 \frac{N_2}{N} = \frac{1}{N} (\bar{y}_1 N_1 + \bar{y}_2 N_2)$$

Por consiguiente, los tres últimos sumandos de la expresión [4] son iguales a

$$N_1 \bar{y}_1^2 + N_2 \bar{y}_2^2 - N \bar{y}^2 = N_1 \bar{y}_1^2 + N_2 \bar{y}_2^2 - N \frac{1}{N^2} (\bar{y}_1 N_1 + \bar{y}_2 N_2)^2 =$$

$$= \frac{1}{N} [(N_1 \bar{y}_1^2 + N_2 \bar{y}_2^2)(N_1 + N_2) - (\bar{y}_1^2 N_1^2 + \bar{y}_2^2 N_2^2 + 2 \bar{y}_1 \bar{y}_2 N_1 N_2)] =$$

$$= \frac{1}{N} (N_1 N_2 \bar{y}_1^2 + N_1 N_2 \bar{y}_2^2 - 2 N_1 N_2 \bar{y}_1 \bar{y}_2) = \frac{N_1 N_2}{N} (\bar{y}_1 - \bar{y}_2)^2$$

Sustituyendo este resultado en la expresión [4] se obtiene:

$$SDC_T = SDC_1 + SDC_2 + \frac{N_1 N_2}{N}(\bar{y}_1 - \bar{y}_2)^2$$

Como se señaló anteriormente, la suma de las desviaciones cuadráticas totales mide la dispersión, o variabilidad, respecto a su media, existente *en* la población (D_T). Ésta ha quedado dividida en tres partes:

— La dispersión, o variabilidad, respecto a su media, existente en el primer grupo ($D_1 = SDC_1$).
— La dispersión, o variabilidad, respecto a su media, existente en el segundo grupo ($D_2 = SDC_2$).
— La dispersión, o variabilidad, existente entre los dos grupos [$D_{1-2} = (N_1 N_2/N)(\bar{y}_1 - \bar{y}^2)^2$].

Es decir:

$$D_T = D_1 + D_2 + D_{1-2}$$

Dado que se desea obtener grupos tan homogéneos en sí y tan heterogéneos entre sí como sea posible, entre los distintos criterios de división en grupos (segmentación) ha de darse preferencia a los que hagan más bajo $D_1 + D_2$ y más elevado D_{1-2}. Pero, dado que D_T (la suma de las desviaciones cuadráticas de la población) es un valor independiente de la forma en que la población se divida, el criterio que maximice D_{1-2} será el que minimice $D_1 + D_2$. Por consiguiente, la mejor forma de agrupar la población en categorías dicotómicas, bajo cada criterio de segmentación, será la que haga máximo

$$D_{1-2} = \frac{N_1 N_2}{N}(\bar{y}_1 - \bar{y}_2)^2$$

Entre los criterios debe darse preferencia a aquel para el que D_{1-2} sea mayor.

A.2. El análisis de la varianza en experimentación comercial

Tomando como referencia el ejemplo de Cosaloca, S. A., las diferencias observadas entre las ventas en los distintos días de los diversos establecimientos y el nivel medio de ventas general (dispersión total) puede atribuirse a dos tipos de causas:

— La dispersión o variabilidad de las ventas de los establecimientos respecto a las ventas medias de los mismos (dispersión residual).

— La diferencia de las ventas medias de los establecimientos respecto al nivel medio general de ventas (dispersión factorial).

Siendo X_{tk} las ventas del día t en el establecimiento k, la venta media diaria por establecimiento fue:

$$\bar{X} = \frac{\sum_{k=1}^{3} \sum_{t=1}^{10} X_{tk}}{30}$$

En el primer establecimiento la venta media fue:

$$\bar{X}_1 = \frac{\sum_{t=1}^{10} X_{t1}}{10}$$

y en el segundo y tercero:

$$\bar{X}_2 = \frac{\sum_{t=1}^{10} X_{t2}}{10} \quad ; \quad \bar{X}_3 = \frac{\sum_{t=1}^{10} X_{t3}}{10}$$

La variabilidad total (dispersión total) se mide por el coeficiente definido por la suma de las desviaciones cuadráticas respecto a la media general:

$$D_T = \sum_{k=1}^{m} \sum_{t=1}^{n} (X_{tk} - \bar{X})^2$$

donde n es el número de observaciones de cada grupo (diez en este caso) y m el número de grupos (tres en nuestro ejemplo).

El análisis de la varianza permite distinguir la parte de variabilidad debida a factores incontrolados (dispersión residual), de la parte debida a la variable explicativa (dispersión factorial) y verificar su carácter significativo. La dispersión factorial se mide por el coeficiente

$$D_f = n \sum_{k=1}^{m} (\bar{X}_k - \bar{X})^2$$

y la residual por

$$D_r = \sum_{k=1}^{m} \sum_{t=1}^{n} (X_{tk} - \bar{X}_k)^2$$

Denominando N al número total de observaciones ($N = mn$) (treinta en el caso de Cosaloca) se deduce, mediante simples operaciones aritméticas, que

$$D_T = \sum_{k=1}^{m} \sum_{t=1}^{n} (X_{tk} - \bar{X})^2 = \sum_{k=1}^{m} \sum_{t=1}^{n} (X_{tk}^2 - 2X_{tk}\bar{X} + \bar{X}^2) =$$

$$= \sum_{k=1}^{m} \sum_{t=1}^{n} X_{tk}^2 - 2\bar{X} \sum_{k=1}^{m} \sum_{t=1}^{n} X_{tk} + N(\bar{X})^2 =$$

$$= \sum_{k=1}^{m} \sum_{t=1}^{n} X_{tk}^2 - 2\bar{X}N\bar{X} + N(\bar{X})^2 = \sum_{k=1}^{m} \sum_{t=1}^{n} X_{tk}^2 - N(\bar{X})^2$$

De forma semejante se obtienen las siguientes expresiones:

$$D_f = n \sum_{k=1}^{m} (X_k)^2 - N(\bar{X})^2 \quad ; \quad D_r = \sum_{k=1}^{m} \sum_{t=1}^{n} X_{tk}^2 - n \sum_{k=1}^{m} (\bar{X}_k)^2$$

Así:

$$D_f + D_r = D_T$$

pues

$$\left[n \sum_{k=1}^{m} (\bar{X}_k)^2 - N(\bar{X})^2 \right] + \left[\sum_{k=1}^{m} \sum_{t=1}^{n} X_{tk}^2 - n \sum_{k=1}^{m} (\bar{X}_k)^2 \right] = \sum_{k=1}^{m} \sum_{t=1}^{n} X_{tk}^2 - N(\bar{X})^2$$

En la figura 15.5 se sintetizaron estos resultados.

16. EL PRODUCTO Y EL PRECIO

INTRODUCCIÓN

EL PRODUCTO, LA DIFERENCIACIÓN Y EL POSICIONAMIENTO DE MARCAS

EL CICLO DE VIDA DEL PRODUCTO
- Introducción o lanzamiento
- Crecimiento
- Madurez
- Declive

LA CREACIÓN DE NUEVOS PRODUCTOS

LA IDENTIFICACIÓN DEL PRODUCTO

LA DECISIÓN DE DETERMINACIÓN DE PRECIOS Y SUS LIMITACIONES
- Costes y precios
- Limitaciones normativas
- La demanda y el comportamiento del consumidor
- La competencia

OBJETIVOS EN POLÍTICA DE PRECIOS

ALGUNOS MÉTODOS DE DETERMINACIÓN DE PRECIOS
- Con base en los beneficios
- Con base en los costes
- Con base en el punto muerto
- Con base en la rentabilidad
- Con base en la percepción de la relación calidad/precio

ALGUNAS ESTRATEGIAS DE PRECIOS

DIFERENCIACIÓN Y DISCRIMINACIÓN DE PRECIOS

CANAL DE DISTRIBUCIÓN Y PRECIOS

1. Introducción

Dos de las políticas que configuran el marketing-mix de la empresa son las de producto y precio.

La política de productos comprende decisiones relativas a la creación de nuevos productos, modificación de los existentes, determinación de la combinación de productos óptima de la empresa, eliminación de productos, decisiones sobre marcas y envases, etc. Algunas de estas decisiones comprometen a la empresa durante largos períodos de tiempo y su propia imagen resulta en buena medida determinada por sus productos.

Sin embargo, el precio es una variable de marketing-mix caracterizada, en muchos casos, por la elevada velocidad con la que se puede intervenir sobre él, y por la rapidez de sus efectos sobre las ventas. No obstante, muchas empresas mantienen políticas de precios a largo plazo, sosteniendo una estrategia durante grandes intervalos de tiempo.

2. El concepto de producto, la diferenciación y el posicionamiento de marcas

Existen diferentes concepciones del término «producto»:

— Aparentemente, un producto es simplemente un bien o servicio con cierta entidad física (producto tangible).
— Pero, cuando alguien adquiere un producto compra, además, un conjunto de servicios que acompañan a tal ente físico (producto ampliado).

> — Lo que, en general, compra el consumidor es la esperanza de obtener un beneficio: satisfacer una necesidad o un deseo (producto genérico).

Esta última es la concepción que debe imperar bajo el punto de vista del marketing: lo que la empresa vende y el consumidor adquiere es la satisfacción de necesidades y deseos.

Por consiguiente, un producto viene definido por los atributos que el consumidor considera que tiene.

Se denomina producto diferenciado a aquel que se distingue del resto según la percepción del consumidor.

La diferenciación puede basarse en atributos físicos (como la calidad o el tamaño) o no. Generalmente, además, a la diferenciación del producto acompaña una diferenciación en las estrategias mercadotécnicas y, desde luego, en los medios para su identificación (envase y marca, fundamentalmente).

En algunos casos, es posible, incluso, una diferenciación basada en la variación del envase y la marca, sin modificar el producto físicamente, acompañada de una asignación de diferente precio y de una diferenciación de las políticas de promoción y distribución.

> *La capacidad de un producto de satisfacer ciertos deseos y necesidades depende de sus características y atributos, pero, como es obvio, tal y como el consumidor los percibe.*

> *La diferenciación de productos consiste en crear nuevos productos, con los que, por ejemplo, acceder a nuevos segmentos del mercado, modificando los existentes de manera que cambie la percepción que el consumidor tiene de los mismos y las necesidades que éste puede considerar satisfechas.*

ACTIVIDAD RESUELTA 1

Hace algún tiempo una empresa fabricante de papillas para bebés se vio obligada a crear una nueva marca ante la negativa de los farmacéuticos a vender sus productos si, además, los distribuía en tiendas de alimentación.

La nueva marca se lanzó en un envase diferente y con un precio distinto, y se diferenció también su publicidad.

El éxito alcanzado demostró que el nuevo producto satisfacía necesidades no cubiertas previamente.

Desafortunadamente, en esta ocasión la iniciativa no partió de un estudio de mercado, sino del deseo de exclusiva de unos intermediarios.

> *Se denomina posición de la marca a la situación que ocupa en relación a las demás marcas según los atributos que los consumidores perciben en ellas.*

En la figura 16.1 se han representado las posiciones de cinco supuestas marcas de refrescos de cola con referencia a dos atributos de posicionamiento.

Para determinar la posición de cada marca se puede solicitar a los consumidores que las clasifiquen según el grado en que consideren que cada una de ellas posee los atributos de posicionamiento que previamente se han definido como determinantes.

El estudio de las posiciones de las marcas puede ayudar a definir el segmento del mercado al que dirigirse. Para ello, se determinan las posiciones

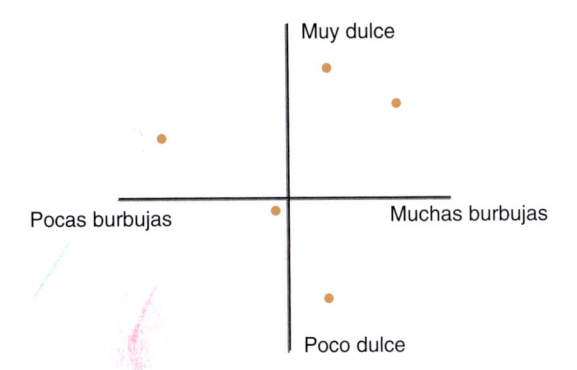

Figura 16.1

consideradas como ideales por los consumidores de cada segmento y aquellas en las que sitúan a las diferentes marcas, sean de la empresa o de la competencia.

De este tipo de estudio puede inferirse también la conveniencia de crear nuevos productos o modificar o diferenciar los actuales.

Las principales dificultades para la introducción de un nuevo producto en un mercado derivan de la diferenciación realizada de los productos ya existentes, gracias a la cual, en muchos casos, los deseos de los distintos segmentos se encuentran ya cubiertos.

3. El ciclo de vida del producto

La mayoría de los productos siguen durante su permanencia en el mercado, una serie de fases en las que la demanda de los mismos se va modificando.

Generalmente se distinguen las siguientes etapas en el ciclo de vida de un producto (figura 16.2):

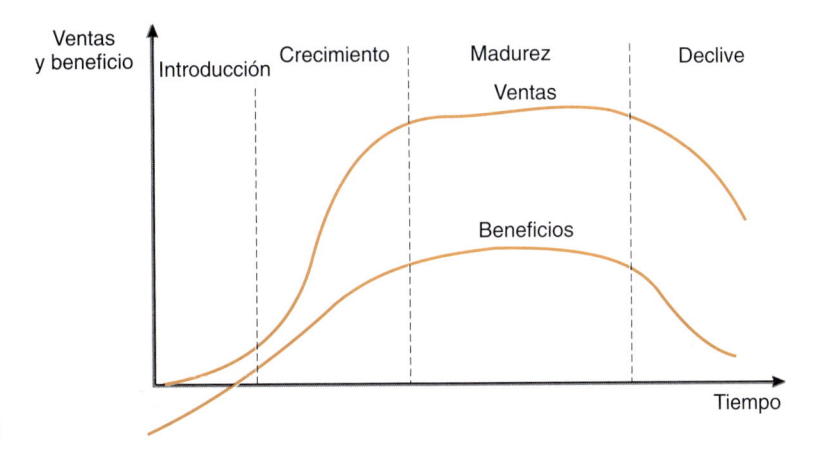

Figura 16.2

EL PRODUCTO Y EL PRECIO   493

1. **Introducción o lanzamiento.** Cuando el producto es nuevo en el mercado tiene la ventaja de que existen pocos competidores, y el inconveniente de que la mayoría de los consumidores no han probado el producto y, en consecuencia, saben poco de él, por lo que el crecimiento de las ventas es lento.

    En esta etapa se requiere un esfuerzo importante de promoción, la distribución suele ser reducida y los costes de producción elevados al no poderse aprovechar las ventajas de la producción en gran escala.

    Por ello, dada, además, las escasa competencia existente, el precio de venta suele ser elevado. En algún caso puede interesar seguir una política de penetración con precios bajos para aumentar las ventas, reduciéndose, así, el coste de producción unitario.

    Cuando el producto no es totalmente nuevo, sino que reemplaza a otro, o existen ya otras marcas en el mercado, esta fase puede ser más corta.

    En cualquier caso, dados los elevados gastos que se requieren en esta etapa, el beneficio suele ser reducido.

2. **Crecimiento.** A medida que el producto va siendo más conocido, si satisface al mercado, las ventas comienzan a crecer sustancialmente, lo que atrae a la competencia.

    Mientras, la empresa comienza a diferenciar el producto para introducirse en nuevos segmentos, lo que requerirá una diferenciación también en las políticas de marketing- mix.

    La distribución se amplía a nuevos canales y los gastos en promoción y publicidad siguen siendo elevados, pero más reducidos, con relación al tamaño de las ventas, que en la etapa anterior.

    Al aumentar la producción, los costes unitarios se reducen y es posible reducir algo los precios.

    El crecimiento de los beneficios en esta etapa depende de la estrategia de la empresa. Esta, al igual que en la etapa anterior, puede elegir entre políticas que abarcan desde la fuerte promoción y el bajo precio a la escasa promoción con precios más elevados (tabla 16.1).

    La celeridad con que se producen estas dos primeras etapas depende, en buena medida, de la rapidez de la aceptación del producto por los consumidores. No todos ellos tienen la misma inclinación a probar y aceptar innovaciones. La distribución de las personas en categorías de predisposición a la prueba es aproximadamente normal (figura 16.3).

3. **Madurez.** La madurez del producto llega en el momento en que se reduce el crecimiento de las ventas y éstas se estabilizan. También los costes y, como consecuencia, los beneficios tienden a estabilizarse. La demanda y los beneficios generados dependen del crecimiento de la población y de la coyuntura económica más que de las acciones de la empresa.

    Dado que el producto ya es conocido, la mayoría de los consumidores tienden a un comportamiento repetitivo, y sólo las empresas competidoras más fuertes habrán conseguido mantenerse en el mercado.

TABLA 16.1

	PROMOCIÓN	
	ALTA	**BAJA**
PRECIO ALTO	Estrategia adecuada con: • Mercado reducido y selecto. • Productos desconocidos. • Ventas poco sensibles al precio. • Competencia escasa.	Estrategia adecuada con: • Mercado reducido. • Productos conocidos. • Ventas poco sensibles al precio. • Competencia escasa.
PRECIO BAJO	Estrategia adecuada con: • Grandes mercados. • Productos desconocidos. • Ventas sensibles al precio. • Fuerte competencia. • Costes de producción sensibles al volumen.	Estrategia adecuada con: • Grandes mercados. • Productos conocidos. • Ventas sensibles al precio. • Alguna competencia.

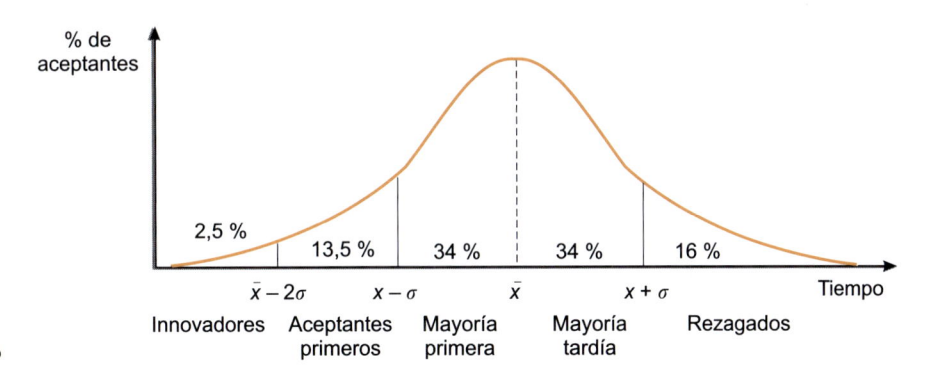

Figura 16.3

% de aceptantes

2,5 % | 13,5 % | 34 % | 34 % | 16 %

$\bar{x} - 2\sigma$ | $\bar{x} - \sigma$ | $\bar{x}$ | $\bar{x} + \sigma$ | Tiempo

Innovadores | Aceptantes primeros | Mayoría primera | Mayoría tardía | Rezagados

Para prolongar esta fase, ha de procurarse el acceso a nuevos segmentos del mercado, diferenciando el producto y buscándole nuevos usos, aumentando, con ello, el número de consumidores.

Para hacer frente a la competencia en cada segmento, la empresa puede desarrollar estrategias de marcas múltiples que compitan entre sí y con las de las empresas competidoras.

4. Declive. Llega un momento, en la vida de un producto, en el que las ventas comienzan a descender, con mayor o menor celeridad, debido a los cambiantes deseos de los consumidores, a la introducción de nuevos productos sustitutivos, o a ambas razones.

Algunas empresas de la competencia se retiran para aplicar los recursos a otros productos más rentables. Otras se mantienen, pero reducen la gana y abandonan algunos segmentos y canales de distribución.

Al reducirse la producción, el coste unitario se incrementa y el beneficio por unidad vendida se reduce. A menos que los consumidores restantes tengan una asidua lealtad que permita incrementar el precio, las pérdidas obligarán a una retirada del producto o a una sustancial modificación del mismo. Si ésta es posible, es decir, si modificando el producto es posible incrementar notablemente las ventas, no se debe esperar a ese momento para realizarla, sino que se debe efectuar antes de que aquéllas comiencen a declinar.

Tampoco para la retirada del producto se debe esperar a incurrir en pérdidas. Dado que los recursos son limitados, la retirada debe realizarse en el momento en que se haya desarrollado un nuevo producto más rentable en el que emplearlos. Dado que los productos mueren y que la empresa ha de sobrevivir, ésta ha de estar constantemente atenta a las necesidades del mercado y a su satisfacción con la creación de nuevos bienes y servicios que ofertar.

La representación gráfica del ciclo de vida no siempre se ajusta a la realizada en la figura. Depende, como es obvio, del grado de éxito o fracaso del producto, de las características de las necesidades que satisface, de las políticas de la empresa y de la respuesta del mercado, etc.

Por otra parte, la asociación entre el ciclo de vida del producto y las estrategias mercadotécnicas no es rígida ni unilateral. Dicho de otro modo, el ciclo de vida no determina la estrategia, precisamente porque una actuación estratégica puede alterar el ciclo de vida.

El ciclo de vida es útil como instrumento conceptual general, pero no como instrumento predictivo de las ventas o de las etapas, ni como modelo normativo que determine las estrategias a seguir en cada momento.

4. La creación de nuevos productos

Una de las decisiones de mayor transcendencia en las empresas es la relativa a la creación de nuevos productos. Del éxito o el fracaso de esta decisión depende la rentabilidad empresarial y la supervivencia y el crecimiento de la empresa o su fracaso, pues frecuentemente se requieren fuertes inversiones en diseño, desarrollo e introducción en el mercado. Una empresa sólo puede tener éxito si lo tienen sus productos.

La creación de un nuevo producto supone la realización de una inversión que puede ser analizada como tal. La rentabilidad esperada ha de ser mayor que el coste de su financiación y, entre los nuevos productos alternativos que cumplan tal condición, ha de darse preferencia, en principio, a aquellos que tengan mayores rentabilidades internas o valores actuales netos.

En ocasiones, sin embargo, pueden interesar productos cuya rentabilidad no es muy alta, pero que, al incorporarse a la cartera de productos de la empresa reducen el nivel de riesgo soportado por la misma.

TABLA 16.2

CIRCUNSTANCIAS	PRODUCTO 1	PRODUCTO 2	PRODUCTO 3
R	30	60	10
S	90	20	80

ACTIVIDAD RESUELTA 2

Supóngase que las circunstancias futuras del entorno pueden ser del tipo R o del tipo S y que se ignora cuál es el más probable, pero se han estudiado los beneficios anuales que generarían el producto actual de la empresa (producto 1) y los dos productos alteernativos cuyo lanzamiento se está estudiando (productos 2 y 3), y son los que, en unidades monetarias, se recogen en la tabla 16.2 ¿Qué producto es preferible si se trata de maximizar el beneficio medio? ¿Y si se trata de garantizar la estabilidad de la cartera de productos?

La empresa podría elaborar otra tabla, como la 16.3, en la que se han calculado los beneficios totales si se incorpora a la cartera el producto 2 y si es el tipo 3 el que se introduce.

No se sabe con certeza qué circunstancia se presentará cada año, pero se puede estimar que, si el producto que se crea es el 2, el beneficio medio anual será:

$$B_{1+2} = \frac{90 + 110}{2} = \frac{200}{2} = 100 \text{ u.m.}$$

y que si es el tipo 3 el que se crea:

$$B_{1+3} = \frac{40 + 170}{2} = \frac{210}{2} = 105 \text{ u.m.}$$

Con un criterio de beneficio medio el producto elegido sería el 3. Sin embargo, seleccionando el 2 se garantiza cierta estabilidad, pues la cartera de productos no tendría, en ninguna circunstancia, un beneficio inferior a 90 u.m. anuales.

CIRCUNSTANCIAS	PRODUCTO 1 Y 2	PRODUCTO 1 Y 3
R	90	40
S	110	170

TABLA 16.3

Diversificando entre productos que reaccionan de forma distinta a las diversas circunstancias económicas es posible reducir el riesgo de la actividad empresarial y procurar una evolución estable.

La creación de nuevos productos produce, evidentemente, una ampliación del número de líneas o de la profundidad de una línea de la empresa (figura 16.4):

Cuando el nuevo producto se dirige al mismo mercado en el que viene actuando la empresa, se dice que sigue una estrategia de desarrollo. Cuando se dirige a nuevos mercados, la estrategia es de diversificación de productos y mercados.

— Una línea es un conjunto de productos agrupados por ciertas características que pueden ser de tipo técnico o comercial. Su profundidad es el número de productos o referencias que la integran.
— La gama de productos está formada por el conjunto de líneas y su amplitud es el número de líneas que la forman.
— Se denomina longitud al número total de productos o items de la empresa.

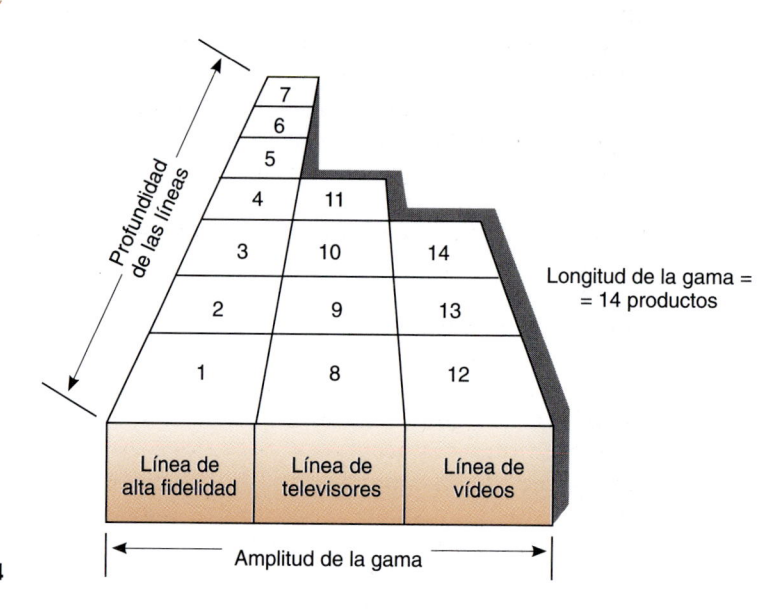

Figura 16.4

Desde que surge la idea de un nuevo producto hasta que se comercializa es frecuente que medie un plazo comprendido entre dos y cinco años, a lo largo de los cuales se realiza la planificación y desarrollo del producto, desarrollándose las siguientes etapas generales:

1. Búsqueda de ideas. Las ideas pueden provenir del interior de la empresa o del exterior (distribuidores, clientes o consumidores, en general).

    En ocasiones se crean grupos de creatividad, formados por personas a las que se motiva para la generación de ideas. Así, en el método del *brainstorming* (tormenta de ideas) un número de personas comprendido entre cinco y diez se reúnen para decir cuantas ideas les vengan a la mente, evitando la crítica a las restantes y tratando de asociar sus ideas y las de los demás para, posteriormente, realizar una evaluación de todas ellas.

2. Selección de ideas. Buena parte de las ideas pueden ser rechazadas por ser evidentemente irrealizables o carentes de valor. Las restantes han de ser sometidas a un somero análisis para determinar si pueden ser realizadas con los medios técnicos, financieros y comerciales de la em-

presa y para estudiar su viabilidad en el mercado. Tal análisis general suele ser realizado por un grupo de representantes de las distintas funciones de la empresa (finanzas, producción y marketing).

Las ideas que superan ese análisis han de ser evaluadas para su posterior selección. La evaluación puede hacerse con una relación de criterios conforme a cada uno de los cuales se valora cada idea alternativa.

3. Análisis de viabilidad. La ideas han de pasar por un proceso de selección y evaluación económica, tanto más exacto a medida que se va afirmando el proyecto. Tal proceso requiere previsiones de ventas, precios y costes, por lo que en él también intervienen las tres perspectivas: financiera, mercadotécnica y de producción.

   Para obtener información sobre cómo percibirán los consumidores el producto se realiza el denominado test de concepto, que consiste en encuestar a varios grupos de personas a las que previamente se les informa sobre el producto todavía no desarrollado. De este modo se investigan las necesidades que el consumidor entiende que el producto satisface, la situación en que lo posiciona en relación a otros productos, el precio que pagaría por él, etc. Se puede llegar a estimar, además, el porcentaje de personas que podrían aceptar el producto y, si tal porcentaje se estima suficiente, puede continuarse con el proyecto.

4. Desarrollo del producto. Los conceptos iniciales del producto se van modificando según la información de la que se va disponiendo. Los conceptos que son aceptados por el consumidor y que, además, son susceptibles de elaboración con los medios de la empresa, y realizables con criterios económico-financieros, se materializan en prototipos que son sometidos a nuevos análisis técnicos, comerciales y financieros. Se especifican y seleccionan los métodos de producción, los costes de fabricación, el color del producto, su envase, etc.

5. Prueba del producto. Los prototipos alternativos resultantes son sometidos al juicio de los consumidores, a algunos de los cuales se les realizan tests de percepción (como los tests de envasado y presentación), tests de aceptación y tests de utilización.

   Para analizar el comportamiento del consumidor en el acto de compra real, se puede poner a la venta, con características diferenciadas (color, envase, marca) en diversos establecimientos semejantes, lo que puede ayudar a seleccionar los atributos que el consumidor prefiere. Para analizar si las diferencias entre los distintos establecimientos son significativas se puede realizar un análisis de la varianza como el expuesto en el capítulo anterior.

   En ocasiones se ensayan prototipos y alternativas mercadotécnicas en diversos mercados-prueba o mercados- testigo. El resultado de estas pruebas puede conducir a una reformulación técnica y comercial del producto y a nuevas pruebas.

6. Comercialización. Si los resultados de las pruebas son favorables, el producto es comercializado y comienza la fase de introducción de su ciclo de vida.

Para la planificación y control del desarrollo del producto son útiles las técnicas PERT estudiadas en otro capítulo. Para la selección de ideas y de decisiones alternativas, en general, tienen también utilidad los árboles de decisión ya estudiados, asimismo, anteriormente. En la evaluación del producto son útiles el análisis del punto muerto, el valor actual neto y el tipo de rendimiento interno.

ACTIVIDAD RESUELTA 3

Si la empresa NOVEDO, S. A., decidiera desarrollar y lanzar cierto nuevo producto incurriría en unos costes fijos anuales (C_F) de 1.000 u.m., con independencia de la cantidad que fuera elaborada y vendida. Tales costes incluyen las amortizaciones de las inversiones efectuadas en el desarrollo y diseño del producto, en el montaje y puesta en marcha de las cadenas de producción, en el lanzamiento del producto, etc. Además, se estima que, con cada unidad producida se incurrirá en un coste variable unitario (c_v) de 2 u.m., que incluye las materias primas y la mano de obra incorporada, así como costes de distribución y otros varios.

De los sondeos realizados se deduce que cada unidad de producto podría ser vendida en un precio (p) igual a 6 u.m.

¿Cuál es el volumen anual de ventas a partir del cual el producto comenzará a generar beneficios?

Como ya es sabido, el volumen anual de ventas a partir del cual un producto comienza a generar beneficios es su punto muerto o umbral de rentabilidad:

$$X = \frac{C_F}{p - c_v} = \frac{1.000}{6 - 2} = 250 \text{ u.f.}$$

Es preciso prever las ventas del producto. En este caso, éste generará beneficios sólo cuando el volumen anual de ventas sea superior a 250 u.f.

AÑO (t)	V_t = VENTAS ANUALES (U. FÍSICAS)	c_v = COSTES VARIABLES UNITARIOS (U.M.)	p_t = PRECIO DE VENTA
1	100	20	25
2	180	15	20
3	200	10	20
4	50	25	28

TABLA 16.4

Cuando se han estimado los flujos de caja anuales que generará el producto a lo largo de su ciclo de vida, un criterio de evaluación que puede emplearse es el del valor actual neto.

ACTIVIDAD RESUELTA 4

Un nuevo producto requiere un desembolso inicial de 600 u.m. para su diseño, desarrollo, puesta en marcha de las instalaciones, lanzamiento, etc. Sus ventas anuales, precios unitarios y costes variables unitarios, durante los cuatro años de su duración, se recogen en la tabla 16.4.

Suponiendo que las ventas se cobran al contado, que los costes se pagan también al contado, que no existe más coste fijo que la amortización lineal de la inversión inicial y que, además, hay que pagar un impuesto sobre el beneficio de las sociedades del 33 % anualmente, ¿cuánto vale el valor actual neto de este producto si su rentabilidad requerida es el 10 %?

En la tabla 16.5 se encuentra el cálculo de los flujos de caja anuales. A partir de sus resultados se deduce que el valor actual neto de este producto es 1.435,21 u.m.:

$$VAN = -600 + \frac{384,5}{1,1} + \frac{652,5}{1,1^2} + \frac{1.389,5}{1,1^3} + \frac{150}{1,1^4} = 1.435,21 \text{ u.m.}$$

AÑO (t)	COBROS DE VENTAS ($p_t V_t$)	PAGOS DE COSTES VARIABLES ($c_v V$)	PAGOS DE IMPUESTOS $(0,33) \cdot (p_t V_t - c_v V - C_F)$	FLUJO NETO DE CAJA (Q_t) (COBROS-PAGOS)
1	2.500	2.000	115,5	384,5
2	3.600	2.700	247,5	652,5
3	4.000	2.000	610,5	1.389,5
4	1.400	1.250	—	150

TABLA 16.5

Otro criterio de selección de productos ya conocido es el del tipo de rendimiento interno o tasa de rentabilidad del producto.

ACTIVIDAD RESUELTA 5

¿Cuál es la rentabilidad anual del producto de la Actividad anterior?

$$0 = -600 + \frac{384,5}{(1+r)} + \frac{652,5}{(1+r)^2} + \frac{1.389,5}{(1+r)^3} + \frac{150}{(1+r)^4}$$

EL PRODUCTO Y EL PRECIO

> La rentabilidad anual esperada del producto es de un 89,5 %:
>
> $r = 0{,}895$ por 1.
>
> Puesto que la rentabilidad esperada del proyecto es superior que su rentabilidad requerida (el 10 %), el proyecto de producto es efectuable.

5. La identificación del producto. Marcas, envases y etiquetas

Ciertas características, como la marca, el envase o la etiqueta, permiten identificar un producto y diferenciarlo del resto.

Ha de distinguirse entre:

La marca identifica y permite el reconocimiento del producto por una palabra, un nombre, un símbolo, un diseño, o una combinación de tales signos.

— El nombre de marca, que es la parte de la misma que puede pronunciarse.
— El distintivo de marca, que es la parte que puede recordarse, pero no pronunciarse (símbolo, diseño, color, etc.).
— La marca registrada, que es la parte de la marca (nombre, símbolo, diseño, etc.) legalmente protegida para poder ser usada con exclusividad.

Marcar los productos tiene ventajas para la empresa y para los consumidores:

— A la empresa le permite identificar sus productos, protegerse contra las imitaciones, referir sus acciones mercadotécnicas a unos signos que el consumidor puede identificar, obtener lealtad a la marca de los consumidores satisfechos y, según se expuso anteriormente, diferenciar y modificar sus productos.
— El marcado de los productos simplifica las decisiones de compra de los consumidores. Si estos quedan satisfechos con una compra, pueden adoptar un comportamiento repetitivo que no sería posible si los productos no estuvieran identificados, en cuyo caso tendrían que inspeccionarlos todos para tratar de determinar, de nuevo, el que mejor se ajusta a sus deseos.

La principal decisión en política de marcas es la referente a la disyuntiva entre marcas individuales y marcas de familia.

Se denomina marca de familia a la que es común a varios productos de la misma empresa.

Una marca individual es la que es utilizada por un solo producto.

Una empresa puede tener varias marcas, sean individuales o familiares, diferenciándose, así, los productos por calidades, precios, o cualquier otro atributo real o aparente.

El marcar individualmente un producto nuevo permite desvicular la reputación de otros productos a la aceptación de aquél.

Sin embargo, si se tiene gran confianza en el producto de reciente creación y los anteriores cuentan con un gran prestigio, las ventajas de ponerle la misma marca son evidentes. A esta estrategia se le denomina extensión de la marca y con ella se trata de extender el prestigio de los anteriores productos a los nuevos o modificados. Permite, además, realizar promoción y publicidad comunes.

> Desde otra perspectiva, se distingue entre marcas nacionales, o de fabricante, y marcas de distribuidor. Quien pone la marca se responsabiliza del producto.

Las marcas nacionales son puestas por la empresa fabricante y generalmente su promoción se realiza a nivel nacional o internacional.

Pero muchos distribuidores importantes, incluyendo minoristas como cadenas de supermercados, grandes almacenes e hipermercados, compran el producto al fabricante y le ponen su propia marca. En ocasiones el fabricante ha de elaborar el producto ajustándose a los requisitos impuestos por el distribuidor e identificarle con la marca de este último.

Unos grandes almacenes, por ejemplo, pueden tratar de desarrollar la lealtad de los consumidores poniendo su propia marca a los productos. Si los clientes quedan satisfechos con sus adquisiciones, volverán a comprar al mismo almacén. El inconveniente es que puede perderse a los clientes que no queden satisfechos, lo que no hubiera ocurrido si los productos hubieran llevado la marca del fabricante, en cuyo caso los consumidores atribuirían la responsabilidad a aquél.

Son cualidades deseables en una marca:

— Que sea fácil de recordar, identificar y pronunciar, por lo que generalmente es preferible que el nombre sea corto.
— Que sugiera algo sobre los atributos del producto y sobre los beneficios que el consumidor obtendrá de él.

Para seleccionar la marca se realizan pruebas de asociación, sobre la imagen que sugiere cada una de las alternativas, de facilidad de pronunciación, de memorización y de preferencia entre ellas.

> El envase no sólo protege el producto. Además, anuncia el contenido con cierto color, forma y diseño.

Desde el punto de vista mercadotécnico, el envase es una parte del producto, y de gran importancia pues la mayor parte de las decisiones de compra se toman en el lugar de adquisición y con los distintos productos alternativos a la vista.

El envase debe atraer la atención y, al igual que la marca, ha de sugerir algo sobre los atributos del producto y sobre los beneficios que el consumidor obtendrá de él. Debe inspirar confianza y producir una impresión favorable, apoyando y confirmando el prestigio que la empresa trata de asociar a la marca.

La creación del envase, como parte del producto, pasa por una serie de fases semejantes a las de la creación del producto mismo.

Si la empresa desea diferenciar sus productos puede diseñar envases distintos para cada uno de ellos. En otras ocasiones puede interesar que el consumidor asocie entre sí diversos productos de una línea, lo que se facilita dotándoles de envases idénticos o semejantes.

EL PRODUCTO Y EL PRECIO   **503**

El envase es útil en estrategias de promoción de precios, envasándose conjuntamente varias unidades de un producto, o de productos diferentes, a un precio global especial. Otra técnica de promoción es el suministro del producto en un envase que tiene utilidad tras el consumo de su contenido.

Por consiguiente, los objetivos del envase son contener, proteger, promocionar y diferenciar el producto.

Otro elemento identificador del producto que ha venido cobrando una importancia creciente es la etiqueta. Se diferencia entre la etiqueta de la marca y la etiqueta informativa:

— La etiqueta de la marca puede ser un instrumento importante de promoción e identificación del producto, especialmente, cuando, como sucede en muchas prendas de vestir, no se utiliza envase. En tal caso, la etiqueta cumple algunas de las funciones de éste y puede determinar preferencias muy acusadas entre los consumidores.

— La etiqueta informativa proporciona datos sobre el fabricante o vendedor y las características y forma de uso o consumo del producto. En algunos productos su contenido se encuentra regulado por normas de diverso rango.

6. La decisión de determinación de precios y sus limitaciones

La decisión de fijación de los precios de los productos, como cualquier otra decisión, parte de cierta información y de previsiones sobre la evolución del entorno de la decisión, así como de unos objetivos.

La información de partida actúa como condicionante de los propios objetivos, de las alternativas que luego se fijan para alcanzarlos y del proceso de selección entre tales alternativas.

A la ejecución de la alternativa seleccionada sigue el proceso de control, en el que los resultados alcanzados se comparan con los objetivos deseados para, luego, analizar las desviaciones, localizar sus causas y corregirlas en su caso.

La figura 16.5 repite el esquema decisional que ya es bien conocido.

La información de partida, que actúa como limitación de la decisión, está formada por datos provenientes de la propia empresa y por otros referentes a su entorno:

— En las decisiones de precios los datos internos más relevantes son los costes empresariales, y las interrelaciones entre la política de precios y las restantes políticas de marketing-mix a las que ya se hizo referencia en el capítulo anterior.

— Los datos externos más relevantes que han de tenerse en cuenta se refieren a las limitaciones legales que pueden afectar a los precios de algunos productos, el comportamiento previsible de la demanda y de los consumidores ante las variaciones de los precios, y la actuación de la competencia.

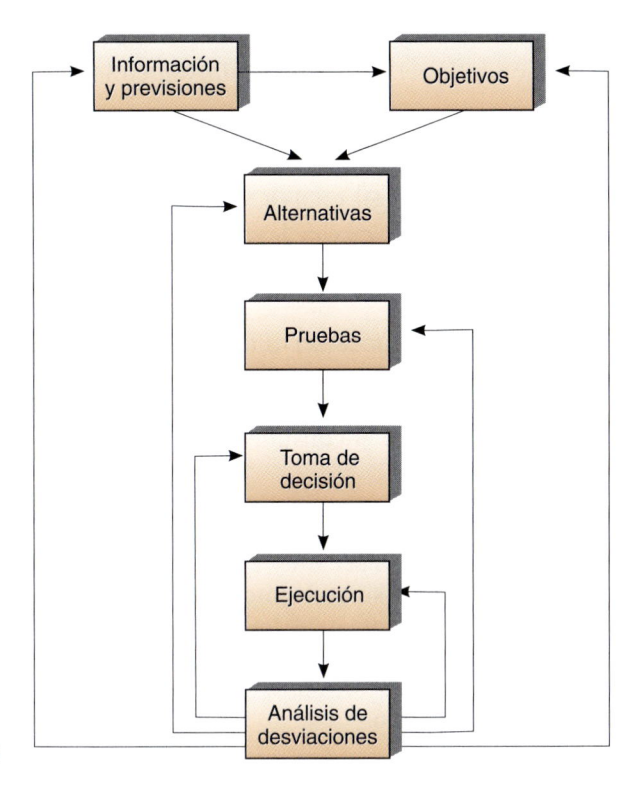

Figura 16.5

Seguidamente se estudia cada uno de estos factores.

6.1. Costes y precios

Para que la empresa obtenga beneficios y sobreviva a largo plazo, el conjunto de sus productos ha de generar unos ingresos suficientes para cubrir sus costes.

Como se recordará, existen dos tipos de costes:

— Los costes fijos, o cargas de estructura, que no se modifican con el volumen de producción.
— Los costes variables que sí varían con el nivel de actividad.

En ocasiones, la empresa tiene un exceso de capacidad y puede, por ejemplo, crear nuevos productos sin incrementar por ello sus cargas de estructura. En tal caso podría ser suficiente con que el precio unitario del nuevo producto cubriera los costes variables unitarios que le son imputables.

6.2. Limitaciones legales y gubernamentales

La empresa no es totalmente libre en la fijación de los precios. En el sistema de economía social de mercado, diversas normas de rango legal y administrativo, como las de defensa de la competencia, las de intervención de precios o las de imposición indirecta, limitan o influyen en los precios finales de venta al consumidor.

6.3. La demanda y el comportamiento del consumidor ante las variaciones de precios

> Se denomina curva de demanda a la que relaciona la cantidad demandada con el precio del producto.

La curva de demanda puede ser diferente para la clase de producto (por ejemplo, «automóviles») y para cada marca.

Existen productos cuya demanda se incrementa con el precio, como algunos bienes de lujo en los que el consumidor puede sentir satisfacción pagando un precio elevado.

En los denominados bienes Giffen, el volumen de compras se reduce al disminuir el precio. Suelen ser artículos que satisfacen necesidades primarias. Los consumidores pueden no ser muy aficionados a ellos, pero, dado su nivel de renta, se ven obligados a su consumo. Cuando su precio desciende, el consumidor descubre que su renta real ha aumentado y los adquiere en menor cuantía, comprando otros bienes con el remanente de su renta.

Pero, por regla general, la forma de la curva de demanda es semejante a la representada en la figura 16.6.

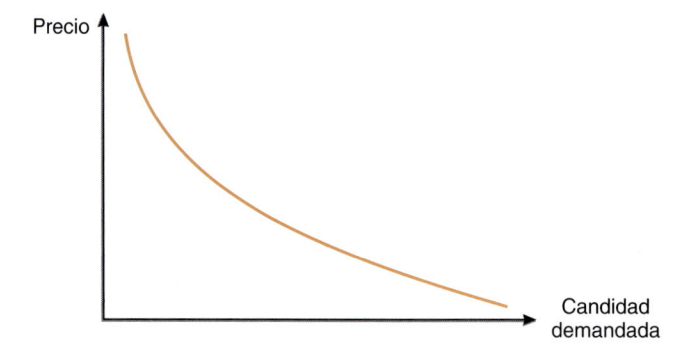

Figura 16.6

La estimación de la curva de demanda puede basarse en la subjetividad del empresario, o en datos que pueden ser históricos (datos de precios y cantidades demandadas en períodos anteriores) o conseguidos mediante sondeos realizados a muestras de consumidores, o por experimentación analizando la respuesta de los consumidores para diferentes niveles de precios en diversos establecimientos o mercados.

La curva de demanda de un mismo producto puede tener, además, formas diferentes en cada uno de los segmentos del mercado a que se dirige, en función de las características de los consumidores que los integran, de lo que puede derivarse la conveniencia de diferenciar tal producto en base a su precio.

Como ya es sabido, se denomina *elasticidad demanda/precio* al cociente entre la proporción en que se modifica la demanda y la proporción de variación del precio. Responde a la expresión:

$$e = -\frac{\Delta q/q}{\Delta p/p}$$

donde q es la cantidad demandada y p es el precio.

Dado que precios y cantidades demandadas, en la mayor parte de los bienes, varían de forma inversa, el resultado del cociente es negativo y resulta preciso afectarle del signo «menos» para obtener valores absolutos.

Evidentemente, la elasticidad de la curva puede ser diferente en cada uno de sus puntos (figura 16.7) y, por tanto, toda medida de elasticidad debe referirse a un punto en concreto.

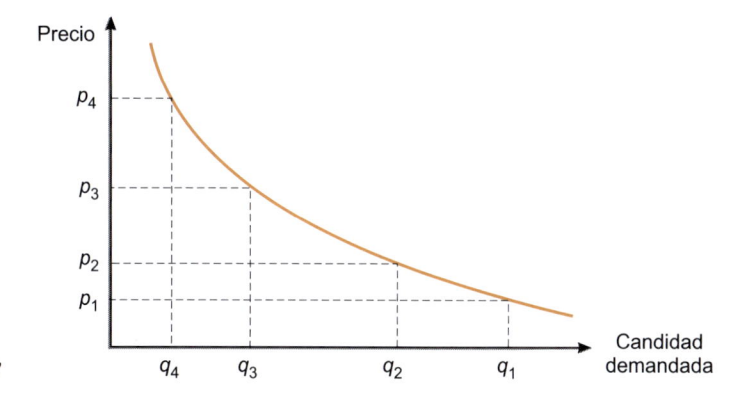

Figura 16.7

Pero las oscilaciones de precios y cantidades observadas abarcan tramos ($p_2 - p_1$ y $q_2 - q_1$ en la figura 16.7, por ejemplo) por lo que para calcularla se suelen tomar como precios y cantidades de partida las medias aritméticas de los extremos.

Por ejemplo, supóngase que el precio inicial es p_1, que se incrementa hasta p_2, y que, como consecuencia, la demanda se reduce de q_1 a q_2. La elasticidad se mediría haciendo:

$$\Delta p = p_2 - p_1$$
$$\Delta q = q_2 - q_1$$
$$p = \frac{p_2 + p_1}{2}$$
$$q = \frac{q_2 + q_1}{2}$$

Con lo cual:

$$e = -\frac{p_2 + p_1}{q_2 + q_1} \cdot \frac{q_2 - q_1}{p_2 - p_1}$$

Cuando se conoce la ecuación de la curva de demanda, es posible determinar su elasticidad en un punto de la misma. En efecto, sustituyendo variaciones finitas por variaciones infinitesimales (diferenciales), resulta:

$$e = -\frac{dq}{dp} \cdot \frac{p}{q}$$

Es decir:

$$e = -\frac{dq}{dp} \cdot \frac{p}{q}$$

La elasticidad en un punto es la derivada de la función de demanda multiplicada por el cociente entre el precio y la cantidad correspondientes a ese punto, y todo ello cambiado de signo.

ACTIVIDAD RESUELTA 6

Sea la curva demanda cuya ecuación es:

$$q = \frac{100}{p^2}$$

Se desea conocer la elasticidad-precio de esta demanda en el punto de la curva en el que el precio vale 10 u.m.

La elasticidad de esta curva tiene como ecuación:

$$e = \frac{200}{p^3} \cdot \frac{p}{q} = \frac{200}{p^2 \cdot q}$$

En el punto en el que el precio vale 10 la cantidad demandada vale 1:

$$q = \frac{100}{10^2} = 1$$

> Y, por consiguiente, la elasticidad vale 2:
>
> $$e = \frac{200}{10^2 \cdot 1} = 2$$
>
> En realidad, en las funciones de demanda que, como la de este caso, son potenciales, es decir que tienen la forma
>
> $$q = k \cdot p^{-a}$$
>
> la elasticidad es igual en todos sus puntos e igual a a.

En las zonas de la curva en las que, como en el ejemplo de la Actividad Resuelta, la elasticidad es superior a la unidad, se dice que la demanda es elástica. Reduciendo el precio se produciría un incremento en la cantidad demandada en proporción superior que el descenso del precio, por lo que los ingresos ($p \cdot q$) se incrementarían. Desde el punto de vista de la maximización de los ingresos convendría reducir el precio.

Si, por el contrario, la elasticidad es inferior a uno, es decir si la demanda es inelástica, una reducción del precio originaría un aumento de la demanda de menor proporción, con lo que los ingresos se reducirían. Convendría aumentar el precio.

Se dice que la elasticidad es normal cuando es igual a uno, en cuyo caso las modificaciones de precios producen variaciones proporcionalmente iguales en la demanda. Es la elasticidad para la cual el ingreso es máximo.

El precio es una variable que el consumidor tiene en cuenta en las decisiones de compra de bienes de adquisición frecuente, como los de alimentación, y en los que, siendo de adquisición esporádica, tienen un alto coste en relación a la renta personal (vivienda, automóvil), concediéndole menos importancia en la compra de bienes de adquisición distanciada en el tiempo y cuyo importe no es elevado.

6.4. Competencia y precios

La previsible reacción de las otras empresas que concurren en el mercado es un factor de la mayor importancia en la decisión de fijación de precios y una de las razones de la tendencia a la estabilidad de los mismos que se puede observar en muchos sectores.

Las empresas tratan de evitar una «guerra de precios» que afecte a los resultados económicos de todas ellas. Para competir suelen centrarse en otras variables como la promoción, la publicidad, los servicios posteriores a la venta, etcétera.

La competencia es uno de los principales factores que influyen en la elasticidad de la demanda de las marcas concurrentes. En un mercado en el que compiten muchas marcas, aquella cuyo precio se eleve perderá muchas ventas. En una situación de competencia perfecta, la demanda de cada marca sería infinitamente elástica.

7. Objetivos en la política de precios

Los objetivos perseguidos en la fijación de precios han de ser congruentes con las metas generales de la organización empresarial. Más concretamente, tales objetivos suelen hacer referencia a:

— El beneficio o la rentabilidad.
— Las ventas o la cuota de mercado.
— El mantenimiento de cierta situación en relación a la competencia.
— Consideraciones éticas y sociales.
— Cuestiones vinculadas a la imagen de la empresa y de sus productos.

Como se estudió en el área de finanzas, la rentalidad es un objetivo preferible al beneficio que se suele establecer en relación al capital (beneficio/capital) o con referencia a las ventas (beneficio/ventas), siendo este último especialmente manejado en las empresas pequeñas y en la planificación a corto plazo.

En el objetivo de maximización de ventas se fija un nivel mínimo aceptable de beneficio y se trata de maximizar el volumen de ventas. La expansión de las ventas comporta la ampliación del negocio.

Con el aumento de la cuota de mercado se trata de desplazar a la competencia, incrementando la participación de la empresa en el mercado. Muy relacionado con el objetivo de la cuota de mercado se encuentra el relativo a la cuota de ventas o proporción que las ventas de la empresa suponen en relación al total del mercado.

Un comportamiento observable en algunos sectores es el de seguimiento al líder. Para evitar la guerra de precios, diversas empresas seguidoras adoptan como indicador el precio fijado por la empresa líder, modificando sus precios en el momento en el que ésta lo hace y en la misma proporción, aproximadamente. La competencia se centra en cuestiones al margen de la política de precios.

En algunos casos, como las primas de ciertos seguros médicos, las cuotas de los Colegios profesionales, o los precios de muchos servicios públicos, predominan consideraciones de índole ética y social y los precios se fijan con relación a las posibilidades de pago de los consumidores.

La estrategia de precios de la empresa puede ser una parte integrante de la estrategia de imagen. Por ejemplo, algunas empresas fijan precios altos a sus productos tras haber comprobado que los consumidores del segmento al que se dirigen priman ante todo la calidad e identifican calidad y precio.

8. Algunos métodos de determinación de precios

Seguidamente se exponen algunos métodos sencillos de fijación de precios. Debe advertirse que, junto a los que aquí se contienen, existen otro muchos, la mayor parte de los cuales derivan de la aplicación en este ámbito de técnicas y modelos de decisión como los estudiados en los primeros capítulos.

8.1. La fijación de precios basada en la maximización del beneficio

El modelo de determinación de precios marginalista estudiado por la Teoría Económica clásica parte de la ecuación del beneficio:

$$B = I_T - C_T$$

Donde I_T son los ingresos totales y C_T los costes totales. El óptimo, si existe, será el valor del precio para el que la primera derivada se iguala a cero, es decir, aquel precio para el cual el ingreso marginal y el coste marginal coinciden:

$$\boxed{I'_T = C'_T}$$

Para asegurar que se trata de un máximo, se habrá de calcular la segunda derivada del beneficio, que deberá ser inferior a cero.

ACTIVIDAD RESUELTA 7

Una empresa elabora un producto que tiene un coste variable unitario de 30 u.m. y coste fijo anual de 300.000 u.m. Se ha estimado que la demanda anual tiene la siguiente ecuación:

$$q = 350.000 - 600p$$

¿Cuál es el precio que maximiza el beneficio?
Los ingresos tendrán la siguiente ecuación

$$I_T = p \cdot q = p(350.000 - 600p) = 350.000p - 600p^2$$

EL PRODUCTO Y EL PRECIO

y los costes

$$C_T = C_F + c_v \cdot q = 300.000 + 30q =$$

$$= 300.000 + 30(350.000 - 600p) =$$

$$= 300.000 + 10.500.000 - 18.000p = 10.800.000 - 18.000p$$

La función del beneficio es, en consecuencia:

$$B = I_T - C_T = 350.000p - 600p^2 - 10.800.000 + 18.000p =$$

$$= 368.000p - 600p^2 - 10.800.000$$

Derivando e igualando a cero el resultado, se obtiene la condición necesaria de óptimo:

$$\frac{dB_T}{dp} = 368.000 - 1.200p = 0$$

El precio óptimo es 306,67 u.m.:

$$p = \frac{368.000}{1.200} = 306,67 \quad \text{u.m.}$$

pues se cumple la condición suficiente de máximo:

$$\frac{d^2 B_T}{dp} = -1.200 < 0$$

En la práctica empresarial, la función de demanda no suele conocerse y su existencia es ignorada por las empresas al determinar los precios de sus productos.

8.2. La fijación de precios basada en los costes

Muchas empresas establecen los precios de sus productos calculando el coste medio y aplicando sobre éste cierto porcentaje de beneficio.

ACTIVIDAD RESUELTA 8

La empresa de la Actividad Resuelta anterior tiene capacidad para producir 15.000 unidades físicas anuales trabajando a un ritmo normal y desea obtener un margen del 15 % sobre el coste total unitario ¿Qué precio debe fijar a su producto?

El coste total unitario será:

$$C_{TU} = \frac{C_F + c_v \cdot q}{q} = \frac{C_F}{q} + c_v = \frac{300.000}{15.000} + 30 = 50 \text{ u.m.}$$

Si se desea obtener un margen de beneficio del 15 % sobre el precio de coste anterior, el precio de venta será:

$$p = 1,15 \cdot 50 = 57,5 \text{ u.m.}$$

8.3. La fijación de precios basada en el punto muerto

Como se recordará, el punto muerto, o umbral de rentabilidad, es aquel volumen de ventas que permite recuperar los costes fijos del período y los costes variables correspondientes a tal volumen de ventas:

$$X = \frac{C_F}{p - c_v}$$

Cuando el precio es superior que el coste variable unitario, con cada unidad vendida se cubren costes fijos en una cuantía igual a la diferencia entre ambos.

Llegado cierto nivel de ventas (X) los costes fijos han sido cubiertos en su totalidad con el margen bruto total generado:

$$(p - c_v)X = C_F$$

A partir de ese nivel, el margen bruto unitario de las siguientes unidades vendidas coincide con su beneficio unitario pues los costes fijos ya fueron cubiertos por las unidades anteriores.

En cualquier caso, para que un producto genere margen, su precio ha de ser mayor que su coste variable unitario. Por ello, a este último se le denomina también precio mínimo.

Como se señaló anteriormente, hay ocasiones en las que la creación de un nuevo producto no supone mayores costes fijos, o cargas de estructura, porque la empresa tiene exceso de capacidad. En tal caso, es suficiente que su precio cubra su coste variable unitario. Con ello, el nuevo producto colabora en la cobertura de los costes fijos. Si se considera que éstos estaban cubiertos con los productos anteriores, a los que se les imputa, la contribución de cada unidad del nuevo producto al beneficio neto de la empresa será su margen bruto unitario.

ACTIVIDAD RESUELTA 9

¿Cuál es el precio mínimo del producto al que se refieren las Actividades Resueltas anteriores?

Dado que su coste variable unitario es de 30 u.m., ese será también su precio mínimo.

Al precio que hace que el beneficio total generado por el producto durante un ejercicio sea nulo se le denomina precio técnico.

Se demuestra fácilmente que el precio técnico, p_t es el coste total medio. En efecto, habrá de cumplir:

$$p_t \cdot q = C_F + c_v \cdot q$$

De donde se deduce que

$$p_t = \frac{C_F + c_v \cdot q}{q} = C_{TU}$$

ACTIVIDAD RESUELTA 10

¿Cuál es el precio técnico del producto al que se refieren las Actividades Resueltas anteriores?

Anteriormente se calculó el coste total unitario de este producto y resultó ser 50 u.m. Este es, por consiguiente, su precio técnico.

8.4. La fijación de precios basada en la rentabilidad

Una empresa puede tratar de fijar el precio de su producto de forma que se asegure cierta rentabilidad económica o financiera.

Como se expuso en el capítulo correspondiente, la rentabilidad económica es el cociente entre el beneficio económico y el activo, es decir:

$$RE = \frac{BE}{A} = \frac{p \cdot q - C_F - c_v \cdot q}{A}$$

donde C_F son los costes fijos no financieros. Si se desea tener una rentabilidad económica igual a RE, el precio que habrá de fijarse será:

$$p = \frac{A \cdot RE + C_F + c_v \cdot q}{q}$$

También se recordará que la rentabilidad financiera es el cociente entre el beneficio neto y los recursos propios:

$$RF = \frac{BN}{K} = \frac{BE - F}{K} = \frac{p \cdot q - C_F - c_v \cdot q - F}{K}$$

donde F son los costes correspondientes a los intereses de la deuda, es decir, los costes financieros. Si se desea tener una rentabilidad financiera igual a RF, el precio que habrá de fijarse será:

$$p = \frac{K \cdot RF + C_F + c_v \cdot q + F}{q}$$

Muchas empresas, especialmente las de tipo comercial, fijan sus precios aplicando cierto tanto de rentabilidad sobre el coste variable. Si dicho tanto o margen proporcional es del s por uno, el precio de venta será:

$$p = c_v + c_v \cdot s = c_v(1 + s)$$

Para no incurrir en pérdidas, el valor de s ha de ser tal que permita recuperar los costes fijos, es decir:

$$(p - c_v)q \geqslant C_F$$

Pero:

$$p - c_v = c_v \cdot s$$

> El tanto de rentabilidad no ha de ser inferior al cociente entre los costes fijos y los costes variables totales correspondientes al volumen anual de ventas.

de donde se deduce que:

$$c_v \cdot s \cdot q \geqslant C_F$$

o, lo que es lo mismo:

$$s \geqslant \frac{C_F}{c_v \cdot q}$$

EL PRODUCTO Y EL PRECIO

8.5. La fijación de precios basada en la percepción de la relación calidad/precio

> En tal caso, el precio óptimo es aquel para el cual el producto es aceptado pr el mayor número de consumidores.

Ciertos productos se encuentran sometidos a precios mínimos, por debajo de los cuales los consumidores los asocian a una baja calidad y no los adquieren, y a precios máximos, por encima de los cuales no se compran por ser considerados excesivamente caros.

9. Algunas estrategias de precios

Entre las estrategias de precios que pueden seguirse se utilizan con frecuencia los precios promocionales, las líneas de precios, los precios psicológicos, los precios flexibles, los descuentos y la referencia geográfica de precios (tabla 16.6).

TABLA 16.6

ALGUNAS ESTRATEGIAS DE PRECIOS
- Precios promocionales.
- Líneas de precios.
- Precios psicológicos.
- Precios flexibles.
- Descuentos.
- Referencia geográfica.

Los precios promocionales bajos pueden utilizarse para introducir un producto nuevo en el mercado, revitalizar el interés por un producto antiguo o introducirlo en un nuevo segmento.

Algunas empresas no se plantean la fijación del precio de cada producto como un problema aislado, sino que tratan de determinar una combinación de precios para sus diversos productos como un problema global. En la estrategia de líneas de precios se fija un cierto número limitado de precios con objeto de simplificar la decisión del consumidor y crear una imagen concreta fácilmente perceptible.

Por ejemplo, en una zapatería pueden tomar la decisión de vender sus productos a 4.000, 5.000 y 6.000 u.m., sin que exista ningún zapato con un precio comprendido entre éstos. El consumidor selecciona entre los productos situados en la línea de precios ajustada a su presupuesto, y la imagen de ese comercio y de sus productos que percibirá será diferente a la que tendrá del que tiene como líneas de precios 9.000, 11.000 y 13.000 u.m.

Los precios psicológicos son los que se fijan atendiendo a la reacción psicológica del consumidor. Así, algunos consumidores perciben un ahorro en un precio de 899 pesetas en relación al de 900. En algunos casos el aumento del número de dígitos en la cifra del precio influye sensiblemente en las ventas (al pasar de 99 u.m. a 100, o de 998 a 1.001, por ejemplo).

En la estrategia de precios flexibles, éstos varían de mercado a mercado e incluso de consumidor a consumidor. Es una estrategia frecuente en mercados industriales grandes, en los que los clientes que cuentan con cierta antigüedad, o cuyos volúmenes de compras son elevados, reciben de los fabricantes e intermediarios mejores precios que los demás.

A los precios reseñados en catálogos o en relaciones situadas junto al lugar de venta se les denomina precios de lista. Sobre ellos, en muchas ocasiones, se aplican descuentos, que pueden ser por pronto pago, por volumen de compras, de temporada o funcionales. Estos últimos son aquellos que se aplican a los intermediarios que realizan algunas funciones que, de otro modo, habría de realizar el fabricante, como la clasificación de los productos, su envasado, el mantenimiento de inventarios, etc.

El precio final percibido por el proveedor y el abonado por el cliente resultan afectados por las cláusulas de referencia geográfica de los precios. Por ejemplo, cuando, como es frecuente, éstos van seguidos de la clausula FOB (*free on board*) el vendedor dejará la mercancía a bordo del camión, vagón o medio de transporte, en general, siendo de cuenta del comprador el gasto de transporte desde ese momento, así como el riesgo de que la mercancía resulte dañada con posterioridad.

10. Diferenciación y discriminación de precios

La diferenciación y discriminación de precios son prácticas consistentes en aplicar diferentes precios a distintos clientes o marcas, o en diversos lugares o momentos del tiempo.

Algunas estrategias mencionadas anteriormente constituyen formas de diferenciación y discriminación de precios.

La discriminación de precios puede conducir a unos beneficios superiores que si se sigue una estrategia de precio único.

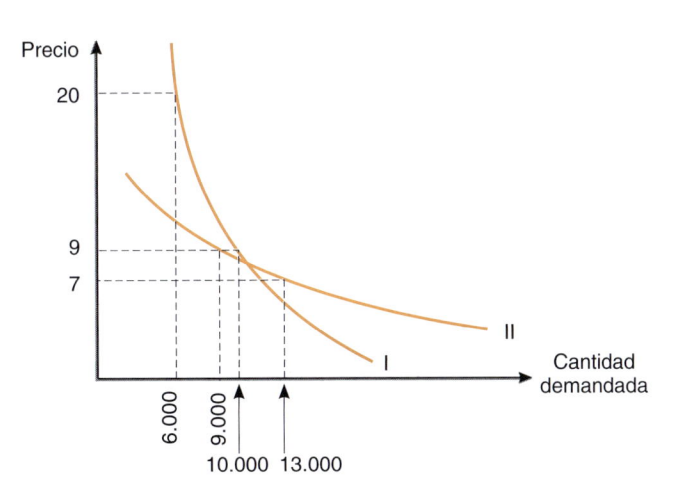

Figura 16.8

ACTIVIDAD RESUELTA 11

En la figura 16.8 se han representado las curvas correspondientes a las funciones de demanda de los mercados I y II de un producto ¿Cuáles son los ingresos de la empresa si lo vende a un precio único de 9 u.m. en ambos mercados? ¿Y si lo eleva a 20 u.m. en el mercado I y lo reduce a 7 en el II? ¿Cuál es el efecto de la discriminación de precios en el beneficio de la empresa?

En el primer caso tendrá una demanda de 10.000 u.f. en el mercado I y de 9.000 en el II. Sus ingresos serán:

$$9(10.000 + 9.000) = 171.000 \text{ u.m.}$$

Al discriminar los precios, tendrá una demanda de 6.000 u.f. en el mercado I y de 13.000 en el II. Sus ingresos valdrán:

$$20 \cdot 6.000 + 7 \cdot 13.000 = 211.000 \text{ u.m.}$$

Con la discriminación se incrementarían los ingresos sin variar los costes, pues la cantidad de producto no se modifica y, por consiguiente, aumentaría el beneficio de la empresa.

El beneficio de una empresa que vende su producto en N mercados con precios diferenciados será:

$$B = (p_1 q_1 + p_2 q_2 + \cdots + p_N q_N) - C_T$$

El ingreso correspondiente al mercado i será el resultado de multiplicar el precio unitario de venta del mismo (p_i) y la cantidad vendida (q_i). Sumando los ingresos de los N mercado se obtiene el ingreso total, del que se deducen los costes totales (C_T) para determinar el beneficio.

Derivando el beneficio respecto a cada uno de los q_i, e igualando a cero el resultado, se obtienen las condiciones necesarias de máximo beneficio:

$$\frac{\partial B}{\partial q_1} = p_1 + q_1 \frac{\partial p_1}{\partial q_1} - c' = 0$$

$$\frac{\partial B}{\partial q_2} = p_2 + q_2 \frac{\partial p_2}{\partial q_2} - c' = 0$$

....

$$\frac{\partial B}{\partial q_N} = p_N + q_N \frac{\partial p_N}{\partial q_N} - c' = 0$$

donde c' es el denominado coste marginal, o modificación que experimenta el coste al modificarse en una unidad física la cantidad de producto producida y vendida:

$$c' = \frac{\partial C_T}{\partial Q} = \frac{\partial C_T}{\partial q_i}\frac{\partial q_i}{\partial Q} = \frac{\partial C_T}{\partial q_i} \quad \text{para todo} \quad i = 1, 2, ..., N$$

pues Q es la cantidad total producida y vendida, es decir:

$$Q = q_1 + q_2 + \cdots + q_N$$

y, por consiguiente:

$$\frac{\partial q_i}{\partial Q} = \frac{1}{\partial Q/\partial q_i} = \frac{1}{1} = 1$$

De forma semejante, de la expresión del ingreso total del mercado i

$$I_i = p_i q_i$$

se deduce la del ingreso marginal de ese mercado, o modificación que experimenta el ingreso al modificarse en una unidad la cantidad q_i:

$$I'_i = \frac{dI_i}{dq_i} = p_i + q_i \frac{dp_i}{dq_i} \quad i = 1, 2, ..., N$$

De las N expresiones anteriores y esta última se sigue que, para que el beneficio sea máximo, los ingresos marginales de los diferentes mercados han de ser iguales entre sí e iguales, además, al coste marginal:

$$\boxed{I'_1 = I'_2 = \cdots = I'_N = c'}$$

Recordando, por otra parte, la ecuación de la elasticidad-precio de la demanda, puede escribirse para el mercado i:

$$I'_i = p_i\left(1 + \frac{q_i}{p_i}\frac{dp_i}{dq_i}\right) = p_i\left(1 - \frac{1}{e_i}\right) \quad i = 1, 2, ..., N$$

donde se supone que la elasticidad es superior a la unidad.

Por consiguiente, para obtener el máximo beneficio ha de cumplirse

$$\boxed{p_1\left(1 - \frac{1}{e_1}\right) = p_2\left(1 - \frac{1}{e_2}\right) = \cdots = p_N\left(1 - \frac{1}{e_N}\right) = c'}$$

Para que el importe

$$p_i\left(1 - \frac{1}{e_i}\right)$$

sea idéntico en todos los mercados, se habrá de fijar un precio más elevado en aquellos cuya elasticidad sea más pequeña.

11. Canal de distribución y precios

Supóngase que el canal por el que se distribuye un producto está integrado por m intermediarios, conforme a la figura 16.9. Si los intermediarios fijan sus precios de venta ($p_1, p_2, ..., p_m$) cargando un margen bruto del s por uno sobre el precio en que lo compran, denominando p_f al precio cobrado por el fabricante al primer intermediario, se tendría:

$$p_1 = p_f(1 + s)$$
$$p_2 = p_1(1 + s) = p_f(1 + s)^2$$
$$p_3 = p_2(1 + s) = p_f(1 + s)^3$$
$$\dots\dots\dots\dots\dots\dots\dots\dots\dots\dots\dots\dots\dots\dots$$
$$p_m = p_f(1 + s)^m$$

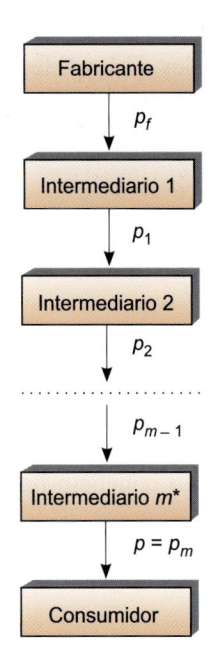

Figura 16.9

Si los márgenes cargados por los distintos intermediarios no coinciden, denominando s_i al cargado por el intermediario i-ésimo, se obtiene:

$$p_1 = p_f(1 + s_1)$$
$$p_2 = p_1(1 + s_2) = p_f(1 + s_1)(1 + s_2)$$
$$p_3 = p_2(1 + s_3) = p_f(1 + s_1)(1 + s_2)(1 + s_3)$$
$$\dots\dots\dots\dots\dots\dots\dots\dots\dots\dots\dots\dots\dots\dots\dots\dots\dots\dots\dots$$
$$p_m = p_f(1 + s_1)(1 + s_2)\dots(1 + s_m)$$

Por consiguiente, por regla general, a medida que el número de intermediarios es mayor, el precio final resulta más elevado. En algún caso puede suceder, sin embargo, que un nuevo intermediario realice funciones que hasta el momento realizaba otra empresa (por ejemplo, el fabricante) y con unos costes más bajos que ésta, con lo que el precio final puede resultar más reducido.

Si, por ejemplo, existen sólo dos intermediarios que desean obtener unos márgenes del s_1 y del s_2 por uno, respectivamente, y el fabricante desea que el precio de venta sea p^*, tendría que fijar un precio p_f tal que cumpla la relación:

$$p^* = p_f(1 + s_1)(1 + s_2)$$

Es decir:

$$p_f = \frac{p^*}{(1 + s_1)(1 + s_2)}$$

A medida que el número de intermediarios se incrementa, la posibilidad de control de la variable fundamental en política de precios (que, evidentemente, es el precio al que se realiza la venta al consumidor final) se reduce. Una vez más aparecen interrelaciones entre las decisiones concernientes a distintas políticas mercadotécnicas y, en este caso, entre la de distribución y la de precios.

> Cuando el canal es muy corto, es decir, cuando el número de intermediarios es pequeño, la empresa fabricante puede tratar de controlar el precio final del producto.

Prueba objetiva de autoevaluación

I. Enunciado

1. La concepción de producto que debe imperar bajo el punto de vista del marketing es la del producto:

    - Genérico. ■
    - Tangible. ■
    - Ampliado.
    - Ninguna de las otras. ■

2. A la situación que ocupa un marca en relación a las demás según los atributos que los consumidores perciben en ellas, se le denomina:

   - Producto diferenciado.
   - Posición de la marca.
   - Atributo de posicionamiento.
   - Ninguna de las otras.

3. El ciclo de vida es útil como:

   - Instrumento predictivo de las ventas.
   - Modelo normativo que determine las estrategias.
   - Instrumento conceptual general.
   - Ninguna de las otras.

4. Cuando con un nuevo producto una empresa trata de dirigirse a nuevos mercados, la estrategia que sigue se denomina:

   - Estrategia de diversificación de productos.
   - Estrategia de diversificación de mercados.
   - Estrategia de diversificación de productos y mercados.
   - Ninguna de las otras.

5. La gama de productos:

   - Es un conjunto de productos agrupados por ciertas características que pueden ser de tipo técnico o comercial.
   - Es el número de productos o referencias que integran la profundidad.
   - Está formada por el conjunto de líneas.
   - Ninguna de las otras.

6. El número total de productos o items de la empresa se denomina:

   - Amplitud.
   - Longitud.
   - Profundidad.
   - Ninguna de las otras.

7. El test de concepto se realiza en:

   - El análisis de viabilidad.
   - El desarrollo del producto.
   - La selección de ideas.
   - Ninguna de las otras.

8. La principal decisión en política de marcas es la referente a:
   - La disyuntiva entre marcas de fabricante y marcas nacionales. ■
   - La disyuntiva entre marcas de distribuidor y marcas locales.
   - La disyuntiva entre marcas individuales y marcas de familia.
   - Ninguna de las otras.

9. El precio mínimo es:
   - El coste variable unitario.
   - El coste total unitario. ■
   - El precio técnico.
   - Ninguna de las otras.

10. Para no incurrir en pérdidas, el cociente entre los costes fijos y los costes variables totales correspondientes al volumen anual de ventas no debe ser superior que:
    - El tanto de rentabilidad sobre el coste variable. ■
    - El tanto de descuento sobre coste variable.
    - El descuento sobre ventas.
    - Ninguna de las otras. ■

II. Respuestas correctas

1. ■
2.
3.
4.
5. ■
6. ■
7.
8.
9. ■
10. ■

17 COMUNICACIÓN Y DISTRIBUCIÓN

INTRODUCCIÓN

LA PUBLICIDAD
- El presupuesto publicitario
- El mensaje publicitario
- Selección de medios y soportes
- Medida y control de eficacia

LA PROMOCIÓN DE VENTAS

LAS RELACIONES PÚBLICAS

LA VENTA PERSONAL: CONCEPTO, CLASES Y FUNCIONES

LA PRESENTACIÓN DE VENTAS

PUBLICIDAD Y VENTA PERSONAL

RETRIBUCIÓN DE LA FUERZA DE VENTAS
- Sueldo fijo
- Comisión
- Sistemas mixtos

ASIGNACIÓN DE LA FUERZA DE VENTAS
- Por productos
- Por territorios
- Por clientes

EL TAMAÑO DE LA FUERZA DE VENTAS
- Modelos de distribución
- Modelos marginales

LA DISTRIBUCIÓN
- Concepto
- Funciones de los intermediarios
- La selección de los canales de distribución. Innovación y conflictos
- La distribución física

1. Introducción

En las relaciones entre la empresa y el mercado de consumidores circulan flujos reales, financieros y de información:

— Los dos primeros tipos de flujos se generan por los intercambios de productos y dinero.
— En cuanto a los flujos de información, algunos son de entrada, como cuando la empresa investiga el mercado para captar su situación, los deseos de los consumidores, etc., y otros son de salida. Los flujos de información de salida están formados por las comunicaciones que la empresa envía al mercado con objeto de propiciar la venta de sus productos.

Sobre la consecución de información del mercado se trató en un capítulo anterior. La política de información de salida, o comunicación externa será objeto de estudio en éste.

La comunicación externa, o promoción, es una de las políticas de marketing-mix y comprende cuatro actividades principales:

1. La publicidad.
2. La promoción de ventas propiamente dicha.
3. Las relaciones públicas.
4. Las acciones promocionales de la fuerza de ventas.

Se denomina mezcla promocional o marketing-mix de promoción o comunicación a una combinación empresarial de estas cuatro variables.

Se estudia también en este capítulo la última de las variables del marketing-mix: la distribución. Los distribuidores crean utilidad de lugar, transportando el producto hasta el consumidor, y utilidad de tiempo, poniéndolo a su disposición cuando éste desea adquirirlo.

Hay, al menos, cuatro razones por las que la selección adecuada del canal de distribución y la posterior atención a sus miembros tiene gran importancia:

1. En primer lugar, porque la venta no se encuentra realmente completa hasta que el producto es adquirido por el consumidor final, al que hay que hacérselo llegar.
2. Los distribuidores continúan las actividades de marketing de la empresa, siendo responsables, en muchas ocasiones, del servicio al cliente y de actividades posteriores a la venta que pueden afectar a la imagen del producto y de la empresa fabricante.
3. La mayor parte de los distribuidores trabajan con productos y marcas de diferentes empresas que compiten entre sí, y el apoyo de los distribuidores en unos u otros puede ser un factor de gran incidencia en sus respectivos volúmenes de ventas.
4. La mayor parte de los productos se suelen encontrar en la fase de madurez de su ciclo de vida y es en esta etapa en la que el apoyo de los distribuidores tiene mayor importancia, pues en ella ya suelen existir otros productos de características semejantes compitiendo en los distintos segmentos del mercado.

TABLA 17.1

RAZONES DE LA IMPORTANCIA DEL CANAL DE DISTRIBUCIÓN

- Fin de la venta.
- Continuación de las actividades de marketing.
- Competencia en el canal.
- Productos en fase de madurez.

2. La publicidad

La publicidad es una forma de comunicación en masa que tiene como objetivo transmitir información, crear una actitud o inducir a una acción beneficiosa para quien la realiza.

Se distingue entre:

— Publicidad difusiva, que es la que pretende solamente dar a conocer algo (un producto nuevo, una modificación, etc.).
— Publicidad persuasiva o combativa, cuando trata de incidir en el reparto del mercado entre distintos productos.
— Publicidad mixta cuando combina objetivos de difusión y de persuasión, que es lo habitual.

Las principales cuestiones que se plantean en materia de publicidad son las siguientes:

1. Decisiones relativas al presupuesto publicitario, es decir, a la determinación de la cantidad que ha de invertirse en publicidad.

2. Decisiones referentes a la determinación del mensaje publicitario.
3. Selección de medios y soportes publicitarios.
4. Medición y control de los efectos de la publicidad.

2.1. El presupuesto publicitario

La mayoría de las empresas determinan sus presupuestos publicitarios atendiendo a alguna de las siguientes reglas generales:

1. Gastar el montante que resta del beneficio una vez atendida la rentabilidad normal del capital.
2. Gastar un porcentaje fijo de las ventas en unidades monetarias, o una cantidad fija por unidad de producto vendida.
3. Asignar un presupuesto variable en función de los gastos que realice la competencia, no gastando menos que la media, lo que podría dejar a la empresa en desventaja, ni mucho más, lo que podría dar lugar a una «guerra publicitaria».
4. Presupuestra tras análisis de los objetivos perseguidos y de los costes precisos para alcanzarlos.

Los dos primeros procedimientos conducen a la realización de mayores esfuerzos publicitarios cuando menos necesarios son, es decir, cuando las ventas y los beneficios son elevados. En lugar de amortiguar las oscilaciones económicas coyunturales, las acentúan.

El tercer procedimiento no siempre se justifica, pues, en ciertos momentos (lanzamiento de nuevos productos, diferenciación de los mismos y acceso a nuevos segmentos del mercado, etc.), pueden requirirse esfuerzos publicitarios muy superiores a la media del sector.

El mejor procedimiento es el último. Se trata de determinar el volumen de gastos que optimiza el objetivo. Supóngase, así, que se trata de maximizar las ventas, q, y que se conoce la función, f, que relaciona esa variable y el volumen de gastos en publicidad, L. El valor óptimo de L será aquel para el cual se cumpla la condición necesaria de óptimo:

$$\frac{dq}{dL} = \frac{df(L)}{dL} = 0$$

y la suficiente:

$$\frac{d^2q}{dL^2} = \frac{d^2f(L)}{dL^2} \leqslant 0$$

Si se trata de maximizar el beneficio:

$$B = p \cdot q - C(q) - L$$

donde p es el precio de venta y $C(q)$ los otros costes, excluidos los de publicidad, la condición necesaria será:

$$\frac{dB}{dL} = p\frac{dq}{dL} - \frac{dC(q)}{dq}\frac{dq}{dL} - 1 = 0$$

siendo condición suficiente que la segunda derivada sea negativa.

El problema se halla en que generalmente no se conoce la relación funcional existente entre las ventas y el esfuerzo publicitario y, sin embargo, sin cierto grado de conocimiento de la relación no es posible llegar a una optimización de la decisión ni aún de una forma aproximada.

En la determinación de la función que relaciona ventas y gastos publicitarios, la principal dificultad se encuentra en aislar el efecto de éstos sobre aquéllas, pues el volumen de ventas depende también de otras variables de control de la empresa (producto, precio, distribución, y otras formas de promoción) y de circunstancias que la empresa no puede controlar, como las acciones de la competencia, la coyuntura económica, etc.

Otra dificultad es que suele existir cierto retraso en el efecto de la publicidad sobre las ventas, que estos desfases no son siempre del mismo tamaño, y que, además, la intensidad de dicho efecto es también variable.

Generalmente se considera que la curva correspondiente a la función adopta una forma semejante a la de la figura 17.1, es decir, que inicialmente las ventas se incrementan más que proporcionalmente con los aumentos de los presupuestos de publicidad, hasta cierto nivel a partir del cual lo hacen menos que proporcionalmente. Existe un nivel de ventas mínimo que no requiere publicidad, y otro máximo que se alcanza a medida que el mercado se va saturando.

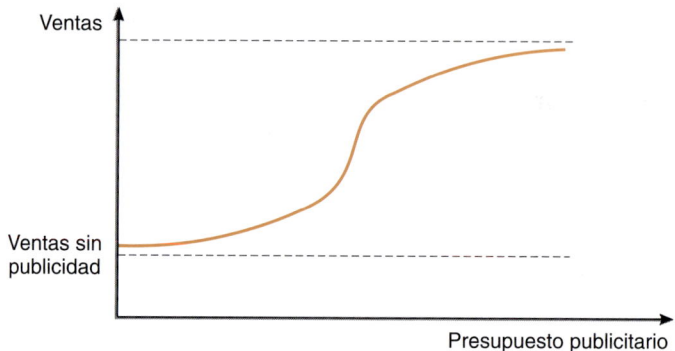

Figura 17.1

2.2. El mensaje publicitario. El anuncio

Son requisitos del texto publicitario:

1. Que señale algún atributo del producto que sea deseable.
2. Que lo señale con carácter exclusivo.
3. Que resulte creíble.

Como es evidente, debe evitarse, además, la evocación de aspectos no deseables en el producto. Al destacarse atributos favorables de un producto (baja nicotina de cierto tabaco), pueden recordarse ideas contrarias (el tabaco es perjudicial para la salud).

El anuncio será diferente si se requiere una acción directa de fuerte impacto, o una acción diluida a largo plazo, pero en cualquier caso debe:

— En primer lugar, atraer la atención y, después, mantener el interés durante el tiempo suficiente para estimular la atracción por el producto.
— Poner de manifiesto la acción que ha de emprender el consumidor, ya sea un cambio inmediato o lento, o un mantenimiento de su comportamiento.

El anuncio está formado por:

— Un texto, que es la parte escrita o hablada.
— Una ilustración, es decir, una fotografía, película, dibujo, etc., dispuesto físicamente según cierta composición.

Se trata de hacer el mejor uso posible del espacio físico o temporal disponible.

Generalmente, antes del lanzamiento del mensaje se requieren:

— Estudios de opiniones de individuos o grupos de consumidores.
— Pruebas de memorización.
— Análisis de efectividad.

2.3. Selección de medios y soportes publicitarios

> Se denomina soporte a todo elemento que puede ser utilizado para transmitir el mensaje publicitario al consumidor.
>
> Un medio está formado por todos los soportes afines o de la misma categoría.

Son ejemplos de soportes el diario *ABC*, *El País*, *El Mundo*, etc.
Son ejemplos de medios la prensa escrita, la radio, la televisión, etc.
El proceso de selección comienza con la enumeración de los medios y soportes disponibles. La elección entre ellos depende de los siguientes factores:

1. Los objetivos del mensaje.
2. La difusión del medio y el soporte entre el segmento de población al que se desea dirigir la comunicación.

> El público al que se dirige el anuncio es su población-objetivo.

3. Las características del producto.
4. Las características de la población-objetivo
5. Las posibilidades de anunciar el producto en momentos concretos del tiempo, como los cercanos a la decisión de compra.
6. El precio de los medios y soportes.
7. Los servicios complementarios que ofrecen.

> La audiencia de un soporte publicitario es el número de personas de la población-objetivo a las que les llega el mensaje.

Una de las magnitudes de mayor importancia en la selección de medios y soportes es la audiencia de cada uno de ellos.

Cuando se piensa en utilizar varios soportes, importa conocer también las intersecciones que se producen entre ellos, pues a algunas personas les puede llegar por varios soportes y la magnitud relevante es la audiencia neta.

> La audiencia neta es el número de personas de la población objetivo expuestas al menos a uno de los soportes.

Supongamos que se trata de una empresa que inserta un anuncio en los soportes S_1, S_2 y S_3, para dirigirse a una población de N personas, como se ha representado en la figura 17.2.

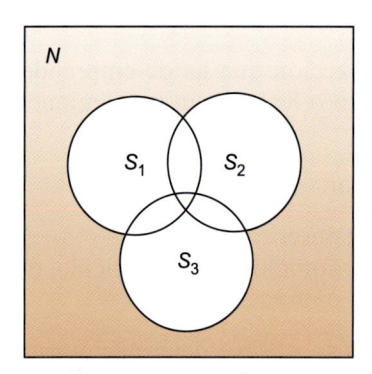

Figura 17.2

Denominando:

n_i: a la audiencia del soporte i ($i = 1, 2, 3$)
n_{ij}: al número de personas expuestas a los soportes i y j simultáneamente ($i\,j = 1, 2, 3$)
n_{123}: al número de personas expuestas a los tres soportes de manera simultánea

> Se denomina penetración de un soporte al tanto por uno que, del número de personas a las que se dirige el mensaje, representa el número de las que resultan expuestas al mismo.

La audiencia neta será:

$$n = n_1 + n_2 + n_3 - n_{12} - n_{13} - n_{23} + n_{123}$$

La penetración del soporte i es el cociente:

$$P_i = \frac{n_i}{N}$$

532 INTRODUCCIÓN A LA ECONOMÍA DE LA EMPRESA

De forma semejante se definen las penetraciones conjuntas de dos soportes

$$P_{12} = \frac{n_{12}}{N}$$

$$P_{13} = \frac{n_{13}}{N}$$

$$P_{23} = \frac{n_{23}}{N}$$

y la penetración de los tres soportes:

$$P_{123} = \frac{n_{123}}{N}$$

La penetración neta será:

$$P = \frac{n}{N} = \frac{n_1 + n_2 + n_3 - n_{12} - n_{13} - n_{23} + n_{123}}{N}$$

Es decir:

$$P = P_1 + P_2 + P_3 - P_{12} - P_{13} - P_{23} + P_{123}$$

Entre las distintas alternativas existentes de combinación de soportes conviene, en principio, elegir aquella para la que la audiencia neta y la penetración neta sean más elevadas, si bien teniendo en cuenta también los restantes factores señalados anteriormente.

ACTIVIDAD RESUELTA 1

Con una campaña de publicidad realizada en tres soportes se pretende alcanzar a una población objetivo de cinco millones de personas. La audiencia del primer soporte es de 3.500.000 personas, la del segundo es de 700.000 y la del tercero de 1.750.000. Las audiencias conjuntas son las siguientes:

— Del primer soporte y del segundo, 350.000 personas.
— Del primero y del tercero, 175.000 personas.
— Del segundo y del tercero, 525.000 personas.
— De los tres soportes, 35.000 personas.

Se desea conocer la audiencia neta y la penetración neta de la campaña.

La audiencia neta será:

$$n = n_1 + n_2 + n_3 - n_{12} - n_{13} - n_{23} + n_{123} =$$
$$= 3.500.000 + 700.000 + 1.750.000 - 350.000 -$$
$$- 175.000 - 525.000 + 35.000 = 4.935.000 \text{ personas}$$

Y la penetración neta valdrá:

$$P = \frac{n}{N} = \frac{4.935.000}{5.000.000} = 0,987 \text{ por } 1$$

La penetración neta es el 98,7 %. En la campaña resulta expuesta al mensaje el 98,7 % de la población-objetivo.

2.4. La medida y el control de la eficacia de la publicidad

El control de la publicidad requiere una medida de los resultados de cada campaña.

En principio, tales resultados deberían considerarse en relación a una variable objetivo o congruente con los objetivos, como la variable ventas. Pero, como ya se señaló anteriormente, para ello existen dificultades derivadas de la existencia de otros factores que también influyen en ese volumen, así como de la presencia de retardos variables en la respuesta de las ventas a la publicidad.

Para medir su incidencia en los consumidores, se emplean tests de recuerdo y de reconocimiento sobre muestras de personas que han estado expuestas al soporte del mensaje:

— En los tests de recuerdo o memorización se les pide una descripción del anuncio.
— En los tests de reconocimiento se les pregunta si han visto el anuncio en un determinado medio, o con qué marca asocian un producto, o una necesidad, etc.

Otros tests tratan de determinar la modificación de las actitudes de los consumidores analizando sus preferencias antes y después de recibir el mensaje publicitario.

Por ello, en los controles a corto plazo suele ser más frecuente medir el grado de cumplimiento de los objetivos específicos de la comunicación, es decir de su incidencia en los consumidores.

En los controles a largo plazo se utilizan modelos econométricos y diseño de experimentos.

Dadas las dificultades mencionadas, por regla general, la incidencia de la publicidad en las ventas sólo puede medirse cuando ha transcurrido un período de tiempo suficientemente largo.

Con los modelos econométricos se separan los efectos de la publicidad de los de los demás factores y se incorporan los desfases temporales.

Otra posibilidad es realizar una experimentación como la de la ciudad testigo, consistente en elegir dos ciudades tan semejantes entre sí como sea posible en cuanto a los factores que pueden incidir en la evolución de sus ventas, y lanzar una campaña publicitaria en sólo una de ellas (la ciudad experimento), comparándose luego las ventas de ésta con las de la ciudad en la que no se realiza ninguna publicidad (ciudad testigo). Como ya es sabido, puede realizarse un análisis de la varianza para determinar el grado en que la publicidad explica la variabilidad en las ventas.

3. La promoción de ventas y las relaciones públicas

La Asociación Americana de Marketing define la promoción de ventas del siguiente modo:

La promoción de ventas está formada por todas aquellas actividades mercadotécnicas distintas de la venta personal y de la publicidad, que estimulan las compras de los clientes y la eficacia de los vendedores, tales como exposiciones, ferias, demostraciones, material para tiendas y otros esfuerzos de ventas no repetitivos que se encuentran fuera de la rutina habitual.

La principales diferencias entre la promoción de ventas y la publicidad son las siguientes:

1. Por regla general, la publicidad se realiza por medios controlados por terceros, en tanto que los instrumentos utilizados en la promoción de ventas son controlados por la propia empresa.
2. Las decisiones de promoción de ventas son esporádicas y menos rutinarias que las de publicidad.
3. La importancia de la promoción de ventas suele ser mayor en las pequeñas empresas que en las grandes, muchas de las cuales podrían obtener beneficios sin realizar promoción de ventas, pero no sin la publicidad o sin la venta personal.

En muchos casos, la promoción de ventas actúa como puente entre la publicidad y la venta personal completando y coordinando los esfuerzos realizados en estos dos campos.

La promoción puede tener como objetivo al que dirigirse:

— El consumidor final.
— Los distribuidores.
— Los prescriptores, que son personas cuya opinión e influencia determina o condiciona en buena parte la selección del consumidor (por ejemplo, médicos, peluqueros, maestros, etc.).

La promoción dirigida al consumidor final puede tratar de informarle o de estimularle:

- Constituyen instrumentos de información la entrega de manuales y folletos informativos, la realización de demostraciones y la disposición de servicios de resolución gratuita de consultas sin compromiso.
- Como instrumentos de estímulo al consumidor se utilizan medios como la distribución de muestras gratuitas y la realización de concursos y ofertas de premios.

La promoción en el lugar de compra tiene especial importancia en los productos cuya adquisición se realiza por impulso. Llegado el momento de la compra, el impacto de la publicidad realizada por medios de comunicación de masas puede haber desaparecido y la promoción realizada en el lugar de compra puede ser el único medio de informar, recordar y estimular al consumidor.

Las actividades de promoción dirigidas a los distribuidores pueden ser, también, de información y prestación de servicios, o de estímulo e incentivación inmediata:

- Entre las primeras se encuentran las de asistencia en la formación de sus vendedores, asesoría contable y en la organización y control de sus almacenes, en la disposición de sus expositores, ectécera.
- Entre los medios de estímulo se encuentran los descuentos por volumen de compras, los concursos de ventas entre distribuidores, las ofertas especiales, etc.

Los vendedores, agentes y representantes de la empresa tienen un papel importante en la promoción ayudando a los consumidores y distribuidores con su asesoramiento y actuando como agentes de comunicación de la empresa. Pero también pueden ser objeto de instrumentos de promoción con los que se trata de informarles, estimularles y aumentar su eficacia mediante competiciones de ventas, primas por volumen de ventas, distinciones honoríficas, etc.

La actividad de los agentes y representantes de la empresa con los prescriptores es una de las labores promocionales más importantes realizadas con este colectivo. Otras actividades de promoción son las de entregas de catálogos, folletos, muestras gratuitas, y las visitas a la empresa y a sus instalaciones, así como labores de divulgación basadas en conferencias y seminarios técnicos.

Una actividad promocional en la que fabricantes y distribuidores pueden estar en desacuerdo es el *merchandising.*

La importancia del *merchandising* ha crecido a medida que se han desarrollado los autoservicios y que se ha incrementado el número de productos que satisfacen necesidades idénticas o muy semejantes.

Los principales principios en que se basa el *merchandising* son:

1. Aquello que se ve se vende; lo que se coge se compra. Los mejores lugares son los de paso obligado, como la entrada y la salida, y los de paso repetido, como los cruces de los pasillos interiores. Las mejores zonas de los estantes son las que se encuentran a la altura de los ojos y al alcance de las manos.

El merchandising del distribuidor comprende el conjunto de decisiones y actividades relativas a la exposición de los productos en el lugar de venta, el espacio dedicado a cada uno de ellos, su presentación y, en general, la disposición de los artículos en la tienda o almacen de venta.

2. El volumen de ventas de un producto es tanto mayor cuanto más elevado sea su volumen expuesto, pues estimula su compra en mayores cantidades. El sentimiento de abundancia crea euforia en los clientes.
3. La imagen de un producto depende de la de los que le rodean. Puede promocionarse la venta de un producto de baja calidad y precio moderado, pero que tenga una notable apariencia técnica, colocándolo entre otros de notoria alta calidad y precio elevado.
4. Para facilitar la decisión de compra, los productos han de situarse en grupos de características homogéneas. Los artículos que son complementarios entre sí deben colocarse juntos (por ejemplo, la espuma y las hojas de afeitar).
5. La situación de los artículos junto a otros de compra repetida o que son objeto de fuerte promoción incentiva su compra, pues el lugar en que se sitúan estos últimos se transforma de zona de paso casi obligado.

El distribuidor contempla la disposición de los productos como un problema global, por lo que sus intereses no siempre coinciden con los del fabricante, cuyo deseo es que a sus productos se les destinen lugares amplios y bien localizados.

En el *merchandising*, la disposición de los productos en la tienda se completa con la señalización exterior, los rótulos de la fachada y los escaparates, que son también reclamos para atraer al comprador. En el interior, el ambiente creado con la iluminación, el mobiliario, los colores y la música influyen en la actitud del consumidor y en su comportamiento de compra.

Las principles diferencias entre la publicidad y las relaciones públicas son las siguientes:

1. Las comunicaciones de las relaciones públicas se dirigen a mayor variedad de receptores, pudiendo ser su destino grupos internos a la empresa, como sus empleados.
2. Las actividades de relaciones públicas se basan en un esfuerzo continuado de mantenimiento de una política estable, a largo plazo, para la consolidación de una opinión publica favoraable, y para la obtención de la confianza de los grupos a los que se dirige.
3. Aunque las actividades de las relaciones públicas tienen un coste, y en ocasiones muy elevado, no se suele pagar por los mensajes que genera. Se trata más bien de crear noticias favorables a la empresa que los medios de difusión recogen como tales acontecimientos, y no como anuncios pagados.
4. El mensaje de las relaciones públicas es más sutil y no tan evidente o directo como el de la publicidad.
5. La comunicación de las noticias en las relaciones públicas no es tan repetitiva como suele serlo en la publicidad. Si lo fuera, resultaría contraproducente.

> Las relaciones públicas comprenden todas las actividades y decisiones destinadas a mejorar y mantener las relaciones de la organización empresarial con conjuntos de personas tales como sus empleados, los consumidores, los accionistas, los medios de comunicación, las autoridades locales o los sindicatos.

6. El mensaje es más creíble en las relaciones públicas que en la publicidad, principalmente cuando se trata de una opinión o de una noticia dada por personas ajenas a la empresa.

No obstante, entre las relaciones públicas, la publicidad y la promoción de ventas existen nexos evidentes. Las tres forman parte del sistema promocional y debe existir congruencia entre las comunicaciones generadas por cada una de ellas.

El conjunto de medios existente para mantener unas buenas relaciones públicas es inagotable. Abarca desde la realización gratuita de actividades culturales (ciclos de conferencias de música o literatura, exposiciones de pintura, edición de libros de interés cultural, etc.), hasta el patrocinio de equipos deportivos o la recopilación y difusión de datos de interés social por parte de sus servicios de estudios económicos y sociales.

Se trata de un obrar bien y hacerlo saber que requiere:

1. Determinar lo que los grupos sociales desean y los intereses puestos en juego. Se ha de tener en cuenta la mentalidad, los hábitos de vida, las aspiraciones generales e incluso los prejuicios nacionales.
2. Orientar las decisiones y la acción a la satisfacción de tales deseos e intereses.
3. Exponer y demostrar lo que se ha realizado en tal sentido.

Los pseudoacontecimientos tienen, sobre los «hechos no elaborados», las siguientes ventajas:

1. Pueden ser planificados y preparados minuciosamente con mucha anticipación.
2. Son más independientes del momento y del lugar en que se producen.
3. Pueden ser ampliados antes, por la previsión de su futuro acaecimiento, y después, por los comentarios sobre lo ocurrido y cuanto se había previsto.
4. Se pueden disponer los instrumentos y autores más adecuados al efecto deseado.

> En ocasiones, el resultado final de las relaciones públicas que se presenta al público es un pseudoacontecimiento, es decir, un hecho elaborado dispuesto para su difusión por los medios de comunicación.

No se debe confundir un pseudoacontecimiento con una falsificación. Las relaciones públicas y sus comunicaciones tratan de establecer relaciones de confianza a largo plazo y nada sería más contrario a tales propósitos que la elaboración de informaciones basadas en falsedades.

Al igual que ocurre con otras variables, es difícil estimar con precisión los efectos de las relaciones públicas sobre la rentabilidad de la empresa, dado que sobre esta última inciden multitud de circunstancias.

La apreciación de su efectividad se suele realizar de forma intuitiva, si bien en algunas ocasiones se pueden obtener indicios de su valor, como en la realización de sondeos de opinión o en la respuesta obtenida al solicitar mayor capital a los accionistas, un esfuerzo temporal a los empleados o una información a los poderes públicos.

4. La venta personal

4.1. Concepto

Se denomina venta personal a la realizada mediante contacto personal entre el vendedor, agente o representante de la empresa, y el comprador.

Es, por consiguiente, una forma de distribución, pero también un instrumento de promoción de gran importancia, especialmente en los mercados industriales, basado en el conocimiento que el vendedor tiene de los gustos, necesidades y deseos del comprador, y en la confianza que éste puede llegar a tener en aquél, dada la comunicación personal y la relación social que puede llegar a establecerse entre ellos.

El vendedor debe conocer bien el producto de la empresa para informar a los posibles compradores. Pero, además de conducir información del producto y de la empresa hacia el consumidor, el vendedor puede comunicar en sentido inverso informando a la empresa sobre la evolución del mercado, las necesidades, gustos y deseos de los clientes, las acciones de la competencia y de los intermediarios, etc.

En la tabla 17.2 se presentan varias clasificaciones de los vendedores. No todas son incompatibles entre sí y, en realidad, en cuanto a la primera agru-

CRITERIO	TIPOS DE VENDEDORES	DESCRIPCIÓN
Según su **función**	**Captadores**	Su función es encontrar clientes nuevos. Se incluyen los vendedores a domicilio.
	Promotores de ventas	Su función es promocionar las ventas provocando la mejor comunicación entre la empresa y sus clientes.
	Técnicos de venta	Su función es instruir técnicamente para la mejor utilización del producto. Cuando son productos industriales de alta tecnología, por lo que se requiere una elevada cualificación, se les puede denominar *ingenieros de ventas*. También se incluyen en esta categoría los denominados *delegados* o *visitadores* encargados de mostrar productos a los prescriptores.
	Tomadores externos de pedidos	Su función es desplazarse visitando a los clientes para anotar sus pedidos y procurar que en ningún momento estén desabastecidos.
	Tomadores internos de pedidos	Su función es recibir los pedidos en el interior de las instalaciones de la empresa.
	Repartidores	Su función es, simplemente, entregar el producto más que efectuar su venta.

TABLA 17.2

CRITERIO	TIPOS DE VENDEDORES	DESCRIPCIÓN
Según el grado de **vinculación** a la empresa	**Vendedores de plantilla**	Son empleados de la empresa que tienen una relación jurídica estable con la misma.
	Agentes comerciales	Son vendedores independientes de la empresa, pero que actúan habitualmente por cuenta de la misma. Suelen actuar por cuenta de varias empresas.
	Comisionistas	Son vendedores encargados de concertar operaciones de compraventa por cuenta de la empresa con la que se relacionan mediante un contrato de comisión, sin relación laboral alguna.
	Representantes mercantiles	Son vendedores encargados de concertar operaciones de compraventa por cuenta de la empresa con la que se relacionan mediante una relación jurídica mercantil de representación.
Según la **amplitud del territorio** en que operan	**Viajantes**	Representan a la empresa en un amplio territorio sin oficinas permanentes en el mismo.
	Representantes de zona	Se les asigna una zona limitada de venta.
	Corredores de plaza	Desarrollan sus funciones en una ciudad.

TABLA 17.2. (Continuación)

pación, lo normal es que los vendedores realicen varias funciones, de tal forma que la columna derecha de dicha clasificación puede entenderse como una enumeración de las funciones que desarrollan o pueden desarrollar los vendedores.

4.2. La presentación de ventas

Los cuatro enfoques principales en la venta personal son la respuesta al estímulo, la técnica AIDA de estados mentales, el enfoque de la satisfacción de las necesidades, y el enfoque de la resolución de problemas (tabla 17.3).

ENFOQUES PRINCIPALES EN LA PRESENTACIÓN DE VENTAS
• Respuesta al estímulo. • Técnica AIDA. • Satisfacción de las necesidades. • Resolución de problemas.

TABLA 17.3

La respuesta al estímulo parte de enfocar al cliente como una caja negra en la que se han identificado ciertas relaciones entrada-salida del tipo estímulo-respuesta (figura 17.3).

Figura 17.3

ENTRADAS — SISTEMA — SALIDAS

Estímulo A, Estímulo B, Estímulo C → CLIENTE POTENCIAL (CAJA NEGRA) → Respuesta A, Respuesta B, Respuesta C

> Bajo este enfoque el vendedor debe decir las palabras adecuadas estándar y memorizadas (estímulo) en el momento oportuno para obtener una secuencia de respuestas favorables del cliente potencial.

El principal inconveniente de este enfoque es que los clientes no siempre responden del modo esperado, lo que puede desorientar al vendedor e impedir que concluya la presentación.

Sin embargo, puede ser adecuado en ventas:

— Que sean sencillas.
— Que el vendedor repita frecuentemente.
— Que se dirijan a personas que tengan características que sean siempre muy similares.

> La técnica AIDA se basa en el lema «atraiga la atención, sostenga el interés, suscite el deseo y provoque la acción».

La técnica AIDA sugiere que el cliente pasa por una secuencia lógica de estados mentales en cualquier situación de compra. El vendedor debe realizar la presentación con la idea de impulsar al comprador de un estado mental al otro hasta completar la venta (figura 17.4).

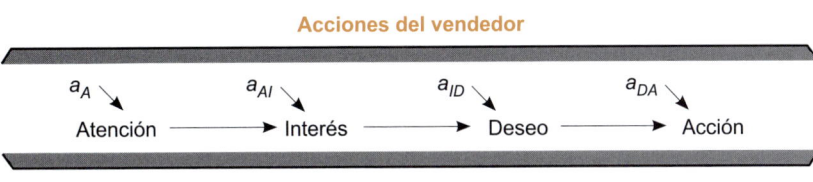

Figura 17.4

Acciones del vendedor

a_A → Atención → a_{AI} → Interés → a_{ID} → Deseo → a_{DA} → Acción

Estados mentales del cliente potencial

Gracias a su sencillez esta técnica cuenta con bastante aceptación, aunque también tiene algunos defectos:

— No siempre es fácil saber en qué fase se encuentra el cliente potencial.
— Puede provocar que el vendedor se centre con exceso en su argumentación olvidando adaptarse a las necesidades y a los deseos de la persona.

Además, se debe tener presente que la relación entre el vendedor y el comprador no termina con la acción de compra, sino que es conveniente que continúe para asegurar la posterior satisfacción del cliente, su confianza en el vendedor y la posibilidad de otras ventas futuras.

En el enfoque de la satisfacción de las necesidades se parte de una comprensión de la psicología del cliente potencial, utilizándose la identificación de su necesidad como punto de partida del proceso.

En el enfoque de la satisfacción de las necesidades, una vez identificada la necesidad del cliente, se trata de que éste la acepte, y posteriormente se ofrece el producto como solución para satisfacerla (figura 17.5).

La principal ventaja de este enfoque es su orientación: el vendedor ha de partir de la idea de que el objeto de la venta no es tanto el producto tangible o el ampliado como la satisfacción de una necesidad, pues es esto lo que realmente desea adquirir el comprador.

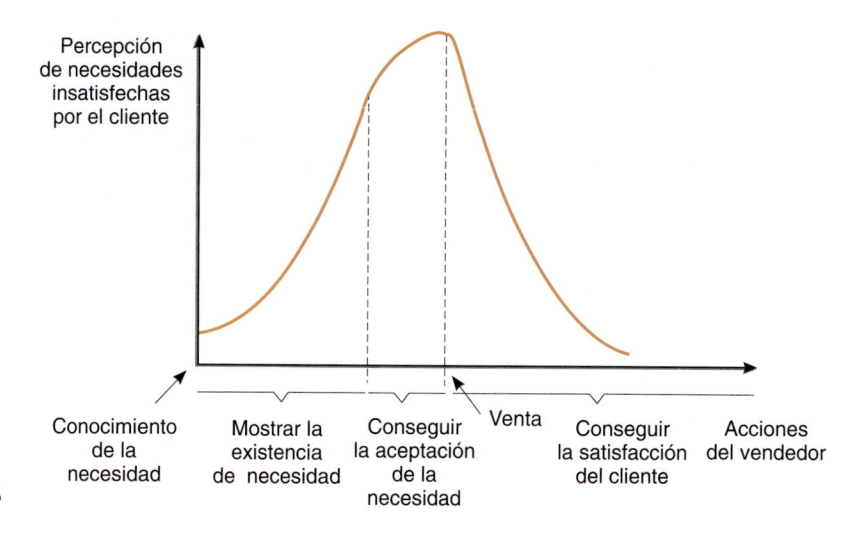

Figura 17.5

Sus inconvenientes son:

— El prolongado período de tiempo requerido para determinar la necesidad del cliente y determinar la forma en la que el producto la satisface.
— Requiere cierta experiencia y capacidad de comunicación y persuasión por parte del vendedor.

Por ello, este enfoque se suele utilizar con productos y clientes de cierto nivel de refinamiento, como en la venta de seguros, planes de jubilación o productos industriales.

El enfoque de la resolución de problemas combina el enfoque de la satisfacción de necesidades con el método científico de toma de decisiones y resolución de problemas.

A semejanza del enfoque anterior, el enfoque de la resolución de problemas comienza con la identificación de las necesidades del cliente potencial y con la consecución de la aceptación por su parte. Se le muestra que tiene un problema: que debe decidir cómo resolver la necesidad. Posteriormente, el vendedor le ayuda a enumerar las alternativas de resolución, mostrándole las ventajas y los inconvenientes de cada una, y le ayuda a elegir (figura 17.6).

Este enfoque suele requerir más tiempo y habilidad del vendedor que los anteriores, por lo que se le suele utilizar en ventas de cierto volumen de productos industriales y servicios técnicos.

Cliente potencial → **Vendedor**

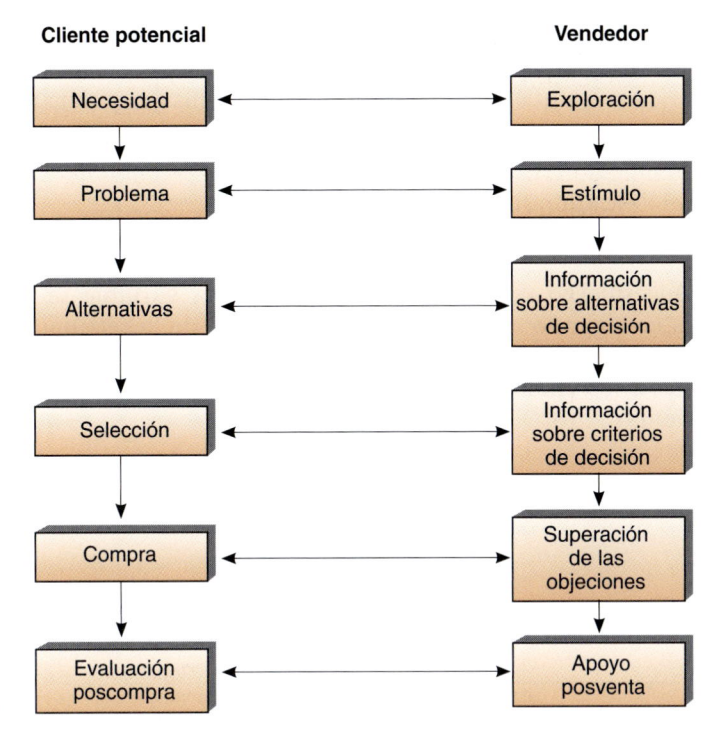

Necesidad ↔ Exploración
↓ ↓
Problema ↔ Estímulo
↓ ↓
Alternativas ↔ Información sobre alternativas de decisión
↓ ↓
Selección ↔ Información sobre criterios de decisión
↓ ↓
Compra ↔ Superación de las objeciones
↓ ↓
Evaluación poscompra ↔ Apoyo posventa

Figura 17.6

Obviamente, no son enfoques incompatibles entre sí, y puede pensarse en innumerables formas de combinar las cuatro perspectivas básicas.

La presentación puede ser diferente según sea la publicidad previamente realizada del producto y el conocimiento que el cliente tiene del mismo, según se verá seguidamente.

4.3. Publicidad y venta personal

Los principales efectos de la publicidad en relación a las tareas de la fuerza de ventas son las siguientes:

1. Refuerza los argumentos del vendedor, siempre, como es obvio, que exista congruencia entre los mensajes publicitarios y las comunicaciones de los vendedores.
2. Realiza la tarea previa de venta, pues el cliente que ha recibido mensajes publicitarios y tiene una imagen definida del producto necesita menos información que el que no tiene noticia previa alguna.
3. Permite el acceso a grupos de convivencia y referencia y prescriptores que pueden condicionar la decisión del cliente potencial y a los que el vendedor no tiene acceso para comunicarse.
4. Permite que el proceso de comunicación continúe entre visita y visita del vendedor, facilitando la venta.

5. Proporciona argumentos y estimula a los vendedores, quienes tienen mayor confianza en la venta de productos previamente anunciados que en los que no han sido objeto de mensajes publicitarios.

4.4. Retribución de la fuerza de ventas

El esfuerzo comercial realizado en esta variable se mide por el presupuesto asignado a la misma y éste depende de la retribución de los vendedores, de sus gastos de dietas (desplazamiento, alojamiento, manutención, atenciones a los clientes, etc.) y del número de vendedores o tamaño de la fuerza de ventas.

> Los distintos procedimientos de remuneración de los vendedores pueden agruparse en tres sistemas: el sueldo fijo, el trabajo a comisión, y los sistemas mixtos.

PROCEDIMIENTOS DE RETRIBUCIÓN DE LOS VENDEDORES

- Sueldo fijo.
- Trabajo a comisión.
- Sistemas mixtos.

TABLA 17.4

> En el sistema de sueldo fijo, cada vendedor percibe una remuneración que es independiente del número de unidades vendidas y que suele depender de su antigüedad y experiencia.

> En el sistema de comisiones cada vendedor percibe periódicamente un montante igual a cierta proporción de una cantidad que puede ser su volumen de ventas en el período, o el importe en el que éstas excedan cierta cuantía, o el margen bruto correspondiente a aquél o a éste.

El sistema de sueldo fijo:

— Por un lado, al no ser estimulante, precisa un control riguroso de la fuerza de ventas.
— Por otro lado, puede ser adecuado cuando es difícil precisar si realmente las diferencias en las ventas de los diversos vendedores se deben a su esfuerzo y capacidad o a otras circunstancias, como las diferencias entre los territorios, los productos o los clientes asignados a cada uno de ellos, o el diferente esfuerzo realizado por la empresa con los clientes asignados a unos y otros vendedores.

La proporción del sistema de comisiones puede ser idéntica para todos los productos de la empresa o diferente para cada uno de ellos.

Es un sistema que estimula las ventas a corto plazo, aunque a largo plazo puede tener efectos negativos pues el personal de venta puede descuidar otras funciones que le son propias.

Tiene la ventaja de la sencillez tanto en el cálculo de la retribución de los vendedores como en el de la determinación del presupuesto, en el que los costes de venta serán proporcionales al volumen de ventas.

Pero la irregularidad de los salarios de los vendedores en cada período y la falta de atención a otros aspectos, como la experiencia, la antigüedad y la fidelidad a la empresa, pueden provocar conflictos y redundar en una falta de identificación del vendedor con la firma.

En los sistemas mixtos la remuneración comprende un sueldo fijo suficiente para que los vendedores tengan cierta estabilidad en sus rentas, y un incentivo que puede ser una comisión establecida sobre magnitudes como las anteriormente mencionadas, o una prima determinada subjetivamente o como proporción sobre otras magnitudes como el número de clientes obtenidos o el número de personas visitadas en el período.

Con los sistemas mixtos se trata de incorporar las ventajas de los dos sistemas anteriores y evitar sus inconvenientes. Su principal desventaja es la dificultad de calcular las remuneraciones y elaborar los presupuestos.

La decisión más relevante es establecer la relación media entre el sueldo fijo y el incentivo, pues de ello depende la proximidad a las ventajas e inconvenientes de los dos sistemas mencionados anteriormente. Se estima que, por término medio, el sueldo fijo representa el 75 % de la remuneración total, correspondiendo el 25 % restante al incentivo.

El sistema OPR[1] es un procedimiento de fijación de primas efectivas que permite retribuir el esfuerzo realizado por cada vendedor, teniendo en cuenta que el potencial de ventas no es el mismo en todos los territorios, y que, además, proporciona información a la empresa sobre su mercado potencial.

Los datos primarios del sistema OPR son el objetivo de volumen de ventas que tiene el vendedor (O), la previsión de ventas que éste realiza (P) y el resultado efectivamente alcanzado por el mismo (R).

OBJETIVO DE LA EMPRESA (O)	PREVISIÓN DEL VENDEDOR (P)	VENTAS EFECTIVAS DEL VENDEDOR (R)	PRIMA (OPR) (%)
2.000	1.600	1.200 1.600 ($P = R$) 2.000 2.400 2.800	60 96 108 120 132
2.000	2.000	1.200 1.600 2.000 ($P = R = O$) 2.400 2.800	48 84 120 132 144
2.000	2.400	1.200 1.600 2.000 2.400 ($P = R$) 2.800	36 72 108 144 156

TABLA 17.5

Una vez determinado el importe sobre el que se calcula la prima, el porcentaje efectivo que se le abone (OPR) depende de la relación entre la previsión y la realización del vendedor del siguiente modo:

---

[1] J. GONIK: «Las primas a los vendedores en función de sus previsiones de venta», *Harvard-Deusto Business Review*, primer trimestre, 1980, pp. 71-80.

$$OPR = 120\,\frac{P}{O} \qquad \text{cuando} \qquad P = R$$

$$OPR = 60\,\frac{P + R}{O} \qquad \text{cuando} \qquad P < R$$

$$OPR = 60\,\frac{3R - P}{O} \qquad \text{cuando} \qquad P > R$$

ACTIVIDAD RESUELTA 2

Un vendedor tiene un objetivo de ventas de 2.000 unidades. Se desea conocer su prima para cada uno de los siguientes niveles de previsión:

1.600

2.000

2.400

y para cada uno de los siguientes niveles de ventas efectivas:

1.200

1.600

2.000

2.400

2.800

¿Qué conclusiones se deducen?

Los cálculos correspondientes a este caso se han recogido en la tabla 17.5. Como se puede comprobar:

a) Para cada nivel efectivo de ventas alcanzadas, la prima es mayr cuando se acertó en la previsión que cuando se equivocó. Por ejemplo, para un volumen efectivo de 2.400 unidades, la prima, en caso de acertada previsión, es del 144 %, siendo del 132 % si fue modesto en sus previsiones, y fijó $P = 2.000$, y del 120 % si fue muy modesto y sólo previó 1.600. Al vendedor no le interesaría fijar una previsión excesivamente baja, debiendo preferir acertar en su anticipación del número de unidades vendidas.

b) Para cada nivel previsto, la prima se incrementa con el número de unidades vendidas, de modo que al vendedor no le interesará fijar un bajo nivel de previsión y dejar de vender tras alcanzarlo.
c) Si el vendedor realiza una previsión alta, de manera que el resultado es inferior a la misma, la prima será tanto menor cuanto mayor sea el error. Por ejemplo, si el nivel es 1.200, la prima valdrá el 36 % si previó 2.400, el 48 % si previó 2.000, el 60 % si previó 1.600, etc.

El sistema OPR incentiva tanto las ventas como la certeza en las previsiones, estimulando así al vendedor para obtener la información precisa para la previsión empresarial de las ventas y, por tanto, para la mejora de la planificación.

Además, el estímulo tiene en cuenta las diferencias entre los distintos territorios de ventas de los vendedores (o entre los tipos de clientes o productos con que actúan, en su caso), ya que tanto las previsiones de los vendedores, como sus objetivos se ajustan a las características y al potencial de cada uno.

4.5. Asignación de la fuerza de ventas

> Por regla general, los vendedores son distribuidos, responsabilizándose de cierta área geográfica, de ciertos clientes o tipos de clientes, o de determinados productos.

Evidentemente, es posible realizar una asignación mixta, dividiendo el mercado, por ejemplo, en varios territorios, a cada uno de los cuales se le asigna un grupo de vendedores que luego se distribuyen por tipos de clientes o productos.

Conviene que los vendedores se especialicen por productos cuando la empresa opera con líneas muy diferenciadas o cuando los productos tienen cierta complejidad técnica y requieren una elevada preparación por parte de los vendedores.

PROCEDIMIENTOS DE ASIGNACIÓN DE LOS VENDEDORES
- Territorial.
- Por productos.
- Por clientes.

TABLA 17.6

Cuando la empresa opera en un territorio muy amplio puede convenir la asignación territorial. Los territorios se establecen con arreglo a tres criterios:

1. Que los vendedores de cada territorio tengan semejante carga de trabajo y potencial de ventas.
2. Que las zonas que forman cada uno de los territorios sean contiguas entre sí.
3. Que los clientes se encuentren distribuidos regularmente en el territorio (criterio de compactibilidad), minimizándose los tiempos y costes de viajes.

Con este último criterio se preferirían distribuciones circulares antes que rectangulares, siendo frecuentes las realizadas en forma de cuña (figura 17.7).

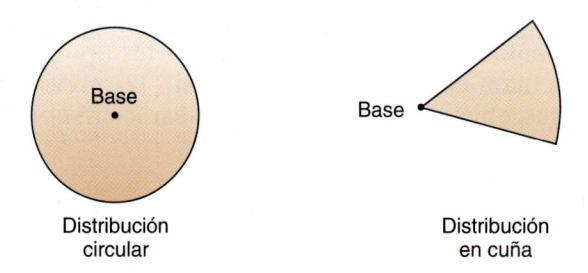

Figura 17.7 Distribución circular — Distribución en cuña

El grado de compactibilidad se puede medir por el denominado momento de inercia:

$$I_j = \sum_{i=1}^{N_j} V_i D_{ih}^2$$

donde:

I_j es el momento de inercia del territorio j
V_i es el montante de ventas al cliente i
N_j es el número de clientes del territorio j
D_{ih} es la distancia del cliente i al origen o base de venta h.

La compactibilidad de un territorio es tanto mayor cuanto menor sea su momento de inercia.

Cuando la empresa vende a clientes de características muy diferenciadas y que requieren un trato muy distinto, puede ser conveniente especializar a los vendedores por clientes, lo cual favorece, además, el establecimiento de relaciones personales y el conocimiento de las necesidades y deseos de estos últimos, así como su proceso decisional.

Las principales ventajas e inconvenientes de cada criterio de asignación se recogen en la tabla 17.7.

CRITERIO	VENTAJAS	INCONVENIENTES
Territorial	1. Clara determinación de las responsabilidades de cada vendedor. 2. Sencillo control de las actividades y resultados de cada vendedor. 3. Bajos gastos de desplazamiento. 4. Favorece el establecimiento de relaciones personales de la localidad.	1. Cuando los productos y/o clientes se encuentran muy diferenciados, puede requerirse reasignar, dentro de cada territorio, con otros criterios. 2. Las diferencias de densidad demográfica entre los territorios pueden obligar a viajar más a los vendedores de las zonas menos pobladas, especialmente si se desea conservar la homogeneidad de potencial de ventas entre los territorios.
Por productos	1. Permite especializar técnicamente a los vendedores. 2. El buen conocimiento del producto, por parte de los vendedores, mejora la imagen de la empresa. 3. El cliente recibe mejor información sobre el producto.	1. Elevados gastos de desplazamiento. 2. Posible competencia entre vendedores de la propia empresa, para vender a clientes cuyas necesidades pueden ser satisfechas con distintos productos de la misma. 3. Puede llegarse a que los vendedores hayan de recorrer las mismas rutas para visitar a los mismos clientes ofreciéndoles distintos productos de la misma empresa.
Por clientes	1. Facilita la comunicación empresa-cliente al establecerse relaciones personales. 2. Permite un mejor conocimiento de las necesidades, gustos y deseos de los diversos tipos de clientes.	1. La pérdida de un vendedor puede suponer pérdida de clientes. 2. Elevados gastos de desplazamiento. 3. Posibles conflictos entre los vendedores, especialmente cuando existen clientes difícilmente clasificables.

TABLA 17.7

4.6. Determinación del tamaño de la fuerza de ventas

Para determinar el tamaño óptimo de la fuerza de ventas, puede utilizarse dos tipos de modelos:

1. Los modelos de distribución.
2. Los modelos marginalistas.

Los modelos de distribución determinan el número de vendedores dividiendo magnitudes anuales como las ventas, el número de clientes que se ha de visitar, o el tiempo total necesario para atender a los clientes, entre las ventas anuales por vendedor, el número de clientes que un vendedor puede visitar en un año, y el tiempo de trabajo anual de un vendedor, respectivamente.

Valgan como ejemplo los tres modelos siguientes:

1. *Distribución de volúmenes de ventas*

Una empresa tiene segmentado su mercado en m zonas, cuyas ventas anuales esperadas son $q_1, q_2, ..., q_m$, respectivamente. Dadas las extensiones de cada una de las zonas, sus características geográficas y las estructuras de sus comunicaciones, la experiencia ha demostrado que los volúmenes de ventas por cada vendedor difieren entre sí en los m territorios, siendo, respectivamente, iguales a $V_1, V_2, ..., V_m$. Por consiguiente, el número de vendedores preciso en cada zona será:

$$N_1 = \frac{q_1}{V_1}$$

$$N_2 = \frac{q_2}{V_2}$$

$$\dots\dots\dots$$

$$N_m = \frac{q_m}{V_m}$$

y el tamaño total de la fuerza de ventas valdrá:

$$N = N_1 + N_2 + \cdots + N_m$$

obteniéndose así el número de vendedores y su asignación por segmentos territoriales. De forma semejante se hubiera actuado si la división se hubiera realizado por productos o por tipos de clientes, cuando la fuerza de ventas se distribuye de acuerdo con tales criterios de división del mercado.

2. *Distribución del número de clientes*

Sea una empresa que tiene n tipos de clientes. Si cada cliente de tipo i ($i = 1, 2, ..., n$) requiere λ_i visitas cada año y existen C_i clientes de ese tipo, basta conocer el número de visitas que puede realizar cada año un vendedor a clientes de la clase i (ω_i) para deducir el tamaño de la fuerza de ventas N:

$$N = \frac{C_1 \lambda_1}{\omega_1} + \frac{C_2 \lambda_2}{\omega_2} + \cdots + \frac{C_n \lambda_n}{\omega_n}$$

obteniéndose así el número de vendedores y su asignación por tipos de clientes.

3. *Distribución del tiempo de atención a clientes*

Sea una empresa que tiene m territorios de venta y n tipos de clientes respecto de los cuales se conocen los siguientes datos:

D_i = Tiempo promedio de discusión con un cliente de tipo i ($i = 1, 2, ..., n$).
E_i = Tiempo promedio de espera a un cliente del tipo i ($i = 1, 2, ..., n$).
T_j = Tiempo promedio de viaje en el territorio j ($j = 1, 2, ..., m$).
C_{ij} = Número de clientes del tipo i en el territorio j ($i = 1, 2, ..., n; j = 1, 2, ..., m$).
λ_i = Número de visitas anuales que, por término medio, requiere un cliente del tipo i ($i = 1, 2, ..., n$).

El tiempo total promedio requerido para una visita al cliente i en el territorio j será:

$$D_i + E_i + T_j$$

El número medio de visitas a dicho tipo de clientes en ese territorio será:

$$C_{ij} \cdot \lambda_i$$

Con lo que el tiempo que por término medio se ha de dedicar a todos los clientes de tipo i, en dicho territorio, valdrá:

$$C_{ij} \cdot \lambda_i (D_i + E_i + T_j)$$

En consecuencia, el tiempo anual que, en total, se requiere para realizar visitas en el territorio j será igual a:

$$C_{1j}\lambda_1(D_1 + E_1 + T_j) + C_{2j}\lambda_2(D_2 + E_2 + T_j) + \cdots + C_{nj}\lambda_n(D_n + E_n + T_j) =$$
$$= \sum_{i=1}^{n} C_{ij}\lambda_i(D_i + E_i + T_j)$$

Si el vendedor trabaja ocho horas al día y 220 días al año, el tiempo que trabaja cada año es, en minutos:

$$8 \cdot 220 \cdot 60 = 105.600$$

Por tanto, el número de vendedores que se precisa en el territorio j es:

$$M_j = \frac{\sum_{i=1}^{n} C_{ij}\lambda_i(D_i + E_i + T_j)}{105.600}$$

y el total de vendedores que precisa la empresa será:

$$M = M_1 + M_2 + \cdots + M_m = \sum_{j=1}^{m} M_j = \frac{\sum_{j=1}^{m} \sum_{i=1}^{n} C_{ij}\lambda_i(D_i + E_i + T_j)}{105.600}$$

habiéndose obtenido así el tamaño de la fuerza de ventas y su asignación por territorios. Para obtener su distribución por tipos de clientes, obsérvese que, para el total de clientes del tipo i, se requiere un tiempo de atención promedio igual a:

$$C_{i1}\lambda_i(D_i + E_i + T_1) + C_{i2}\lambda_i(D_i + E_i + T_2) + \cdots + C_{im}\lambda_i(D_i + E_i + T_m) =$$

$$= \sum_{j=1}^{m} C_{ij}\lambda_i(D_i + E_i + T_j)$$

por lo que, para atender a este tipo de clientes, se requiere un número de vendedores

$$N_i = \frac{\sum_{j=1}^{m} C_{ij}\lambda_i(D_i + E_i + T_j)}{105.600}$$

El número de vendedores que, en total, precisa la empresa puede calcularse también sumando los requeridos por los distintos tipos de clientes, obteniéndose:

$$N = N_1 + N_2 + \cdots + N_n = \frac{\sum_{i=1}^{n} \sum_{j=1}^{m} C_{ij}\lambda_i(D_i + E_i + T_j)}{105.600}$$

La cantidad así obtenida coincide, en virtud de la propiedad conmutativa de la suma:

$$\sum_{i=1}^{n} \sum_{j=1}^{m} X_{ij} = \sum_{j=1}^{m} \sum_{i=1}^{n} X_{ij}$$

como puede observarse (tabla 17.8), con el tamaño de la fuerza de ventas deducido totalizando territorios: $M = N$.

		Tipos de clientes				Número de vendedores del territorio
		1	2	...	n	
Territorios	1	$C_{11}\lambda_1(D_1 + E_1 + T_1)$	$C_{21}\lambda_2(D_2 + E_2 + T_1)$	...	$C_{n1}\lambda_n(D_n + E_n + T_1)$	$\sum_{i=1}^{n} C_{i1}\lambda_i(D_i + E_i + T_1)/105.600$
	2	$C_{12}\lambda_1(D_1 + E_1 + T_2)$	$C_{22}\lambda_2(D_2 + E_2 + T_2)$	...	$C_{n2}\lambda_n(D_n + E_n + T_2)$	$\sum_{i=1}^{n} C_{i2}\lambda_i(D_i + E_i + T_2)/105.600$
	⋮	⋮	⋮	⋮	⋮	⋮
	m	$C_{1m}\lambda_1(D_1 + E_1 + T_m)$	$C_{2m}\lambda_2(D_2 + E_2 + T_m)$	...	$C_{nm}\lambda_n(D_n + E_n + T_m)$	$\sum_{i=1}^{n} C_{im}\lambda_i(D_i + E_i + T_m)/105.600$
Número de vendedores del tipo de cliente		$\dfrac{\sum_{j=1}^{m} C_{1j}\lambda_1(D_1 + E_1 + T_j)}{105.600}$	$\dfrac{\sum_{j=1}^{m} C_{2j}\lambda_2(D_2 + E_2 + T_j)}{105.600}$	...	$\dfrac{\sum_{j=1}^{m} C_{nj}\lambda_n(D_n + E_n + T_j)}{105.600}$	Tamaño de la fuerza de ventas $N = M = \dfrac{\sum_{i=1}^{n}\sum_{j=1}^{m} C_{ij}\lambda_i(D_i + E_i + T_j)}{105.600}$

TABLA 17.8

Los modelos marginalistas tratan de determinar el número de vendedores para el cual se maximizan las ventas o el beneficio de la empresa. Constituye un paso previo, para su aplicación, la determinación, siquiera sea aproximada, de la relación existente entre las ventas y el tamaño de la fuerza de ventas. A este respecto existen dos modelos principales. El primero supone que la relación entre las ventas realizadas a los clientes del tipo i (q_i) y el número de vendedores asignados a dicho tipo de clientes (N_i) es de la forma:

$$q_i = a_i(1 - e^{-b_i N_i})$$

donde a_i es, como puede observarse en la figura 17.8, el nivel al que tienden las ventas cuando el número de vendedores se incrementa ilimitadamente (ventas potenciales) y b_i es otra constante que refleja la sensibilidad de las ventas al número de vendedores.

Dado que esta función no tiene máximo, si tal fuera la relación entre q_i y N_i no podrían maximizarse las ventas (habría de tenerse infinitos vendedores), si bien es evidente que, a partir de cierto nivel, el incremento de la fuerza de ventas no redunda apenas en incremento del volumen de negocio. Para determinar el número de vendedores que maximiza el beneficio, habrá de partirse de la expresión de este último. Si la empresa sólo tiene un tipo de clientes, se tendría:

$$B = p \cdot q - C_v q - C_F - C \cdot N = (p - C_v)q - C_F - C \cdot N =$$
$$= (p - C_v)[a(1 - e^{-bN})] - C_F - C \cdot N$$

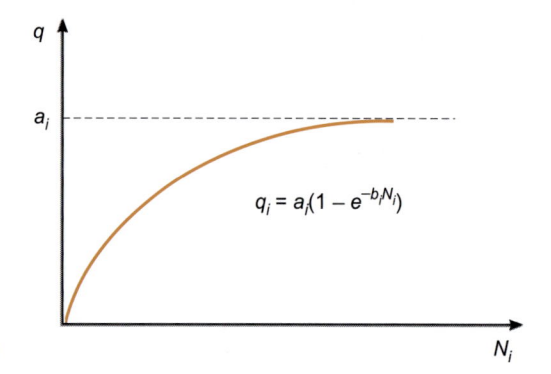

Figura 17.8

[Gráfica: $q_i = a_i(1 - e^{-b_i N_i})$, con asíntota en a_i]

donde C es el coste de un vendedor (remuneración más gastos). El beneficio máximo se obtendría para el valor de N que cumple:

$$\frac{dB}{dN} = a \cdot (p - C_v) b \cdot e^{-bN} - C = 0$$

Es decir, tomando logaritmos neperianos:

$$\ln\left[(p - C_v) \cdot a \cdot b\right] - bN = \ln C$$

de donde se deduce que:

$$N = \frac{\ln\left[(p - C_v) \cdot a \cdot b\right] - \ln C}{b} = \frac{1}{b} \ln\left[\frac{(p - C_v) \cdot a \cdot b}{C}\right]$$

La segunda derivada de B respecto de N es igual a:

$$\frac{d^2 B}{dN^2} = -a \cdot (p - C_v) b^2 \cdot e^{-bN} < 0$$

Cuando el precio es superior al coste variable unitario —lo que ha de ocurrir para que el margen de beneficio sea positivo— la segunda derivada es negativa, con lo que se cumple la condición suficente de máximo.

Otro modelo bien conocido es el que establece la siguiente relación entre las ventas (q) y el número de vendedores (N):

$$q(N) = \frac{N \cdot a}{N + \left(\frac{1}{t} - 1\right)}$$

donde a son las ventas potenciales (figura 17.9) y t es el coeficiente de penetración del primer vendedor, pues, para N igual a la unidad, se tiene:

$$q(1) = a \cdot t$$

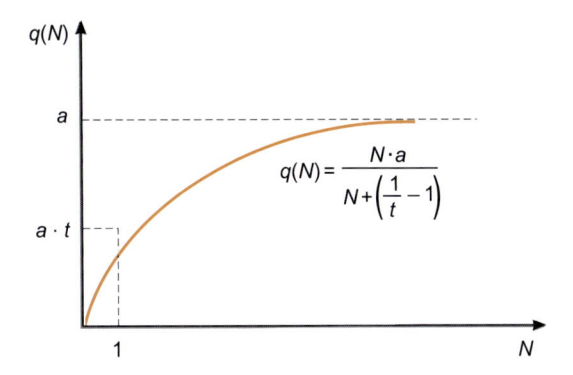

Figura 17.9

[Figura: gráfica de $q(N) = \dfrac{N \cdot a}{N + \left(\dfrac{1}{t} - 1\right)}$, con asíntota en a y valor $a \cdot t$ en $N=1$]

es decir:

$$t = \frac{q(1)}{a} = \frac{\text{Ventas con un vendedor}}{\text{Ventas del mercado potencial}}$$

La cantidad media vendida por vendedor ($\bar{q}$) será igual al cociente entre el total vendido y el número de vendedores:

$$\bar{q} = \frac{q(N)}{N} = \frac{a}{N + \left(\dfrac{1}{t} - 1\right)}$$

Al incrementarse el tamaño de la fuerza de ventas, la venta media se reduce.

El valor óptimo de la fuerza de ventas es el que hace máximo el beneficio, medido por la función:

$$B = (p - C_v)q(N) - C_F - C \cdot N = (p - C_v)\frac{N \cdot a}{N + \left(\dfrac{1}{t} - 1\right)} - C_F - C \cdot N$$

Derivando, e igualando a cero la expresión resultante, se obtiene:

$$\frac{dB}{dN} = \frac{(p - C_v)a\left(\dfrac{1}{t} - 1\right)}{\left(N + \dfrac{1}{t} - 1\right)^2} - C = 0$$

o, lo que es lo mismo, denominando $r = \dfrac{1}{t} - 1$

$$N^2 + 2rN + \left[r^2 - \frac{(p - C_v)ar}{C}\right] = 0$$

Resolviendo la ecuación, se obtiene el valor de N que maximiza el beneficio. Si tiene dos soluciones, ha de tomarse la que tenga racionalidad económica (N ha de ser un número racional y no inferior a cero).

Cuando el precio es mayor que el coste variable unitario, la segunda derivada es negativa, lo que asegura que se trata de un máximo.

5. La distribución

5.1. Concepto

La distribución incluye todas aquellas decisiones y actividades que se orientan al proceso por el que se dirige el producto hasta el consumidor final.

El canal de distribución está formado por un conjunto de intermediarios que participan en ese proceso. Dichos intermediarios son los mayoristas, los minoristas y los semimayoristas:

— Los mayoristas compran a fabricantes o a otros mayoristas y venden a otros intermediarios. Venden *al por mayor*.
— Los minoristas compran a fabricantes o a otros mayoristas y venden a los consumidores. Venden *al por menor* o, lo que es lo mismo, *al detalle*, por lo que también se llaman detallistas.
— Los semimayoristas son intermediarios que venden tanto a otros intermediarios como a consumidores finales.

Según sea el número de intermediarios o distribuidores existente, así será el número de etapas que siga el producto en el canal. En la figura 17.10 se recogen varios ejemplos:

— La venta directa del fabricante al consumidor y los canales de una etapa son propios de algunos productos industriales.
— En los productos de consumo el número de etapas suele ser mayor, especialmente en los agrícolas.

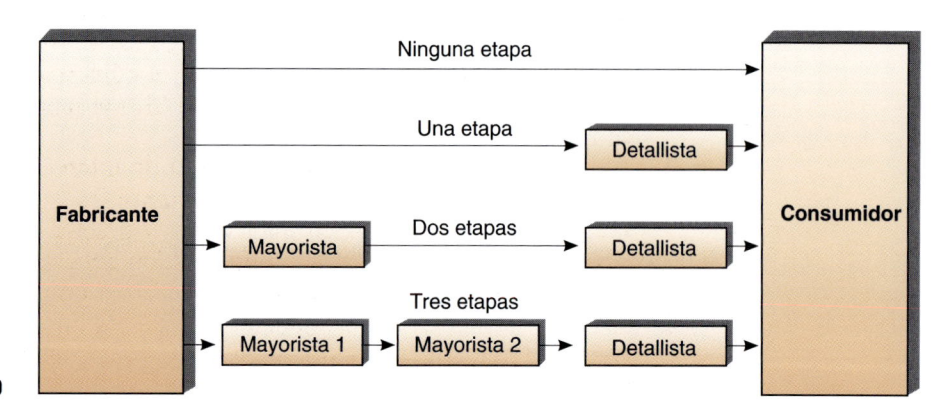

Figura 17.10

5.2. Funciones de los intermediarios

No todos los intermediarios realizan las mismas funciones. Así, se distingue dos tipos de mayoristas:

— Los mayoristas de servicio completo transportan el producto, lo almacenan, lo dividen en lotes o porciones ajustados a las necesidades y deseos de los minoristas y consumidores finales, financian a los detallistas permitiéndoles el aplazamiento del pago, prestan servicios posteriores a la venta y colaboran en la promoción del producto.
— Los mayoristas de contado, o de función limitada, actúan casi como depositarios o almacenistas del producto.

Entre los minoristas la variedad existente es todavía mayor. Lo son desde las grandes superficies, como los hipermercados, hasta las pequeñas tiendas especializadas en líneas de productos muy reducidas, que apenas realizan funciones.

Sin embargo, en sentido general, sin referencia a ninguno en concreto, los intermediarios y los canales de distribución realizan las siguientes funciones (tabla 17.9):

TABLA 17.9

FUNCIONES DE LOS INTERMEDIARIOS
- Reducción del número de intercambios.
- Economicidad.
- Creación de utilidad.
- Normalización del producto.
- Especialización de la función de distribución.
- Comunicación y promoción.
- Financiación en los dos sentidos.

1. Reducción del número de intercambios. Supóngase que existen tres fabricantes de cierto tipo de producto, que es distribuido por siete detallistas sin intervención de mayorista alguno. Como puede comprobarse en la figura 17.11, en el canal serían precisos 21 intercambios. En general, si hay F fabricantes y D detallistas, el número de transacciones será $F \cdot D$. Al incluir un mayorista (figura 17.12) el número de intercambios se reduce a 10 ($F + D$, en general).
2. Economicidad. Al reducirse el número de intercambios, se economiza tiempo y costes de transporte y desplazamientos. Sin embargo, cada intermediario tiene también unos costes y precisa un margen de beneficios para su supervivencia. La optimización del canal es un problema de cálculo económico en el que hay que tener en cuenta ambas cuestiones.
3. Creación de utilidad disponiendo los bienes en el lugar, momento y cantidad que el consumidor precisa, lo que requiere transportar y almacenar los productos.

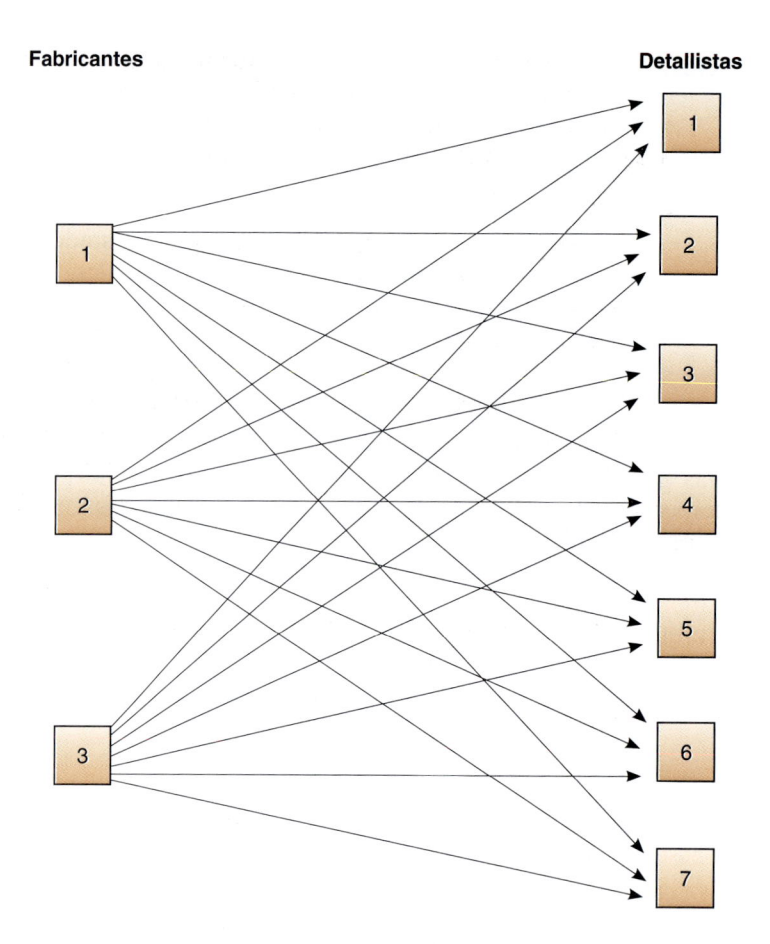

Figura 17.11

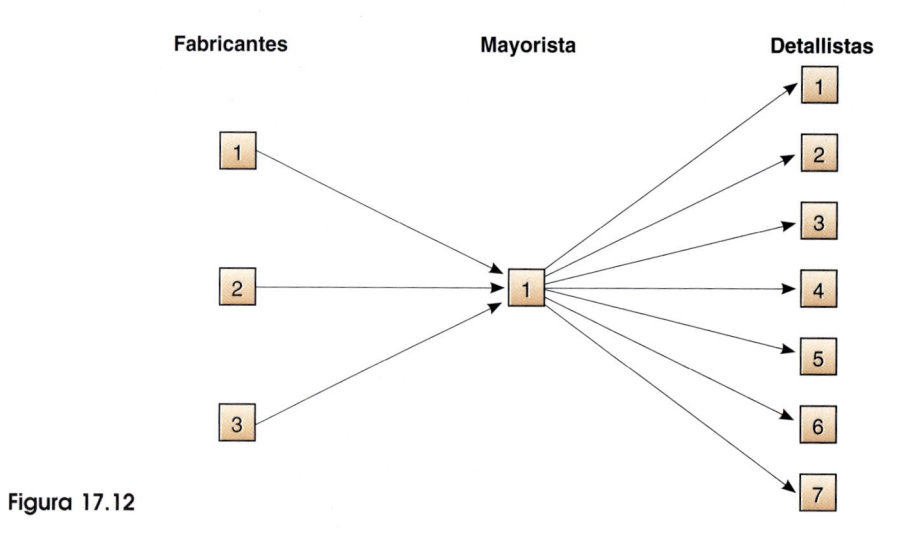

Figura 17.12

558 INTRODUCCIÓN A LA ECONOMÍA DE LA EMPRESA

4. *Normalización del producto.* Muchos distribuidores compran productos con características heterogéneas y los agrupan por clases o calidades, a los que asignan precios diferentes, normalizando con ello el producto y facilitando, consiguientemente, la decisión de compra del consumidor.
5. *Especialización de la función de distribución.* Los intermediarios son empresas especializadas en la distribución que conocen el sistema comercial, las necesidades de los otros intermediarios y las de los consumidores con los que se encuentran en contacto. Su especialización, como la división del trabajo, permite una reducción de costes.
6. *Comunicación y promoción.* A través de los canales no sólo circulan flujos físicos de mercancías, sino también flujos de información tanto de la empresa fabricante al consumidor, como de éste a aquélla. Los intermediarios proporcionan información al fabricante y promocionan sus productos. En general, la información será tanto mejor cuanto más corto sea el canal.
7. *Financiación.* Cuando paga al contado, el distribuidor financia al fabricante o al intermediario anterior, el cual no precisa que el producto llegue al consumidor final para recuperar sus costes y obtener un margen. Los intemediarios, en ocasiones, financian al siguiente distribuidor y al consumidor, en el caso de los detallistas, permitiéndole el pago aplazado de sus compras

5.3. La selección de los canales de distribución. Innovación y conflictos

Como se señalaba anteriormente, no siempre existen opciones para elegir redes de distribución. Ni siquiera todas las grandes empresas pueden prescindir de los canales existentes o modificarlos. Las pequeñas y medianas que pretenden conseguir cierta amplitud en la distribución de sus productos, se ven, generalmente, obligadas a hacerlo por los cauces habituales ya implantados. Los intentos de evitarlos, entre los cuales constituyen ejemplos loables las agrupaciones de pequeños productores (como las cooperativas de comercialización agraria), son escasos.

Pero cuando existe la posibilidad de elegir, la selección puede basarse en tres criterios:

1. Las posibilidades de control del canal.
2. Criterios económicos de eficacia y eficiencia económica.
3. Un criterio más amplio, que aparte de una relación de las funciones que se desea que desarrolle el canal, las jerarquiza por orden de importancia, evalúa la capacidad de desempeño de tales funciones por los canales existentes y los que se pudieran crear, y selecciona en base al grado de adecuación entre objetivos deseados y medios disponibles.

Existen, además, ciertas limitaciones que condicionan la selección; las principales son las siguientes:

1. Las características de los consumidores, del mercado y del producto.
2. Las posibles limitaciones legales. Algunos productos, como los farmacéuticos, han de seguir ciertos canales obligatoriamente.
3. Las disponibilidades financieras que pueden impedir la creación de una red propia y obligar a la utilización de los canales exteriores.
4. Las características de los canales existentes y su grado de adecuación a los objetivos de la empresa.

La innovación en materia de distribución puede consistir en:

1. La utilización de nuevos canales.
2. La reorganización del canal habitual.
3. La nueva utilización de canales ya existentes.

En algunos casos tales innovaciones pueden provocar conflictos de canales. Así, en un tema anterior se señalaba cómo recientemente, los farmacéuticos se negaron a distribuir cierta marca de papillas para bebés cuando la empresa fabricante comenzó a distribuirla también en tiendas de alimentación, y ésta se vio obligada a crear una nueva marca del mismo producto. Los principales tipos de conflictos que se pueden presentar son:

1. Conflictos entre el fabricante y el canal de distribución, por cuestiones tales como los precios que aquél aplica a éste o los que éste aplica a los consumidores. No siempre existe compatibilidad entre la política de precios del productor y la del distribuidor.
2. Conflictos que, como el del caso anteriormente mencionado, derivan de la utilización simultánea de varios canales.

La causa de los conflictos se encuentra en la estructura del poder en el canal y en la forma de su ejercicio. Este poder es un factor que contribuye a explicar la organización del propio canal.

Se diferencia entre el poder coercitivo y el poder no coercitivo. El primero se basa en las posibles penalizaciones que un miembro del canal puede imponer a otro (retirada de órdenes de compra, o de descuentos, retrasos en los pagos o en la entrega del material, etc.).

El poder no coercitivo se basa en los premios y asistencias prestadas. Este poder se subdivide en:

— Poder de compensación económica, que se basa en la oferta de beneficios o recompensas económicas (mayores compras, mayores descuentos, reducción del período de pago. etc.).
— Poder de reconocimiento, que se deriva de una capacidad de liderazgo y de un prestigio asumido por otros miembros del canal.
— Poder de experiencia, que se basa en la disponibilidad de experiencia y de conocimientos que otros miembros no tienen.
— Poder legítimo, que es el que se basa en las normas existentes, así como en los acuerdos y contratos establecidos entre los miembros del canal.

Los conflictos aumentan con el uso del poder coercitivo, y se reducen con su sustitución por el poder no coercitivo.

Para prevenir los conflictos y la adopción de posiciones de fuerza por parte de los distribuidores, es conveniente:

1. Evitar la utilización de un solo distribuidor y que uno de ellos represente una parte excesivamente importante del volumen de ventas total de la empresa.
2. No apoyarse en exceso en la acción de venta de los distribuidores, y utilizar también otras políticas como la de publicidad para incentivar las ventas.
3. Diferenciar los productos, utilizando distintas marcas en los distintos canales.

En la negociación con los distribuidores la posición de la empresa es tanto más fuerte cuanto mejor sea la posición de sus productos en relación a los de la competencia, pudiendo llegar a imponerles la exclusividad. Un distribuidor no puede prescindir de marcas que los consumidores exigen.

5.4. La distribución física

El sistema de distribución física está formado por el conjunto de elementos destinados a conducir materialmente el producto desde el vendedor hasta el comprador. Constituyen, por consiguiente, decisiones concernientes al mismo las relativas a:

1. Los medios de transporte a emplear.
2. La localización de almacenes y puntos de venta.
3. La selección de rutas e itinerarios.
4. El nivel de los almacenes y su organización.
5. La disposición de los materiales en los inventarios.
6. El embalaje de los productos para su transporte.
7. La utilización de medios logísticos (elementos de transporte y almacenes) propios o ajenos.
8. La selección de transportistas y almacenistas y la determinación de la relación con los mismos.

El objetivo que suele presidir y orientar estas decisiones es el de ofrecer un buen nivel de servicio y éste viene dado por un conjunto de variables como la proximidad al comprador (mayorista, minorista o consumidor final), la disponibilidad de productos cuando éste lo solicita, o la rapidez en la entrega de los pedidos. Obviamente, mejorar el nivel de servicio tiene costes (mayor número de almacenes y puntos de venta, más medios de transporte y mayor rapidez, etc.). La empresa puede fijar un nivel presupuestario de costes de distribución y, luego, determinar el sistema que, sin sobrepasar esos costes, optimiza el nivel de servicio, o establecer un nivel de servicio (teniendo en cuenta el de la competencia, por ejemplo), y posteriormente establecer el sistema de distribución que, cumpliendo dicho nivel, minimiza los costes. Este último suele ser el planteamiento práctico más frecuente, pues, generalmente, no es posible determinar la relación funcional que existe entre los beneficios y el nivel de servicio. Si tal relación se conociera, el nivel óptimo sería aquel que hiciera la primera derivada de la función igual a cero y la segunda negativa.

La utilización de medios logísticos propios requiere fuertes inversiones que comprometen a la empresa a largo plazo, por lo que las decisiones de distribución tienen en el tal caso carácter estructural. En las empresas de reducido tamaño que no cuentan con medios financieros suficientes, la utilización de medios ajenos es decisión obligada. Pero también muchas grandes empresas emplean medios ajenos dada su mayor flexibilidad, especialmente para el suministro a mercados sobre cuya futura evolución existe un alto grado de incertidumbre.

Una vez que la empresa ha establecido un conjunto de almacenes o puntos de venta, habrá de determinar las cantidades que ha de enviar desde cada centro de distribución a cada centro de compras. El criterio de decisión es minimizar los costes de distribución cubriéndose las demandas de todos los puntos de adquisición. El problema puede plantearse en términos de programación lineal mediante el denominado modelo de transporte o modelo de Hitchcock. Sean, por ejemplo, n centros de distribución cuyas capacidades de venta máximas, en un período, son $Q_1, Q_2, ..., Q_n$ unidades físicas, que abastecen a m centros de compra cuyos volúmenes de adquisición en el mismo intervalo de tiempo son $C_1, C_2, ..., C_m$ u.f., respectivamente. Si el coste de distribución de una unidad desde el centro de ventas i, al de compras j, es p_{ij}, denominando X_{ij} a la cantidad distribuida desde aquél a éste, el planteamiento será:

— Minimizar el coste de distribución:

$$\text{Min } z = p_{11}X_{11} + p_{12}X_{12} + \cdots + p_{1m}X_{1m} + p_{21}X_{21} + \\ + p_{22}X_{22} + \cdots + p_{2m}X_{2m} + \cdots + p_{n1}X_{n1} + p_{n2}X_{n2} + \\ + \cdots + p_{nm}X_{nm} = \sum_{i=1}^{n} \sum_{j=1}^{m} p_{ij}X_{ij}$$

— Restricciones de capacidad de venta. La cantidad total distribuida por cada centro de venta no puede superar su capacidad máxima:

$$\sum_{j=1}^{m} X_{ij} \leqslant Q_i \quad \text{para todo} \quad i = 1, 2, ..., n$$

— Restricciones de satisfacción de la demanda esperada. La cantidad total distribuida a cada centro de compras ha de ser suficiente para satisfacer su volumen de adquisición en el período:

$$\sum_{i=1}^{n} X_{ij} \geqslant C_j \quad \text{para todo} \quad j = 1, 2, ..., m$$

— Restricciones de no negatividad. Las cantidades distribuidas no pueden ser negativas:

$$X_{ij} \geq 0 \quad \text{para todo} \quad i = 1, 2, ..., n \quad \text{y} \quad j = 1, 2, ..., m$$

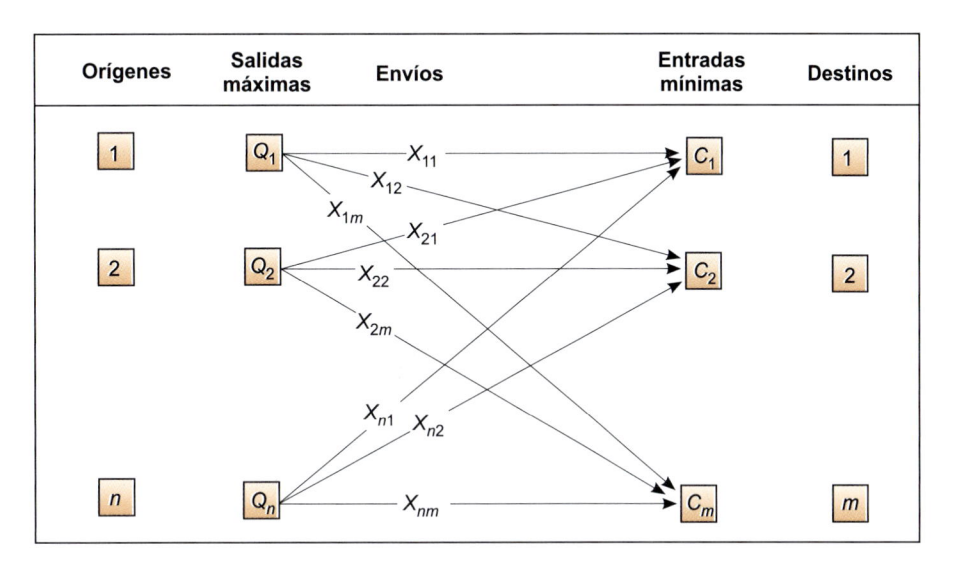

Figura 17.13

Prueba objetiva de autoevaluación

I. Enunciado

1. La publicidad que trata de incidir en el reparto del mercado entre distintos productos se denomina publicidad:

    - Persuasiva. ■
    - Combativa. ■
    - Varias de las otras.
    - Ninguna de las otras. ■

2. La prensa escrita es:

    - Un soporte publicitario. ■
    - Un medio publicitario. ■
    - Varias de las otras.
    - Ninguna de las otras. ■

3. Con los test de reconocimiento, a las personas de una muestra:

    - Se les pide una descripción del anuncio.
    - Se les pregunta si han visto el anuncio en un determinado medio, o con qué marca asocian un producto, o una necesidad, etc. ■
    - Se les analiza sus preferencias antes y después de recibir el mensaje publicitario, tratando determinar la modificación de sus actitudes.
    - Ninguna de las otras. ■

4. Entre las diferencias entre la promoción de ventas y la publicidad no se encuentra la siguiente:

    - Por regla general, la promoción de ventas se realiza por medios controlados por terceros. ■
    - Las decisiones de promoción de ventas son esporádicas y menos rutinarias que las de la publicidad.
    - Varias de las otras. ■
    - Ninguna de las otras.

5. Si se asiste a los distribuidores en la formación de sus vendedores, se está realizando una actividad de promoción de:

    - Información y prestación de servicios.
    - Estímulo e incentivación inmediata. ■
    - Varias de las otras. ■
    - Ninguna de las otras.

6. A las personas cuya opinión e influencia determina o condiciona en buena parte la selección del consumidor, se las denomina:

    - Inductores. ■
    - Precursores. ■
    - Predictores.
    - Ninguna de las otras.

7. En el sistema OPR, cuando la realización del vendedor supera a su previsión:

    - $OPR = 120 \dfrac{P}{O}$.
    - $OPR = 60 \dfrac{3R - P}{O}$. ■
    - $OPR = 60 \dfrac{R - P}{O}$.
    - Ninguna de las otras. ■

8. La clara determinación de las responsabilidades de cada vendedor es una ventaja de la asignación:
   - Por clientes. ■
   - Por productos. ■
   - Territorial.
   - Ninguna de las otras. ■

9. Son intermediarios que venden a consumidores finales:
   - Los minoristas. ■
   - Los semimayoristas. ■
   - Los mayoristas.
   - Varias de las otras. ■

10. ¿Cuál de las siguientes funciones no realizan los intermediarios?
    - Creación de utilidad. ■
    - Normalización del producto. ■
    - Comunicación y promoción. ■
    - Ninguna de las otras. ■

II. Respuestas correctas

1. ■
2. ■
3. ■
4. ■
5. ■
6. ■
7. ■
8. ■
9. ■
10. ■

Parte VI

Complementos

Capítulo 18. La empresa: estrategia y cultura.

18 — LA EMPRESA: ESTRATEGIA Y CULTURA

- **INTRODUCCIÓN**
- **ASPECTOS "DUROS" Y "BLANDOS"**
- **DIMENSIONES ESTRATÉGICA Y CULTURAL**
- **ESTRATEGIAS DE CRECIMIENTO**
  - El crecimiento
  - La diversificación
  - Crecimiento interno, externo y cooperación
  - Internacionalización
- **LA CULTURA EMPRESARIAL**
  - Concepto y elementos
  - Autocontrol y cultura
  - La vinculación de la estrategia a la cultura
- **EL "NUEVO LIDERAZGO"**

1. Introducción

En las últimas etapas de la evolución del pensamiento sobre la dirección y administración de empresas se aprecia una tendencia en la que paulatinamente se va concediendo mayor importancia a los elementos «blandos» (innovación, cultura, liderazgo) frente a los elementos «duros» (estructura organizativa, sistemas de control, estrategias).

Ambas vertientes de la dirección de empresas son necesarias y compatibles. Es más, para que la empresa tenga éxito es imprescindible que exista cierta armonía e integración entre ellas.

Se dedica este capítulo al estudio de dos elementos de singular importancia que no han sido tratados hasta el momento, uno de ellos duro —la estrategia— y otro blando —la cultura— destacándose las relaciones que debe haber entre ambos.

El capítulo termina con una referencia a un «nuevo liderazgo» creador de cultura, armonizador e integrador.

2. Los aspectos «duros» y «blandos» de la dirección

Aunque existen otros esquemas multivariable de la dirección de empresas, como el conocido «diamante» de Leavitt, el de las 7S de la empresa consultora MacKinsey & Co. ha llegado a adquirir cierta notoriedad. Analiza la empresa basándose en los siete elementos siguientes:

1. Estrategia («*Strategy*»), término con el que se denomina a todo plan o acción destinado a asignar los recursos limitados de la empresa, a través del tiempo, con vistas a alcanzar unos objetos definidos.

2. Estructura («*Structure*»), que está formada básicamente por las características del organigrama (es decir, funcional, centralizado, descentralizado, etcétera).
3. Sistemas («*Systems*»), o circulación de informes y procesos regidos por pautas tales como los protocolos de reunión.
4. Personal («*Staff*»), que es la descripción de las categorías de personal importantes en la empresa (por ejemplo, «técnicos», «hombres de formación empresarial», «economistas», etc.). No se utiliza la palabra «*staff*» en el sentido acostumbrado de la contraposición con «línea ejecutiva».
5. Estilo («*Style*»), o comportamiento de los directivos clave para la consecución de los objetivos y también, el estilo cultural de la organización.
6. Aptitudes («*Skills*»), que son las habilidades distintivas del personal clave de la empresa considerada en su conjunto.
7. Objetivos de orden superior («*Superordinate goals*»), o nociones significativas e ideas-fuerza que una organización imbuye en todos sus miembros.

El esquema de las 7S pone de manifiesto que la dirección de empresas tiene un lado hard, o «duro», y un aspecto soft o «blando».

La tendencia de muchos directivos es centrarse casi exclusivamente en los elementos duros, es decir, en la estrategia, la estructura y, acaso, en los sistemas. Sin embargo, hoy se concede una gran importancia a la parte blanda, constituida por las personas de la organización, el estilo de la dirección, las aptitudes de las personas claves, y los objetivos generales (tabla 18.1).

TABLA 18.1

ELEMENTOS DE LA DIRECCIÓN	
DUROS	**BLANDOS**
• Estrategia. • Estructura. • Sistemas.	• Personas. • Estilo de dirección. • Aptitudes. • Objetivos generales.

Dentro de la parte dura, reciben una especial atención las estrategias empresariales, que, si bien son de una extraordinaria importancia, no pueden hacer olvidar al lado *soft*, dentro del cual destaca con fuerza propia la dimensión cultural de la empresa.

3. Las dimensiones estratégica y cultural de la empresa

Se contiene aquí todo lo relativo al análisis y diagnóstico estratégico, al estudio del entorno competitivo y a las diversas estrategias alternativas que

> La dimensión estratégica de la dirección de empresas es la concerniente a la conquista del mercado mediante la consecución de ventajas en relación a la competencia.

tiene la empresa para hacer frente a la competencia y conseguir el mercado en un entorno cambiante e incierto.

A comienzo de los años ochenta comienza a hacerse hincapié en la dimensión cultural de la empresa tras comprobarse su papel en el éxito de las empresas japonesas y de muchas de las principales empresas norteamericanas.

La cultura empresarial necesita unos objetivos superiores admitidos por todos, y unos firmes valores compartidos.

> La existencia de una cultura empresarial sólida facilita la creatividad, la participación y la innovación, al ofrecer un marco de referencia con el que las personas se comprometen.

Según el punto de vista del que se parta, se puede considerar o bien que la dimensión estratégica determina la dimensión cultural, y que ésta es un mero soporte de aquella, o que con una firme dimensión cultural la empresa conseguirá sus objetivos de mercado y que la mejor estrategia es tener unos sólidos valores compartidos como el de la satisfacción del cliente.

Lo que destaca modernamente es la necesidad de armonizar e integrar ambas dimensiones.

Con una dimensión cultural dada no es posible llevar a cabo cualquier estrategia. Por ello, en ocasiones, para llevar a cabo una estrategia concreta, puede ser necesario cambiar la dimensión cultural, lo cual requiere tiempo y esfuerzo.

El éxito de la empresa requiere tanto una cultura sólida, como unas estrategias adecuadas, y, además, que ambas dimensiones se armonicen e integren.

4. Las fuerzas competitivas y las estrategias genéricas

El experto en estrategias empresariales que cuenta con mayor reconocimiento en la actualidad es, indudablemente, Michael E. Porter. Según este autor existen cinco fuerzas competitivas:

1. Amenaza de nuevas empresas que entren en el sector.
2. Amenaza de productos sustitutivos.
3. Poder negociador de los compradores.
4. Poder negociador de los proveedores.
5. Rivalidad entre los actuales competidores.

Para hacer frente a estas cinco amenazas, propone la siguiente tipología de estrategias competitivas genéricas, entre las que pueden optar las empresas:

1. La estrategia de liderazgo total en costes.
2. La estrategia de diferenciación.
3. La estrategia de alta segmentación o creación de nichos.

LAS FUERZAS COMPETITIVAS Y LAS ESTRATEGIAS GENÉRICAS	
FUERZAS	**ESTRATEGIAS**
• Nuevas empresas. • Productos sustitutivos. • Poder negociador de compradores. • Poder negociador de proveedores. • Rivalidad con competidores.	• Liderazgo en costes. • Diferenciación. • Creación de nichos.

TABLA 18.2

La primera estrategia consiste en conseguir el liderazgo en costes y, consiguientemente, en precios.

El liderazgo en costes requiere la consecución de instalaciones capaces de producir grandes cantidades de manera eficiente, utilizar la experiencia para reducir costes, controlarlos, ajustar los gastos en áreas como la investigación y desarrollo, el servicio al cliente, la fuerza de ventas, la publicidad, etc. Se trata de conseguir unos costes inferiores a los de la competencia.

Los métodos para conseguir la diferenciación pueden tomar muchas formas: diseño o imagen de marca, tecnología, servicio y atención al cliente, cadena de distribuidores, etc.

La segunda estrategia genérica consiste en diferenciar el producto o servicio que ofrece la empresa, es decir, en crear algo que sea percibido en el mercado como único.

La estrategia de diferenciación no significa que la empresa ignore los costes, pero éstos no son el objetivo estratégico primordial.

La diferenciación crea una posición de defensa para hacer frente a las cinco fuerzas competitivas, aunque de una forma distinta que el liderazgo en costes. La diferenciación puede proporcionar lealtad de los clientes hacia la marca, lo cual redunda en una menor sensibilidad de la demanda respecto al precio. Con ello se consigue una defensa frente a la competencia y se obtienen barreras de entrada en el mercado que protegen frente a posibles nuevos competidores.

Alcanzar la diferenciación a menudo necesita una percepción de exclusividad que es incompatible con una participación alta en el mercado. Además, en muchas ocasiones, las actividades requeridas para crearla son costosas (investigación, diseño novedoso del producto, materiales de alta calidad o intenso apoyo al cliente). Sin embargo, en algunos negocios, la diferenciación puede no ser incompatible con los costes bajos y con el mantenimiento de precios ajustados.

La tercera y última estrategia genérica consiste en centrarse en un determinado segmento o nicho del mercado, es decir, en un grupo de consumidores definido de algún modo.

Con la creación de nichos, se trata de conseguir mayor eficacia que los competidores que actúan de manera más general, satisfaciendo mejor las necesidades de ese objetivo, conseguir menores costes al dirigirse sólo a él, o ambas cosas. Aunque no se consiga el liderazgo en costes o la diferenciación desde la perspectiva del mercado global, se puede alcanzar una de esas posiciones, o ambas, en ese mercado limitado.

El liderazgo en un nicho puede conseguirse mediante el liderazgo en costes, o mediante la diferenciación. Aunque puede intentarse en algún caso atacar en ambos frentes, no suele ser un comportamiento estratégico que pueda mantenerse mucho tiempo:

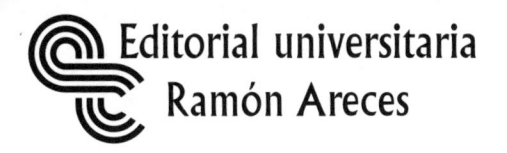

Editorial universitaria Ramón Areces

BOLETÍN DE PEDIDO

Deseo recibir las siguientes obras:

TÍTULOS   Ej.

_____   _____

_____   _____

_____   _____

_____   _____

_____   _____

DATOS PERSONALES

Nombre y apellidos ....

Empresa ....

CIF/NIF ....

Dirección ....

C.P. .... Población ....

Teléfono .... Fax .... E-mail ....

FORMA DE PAGO

☐ Transferencia bancaria a la cuenta 0049 / 1500 / 02 / 2910226623
☐ Tarjeta de crédito Entidad   Nº de Tarjeta
   Fecha de caducidad ....
☐ Tarjeta El Corte Inglés Nº de Tarjeta ....

*Los pedidos de importe inferior a 45 €, tendrán un coste adicional por gastos de envío de 4 €

Firma del Titular de la Tarjeta

Cuatro formas muy fáciles de contactar con nosotros y realizar sus pedidos

📠 91 468 19 52
☎ 91 467 52 91 ext. 2
@ pedido@cerasa.es
🖥 www.cerasa.es

De conformidad con lo establecido en la legislación vigente en materia de protección de datos de carácter personal y de servicios de la sociedad de la información y de comercio electrónico, Editorial Centro de Estudios Ramón Areces, S.A. informa al cliente que sus datos personales serán incorporados a un fichero automatizado utilizado para la gestión de clientes. El cliente podrá ejercer los derechos de acceso, rectificación, cancelación y oposición de los datos que le conciernen dirigiéndose para ello mediante comunicación fehaciente a Editorial Centro de Estudios Ramón Areces, S.A. con domicilio en la calle Tomás Bretón, 21 - C.P. 28045 de Madrid.

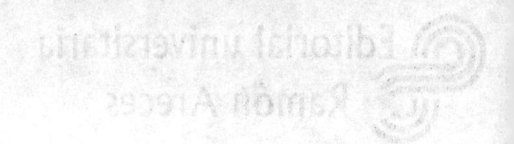

- Si trata de mantener bajos costes, la empresa tenderá a la producción y venta masivas, lo cual le hará perder su diferenciación.
- Si pretende diferenciarse, generalmente terminará incurriendo, para ello, en costes que le harán perder el liderazgo. Además, las empresas que intentan nadar entre dos aguas son muy vulnerables porque sus productos no tienen nada que los distinga de los demás.

La evidencia sugiere que la mayor parte de las empresas que tienen éxito liderando un nicho, lo hacen diferenciándose. También sugiere que las bases más firmes de diferenciación son la innovación (tecnología, diseño, etc.), la calidad y el servicio al cliente.

En cualquier caso, se trata de mantener una ventaja competitiva, es decir, una característica que permita a la empresa sostener una posición ventajosa frente a sus competidores. Puede ser una ventaja en costes o una ventaja en diferenciación.

Como se señaló anteriormente, la selección de la estrategia resulta condicionada por la dimensión cultural. Existe, como afirma Porter, incluso una cuestión de actitud. Una actitud orientada a los costes tiende a descuidar la calidad y una actitud orientada a la calidad hace que los costes pasen a un segundo plano. La actitud también es muy diferente entre quienes desean «dirigirse» al «mercado» en general, y quienes procuran «atender» a un grupo seleccionado de «clientes». Poseer una cultura sólida puede constituir una ventaja competitiva importante.

5. Estrategias de crecimiento

En la estrategia de crecimiento de la empresa, las preguntas que han de responderse son, básicamente, las siguientes:

- ¿Crecer o no crecer?
- ¿Especializarse o diversificar?
- ¿Crecimiento interno o crecimiento externo?
- ¿Competir o cooperar?
- ¿Internacionalizarse o limitarse a las fronteras nacionales?

5.1. El crecimiento de la empresa

Como se ha señalado en otros capítulos, las empresas pequeñas cuentan con algunas ventajas. Lo pequeño requiere menos controles, menos estructuras formales, menos esfuerzos por mantener una integración organizativa... Lo pequeño resulta más sencillo, más flexible, más predispuesto a cambiar y a aprovechar el cambio, más innovador, más adecuado a la autogestión y al autocontrol...

La empresa pequeña no requiere de grandes formalismos. A medida que la empresa crece se hace necesario establecer reglas formales.

Uno de los aspectos relevantes de la empresa en los que primero se deja sentir la complejidad de la gran empresa es en la innovación. Como señala Drucker, en las discusiones sobre el empresariado innovador se oye hablar mucho sobre la «burocracia» de las organizaciones grandes y sobre su «conservadurismo». Ambos existen y son impedimentos para el empresario innovador y la innovación.

> Sin embargo, el crecimiento es un objetivo casi innato a la empresa. Una de las formas más evidentes de manifestarse el éxito de una empresa es su crecimiento, y toda empresa, como cualquier otro proyecto humano, persigue el éxito.

Por otra parte, es evidente que muchas empresas grandes con éxito poseen una notable y merecida fama de innovadoras. De nuevo se trata de un problema cultural: la evidencia empírica sugiere que el secreto se encuentra en crecer manteniendo la belleza de lo pequeño.

Si el crecimiento tiene inconvenientes, ha de disponerse de los instrumentos organizativos y culturales precisos para que esos inconvenientes se disipen en la mayor medida posible. Las empresas que crecen con éxito tratan de mantener las cualidades que eran intuitivas y espontáneas cuando eran pequeñas; las cualidades que las condujeron a su éxito inicial.

5.2. La diversificación

La empresa puede crecer basándose en la especialización, es decir, intensificando el esfuerzo en su campo de actividad actual, o bien diversificándose, es decir, ampliando ese campo de actividades.

En sentido restringido, se diferencia entre (tabla 18.3):

> En sentido amplio, por diversificación se entiende agregar actividades distintas a las ya existentes en una empresa.

— Diversificación, que corresponde únicamente al caso en el que la empresa introduce nuevos productos en nuevos mercados.
— Penetración en el mercado, que consiste en aumentar la participación de la empresa en el mercado actual con los productos actuales.
— Desarrollo del mercado, consistente en introducir los productos actuales de la empresa en nuevos mercados.
— Desarrollo del producto, por el que se ofrecen nuevos productos en los mercados actuales.

TABLA 18.3

MERCADO	PRODUCTO	
	ACTUAL	NUEVO
Actual	Penetración en el mercado	Desarrollo del producto
Nuevo	Desarrollo del mercado	Diversificación

En este sentido restringido, la diversificación se diferencia de la expansión, integrándose, bajo este término, los tres últimos casos, y quedando el de «diversificación» reservado para el primero. En sentido general, la especialización se refiere al caso de penetración del mercado, y los otros tres quedan reservados al término «diversificación».

Lo que resultará ya evidente es que el crecimiento se basa en la innovación.

En realidad, las empresas pueden crecer hacia nuevos mercados, nuevas necesidades del mercado, nuevas tecnologías, nuevas formas de llevar el negocio, o cualquier combinación de esas vertientes.

La mayor defensa de la diversificación, frente a la especialización, se basa en la posible existencia de sinergias, especialmente, cuando la empresa cuenta con recursos humanos y materiales infrautilizados, o con capacidades que no tienen limitaciones en su utilización, con lo que la introducción de nuevas actividades eleva la productividad.

La teoría de la sinergia sostiene que la suma de las partes individuales de la empresa, adecuadamente gestionada, puede ser superior al total. Los distintos negocios se benefician en principio de las capacidades complementarias y de las posibilidades de compartir recursos comunes de tipo financiero, fuerzas de venta, canales de distribución y sistemas de personal y de control; y sobre todo, se benefician de la dirección eficaz compartida.

Esto suele producirse cuando la diversificación es homogénea, es decir, cuando las nuevas actividades se relacionan con las ya existentes. Cuando no existe esa relación, se dice que la diversificación es heterogénea o conglomeral, y en tal caso sólo suelen existir algunas sinergias de tipo financiero o de las basadas en el mejor aprovechamiento de las competencias y conocimientos de la dirección.

La defensa de la especialización y de la limitación de la diversificación a actividades afines a las ya conocidas se basa en buena medida en la idea de oficio de la empresa, que constituye un elemento cultural, determinado por su historia, con vocación de permanencia, que la identifica y la diferencia de las demás, y que puede y debe aglutinar a todas las personas de la organización como uno de sus valores compartidos.

Aunque la cantidad de trabajos realizados sobre la estrategia de diversificación es ingente y los resultados obtenidos son contradictorios, en los años ochenta se constató una gran cautela de las empresas en relación a la diversificación, e incluso se produjo la escisión de actividades no relacionadas con la actividad principal, y, en general, la reconsideración de decisiones de diversificación tomadas anteriormente.

Uno de los casos en los que la diversificación puede tener éxito es la integración vertical. Se trata de una diversificación homogénea por la que la empresa incorpora actividades de los distintos niveles de la producción, desde la obtención de las materias primas hasta la distribución física del producto. Las principales ventajas de la integración vertical son las siguientes:

1. Permite reducir los costes variables, pues, como se señaló en el primer capítulo, la integración de las actividades en una empresa, en sustitución del mercado, reduce los costes de transacción. Además, la empresa se ahorra los márgenes de beneficio de los elementos a los que sustituye.
2. Los proveedores de cada fase de producción se encuentran en la propia empresa, lo cual facilita su control, asegura el abastecimiento y permite garantizar más fácilmente niveles de calidad.

3. Los distribuidores y clientes «internos» son también más fácilmente controlables que los externos, pudiendo evitarse negociaciones de precios y condiciones de entrega, y siendo posible asegurar un nivel de servicio y atención al consumidor final.
4. Se simplifica el proceso de producción y distribución al reducirse el número de elementos que intervienen y que toman decisiones. Al ajustarse el ritmo de las salidas de unos procesos a la cadencia necesaria en las entradas de los procesos siguientes, se reducen las necesidades de inventarios.

No obstante, no todo son ventajas. La integración vertical tiene inconvenientes importantes que, en algunos casos, han aconsejado la «desintegración»:

— El primero es que implica un aumento considerable del riesgo. Los costes variables se reducen, pero los costes fijos se elevan considerablemente, con las consecuencias ya conocidas sobre el apalancamiento de la empresa. Además, tras la integración el riesgo es más elevado porque la debilidad de un eslabón de la cadena puede afectar al conjunto de la misma; para asegurar la salud de la empresa, cada etapa de la cadena vertical debe ser sólidamente sana.
— Otro inconveniente que no es de menor importancia es que, como toda diversificación, requiere modificaciones en la estructura organizativa de la empresa, en su cultura y en sus sistemas directivos, para integrar verdaderamente las nuevas actividades en la organización.

5.3. Crecimiento interno, crecimiento externo y cooperación

La empresa puede crecer de dos formas:

— La primera, denominada crecimiento interno, se basa en la realización de inversiones productivas en el propio seno de la empresa, aumentando así su capacidad.
— La segunda, a la que se denomina crecimiento externo, se lleva a cabo mediante la adquisición, absorción, fusión y control de empresas ya existentes.

La primera forma también se denomina crecimiento patrimonial. La segunda también recibe el nombre de crecimiento financiero.

Tras algunos años en los que se consideró el crecimiento externo como un rápido procedimiento de reducir riesgos, consiguiendo el acceso a nuevos productos, nuevos mercados, nuevas capacidades humanas y directivas, y nuevas tecnologías, ganando competitividad, el elevado número de fracasos observados en las adquisiciones de empresas ha puesto de manifiesto la existencia de importantes limitaciones, la mayor parte de las cuales radican en la dimensión cultural.

Los conflictos humanos y culturales pueden mermar los resultados de la empresa y conducir al fracaso de la operación de crecimiento externo.

En muchos casos es difícil conseguir la integración de los aspectos culturales, estratégicos y organizativos de las empresas concentradas.

La operación es relativamente sencilla cuando existe cierta compatibilidad entre las empresas en esos tres aspectos. Además, la experiencia parece demostrar que es viable cuando se adquieren pequeños negocios que pueden asimilarse con facilidad sin cambiar el carácter de la organización absorbente, y cuando se realiza en segmentos afines, más que en negocios totalmente distintos.

Hoy la mayor parte de los tratadistas en administración y dirección de empresas estan de acuerdo en subrayar la importancia de la cooperación y recomiendan la formación de redes de empresas, aunque tengan caracter temporal.

La mayor parte de los efectos que se tratan de conseguir con el crecimiento externo pueden obtenerse, también muy rápidamente, con la cooperación entre las empresas.

Se trata de formar acuerdos entre empresas independientes, proveedores, clientes, competidores, etc., para compartir conocimientos y ventajas competitivas, reducir costes y acceder a nuevos mercados.

Los cooperantes forman así una nueva organización que se encuentra entre el libre mercado y la empresa.

Evidentemente, las empresas siempre van a tener otras empresas competidoras. La cooperación no puede desplazar a la competencia. Pero, temporalmente puede ser recomendable incluso la cooperación con un competidor.

La cooperación puede ofrecer, además, una forma de crecimiento que no produce algunos de los inconvenientes que puede tener el gran tamaño de la empresa, y a los que se hizo referencia anteriormente.

Por ejemplo, en lugar de fusionarse para obtener sinergias tecnológicas, las empresas pueden cooperar, es decir, pueden formar *alianzas virtuales* que permanecerán como tales mientras sea necesario o conveniente para ellas. Así, el tamaño de la organización se convierte en algo efímero, ágil, flexible y adaptable a las necesidades de cada momento, y las unidades empresariales continúan manteniendo las ventajas de lo pequeño.

Los aspectos de la actividad de la empresa que se pueden beneficiar de la estrategia cooperativa son muchos: acuerdos comerciales en los que se comparten redes de distribución, acuerdos de compra en conjunto, de intercambios de investigación y desarrollo, etc. Evidentemente, las empresas que más se pueden beneficiar de la cooperación son las pequeñas.

5.4. La internacionalización

Existen relaciones evidentes entre el crecimiento y la internacionalización:

— Algunas empresas se internacionalizan para crecer y situarse en su dimensión óptima, para la cual el mercado nacional es insuficiente.
— Otras crecen para internacionalizarse y poder acceder a las ventajas que se obtienen vendiendo al exterior, diseñando en el exterior y, en algunos casos, fabricando en el exterior.

Internacionalizándose, las empresas pueden obtener ventajas en costes, aprovechando economías de escala, así como diferencias en los costes de los factores, y en las cargas financieras y fiscales de los distintos países. La vida de los productos puede prolongarse introduciéndolos como productos nuevos en otros países, cuando en los anteriores sus ventas se estabilizan o comienzan a decrecer.

Las estrategias de internacionalización básicas son las siguientes:

1. Estrategia global, que consiste en la centralización de la mayor parte de las actividades en el país de origen.
2. Estrategia transnacional de creación de filiales en los distintos países, de modo que cada una de ellas realiza funciones de producción y marketing, si bien de modo coordinado y controlado desde la matriz, donde se centralizan operaciones como las de investigación y desarrollo.
3. Estrategia de centralización de todas las operaciones excepto las de marketing, que se descentralizan para adecuarlas a las características de cada mercado geográfico.
4. Estrategia multidoméstica, en la que todas la actividades de la empresa se descentralizan, sin apenas coordinación ni control centralizados.

En realidad, entre las estrategias extremas (la global y la multidoméstica) existen muchas posibilidades. En muchos sectores, la globalización y la homogeneidad de los mercados aconsejan estrategias globales, en tanto que en otros la existencia de importantes peculiaridades diferenciadas en los mismos hace preferibles estrategias más próximas a la multidoméstica.

En cualquier caso, la internacionalización requiere persistencia, aprendizaje de la cultura local, establecimiento de relaciones, selección cuidadosa de los colaboradores locales, dominio del sistema de distribución, y adaptación del producto a las necesidades y gustos locales. Las operaciones internacionales deben edificarse siempre sobre la base de un paciente desarrollo de mercado y de unas relaciones comerciales satisfactorias.

En la mayor parte de los casos es particularmente importante la cooperación con empresas locales, es decir, constituir una cartera de alianzas internacionales.

La empresa se desarrolla siguiendo una red de aliados seguros que puedan movilizar el capital, la tecnología y la distribución allí donde se encuentren y donde ella los necesite.

6. La cultura empresarial

6.1. Concepto y elementos

El sistema cultural de una empresa, o de una organización en general, es un sistema interno, no estructurado ni escrito, propiciador de conductas.

En ese sistema se interrelacionan unos elementos y subsistemas formados por valores generalmente compartidos y, más concretamente, objetivos, principios, normas, mitos, símbolos y pautas de conducta. Ellos forman la base de la conducta colaboradora humana y hace que, en cierto modo, las acciones de las personas sean previsibles y se dirijan hacia un grupo de propósitos establecidos en común o al mantenimiento de una situación aceptada por todos los interesados.

Los sistemas culturales se suelen caracterizar por su perdurabilidad. La cultura se encuentra un tanto vinculada a las tradiciones. Para que un grupo humano asuma una cultura, se precisa tiempo, por lo que, aunque evoluciona, no es sencillo cambiarla radicalmente, ni tampoco es conveniente hacerlo pues podría perderse. La capacidad de permanencia de una cultura en una organización depende de la capacidad de sus miembros para aprenderla y luego trasmitirla a la generación siguiente. Los valores culturales no suelen ser transmitidos de una manera formal. Además, por su carácter intangible, tampoco suelen expresarse por escrito sino que se difunden por medios más sutiles.

Deal y Kennedy son dos de los autores cuya obra mayor influencia ha tenido en el estudio de la cultura organizativa y, en concreto, de la cultura empresarial. Según sus investigaciones, las culturas de las mejores organizaciones dependen de los siguientes aspectos:

— Los valores mismos: para quienes creen en ellos, los valores compartidos definen el carácter fundamental de su organización, la actitud por la que ella se distingue de todas las demás. De este modo crean un sentido de identidad para los miembros de la organización, o la sensación de ser diferentes. Esos valores son una realidad en las mentes de la mayoría de los integrantes de la compañía. La solidaridad así generada confiere a esos valores su gran eficacia.
— Los héroes que contribuyen a la creación de valores comunes fuertes por cuanto consiguen que el éxito sea accesible, suministran modelos de roles, simbolizan a la compañía cara al mundo exterior, mantienen aquello que hace que la empresa sea algo diferente, establecen una norma de rendimiento, y motivan a los colaboradores.
— Los ritos y rituales: en estas empresas prevalece un notable sentimiento lúdico, ritual y ceremonial alrededor de esos valores clave, lo que tiende a corroborar su importancia.

6.2. Autocontrol y cultura

La existencia de unos valores sólidos y compartidos permite, además de la unidad y el sentido de identidad, la coexistencia de la libertad (necesaria para la innovación) y de la disciplina, gracias al autocontrol, facilitando así la autogestión.

Si se tienen claros los valores de la compañía y se sabe qué es lo primordial, la autonomía es posible. Hay permiso para crear, para innovar, para desarrollar, siempre que haya un sistema de autocontrol asociado con los valores que la empresa asume.

Ahora bien, como señalan Deal y Kennedy, para ello los valores compartidos deben tener las siguientes características:

1. Significar algo, es decir, representar una filosofía clara y explícita respecto a cómo la dirección desea llevar el negocio.
2. Ser conocidos y compartidos por todo aquel que trabaje en la compañía.
3. Ser retocados y afinados constantemente por la dirección de manera que se adapten al entorno económico y social de la empresa.

Estos valores constituyen una condición indispensable para el desarrollo del enfoque de la calidad total, al que se hizo referencia en otro capítulo.

El servicio, la calidad y la fiabilidad son estrategias encaminadas a conseguir la satisfacción del cliente y su lealtad.

> Entre los valores centralizados que permiten la coexistencia de la libertad y de la disciplina, en muchas empresas son muy importantes la satisfacción del cliente y, consiguientemente, la calidad.

6.3. La vinculación de la estrategia a la cultura

El comportamiento de las personas en la organización es una función interactiva del individuo y del ambiente organizativo en el que se encuentra. Es una idea contraria a la que considera al individuo como un elemento aislado y capaz de desarrollar la misma conducta en distintos entornos como si de una máquina se tratase. Por ello, como ha surgido ya en varias ocasiones en este capítulo, existe una relación evidente entre la dimensión estratégica y la cultural. Aquella puede fracasar si no se tienen en cuenta los condicionamientos culturales de la organización.

Esa cultura explica la actitud estratégica del grupo, especialmente ante el cambio del entorno competitivo.

Cada una por su parte, la estrategia y la cultura contribuyen al éxito de la organización, pero el éxito de la empresa a largo plazo requiere la reunión de culturas poderosas y estrategias superiores acordes a aquellas, por lo que es preciso armonizar estrategia y cultura.

> Tanto es así, que se maneja frecuentemente el término cultura estratégica para designar al conjunto de valores compartidos de un grupo social que determinan su preferencia por un tipo concreto de comportamiento estratégico.

En la mayor parte de las empresas, la cultura se forma sobre tradiciones que no se pueden modificar rápidamente, por lo cual, a corto plazo, el sistema cultural constituye una constante que hay que tener en cuenta, como un dato, para el desarrollo de las estrategias. A largo plazo, pueden diseñarse estrategias con mayor libertad, pues puede ser posible alterar el sistema cultural y adecuarlo a la dimensión estratégica que desee implantarse en ese futuro lejano.

La implantación de un sistema cultural y la armonización entre las dimensiones estratégica y cultural requiere un buen liderazgo.

7. El «nuevo liderazgo»

El liderazgo, al que ya se hizo referencia en otro capítulo, ha sido estudiado desde muchas perspectivas. Desde comienzos de los años ochenta, con la irrupción de la dimensión cultural como elemento fundamental en el éxito de la empresa, el liderazgo ha pasado a ser considerado como el elemento básico en la construcción de la cultura.

Si la importancia de la dimensión cultural no debe relegar al olvido a la dimensión estratégica, el líder se convierte, además, en el elemento armonizador e integrador de ambas dimensiones.

Se propone que la palabra «administración» sea descartada pues, por sus connotaciones de control y de imposición, carece de capacidad para crear y motivar. Por el contrario, la palabra «liderazgo» tiene connotaciones de energía, de construcción, y de libertad para innovar y crecer.

Desde una conferencia que presentó en un coloquio sobre el liderazgo, organizado por la revista *Time* el año 1977, Abraham Zaleznik se ha convertido en el principal representante de los defensores de la figura del líder frente a la del directivo. En 1989 publicó su obra *The Managerial Mystique*, en la que recoge su pensamiento sobre el tema, que puede sintetizarse del siguiente modo:

— En las empresas hay muchos directivos, pero pocos líderes.
— Los directivos, incluso por su formación, están volcados a la racionalidad, al orden y a la eficiencia a corto plazo, y no al entusiasmo y a la creación de valores a largo plazo.
— La consecuencia es que en las empresas priman la política, el poder corrupto y la falta de identidad clara.
— La solución es el liderazgo, cuya sustancia es la imaginación, la influencia personal y la ética.

Pero, evidentemente, si bien, los estudios empíricos demuestran la importancia del liderazgo, no es menos cierto que la dirección es imprescindible. El nuevo equilibrio que precisan las organizaciones en la actualidad requiere el máximo despliegue tanto de directivos como de líderes.

Se han rellenado muchas páginas para diferenciar las figuras de directivo y líder. La palabra «directivo» tiende a significar el extremo más analítico, estructurado, controlado, deliberado y ordenado, mientras que «líder» tiende a ocupar el extremo más experimental, visionario, flexible, descontrolado y creativo.

Sin embargo, esa descripción de directivos y líderes corresponde a los extremos. Es difícil encontrar a alguien que se ajuste a uno de ellos. La mayoría de las personas se encuentran en algun punto intermedio, y, aunque dirección y liderazgo no son términos equivalentes, ambas funciones pueden desarrollarlas las mismas personas.

La importancia de tales funciones del líder ha hecho que algunos autores defiendan el paso de la función de dirección a la del liderazgo; la desaparición del directivo y su sustitución por el líder.

Prueba objetiva de autoevaluación

I. Enunciado

1. ¿Cuál de los siguientes no es un elemento del esquema de las 7S?

- La estrategia. ■
- Los sistemas. ■
- El estilo. ▫
- Ninguna de las otras. ▫

2. ¿Cuál de los siguientes no es un elemento blando de la dirección de empresas?

- El estilo de la dirección. ▫
- Las aptitudes de las personas claves. ■
- Los sistemas. ■
- Ninguna de las otras. ▫

3. ¿Cuál de los siguientes elementos es una fuerza competitiva?

- El liderazgo total en costes. ▫
- La diferenciación. ■
- La rivalidad entre los actuales competidores. ■
- Ninguna de las otras. ▫

4. La estrategia consistente en centrarse en un grupo de consumidores definido de algún modo es la estrategia de:

- Diferenciación. ■
- Creación de nichos. ■
- Experimentación. ▫
- Ninguna de las otras. ▫

5. En sentido general, lo contrario a la diversificación es:

- La especialización. ▫
- La expansión. ■
- El desarrollo. ■
- La penetración. ▫

6. En sentido estricto, lo contrario a la diversificación es:

- La especialización. ■
- La expansión. ▫
- El desarrollo. ▫
- La penetración. ■

7. Se dice que la diversificación es conglomeral cuando:
   - Las nuevas actividades se relacionan con las ya existentes.
   - Las nuevas actividades se incorporan en una integración vertical.
   - La diversificación es homogénea.
   - Ninguna de las otras.

8. Se denomina crecimiento patrimonial al crecimiento:
   - Financiero.
   - Interno.
   - Externo.
   - Ninguna de las otras.

9. Una alianza virtual es:
   - Una forma de cooperación entre empresas.
   - Una forma de liderar una empresa.
   - Un tipo de desarrollo del producto.
   - Ninguna de las otras.

10. La estrategia de internacionalización en la que todas la actividades de la empresa se descentralizan, sin apenas coordinación ni control centralizados es la estrategia
    - Global.
    - Transnacional de creación de filiales.
    - Multidoméstica.
    - Ninguna de las otras.

II. Respuestas correctas

1.
2. ■
3. ■
4. ■
5.
6.
7. ■
8.
9. ■
10. ■

Pruebas objetivas de autoevaluación

En este apartado se recogen ocho pruebas objetivas de autoevaluación.

Cada prueba consta de veinte preguntas «tipo test», cada una de las cuales tiene cuatro alternativas de resolución de las cuales sólo es correcta una de ellas. Se debe marcar en «ninguna de las otras» cuando se considera que ninguna de las otras tres respuestas es correcta. Se marca en «varias de las otras» cuando se estima que hay más de una respuesta correcta.

En ocasiones se obliga a marcar lo mismo que en la pregunta anterior con objeto de duplicar la ponderación de esta última.

Tras cada prueba, se incluye la relación de respuestas correctas.

Para autoevaluarse, sume 0,5 puntos por cada pregunta bien respondida y reste 0,15 puntos por cada pregunta que responda mal. No sume ni reste nada en las preguntas que no conteste. El nivel de aprobado requiere conseguir cinco puntos.

1. Primera prueba

1.1. Enunciado

1. El criterio de Hurwicz es el:

    - Optimista. ■
    - Pesimista. ■
    - De optimismo parcial. ■
    - Ninguna de las otras. ■

2. La distinción entre juegos de suma nula y de suma no nula depende de:

    - La información de la que disponen los participantes.
    - El número de jugadas que los integran.
    - El número de participantes.
    - Ninguna de las otras.

3. El ambiente de decisión en el que ni siquiera se conocen los posibles estados de la naturaleza es el de:

    - Riesgo.
    - Incertidumbre estructurada.
    - Ignorancia.
    - Ninguna de las otras.

4. La expresión $P(S \cap T) = P(T)P(S)$ es aplicable cuando los sucesos S y T son:

    - Mútuamente excluyentes.
    - Compuestos.
    - Independientes.
    - Ninguna de las otras.

5. Los modelos de optimización son modelos:

    - Estáticos.
    - Deterministas.
    - Analíticos.
    - De simulación.

6. El ratio de liquidez es el cociente entre:

    - La tesorería y el activo.
    - La tesorería y el pasivo circulante.
    - El activo circulante y el pasivo circulante.
    - La tesorería y el realizable.

7. Cuando el margen bruto unitario es negativo, el punto muerto:

    - Es nulo.
    - Es negativo.
    - No existe.
    - Es inalcanzable.

8. Cuando la base del logaritmo con el que se mide la información es el nueve, la información viene medida en:

   - Nits.
   - Hartleys.
   - Bits.
   - Ninguna de las otras.

9. La empresa multinacional es uno de los tipos de empresas existentes en la clasificación que toma como referencia:

   - El tamaño de las empresas.
   - Quién tenga su propiedad.
   - Su forma jurídica.
   - Ninguna de las otras.

10. El apalancamiento operativo es:

    - La elasticidad de las ventas respecto al beneficio económico.
    - La elasticidad de las ventas respecto al beneficio neto.
    - La elasticidad de la rentabilidad económica respecto a las ventas.
    - Ninguna de las otras.

11. ¿Qué teoría considera que la empresa es una «caja negra» observable por sus comportamientos externos en el mercado, pero sin entrar a analizar lo que ocurre en su interior?

    - La teoría de la agencia.
    - La teoría de los costes de transacción.
    - La teoría de los derechos de propiedad.
    - Ninguna de las otras.

12. ¿Cuándo es negativa la desviación típica del beneficio de una empresa?

    - Nunca.
    - Cuando el beneficio es negativo (pérdidas).
    - Cuando la variable normal estandarizada correspondiente toma un valor inferior a cero.
    - Ninguna de las otras.

13. Siempre que, en un juego de estrategia rectangular, el maxi-min del ganador coincide con el mini-max del perdedor, se puede decir que:

    - El juego tiene solución.
    - Es un juego con punto de silla.
    - Varias de las otras.
    - Ninguna de las otras.

14. Marque (o no marque, si allí no lo hizo) lo mismo que en la pregunta anterior.
    - ■
    - ■
    - ■
    - ■

15. El Método Roy es:
    - El Método de los Potenciales. ■
    - Un método dual del PERT. ■
    - Varias de las otras. ■
    - Ninguna de las otras. ■

16. Para introducirse en los mercados asiáticos, una empresa española construyó una nave industrial en China. Los medios financieros necesarios para ello se consiguieron mediante una emisión de acciones que fueron suscritas íntegramente por los antiguos accionistas ¿A qué tipo de inversiones dió lugar la operación?
    - Productivas. ■
    - Financieras. ■
    - Productivas y financieras. ■
    - Ninguna de las otras. ■

17. Se dice que una empresa está en situación de insolvencia técnica cuando:
    - Sus deudas superan a sus recursos propios. ■
    - Sus deudas a corto plazo superan a su activo circulante. ■
    - Su beneficio económico es inferior a los intereses de sus deudas. ■
    - Ninguna de las otras. ■

18. La decisión principal en materia de estructura financiera de la empresa es:
    - El establecimiento de su coste de capital. ■
    - La determinación del coste de capital medio ponderado. ■
    - La determinación de su nivel de endeudamiento. ■
    - La determinación de su rentabilidad financiera. ■

19. Se denomina margen de seguridad a:
    - El tiempo sobrante para la realización de una actividad en el CPM. ■
    - La diferencia entre las ventas previstas y el punto muerto. ■
    - El resultado del efecto Lohmann-Ruchti. ■
    - La diferencia entre el precio que tiene una acción en el mercado y el precio de emisión de una nueva acción. ■

20. El equilibrio del comercio exterior es un objetivo de la intervención de los entes públicos en la economía:

- A largo plazo. ■
- Social. ■
- De regulación de las actividades económicas. ■
- Ninguna de las otras. ■

1.2. Respuestas correctas

Pregunta	Respuesta correcta
1	■
2	■
3	■
4	■
5	■
6	■
7	■
8	■
9	■
10	■
11	■
12	■
13	■ (■ y ■)
14	■
15	■ (■ y ■)
16	■
17	■
18	■
19	■
20	■

2. Segunda prueba

2.1. Enunciado

1. ¿Cuál de las siguientes no es una forma de departamentación?
   - Por procesos. ■

- Por productos. ■
- Matricial.
- Ninguna de las otras. ■

2. Que los directivos tienen limitaciones en cuanto al número de actividades que pueden desarrollar y en cuanto al número de personas que pueden tener a su cargo es:

    - Una de las razones de ser de la departamentación. ■
    - Un motivo para no delegar autoridad en sus subordinados.
    - Varias de las otras. ■
    - Ninguna de las otras. ■

3. La información de canal:

    - Es el contenido informativo que proporciona el canal de distribución. ■
    - Es siempre negativa.
    - Aumenta de valor a medida que son mayores las variaciones que experimentan las probabilidades de los diversos sucesos. ■
    - Ninguna de las anteriores.

4. El ratio de endeudamiento a corto plazo es el cociente entre:

    - El pasivo a corto plazo y el pasivo total. ■
    - El pasivo a corto plazo y el capital propio.
    - El pasivo a corto plazo y el activo circulante.
    - El pasivo a corto plazo y los capitales permanentes. ■

5. Esperar que el dividendo de una acción crezca constantemente no significa esperar:

    - Que el precio de la acción crezca a la misma tasa constante.
    - Que la rentabilidad por dividendos crezca a la misma tasa constante. ■
    - Que la rentabilidad por ganancias de capital sea constante. ■
    - Que la rentabilidad total sea constante.

6. En cuanto a la posible existencia de varias tasas de rentabilidad reales, o de ninguna, lo cual no tiene sentido económico:

    - Ninguna inversión simple es mixta. ■
    - Todas las inversiones que no son mixtas no son simples. ■
    - Todas las inversiones que no son simples son mixtas.
    - Ninguna de las otras.

7. El apalancamiento total es:

    - La elasticidad del beneficio económico respecto a las ventas. ■

- La elasticidad de la rentabilidad financiera respecto a las ventas. ■
- La elasticidad del beneficio neto respecto al beneficio económico. ▪
- Ninguna de las otras. ▪

8. No constituye una limitación del análisis coste-volumen-beneficio:
   - Que se trata de un planteamiento a corto plazo. ■
   - Que no tiene en cuenta la función de demanda. ▪
   - Que carece de relevancia práctica. ■
   - Ninguna de las otras. ▪

9. El tipo de descuento que hace que el VAN de los flujos de caja sea nulo es:
   - Sólo el TIR de una inversión. ■
   - Sólo el coste de una fuente de financiación. ■
   - El TIR de una inversión y el coste de una fuente de financiación. ▪
   - Ninguna de las otras. ▪

10. El mayor endeudamiento hace que la rentabilidad financiera se eleve:
    - Siempre. ■
    - Nunca. ▪
    - Sólo cuando la rentabilidad económica es superior que el coeficiente de endeudamiento. ■
    - Ninguna de las otras. ▪

11. En el método PERT, se denominan prelaciones colaterales a las que se presentan cuando:
    - Para poder iniciar dos o más actividades, es necesario que se haya terminado anteriormente una única actividad. ■
    - Para poder iniciar cierta actividad, es necesario que se hayan finalizado previamente dos o más actividades. ▪
    - Para poder iniciar una determinada actividad, es necesario que haya finalizado previamente una única actividad. ▪
    - Ninguna de las otras. ■

12. El límite del control se refiere a:
    - El número de personas que pueden estar directamente a cargo de un directivo. ■
    - La necesidad de que el control no intervenga con posterioridad a la realización del trabajo, sino que forme parte del trabajo mismo. ■
    - Las dificultades que puede comportar un control excesivo. ▪
    - Varias de las otras. ▪

13. La elasticidad del beneficio operativo respecto a las ventas es:
    - El punto muerto. ■
    - El coeficiente de apalancamiento operativo.
    - El coeficiente de apalancamiento total.
    - Ninguna de las otras. ■

14. Es necesario que los directivos:
    - Conozcan todos los aspectos técnicos del trabajo que dirigen. ■
    - Sepan mantener unas buenas y sinceras relaciones humanas con su equipo. ■
    - Varias de las otras.
    - Ninguna de las otras. ■

15. ¿Cuál de los siguientes no es un elemento de los planes?
    - Los objetivos.
    - Las reglas. ■
    - Los procedimientos.
    - Ninguna de las otras. ■

16. ¿Es congruente con el principio de maximizar el valor de las acciones seguir una política como la de la empresa inmobiliaria Grue, S. A., que tiene entre sus dictados el de nunca realizar inversiones cuyo plazo de recuperación supere los cinco años?
    - No. ■
    - Sólo si se trata del plazo de recuperación con descuento.
    - Sólo en las inversiones mixtas.
    - Ninguna de las otras. ■

17. En esencia, la base de los procedimientos organizativos de la Escuela de la Dirección Científica es:
    - La división del trabajo y la especialización.
    - La fijación de estándares de rendimiento. ■
    - La remuneración por incentivos. ■
    - Ninguna de las otras.

18. La diferencia más importante entre el PERT y el CPM que podríamos denominar «ampliado», es que Kelley introdujo:
    - Una lógica más congruente con la Teoría de Grafos. ■
    - La programación reticular.
    - La relación entre el coste y la duración de cada actividad. ■
    - Ninguna de las otras.

19. Marque (o no marque, si allí no lo hizo) lo mismo que en la pregunta anterior.

    - ☐ (blanco)
    - ■ (naranja)
    - ■ (negro)
    - ■ (gris)

20. ¿Qué aproximaciones al liderazgo pueden considerarse actualmente en crisis?.

    - Las universalistas. ☐ (blanco)
    - Todas las contingentes. ■ (negro)
    - Sólo las contingentes en conducta. ■ (naranja)
    - Ninguna de las otras. ■ (gris)

2.2. Respuestas correctas

Pregunta	Respuesta correcta
1	☐ (blanco)
2	■ (negro)
3	■ (negro)
4	■ (gris)
5	■ (naranja)
6	☐ (blanco)
7	■ (naranja)
8	■ (negro)
9	■ (gris)
10	☐ (blanco)
11	■ (negro)
12	■ (naranja)
13	☐ (blanco)
14	■ (gris)
15	■ (negro)
16	■ (negro)
17	☐ (blanco)
18	■ (naranja)
19	■ (negro)
20	☐ (blanco)

3. Tercera prueba

3.1. Enunciado

1. Las inversiones que no son simples son las inversiones:
   - No simples. ■
   - Puras. ■
   - Mixtas.
   - Ninguna de las otras. ■

2. La adquisición de materias primas constituye:
   - Una inversión. ■
   - Un coste de producción. ■
   - Un pago a proveedores.
   - Un consumo. ■

3. Marque (o no marque, si allí no lo hizo) lo mismo que en la pregunta anterior..
   - ■
   -
   - ■
   - ■

4. El principio de la construcción del grafo PERT que prohíbe, al ir asignando sucesivamente los números naturales a los vértices, numerar un nudo si se encuentra sin numerar alguno de los nudos de los que parten flechas que finalizan en él, es el de:.
   - Designación unívoca. ■
   - Correlación numérica. ■
   - Unicidad de estados. ■
   - Ninguna de las anteriores. ■

5. El ratio de garantía es un ratio de:
   - Rotación. ■
   - Equilibrio financiero a largo plazo. ■
   - Equilibrio financiero a corto plazo. ■
   - Ninguna de las otras. ■

6. El coeficiente beneficio/coste es:

    - El índice de rentabilidad. ■
    - La tasa de valor actual. ▨
    - La tasa de rendimiento contable. ▨
    - Ninguna de las otras. ■

7. Multiplicando el coste medio diario de producción por el número de días que permanece inmovilizada cada unidad monetaria en productos en curso, se obtiene:

    - El período medio de fabricación. ■
    - El período medio de venta. ▨
    - El fondo de maniobra necesario para financiar el inventario de existencias de productos semielaborados. ▨
    - Ninguna de las otras. ■

8. Si se añade la tesorería al realizable, y el resultado de esa suma se divide entre el pasivo a corto, se obtiene el ratio de:

    - Liquidez. ▨
    - Tesorería inmediata. ■
    - Tesorería ordinaria. ▨
    - Ninguna de las otras. ■

9. Marque (o no marque, si allí no lo hizo) lo mismo que en la pregunta anterior..

    - ▨
    - ■
    - ■
    - ▨

10. El centrarse en las variables económicas y tecnológicas, sin atender a las variables psicosociopolíticas internas y externas es propio de:.

    - La dirección estratégica. ▨
    - La planificación estratégica. ■
    - La dirección centralizada. ■
    - Ninguna de las otras. ▨

11. ¿Qué significa el símbolo □ (cuadrado) en un gráfico del flujo del proceso?

    - Operación. ■
    - Transporte. ▪
    - Inspección. ▪
    - Ninguna de las otras. ■

12. El control informal e implícito es un principio de la teoría:

    - X. ■
    - Y. ▪
    - Z. ■
    - Ninguna de las otras. ▪

13. La diferencia entre los capitales permanentes y el activo circulante es:

    - El pasivo a corto. ■
    - El fondo de maniobra. ■
    - Los recursos ajenos. ▪
    - Ninguna de las otras. ▪

14. ¿Cuál es la teoría que considera que la empresa es un mecanismo que se sitúa entre el mercado de factores (bienes iniciales) y el mercado de productos (bienes finales) y que su actuación consiste en combinar los factores para transformarlos en productos?

    - La neoclásica. ■
    - La liberal. ■
    - La tradicional. ▪
    - Ninguna de las otras. ▪

15. ¿Qué particularidad tienen las llamadas «encuestas colectivas»?

    - Que se realizan por cuenta de varias empresas. ■
    - Que se efectúan a un gran número de consumidores. ▪
    - Que se encuesta a toda la población del segmento. ■
    - Ninguna de las otras. ▪

16. Una teoría que explica razones por las que la empresa sustituye al mercado estableciendo relaciones entre los agentes económicos es:

    - La Teoría de la Configuración Económica Organizativa. ■
    - La Teoría de los Costes de Transacción.
    - La Teoría Ecológica de las Organizaciones. ■
    - Ninguna de las otras. ■

17. ¿Cuál de las siguientes no es una característica de toda empresa?

    - La empresa es un conjunto de factores de producción, mercadotécnicos y financieros. ■
    - Toda empresa tiene fines, u objetivos, que constituyen la propia razón de su existencia. ■
    - Los distintos factores que integran la empresa se encuentran coordinados para alcanzar sus fines. ■
    - Ninguna de las otras.

18. En el método PERT se llamó suceso a lo que en el método CPM se llamó:

    - Nudo. ■
    - Trabajo. ■
    - Hecho.
    - Elemento. ■

19. Ante una variación del beneficio operativo, el beneficio que queda para los propietarios se modificará en una proporción tanto mayor cuanto mayores sean:

    - Los activos fijos.
    - Los costes financieros.
    - Las cargas de estructura. ■
    - Ninguna de las otras. ■

20. En las decisiones de aceptación o rechazo de proyectos independientes, el VAN y el TIR conducen a la misma decisión:

    - Siempre. ■
    - Cuando se resuelve la discrepancia entre los dos criterios. ■
    - Cuando no existe una intersección de Fisher en el primer cuadrante.
    - Nunca.

3.2. Respuestas correctas

Pregunta	Respuesta correcta
1	■ (negro)
2	■ (naranja)
3	■ (gris)
4	■ (claro)
5	■ (naranja)
6	■ (negro)
7	■ (gris)
8	■ (claro)
9	■ (negro)
10	■ (negro)
11	■ (claro)
12	■ (naranja)
13	■ (gris)
14	■ (naranja)
15	■ (negro)
16	■ (claro)
17	■ (claro)
18	■ (negro)
19	■ (gris)
20	■ (naranja)

4. Cuarta prueba

4.1. Enunciado

1. El principal objetivo que subyace en toda organización de empresas es:
   - Crear canales de comunicación. ■ (gris)
   - Determinar los límites del control. ■ (negro)
   - Establecer procedimientos para alcanzar los objetivos de la organización. ■ (claro)
   - La división del trabajo. ■ (negro)

2. Las empresas que tienen grandes inmovilizados tienen:
   - Mucho apalancamiento financiero. ■ (negro)
   - Mucho riesgo económico. ■ (naranja)

- Mucha rentabilidad. ▫
- Ninguna de las otras. ▫

3. La delegación de autoridad consiste, entre otras cuestiones, en:
   - Centralizar la organización. ▫
   - Concentrar la organización. ▫
   - Controlar al subordinado. ■
   - Ninguna de las otras. ■

4. Marque (o no marque, si allí no lo hizo) lo mismo que en la pregunta anterior.
   - ■
   - ■
   - ▫
   - ▫

5. En la financiación de la empresa:
   - Todos los fondos ajenos son internos. ■
   - Todos los fondos propios son internos. ▫
   - Los fondos internos son propios. ▫
   - Ninguna de las otras. ■

6. La emisión de obligaciones proporciona:
   - Capitales permanentes internos. ■
   - Capitales permanentes propios. ■
   - Pasivo a corto plazo. ▫
   - Ninguna de las otras. ▫

7. La sencilla simulación de alternativas es una de las principales aportaciones de:
   - El PERT. ▫
   - Los modelos de optimización. ■
   - El método Dupont. ▫
   - Ninguna de las otras. ■

8. El propietario de una fábrica de pan ha comprado un nuevo horno que pagará al fabricante dentro de seis años. ¿De qué tipo de fuente de financiación se trata?
   - Autofinanciación. ▫
   - Préstamo a medio y largo plazo. ■

- Financiación propia. ■
- Ninguna de las otras. ▫

9. Marque (o no marque, si allí no lo hizo) lo mismo que en la pregunta anterior.
   - ■
   - ■
   - ▫
   - ▫

10. Si se produce una modificación de las ventas, el beneficio operativo se alterará en una proporción que nunca puede ser:
    - Igual que aquella. ▫
    - Superior que aquella. ■
    - Inferior que aquella. ■
    - Positiva. ▫

11. Se denomina cargas de estructura a:
    - Los costes fijos. ▫
    - Los costes financieros. ■
    - Los costes de las unidades organizativas. ▫
    - Ninguna de las otras. ▫

12. La rentabilidad financiera antes de impuestos de una empresa endeudada es superior que su rentabilidad económica:
    - Siempre. ▫
    - Nunca. ■
    - Cuando la rentabilidad económica es superior que el coste de las deudas. ▫
    - Ninguna de las otras. ■

13. ¿Cuál de las siguientes no es una de las políticas de dividendos más habitualmente seguidas por las empresas en la práctica?
    - Pagar un dividendo nominal constante. ■
    - Pagar dividendos reales constantes. ▫
    - Aplicar un coeficiente de reparto estable. ■
    - Ninguna de las otras. ▫

14. El método de la comparación de costes tiene la ventaja de que:
    - No es necesario prever el volumen de producción. ■
    - Permite valorar las inversiones. ▫

- Permite calcular la rentabilidad de las inversiones. ■
- Ninguna de las otras. ▪

15. ¿Cuál de los siguientes no es un requisito del texto publicitario:
    - Que señale algún tributo del producto que sea deseable. ■
    - Que lo señale con carácter exclusivo. ▪
    - Que resulte creíble. ▪
    - Ninguna de las otras. ■

16. El cociente entre los costes fijos no financieros y el margen bruto unitario es:
    - El umbral de rentabilidad. ■
    - El índice estructural. ■
    - El coeficiente de estructura. ▪
    - Ninguna de las otras. ▪

17. El valor que tiene una empresa para quien la mantenga en funcionamiento es:
    - Su valor sustancial. ■
    - Su valor de rendimiento. ▪
    - Su fondo de comercio. ▪
    - Ninguna de las otras. ■

18. Marque (o no marque, si allí no lo hizo) lo mismo que en la pregunta anterior.
    - ■
    - ■
    - ▪
    - ▪

19. Para reducir el tiempo de realización del proyecto sobre el inicialmente previsto, de la forma más económica posible, se deberá acelerar primero aquella actividad crítica que tenga:
    - Un mayor coeficiente de costes. ■
    - Un menor coeficiente de costes. ▪
    - La menor duración. ▪
    - Ninguna de las otras. ■

20. En el método PERT se dijo actividad para denominar a lo que en el CPM se llamó:
    - Trabajo. ■
    - Flecha. ▨
    - Tarea. ▨
    - Ninguna de las otras. ■

4.2. Respuestas correctas

Pregunta	Respuesta correcta
1	■
2	■
3	■
4	▨
5	▨
6	▨
7	▨
8	■
9	■
10	■
11	▨
12	▨
13	▨
14	▨
15	■
16	■
17	▨
18	▨
19	▨
20	■

5. Quinta prueba

5.1. Enunciado

1. El diseño del producto:
   - Compete sólo a la dirección de la producción. ■
   - Compete sólo a la dirección de marketing. ▨

- Compete a la dirección de la producción y a la de marketing. ▪
- Es una decisión táctica.

2. Un diagrama hombre-máquina es un:
   - Diagrama de equipo.
   - Diagrama de actividades. ■
   - Diagrama de operaciones.
   - Ninguna de las otras. ■

3. Normalizar significa:
   - Determinar los factores de los que depende la calidad.
   - Establecer la forma de medir la calidad. ■
   - Clasificar productos en grupos homogéneos en relación a los atributos de calidad. ■
   - Ninguna de las otras.

4. ¿Qué es el porcentaje de control?
   - El tanto por ciento que representa la muestra en relación al universo. ■
   - El tanto por ciento de piezas que se inspeccionan.
   - La probabilidad de error en el muestreo. ■
   - El tanto por ciento máximo tolerable de unidades defectuosas.

5. ¿En qué ámbito de los bienes de equipo se maneja la «inferioridad de servicio»?
   - En el de la selección.
   - En el de la amortización.
   - En el de la determinación de la duración óptima. ■
   - Ninguna de las otras. ■

6. En el método de los prácticos:
   - El fondo de comercio se estima por el procedimiento de los superrendimientos. ■
   - El fondo de comercio es la mitad del valor inmaterial de la empresa.
   - Se parte de la consideración de que el valor teóricamente correcto de la empresa es el valor de rendimiento.
   - Ninguna de las otras. ■

7. La producción en la que tanto la fuerza como el control son mecánicos, se denomina:
   - Producción manual. ■
   - Producción mecanizada.

- Producción automatizada. ■
- Ninguna de las otras.

8. Los mayoristas de contado son:
   - Los de función limitada. ■
   - Los que no permiten el aplazamiento de los pagos.
   - Los que aplican descuentos por pronto pago. ■
   - Ninguna de las otras.

9. El modelo de Huff se utiliza en la localización de:
   - Instalaciones independientes. ■
   - Varios almacenes y fábricas interdependientes. ■
   - Centros comerciales.
   - Ninguna de las otras.

10. Cuando un intermediario vende a minoristas y a consumidores finales, se le denomina:
    - Semiminorista. ■
    - Semidetallista. ■
    - Mayorista de contado.
    - Ninguna de las otras.

11. Uno de los principales efectos de las tareas de la fuerza de ventas en relación a la publicidad es que:
    - Realiza la tarea previa de venta. ■
    - Permite el acceso a grupos de convivencia y referencia.
    - Proporciona argumentos y estimula a los publicitarios.
    - Ninguna de las anteriores. ■

12. Un hecho elaborado dispuesto para su difusión por los medios de comunicación es:
    - Una falsificación de acción. ■
    - Un pseudoacontecimiento. ■
    - Una falsificación de omisión.
    - Ninguna de las otras.

13. Bajo la idea de calidad total, la calidad es responsabilidad de:
    - Sólo el departamento de calidad. ■
    - Sólo la alta dirección.
    - Todos. ■
    - Ninguna de las otras.

14. A una representación simultánea por orden cronológico y en una misma escala de tiempo de las tareas que realizan los distintos trabajadores se le denomina:

    - Simograma.
    - Diagrama de equipo.
    - Diagrama del proceso.
    - Ninguna de las otras.

15. La política de acertar a la primera hace referencia a:

    - La calidad
    - La estimación del valor global en el método directo.
    - La tabla de control de costes.
    - Ninguna de las otras.

16. Las siglas CAD responden a:

    - Un sistema tecnológico.
    - Unas normas de calidad industrial.
    - Un sistema de control de inventarios.
    - Ninguna de las otras.

17. El principio de secuencia se encuentra bajo el concepto de:

    - Marketing-mix.
    - Mantenimiento.
    - Método ABC.
    - Ninguna de las otras.

18. El Principio de Pareto suele ser aplicable en:

    - Los inventarios.
    - La medición del trabajo.
    - Los procesos de comunicación.
    - Ninguna de las otras.

19. Si se suman la desviación en cuotas y la desviación en precios, se obtiene:

    - La desviación en márgenes.
    - La desviación en cantidades.
    - La desviación en el tamaño del mercado.
    - Ninguna de las otras.

20. Si la demanda del producto de una empresa responde a una función exponencial del tipo

$$q = kp^{b_1}A^{b_2}F^{b_3}$$

- La elasticidad de la demanda respecto al precio vale b_1. ■
- La elasticidad de la demanda respecto a la promoción vale b_2. ▪
- Varias de las otras. ■
- Ninguna de las otras. ▫

5.2. Respuestas correctas

Pregunta	Respuesta correcta
1	▪
2	■
3	■
4	▫
5	■
6	▪
7	■
8	■
9	▫
10	▫
11	■
12	■
13	■
14	▪
15	▫
16	■
17	■
18	■
19	▫
20	▪

6. Sexta prueba

6.1. Enunciado

1. No constituye una estrategia competitiva genérica la de:
   - Liderazgo total en costes. ▪

- Diferenciación.
- Alta segmentación.
- Ninguna de las otras.

2. El procedimiento más lógico de determinar el presupuesto publicitario es:

    - Gastar el montante que resta del beneficio, una vez atendida la rentabilidad normal del capital.
    - Gastar un porcentaje fijo de las ventas en unidades monetarias, o una cantidad fija por unidad de producto vendida.
    - Asignar un presupuesto variable en función de los gastos que realice la competencia.
    - Ninguna de las otras.

3. La principal decisión en política de marcas es la que hace referencia a la disyuntiva:

    - Marcas individuales-marcas de familia.
    - Nombre de marca-distintivo de marca.
    - Marcas de fabricante-marcas de distribuidor.
    - Marca de etiqueta-marca informativa.

4. Los elementos de la matriz tecnológica son:

    - Las cantidades de los distintos factores que se utilizan en los diversos procesos cuando se utilizan a nivel unitario.
    - Los rendimientos unitarios de los distintos procesos.
    - Las disponibilidades existentes de cada uno de los factores para cada uno de los procesos a nivel tecnológico unitario.
    - Ninguna de las otras.

5. La etapa del ciclo de vida del producto en la que el apoyo de los distribuidores tiene mayor importancia es la de:

    - Introducción.
    - Crecimiento.
    - Madurez.
    - Ninguna de las otras.

6. El sistema de volumen económico de pedido es el sistema:

    - P.
    - De volumen de pedido constante.
    - De revisión periódica.
    - Ninguna de las otras.

7. La idea de que la suma de las partes individuales de la empresa, adecuadamente gestionada, puede ser superior al total, es sostenida por la teoría:

    - Conglomeral. ■
    - De la sinergia. ■
    - Expansiva. ▫
    - Ninguna de las otras. ▫

8. El tiempo normalizado se calcula:

    - Multiplicando el tiempo observado por el grado de eficiencia. ▫
    - Añadiendo un tiempo suplementario al tiempo estándar. ■
    - Añadiendo un tiempo suplementario al tiempo predeterminado. ■
    - Añadiendo la prima al tiempo de trabajo. ▫

9. ¿En qué enfoque de la presentación de ventas se parte de una comprensión de la psicología del cliente potencial?:

    - En el de la satisfacción de las necesidades. ■
    - En el de la técnica AIDA. ▫
    - En el de la respuesta al estímulo. ▫
    - Ninguna de las otras. ■

10. Marque (o no marque, si allí no lo hizo) lo mismo que en la pregunta anterior.

    - ■
    - ■
    - ▫
    - ▫

11. La que se produce en los diversos períodos en los establecimientos respecto a las ventas medias de cada uno de ellos, se denomina dispersión:

    - Total. ■
    - Residual. ▫
    - Factorial. ▫
    - Parcial. ■

12. ¿Cuál de los siguientes no es un supuesto del modelo de Wilson?:

    - La demanda del producto es constante. ▫
    - El precio de cada unidad de producto es constante. ■
    - El bien almacenado es un producto individual. ▫
    - Ninguna de las otras. ■

13. Los tiempos predeterminados:
    - Se utilizan en el estudio de métodos de trabajo. ■
    - Se calculan añadiendo tiempos suplementarios a los tiempos estándar. ■
    - Son una enumeración de movimientos básicos junto con sus tiempos de ejecución. ▪
    - Ninguna de las otras. ▪

14. La estrategia que consiste en la centralización de la mayor parte de las actividades en el país de origen es la:
    - Multidoméstica. ▪
    - Geocéntrica. ▪
    - Global. ■
    - Ninguna de las otras. ■

15. La cuarta etapa de la planificación y desarrollo del producto es:
    - La planificación del producto. ▪
    - El desarrollo del producto. ■
    - El análisis de viabilidad. ▪
    - Ninguna de las otras. ■

16. La estrategia de promoción alta y precio alto es adecuada con:
    - Grandes mercados. ■
    - Productos conocidos. ▪
    - Fuerte competencia. ▪
    - Ninguna de las otras. ■

17. Si la demanda del producto de una empresa responde a una función exponencial del tipo
    $$q = kp^{b_1}A^{b_2}F^{b_3}$$
    - La elasticidad de la demanda respecto al precio vale $-b_1$. ■
    - La elasticidad de la demanda respecto a la promoción vale b_2. ▪
    - Varias de las otras. ▪
    - Ninguna de las otras. ■

18. La existencia de segmentos cuyos deseos no se encuentran satisfechos por las marcas existentes se puede inferir del estudio de:
    - El ciclo de vida del producto. ■
    - La prueba del producto. ▪

- El posicionamiento de marcas. ■
- Ninguna de las otras. ▨

19. Por regla general, el producto y la distribución son variables:
    - A corto plazo. ▨
    - Estructurales. ■
    - A largo plazo. ▨
    - Varias de las otras. ■

20. La distinción entre mercados de mayoristas, mercados de minoristas y mercados de consumidores, depende de:
    - El grado de elaboración del producto. ■
    - Quienes sean los adquirentes del producto. ■
    - Las posibilidades de expansión. ▨
    - Ninguna de las otras. ▨

6.2. Respuestas correctas

Pregunta	Respuesta correcta
1	■
2	▨
3	▨
4	■
5	▨
6	■
7	■
8	▨
9	■
10	▨
11	▨
12	■
13	▨
14	■
15	■
16	■
17	(■ y ▨)
18	■
19	■ (■ y ▨)
20	■

7. Séptima prueba

7.1. Enunciado

1. ¿Qué es lo que puede ser de consumo inmediato, de consumo duradero o de servicios?

    - Un mercado de consumo. ■
    - Un mercado industrial. ■
    - Un mensaje publicitario. ▫
    - Ninguna de las otras. ▫

2. ¿Cuál de los siguientes elementos no forma parte del objetivo del estudio del proceso de producción?

    - Detectar esperas. ▫
    - Combinar o eliminar pasos superfluos. ▫
    - Reducir desplazamientos. ■
    - Ninguna de las otras. ■

3. Según la Sociedad Americana de Ingenieros Mecánicos (A.S.M.E.), el triángulo invertido significa:

    - Inspección. ■
    - Almacenamiento. ■
    - Desplazamiento. ▫
    - Ninguna de las otras. ▫

4. La disposición de la planta en la que las diversas funciones se realizan físicamente en lugares diferentes e inalterables y los distintos productos circulan siguiendo diferentes caminos según sea el orden de su fabricación:

    - Es la disposición por productos. ■
    - Resulta propia para la producción para almacén. ▫
    - Es la disposición por procesos. ■
    - Ninguna de las otras. ▫

5. La producción por encargo suele ser:

    - Para almacén. ■
    - En serie. ■
    - Continua. ▨
    - Ninguna de las otras. ▨

6. El número de camas de un hospital define su:

    - Capacidad de producción. ▨
    - Tamaño de las instalaciones. ▨
    - Volumen de producción. ■
    - Ninguna de las otras. ■

7. El poder negociador de los proveedores es:

    - Una fuerza competitiva. ■
    - Una estrategia competitiva genérica. ▨
    - Una estrategia competitiva particular. ■
    - Ninguna de las otras. ▨

8. La demanda independiente es:

    - Una demanda mediata. ■
    - Propia de los bienes finales. ▨
    - La que no depende del mercado. ▨
    - Ninguna de las otras. ■

9. ¿Donde se encuentra la causa de la mayor parte de los fracasos de los programas de enriquecimiento del trabajo?

    - En una defectuosa identificación de los factores motivacionales. ■
    - En una defectuosa planificación. ▨
    - En las dificultades que comporta la correcta aplicación del índice IMP. ■
    - Ninguna de las otras. ▨

10. Los consumidores son considerados como un premio obtenido a costa de los competidores en la orientación a:

    - Las ventas.
    - El consumidor.
    - La competencia.
    - Ninguna de las otras.

11. La función de desplazarse visitando a los clientes para anotar sus pedidos y procurar que en ningún momento estén desabastecidos, es propia de:

    - Los promotores de ventas.
    - Los técnicos de venta.
    - Los tomadores internos de pedidos.
    - Ninguna de las otras.

12. ¿Cuál de las siguientes no es una estrategia de internacionalización básica?

    - La global.
    - La transnacional.
    - La multidoméstica.
    - Ninguna de las otras.

13. El sistema en el que la proporción que representa el incentivo unitario sobre el salario unitario, es igual a la que representa el tiempo efectivo de trabajo sobre el previsto para realizar la tarea, se denomina:

    - Sistema Rowan.
    - Sistema Halsey.
    - Destajo.
    - Ninguna de las otras.

14. ¿Cuál de los siguientes no es un principio existente bajo el concepto de marketing-mix?:

    - Restricción en las decisiones.
    - Interdependencia.
    - Secuencia.
    - Ninguna de las otras.

15. Marque (o no marque, si allí no lo hizo) lo mismo que en la pregunta anterior.

    - ■
    -
    -
    - ■

16. El muestreo polietápico es un tipo de muestreo:

    - Aleatorio por itinerarios.
    - Por cuotas. ■
    - No probabilístico. ■
    - Ninguna de las otras.

17. La especificación y selección de los métodos de producción, los costes de fabricación, el color del producto, su envase, etc., se realizan en la etapa de:

    - Selección de ideas. ■
    - Desarrollo del producto.
    - Prueba del producto.
    - Ninguna de las otras. ■

18. En el método de los números dígitos crecientes, tras la última cuota de amortización la parte del valor inicial del equipo que debe quedar por amortizar es igual a:

    - Cero.
    - El valor residual.
    - El cociente entre el valor inicial y el número de años que dura el equipo. ■
    - Ninguna de las otras.

19. Un diagrama de equipo es un diagrama:

    - Del proceso.
    - De actividades. ■
    - Hombre-máquina. ■
    - Ninguna de las otras.

20. El ciclo de vida del producto:

    - Mantiene una asociación unilateral con las estrategias mercadotécnicas.
    - Es útil como instrumento predictivo de las ventas. ■
    - Es útil como instrumento predictivo de las etapas.
    - Ninguna de las otras. ■

7.2. Respuestas correctas

Pregunta	Respuesta correcta
1	■ (negro)
2	■ (negro)
3	■ (naranja)
4	■ (naranja)
5	■ (gris)
6	■ (gris)
7	■ (naranja)
8	■ (crema)
9	■ (gris)
10	■ (gris)
11	■ (negro)
12	■ (naranja)
13	■ (naranja)
14	■ (negro)
15	■ (negro)
16	■ (crema)
17	
18	■ (gris)
19	■ (negro)
20	■ (negro)

8. Octava prueba

8.1. Enunciado

1. El Therblig es:
   - Un movimiento elemental. ■
   - Un método de localización. ■
   - Un simograma. ■
   - Ninguna de las otras. ■

2. Las decisiones referentes al diseño del puesto de trabajo son:
   - Estratégicas. ■
   - De recursos humanos. ■
   - De proceso. ■
   - Varias de las otras. ■

3. La compactibilidad de un territorio es tanto mayor cuanto menor sea:
   - Su momento de inercia. ■
   - La incomunicación entre sus vendedores. ■
   - La diferencia entre los clientes.
   - Ninguna de las otras.

4. En el esquema de las 7S, a la circulación de informes y procesos regidos por pautas tales como los protocolos de reunión se la denomina:
   - Estilo. ■
   - Sistemas.
   - Aptitudes. ■
   - Ninguna de las otras.

5. ¿De cuál de los siguientes aspectos no dependen las culturas de las mejores organizaciones?
   - Los valores. ■
   - Los héroes.
   - Los ritos.
   - Ninguna de las otras. ■

6. Al mantenimiento que actúa cuando surge alguna desviación entre el comportamiento del equipo y el que se considera normal, se le denomina:
   - Mantenimiento correctivo. ■
   - Mantenimiento predictivo. ■
   - Mantenimiento preventivo.
   - Ninguna de las otras.

7. ¿Cuál de los siguientes poderes no constituye una subdivisión del poder no coercitivo en el canal de distribución:
   - El poder de reconocimiento.
   - El poder de experiencia.
   - El poder legítimo. ■
   - Ninguna de las otras. ■

8. La clara determinación de las responsabilidades de cada vendedor es una ventaja del criterio de asignación de la fuerza de ventas:
   - Territorial. ■
   - Por productos.
   - Por clientes.
   - Ninguna de las otras. ■

9. ¿En qué enfoque de la venta personal se parte de enfocar al cliente como una caja negra?:
   - En el de la resolución de problemas.
   - En el de la satisfacción de las necesidades.
   - En el de la técnica AIDA.
   - En el de la respuesta al estímulo.

10. Entre los principios del marketing-mix no se encuentra el siguiente:
    - El de restricción en las decisiones.
    - El de secuencia.
    - El de interdependencia.
    - Ninguna de las otras.

11. Un objetivo inmediato que no puede perseguir la investigación comercial es:
    - Una mera descripción del objeto investigado.
    - La previa contrastación de una o varias hipótesis de decisión.
    - La predicción de futuros valores de diversas variables.
    - Ninguna de las otras.

12. El objetivo que suele presidir y orientar las decisiones concernientes al sistema de distribución física es:
    - Ofrecer un buen nivel de servicio.
    - Minimizar el coste de distribución.
    - Que ningún centro de consumo quede desabastecido.
    - Ninguna de las otras.

13. La distinción entre mercados de consumo y mercados industriales depende de:
    - El grado de elaboración del producto.
    - Los motivos de compra de los consumidores finales.
    - Las características de los productos que se intercambian.
    - Ninguna de las otras.

14. El número de productos o referencias que integran una línea de productos es su:
    - Profundidad.
    - Longitud.
    - Amplitud.
    - Gama.

15. El comportamiento en el que diversas empresas seguidoras adoptan como indicador el precio fijado por una empresa a la que siguen, se denomina:

    - Precio de referencia. ■
    - Línea de precios. ■
    - Ninguna de las otras. ▫
    - Seguimiento al líder. ▨

16. El montante que resta del beneficio, una vez atendida la rentabilidad normal del capital, puede ser un:

    - Valor de rendimiento. ▫
    - Umbral de rentabilidad. ■
    - Presupuesto publicitario. ■
    - Ninguna de las otras. ▫

17. Los sistemas de producción en los que el output es un solo producto de características técnicas homogéneas se denominan:

    - Individuales. ▫
    - Unitarios. ■
    - Básicos. ■
    - Ninguna de las otras. ▨

18. ¿Cuántos son los ejes centrales del trabajo?

    - 5. ▫
    - 6. ■
    - 7. ■
    - Ninguna de las otras. ▨

19. En la creación de un nuevo producto, la rentabilidad suele ser un objetivo:

    - Último. ■
    - Intermedio. ■
    - Inmediato. ▫
    - Ninguna de las otras. ▨

20. Si la demanda del producto de una empresa responde a una función exponencial del tipo

    $$q = kp^{b_1}A^{b_2}F^{b_3}$$

    - La elasticidad de la demanda respecto al precio vale $-b_1$. ■
    - La elasticidad de la demanda respecto a la fuerza de ventas vale b_2. ▫
    - Varias de las otras. ■
    - Ninguna de las otras. ▨

8.2. Respuestas correctas

Pregunta	Respuesta correcta
1	■
2	(■ y ■)
3	■
4	■
5	■
6	■
7	■
8	■
9	■
10	■
11	■
12	■
13	■
14	■
15	■
16	■
17	■
18	■
19	■
20	■

9. Novena prueba

9.1. Enunciado

1. La integración vertical permite:
   - Reducir los costes variables. ■
   - Reducir considerablemente el riesgo. ■
   - Evitar modificaciones en la estructura organizativa. ■
   - Ninguna de las otras. ■

2. ¿Cuál de los siguientes no es un inconveniente de la integración vertical?:
   - Que implica un aumento considerable del riesgo. ■
   - Que requiere modificaciones en la estructura organizativa de la empresa. ■

PRUEBAS OBJETIVAS DE AUTOEVALUACIÓN

- Que requiere modificaciones en los sistemas directivos de la empresa. ■
- Ninguna de las otras. ■

3. A una encuesta periódica en la que a una muestra permanente se la requiere para que responda a un mismo cuestionario a intervalos regulares se la denomina:

- Encuesta colectiva. ■
- Panel. ■
- Test-control. ■
- Ninguna de las otras. ■

4. Las pruebas del producto, del envase, y de la marca son pruebas de verificación:

- Parcial. ■
- Discriminante. ■
- Causal. ■
- Ninguna de las otras. ■

5. Al método de selección de inversiones que relaciona mediante cociente el beneficio medio anual que se espera que genere el proyecto, con la inmovilización media que requiere en activo fijo y circulante se le denomina:

- Tasa de rendimiento contable. ■
- Tasa de beneficio unitario. ■
- Varias de las otras. ■
- Ninguna de las otras. ■

6. El *badwill* es un:

- Segmento de mercado. ■
- Fondo de comercio. ■
- Desempeño de trabajo. ■
- Ninguna de las otras. ■

7. La mayor integración entre las actividades de producción y marketing se da en la producción de:

- Bienes industriales. ■
- Bienes de consumo. ■
- Servicios. ■
- Ninguna de las otras. ■

8. Si se divide el activo circulante entre el pasivo a corto, se obtiene el ratio de:

    - Liquidez. ■
    - Tesorería inmediata.
    - Tesorería ordinaria.
    - Ninguna de las otras. ■

9. ¿Cuál de los siguientes es un objetivo último de la investigación comercial?:

    - Una descripción del objeto investigado. ■
    - La previa contrastación de una o varias hipótesis de decisión. ■
    - Varias de las otras.
    - Ninguna de las otras.

10. El centrarse en las variables económicas y tecnológicas, sin atender a las variables psicosociopolíticas internas y externas es propio de:

    - La dirección estratégica. ■
    - La planificación estratégica.
    - La dirección centralizada. ■
    - Ninguna de las otras.

11. ¿Cuál de las siguientes no es una función básica de la dirección de los recursos humanos?

    - Evaluación del trabajo. ■
    - Remuneración del personal.
    - Planificar las necesidades de recursos humanos.
    - Ninguna de las otras. ■

12. A la relación de los requisitos necesarios para ocupar un puesto de trabajo en términos de cualidades físicas, mentales y emocionales, se le denomina:

    - Descripción del puesto de trabajo.
    - Especificación del puesto de trabajo.
    - Análisis del puesto de trabajo. ■
    - Ninguna de las otras. ■

13. Constituye una teoría de aproximación al liderazgo:

    - La universalista en contingencia. ■
    - La conductista en contingencia.
    - La contingente en universalidad.
    - La contingente en conducta. ■

14. En su análisis del entorno, la planificación estratégica se centra en:

    - Las variables económicas y tecnológicas. ■
    - Las variables psicosociopolíticas internas.
    - Las variables psicosociopolíticas externas.
    - Ninguna de las otras. ■

15. Los modelos de optimización son modelos:

    - Estáticos.
    - Deterministas. ■
    - Analíticos.
    - De simulación. ■

16. El capital de trabajo de una empresa es:

    - La parte de su activo circulante que no se financia con pasivo a corto.
    - El valor de sus inversiones productivas.
    - El número de trabajadores que han realizado programas de desarrollo. ■
    - El nivel de capacitación y formación de sus trabajadores. ■

17. El ratio de endeudamiento a corto plazo es el cociente entre:

    - El pasivo a corto plazo y el pasivo total. ■
    - Ninguna de las otras.
    - El pasivo a corto plazo y el activo circulante. ■
    - El pasivo a corto plazo y los capitales permanentes.

18. Los elevados gastos de desplazamiento son un inconveniente de la asignación de los vendedores:

    - Territorial.
    - Por clientes. ■
    - Ninguna de las otras.
    - Varias de las otras. ■

19. A las variables dependientes de la voluntad empresarial, como el importe del presupuesto publicitario, los precios de sus productos, etc., se las denomina:

    - Variables de acción. ■
    - Variables serviles. ▪
    - Comandos. ■
    - Ninguna de las otras. ▪

20. La estrategia de promoción alta y precio alto en la etapa de crecimiento del producto es adecuada con:

    - Grandes mercados. ■
    - Mercado reducido y selecto. ■
    - Productos conocidos. ▪
    - Ninguna de las otras. ▪

9.2. Respuestas correctas

Pregunta	Respuesta correcta
1	■ (negro)
2	■ (negro)
3	■ (naranja)
4	▪ (gris)
5	▪ (gris)
6	■ (negro)
7	■ (naranja)
8	■ (negro)
9	▪ (gris)
10	▪ (gris)
11	■ (naranja)
12	▪ (gris claro)
13	■ (negro)
14	■ (negro)
15	▪ (gris claro)
16	▪ (gris claro)
17	▪ (gris)
18	■ (naranja)
19	■ (negro)
20	■ (naranja)

10. Décima prueba

10.1. Enunciado

1. La parte de la marca que puede pronunciarse es:
   - El distintivo de marca.
   - La marca registrada.
   - El atributo de marca.
   - Ninguna de las otras.

2. ¿Cuál de los siguientes no es un principio de la dirección de la fuerza de trabajo?
   - Coordinación entre el hombre y su puesto de trabajo.
   - Establecimiento de estándares de rendimiento.
   - Establecimiento de sistemas adecuados de supervisión y control.
   - Ninguna de las otras.

3. ¿Qué enfoque aplicaron los investigadores del enfoque sociotécnico?
   - El analítico.
   - El causal.
   - El de sistemas.
   - Ninguna de las otras.

4. Los pseudoacontecimientos se utilizan en:
   - Organización informal.
   - Planificación y control de las actividades productivas.
   - Relaciones públicas.
   - Ninguna de las otras.

5. En la medición del trabajo, el tiempo estándar se calcula añadiendo un tiempo suplementario al tiempo:
   - Normalizado.
   - Predeterminado.
   - Básico.
   - Ninguna de las otras.

6. El modelo de Hitchcock se utiliza en:
   - Optimización del presupuesto mercadotécnico.
   - Distribución física.

- Localización de centros comerciales.
- Ninguna de las otras. ■

7. La mayor parte de los efectos que se tratan de conseguir con el crecimiento externo pueden obtenerse, también muy rápidamente, con:

   - El crecimiento patrimonial. ■
   - La cooperación entre empresas.
   - Estrategias multidomésticas.
   - Ninguna de las otras.

8. A lo que, en general, compra el consumidor, es decir, la esperanza de obtener un beneficio satisfaciendo una necesidad o un deseo, se le denomina producto:

   - Global. ■
   - Diferenciado.
   - Genérico.
   - Ninguna de las otras.

9. Según la simbología de la A.S.M.E., el almacenamiento o espera se designa con el siguiente símbolo:

   - ∇. ■
   - •.
   - Δ.
   - Ninguna de las otras.

10. El término *Therblig* se utiliza en:

    - El estudio de métodos de trabajo.
    - La medición del trabajo. ■
    - El enriquecimiento del puesto de trabajo.
    - Ninguna de las otras.

11. En las estrategias de crecimiento, cuando las nuevas actividades se relacionan con las ya existentes, se dice que la diversificación es:

    - Lineal. ■
    - Horizontal.
    - Homogénea.
    - Ninguna de las otras.

12. Para calcular el período medio de venta, el dato sobre el volumen anual de ventas se valora:

    - Al precio de venta. ■

- Al precio de coste. ■
- Al precio de renovación.
- Ninguna de las otras. ■

13. Una teoría que explica razones por las que la empresa sustituye al mercado estableciendo relaciones entre los agentes económicos en:

    - La Teoría Ecológica de las Organizaciones.
    - La Teoría de la Configuración Económica Organizativa.
    - La Teoría de los Costes de Transacción. ■
    - Ninguna de las otras. ■

14. Los costes fijos pueden ser de:

    - Ausencia. ■
    - Experiencia.
    - Varias de las otras.
    - Ninguna de las otras. ■

15. Al contenido informativo esperado de un mensaje se le denomina:

    - Entropía. ■
    - Desorden del sistema.
    - Información de canal.
    - Ninguna de las otras. ■

16. Si entre dos inversiones alternativas existe cierta diferencia en su nivel de riesgo:

    - No son comparables. ■
    - Deberá darse preferencia a aquella cuya rentabilidad neta de riesgo sea más elevada. ■
    - Siempre es preferible la que tiene menor riesgo.
    - Ninguna de las otras.

17. El cociente entre los costes fijos no financieros y el margen bruto unitario:

    - Es el índice estructural. ■
    - Es el umbral de rentabilidad. ■
    - Es el coeficiente de estructura.
    - Ninguna de las otras.

18. Los pagos que la empresa realiza para formar a sus trabajadores constituyen una inversión en lo que se denomina:

    - Puesto de trabajo. ■
    - Capital humano.

- Reserva intelectual. ■
- Ninguna de las otras. ■

19. En la etapa de declive del ciclo de vida del producto:

    - El coste unitario se reduce. ■
    - El beneficio por unidad vendida aumenta. ■
    - Ninguna de las otras. ■
    - Varias de las otras. ■

20. ¿Qué es lo que consiste en encuestar a varios grupos de personas a las que previamente se les informa del producto todavía no desarrollado?:

    - El ensayo de prototipo. ■
    - El test de aceptación. ■
    - El test de concepto. ■
    - Ninguna de las otras. ■

10.2. Respuestas correctas

Pregunta	Respuesta correcta
1	■
2	■
3	■
4	■
5	■
6	■
7	■
8	■
9	■
10	■
11	■
12	■
13	■
14	■
15	■
16	■
17	■
18	■
19	■
20	■

Apéndice de tablas estadísticas

Percentiles de la distribución $\chi^2/g.l.$

g.l.	0,05	0,1	0,5	1,0	2,5	5,0	10	20	30	40	50	60
1	$0,0^639$	$0,0^5157$	$0,0^439$	$0,0^316$	$0,0^398$	$0,0^239$	0,016	0,064	0,148	0,275	0,455	0,708
2	0,001	0,001	0,005	0,010	0,025	0,052	0,106	0,223	0,356	0,511	0,693	0,916
3	0,005	0,008	0,024	0,038	0,072	0,117	0,195	0,335	0,475	0,623	0,789	0,982
4	0,016	0,023	0,052	0,074	0,121	0,178	0,266	0,412	0,549	0,688	0,839	0,011
5	0,032	0,042	0,082	0,111	0,166	0,229	0,322	0,469	0,600	0,731	0,870	1,03
6	0,05	0,064	0,113	0,145	0,206	0,272	0,367	0,512	0,638	0,762	0,891	1,04
7	0,069	0,085	0,141	0,177	0,241	0,310	0,405	0,546	0,667	0,785	0,907	1,04
8	0,089	0,107	0,168	0,206	0,272	0,342	0,436	0,574	0,691	0,803	0,918	1,04
9	0,108	0,128	0,193	0,232	0,300	0,369	0,463	0,598	0,710	0,817	0,927	1,05
10	0,126	0,148	0,216	0,256	0,325	0,394	0,487	0,618	0,727	0,830	0,934	1,05
11	0,144	0,167	0,237	0,278	0,347	0,416	0,507	0,635	0,741	0,840	0,940	1,05
12	0,161	0,184	0,256	0,298	0,367	0,436	0,525	0,651	0,753	0,848	0,945	1,05
13	0,177	0,201	0,274	0,316	0,385	0,453	0,542	0,664	0,764	0,856	0,949	1,05
14	0,193	0,217	0,291	0,333	0,402	0,469	0,556	0,676	0,773	0,863	0,953	1,05
15	0,207	0,232	0,307	0,349	0,418	0,484	0,570	0,687	0,781	0,869	0,956	1,05
16	0,221	0,246	0,321	0,363	0,432	0,498	0,582	0,697	0,789	0,874	0,959	1,05
17	0,234	0,260	0,335	0,377	0,445	0,510	0,593	0,706	0,796	0,879	0,961	1,05
18	0,247	0,272	0,348	0,390	0,457	0,522	0,604	0,714	0,802	0,883	0,963	1,05
19	0,258	0,285	0,360	0,402	0,469	0,532	0,613	0,722	0,808	0,887	0,965	1,05
20	0,270	0,296	0,372	0,413	0,480	0,543	0,622	0,729	0,813	0,890	0,967	1,05
22	0,291	0,317	0,393	0,434	0,499	0,561	0,638	0,742	0,823	0,897	0,970	1,05
24	0,310	0,337	0,412	0,452	0,517	0,577	0,652	0,753	0,831	0,902	0,972	1,05
26	0,328	0,355	0,429	0,469	0,532	0,592	0,665	0,762	0,838	0,907	0,974	1,05
28	0,345	0,371	0,445	0,484	0,547	0,605	0,676	0,771	0,845	0,911	0,976	1,04
30	0,360	0,386	0,460	0,498	0,560	0,616	0,687	0,779	0,850	0,915	0,978	1,04
35	0,394	0,420	0,491	0,529	0,588	0,642	0,708	0,795	0,862	0,922	0,981	1,04
40	0,423	0,448	0,518	0,554	0,611	0,663	0,726	0,809	0,872	0,928	0,983	1,04
45	0,448	0,472	0,540	0,576	0,630	0,680	0,741	0,820	0,880	0,933	0,985	1,04
50	0,469	0,494	0,560	0,594	0,647	0,695	0,754	0,829	0,886	0,937	0,987	1,04
55	0,488	0,512	0,577	0,610	0,662	0,708	0,765	0,837	0,892	0,941	0,988	1,04
60	0,506	0,529	0,592	0,625	0,675	0,720	0,774	0,844	0,897	0,944	0,989	1,04
70	0,535	0,558	0,618	0,649	0,697	0,739	0,790	0,856	0,905	0,949	0,990	1,03
80	0,560	0,582	0,640	0,669	0,714	0,755	0,803	0,865	0,911	0,952	0,992	1,03
90	0,581	0,602	0,658	0,686	0,729	0,768	0,814	0,873	0,917	0,955	0,993	1,03
100	0,599	0,619	0,673	0,701	0,742	0,779	0,824	0,879	0,921	0,958	0,993	1,03
120	0,629	0,648	0,699	0,724	0,763	0,798	0,839	0,890	0,929	0,962	0,994	1,03
140	0,653	0,671	0,719	0,743	0,780	0,812	0,850	0,898	0,934	0,965	0,995	1,03
160	0,673	0,690	0,736	0,758	0,793	0,824	0,860	0,905	0,939	0,968	0,996	1,02
180	0,689	0,706	0,749	0,771	0,804	0,833	0,868	0,910	0,942	0,970	0,996	1,02
200	0,703	0,719	0,761	0,782	0,814	0,841	0,874	0,915	0,945	0,972	0,997	1,02
250	0,732	0,746	0,785	0,804	0,832	0,858	0,887	0,924	0,951	0,975	0,997	1,02
300	0,753	0,767	0,802	0,820	0,846	0,870	0,897	0,931	0,956	0,977	0,998	1,02
350	0,770	0,783	0,816	0,833	0,857	0,879	0,904	0,936	0,959	0,979	0,998	1,02
400	0,784	0,796	0,827	0,843	0,866	0,887	0,911	0,940	0,962	0,981	0,998	1,02
450	0,795	0,807	0,837	0,874	0,893	0,916	0,944	0,964	0,982	0,999	0,999	1,02
500	0,805	0,816	0,845	0,859	0,880	0,898	0,920	0,946	0,966	0,983	0,999	1,01
750	0,839	0,848	0,872	0,884	0,901	0,917	0,934	0,956	0,972	0,986	0,999	1,01
1.000	0,859	0,868	0,889	0,899	0,914	0,928	0,943	0,962	0,976	0,988	0,999	1,01
5.000	0,936	0,939	0,949	0,954	0,961	0,967	0,974	0,983	0,989	0,995	1,00	1,00
∞	1	1	1	1	1	1	1	1	1	1	1	1

Percentiles de la distribución $\chi^2/g.l.$

70	80	90	95	97,5	99	99,5	99,9	99,95	g.l.
1,07	1,64	2,71	3,84	5,02	6,64	7,88	10,83	12,12	1
1,20	1,61	2,30	3,00	3,69	4,61	5,30	6,90	7,60	2
1,22	1,55	2,08	2,60	3,12	3,78	4,28	5,42	5,91	3
1,22	1,50	1,94	2,37	2,79	3,32	3,72	4,62	5,00	4
1,21	1,46	1,85	2,21	2,57	3,02	3,35	4,10	4,42	5
1,21	1,43	1,77	2,10	2,41	2,80	3,09	3,74	4,02	6
1,20	1,40	1,72	2,01	2,29	2,64	2,90	3,47	3,72	7
1,19	1,38	1,67	1,94	2,19	2,51	2,74	3,27	3,48	8
1,18	1,36	1,63	1,88	2,11	2,41	2,62	3,10	3,30	9
1,18	1,34	1,60	1,83	2,05	2,32	2,52	2,96	3,14	10
1,17	1,33	1,57	1,79	1,99	2,25	2,43	2,84	3,01	11
1,17	1,32	1,55	1,75	1,94	2,18	2,36	2,74	2,90	12
1,16	1,31	1,52	1,72	1,90	2,13	2,29	2,66	2,81	13
1,16	1,30	1,50	1,69	1,87	2,08	2,24	2,58	2,72	14
1,15	1,29	1,49	1,67	1,83	2,04	2,19	2,56	2,65	15
1,15	1,28	1,47	1,64	1,80	2,00	2,14	2,45	2,58	16
1,15	1,27	1,46	1,62	1,78	1,97	2,10	2,40	2,52	17
1,14	1,26	1,44	1,60	1,75	1,93	2,06	2,35	2,47	18
1,14	1,26	1,43	1,59	1,73	1,90	2,03	2,31	2,42	19
1,14	1,25	1,42	1,57	1,71	1,88	2,00	2,27	2,37	20
1,13	1,24	1,40	1,54	1,67	1,83	2,95	2,19	2,30	22
1,13	1,23	1,38	1,52	1,64	1,79	1,90	2,13	2,23	24
1,12	1,22	1,37	1,50	1,61	1,76	1,86	2,08	2,17	26
1,12	1,22	1,35	1,48	1,59	1,72	1,82	2,03	2,12	28
1,12	1,21	1,34	1,46	1,57	1,70	1,79	1,99	2,07	30
1,11	1,19	1,32	1,42	1,52	1,64	1,72	1,90	1,98	35
1,10	1,18	1,30	1,39	1,48	1,59	1,67	1,84	1,90	40
1,10	1,17	1,28	1,37	1,45	1,55	1,63	1,78	1,84	45
1,09	1,16	1,26	1,35	1,43	1,52	1,59	1,73	1,79	50
1,09	1,16	1,25	1,33	1,41	1,50	1,56	1,69	1,75	55
1,09	1,15	1,24	1,32	1,39	1,47	1,53	1,66	1,71	60
1,08	1,14	1,22	1,29	1,36	1,43	1,49	1,60	1,65	70
1,08	1,13	1,21	1,27	1,33	1,40	1,45	1,56	1,60	80
1,07	1,12	1,20	1,26	1,31	1,38	1,43	1,52	1,56	90
1,07	1,12	1,18	1,24	1,30	1,36	1,40	1,49	1,53	100
1,06	1,11	1,17	1,22	1,27	1,32	1,36	1,45	1,48	120
1,06	1,10	1,16	1,20	1,25	1,30	1,33	1,41	1,44	140
1,06	1,09	1,15	1,19	1,23	1,28	1,31	1,38	1,41	160
1,05	1,09	1,14	1,18	1,22	1,26	1,29	1,36	1,38	180
1,05	1,08	1,13	1,17	1,21	1,25	1,28	1,34	1,36	200
1,04	1,07	1,12	1,15	1,18	1,22	1,25	1,30	1,32	250
1,04	1,07	1,11	1,14	1,17	1,20	1,22	1,27	1,29	300
1,04	1,06	1,10	1,13	1,15	1,18	1,21	1,25	1,27	350
1,04	1,06	1,09	1,12	1,14	1,17	1,19	1,24	1,25	400
1,03	1,06	1,09	1,11	1,13	1,16	1,18	1,22	1,23	450
1,03	1,05	1,08	1,11	1,13	1,15	1,17	1,21	1,22	500
1,03	1,04	1,07	1,09	1,10	1,12	1,14	1,17	1,18	750
1,02	1,04	1,06	1,07	1,09	1,11	1,12	1,14	1,15	1.000
1,01	1,02	1,02	1,03	1,04	1,05	1,05	1,06	1,07	5.000
1	1	1	1	1	1	1	1	1	∞

Distribución F, nivel de significación del 1 por 100

Grados de libertad para el numerador

	1	2	3	4	5	6	7	8	9	10	12	15	20	24	30	40	60	120	∞
1	4.052	5.000	5.403	5.625	5.764	5.859	5.928	5.982	6.023	6.056	6.106	6.157	6.209	6.235	6.261	6.287	6.313	6.339	6.366
2	98,5	99,0	99,2	99,2	99,3	99,3	99,4	99,4	99,4	99,4	99,4	99,4	99,4	99,5	99,5	99,5	99,4	99,5	99,5
3	34,1	30,8	29,5	28,7	28,2	27,9	27,7	27,5	27,3	27,2	27,1	26,9	26,7	26,6	26,5	26,4	26,3	26,2	26,1
4	21,2	18,0	16,7	16,0	15,5	15,2	15,0	14,8	14,7	14,5	14,4	14,2	14,0	13,9	13,8	13,7	13,7	13,6	13,5
5	16,3	13,3	12,1	11,4	11,0	10,7	10,5	10,3	10,2	10,1	9,89	9,72	9,55	9,47	9,38	9,29	9,20	9,11	9,02
6	13,7	10,9	9,78	9,15	8,75	8,47	8,26	8,10	7,98	7,87	7,72	7,56	7,40	7,31	7,23	7,14	7,06	6,97	6,88
7	12,2	9,55	8,45	7,85	7,46	7,19	6,99	6,84	6,72	6,62	6,47	6,31	6,16	6,07	5,99	5,91	5,82	5,74	5,65
8	11,3	8,65	7,59	7,01	6,63	6,37	6,18	6,03	5,91	5,81	5,67	5,52	5,36	5,28	5,20	5,12	5,03	4,95	4,86
9	10,6	8,02	6,99	6,42	6,06	5,80	5,61	5,47	5,35	5,26	5,11	4,96	4,81	4,73	4,65	4,57	4,48	4,40	4,31
10	10,0	7,56	6,55	5,99	5,64	5,39	5,20	5,06	4,94	4,85	4,71	4,56	4,41	4,33	4,25	4,17	4,08	4,00	3,91
11	9,65	7,21	6,22	5,67	5,32	5,07	4,89	4,74	4,63	4,54	4,40	4,25	4,10	4,02	3,94	3,86	3,78	3,69	3,60
12	9,33	6,93	5,95	5,41	5,06	4,82	4,64	4,50	4,39	4,30	4,16	4,01	3,86	3,78	3,70	3,62	3,54	3,45	3,36
13	9,07	6,70	5,74	5,21	4,86	4,62	4,44	4,30	4,19	4,10	3,96	3,82	3,66	3,59	3,51	3,43	3,34	3,25	3,17
14	8,86	6,51	5,56	5,04	4,70	4,46	4,28	4,14	4,03	3,94	3,80	3,66	3,51	3,43	3,35	3,27	3,18	3,09	3,00
15	8,68	6,36	5,42	4,89	4,56	4,32	4,14	4,00	3,89	3,80	3,67	3,52	3,37	3,29	3,21	3,13	3,05	2,96	2,87
16	8,53	6,23	5,29	4,77	4,44	4,20	4,03	3,89	3,78	3,69	3,55	3,41	3,26	3,18	3,10	3,02	2,93	2,84	2,75
17	8,40	6,11	5,19	4,67	4,34	4,10	3,93	3,79	3,68	3,59	3,46	3,31	3,16	3,08	3,00	2,92	2,83	2,75	2,65
18	8,29	6,01	5,09	4,58	4,25	4,01	3,84	3,71	3,60	3,51	3,37	3,23	3,08	3,00	2,92	2,84	2,75	2,66	2,57
19	8,19	5,93	5,01	4,50	4,17	3,94	3,77	3,63	3,52	3,43	3,30	3,15	3,00	2,92	2,84	2,76	2,67	2,58	2,49
20	8,10	5,85	4,94	4,43	4,10	3,87	3,70	3,56	3,46	3,37	3,23	3,09	2,94	2,86	2,78	2,69	2,61	2,52	2,42
21	8,02	5,78	4,87	4,37	4,04	3,81	3,64	3,51	3,40	3,31	3,17	3,03	2,88	2,80	2,72	2,64	2,55	2,46	2,36
22	7,95	5,72	4,82	4,31	3,99	3,76	3,59	3,45	3,35	3,26	3,12	2,98	2,83	2,75	2,67	2,58	2,50	2,40	2,31
23	7,88	5,66	4,76	4,26	3,94	3,71	3,54	3,41	3,30	3,21	3,07	2,93	2,78	2,70	2,62	2,54	2,45	2,35	2,26
24	7,82	5,61	4,72	4,22	3,90	3,67	3,50	3,36	3,26	3,17	3,03	2,89	2,74	2,66	2,58	2,49	2,40	2,31	2,21
25	7,77	5,57	4,68	4,18	3,86	3,63	3,46	3,32	3,22	3,13	2,99	2,85	2,70	2,62	2,53	2,45	2,36	2,27	2,17
30	7,56	5,39	4,51	4,02	3,70	3,47	3,30	3,17	3,07	2,98	2,84	2,70	2,55	2,47	2,39	2,30	2,21	2,11	2,01
40	7,31	5,18	4,31	3,83	3,51	3,29	3,12	2,99	2,89	2,80	2,66	2,52	2,37	2,29	2,20	2,11	2,02	1,92	1,80
60	7,08	4,98	4,13	3,65	3,34	3,12	2,95	2,82	2,72	2,63	2,50	2,35	2,20	2,12	2,03	1,94	1,84	1,73	1,60
120	6,85	4,79	3,95	3,48	3,17	2,96	2,79	2,66	2,56	2,47	2,34	2,19	2,03	1,95	1,86	1,76	1,66	1,53	1,38
∞	6,63	4,61	3,78	3,32	3,02	2,80	2,64	2,51	2,41	2,32	2,18	2,04	1,88	1,79	1,70	1,59	1,47	1,32	1,00

Grados de libertad para el denominador

APÉNDICE DE TABLAS ESTADÍSTICAS

Distribución F, nivel de significación del 5 por 100
Grados de libertad para el numerador

	1	2	3	4	5	6	7	8	9	10	12	15	20	24	30	40	60	120	∞
1	161	200	216	225	230	234	237	239	241	242	244	246	248	249	250	251	252	253	254
2	18,5	19,0	19,2	19,2	19,3	19,3	19,4	19,4	19,4	19,4	19,4	19,4	19,4	19,5	19,5	19,5	19,5	19,5	19,5
3	10,1	9,55	9,28	9,12	9,01	8,94	8,89	8,85	8,81	8,79	8,74	8,70	8,66	8,64	8,62	8,59	8,57	8,55	8,53
4	7,71	6,04	6,59	6,39	6,26	6,16	6,09	6,04	6,00	5,96	5,91	5,86	5,80	5,77	5,75	5,72	5,69	5,66	5,68
5	6,61	5,79	5,41	5,19	5,05	4,95	4,88	4,82	4,77	4,74	4,68	4,62	4,56	4,53	4,50	4,46	4,43	4,40	4,37
6	5,99	5,14	4,76	4,53	4,39	4,28	4,21	4,15	4,10	4,06	4,00	3,94	3,87	3,84	3,81	3,77	3,74	3,70	3,67
7	5,59	4,74	4,35	4,12	3,97	3,87	3,79	3,73	3,68	3,64	3,57	3,51	3,44	3,41	3,38	3,34	3,30	3,27	3,23
7	5,59	4,74	4,35	4,12	3,97	3,87	3,79	3,73	3,68	3,64	3,57	3,51	3,44	3,41	3,38	3,34	3,30	3,27	3,23
8	5,32	4,46	4,07	3,84	3,69	3,58	3,50	3,44	3,39	3,35	3,28	3,22	3,15	3,12	3,08	3,04	3,01	2,97	2,93
9	5,12	4,26	3,86	3,63	3,48	3,37	3,29	3,23	3,18	3,14	3,07	3,01	2,94	2,90	2,86	2,83	2,79	2,75	2,71
10	5,12	4,26	3,86	3,48	3,37	3,22	3,14	3,07	3,02	2,98	2,91	2,85	2,77	2,74	2,70	2,66	2,62	2,58	2,54
11	4,84	3,98	3,59	3,36	3,20	3,09	3,01	2,95	2,90	2,85	2,79	2,72	2,65	2,61	2,57	2,53	2,49	2,45	2,40
12	4,75	3,89	3,49	3,26	3,11	3,00	2,91	2,85	2,80	2,75	2,69	2,62	2,54	2,51	2,47	2,43	2,38	2,34	2,30
12	4,75	3,89	3,49	3,26	3,11	3,00	2,91	2,85	2,80	2,75	2,69	2,62	2,54	2,51	2,47	2,43	2,38	2,34	2,30
13	4,67	3,81	3,41	3,18	3,03	2,92	2,83	2,77	2,71	2,67	2,60	2,53	2,46	2,42	2,38	2,34	2,30	2,25	2,21
14	4,60	3,74	3,34	3,11	2,96	2,85	2,76	2,70	2,65	2,60	2,53	2,46	2,39	2,35	2,31	2,27	2,22	2,18	2,13
15	4,54	3,68	3,29	3,06	2,90	2,79	2,71	2,64	2,59	2,54	2,48	2,40	2,33	2,29	2,25	2,20	2,16	2,11	2,07
16	4,49	3,63	3,24	3,01	2,85	2,74	2,66	2,59	2,54	2,49	2,42	2,35	2,28	2,24	2,19	2,15	2,11	2,06	2,01
17	4,45	3,59	3,20	2,96	2,81	2,70	2,61	2,55	2,49	2,45	2,38	2,31	2,23	2,19	2,15	2,10	2,06	2,01	1,96
18	4,41	3,55	3,16	2,3	2,77	2,66	2,58	2,51	2,46	2,41	2,34	2,27	2,219	2,15	2,11	2,06	2,02	1,97	1,92
19	4,38	3,52	3,13	2,90	2,74	2,63	2,54	2,48	2,42	2,38	2,31	2,23	2,26	2,11	2,07	2,03	1,98	1,93	1,88
20	4,35	3,49	3,310	2,87	2,71	2,60	2,51	2,45	2,39	2,35	2,28	2,20	2,12	2,08	2,04	1,99	1,95	1,90	1,84
21	4,32	3,47	3,07	2,84	2,68	2,57	2,49	2,42	2,37	2,32	2,25	2,18	2,10	2,05	2,01	1,96	1,92	1,87	1,81
22	4,30	3,44	3,05	2,82	2,66	2,55	2,46	2,40	2,34	2,30	2,23	2,15	2,05	2,03	1,98	1,94	1,89	1,84	1,78
23	4,28	3,42	3,03	2,80	2,64	2,53	2,44	2,37	2,32	2,27	2,20	2,13	2,05	2,01	1,96	1,91	1,86	1,81	1,76
24	4,26	3,40	3,01	2,78	2,62	2,51	2,42	2,36	2,30	2,25	2,18	2,11	2,03	1,98	1,94	1,89	1,84	1,79	1,73
25	4,24	3,39	2,99	2,76	2,60	2,49	2,40	2,34	2,28	2,24	2,16	2,09	2,01	1,96	1,92	1,87	1,82	1,77	1,71
30	4,17	3,32	2,92	2,69	2,53	2,42	2,33	2,27	2,21	2,16	2,09	2,01	1,93	1,89	1,84	1,79	1,74	1,68	1,62
40	4,08	3,23	2,84	2,61	2,45	2,34	2,25	2,18	2,12	2,08	2,00	1,92	1,84	1,79	1,74	1,69	1,64	1,58	1,51
60	4,00	3,15	2,76	2,53	2,37	2,25	2,17	2,10	2,04	1,99	1,92	1,84	1,75	1,70	1,65	1,59	1,53	1,47	1,39
120	3,92	3,07	2,68	2,45	2,29	2,18	2,09	2,02	1,96	1,91	1,83	1,75	1,66	1,61	1,55	1,50	1,43	1,35	1,25
∞	3,84	3,00	2,60	2,37	2,21	2,10	2,01	1,94	1,88	1,83	1,75	1,67	1,57	1,52	1,46	1,39	1,32	1,22	1,00

Grados de libertad para el denominador

Áreas bajo la curva normal tipificada de 0 a z
$$P(0 \leq \xi \leq z)$$

Ejemplos

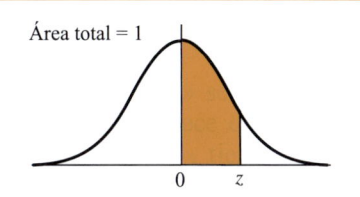

$P(0 \leq \xi \leq 1,23) = 0,3907$
$P(\xi \geq 1,23) = 0,5 - 0,3907$
$P(-1,23 \leq \xi \leq 1,23) = 2 \times 0,3907$

z	0	1	2	3	4	5	6	7	8	9
0,0	0,0000	0,0040	0,0080	0,0120	0,0160	0,0199	0,0239	0,279	0,0319	0,0359
0,1	0,0398	0,0438	0,0478	0,0517	0,0557	0,0596	0,0636	0,0675	0,0714	0,0754
0,2	0,0793	0,0832	0,0871	0,0910	0,0948	0,0987	0,1026	0,1064	0,1103	0,1141
0,3	0,1179	0,1217	0,1255	0,1293	0,1331	0,1368	0,1406	0,1443	0,1480	0,1517
0,4	0,1554	0,1591	0,1628	0,1664	0,1700	0,1736	0,1772	0,1808	0,1844	0,1879
0,5	0,1915	0,1950	0,1985	0,2019	0,2054	0,2088	0,2123	0,2157	0,2190	0,2224
0,6	0,2258	0,2291	0,2324	0,2357	0,2389	0,2422	0,2454	0,2486	0,2518	0,2549
0,7	0,2580	0,2612	0,2642	0,2673	0,2704	0,2734	0,2764	0,2794	0,2823	0,2852
0,8	0,2881	0,2910	0,2939	0,2967	0,2996	0,3023	0,3051	0,3078	0,3106	0,3133
0,9	0,3159	0,3186	0,3212	0,3238	0,3264	0,3289	0,3315	0,3340	0,3365	0,3389
1,0	0,3413	0,3438	0,3461	0,3485	0,3508	0,3531	0,3554	0,3577	0,3599	0,3621
1,1	0,.3643	0,3665	0,3686	0,3708	0,3729	0,3749	0,3770	0,3790	0,3810	0,3830
1,2	0,3849	0,3869	0,3888	,3907	0,3925	0,3944	0,3962	0,3980	0,3997	0,4015
1,3	0,4032	0,4049	0,4066	0,4082	0,4099	0,4115	0,4131	0,4147	0,4162	0,4177
1,4	0,4192	0,4207	0,4222	0,4236	0,4251	0,4265	0,4279	0,4292	0,4306	0,4319
1,5	0,4332	0,4345	0,4357	0,4370	0,4382	0,4394	0,4406	0,4418	0,4429	0,4441
1,6	0,4452	0,4463	0,4474	0,4484	0,4495	0,4505	0,4515	0,4525	0,4535	0,4545
1,7	0,4554	0,4564	0,4573	0,4582	0,4591	0,4599	0,4608	0,4616	0,4625	0,4633
1,8	0,4641	0,4649	0,4656	0,4664	0,4671	0,4678	0,4686	0,4693	0,4699	0,4706
1,9	0,4713	0,4719	0,4726	0,4732	0,4738	0,4744	0,4750	0,4756	0,4761	0,4767
2,0	0,4772	0,4778	0,4783	0,4788	0,4793	0,4798	0,4803	0,4808	0,4812	0,4817
2,1	0,4821	0,4826	0,4830	0,4834	0,4838	0,4842	0,4846	0,4850	0,4854	0,4857
2,2	0,4861	0,4864	0,4868	0,4871	0,4875	0,4878	0,4881	0,4884	0,4887	0,4890
2,3	0,4893	0,4896	0,4898	0,4901	0,4904	0,4906	0,4909	0,4911	0,4913	0,4916
2,4	0,4918	0,4920	0,4922	0,4925	0,4927	0,4929	0,4931	0,4932	0,4934	0,4936
2,5	0,4938	0,4940	0,4941	0,4943	0,4945	0,4946	0,4948	0,4949	0,4951	0,4952
2,6	0,4953	0,4955	0,4956	0,4957	0,4959	0,4960	0,4961	0,4962	0,4963	0,4964
2,7	0,4965	0,4966	0,4967	0,4968	0,4969	0,4970	0,4971	0,4972	0,4973	0,4974
2,8	0,4974	0,4975	0,4976	0,4977	0,4977	0,4978	0,4979	0,4979	0,4980	0,4981
2,9	0,4981	0,4982	0,4982	0,4983	0,4984	0,4984	0,4985	0,4985	0,4986	0,4986
3,0	0,4987	0,4987	0,4987	0,4988	0,4988	0,4989	0,4989	0,4989	0,4990	0,4990
3,1	0,4990	0,4991	0,4991	0,4991	0,4992	0,4992	0,4992	0,4992	0,4993	0,4993
3,2	0,4993	0,4993	0,4994	0,4994	0,4994	0,4994	0,4994	0,4995	0,4995	0,4995
3,3	0,4995	0,4995	0,4995	0,4996	0,4996	0,4996	0,4996	0,4996	0,4996	0,4997
3,4	0,4997	0,4997	0,4997	0,4997	0,4997	0,4997	0,4997	0,4997	0,4997	0,4998
3,5	0,4998	0,4998	0,4998	0,4998	0,4998	0,4998	0,4998	0,4998	0,4998	0,4998
3,6	0,4998	0,4998	0,4999	0,4999	0,4999	0,4999	0,4999	0,4999	0,4999	0,4999
3,7	0,4999	0,4999	0,4999	0,4999	0,4999	0,4999	0,4999	0,4999	0,4999	0,4999
3,8	0,4999	0,4999	0,4999	0,4999	0,4999	0,4999	0,4999	0,4999	0,4999	0,4999
3,9	0,5000	0,5000	0,5000	0,5000	0,5000	0,5000	0,5000	0,5000	0,5000	0,5000

Bibliografía seleccionada

1. Obras generales sobre Economía de la Empresa

AGUIRRE, A. (director) *et al.*: *Fundamentos de Economía y Administración de empresas*, Pirámide, Madrid, 1992.
AGUER HORTAL, M., y PÉREZ GOROSTEGUI, E.: *Curso teórico-práctico de Economía de la Empresa*, Hispano Europea, Barcelona, 1991.
ARANZADI, D.: *El arte de ser empresario*, Universidad de Deusto, Bilbao, 1992.
ARRUÑADA, B.: *Economía de la Empresa: un enfoque contractual*, Ariel Barcelona, 1990.
AUBERT-KRIER, J., *et al.*: *Gestión de la Empresa*, Ariel, Barcelona, 1980.
BALLESTEROS, E.: *Principios de economía de la empresa*, Alianza Universidad, Madrid, 1992.
BUENO, E.: *Curso básico de Economia de la Empresa. Un enfoque de organización*, Pirámide, Madrid, 1993.
BUENO CAMPOS, E.; CRUZ ROCHE, I. y DURÁN HERRERA, J. J.: *Economía de la empresa. Análisis de las decisiones empresariales*, Pirámide, Madrid, 1993.
CASTILLO, A. M. *et al.*: *Prácticas de gestión de empresas*, Pirámide, Madrid, 1992.
CUERVO GARCÍA, A. (director) *et al.*: *Introducción a la Administración de empresas*, Civitas, Madrid, 1994.
CUERVO, A., ORTIGUEIRA, M. y SUÁREZ, A. (eds.): *Lecturas de introducción a la Economía de la Empresa*, Pirámide, Madrid, 1979.
DIEZ DE CASTRO, L. T., *et al.*: *Fundamentos de Economía de la Empresa*, UNED, Madrid, 1987.
FERNÁNDEZ PIRLA, J. M.: *Economía y Gestión de la Empresa*, ICE, Madrid, 1981.
FRIEDMAN, J.: *Teoría de juegos con aplicaciones a la economía*, Alianza, Madrid, 1991.
GARCÍA ECHEVARRÍA, S.: *Introducción a la Economía de la Empresa*, Díaz de Santos, Madrid, 1994.
GARCÍA ECHEVARRÍA, S.: *Teoría económica de la empresa*, Díaz de Santos, Madrid, 1994.
GUTENBERG, E.: *Economía de la Empresa. Teoría y práctica de la gestión empresarial*, Deusto, Bilbao, 1993.

Madrid, M. F. y López Yepes, J. A.: *Supuestos de Economía de la Empresa*, Pirámide, Madrid, 1993.
Milgrom, P. y Roberts, J.: *Economía, organización y gestión de la empresa*, Ariel, Barcelona, 1993.
Pérez Gorostegui, E.: *Economía de la Empresa aplicada*. Pirámide, Madrid, 1996.
Serra, A.: *La empresa. Análisis económico*, Labor, Barcelona, 1993.
Suárez Suárez, A. S.: *Curso de introducción a la Economía de la Empresa*, Pirámide, Madrid, 1991, 4.ª edición revisada y ampliada.
Tarrago, F.: *Fundamentos de Economía de la Empresa*, Hispano Europea, Barcelona, 1986.

2. Obras sobre dirección de empresas y toma de decisiones

Abell, D. E.: *Defining the Business: Starting Point of Strategic Planning*, Prentice-Hall, Englewood-Cliffs, New Jersey, 1980.
Ackoff, R. L.: *Un concepto de planeación de empresas*, Limusa-Willey, México, 1982.
Adizes, I.: *Ciclos de vida de la organización*, Díaz de Santos, Madrid, 1994.
Amat, J. M.: *El control de gestión: una perspectiva de dirección*, Gestión 2000, Barcelona, 1992.
Ansoff, H. I.: *La dirección y su actitud ante el entorno*, Deusto, Bilbao, 1985.
Anthony, R. N.: *Planning and Control Systems: A Framework for Analysis*, Harvard University Press, Cambridge, Massachussets, 1981.
Bartoli, A.: *Comunicación y organización*, Paidós, Barcelona, 1992.
Beer, M., Spector, B. y Otros: *Gestión de recursos humanos*, Ministerio de Trabajo y Seguridad Social, Madrid, 1989.
Beer, M. y Spector, B.: *Gestión de recursos humanos (2). Manual del profesor*, Ministerio de Trabajo y Seguridad Social, Madrid, 1989.
Booth, G. M.: *The Design of Complex Information Systems*, McGraw-Hill, New York, 1983.
Bowes, L.: *Recursos humanos en la empresa: captación y motivación*, Plaza y Janés, Barcelona, 1988.
Brown, M. T.: *La ética en la empresa. Estrategias para la toma de decisiones*, Paídos, Barcelona, 1992.
Bueno Campos, E.: *Dirección estratégica de la empresa. Metodología, técnicas y casos*, Pirámide, Madrid, 1991.
Cash, J. I. et al.: *Gestión de los sistemas de información de la empresa*, Alianza, Madrid, 1990.
Chiavenato, I.: *Administración de recursos humanos*, McGraw-Hill, México, 1989.
Chiavenato, I.: *Introducción a la teoría general de la administración*, McGraw-Hill, Bogotá, 1987.
Davis, K. y Newstrom, J. W.: *Comportamiento humano en el trabajo. comportamiento organizacional*, McGraw-Hill, Mexico, 1991.
Davis, S. M.: *Managing Corporate Culture*, Ballinger, Cambridge, 1984.
Dessler, G.: *Administración de personal*, Prentice-Hall hispanoamericana, México, 1991.
Dessler, G.: *Organización y administración. Enfoque situacional*, Prentice Hall, México, 1989.

DRUCKER, P. F.: *La innovación y el empresario innovador*, EDHASA, Barcelona, 1986.
DRUCKER, P. F.: *Administración para el futuro*, Parramon, Barcelona, 1993.
DEAL, T. y KENNEDY, A.: *Culturas corporativas*, Fondo Educativo interamericano, México, 1985.
EMERY, J.: *Sistemas de información para la dirección*, Díaz de Santos, Madrid, 1990.
FERNÁNDEZ SÁNCHEZ, E. y FERNÁNDEZ CASARIEGO, Z.: *Manual de Dirección Estratégica de la Tecnología*, Ariel, Barcelona, 1988.
GARCÍA ECHEVARRÍA, S. y VAL NUÑEZ: *Cultura corporativa y competitividad de la empresa española*, Díaz de Santos, Madrid, 1993.
GASALLA DAPENA, J. M.: *La nueva dirección de personas. Marco paradógico del talento directivo*, Pirámide, Madrid, 1995.
GIBSON, J. L., IVANCEVICH, J. M., y DONNELLY, J. H.: *Las organizaciones. Comportamiento, estructura, procesos*, Addison-Wesley Iberoamericana, Buenos Aires, 1994.
GRIMA, J. D. y TENA, J.: *Análisis y formulación de la estrategia empresarial*, Hispano Europea, Barcelona, 1984.
HAMPTON, D. R.: *Administración*, Mc.Graw-Hill, México, 1989.
HREBINIAK, L. G. y JOYCE, W. F.: *Implementing Strategy*, MacMilan Press, New York, 1984.
JOHNSON, G. y SCHOLES, K.: *Exploring Corporate Strategy*, Prentice Hall International, Londres, 1984.
KAST, F. E. y ROSENZWEIG, J. E.: *Administración en las organizaciones. Enfoque de sistemas y contingencias*, McGraw Hill, Mexico, 1987.
KOONTZ, H. y WEIHRICH, H.: *Administración. Una perspectiva global*, McGraw-Hill, Mexico, 1994.
KRAS, E. S.: *Cultura gerencial*, Díaz de Santos, Madrid, 1993.
LANGEFORS, B.: *Teoría de los Sistemas de Información*, El Ateneo, Buenos Aires, 1976.
LESCA, H.: *Información y cambio en la empresa*, Gestión 2000, Barcelona, 1992.
LORANGE, P.: *Corporate Planning*, Prentice Hall, Englewood Cliffs, New Jersey, 1980.
LOWE, T. y MACHIN, J. L. (eds.): *New Perspectives in Management Control*, MacMillan, Londres, 1988.
LUNDEBERG, M. *et al.*: *Information System Development Sistematic Approach*, Prentice Hall, Englewood Cliffs, New Jersey, 1981.
MARCH, J. G. y SIMON H. A.: *Teoría de la organización*, Ariel, Barcelona, 1987.
MENGUZZATO, M. y RENAU, J. J.: *La dirección estratégica de la empresa: un enfoque innovador*, Ariel, Barcelona, 1991.
MINTZBERG, H.: *La naturaleza del trabajo directivo*, Ariel, Barcelona, 1983.
MINTZBERG, H.: *La estructuración de las organizaciones*, Ariel, Barcelona, 1984.
PEÑA BAZTAN, M. (1990): *Dirección de personal: organización y técnicas*, Hispano Europea, Barcelona, 1990.
PIERCY, N. (ed.): *The Management Implications of New Information Technology*, Croom Helm, Londres, 1984.
PORTER, M. E.: *Ventaja competitiva*, CECSA, México, 1987.
PORTER, M. E.: *Estrategia competitiva*, CECSA, México, 1988.
PUMPIN, C. y GARCÍA ECHEVARRÍA, S.: *La cultura empresarial*, Díaz de Santos, Madrid, 1988.
PUMPIN, C. y GARCÍA ECHEVARRÍA, S.: *Management estratégico*, ESIC, Madrid, 1986.
QUINN, J. B.; MINTZBERG, H. y JAMES, R. M.: *The Strategy Process. Concepts, Context and Cases*, Prentice Hall, Englewood Cliffs, New Jersey, 1988.
RENAU, J. J.: *Administración de empresas. Una visión actual*, Pirámide, Madrid, 1985.
ROBBINS, S. P.: *Administración: teoría y práctica*, Prentice-Hall Hispanoamericana, México, 1987.

ROBBINS, S. P.: *Comportamiento organizacional: conceptos, controversias y aplicaciones*, Prentice-Hall Hispanoamericana S.A., México, 1987.
SALLENAVE, J. P.: *Direction Generale et Stratégie d'Entreprise*, Les Editions d'Organisation, Paris, 1984.
SCHEIN, E. H.: *La cultura empresarial y el liderazgo: una visión dinámica*, Plaza y Janés, Barcelona, 1988.
SCHERMERHORN, J. R., HUNT, J. G. y OSBORN, R. N.: *Comportamiento en las organizaciones*, Nueva editorial interamericana, México, 1987.
STEINER, G. A.: *Planeación Estratégica. Lo que todo director debe saber*, CECSA, México, 1988.
TENA MILLÁN, J.: *Organización de la empresa: teoría y aplicaciones*, EADA, Barcelona, 1989.
VENTURA VICTORIA, J.: *Análisis competitivo de la empresa: un enfoque estratégico*, Editorial Cívitas, Madrid, 1994.
WERTHER, W. B. y DAVIS, K: *Administración de personal y recursos humanos*, McGraw-Hill, México, 1991.
ZERILLI, A.: *Fundamentos de organización y dirección general*, Deusto, Bilbao, 1988.

3. Obras sobre finanzas

ALTMAN, E. I.: *Handbook of Corporate Finance*, John Wiley, New York, 1986.
ALTMAN, E. I. y SUBRAHMANYAM, M. G.: *Recent Advances in Corporate Finance*, Irwin, Homewood, Illinois, 1985.
ARROYO, A. M., y PRAT, M.: *Dirección financiera*, Deusto, Bilbao, 1992.
BACHILLER, A.; LAFUENTE, A. y SALAS, V.: *Gestión económico-financiera del circulante*, Pirámide, Madrid, 1982.
BIERMAN, H. Jr. y SMIDT, S.: *The Capital Budgeting Decision*, Macmillan, New York, 1984.
BREALEY R. y MYERS, S.: *Fundamentos de financiación empresarial*, McGraw Hill-Interamericana, Madrid, 1988.
BRIGHAM, E. F. y GAPENSKY, L. C.: *Financial Management. Theory and Practice*, McGraw Hill, New York, 1988.
BRILMAN, J. y MAIRES, C.: *Manual de valoración de empresas*, Díaz de Santos, Madrid, 1990.
CLARK, J. J. et al.: *Capital Budgeting. Planning and Control of Capital Expenditure*, Prentice-Hall, Inc., Englewood Cliffs, 1984.
CONSO, P.: *La Gestión Financiera de la Empresa* (2 tomos), Hispano Europea, Barcelona, 1984.
COPELAND, T. E. y WESTON, J. F.: *Financial Theory and Corporate Policy*, Addison-Wesley, Massachusetts, 1983.
DOMÍNGUEZ MACHUCA, J. A., DURBÁN OLIVA, S., y MARTÍN ARMARIO, E.: *El subsistema de inversión y financiación de la empresa. Problemas y fundamentos teóricos*, Pirámide, Madrid, 1987.
EITEMAN, D. K. y STONEHILL, A. I.: *Multinational Business Finance*, Addison-Wesley, Massachusetts, 1982.
FAMA, E. F.: *Foundations of Finance*, Basic Books, New York, 1976.
FERNÁNDEZ, A. I. y GARCÍA OLALLA, M.: *Las decisiones financieras de la empresa*, Ariel, Barcelona, 1992.
FERNÁNDEZ BLANCO, M.: *Dirección financiera*, Pirámide, Madrid, 1991.

Foster, G.: *Financial Statement Analysis*, Prentice-Hall, Englewood Cliffs, New Jersey, 1986.
García-Gutiérrez, C., Mascareñas, J., y Pérez Gorostegui, E.: *Casos prácticos de inversión y financiación en la empresa*, Pirámide, Madrid, 1991, (prólogo de A. S. Suárez Suárez).
Gil Lafuente, A. M.: *Fundamentos de análisis financiero*, Ariel, Barcelona, 1993.
Girault, F. y Zisswiller, R.: *Finances Modernes. Théorie et Practique*, Dunod, París, 1973.
Harrington, D. R.: *Modern Portfolio Theory and The Capital Assets Model*, Prentice-Hall, Englewood Cliffs, New Jersey, 1983.
Ingersoll, J. E.: *Theory of Financial Decision Making*, Rowman & Littlefield, Totowa, New Jersey, 1987.
Jensen, M. C.; Meckling, W. H. y Smith, C. W. (eds.): *The Modern Theory of Corporate Finance*, McGraw-Hill, New York, 1989.
Lev, B.: *Análisis de estados financieros: Un nuevo enfoque*, ESIC, Madrid, 1978.
Mao, J. C. T.: *Análisis financiero*, El Ateneo, Buenos Aires, 1980.
Pérez Carballo, A. y J., y Vela, E.: *Gestión financiera de la empresa*, Alianza Universidad, Madrid, 1986.
Ross, S. A. y Westerfield, R. W.: Corporate Finance, Times Mirror/Mosby College, St. Louis (MI), 1988.
Rubinstein, M. y Cox, J. C.: *Option Markets*, Prentice-Hall, Englewood Cliffs, New Jersey, 1985.
Santandreu, E.: *Manual práctico de valoración de empresas*, Gestión 2000, Barcelona, 1990.
Schneider, E.: *Teoría de la inversión*, El Ateneo, Buenos Aires, 1978.
Sharpe, W.: *Investments*, Prentice-Hall, Englewood Cliffs, New Jersey, 1985.
Stalworthy, E. A. y Kharbanda, O. P.: Takeovers, Adquisitions and Mergers, Kogan Page, Londres, 1988.
Suárez, A. S.: *Economía financiera de la empresa*, Pirámide, Madrid, 1981.
Suárez, A. S.: *Decisiones óptimas de inversión y financiación en la empresa*, Pirámide, Madrid, 1994.
Van der Weide, J. y Maier, S. F.: *Managing Corporate Liquidity*, John Wiley & Sons, New York, 1985.
Van Horne, J. C.: *Administración financiera*, Prentice-Hall/Hispanoamericana, México, 1988.
Weston, J. F. y Brigham, E. F.: *Essentials of Managerial Finance*, McGraw-Hill, New York, 1988.
Weston, J. F. y Copeland, T. F.: *Managerial Finance*, The Dryden Press, New York, 1986.

4. Obras sobre producción

Adam, E. E. y Ebert, R. J.: *Administración de la producción y las operaciones*, Prentice-Hall/Hispanoamericana, México, 1981.
Alcain, R.: *Como gestionar la producción*, IMPI, Ministerio de Industria y Energía, Madrid, 1986.
Bredworth, D. D. y Bayley, J. E.: *Sistemas integrados de control de la producción*, Limusa, México, 1988.

BUFFA, E.: *Modern Production Management*, John Wiley & Sons, New York, 1979.
CHASE, R. B. y AQUILANO, N. J.: *Gestión de la producción y dirección de operaciones*, Hispano Europea, Barcelona, 1978.
DEMING, W. E.: *Calidad, productividad y competitividad*, Díaz de Santos, Madrid, 1989.
DOMÍNGUEZ MACHUCA, J. A. (coordinador y director) *et al.*: *Dirección de operaciones. Aspectos tácticos y operativos en la producción y los servicios*, McGraw-Hill, Madrid, 1995.
DOMÍNGUEZ MACHUCA, J. A., DURBÁN OLIVA, S., y MARTÍN ARMARIO, E.: *El subsistema productivo de la empresa Problemas y fundamentos teóricos*, Pirámide, Madrid, 1990.
FERNÁNDEZ SÁNCHEZ, E.: *Dirección de la producción I. Fundamentos estratégicos*, Cívitas, Madrid, 1993.
FERNÁNDEZ SÁNCHEZ, E.: *Dirección de la producción II. Métodos operativos*, Civitas, Madrid, 1993.
FERNÁNDEZ SÁNCHEZ, E. y FERNÁNDEZ CASARIEGO, Z.: *Manual de dirección estratégica de la tecnología: la producción como ventaja competitiva*, Ariel, Barcelona, 1988.
FRAXENET, M.: *Organización y gestión de la producción*, Ed. Ciencias de la dirección, Madrid, 1990.
HALL, R. W.: *Estrategias modernas de fabricación*, Tecnología de gerencia y producción, Madrid, 1988.
HAX, A. (ed.): *Dirección de operaciones en la empresa*, Hispano Europea, Barcelona, 1983.
HAX, A. y CANDEA, D.: *Production and Inventory Management*, Prentice-Hall, Englewood Cliffs, New Jersey, 1984.
HAYES, R. H. y WHEELWRIGTH, S. C.: *Restoring our Competitive Edge*, John Wiley & Sons, New York, 1984.
ISHIHARA, K.: *Manuel Pratique de Gestion de la Qualité*, Eyrolles, París, 1985.
KATZAN, H.: *Principios de productividad, círculos de calidad y robótica*, Deusto, Bilbao, 1986.
LARRAÑETA, O. C. y ONIEVA, J. C.: *Métodos modernos de gestión de la producción*, Alianza, Madrid, 1988.
McCLAIN, J. O. y THOMAS, L. J.: *Operations Management*, Prentice-Hall, Englewood Cliffs, New Jersey, 1985.
MEREDITH, J. y GIBBS, T. E.: *Administración de operaciones*, Limusa, México, 1986.
MONKS, J. G.: *Administración de operaciones*, McGraw-Hill, Bogotá, 1988.
MOSKOWITZ, H. y WRIGHT, G. P.: *Investigación de operaciones*, Prentice-Hall, México, 1989.
NADDOR, E.: *Inventory Systems*, John Wiley & Sons, New York, 1986.
PÉREZ GUTIÉRREZ: *Cómo mejorar los métodos de trabajo*, Deusto, Bilbao, 1989.
PETERSON, R. y SILVER, E. A.: *Decision Systems for Inventory Management and Production Planning*, John Wiley & Sons, New York, 1979.
PLOSSL, G. W. y WITH, O. W.: *Control de la producción y los stocks*, EUNSA, Pamplona, 1979.
RIGGS, J. L.: *Sistemas de producción*, Limusa, México, 1977.
SCHONBERGER, R. J.: *Japanese Manufacturing Techniques*, The Free Press, New York, 1982.
SCHROEDER, R. G.: *Administración de operaciones. Toma de decisiones en la función de operaciones*, McGraw-Hill, México, 1992.
SKINNER, C. W.: *Manufacturing in the Corporate Strategy*, John Wiley & Sons, New York, 1978.

STARR, M. K.: *Administración de la producción*, Prentice-Hall/Hispanoamericana, México, 1979.
TAWFIK, L. y CHAUVEL, A. M.: *Administración de la producción*, Interamericana, México, 1984.
TERSINE, R. J.: *Production-Operations Management*, North-Holland, Amsterdam, 1985.
VOLLMANN, T. E.; BERRY, W. L. y WHYBARK, D. C.: *Manufacturing Planning and Control Systems*, Dow Jones-Irwin, Homewood (IL), 1984.
WILD, R.: *Production and Operations Management. Principles and Techniques*, Holt, Rinehart & Winston, Londres, 1984.

5. Obras sobre marketing

AAKER, D. A. y DAY, G. S.: *Investigación de mercados*, McGraw-Hill, México, 1988.
ALET, J.: *Marketing directo integrado*. Gestión 2000, Barcelona, 1991.
BAKER, M. J.: *Marketing Strategic and Management*, Mac Millan, Londres, 1985.
BARRY, T. H.: *Marketing: An Integrated Approach*, Dryden Press, Hinsdale (IL), 1986.
BELLO, L.; VÁZQUEZ, R. y TRESPALACIOS, J.: *Investigación de mercados y estrategia de marketing*, Civitas, Madrid, 1993.
BORJA, L., y CASADO, F.: *Marketing estratégico para los 80*, Hispano Europea, Barcelona, 1986.
BUELL, V. P.: *Handbook of Modern Marketing*, McGraw-Hill, New York, 1986
CHISNALL, P. M.: *Marketing Research*, McGraw-Hill, Londres, 1986.
CHRISTOPHER, M.: *The Strategy of Distribution Management*, Quorum Books, Connecticut, 1985.
CHURCHILL, G. A.: *Basic Marketing Research*, The Dryden Press, New York, 1988.
CRAVENS, D. W., y WOODRUF, R. B.: *Marketing*, Addison-Wesley, Reading (MA), 1986.
CRUZ, I.: *Fundamentos de marketing*, Ariel, Barcelona, 1990.
CZINKOTA, M., y RONKAIMAN, I.: *International Marketing*, Dryden Press, New York, 1988.
DÍEZ DE CASTRO, E.: *Gestión de la fuerza de ventas*, Deusto, Bilbao, 1991.
DOMÍNGUEZ MACHUCA, J. A., DURBAN OLIVA, S., y MARTÍN ARMARIO, E.: *El subsistema comercial de la empresa Problemas y fundamentos teóricos*, Pirámide, Madrid, 1990.
ESTEBAN, A. y PÉREZ GOROSTEGUI, E.: *Prácticas de Marketing*, Ariel, Barcelona, 1991. Prólogo de M. MARTÍNEZ TERCERO.
FORBES, J.: *Consumer Interest*, Croom Helm, Londres, 1988.
FUTRELL, C.: *Sales Management*, The Dryden Press, New York, 1988.
HART, N. (ed.).: *The Marketing of Industrial Products*, McGraw-Hill, Londres, 1985.
HAUSER, J. R., y URBAN, G. L.: *Essentials of New Product Management*, Prentice-Hall, Englewood Cliffs, New Jersey, 1987.
JOHNSON, G.: *Bussines Strategy and Retailing*, John Wiley & Sons, Manchester, 1990.
KLEPPNER'S, O.: *Publicidad*, Prentice-Hall, México, 1988.
KINNEAR, T. C. y TAYLOR, J. R.: *Investigación de mercados*, McGraw-Hill, Madrid, 1989.
KOTLER, P., y ARMSTRONG, G.: *Fundamentos de mercadotecnia*, Prentice-Hall, México, 1991.
KOTLER, P.: *Marketing Management Analysis*, Planning, Implementation and Control, Prentice-Hall, Englewood Cliffs, New Jersey, 1988.

LAMBIN, J.-J.: *Marketing estratégico*, McGraw-Hill, Madrid, 1991.
LOUDON, D. L., y DELLA BITA, A. J.: *Consumer Behavior: Concepts and Applications*, McGraw-Hill, New York, 1984.
MARTÍN ARMARIO, E.: *Marketing*, Ariel, Barcelona, 1993.
MONTGOMERY, S.: *Profitable Pricing Strategies*, McGraw-Hill, New York, 1987.
O'SHAUGNESSY, J.: Competitive Marketing: A Strategic Approach, Allen & Unwin, Boston (MA). 1985.
ORTEGA, E.: *Manual de investigación comercial*, Pirámide, Madrid, 1990.
ORTEGA, E.: *La dirección de Marketing*, ESIC, Madrid, 1987.
PAYTON, T.: *Sales Management*, Routledge, Londres, 1988
PRIDE, W. M., y FERRELL, D. C.: *Marketing. Decisiones y conceptos*, Interamericana, México, 1982.
SANTESMASES MESTRE, M.: *Marketing —conceptos y estrategias—*, Pirámide, Madrid, 1992.
SCHEWE, C. D.: *Marketing Information Systems*, McGraw-Hill, New York, 1986.
SCHOELL y GUILTINAN: *Mercadotécnica: conceptos y prácticas modernas*, Prentice-Hall-Hispanoamericana, México, 1991.
SERRANO, F.: *Marketing para economistas de empresa*, ESIC, Madrid, 1990.
SHETH, J. N., y GARRET, D. E.: *Marketing Theory: Classic and Contemporary Readings*, South-Western Publishing, Co, Cincinnati, 1986.
STANTON, W. J. y FUTRELL, C.: *Fundamentos de mercadotecnia*, McGraw-Hill, México, 1989.
TERPSTRA, V.: *International Marketing*, North-Holland, Amsterdam, 1988.
ZIKMUND, W. y D'AMICO, M.: *Marketing*, John Wiley & Sons, New York, 1986.